복 있는 사람

오직 여호와의 율법을 즐거워하여 그 율법을 주야로 묵상하는 자로다.
저는 시냇가에 심은 나무가 시절을 좇아 과실을 맺으며 그 잎사귀가 마르지 아니함 같으니
그 행사가 다 형통하리로다.(시편 1:2-3)

이사야서, 하나님의 비전

이사야서, 하나님의 비전

박영선

복 있는 사람

이사야서, 하나님의 비전

2022년 11월 2일 초판 1쇄 발행
2024년 7월 23일 초판 3쇄 발행

글쓴이 박영선
펴낸이 박종현

(주) 복 있는 사람
주소 서울특별시 마포구 연남동 246-21(성미산로23길 26-6)
전화 02-723-7183(편집), 7734(영업·마케팅) 팩스 02-723-7184
이메일 hismessage@naver.com
등록 1998년 1월 19일 제1-2280호

ISBN 979-11-91987-85-0 03230

차례

머리말

선지자 이사야는 남유다 왕국의 멸망을 예언하고, 그것이 하나님의 심판이라고 선언합니다. 하나님께 진실하지 못한 배교와 불순종과 악행을 꾸짖습니다. 이와 함께 하나님의 백성의 운명이 다만 율법적·도덕적 기준에 달린 것이 아니라는 점도 분명히 합니다. 창조주이자 주인이신 하나님의 신실하신 약속에 담긴 용서와 회복을 선포하고 있습니다.

심판 너머의 회복은 법보다 은혜가 우위에 있다는 사실을 부각하면서도, 율법의 소용은 무엇인가에 대해 이사야는 참으로 깊은 기독교 신앙의 가르침을 전합니다. 하나님의 창조와 구원의 목적, 그 대상에 대한 의도와 내용이 자유와 책임의 관점에서 소개됩니다.

하나님께서 허락하신 자유란 권리이자 또한 책임입니다. 선민에게 주어진 지위를 왜곡하여 하나님을 버리고 우상을 섬긴 모습에서 우리는 책임은 내버린 채 자유를 권리로만 오용한 실례를 이사야서에서 보게 됩니다.

선택에는 자유가 전제되어 강요나 협박이 없는데, 이것은 책임 있는 자유를 발휘하게 하려는 것입니다. 이 책임이 담긴 선택은 분별과 지혜를 담은 경험으로 쌓이게 됩니다.

경험은 정답을 모아 놓은 것이 아니라, 시행착오의 과정입니다. 하나님의 백성은 지식의 부족, 이해관계의 유혹, 책임의 회피 등 실패의 경험을 통해 올바른 지혜에 이를 수 있습니다. 숱한 실패 속에서 경험이 쌓여 갈 때 안목이라는 지혜에 이르는 것입니다.

실패와 후회의 과정 없이 언제나 완벽함만을 이루겠다는 신앙 이해로는 현실을 살 수도, 명예로운 실존에 도달할 수도 없습니다. 도전과 위협, 유혹 속에서 사는 인생을 통해 하나님이 우리를 만들어 가신다는 것을 모르면 명분 뒤에 숨어 살다 내세로 도망가게 됩니다.

이사야서를 통해 신앙생활은 실력 있는 자유인을 기르는 하나님의 훈련이요, 신자라는 존재를 위대하게 만드는 하나님의 섭리라는 사실을 기억하게 되기를 바랍니다.

이 책을 내도록 강권하신 복 있는 사람 출판사의 박종현 대표와 원고를 정리하고 정성을 다해 문장을 다듬어 주신 조주석 목사님과 전성현 편집자에게 감사를 드립니다.

2022년 가을
박영선

01
역사의 이해

사 1:2-9

하늘이여, 들으라. 땅이여, 귀를 기울이라. 여호와께서 말씀하시기를 내가 자식을 양육하였거늘 그들이 나를 거역하였도다. 소는 그 임자를 알고 나귀는 그 주인의 구유를 알건마는 이스라엘은 알지 못하고 나의 백성은 깨닫지 못하는도다 하셨도다. 슬프다, 범죄한 나라요 허물 진 백성이요 행악의 종자요 행위가 부패한 자식이로다. 그들이 여호와를 버리며 이스라엘의 거룩하신 이를 만홀히 여겨 멀리하고 물러갔도다. 너희가 어찌하여 매를 더 맞으려고 패역을 거듭하느냐. 온 머리는 병들었고 온 마음은 피곤하였으며 발바닥에서 머리까지 성한 곳이 없이 상한 것과 터진 것과 새로 맞은 흔적뿐이거늘 그것을 짜며 싸매며 기름으로 부드럽게 함을 받지 못하였도다. 너희의 땅은 황폐하였고 너희의 성읍들은 불에 탔고 너희의 토지는 너희 목전에서 이방인에게 삼켜졌으며 이방인에게 파괴됨 같이 황폐하였고 딸 시온은 포도원의 망대 같이, 참외밭의 원두막 같이, 에워 싸인 성읍 같이 겨우 남았도다. 만군의 여호와께서 우리를 위하여 생존자를 조금 남겨 두지 아니하셨더면 우리가 소돔 같고 고모라 같았으리로다.

유다의 역사적 두 위기

이사야 선지자는 주전 740년부터 680년까지 60년 동안 사역을 합니다. 이사야 1:1에 나오는 대로, 이사야서는 유다 왕 웃시야와 요담과 아하스와 히스기야 시대에 아모스의 아들 이사야가 유다와 예루살렘에 관하여 본 계시입니다. 그는 유다 왕 4대에 걸쳐 유다의 선지자로 사역을 했습니다.

우리가 이사야 선지자를 생각해 보면, 유다에 일어난 두 가지 큰 사건을 떠올릴 수 있습니다. 하나는 주전 734-732년 아람과 북이스라엘이 동맹을 맺고 유다를 침략한 사건입니다. 이때 유다는 거의 멸망할 뻔했는데 살아납니다. 다른 하나는 701년 히스기야 왕 때 앗수르가 예루살렘을 포위하여 전멸의 위기를 맞게 된 사건입니다. 이 두 사건이 이사야 선지자가 활동하던 아하스와 히스기야 왕 시대에 유다 왕국이 맞이한 가장 큰 위기였습니다.

이런 시대적 배경과 정황을 알아야 하는 이유는, 하나님이 그의 백성과 맺으신 모든 언약들이 한 민족의 역사로 설명되고 성취되어 우리에게 증언되기 때문입니다. 우리는 신약 시대에 예수를 믿어 구원을 얻고 영생을 얻는다는 것이 얼마나 구체적이고 어마어마한 것인가를 알아차려야 합니다. 그렇지 않으면 우리가 현실에서 매일 직면하는 삶의 크기와 깊이와 공포와 여러 구체적인 것들 속에 신앙을 담아낼 수 없습니다. 이렇게 담아내지 못하면 자신의 믿음을 현실과 동떨어진 피난용으로 쓰기 쉽습니다. 성경을 보거나 기도를 하거나 교회로 모이는 등의 행위들이 사적인 것으로 축소될 위험이 있습니다. 역사적으로 국가 또는 사회 차원에서 도전받은 여러 문제들이 그 범위와 크기와 무게와 내용에 있어서 성경이 증언한 대로 취급되지 않고 축소되어 사유화되고 맙니다. 우리는 그것을 막아야 합니다. 우리의 존재와 인생과 현실은 단지 짐이거나 시험거리가 아니라 하나님의 일하심이 담기는 자리입니다.

이사야 1장의 장면은 다른 선지자들이 기술하던 방식과 다릅니다. 대개 예언서들은 먼저 선지자가 하나님 앞에 소명을 받고 하나님께 받은 계시를 전한다는 방식으로 시작하지만, 이사야의 경우는 그의 소명이 6장에 가서야 등장합니다. "웃시야 왕이 죽던 해 내가 본즉." 이렇게 그의 소명이 시작됩니다. 그리고 1-5장은 매우 급박하고 구체적인 위기에 대하여 언급하고 있습니다. 이와 같이 선지자의 소명이 등장하기 전에 먼저 역사적 정황이 제시된다는 것을 꼭 염두에 두어야 합니다. 다시 말해 이 장들은 시대순으로 전개되는 것이 아니라 이전 역사를 지나온 자가 되돌아보는 식으로 펼쳐지고 있습니다. 이처럼 회고하는 방식으로 그 의미와 메시지를 하나로 묶어 표현합니다. 이사야 1:7 이하에서 그것을 확인할 수 있습니다.

> 너희의 땅은 황폐하였고 너희의 성읍들은 불에 탔고 너희의 토지는 너희
> 목전에서 이방인에게 삼켜졌으며 이방인에게 파괴됨 같이 황폐하였고 딸
> 시온은 포도원의 망대 같이, 참외밭의 원두막 같이, 에워 싸인 성읍 같이 겨
> 우 남았도다(사 1:7-8).

이 두 구절은 앞서 언급한 두 사건과 관련이 있습니다. 아람과 북이스라엘로 이루어진 동맹군이 쳐들어와 예루살렘을 포위했을 때 일어난 황폐를 말할 뿐 아니라, 주전 701년에 일어난 앗수르의 공격 앞에 고립무원이 되어 황폐화된 예루살렘의 포위 경험도 여기 1장에 녹아 있습니다. 그리고 7장에 가서야 아하스 왕 때 아람과 에브라임(북이스라엘)이 동맹을 맺고 유다를 침공해 온 사건이 구체적으로 제시됩니다. 그리고 36장에 가면 앗수르의 공격에 대한 역사적 정황이 자세히 소개됩니다. 이렇게 두 큰 사건을 다 경험해서 알고 있는 자로서 이사야는 그것을 1장에 간결하게 기록하고 있습니다.

이 두 전쟁은 역사적인 사건이자 위기였습니다. 그러나 이사야서는 그 역사적 위기가 어떻게 해결되었는지에 그 무게를 두지 않습니다. 그 사건들을 어떤 시각에서 볼 것인가, 그 해결은 어떤 의미를 갖는가라는 차원에서 이사야 선지자의 글들이 남겨져 있습니다. 그러니 우리는 아람과 에브라임의 동맹군으로 인한 유다의 위기와 극복, 또는 앗수르의 공격으로

인한 어려움과 극복이라는 방식으로 역사를 읽지 말아야 합니다. 당장 여기 1장에서 "하늘이여, 들으라. 땅이여, 귀를 기울이라. 여호와께서 말씀하시기를 내가 자식을 양육하였거늘 그들이 나를 거역하였도다"라고 지적한 것이 무엇인지 살펴보자는 것입니다.

우리는 역사에서 일어난 사건들을 원인과 결과라는 방식으로 꿰어 맞춰 이해할 것이 아니라, 의지가 있고 감정이 있고 분노가 있고 소원을 가진 큰 주체가 있다는 관점에서 역사를 읽도록 요구받고 있습니다. 그리고 이제 이스라엘 역사는 신약 시대의 모든 교회와 신앙인들의 역사적 유산이기도 합니다. 그러한 위기의 역사는 과거에 일어났던 일이고 또 역사에서 반복적으로 일어나고 있습니다. 역사적 위기, 하나님의 약속과 교훈, 하나님의 기쁘신 뜻, 우리의 선택과 같은 것들은 반복적으로 모든 역사에, 그리고 인생에게 주어지고 있습니다.

간략한 이스라엘 역사

이러한 관점에서 우리는 이스라엘 역사를 간략하게 훑어볼 필요가 있습니다. 이 이사야서를 시작하기 바로 전에 우리는 사사기 강해를 마쳤는데, 사사기의 마지막은 이렇게 끝납니다. "그 때에 이스라엘에 왕이 없으므로 사람이 각기 자기의 소견에 옳은 대로 행하였더라"(삿 21:25). 그래서 왕정이 되면 좀 나았을까요. 열왕기와 역대기는 그 왕정에 대하여 기록한 것입니다. 그 왕정 또한 실패합니다.

신약 시대 성도인 우리는 이스라엘이 멸망했다는 사실을 당연히 잘 알고 있습니다. 북이스라엘은 주전 722년에, 남유다는 주전 586년에 망합니다. 북이스라엘은 앗수르에게, 남유다는 바벨론에게 망합니다. 그리고 앗수르는 바벨론에게, 바벨론은 페르시아에게, 페르시아는 그리스에게,

그리스는 로마에게 망합니다. 우리는 그런 역사를 알고 있습니다.

이렇게 지나가 버린 역사가 그저 지나간 과거가 아니라 하나님이 거기서 무슨 말씀, 무슨 뜻을 우리에게 알리려고 하셨는가 하는 차원에서 이사야서를 조심스럽게 읽어야 합니다. 왕정으로 들어오기에 앞서 이미 사사기 설교에서 이야기한 대로, 왕은 하나님의 뜻을 시행하는 매개자의 지위를 가진 자였다는 사실을 기억해야 합니다. 왕은 권력을 쥔 것이 아니라 책임의 자리였고 그 책임은 제사장과 마찬가지로 하나님의 뜻을 수행하는 것이었습니다. 따라서 왕은 자신의 권한을 책임으로 여겨야 했습니다.

그러나 이 일은 매번 실패합니다. 첫 번째 왕은 사울이었고, 두 번째 왕은 다윗이었고, 세 번째 왕은 솔로몬이었습니다. 그리고 솔로몬 이후에 나라는 둘로 갈라집니다. 솔로몬의 통치 기간에 수행된 성전 및 왕궁 건축으로 백성들은 매우 고단해합니다. 솔로몬이 죽고 그의 아들 르호보암이 왕이 되자 북왕국을 이룬 열 지파의 대표자로 여로보암이 나서서 백성에게 좀 더 정치를 편하게 해주기를 요구합니다. 르호보암은 이를 거절합니다. 그러자 열 지파, 정확히 열 지파와 반(半) 지파가 반발하고 나가서 북왕국을 세웁니다. 그러니까 베냐민 지파에서 절반은 북왕국으로 가고 절반은 남왕국에 남은 것입니다. 그래서 다수를 차지하는 북왕국이 이스라엘이라는 국호를 사용하고, 남왕국은 유다라는 국호를 갖게 됩니다.

그런데 성경은 북왕국이 다윗 왕가로부터 분리해 나간 것에 대하여 하나님을 외면한 것으로 취급합니다. 이런 이유로 역대기는 남왕국의 왕들에 대해서만 기록하고 북왕국의 왕들은 아예 언급조차 하지 않습니다. 이것을 유념해서 보아야 합니다. 다윗 왕가로부터 떨어져 나가 자기네 나라를 세운 북왕국은 그 백성의 정체성을 신앙적인 것보다는 정치적이고 경제적이고 군사적인 것으로 유지할 수밖에 없게 됩니다. 그들은 끊임없이 우상을 섬깁니다. 북왕국의 왕들 중에는 하나님을 신실하게 섬긴 왕이 하나도 없습니다. 오직 우상만 아주 열심히 섬깁니다. 대표적으로 악한 왕이 아합입니다. 그는 오므리 왕조에 속한 왕으로서 이 왕조 시기에 북이스라엘은 가장 왕성했고, 그 외에는 모두 역모에 의해서 왕위가 바뀝니다. 피의 역사를 갖게 된 것입니다.

그 당시 중동 지역에서 가장 강력한 세력은 현재 시리아에 해당하는 아람이었습니다. 아람의 국력이 매우 강력했기에 북이스라엘은 아람과의 전쟁에서 많은 곤경을 겪기도 했습니다. 당시 시대 상황은 열왕기하의 엘리사 선지자 이야기에 잘 나타나 있습니다. 그런데 아람이 한창 활약하던 시기에 동쪽에서 앗수르가 일어납니다. 아람이 앗수르의 위협 아래 놓이게 되자 이전까지 서로 적대하던 아람과 북이스라엘은 손을 잡고 주변의 여러 군소 국가들과 동맹을 결성하여 앗수르에 맞서기로 합니다. 그러나 이 때 유다가 이 동맹에 참가하기를 거부합니다. 그래서 아람과 북이스라엘은 유다의 왕을 폐위하고 자신들과 뜻을 같이 하는 왕을 세워 배후의 안전을 확보하려는 목적으로 유다를 침공합니다. 이것이 바로 앞서 언급한 아하스 제위 당시, 즉 주전 734-732년 아람과 에브라임 연합군이 남유다로 쳐들어온 사건입니다. 앞으로 이사야 7장에서 보겠지만, 이 연합군의 침공 소식에 "왕(아하스)의 마음과 그의 백성의 마음이 숲이 바람에 흔들림 같이 흔들렸더라"(7:2)고 기록되어 있습니다. 무서운 현실적 위기였습니다. 그러나 남유다는 그 위기를 간신히 극복합니다. 하나님이 살려주셨기 때문입니다.

이 남왕국이 다윗 왕가의 정통성은 유지하지만 그렇다고 모든 왕들이 신실하지는 않습니다. 북이스라엘의 영향을 받아서 꽤 많은 왕들이 우상을 섬기고 하나님의 마음에 들지 않게 행합니다. 아하스가 특히 심해서 자기 아들을 몰록에게 바치는 지경에까지 이르렀습니다. 몰록은 당시 가나안 지방에서 섬겨온 우상숭배의 대상입니다. 아하스는 이 몰록에게 자녀를 불에 던져 사르는 그런 제사까지 도입합니다. 왜 그랬겠습니까? 아마 두려워서 그랬을 것입니다. 남왕국의 아하스는 주전 731-715년에 재위하는데, 북왕국은 주전 722년에 멸망합니다. 북왕국의 멸망을 보며 그가 몹시 겁이 났을 것입니다.

사람이 하나님을 섬기는 일에서 실패하는 첫째 이유는 하나님의 뜻과 자신의 소원이 다르기 때문입니다. 우리는 눈에 보이는 현실에 매우 집착하지만 하나님의 꿈은 더 원대하고 더 깊습니다. 하나님은 우리 자신의 영광과 명예를 목적으로 삼고 계십니다. 하나님은 그 창조하신 당신의 형상을 우리에게 회복시켜 주려 하시지만 우리는 어떤 것을 원합니까? 여러분이 늘 기도하는 것처럼 "많은 것 바라지 않고 그저 남에게 손가락질 받지 않고 살게만 해주시면 제가 모든 일을 하겠습니다"는 이런 정도 아닙니까? 하나님이 노하시고 안타까워하십니다. 우리가 현실에서 겪는 것은 이런 것들입니다.

역사를 어떻게 이해할 것인가

이사야서에서 우리가 만나는 이스라엘은 말기를 향해 가고 있습니다. 북왕국은 이사야가 활동하던 시기에 망해버렸고, 남유다도 그 후에 곧 망할 것입니다. 하박국은 주전 609-590년에 선지자로 활동했는데, 이 시기는 유다가 멸망에 가까워가던 때입니다. 이러한 일들을 통해서 성경이 우리에게 하고 싶은 이야기는 무엇일까요? 우리가 보통 하는 이야기대로 말하자면 이런 것입니다. "하나님께 순종하고 잘 믿어서 어려운 일 당하지 말자. 어려운 일 당하거든 빨리 회개하고 빨리 용서를 구해서 형통한 길로 가자." 이런 이야기 아니겠습니까? 하지만 문제는 이렇게 간단하지 않습니다. 이스라엘이 멸망당한 것은 그들의 선택의 결과인 것이 사실입니다.

하지만 이사야 선지자를 비롯해서 구약 기록의 가장 중요한 목적은 단순히 멸망의 원인이 무엇인지 밝히기 보다는 이에 비할 데 없이 더 큰 하나님의 일하심이 무엇인지를 우리에게 보여주려는 데 있습니다. 우선 대표적인 예로, 우리가 잘하면 복 받고 못하면 벌받는 것이 전부라면 사실 시간은 필요치 않을 것입니다. 그렇다면 언젠가 올바른 일을 했을 때 하나님이 그저 우리를 불러 천국으로 데려가시는 것이 제일 좋습니다. 그렇지 않습니까? 그러나 믿음으로 승리했을 때 부르시면 다행이겠지만, 승리한 다음에 그대로 놔두신다고 해서 우리가 그 승리를 계속 연장시킬 수 있겠습니까? 아닙니다. 그러니 하나님께서 왜 우리에게 시간을 주시는지, 그리고 우리에게 왜 선택권을 주시는지, 그것을 풀어낼 수 없다면 구약 역사뿐 아니라 우리의 현실도 풍부하게 이해하기 어려울 것입니다.

사사 시대 200여 년 동안 하나님은 이스라엘이 못난 짓 하도록 허락하십니다. 그런 사실은 마치 탕자의 비유 이야기와 흡사합니다. 아들이 집을 나가겠다고 하자 아버지는 그를 내버려 둡니다. 달라는 재산도 다 줍니다. 왜 하나님이 이스라엘을 이와 같이 대하셨을까요? 하나님은 우리에게 기회를 주시고 선택하게 하시고 우리의 선택이 거두는 결과를 보게 하십니다. 그 결과는 우리가 잘못한 것의 결실입니다. 역사가 그런 것입니다. 잘못해서 그렇게 된 것입니다. "그러면 잘못해서 그렇게 되었으니 다음에는 잘못하지 말고 잘해서 좋은 것을 거두자." 역사가 이렇게 진행된다면 이 세상에 유토피아가 올 것입니다. 하지만 아직 완성된 천국은 이 세상에 오지 않았습니다. 그 천국은 하나님이 마침내 종말에 주실 것입니다.

기회로 주신 자유

그렇다면 하나님은 왜 우리를 그런 세상에서 살아가도록 하실까요? 우리가 가진 선택, 우리가 가진 자유가 어떤 것인지 알라고 기회를 주시는 것입니다. 하나님은 심지어 당신을 외면할 자유까지 주십니다. 얼마나 무시무시합니까? 그런데 우리는 그렇게 하기 싫어하지 않습니까? 목사가 되면 기도를 이렇게 합니다. "하나님, 오늘 제가 설교할 때 하나님이 저를 주장하셔서 저는 없애주시고 오직 하나님의 도구로 사용하여 주십시오." "그것이 무슨 소리냐. 네가 하고 싶은 대로 해라." "그러다 제가 헛소리라도 하면 어떻게 합니까?" "그러면 욕을 먹어야지." 여러분이 드리는 기도가 무엇입니까? "성령이 오셔서 아무 염려도 할 필요 없이 고난을 면하게 해주시고, 모두 잘되게 해주십시오." 이런 기도 아닙니까? 그러면 하나님은 뭐라고 대답하실까요? "그럴 수는 없다. 고난은 당해야 한다. 네가 선택해라. 네가 결정해라. 그렇게 해서 성장해라." 그것이 바로 역사이며, 우리의 인생입니다.

하나님이 우리에게 주신 자유는 우리의 고유한 권리이자 책임입니다. 이렇게 접근하면 무슨 일이 생길까요? 인간의 재앙으로 일어나는 재앙이 끝이 아니라는 것을 찾아낼 수 있습니다. 성경에는 사사기가 있고 열왕기가 있고 선지서가 있고 망한 이스라엘이 들어 있습니다. 그들이 어디까지 망했습니까? 이스라엘 백성 모두 흩어져 버리지 않았습니까? 지난 2천 년 동안 땅을 잃은 채 살아왔고, 지금은 돌아와 자기 나라를 회복했다고 하지만, 여전히 온전하게 회복되지 못했습니다. 이처럼 모든 것은 하나님이 우리에게 주신 기회이지만, 우리가 잘못을 할지라도 그것으로 끝나지 않을 운명에 하나님은 개입하고 간섭하고 일하십니다. 우리는 그 둘이 어떻게 묶이는지 잘 몰라서 도망가는 것입니다. 예수를 믿는다는 말이 무슨 말인지를 현실적으로 이해하지 못하면 기도에서도 도망을 칩니다. 그것이 어떻게 나타나는지 하박국에게서 볼 수 있습니다.

여호와여, 내가 부르짖어도 주께서 듣지 아니하시니 어느 때까지리이까. 내가 강포로 말미암아 외쳐도 주께서 구원하지 아니하시나이다. 어찌하여 내게 죄악을 보게 하시며 패역을 눈으로 보게 하시나이까. 겁탈과 강포가 내 앞에 있고 변론과 분쟁이 일어났나이다. 이러므로 율법이 해이하고 정의가 전혀 시행되지 못하오니 이는 악인이 의인을 에워쌌으므로 정의가 굽게 행하여짐이니이다(합 1:2-4).

하박국의 비명은 이런 것입니다. "하나님, 나라가 악해져서 사회가 엉망이 되었고, 그 바람에 우리 의인까지 고생을 하게 되었습니다. 하나님, 왜 두고만 보십니까?" 물론 하나님은 이에 답하십니다. "걱정마라. 내가 심판할 것이다. 내가 갈대아 사람들을 일으키겠다." 바벨론을 일으키시겠다는 것입니다. 하박국은 주전 609-597년에 활동한 선지자입니다. 그러니까 하박국 당시는 바벨론이라는 나라가 아직 강성하지 않은 때입니다. 그때 하나님이 약속하십니다. 앗수르가 더 강할 때 갈대아를 불러서 앗수르를 꺾고 유다도 망하게 하실 것이라고 말씀하십니다. 저들의 잘못을 내가 징치하고 심판하겠다는 이 말씀에 하박국이 펄쩍 뜁니다. "아니, 그러면 우리 의인들도 같이 망하는 거 아닙니까?" 그 나라 전체가 잘못해서 망한다면 그 안에 있는 의인들은 억울할 것입니다. 그렇지 않겠어요? 이때 하나님이 그 유명한 말씀을 주십니다. "의인은 믿음으로 산다. 의인도 그 멸망의 역사에서 면제되지 않을 것이다." 이 "의인은 믿음으로 산다"는 말씀은 신약에 와서 이렇게 성취됩니다. 로마서 1:16-17을 보겠습니다.

내가 복음을 부끄러워하지 아니하노니 이 복음은 모든 믿는 자에게 구원을 주시는 하나님의 능력이 됨이라. 먼저는 유대인에게요 그리고 헬라인에게로다. 복음에는 하나님의 의가 나타나서 믿음으로 믿음에 이르게 하나니

기록된 바 오직 의인은 믿음으로 말미암아 살리라 함과 같으니라(롬 1:16-
17).

이 로마서 본문에서 "의인은 믿음으로 산다"고 말합니다. 믿음이란
무엇일까요? 믿음이란 우리가 아는 모든 원칙, 인과관계, 보상, 이해, 이런
것들보다 큰 것입니다. 얼마나 큰 것일까요? 망하는 것이 결코 손해가 아
닐 정도로 큰 것입니다. 십자가를 예로 들어 볼까요? 십자가는 죽음이 끝
이 아니라는 것을 보여줍니다. 이 세상에서 우리가 자초한 재앙, 그 재앙으
로 끝나지 않는다. 우리 선조가 먹은 선악과로 우리가 망하지 않는다. 이
창조 세계가 실패로 끝나지 않는다는 것입니다. 우리가 어떤 자리에서 구
원을 받습니까? 이 타락한 창조 세계 속에서 구원을 받습니다. 재창조는
창조 세계 속에서 일어납니다. 창조가 취소되는 것이 아니라 창조 속에서
재창조가 일어납니다. 재창조는 창조를 완성하는 것으로 등장합니다.

기독교 신앙이 갖는 최고의 위대함이 무엇입니까? 그것은 능력입니
다. 예수로 증언된 능력입니다. 하나도 남을 것 같지 않고 아무런 유익도
주지 못할 것 같지만, 하나님은 당신의 뜻에 맞게 그것들을 넉넉하게 쓰실
수 있다고 합니다. 그리 하시는 것이 하나님의 특별한 능력입니다. 구약
의 이스라엘이 멸망하여 포로가 됨으로써 모든 인류에게 복음이 넘친 것
과 같습니다. 역사가 가지는 인과법칙에 따라 운명이 결정되는 것이 아닙
니다. 난리, 재앙, 멸망, 비극 속에 하나님의 일하심은 담겨 있습니다. 그의
뜻과 목적을 그 속에서 키우고 계십니다. 이것이 기독교 신앙인만이 가지
는 눈입니다.

역사는 의식을 갖고 있지 않습니다. 역사는 의지도 가지지 않습니다.
역사학자들의 공통된 견해가 무엇입니까? "왜 그때 일이 그렇게 되었는지
그 이유를 모르겠다"라는 것입니다. 그런데 원인 없이 일어난 일은 없습니

이사야서, 하나님의 비전

다. 왜 그렇게 되었을까? 모릅니다. 그러나 일어난 일입니다. 그런 일이 일어났기 때문에 어찌할 수가 없습니다. 그것을 변경할 수도, 취소할 수도, 우길 수도 없습니다. 그 어느 것 하나도 하나님이 외면하시거나 개입하시지 않은 경우는 없습니다.

우리가 여기 서 있습니다. 우리가 겪는 모든 현실, 우리가 속한 정황, 자기 나라, 자기 백성, 자기 시대가 다 그런 자리입니다. 우리가 그런 자리에 있다고 손해 보지 않습니다. 그것이 바로 믿음입니다. 내가 이해할 수 없는 모든 것에서 도망침으로써 신앙생활을 축소시킬 것이 아니라 하나님이 여러분을 붙잡아 둔 정황 속에서 하나님의 사람으로 믿음을 가지고 덤벼드십시오. 그것을 고치려고 애쓸 필요는 없습니다. 여러분 자신은 믿음을 가진 자입니다. 하나님은 이것으로도 뭐든지 하실 수 있습니다.

복음서에 그런 경우가 두 번 나옵니다. 세례 요한이 요단강에서 세례를 베풀자 바리새인들도 그를 따라서 요단강으로 나옵니다. 그러자 요한이 그들을 비판하고 책망합니다. "독사의 자식들아, 누가 너희더러 회개하여 임박한 진노를 피하라 하더냐. 너희가 아브라함의 자손이라고 생각지 말라. 하나님이 능히 이 돌들로도 아브라함의 자손이 되게 하실 수 있다." 그 말이 무슨 뜻인지 알아야 합니다. 이것은 단순히 욕하고 꾸짖는 이야기가 아닙니다.

다른 경우는 예수께서 죽으실 각오를 하고 예루살렘에 입성하실 때입니다. 모든 사람들이 그를 해방자로, 구원자로 이해하고 환영합니다. "호산나, 찬송하리로다. 주의 이름으로 오시는 이여!"라고 외치지요. 그 곁에 섰던 바리새인들이 이를 반대합니다. "환호를 중단하라 하시오. 그것은 신성 모독입니다." 그러자 예수님이 이렇게 대답하십니다. "저들이 입을 다물면 돌들이 소리 지르리라." 그 말들이 갖는 의미를 아시겠습니까? 아무것도 아닌 돌 같은 인생이 아닙니다. 하나님이 일하고 계실 때는 우리가 겪는 후회, 탄식, 비난, 원망을 다 담아 일하십니다. 하나님은 자비로우시며 은혜로우시며 노하기를 더디 하시며 그의 약속을 지키시며 우리를 구원하여 그의 영광이 되게 하실 우리 아버지이십니다. 여러분의 인생을 당당하게 살아내십시오. 신자가 되십시오.

::

하나님 아버지, 은혜를 감사합니다. 우리에게 일어나는 일, 우리가 어찌할 수 없는 역사와 사회, 국가, 시대 그 모든 것이 그저 단순히 존재하는 것이 아닙니다. 하나님은 그 속에서 일하십니다. 믿음을 가지고 우리 인생을 살아내게 하옵소서. 우리가 속한 사회와 민족, 국가 속에서 하나님의 사람만이 가질 수 있는 증언과 존재, 명예와 충성, 자랑을 드러내게 하옵소서. 예수님 이름으로 기도합니다. 아멘.

02
하나님의 진노

사 2:2-4

말일에 여호와의 전의 산이 모든 산 꼭대기에 굳게 설 것이요 모든 작은 산 위에 뛰어나리니
만방이 그리로 모여들 것이라. 많은 백성이 가며 이르기를 오라, 우리가 여호와의 산에 오르며
야곱의 하나님의 전에 이르자. 그가 그의 길을 우리에게 가르치실 것이라. 우리가 그 길로 행
하리라 하리니 이는 율법이 시온에서부터 나올 것이요 여호와의 말씀이 예루살렘에서부터 나
올 것임이니라. 그가 열방 사이에 판단하시며 많은 백성을 판결하시리니 무리가 그들의 칼을
쳐서 보습을 만들고 그들의 창을 쳐서 낫을 만들 것이며 이 나라와 저 나라가 다시는 칼을 들
고 서로 치지 아니하며 다시는 전쟁을 연습하지 아니하리라.

역사의 불연속

우리는 이사야서를 열면서 처음 만난 1장이 중요한 무대였다는 것을 기억
해야 합니다. 이사야 선지자의 사명은 역사적 현실이라는 무대에 서 있습
니다. 이사야가 활동하던 기간에 북이스라엘이 망했습니다. 이것은 역사
적 사건입니다. 그리고 남왕국도 곧 망하게 될 것입니다. 이 두 가지 사실
이 가장 중요한 역사적 배경이 됩니다. 우리 신약 시대 성도들은 이후에 일
어난 일들을 잘 알고 있습니다. 남북 왕국은 모두 망해 버렸고, 이스라엘
백성들은 포로로 끌려갔으며, 그들은 오랜 세월이 흐른 후에야 가나안으
로 귀환할 수 있었습니다. 그리고 여전히 다른 나라들의 속국으로 지내다

가 결국 로마에게 완전히 멸망당해 뿔뿔이 흩어지게 되었고, 1948년에 이르러서야 자기네 땅을 갖게 되었습니다. 우리는 그런 역사적 배경을 알고 있습니다.

이사야 1장에서 드러나는 가장 중요한 특징 중의 하나는 하나님의 진노입니다. 1:2 이하를 보겠습니다.

> 하늘이여, 들으라. 땅이여, 귀를 기울이라. 여호와께서 말씀하시기를 내가 자식을 양육하였거늘 그들이 나를 거역하였도다. 소는 그 임자를 알고 나귀는 그 주인의 구유를 알건마는 이스라엘은 알지 못하고 나의 백성은 깨닫지 못하는도다 하셨도다. 슬프다, 범죄한 나라요 허물 진 백성이요 행악의 종자요 행위가 부패한 자식이로다(사 1:2-4).

굉장한 진노입니다. 하나님은 놓아두지 않기로 작정하십니다. 하나님이 심판을 명하시기에 나라가 멸망하고 백성들은 다른 나라에 붙잡혀 갈 것이라고 예언합니다. 기가 막힌 현실입니다. 이스라엘의 오랜 역사 속에서 하나님의 구원 개입, 기적, 복 주심, 이 모든 것에도 불구하고 저들이 선택한 멸망이라는 역사적 현실을 통해 하나님이 우리에게 하고싶어 하시는 말씀이 있습니다. 이것이 이사야서가 성경으로 남아 있는 이유입니다.

이사야 2:2을 다시 보겠습니다. "말일에 여호와의 전의 산이 모든 산 꼭대기에 굳게 설 것이요 모든 작은 산 위에 뛰어나리니 만방이 그리로 모여들 것이라." 하나님은 전 세계적인 구원을 약속하십니다. 그러나 이스라엘은 망할 것입니다. 그리고 구원은 전 세계에 걸쳐 모든 인류에게 허락될 것입니다. 역사에 이렇게 기막힌 불연속이 있습니다. 이스라엘이 제사장으로서 책임을 다해야 열방의 구원이 이루어질 것입니다. 그런데 정작 이스라엘 자신은 그 책임에서 실패했을 뿐 아니라 하나님의 진노로 인해 멸망하게 될 것입니다. 이런 역사적 배경 속에서 세계와 열방의 구원이 약속됩니다. 이 불연속을 서로 연결할 줄 모르면 우리는 기독교가 무엇인지 알 수 없습니다. 성경의 기록이 갖고 있는 뜻을 놓치게 됩니다. 하나님은 진노하십니다. 그러나 그 진노로 보복하시는 것은 아닙니다. 호세아서 11:2-7을 보겠습니다.

> 선지자들이 그들을 부를수록 그들은 점점 멀리하고 바알들에게 제사하며 아로새긴 우상 앞에서 분향하였느니라. 그러나 내가 에브라임에게 걸음을 가르치고 내 팔로 안았음에도 내가 그들을 고치는 줄을 그들은 알지 못하였도다. 내가 사람의 줄 곧 사랑의 줄로 그들을 이끌었고 그들에게 대하여 그 목에서 멍에를 벗기는 자 같이 되었으며 그들 앞에 먹을 것을 두었노라. 그들은 애굽 땅으로 되돌아 가지 못하겠거늘 내게 돌아 오기를 싫어하니 앗수르 사람이 그 임금이 될 것이라. 칼이 그들의 성읍들을 치며 빗장을 깨뜨려 없이하리니 이는 그들의 계책으로 말미암음이니라. 내 백성이 끝끝내 내게서 물러가나니 비록 그들을 불러 위에 계신 이에게로 돌아오라 할지라도 일어나는 자가 하나도 없도다(호 11:2-7).

호세아 선지자는 이사야와 동시대 인물입니다. 이사야는 남유다를 위하여 선지자 노릇을 했고, 호세아는 북이스라엘을 위하여 사역한 선지자입니다. 호세아는 11:7에서 이스라엘의 멸망을 이렇게 이야기합니다. "내 백성이 끝끝내 내게서 물러가나니 비록 그들을 불러 위에 계신 이에게로 돌아오라 할지라도 일어나는 자가 하나도 없도다." 결국 앗수르가 그들의 임금이 될 것입니다. 그들은 칼에 망할 것입니다.

그런데 호세아 11:8은 다음과 같이 이야기합니다. "에브라임이여, 내가 어찌 너를 놓겠느냐. 이스라엘이여, 내가 어찌 너를 버리겠느냐. 내가 어찌 너를 아드마 같이 놓겠느냐. 어찌 너를 스보임 같이 두겠느냐. 내 마음이 내 속에서 돌이키어 나의 긍휼이 온전히 불붙듯 하도다." 에브라임은 북이스라엘의 별명이고, 아드마와 스보임은 소돔과 고모라가 멸망할 때 같이 멸망한 인근의 성읍들입니다. 이어서 9절에 "내가 나의 맹렬한 진노를 나타내지 아니하며 내가 다시는 에브라임을 멸하지 아니하리니 이는 내가 하나님이요 사람이 아님이라. 네 가운데 있는 거룩한 이니 진노함으로 네게 임하지 아니하리라"고 말씀하십니다.

우리는 이 두 구절을 잘 분간해야 합니다. 하나님의 진노는 보복이나 공포나 재앙이 아니라 정결케 하는 것입니다. 하나님은 그의 뜻을 이루시며 그 뜻을 이룰 대상들이 승리케 되는 일을 결코 그만두지 않으실 것입니다. 하나님은 그들 안에 있는 모든 죄를 제거하실 것입니다. 그들이 회개해야 되는 것이지만, 그들이 하지 않으면 하나님이 하실 것입니다. 그것은 그들에게 재앙으로 나타날 것입니다. 그러나 그 재앙이 그들에게 최종 운명이 될 수는 없습니다. 왜냐하면 하나님이 우리를 목적으로 삼고 계시기 때문입니다. 우리에게 그 기쁘신 뜻을 이루시기로 작정하셨기 때문입니다.

죽음과 부활이라는 불연속

우리가 선지서를 읽을 때 어떤 예언이나 재앙에 대한 경고가 선언되는 것은 우리를 살리기 위함이요, 하나님의 거룩하신 뜻을 완성하시겠다는 그분의 성실하심과 진실하심을 드러내는 것임을 알아야 합니다. 그것은 우리가 사는 인생, 역사의 진정성과 가치를 깨우치는 것이지 우리를 공포로 몰아넣고 죽게 만드는 재앙이 아니라는 것입니다. "그게 무슨 말입니까?"라고 반문할 수 있습니다. "우리 목숨은 도대체 무엇입니까? 잘 하라는 것입니까, 그러지 말라는 것입니까? 잘못해도 괜찮다는 것입니까?" 결국 우

이사야서, 하나님의 비전

리는 이런 문제들에 붙잡히고 맙니다. 그보다는 더 깊은 숨은 의도가 들어 있습니다. 로마서 4:25입니다. "예수는 우리가 범죄한 것 때문에 내줌이 되고 또한 우리를 의롭다 하시기 위하여 살아나셨느니라"(롬 4:25).

예수님으로 말미암는 구원은 신약 시대 기독교 신자들에게는 당연한 이해입니다. 그것은 믿음의 핵심이고 복음의 핵심입니다. 그러나 예수님의 죽음과 다시 살아나심을 이해한다는 것은 만만치 않은 일입니다. 우리는 믿고 하나님의 자녀가 되었지만 그 믿음에 대한 이해는 믿은 사실보다 더 늦게 옵니다. 그 믿음을 먼저 이해해야 하는 것이 아닙니다. 일단 믿으면 됩니다. 이 믿는다는 것에는 신비가 있어서 모든 것을 속속들이 설명할 수는 없습니다. 그러나 알아야 할 때가 찾아옵니다. 진정한 신앙인이 되고 현실을 이해하려면 이 이해가 필요합니다.

로마서 4:25에 진술된 예수님의 죽으심과 살아나심은 대단한 불연속을 서로 묶어놓은 것입니다. 서로 반대되는 것을 묶어놓은 것입니다. 예수님은 우리 손에 죽으십니다. 우리의 죄를 위하여 우리에게 자신을 내어 주셨는데, 도리어 우리가 그를 죽입니다. 그분이 이렇게 죽으시면 아무 소용도 없는 것 아니겠습니까? 그것도 우리가 죽인 것인데 말입니다. 그 소용없음이 가장 큰 결과를 만든다는 것이 죽음과 부활로 나타나는 예수님 사건입니다. 예수님이 구원자로 오셨는데, 우리가 그를 죽였습니다. 내가 잘못한 일은 여전히 남아 있는데, 그를 죽이면 그가 구원하는 일을 못하시는 것 아닙니까? 그런데 그 죽음이 일을 합니다. 그가 죽음에서 일어나심으로 우리가 만든 어떤 죽음도 끝일 수 없다고 증언하십니다. 그것이 예수 그리스도의 죽음과 부활입니다.

우리가 갖는 어떤 절망이나 운명도 그것이 끝일 수 없다고 가르치는 것이 예수님의 죽음과 부활입니다. 우리는 그 둘을 하나로 묶을 수 없습니다. 예루살렘의 함락, 이스라엘의 멸망, 하나님의 진노는 일단 그들의 지위, 선택, 책임, 형편과 관계가 있습니다. "그들이 가진 지위로 잘못 선택해서 그런 형편에 놓이지 않았더라면 가장 좋았겠다." 이렇게 말하는 것은 제일 쉬운 발상입니다. "잘 하지 그랬어." 이 말은 쉽게 할 수 있습니다. 그것은 도덕, 윤리, 인과응보에 근거한 말입니다. 그러나 예수님의 죽음과 부활은 그것보다 큽니다.

로마서 4:25에 이어 로마서 5장에 어떤 증언이 나옵니까? 우리가 아직 죄인 되었을 때에 그리스도께서 우리를 위하여 죽으셨다고 말씀합니다. 우리가 아직 모를 때 죽으신 것입니다. 그때가 우리로서는 제일 한심했을 때입니다. 모르는 게 죄입니다. 그렇지 않습니까? 내가 적극적으로 죄를 짓지 않은 것이 전부가 아닙니다. 사심이 없는 것이 최고의 가치가 아닙니다. 적극적 가치를 가져야 합니다. 살아 있어야 합니다. 자신의 존재와 인격이 있고 그것을 훌륭하게 만들려는 노력과 시도와 책임과 후회와 선택이 있다는 것입니다. 그것을 명예로 알아야 합니다.

요즘 우리가 세상에서 제일 많이 당하는 시험이 무엇입니까? 어떤 일을 하다가 남에게 비난을 듣게 되면 일단 그 일을 안 해버리는 것 아닙니까? 아무 일도 하지 않는다면 욕먹을 일도 없습니다. "그렇다면 왜 사는 겁니까?" 이렇게 다그치고 들어올 수도 있겠지만 그것은 창조를 모독하는 것입니다. 그들의 생각에는 하나님이 창조하셨으니 실패하실 리도 없다는 전제가 깔려 있기 때문입니다. 그들은 도대체 하나님을 어떤 분으로 알고 계시는 것입니까? 하나님의 창조 자체를 없었던 것으로 하자고요? 안됩니다. 사심이 없다는 게 중요한 것이 아니라 자신의 존재 가치와 지위를 책임 있게 행사하라는 것입니다. 물론 못나도 좋습니다. 왜 그렇습니까? 못난 그것으로도 하나님이 무언가를 하실 수 있기 때문입니다. 그것이 복음입니다. 그것이 성경이 증언하고 싶은 바입니다. 하나님의 진노가 등장하는 이유입니다. "나는 거기서 타협하지 않겠다. 네가 잘못한 것에 대하여 그 벌로 멸망시켜 끝내는 그런 식으로 일하지 않겠다. 그러려면 애초에 시작도 하지 않았다." 이것이 이사야의 중언입니다. 하나님의 진노의 진정한 가치입니다.

하나님의 일하심의 깊이

인생에는 왜 고달픔이 있습니까? 그것은 이스라엘이 그랬던 것처럼 우리가 가진 자유의 권리가 너무 커서 생긴 재앙입니다. 하나님은 우리가 원하는 것을 허락하십니다. 이스라엘은 자기네가 선택한 멸망을 결과로 받습니다. 그래서 우리가 그 문제에 관해서 도덕성에 기대어 말하는 것은 부족할 따름입니다. "그들이 우상을 섬기고 정의를 구현하지 않아서 마침내 망한 것이다." 이런 식의 표현은 부족하다는 것입니다. 하나님이 자기 자녀로 삼으신, 자기의 형상으로 삼으신 존재 가치에 대해 이렇게 말씀하십니다. "너희가 올 생각이라도 했느냐? 나는 이 일에서 결코 너희와 타협하지 않겠다. 너희가 선택한 결과를 보아라. 그리고 배워라." 이것이 이스라엘의 역사요, 인류의 역사요, 우리의 생애입니다.

우리가 자신의 삶에 대해서 늘 만족하지 못하는 이유는 우리가 기도하고 소원한 것들이 구구단 외우듯이 결과로 나타나지 않기 때문입니다. 삶이란 환상이나 개념이 아닙니다. 실제입니다. 여러분의 실력입니다. 그러나 조심할 것은 이것입니다. 우리가 나누는 이 말씀 속에서 성경이 강력히 가르치는 바를 놓치지 않는 것입니다. "네가 잘못했을 때라도 그것으로 손해를 보지 않게 하실 것이니 견뎌라. 믿음을 가져라." 그것이 성경이 하고자 하는 이야기입니다. 우리가 예수님을 죽인 것, 그렇게 잘못 죽인 우리의 죄과, 우리의 잘못된 선택을 가지고도 하나님은 유익을, 부활을, 기적을, 승리를 만드십니다. 우리에게 죽임을 당한 것으로도 그분이 일하셨다면 그분이 살아나셔서는 얼마나 더 많은 것을 하시겠습니까? 그러니 우리 모두에게 이렇게 물으십니다. "너희가 잘못한다고 해서 하나님의 선과 은혜와 복이 밖으로 던져지는 것이 아니다. 그것으로도 일한다. 그것으로도 너희의 유익과 영광을 이루신다. 너희의 잘못으로도 그토록 은혜가 담긴다면, 너희가 잘할 때는 얼마나 굉장하겠느냐? 늘 그 생각을 해라." 이것이 이사야서가 말하는 바입니다.

그런데 우리는 어떻게 시간을 허비하고 있습니까? 우리는 잘못한 것을 만회하는 데 시간을 다 보내고 맙니다. 회개는 길게 하지 마십시오. 지나간 것을 끊으십시오. 언제나 지금이 중요합니다. 우리가 무언가 할 수 있는 시간은 지금뿐입니다. 지금 명예로운 길을 선택하십시오. 지금 잘할 수 있는 것을 하십시오. 지나간 날들을 위해서 금식하지 마시고, 하나님의 자녀로서 지금 할 수 있는 위대한 것을 선택하십시오. 물론 그렇게 하려고 애를 써도 그대로 다 되지 않는다는 것을 스스로 확인하게 될 것입니다.

그렇더라도 여러분이 잘못한 것으로 인해 생기는 어떤 자책, 현실적 비참함을 아무짝에도 쓸데없는 것으로 여기지 마십시오. 그렇게 하는 것은 믿음이 없는 것입니다. 하나님이 이 모든 것들을 허락하신 것은 나에게 자유를 주셨기 때문이고, 그 자유가 일을 하고 있다는 것입니다. 하나님이 지시하시는 길이 최선이요 최고라는 것을 알게 해줍니다. 하나님 없이 하는 모든 일이 쓸데없다는 정도가 아니라 아주 몹쓸 일이라는 것을 알게 될 것입니다. 이보다 더 큰 깨우침이나 지혜는 없습니다. 그것보다 더 소중한 가치도 없습니다. 이 세상의 어느 것도 하나님과의 관계보다 더 우선하는 것은 없습니다. 하나님의 명령을 따르는 것이 최고의 명예입니다. 그것을 대신할 것은 아무것도 없습니다. 도덕적 가치도 부여하지 말고, 종교라는 이름도 부여하지 마십시오. 인생이란 실제로 자신의 삶 속에서 확인되어야 합니다.

제 나이쯤 되면 겁날 게 없습니다. 세상에서 할 건 다 해 봤지 않겠습니까? 늙는다는 것이 무엇이겠습니까? 가치 있다고 생각했던 것들이 손 안에서 빠져나가는 것을 알게 되는 나이입니다. 손에 움켜쥔 물, 손에 움켜쥔 모래 같다는 것을 알게 됩니다. 그것들은 영원한 가치가 없습니다. 삶에 만족을 주지 못합니다. 허망해지고 비관적으로 된다는 뜻이 아닙니다. 진정한 가치와 내용을 알게 된다는 것입니다. 얼마나 오래 사는지, 얼마나 크고 많은 업적을 남기는지로 인간의 가치를 결정할 수 없습니다. 여러분의 현재 실력이 여러분의 가치입니다. 나이가 들면 어떻게 해야 합니까? 넉넉해져야 합니다. 젊은 시절의 경험이 차차 누적되고, 그 인격이 점차 자라나서 완숙의 삶을 사는 것입니다.

어느 시대나 주인공은 아이들입니다. 젊은이들은 아직 시간이 더 있고 가능성이 있으니까 주인공으로 앞에 서는 것이고 우리는 뒤에 있습니다. 우리는 지붕 같고, 벽 같고, 보호막 같고, 에어컨 같고, 히터 같고, 차려놓은 밥상 같습니다. 자녀의 입에 밥숟가락 들어가는 것 보는 게 가장 큰 기쁨입니다. 나이 드는 것은 명예가 아닙니까? 하나님은 인생과 역사 속에서 일하십니다. 하나님은 신실하셔서 타협하지 않으십니다. 오늘도 하나님은 일하십니다. 이사야의 증언입니다. 우리의 잘못으로도 하나님이 우리를 영광되게 하시며, 그의 약속을 이루어 가십니다. 그 때문에 끊임없이 저지르는 실패와 일어나는 재난에도 우리는 믿음을 가지고 그것들과 마주설 수 있습니다.

로마서 11:11 이하를 보겠습니다.

그러므로 내가 말하노니 그들이 넘어지기까지 실족하였느냐. 그럴 수 없느니라. 그들이 넘어짐으로 구원이 이방인에게 이르러 이스라엘로 시기나게 함이니라. 그들의 넘어짐이 세상의 풍성함이 되며 그들의 실패가 이방인의 풍성함이 되거든 하물며 그들의 충만함이리요(롬 11:11-12).

여기에도 굉장한 역설이 있습니다. 이스라엘이 실패해서 이방 나라들이 풍성해졌다고 합니다. 원래는 이스라엘이 풍성하게 흘러넘쳐서 이방 나라들이 채워져야 합니다. 그런데 이스라엘이 실패하자 이스라엘에게 가야 할 것이 마치 이방 나라에게 온 것처럼 되어 있습니다. 2천 년 기독교 역사 내내 교회는 유대인들을 괄시했습니다. 경멸했습니다. "너희는 실패해서 구원을 못 받았고, 우리는 예수를 믿어서 구원을 받았다"고 말입니다. 로마서는 그렇게 이야기하지 않습니다. 그들의 실패가 이방인의 풍성함이 되었다고 말합니다. "그러므로 저들이 실패해서 너희가 풍성해진 것이라면 그들이 원래의 지위를 회복한다면 너희들은 얼마나 더 굉장하겠느냐? 그리고 원래 주인공인 그들도 얼마나 굉장하겠느냐? 주인공이 못해서 엑스트라에게 넘쳤다면 주인공이 제대로 한다면 드라마는 어찌 되겠느냐. 말할 것도 없지 않겠느냐?" 그런 논리입니다.

여러분, 「벤허」라는 영화에서 벤허가 나오지 않고 메살라만 나온다면 그 영화가 어떻게 되겠습니까? 메살라의 역할이 더 많아져야겠지요? 그가 설명까지 다 해야 하니 말입니다. 그런데 벤허가 등장해야 그 영화는 더 짜임새를 갖추고서 그들의 갈등 관계로 인해 이야기가 흥미진진해지지 않겠습니까? 그러므로 우리는 로마서 11:25의 중요한 논리적 모순을 극복해야 합니다. "형제들아, 너희가 스스로 지혜 있다 하면서 이 신비를 너희가 모르기를 내가 원하지 아니하노니 이 신비는 이방인의 충만한 수가 들어오기까지 이스라엘의 더러는 우둔하게 된 것이라"(롬 11:25).

개역개정판이 "우둔하게 된 것이라"고 번역한 것을 이전의 개역한글판은 "완악하게 된 것이라"고 번역했습니다. 개역개정판의 번역이 잘 옮겼다고 보기 어렵습니다. "우둔하게 된 것이라"가 더 낫습니까, "완악하게 된

이사야서, 하나님의 비전

것이라"가 더 낫습니까? 그 다음 26절이 어떤 말로 전후를 연결합니까? "그리하여"라는 접속사로 연결하고 있습니다. "그리하여 온 이스라엘이 구원을 받으리라." 이는 곧 "이스라엘이 완악해서 이방을 구원하고 그래서 자기도 구원을 받으리라."는 뜻입니다. 이렇게 말이 안되게 엮여 있는 모순과 불연속을 메꾼 이 기적을 만든 장본인이 다름 아닌 역사적 실체인 예수님이십니다.

그러니 기억하십시오. 예수께서 한 인간으로 역사의 한 공간에 오셔서 자기의 생애를 살아 이 기적을 만들어내신 것처럼, 역사의 인과법칙을 극복하신 것처럼, 예수님을 믿는 모든 신앙인들의 생애에서도 이 법칙이 언제나 최우선하는 조건이 되어야 합니다. 우리가 자책하고 후회하며 원망하는 현실에 대해 겁내지 맙시다. "이것이 누구 탓이냐? 나는 왜 그랬을까?" 이런 것에 묶이지 말고 담대하게 그 다음으로 나가십시오. "이제까지의 일은 하나님이 알아서 하신다. 나는 오늘과 내일을 책임질 것이다." 그것이 우리가 할 일입니다. 우리가 아는 어떤 원칙, 어떤 대의명분도 하나님의 기적과 하나님의 의지를 꺾지는 못합니다. 하나님의 의지가 그것보다 큽니다.

이것이 이사야가 말하고 싶은 바입니다. 하나님의 진노가 목적하는 바입니다. 그러니 우리의 선택은 단 하나뿐입니다. 계속 후회함으로써 깨닫고 훌륭해지든지, 담대하게 다음으로 나아감으로써 명예롭고 훌륭해지든지 둘 중 하나입니다. 그런데 후회하고 못나게 굴었는데도 결과적으로 훌륭해진다면 그 과정은 참으로 부끄러울 것입니다. 자신의 인생을 어떻게 해서든지 명예로운 인생이 되도록 선택하여 영광되게 하십시오. 그것이 복입니다. 그렇게 하지 못한다면 할 수 없습니다. 그럴지라도 복은 받을 것입니다. 그러나 가능하면 그렇게 하지 마십시오. 그것은 부끄러운 일입니다. 그래서 사도 바울은 이 모든 것에 대하여 로마서 11장 끝에 이렇게 결론을 맺습니다.

> 깊도다. 하나님의 지혜와 지식의 풍성함이여. 그의 판단은 헤아리지 못할
> 것이며 그의 길은 찾지 못할 것이로다. 누가 주의 마음을 알았느냐. 누가 그
> 의 모사가 되었느냐. 누가 주께 먼저 드려서 갚으심을 받겠느냐. 이는 만물
> 이 주에게서 나오고 주로 말미암고 주에게로 돌아감이라. 그에게 영광이
> 세세에 있을지어다. 아멘(롬 11:33-36).

우리 모든 못난 자들도 아멘입니다. 잘난 자들도 아멘입니다. 우리는
믿음을 가질 수 있고 언제나 희망을 품고 있습니다. 살아 있는 한 우리는
이 믿음을 지켜 위대하게 살기로 작정을 하고 부끄러울 때도 자폭하지 않
을 것입니다.

::

하나님 아버지, 은혜를 감사합니다. 우리의 못난 것이 우리를 결정할 수 없다는
사실 앞에서, 예수 그리스도께서 우리가 죄인이었을 때에 오셔서 죽으셨다는 사
실 앞에서, 우리가 죽인 예수께서 우리를 위하여 다시 사시고 우리를 부활로 이
끄신다는 사실 앞에서 우리 인생을 살기로 약속합니다. 우리의 선택, 우리의 조
건, 우리의 무대가 아무리 힘들지라도 그 속에 하나님의 일하심이 더 크며 그 기
뻐하시는 의지와 목적이 기어코 완성된다는 사실을 믿어 불 속에 뛰어들 수 있
습니다. 그 믿음 가지고 나의 삶을 살게 하옵소서. 다른 사람 처다볼 것 없고, 변
명할 것 없고, 원망할 것 없다는 사실을 기억하여 위대한 삶을 살아내게 하옵소
서. 예수님 이름으로 기도합니다. 아멘.

이사야서, 하나님의 비전

03

하나님의 반전

사 4:1-6
그 날에 일곱 여자가 한 남자를 붙잡고 말하기를 우리가 우리 떡을 먹으며 우리 옷을 입으리니 다만 당신의 이름으로 우리를 부르게 하여 우리가 수치를 면하게 하라 하리라. 그 날에 여호와의 싹이 아름답고 영화로울 것이요 그 땅의 소산은 이스라엘의 피난한 자를 위하여 영화롭고 아름다울 것이며 시온에 남아 있는 자, 예루살렘에 머물러 있는 자 곧 예루살렘 안에 생존한 자 중 기록된 모든 사람은 거룩하다 칭함을 얻으리니 이는 주께서 심판하는 영과 소멸하는 영으로 시온의 딸들의 더러움을 씻기시며 예루살렘의 피를 그 중에서 청결하게 하실 때가 됨이라. 여호와께서 거하시는 온 시온 산과 모든 집회 위에 낮이면 구름과 연기, 밤이면 화염의 빛을 만드시고 그 모든 영광 위에 덮개를 두시며 또 초막이 있어서 낮에는 더위를 피하는 그늘을 지으며 또 풍우를 피하여 숨는 곳이 되리라.

예배와 삶의 분리

이사야 선지자는 북이스라엘과 남유다의 멸망기에 활동했습니다. 그의 사역 기간 내에 북이스라엘은 앗수르에게 멸망하고, 남유다는 좀 더 시간이 지난 후에 결국 망하게 됩니다. 우리가 아는 대로 이스라엘은 신정국가이고, 이 나라가 멸망하려면 신적 허가가 있어야 합니다. 아무래도 안되겠다고 하나님이 먼저 포기하셔야 다른 나라에 망하게 되는 것입니다.

그러면 이스라엘이 망하게 된 원인은 무엇이었을까요? 여러 가지로 생각할 수 있습니다. 우리가 구약에서 읽은 바에 따르면, 그들은 하나님을 거역하고 그 뜻을 따르지 않으며 사회의 혼란을 가져 오고 우상을 섬기는 등 하나님이 싫어하시는 모든 일을 행했습니다. 그뿐 아니라 가나안 땅을 그들에게 주셨는데도 그들이 책임져야 할 거룩한 나라, 제사장의 직분에서 스스로 실패하고 말았습니다. 그 때문에 하나님께서는 더 이상 이스라엘을 존속시킬 필요가 없게 된 것입니다.

그럼에도 불구하고 북이스라엘과 남유다가 그들의 잘못으로 인해 멸망당하고 나라가 사라지는 것으로 모든 것이 끝나는 것은 아닙니다. 그들이 포로가 되고 또 돌아오는 과정에서 어떤 유익을 얻게 됩니까? 이스라엘은 고난을 통해 정화되어 참다운 이스라엘이 될 것입니다. 그들의 실패로 하나님의 은혜가 제한되는 것이 아니라, 그들이 포로가 된 자리에서 그들과 함께 살았던 이웃들이 하나님을 믿음으로써 세상의 구원이 더 넓게 확장되고 완성될 것입니다. 이것이 바로 성경이 우리에게 들려주려는 메시지입니다. 따라서 이스라엘의 실패가 갖는 문제들에 대해 좀 더 깊이 이해할 필요가 있습니다.

이사야서 1장은 이미 그 내용을 다 가지고 있는 셈입니다. 오랜 기간 동안 하나님을 외면하고 불순종하여 갈 데까지 간 역사적 상황이 있고, 창조 세계의 주인이신 하나님이 더 이상 이스라엘을 참을 수 없다는 진노가 있습니다. 이 진노 속에는 이스라엘 백성이 어떻게 하나님을 외면하고 하나님의 영광을 우상에게 내버렸느냐 하는 것만 있는 것이 아닙니다. 여기에는 이스라엘의 사명에 관한 깊은 이해를 돕는 내용도 들어 있습니다. 이사야 1:10-13을 보겠습니다.

너희 소돔의 관원들아, 여호와의 말씀을 들을지어다. 너희 고모라의 백성아, 우리 하나님의 법에 귀를 기울일지어다. 여호와께서 말씀하시되 너희의 무수한 제물이 내게 무엇이 유익하뇨. 나는 숫양의 번제와 살진 짐승의 기름에 배불렀고 나는 수송아지나 어린 양이나 숫염소의 피를 기뻐하지 아니하노라. 너희가 내 앞에 보이러 오니 이것을 누가 너희에게 요구하였느냐. 내 마당만 밟을 뿐이니라. 헛된 제물을 다시 가져오지 말라. 분향은 내가 가증히 여기는 바요 월삭과 안식일과 대회로 모이는 것도 그러하니 성회와 아울러 악을 행하는 것을 내가 견디지 못하겠노라(사 1:10-13).

이 본문에 진술된 내용에 따르면 하나님을 경배하기 위해 성회로 모이는 것 이상으로 사회 정의 실천이 요구됩니다. 그러나 이 일은 만만치 않습니다. 여기서 사회 정의를 실천한다는 것은 사회를 법적으로, 혹은 권력의 힘으로 도덕성이 회복되고 정의와 평화가 실현된 나라를 만드는 것이 아닙니다. 기독교의 요구는 그것과는 좀 다릅니다. 기독교가 말하는 '사회 정의와 평화에 대한 책임이 있다'라는 말은 "네가 나를 보러 올 때 네 인생을 피상적으로 살고 있다면 그것은 나를 건성으로 대하는 일이 된다"는 뜻입니다. 이렇게 그 둘을 하나로 묶고 있습니다. 세상은 주님이 다시 오시는 그날까지 제멋대로 행할 것입니다. 그러나 하나님은 그 가운데서 그의 구원과 회복, 재창조를 이루실 것입니다.

그렇게 되게 하시려고 하나님은 그의 백성으로 부름 받은 사람들에게 요구하십니다. "너희가 지금은 파괴된 창조 세계 속에 살고 있지만 거듭난 자 곧 부활의 참여자로서 새로운 생명을 이 파괴된 세계 속에서 명예롭게 살아내라. 따라서 과부에게, 고아에게 하지 않은 것은 나를 건성으로 만나러 오는 것과 떼려야 뗄 수 없는 관계이며, 너희는 이것을 본질적으로 오해하고 있다." 그렇게 말씀하시는 것입니다.

우리도 이 둘을 자주 분리하는 까닭에, 하나님을 열심히 섬기는 것은 세상적인 것을 외면하고 기도원으로 도망가는 것이라고 오해할 때가 많습니다. 또는 멋진 종교적 사업에 매진함으로써 그것을 사회 정의 실천과 종종 분리시킵니다. 우리는 하나님의 일에 보다 적극적으로 동참해서 구제를 하고 선행을 행하고 어떤 안타까운 일에 격려가 되는 것을 마땅히 해야 합니다.

그러나 그것은 인간의 도덕이나 자랑, 또는 인간의 어떤 선한 의도에서 나오는 것이 아닙니다. 하나님을 만난 사람, 하나님으로부터 생명과 진리와 사랑을 공급받은 사람만이 할 수 있는 일입니다. 그러니까 우리에게 어떤 종교적으로 특심한 행실이 생기면 당연히 우리가 존재하는 곳에서도 그 영향이 흘러나와야 한다는 뜻입니다. 다시 말하면 하나님께 예배하고 하나님을 섬긴다는 것은 그의 존재가 이미 바뀌어 있다는 것입니다. 그래서 불쌍한 이를 그냥 지나칠 수 없는 존재가 되었다는 뜻입니다. "너희는 이 일을 혼동하지 마라. 분리시키지 마라. 나는 너희가 나가서 행악을 저지르고 폭행을 행하면서 절기만 되면 내게 예물을 가지고 나와 바치는 일을 견디지 못하겠다. 그 둘은 서로 분리할 수 없는 일이다. 그런 의미에서 너희의 사회 정의는 너희만이 할 수 있다." 사회 정의는 고함을 질러서 할 수 있는 것도 아니요 폭력을 동원해서 할 수 있는 것도 아닙니다. 어떤 사회학자나 정치학자 또는 어떤 좋은 이념을 가진 자가 만들어낸 그림일 수도 없고 오직 하나님과 접속되어야만 일어날 수 있습니다.

하나님은 그 일을 하고 계시며, 우리는 각자가 예수님을 믿는 바로 그만큼의 실력으로 자기 자신의 존재와 삶을 영위하는 것입니다. 우리는 이 세상과 더불어 살아가기 때문에 우리가 의도하든 의도하지 않든, 하나님의 일하심은 우리의 삶 속에서 매일 일어나고 또 경험될 수밖에 없습니다. 그러니 이 문제에 대하여 하나님께서 얼마나 큰 궁극적인 결과를 준비하고 계시는지 확인해 보라는 것입니다.

그런데 그 사회적인 책임에 대해 우리가 더 많이 의식하고 열심을 내

이사야서, 하나님의 비전

게 되면 우리의 정신이 온통 사회 정의에 집중하게 됨으로써 신앙의 균형이 깨질 수 있습니다. 우리는 하루만큼 하나님을 더 알고 하루만큼 더 사는 존재입니다. 단번에 이틀을 살 수 없습니다. 하루만큼 사는 동안 내가 만나는 사람들이나 일어난 일에서 자신의 실력만큼 신앙인으로 존재한다는 것을 잊지 마십시오. 이 균형을 깨지 않도록 주의하십시오.

하나님의 돌연한 개입

이사야 8장에 보면 하나님은 당시 사회상에 대해 심히 책망하십니다. 당시 사회가 피폐하여 파멸로 치닫고 있었다는 것은 최소한의 신앙생활도 없었다는 뜻입니다. 따라서 이런 이야기가 될 것입니다. 사회가 망하는 와중에 교회만 따로 성장하는 일은 없다는 것입니다. 교인은 사회에 속한 시민이기 때문에 교회에서 신앙인이라면 사회에서도 신앙인이어야 합니다. 이스라엘에서는 더더욱 말할 것도 없었습니다.

> 너는 증거의 말씀을 싸매며 율법을 내 제자들 가운데에서 봉함하라. 이제 야곱의 집에 대하여 얼굴을 가리시는 여호와를 나는 기다리며 그를 바라보리라. 보라, 나와 및 여호와께서 내게 주신 자녀들이 이스라엘 중에 징조와 예표가 되었나니 이는 시온 산에 계신 만군의 여호와께로 말미암은 것이니라. 어떤 사람이 너희에게 말하기를 주절거리며 속살거리는 신접한 자와 마술사에게 물으라 하거든 백성이 자기 하나님께 구할 것이 아니냐. 산 자를 위하여 죽은 자에게 구하겠느냐 하라. 마땅히 율법과 증거의 말씀을 따를지니 그들이 말하는 바가 이 말씀에 맞지 아니하면 그들이 정녕 아침 빛을 보지 못하고 이 땅으로 헤매며 곤고하며 굶주릴 것이라. 그가 굶주릴 때에 격분하여 자기의 왕과 자기의 하나님을 저주할 것이며 위를 쳐다보거나

땅을 굽어보아도 환난과 흑암과 고통의 흑암뿐이리니 그들이 심한 흑암 가운데로 쫓겨 들어가리라(사 8:16-22).

"어떠한 수를 써도 소용없다. 이 세상을 고치고 싶은가? 하나님께 물어라. 대통령이 되어야 하는가? 그것은 아무나 하는 것이 아니다. 정치인이 하게 하라. 보다 전문적인 지식을 가진 자에게 맡겨라. 신자가 해야 할 것이 무엇인가? 사회 정의를 위해 일하고 싶다면 꼭 있어야 하는 도덕, 윤리, 양심, 질서, 상식을 지키는 시민으로 살아가라." 그런 이야기입니다. 그것은 어디서 나옵니까? 하나님을 섬기며 두려워하는 데서 나온다는 것입니다.

앞서 읽은 말씀에 따르면 당시의 시대상은 매우 어두웠습니다. 사람들이 하나님을 믿지 않게 되자 모두 자기 마음대로 하게 되었습니다. 모두가 모두에게 폭력을 행사합니다. 더 크게는 다른 나라에 사로잡혀 먹힙니다. 하나님이 없는 무력, 하나님이 없는 어떤 실력이나 재주를 갖고 있다 한들 그들보다 세상이 훨씬 더 큽니다. 세상적인 방법으로 세상을 이길 수는 없습니다. 북왕국은 앗수르에게 망할 것입니다. 남왕국은 바벨론에게 망할 것입니다. 앗수르는 바벨론에게 망할 것입니다. 바벨론은 페르시아에게 망할 것입니다. 영원한 나라는 없습니다. 힘이 센 나라가 앞선 나라들을 없애고 지하에 묻어버릴 것입니다. 이러한 일은 오늘날까지도 계속 일어나고 있습니다. 하나님 나라를 건설한다는 것은 국가적, 정치적, 경제적, 사회적인 방면의 문제가 아니라 하나님을 아는 건강하고 진실하며 정직한 한 사람 한 사람이 그 나라의 백성이 되어야 한다는 뜻입니다.

그런데 지금 이 시대는 세상에는 믿을 것이 없고 온통 공포와 폭력으로 가득하며, 그저 자신의 이익을 위해서 나서는 싸움밖에 없는 때입니다. 앞서 본 이사야 4:1에 따르면 이렇습니다. "그 날에 일곱 여자가 한 남자를 붙잡고 말하기를 우리가 우리 떡을 먹으며 우리 옷을 입으리니 다만 당신의 이름으로 우리를 부르게 하여 우리가 수치를 면하게 하라 하리라"(사 4:1). 이것이 무슨 뜻입니까? 자기를 먹여 살려 달라는 것이 아닙니다. 자기 먹을 것도 있고 자기 입을 것도 알아서 할 테니 그저 자신을 당신의 아내라고, 당신의 동생이라고 하여 외부의 폭력으로부터 자기를 보호해 달라는 지경에까지 이르렀다는 것입니다. "그 날에 일곱 여자가 한 남자를 붙잡고 말하기를 우리가 우리 떡을 먹으며 우리 옷을 입으리니 다만 당신의 이름으로 우리를 부르게 하여 우리가 수치를 면하게 하라"는 이 처참한 현실에 대해 하나님은 어떤 메시지를 주십니까? 어떤 희망의 메시지가 전달됩니까?

> 그 날에 여호와의 싹이 아름답고 영화로울 것이요 그 땅의 소산은 이스라엘의 피난한 자를 위하여 영화롭고 아름다울 것이며 시온에 남아 있는 자, 예루살렘에 머물러 있는 자 곧 예루살렘 안에 생존한 자 중 기록된 모든 사람은 거룩하다 칭함을 얻으리니 이는 주께서 심판하는 영과 소멸하는 영으로 시온의 딸들의 더러움을 씻기시며 예루살렘의 피를 그 중에서 청결하게 하실 때가 됨이라. 여호와께서 거하시는 온 시온 산과 모든 집회 위에 낮이면 구름과 연기, 밤이면 화염의 빛을 만드시고 그 모든 영광 위에 덮개를 두시며 또 초막이 있어서 낮에는 더위를 피하는 그늘을 지으며 또 풍우를 피하여 숨는 곳이 되리라(사 4:2-6).

이 희망의 메시지가 성취되는 것을 보면 정말 느닷없습니다. 하나님의 구원이 점진적으로 오는 것이 아니라 즉각적으로 온다는 것입니다. 신앙생활 중에 괴로움이 극에 달할 때 죽음을 맞이하면 고통 없이 바로 천국에 들어가지 않습니까? 기독교 신앙이 이야기하는 하나님의 반전, 승리, 즉

각적인 구원이 얼마나 대단한 것인지 알아야 합니다. 그리스도인이라면 누구나 처음으로 회개하고 하나님을 만난 날을 기억할 것입니다. 별 기대 없이 그저 강권하는 친구에게 이끌려 참석한 집회에서 정작 초대한 친구는 어떤 감동도 받지 못했는데, 자신은 심히 통곡하며 회개했다는 이의 이야기는 적지 않습니다. 하나님의 일하심의 진정성, 넘침에 대한 증언들입니다. 이사야 8장도 보겠습니다.

> 이 땅으로 헤매며 곤고하며 굶주릴 것이라. 그가 굶주릴 때에 격분하여 자기의 왕과 자기의 하나님을 저주할 것이며 위를 쳐다보거나 땅을 굽어보아도 환난과 흑암과 고통의 흑암뿐이리니 그들이 심한 흑암 가운데로 쫓겨 들어가리라(사 8:21-22).

이 고통은 모두 그들 스스로 자초한 것입니다. 핑계 댈 수 없는 비참한 지경입니다. 그 다음 이사야 9장도 보겠습니다.

> 전에 고통 받던 자들에게는 흑암이 없으리로다. 옛적에는 여호와께서 스불론 땅과 납달리 땅이 멸시를 당하게 하셨더니 후에는 해변 길과 요단 저쪽 이방의 갈릴리를 영화롭게 하셨느니라. 흑암에 행하던 백성이 큰 빛을 보고 사망의 그늘진 땅에 거주하던 자에게 빛이 비치도다. 주께서 이 나라를 창성하게 하시며 그 즐거움을 더하게 하셨으므로 추수하는 즐거움과 탈취물을 나눌 때의 즐거움 같이 그들이 주 앞에서 즐거워하오니 이는 그들이 무겁게 멘 멍에와 그들의 어깨의 채찍과 그 압제자의 막대기를 주께서 꺾으시되 미디안의 날과 같이 하셨음이니이다(사 9:1-4).

이 본문에서는 우리 인생살이 속에서 별로 경험한 적 없는 기적, 즉 해

이사야서, 하나님의 비전

결을 이야기합니다. 이것이 무슨 뜻입니까? 어떤 문제도 해결할 수 있다고 하는 그런 간단한 문제가 아닙니다. 하나님이 그의 자녀를 낳으셨습니다. 자기 형상대로 인간을 만드셨습니다. 그들에게 마음껏 복을 주셨습니다. 너희는 내 형상이고 내 자녀다. 그런데 그들이 하나님을 거부했습니다. 그 럼에도 하나님은 그들을 버리시지 않습니다. 그 사랑을 포기하시지 않습니다. 그들이 걸어 다닌 길, 그들이 행함으로 인류에 나타난 더러운 많은 역사, 실패의 역사들을 하나님은 안타까워하십니다. "내가 너희를 구원하리라. 내가 이대로 놓아두지 아니하리라."

하지만 인간은 끝없이 자멸의 길을 갈 것입니다. 부패와 더러움의 길을 갈 것입니다. 그래서 종말은 보통 돌연한 심판이라는 말로 공포스럽게 표현되어 있습니다. 그런데 그것이 아닙니다. 저들의 잘못을 심판하러 오심이 아니었습니다. 더 이상 내버려두지 않겠다는 하나님의 개입이 있었습니다. 예수 그리스도의 개입이 그렇습니다. 그 사건은 무엇을 증언했을까요? 구주도 죽이는 우리의 죄를 드러냈습니다. 결과는 무엇이었습니까? 심판이 아니라 구원이었습니다.

역전시키시는 하나님

잊지 마십시오. 우리의 생애 속에 일어나는 못난 반발들, 무례함, 어리석음, 모든 것을 집어던지는 자폭조차도 문제가 되지 않습니다. 탕자가 어떻게 했습니까? "내 것을 다 주십시오." 그리고는 자신이 받은 재산을 탕진해 버립니다. 마침내 갈 데가 없으니 돌아옵니다. 아버지가 뭐라고 합니까? "얘들아, 소를 잡아라." 하나님이 누구신지 알기는 합니까? 우리 자신이 어떤 존재인지 알기는 합니까? 아버지가 없었다면 형을 꼬드겨서 형 것까지 훑어갔겠지요. 그 비유에는 그렇게 비약하도록 되어 있지는 않지만 우리의 생애 속에서는 얼마든지 일어날 수 있는 일입니다.

이는 하나님의 모든 백성들에게 주는 약속입니다. 흑암에 찾아오시는 하나님이십니다. 마태복음 8장은 예수님의 공생애의 시작에서 바로 이 구절을 인용합니다. 예수님은 친히 찾아오셔서 각종 병을 고치시고 가난한 자를 일으키시고 죄인들을 용서하십니다. 그리고 스스로 십자가를 지십니다. 우리의 고민은 어디에 있을까요? 우리 신앙의 핵심은 어디에 있을까요? 우리가 저지르는 일이 아무리 못난 것이라 해도 하나님의 구원과 우리를 향한 그분의 사랑은 끝이 없습니다.

우리는 자신이 저지를 일의 결과를 확인하면서도 왜 매일 이 실수, 이 바보 같은 짓을 반복하는 것일까요? 죄가 일을 하기 때문입니다. "주여, 도우소서. 저희는 진리를, 생명을, 가치를 만들어낼 만한 자격이 없습니다." "내가 그것을 이미 너희에게 주지 않았느냐?" "그것은 진작 다 팔아먹었습니다. 하나님, 하나님께서 끊이지 않는 생수를, 끊이지 않는 은혜를, 쌓을 곳이 없도록 복을 주시는 것 외에 우리 인생에 필요한 것은 아무것도 없습니다. 우리가 그런 마음을 가지며 그런 인생이 되고 그런 운명이 되는 길을 걸을 수 있도록 부디 제 인생에 찾아와 주시옵소서. 나의 힘이 되사 주를 믿는다는 고백이 갖는 명예와 승리를 누리는 영광을 보게 하소서."

바로 이런 사실을 이사야서가 역사로 증언하고 있습니다. 그들이 당한 일이 무엇을 만듭니까? 그들이 멸망합니까? 예, 잠시 망합니다. 그러나 남은 자 곧 하나님을 더 깊이 아는 자로 달라집니다. 그 후에도 수많은 역사적 시련을 겪지만 그들은 달라집니다. 이 역사가 바로 우리의 역사가 됩니다. 모든 그리스도인의 유산이 그러하니 짧은 인생에서 영원한 가치를 만들어내십시오. 이 싸움에서 지혜로우십시오. 그리고 바라건대 멋있어지십시오. 표정을 멋있게 하십시오. 우리를 넘어뜨리거나 우리를 좌절시킬 수 있는 것이 이 세상에는 없습니다. 우리가 당하는 고통과 고난과 잠시 받는 시험들은 다 우리의 유익을 위하여 있습니다. 성경의 증언입니다. 이사야서가 가르치는 가치입니다.

왜 그렇습니까? 이사야 선지자의 글은 큰 영광, 큰 비전을 우리에게 약속하면서 그것이 가장 처참한 역사 속에서 약속된 것이라고 말하고 있습니다. 하나님의 신실하심이 이 망할 수밖에 없는 이스라엘을 어떻게 역전시켜 그 약속을 이루시는지 역사를 통해 설명하고 있기 때문에 우리는 그 진정성을 확인할 수 있습니다. 그것은 우리 각자의 인생에서도 고스란히 재현될 수 있습니다. 우리의 고통, 절망, 낙심, 스스로 자신을 아무것도 아닌 것으로 여기는 것, 이런 자리에서 하나님은 일하십니다. 성경이 자주 말하는 하나님의 능력, 무에서 유를 창조하시고, 죽은 자를 살리시는 하나님의 능력으로 말입니다. 우리가 바로 그런 무대에 서 있습니다. 믿음을 가지고 승리하십시오. 우리의 입술로 예수 믿는 것을 자랑하는 인생을 사십시오.

::

하나님 아버지, 우리 인생에 고단함이 있습니까? 우리 인생에 불가능한 것이 있습니까? 하나님의 능력을 모르는 탓입니다. 하나님은 죽은 자를 살리시며 없는 것을 부르시며 있을 수 없는 영광을 우리에게 입히시려고 그 아들을 십자가에 못 박으신 우리 아버지이십니다. 어느 세상에 이런 일이 있을 수 있겠습니까? 우리가 당하는 모든 실패와 못난 것을 등 뒤로 던지고 쳐다보지 않겠다고 하셨습니다. 우리는 새로 시작할 수 있습니다. 하나님의 자녀라는 이름을 명예로 알고, 자랑으로 알고, 영광으로 알고 더러움에서 벗어나 하나님의 자녀로 거룩한 인생을 살게 하사 매일매일 그 기적과 인생과 인간의 가치에 대하여 감격하는 우리가 되게 하여 주시옵소서. 예수님 이름으로 기도합니다. 아멘.

04
이사야의 소명

사 6:8-13

내가 또 주의 목소리를 들으니 주께서 이르시되 내가 누구를 보내며 누가 우리를 위하여 갈꼬 하시니 그 때에 내가 이르되 내가 여기 있나이다 나를 보내소서 하였더니 여호와께서 이르시되 가서 이 백성에게 이르기를 너희가 듣기는 들어도 깨닫지 못할 것이요 보기는 보아도 알지 못하리라 하여 이 백성의 마음을 둔하게 하며 그들의 귀가 막히고 그들의 눈이 감기게 하라. 염려하건대 그들이 눈으로 보고 귀로 듣고 마음으로 깨닫고 다시 돌아와 고침을 받을까 하노라 하시기로 내가 이르되 주여, 어느 때까지니이까 하였더니 주께서 대답하시되 성읍들은 황폐하여 주민이 없으며 가옥들에는 사람이 없고 이 토지는 황폐하게 되며 여호와께서 사람들을 멀리 옮기셔서 이 땅 가운데에 황폐한 곳이 많을 때까지니라. 그 중에 십분의 일이 아직 남아 있을지라도 이것도 황폐하게 될 것이나 밤나무와 상수리나무가 베임을 당하여도 그 그루터기는 남아 있는 것 같이 거룩한 씨가 이 땅의 그루터기니라 하시더라.

이사야의 소명

이 본문은 이사야의 소명에 관한 것입니다. 이사야가 선지자로 소명을 받는 장면입니다. 이사야 1-5장에 여러 가지 내용이 나온 후에 비로소 이사야의 소명이 등장합니다. 구약성경의 선지서들은 대개 서두에서 선지자의 소명이 먼저 소개됩니다. 나는 누구이며 언제 어떻게 부름을 받아 하나님께서 맡기신 어떤 말씀을 너희에게 증언한다 하는 식으로 되어 있습니다.

이사야서, 하나님의 비전

그러나 이사야서는 먼저 역사적 상황, 즉 당시 이스라엘의 위기를 소개한 후 6장에 이르러서야 선지자로서 이사야의 소명이 나옵니다. 그렇게 할 만한 이유가 있었습니다.

이사야서는 1장부터 끊임없이 하나님께서 북이스라엘과 남유다를 모두 심판하실 것이라고 단단하게 경고합니다. 하나님의 진노와 회복할 수 없는 심판이 1장, 3장, 5장, 8장에 반복해서 나타납니다. 이와 달리 2장, 4장, 선지자의 소명장인 6장, 그리고 7장, 9장, 11장에 걸쳐서는 하나님의 구원도 반복해서 높이 주장됩니다. 이사야가 하나님의 부르심을 소개하는 장면 바로 앞인 5장에는 심판이 등장합니다. 이사야 5:25을 보면, "여호와께서 자기 백성에게 노를 발하시고 그들 위에 손을 들어 그들을 치신지라. 산들은 진동하며 그들의 시체는 거리 가운데에 분토 같이 되었도다. 그럴지라도 그의 노가 돌아서지 아니하였고 그의 손이 여전히 펼쳐져 있느니라"고 합니다. 그의 손이 펼쳐져 있다는 것은 주먹을 높이 들고 서 계신다는 뜻입니다. 그 말은 내려치시겠다는 뜻입니다. 이스라엘의 심판 곧 멸망은 변명할 수 없는 저들의 현실이 되었습니다.

이렇게 망하는 일만 남은 상황에서 이사야의 소명이 6장에 등장합니다. 그가 하늘 보좌에 앉으신 거룩하신 하나님을 보게 됩니다. 1절부터 읽겠습니다.

> 웃시야 왕이 죽던 해에 내가 본즉 주께서 높이 들린 보좌에 앉으셨는데 그의 옷자락은 성전에 가득하였고 스랍들이 모시고 섰는데 각기 여섯 날개가 있어 그 둘로는 자기의 얼굴을 가리었고 그 둘로는 자기의 발을 가리었고 그 둘로는 날며 서로 불러 이르되 거룩하다, 거룩하다, 거룩하다, 만군의 여호와여, 그의 영광이 온 땅에 충만하도다 하더라(사 6:1-3).

이처럼 굉장한 하나님의 거룩하심과 영광의 크기로 인하여 이사야가 보인 반응은 충격이었습니다. 이스라엘은 저들의 배도, 거역, 못남으로 심판과 멸망을 받을 수밖에 없는 상황에 놓였는데 하나님의 영광이 크고 충만하게 드러난다면 어떠하겠습니까? 이스라엘과 그 가운데 속한 어느 개인이라도 두려움으로 떨 수밖에 없었을 것입니다. 5절에서 보듯이 말입니다. "그 때에 내가 말하되 화로다. 나여, 망하게 되었도다. 나는 입술이 부정한 사람이요 나는 입술이 부정한 백성 중에 거주하면서 만군의 여호와이신 왕을 뵈었음이로다"(사 6:5). 나는 망했다. 나는 도망갈 데가 없다. 이런 비명이 터져 나온 것입니다. "그 때에 그 스랍 중의 하나가 부젓가락으로 제단에서 집은 바 핀 숯을 손에 가지고 내게로 날아와서 그것을 내 입술에 대며 이르되 보라, 이것이 네 입에 닿았으니 네 악이 제하여졌고 네 죄가 사하여졌느니라 하더라"(사 6:6-7).

이렇게 놀라운 반전이 일어납니다. 그리고 이 질문이 주어집니다. "내가 누구를 보내며 누가 우리를 위하여 갈꼬?" 이사야가 이렇게 답합니다. "제가 가겠습니다." 이 간단한 대답에는 간단하지 않은 여러 가지 복잡한 내용이 뒤섞여 있습니다. 이스라엘의 참담한 역사적 현실, 돌이킬 수 없는 위기 상황, 하나님의 진노와 멸망밖에 남은 것이 없는 시점에서 이사야는 "누가 우리를 위하여 갈꼬"라는 하나님의 질문 앞에 서게 됩니다. 이 질문에는 어떤 의미가 담겨 있을까요? 남은 것이 심판과 진노밖에 없는 상황에서 누구를 보낸다는 것은 심판과 멸망이 아닌 다른 무엇이 준비되어 있다는 뜻입니다. 그러니 이사야가 당연히 가겠다고 한 것입니다. 이사야라는 이름은 '하나님은 구원이시다'라는 뜻입니다.

이런 자리에 뛰어든 이사야는 무슨 담력이나 거대한 사명감을 가졌다거나, 다른 사람들과 비교될 만한 뛰어난 사람의 대표가 아닙니다. 온 세상을 뒤흔드는 하나님의 심판과 진노 앞에서 하나님이 내미시는 하나의 손길로서, 역사와 온 세상의 운명을 바꾸시는 하나님의 반전의 도구로서, 하나님의 구원을 외쳐야 할 존재로서 부르심을 받는 것입니다. 그 사명은 9절에 나옵니다. "여호와께서 이르시되 가서 이 백성에게 이르기를 너희가 듣기는 들어도 깨닫지 못할 것이요 보기는 보아도 알지 못하리라 하여 이 백성의 마음을 둔하게 하며 그들의 귀가 막히고 그들의 눈이 감기게 하라"(사 6:9-10). 그가 이런 사명을 받습니다.

어느 때까지니이까

여러분이라면 이런 여호와의 말씀에 뭐라고 대답하겠습니까? "하나님, 아니 그게 무슨 말씀이십니까?" 이래야 맞지 않겠어요? "이미 멸망시키기로 하셨고, 하나님이 격분하셔서 돌이키지 않겠다고 말씀하시고서 저를 보내시겠다니 무슨 말씀입니까? 하나님, 무슨 일이 되도록 해야 하지 않겠습니까? 가서 못 보게 하고 못 듣게 하고 깨닫지 못하게 하라고 하시다니요. 그런 일로 저를 보내시겠다는 겁니까?" 이사야는 이렇게 묻는 대신 "어느 때까지니이까"라고 묻습니다. 이 중요한 이야기는 임마누엘의 징조에 관해 이야기할 때 더 자세히 살펴보겠습니다. 우선 "어느 때까지입니까" 하는 질문에서 그 "때"가 언제인지에 관해서만 집중하려고 합니다. 이사야 6:12-13에 보면 하나님께서 그 시간이 언제인지 말씀하십니다.

> 여호와께서 사람들을 멀리 옮기셔서 이 땅 가운데에 황폐한 곳이 많을 때까지니라. 그 중에 십분의 일이 아직 남아 있을지라도 이것도 황폐하게 될 것이나 밤나무와 상수리나무가 베임을 당하여도 그 그루터기는 남아 있는 것 같이 거룩한 씨가 이 땅의 그루터기니라 하시더라(사 6:12-13).

그루터기만 남는다는 것은 모든 나무를 다 베어버려 모든 땅이 황폐해질 때까지 저들의 눈과 귀를 닫을 것이라는 뜻입니다. 이 구절에서는 그 말의 의미가 다 밝혀지지 않습니다. 그러나 신약성경에서는 이것이 성취되기 때문에 우리는 이 말의 뜻을 알 수 있게 되었습니다.

마태복음 13장에는 여러 천국 비유들이 등장합니다. 그 첫째가 씨 뿌리는 비유입니다.

제자들이 예수께 나아와 이르되 어찌하여 그들에게 비유로 말씀하시나이까. 대답하여 이르시되 천국의 비밀을 아는 것이 너희에게는 허락되었으나 그들에게는 아니되었나니 무릇 있는 자는 받아 넉넉하게 되되 없는 자는 그 있는 것도 빼앗기리라. 그러므로 내가 그들에게 비유로 말하는 것은 그들이 보아도 보지 못하며 들어도 듣지 못하며 깨닫지 못함이니라. 이사야의 예언이 그들에게 이루어졌으니 일렀으되 너희가 듣기는 들어도 깨닫지 못할 것이요 보기는 보아도 알지 못하리라. 이 백성들의 마음이 완악하여져서 그 귀는 듣기에 둔하고 눈은 감았으니 이는 눈으로 보고 귀로 듣고 마음으로 깨달아 돌이켜 내게 고침을 받을까 두려워함이라 하였느니라. 그러나 너희 눈은 봄으로, 너희 귀는 들음으로 복이 있도다(마 13:10-16).

이사야의 예언을 예수께서 말씀하십니다. 그 예언대로 자기를 봐도 아무도 깨닫지 못할 것이라고 합니다. 그러나 "너희는 보기 때문에 복되다"고 말씀하십니다. "내가 진실로 너희에게 이르노니 많은 선지자와 의인이 너희가 보는 것들을 보고자 하여도 보지 못하였고 너희가 듣는 것들을 듣고자 하여도 듣지 못하였느니라"(마 13:17).

이사야의 예언은 무엇이었을까요? 그 예언의 성취는 예수님께 어떻게 나타난 것일까요? 우리는 보고 듣는 것을 이해의 문제, 지각의 문제, 판단의 문제, 그리고 결정의 문제라고 생각합니다. 예수님이 오셔서 하시는 말씀은 정확히 이것입니다. 보고 들을 수 있으려면 먼저 볼 것과 들을 것이 있어야 한다는 말입니다. 다시 말해, 볼 시력과 들을 청력을 가지고 있다 할지라도 그것으로 내가 볼 것을 만들고 들을 것을 만들어낼 수 있지 않다는 것입니다. 그것과는 완전히 다릅니다. 사람들이 성육신이 무엇을 의미하는지 모르는 것도 그와 같습니다. 하나님께서 인간을 구원하시기 위해 그의 아들을 보내셨지만 예수님을 하나님의 아들로 알아보지 못했습니다.

가장 큰 안목

씨 뿌리는 비유도 그 점을 가르칩니다. 아무리 밭이 있다 할지라도 밭 스스로는 열매를 맺지 못합니다. 씨 뿌리는 자가 씨를 뿌리지 않으면 그 밭은 어떤 결과도 낼 수 없습니다. 씨가 뿌려져서 열매를 맺게 하는 일은 하나님만 하실 수 있습니다. 이런 차원에서 이스라엘이 거둔 역사적 결실이 어떤 것인지 생각해 볼 수 있습니다. "너희가 스스로 소원하는 것을 거둘까봐 내가 겁이 난다. 그것으로 너희가 타협하고 살까봐 내가 심판할 것이다. 내가 이제 너희를 절망 속으로 몰아넣을 것이다." 이렇게 말하는 것이 이스라엘의 역사이고, 예수님이 씨 뿌리는 비유에 대한 설명에서 우리에게 가르치시는 교훈입니다.

요한복음 1:1부터 보겠습니다.

태초에 말씀이 계시니라. 이 말씀이 하나님과 함께 계셨으니 이 말씀은 곧 하나님이시니라. 그가 태초에 하나님과 함께 계셨고 만물이 그로 말미암아 지은 바 되었으니 지은 것이 하나도 그가 없이는 된 것이 없느니라. 그 안에 생명이 있었으니 이 생명은 사람들의 빛이라. 빛이 어둠에 비치되 어둠이 깨닫지 못하더라. 하나님께로부터 보내심을 받은 사람이 있으니 그의 이름은 요한이라. 그가 증언하러 왔으니 곧 빛에 대하여 증언하고 모든 사람이 자기로 말미암아 믿게 하려 함이라. 그는 이 빛이 아니요 이 빛에 대하여 증언하러 온 자라. 참 빛 곧 세상에 와서 각 사람에게 비추는 빛이 있었나니 그가 세상에 계셨으며 세상은 그로 말미암아 지은 바 되었으되 세상이 그를 알지 못하였고 자기 땅에 오매 자기 백성이 영접하지 아니하였으나 영접하는 자 곧 그 이름을 믿는 자들에게는 하나님의 자녀가 되는 권세를 주셨으니 이는 혈통으로나 육정으로나 사람의 뜻으로 나지 아니하고 오직 하나님께로부터 난 자들이니라(요 1:1-13).

우리는 "믿는 자가 구원을 받는다"고 하면서 믿음이 중요함을 강조할 때 보통 이 본문을 활용합니다. 그러나 요한복음의 강조점은 이렇습니다. "빛이 왔으나 어둠이 깨닫지 못했다." 그래서 세례 요한이 와서 빛에 대하여 증언해야 합니다. 빛은 설명할 수 있는 게 아닙니다. 빛은 봐야 하는 것입니다. 그렇지요? 그대로 보면 됩니다. 그런데 그 빛을 누군가 설명해 주어야 한다면 설명이 필요한 그는 맹인인 것입니다. 여기서 본다는 것은 여기 있는 대로 그를 믿는다는 것을 뜻합니다. 요한복음 1:13에서 보듯이 혈통으로나 육정으로나 사람의 뜻으로 나지 아니하고 오직 하나님께로부터 난 자들이라야 합니다. 이런 변화가 일어나야 합니다. 눈을 떠야 합니다. 눈을 떠서 봐야 합니다.

그가 볼 대상은 어떤 분입니까? 요한복음 1장에 이렇게 나옵니다. "말씀이 육신이 되어 우리 가운데 거하시매 우리가 그의 영광을 보니 아버지의 독생자의 영광이요 은혜와 진리가 충만하더라"(요 1:14). 이 영광, 이 은혜, 이 진리가 우리가 볼 대상이요 들을 대상입니다. 그래서 우리 안에 채워야 할 은혜요 복인 것입니다. 기독교 신앙이 말하는 모든 내용들은 아버

이사야서, 하나님의 비전

지께로부터 옵니다. 그것은 우리가 이해하고 합의하고 납득해서 우리의 것이 되지 않습니다. 그것은 하나님의 의지, 하나님이 기뻐하시는 목적과 관계가 있습니다. 하나님이 우리에게 바라시는 목표의 영광대로 우리가 만들어질 것입니다. 그것이 성경이 하고 싶은 이야기입니다.

　이 문제는 우리가 무언가를 보고 그 본 것을 다른 이와 서로 이야기하는 것과 달리, 그것을 보고 그 사람이 어떻게 되느냐 하는 것과 관계가 있습니다. 이것은 살면서 누구나 경험합니다. 같은 사건에서 어떤 의미, 유익, 가치, 진보를 이뤄내느냐 하는 것은 사실 매우 기이한 일입니다. 실패를 통해 유익을 얻기도 하지만 반면에 성공이 파멸로 이끌어가기도 합니다. 이런 일은 현실에서 비일비재합니다. 그것이 얼마나 중요한 일인가를 교훈하고, 설명하고, 몽둥이를 든다 해도 사람의 마음을 움직일 수는 없습니다. 사람을 바꾸는 것은 그런 것들로 되지 않습니다. 왜 그렇게 훌륭한 사람이 되었는지 옆에서는 이해할 수 없고, 왜 말을 듣지 않는지 이해할 수 없습니다. 그 일에 최종 권위자는 하나님 한분이십니다. 그분에게 은혜를 구해야 되는 일이고, 그분이 기꺼이 개입하시지 않는 이상 인생과 역사는 어떤 가치도, 유익도 가질 수 없습니다. 이것이 기독교 신앙을 통해 갖게 되는 가장 큰 안목이어야 합니다.

　씨 뿌리는 비유에서 보는 대로 각각의 밭들이 보인 반응의 결과는 다만 우리의 어떤 성실함, 깨우침, 노력의 문제를 뜻하는 것일까요? 우리의 존재, 우리가 가져야 하는 모든 지식, 어떤 판단, 어떤 유익, 가치 이 모든 것들은 하나님 손에 달려 있습니다. 그것은 삶의 매 경우나 모든 생각하는 시점에서 반복적으로 확인될 수 있습니다. 이러한 이해가 없는 한 우리는 신앙인으로서 이스라엘 백성들이 가졌던 오해나 실패나 못난 짓과 똑같은 일들을 우리의 생애 속에서도 반복할 수밖에 없습니다. 성경이 어떤 의도를 가지고 무슨 유익을 주는지를 확인하지 못하는 한 이 말씀은 우리에게 있어서 그저 하나의 교훈이나 이해에 그칠 뿐이지 우리 자신의 삶과 존재에는 힘이 되지 못할 것입니다. 이 힘을 확보해야 합니다.

로마서 5:8-10을 보겠습니다.

우리가 아직 죄인 되었을 때에 그리스도께서 우리를 위하여 죽으심으로 하나님께서 우리에 대한 자기의 사랑을 확증하셨느니라. 그러면 이제 우리가 그의 피로 말미암아 의롭다 하심을 받았으니 더욱 그로 말미암아 진노하심에서 구원을 받을 것이니 곧 우리가 원수 되었을 때에 그의 아들의 죽으심으로 말미암아 하나님과 화목하게 되었은즉 화목하게 된 자로서는 더욱 그의 살아나심으로 말미암아 구원을 받을 것이니라(롬 5:8-10).

성경에서 예수님의 오심은 대단히 중요한 사건입니다. 성경의 가장 중요한 사건들로는 창조, 구원, 심판이 있습니다. 이것들은 역사의 시작과 중간, 그리고 미래에 놓여 있습니다. 하나님께서 우리를 만드셨고 우리가 그를 거부했으나, 그는 우리를 회복시키려 하십니다. 그 회복은 지은 죄를 지워버리는 작업이 아니라 그것보다 훨씬 큰 것입니다. 하나님의 창조를 기어코 완성하려는 것이라고 성경은 가르칩니다. 그 과정에서 우리의 선택, 우리의 자유가 보장됩니다. 하나님은 우리의 자유가 잘못 사용된 것조차 포함시켜 그의 뜻을 이루시고야 말겠다고 하십니다. 우리가 선택한 잘못을 만회하고 고쳐내는 정도가 아니라, 그 선택까지 합하여 우리에게 유익이 되게 하고 승리케 하겠다고 하십니다. 이것이 성경에서 말하는 구원의 이야기입니다.

예수님이 언제 오십니까? 우리가 죄인일 때 오십니다. 우리가 그를 필요로 하지 않았고 요청하지 않았을 때 오십니다. 다른 곳을 보고 있을 때 오십니다. 그는 우리를 위하여 죽으십니다. 죽었다는 것은 할 일을 다 하셨다는 뜻입니다. 그리고 이제 그가 부활하사 하늘 보좌 우편에 앉아 계십니다. 이 죽으심으로 우리를 하나님과 화목하게 하는 구원이 일어났다면, 그리고 그가 부활하사 하늘 보좌 우편에 앉아 계신 마당에는 그 구원이 얼마나 굉장하겠느냐는 뜻입니다. 우리가 관심도 없었을 때에 그의 죽으심으로 주신 구원이 이렇게 크다면, 예수님이 다시 살아나신 마당에는 그 구원이 얼마나 굉장한 것이겠느냐 하는 이야기입니다.

하나 더 짚고 넘어가야 할 말씀이 있습니다. 마태복음 11장입니다. 여기서는 제가 하는 이 이야기의 중요성을 이렇게 가르쳐줍니다.

> 요한이 옥에서 그리스도께서 하신 일을 듣고 제자들을 보내어 예수께 여짜오되 오실 그이가 당신이오니이까. 우리가 다른 이를 기다리오리이까. 예수께서 대답하여 이르시되 너희가 가서 듣고 보는 것을 요한에게 알리되 맹인이 보며 못 걷는 사람이 걸으며 나병환자가 깨끗함을 받으며 못 듣는 자가 들으며 죽은 자가 살아나며 가난한 자에게 복음이 전파된다 하라(마 11:2-5).

예수님이 오셔서 무슨 일을 하십니까? 눈을 뜨게 하고 귀를 열어 주십니다. 죽은 자를 살리십니다. 그것이 예수께서 오셔서 하신 일입니다. 복음서를 읽을 때 이런 일들로 여러분이 쉽게 감동하면 안됩니다. 왜냐하면 우리가 이 예수님을 죽이기 때문입니다. 네 복음서의 결말이 모두 똑같습니다. 예수님은 죽으십니다. 그런 일을 하셨는데도 죽으십니다. 그분이 우리를 고치고 계셨는데도 알아보지 못합니다. 그분이 오셨다는 사실과 우리가 보게 되고 듣게 된 것이 합쳐지는 날이 옵니다. 그렇게 되는 날이 바로 우리가 회개한 날입니다. 우리가 예수님을 믿기로 한 날입니다. 우리가 그를 부르지 않았을 때 그분이 오셨고, 그분이 우리의 눈을 열어 주셨는데도 몰랐습니다. 그런데 그렇게 일하신 이를 죽인 우리가 나중에 무슨 일이 일어났는지, 우리가 봤던 것이 무엇인지를 아는 날이 오게 됩니다.

우리만 울 수 있다

앞에서 우리가 살펴본 이사야서 본문은 이스라엘 역사에 관해서 이렇게 이야기합니다. "너희가 나의 진노와 심판 앞에 서게 되는 것은 손해가 아니다. 망하는 것이 아니다. 너희가 한 선택으로 너희 인생이 끝나지 않을 것이다. 다만 내가 너희에게 거룩한 승리와 영광을 이루기 위하여 너희를 잠시 심판으로 내몰 수밖에 없다. 그러니 그 심판을 두려워하지 마라." 이사야에서부터 출발하여 예레미야, 에스겔, 다니엘과 이후 모든 선지자에게 이르기까지 그들이 와서 하는 말은 "너희가 잘못했으니 고쳐라" 하는 정도가 아닙니다. 그들은 이렇게 간단한 말을 하러 온 것이 아닙니다. "너희가 얻어맞을 수밖에 없었지만, 그래도 괜찮다. 놀라지 마라. 그렇게 해서 하나님이 너희에게 무엇을 만드시는가를 한번 봐라." 이것이 선지서에서 말하는 바입니다.

그러니 성경에서 심판당한 그들과 우리는 똑같습니다. 예수님을 믿는다는 것 하나로 우리 삶의 모든 것이 형통해지는 것이 아니지 않습니까? 예수님을 믿어서 더 고달픕니다. 마음 놓고 그냥 포기하고 살 수도 없게 되었습니다. 그렇다고 믿고 기도해도 나아지지도 않습니다. 이 부분에서는 저도 자꾸 목소리가 높아집니다. 그러나 따지고 보면 성경은 내내 이 이야기를 하고 있습니다. "그것은 내가 맡아서 하고 있다. 그것이 너에게 유익이다. 그 일이 없으면 너는 잠들고 만다. 나는 너를 놓아둘 수 없다. 너는 울어라. 또 울어라. 그것이 복인 줄 아는 날이 온다. 너는 울어라."

여러분, 아십니까? 아이들이 우는 것은 부모를 부르는 행위입니다. 부

모가 없으면 울지 않습니다. 못 웁니다. 고아들은 울지 않습니다. 우리만
울 수 있습니다. 그러니 우십시오. 그리고 자신이 누구인지를 확인하십시
오. 여러분이 겪는 어떤 일도 하나님이 여러분에게서 이루시고자 하는 일
을 결코 막거나, 방해하거나, 실패하게 할 수 없습니다. 우리 각각의 생애
가 하나님이 이스라엘 역사 내내 하신 일, 그 아들을 보내서 하신 일, 그를
십자가에 매달고 그를 무덤에 장사지내고 부활시킨 능력과 그런 성실하신
의지와 단단히 묶여 있는 순간이요 나날이라는 것을 기억하십시오. 우리
가 모를 때도 하나님은 성실하시다는 것을 기억하십시오.

:::

하나님 아버지, 은혜를 감사합니다. 우리는 잊고 있지만 하나님은 잊지 않으시
며, 우리는 실패하지만 하나님은 결코 포기하지 않으신다고 말씀합니다. 그러니
우리 각자의 존재와 인생과 현실과 조건을 믿음 안에서 감당해내어 잘 사는 인
생이 되게 하옵소서. 우리가 못났을 때도, 우리가 도망갔을 때도 하나님은 일하
셨고, 일하고 계시고, 일하실 것임을 믿습니다. 그 믿음으로 인하여 하나님은 결
국 우리를 담대케 하고 위대하게 하고 책임 있게 하여, 감사하는 인생이 되도록
하실 것입니다. 예수님 이름으로 기도합니다. 아멘.

임마누엘

사 7:10-17

여호와께서 또 아하스에게 말씀하여 이르시되 너는 네 하나님 여호와께 한 징조를 구하되 깊은 데에서든지 높은 데에서든지 구하라 하시니 아하스가 이르되 나는 구하지 아니하겠나이다. 나는 여호와를 시험하지 아니하겠나이다 한지라. 이사야가 이르되 다윗의 집이여, 원하건대 들을지어다. 너희가 사람을 괴롭히고서 그것을 작은 일로 여겨 또 나의 하나님을 괴롭히려 하느냐. 그러므로 주께서 친히 징조를 너희에게 주실 것이라. 보라, 처녀가 잉태하여 아들을 낳을 것이요 그의 이름을 임마누엘이라 하리라. 그가 악을 버리며 선을 택할 줄 알 때가 되면 엉긴 젖과 꿀을 먹을 것이라. 대저 이 아이가 악을 버리며 선을 택할 줄 알기 전에 네가 미워하는 두 왕의 땅이 황폐하게 되리라. 여호와께서 에브라임이 유다를 떠날 때부터 당하여 보지 못한 날을 너와 네 백성과 네 아버지 집에 임하게 하시리니 곧 앗수르 왕이 오는 날이니라.

아하스의 곤경

이 본문은 아하스 왕 시절 남유다 왕국 시대의 이야기로, 임마누엘 징조에 관한 성경의 증언입니다. 당시에 앗수르가 가장 큰 세력으로 등장해서 그동안 큰 세력을 누렸던 아람, 지금의 시리아가 쇠퇴하기 시작합니다. 그리고 신흥 제국으로 일어난 앗수르가 활발한 침략 전쟁을 통해 영토 확장을 꾀합니다. 이에 위협을 느낀 아람이 오랫동안 원수지간이었던 북이스라엘과 손을 잡고 여러 조그마한 해안 국가들, 지중해변 팔레스타인에 있는 작은 나라들과 동맹을 맺어 앗수르에 대항할 반(反)앗수르 동맹을 맺습니다. 하지만 남유다는 여기에 동참하지 않습니다.

앗수르에 위협을 느낀 북이스라엘은 세력을 키울 목적으로 남유다의 왕을 폐하고 자기네들에게 협조적인 사람을 왕으로 삼고자 합니다. 그리고 이제 아람과 북이스라엘이 군사 동맹을 맺고 남유다를 침략한 것입니다. 아하스는 당연히 큰 공포를 느낍니다. 국가의 존망과 왕권의 위협 사이에서 그는 고민합니다. 그때 이사야가 그를 찾아가서 이야기합니다. "걱정하지 마라. 이 두 나라가 연합해서 왔을지라도 연기 나는 두 부지깽이에 불과하다. 저들은 성공하지 못한다. 너는 하나님을 믿고 이겨내라." 그러나 아하스는 이 말에 전혀 공감하지 못합니다.

그래서 이사야 7:10-11의 말씀으로 이어집니다. "여호와께서 또 아하스에게 말씀하여 이르시되 너는 네 하나님 여호와께 한 징조를 구하되 깊은 데에서든지 높은 데에서든지 구하라"(사 7:10-11). 네가 믿지 못하겠거든 징조를 구하라는 말씀입니다. 그러자 아하스가 어떻게 대답합니까? "아하스가 이르되 나는 구하지 아니하겠나이다. 나는 여호와를 시험하지 아니하겠나이다"(사 7:12). 굉장히 완곡한 표현이지만 그렇게 할 필요가 없다는 뜻입니다. 이에 이사야가 그를 책망하고 주께서 친히 징조를 주실 것이라고 이야기합니다.

이사야가 이르되 다윗의 집이여, 원하건대 들을지어다. 너희가 사람을 괴롭히고서 그것을 작은 일로 여겨 또 나의 하나님을 괴롭히려 하느냐. 그러므로 주께서 친히 징조를 너희에게 주실 것이라. 보라, 처녀가 잉태하여 아들을 낳을 것이요 그의 이름을 임마누엘이라 하리라(사 7:13-14).

임마누엘은 '하나님이 함께하신다'는 뜻입니다. 여기에 대해서 아하스가 신앙이 없었다거나 믿음을 갖지 못했다거나 이사야의 조언과 하나님의 진노에도 불구하고 순종하지 않았다고 쉽게 결론을 내리는 것은 이 정황을 깊이 이해하는 데 방해가 됩니다. 정답과 오답을 가리는 것으로 결론 내릴 것이 아니라, 무엇이 어떻게 틀렸는지를 알아야 합니다. 열왕기하 16:1-4을 보겠습니다.

> 르말랴의 아들 베가 제십칠년에 유다의 왕 요담의 아들 아하스가 왕이 되니 아하스가 왕이 될 때에 나이가 이십 세라. 예루살렘에서 십육 년간 다스렸으나 그의 조상 다윗과 같지 아니하여 그의 하나님 여호와께서 보시기에 정직히 행하지 아니하고 이스라엘의 여러 왕의 길로 행하며 또 여호와께서 이스라엘 자손 앞에서 쫓아내신 이방 사람의 가증한 일을 따라 자기 아들을 불 가운데로 지나가게 하며 또 산당들과 작은 산 위와 모든 푸른 나무 아래에서 제사를 드리며 분향하였더라(왕하 16:1-4).

이 역사적 위기 상황에서 아하스는 스무 살에 왕이 됩니다. 그때 그가 무슨 철이 들었겠습니까? 어떤 정치적 경험이나 분별력이나 담력이 있었겠습니까? 국운은 흔들리고 있고, 본인에게는 힘이 없습니다. 그가 통치하게 된 남유다는 오랫동안 아람과 북이스라엘, 그리고 더 나아가 이제는 앗수르의 위협 아래 놓인 그저 작은 나라에 불과합니다. 그에게는 정치적, 군사적, 경제적 차원에서 몸부림을 치는 것 외에 어떤 선택의 여지도 없었을 것입니다. 그래서 그가 그 일에 대해 힘을 다하여 참여하고 모색하고 몸부림친 것입니다.

그는 자기 아들을 몰렉에게 바치기까지 합니다. 이 이방신 숭배는 사람을 산 채로 바치는 제사입니다. 이 제사에 쓰인 제구(祭具)는 그 모양이 난로와 같았다고 합니다. 그 모양이 짐승의 형상이었는데, 그 입을 통해 제물을 넣어 훨훨 타는 불길에 태워 바치는 제사였습니다. 못할 짓입니다. 우리 기독교인들은 "왜 그딴 짓을 해"라며 쉽게 판단할 수도 있겠지만, 어디까지 떠밀렸으면 그렇게까지 몸부림을 쳤겠습니까? 그는 자기 인생을 쉽게 산 것이 아니라 할 수 있는 모든 몸부림을 쳤지만, 정작 그는 하나님을 아는 자가 아니었습니다. 그것이 역사적 배경입니다.

하나님이 쥐고 계시다

하나님이 친히 징조를 주십니다. 그것은 임마누엘이라는 징조입니다. 이 임마누엘의 징조는 처녀가 잉태하여 아들을 낳는다는 것입니다. 우리 기독교 신앙에서 가장 중요한 모든 것의 근거인 예수 그리스도의 탄생을 이야기하는 것이지만, 이 역사적 정황에서는 처녀가 아이를 낳는다는 데 초점이 있지 않습니다. 그 역사적 정황은 다릅니다. "처녀가 결혼하여 아이를 낳아 열두 살 쯤 될 때에 북이스라엘과 아람이 다 망할 것이다. 걱정마라" 하는 이야기입니다. 이처럼 이 징조는 기간에 관한 것입니다.

여기서 처녀라는 말은 젊은 여자라는 뜻도 가지고 있습니다. 따라서 여기 이사야서에서는 처녀 잉태라는 기적 이야기를 한 것이 아니고 '너희가 다 아는, 아직 시집가지 아니한 어느 여인'에 관한 이야기라는 것입니다. 지금 이사야도 알고 아하스도 아는 그 누구, 아마 10대 후반이나 20대 초반 정도 되는 처녀일 것입니다. 그가 결혼을 하고 아이를 낳아 그 아이가 열두 살이 되기 전, 이사야 7:15에 나오는 대로 "그가 악을 버리며 선을 택할 줄 알 때가 되면", 다시 말해 철이 들 때가 되면 엉긴 젖과 꿀을 먹을 것이라고 합니다. 엉긴 젖은 버터를 말합니다.

우리는 이것을 호사스러운 식단으로 오해할 수 있습니다. 그러나 이것은 이스라엘 백성들이 경작을 할 수 없어서 농작물 수확이 없을 때 하는 식사입니다. 따라서 이 아이가 악을 버리며 선을 택할 줄 알기 전에 아주 어려운 시절을 맞게 된다는 것입니다. 유진 피터슨의 『메시지』성경은 그 부분을 이렇게 번역합니다. "그 아이가 열두 살이 되어 도덕적 판단을 할 수 있을 때가 되면, 전쟁의 위협이 끝나 있을 것입니다." 곧, "그 아이가 철이 들기 전에 아하스가 미워하는 두 왕의 땅이 황폐하게 될 것이다"라는 약속입니다. "너희가 가진 국부나 국력이 더 커져서 힘으로 두 나라를 없는 것이 아니다. 너희는 여전히 궁핍하고 어렵겠지만 길게 잡아도 20년 내에 내가 두 나라를 다 멸망시키겠다"고 하신 것입니다. 이것이 뜻하는 바가 무엇일까요? 내가 미래를 잡고 있다는 말씀입니다. 이것이 임마누엘 징조의 핵심이 되는 내용입니다.

우리는 과거에 근거해서 오늘을 이해합니다. 오늘은 어제의 결과입니다. 그리고 내일에 대해서 오늘 결정해야 합니다. 내가 내린 결정이 얼마나 큰 영향을 미치는지, 그 결과가 모두 내 책임이라는 사실을 잘 알고 있습니다. 그러나 그 결과는 생각보다 큽니다. "네가 이해하고, 네가 준비하고, 네가 결정하는 대로 끝나지 않고, 하나님의 개입으로 하나님이 정하신 목적지로 갈 것이다." 이것이 임마누엘 징조에서 하나님이 하신 약속이고 선포입니다.

아하스 왕의 아들 히스기야 때가 되면 아람과 북이스라엘은 다 멸망하고 앗수르가 당면한 첫째 주적이 됩니다. 그리고 앗수르마저도 생각지 못했던 바벨론에 의하여 망하고, 남유다 왕국은 바벨론의 포로가 됩니다. 남유다는 북이스라엘도 아니고 아람도 아니고 앗수르도 아니고, 바벨론에게 멸망합니다. 이사야가 이것을 모두 예언합니다. 이 예언은 시간을, 미래를, 운명을 하나님이 쥐고 계시다는 사실을 우리에게 가르치려고 지금 이사야가 처한 역사적 정황 속에서 선포됩니다.

이사야서, 하나님의 비전

하나님의 성육신 증언

이 징조는 미래와 궁극적 결론을 쥐고 계시는 하나님께서 자신의 뜻을 더욱 크게 성취시켜 우리에게 허락하십니다. 마태복음 1:18 이하를 보겠습니다.

> 예수 그리스도의 나심은 이러하니라. 그의 어머니 마리아가 요셉과 약혼하고 동거하기 전에 성령으로 잉태된 것이 나타났더니 그의 남편 요셉은 의로운 사람이라. 그를 드러내지 아니하고 가만히 끊고자 하여 이 일을 생각할 때에 주의 사자가 현몽하여 이르되 다윗의 자손 요셉아, 네 아내 마리아 데려오기를 무서워하지 말라. 그에게 잉태된 자는 성령으로 된 것이라. 아들을 낳으리니 이름을 예수라 하라. 이는 그가 자기 백성을 그들의 죄에서 구원할 자이심이라 하니라. 이 모든 일이 된 것은 주께서 선지자로 하신 말씀을 이루려 하심이니 이르시되 보라, 처녀가 잉태하여 아들을 낳을 것이요 그의 이름은 임마누엘이라 하리라 하셨으니 이를 번역한즉 하나님이 우리와 함께 계시다 함이라. 요셉이 잠에서 깨어 일어나 주의 사자의 분부대로 행하여 그의 아내를 데려왔으나 아들을 낳기까지 동침하지 아니하더니 낳으매 이름을 예수라 하니라(마 1:18-25).

이 본문에서 보는 바와 같이 임마누엘의 약속이 신약에서 더 깊게 성취됩니다. "20년 내에 아하스 네가 두려워하는 저 두 나라가 멸망할 것이다. 너는 세상적인 조건과 방법으로 미래를 개척하려고 하는, 모든 것을 스스로 결정하려는 안목과 이해에서 더 올라 와야 한다. 하나님이 의지와 목적을 가지고 역사를 다스리시며 시간과 존재들을 간섭하고 계시다는 것을 기억하라. 임마누엘, 하나님이 우리와 함께하신다는 사실을 기억하라."

이것이 그런 역사적 정황 속에서 외친 선포요 실제로 일어난 역사였다면, 신약에 와서는 예수 그리스도의 탄생으로 그 뜻이 훨씬 깊고 놀랍게 드러납니다. 그는 처녀의 몸에서 태어납니다. 이 때 처녀의 몸에서 태어났다는 것, 날 수 없는 여자에게서 태어났다는 것이 핵심은 아닙니다. 물론 그것이 기적이고 놀라운 일이지만, 처녀냐 아니냐 하는 것으로 논쟁을 일삼을 필요는 없습니다. 이제 커다란 신비가 드러납니다. 요한복음 1장을 보겠습니다.

> 태초에 말씀이 계시니라. 이 말씀이 하나님과 함께 계셨으니 이 말씀은 곧 하나님이시니라. 그가 태초에 하나님과 함께 계셨고 만물이 그로 말미암아 지은 바 되었으니 지은 것이 하나도 그가 없이는 된 것이 없느니라. 그 안에 생명이 있었으니 이 생명은 사람들의 빛이라(요 1:1-4).

이처럼 예수 그리스도를 증언하는 복음서에서 그를 창조주라고 이야기합니다. 그가 우리를 만드신 분이시다. 그는 우리를 만드신 이로서 시작이신데, 이제는 자기가 만든 것의 결과의 자리에 들어오십니다. 즉, 마리아에게 나고 마리아의 아들이 됨으로써 자기가 만든 자의 결과물의 자리에 들어오십니다. 처녀가 그를 낳음으로써 우리가 만든 것이 아닌 하나님이 그 결과를 만드셨다는 이중적인 내용을 갖게 됩니다.

그러니 성경의 증언들은 하나님이 그의 의도와 그것을 이루기 위한 의지로써 어떻게 개인의 인생과 역사의 정황과 모든 조건에 개입하고 일하고 계시는가를 보여줍니다. 이것이 기독교 신앙에서 핵심적인 것입니다. 우리는 분명히 어제와 오늘과 내일이라는 순서를 가지고 있고 공간적으로도 각자 다른 지위, 다른 조건 속에 있습니다. 그러나 성경이 하고자 하는 이야기는 어제와 오늘과 내일이란, 하나님의 뜻을 이루시는 데 있어서 하나님이 얼마든지 전복시킬 수 있는 질서라는 것입니다. 하나님은 그 순서대로 일하시지만, 앞뒤가 언제든지 묶일 수 있고 역전될 수 있다는 것입니다. 그것은 혼란도 아니고 뒤집는 것도 아니라, 우리가 아는 평면보다 더 큰 입체 같은 것입니다. 시간이 앞으로만 흐르는 것이 아니라 뒤로도 흐를 수 있다는 듯 성경은 증언합니다. 그것이 말이 되겠는가 할 수도 있겠지만 성육신을 통해 역사적 사실이 됩니다. 뒤집을 수 없는, 옳다 그르다고 말할 수 없는 과거가 됩니다.

요한계시록 1장에서는 시간의 질서를 초월한다는 조건으로 종말이 선언되고 있습니다.

> 요한은 아시아에 있는 일곱 교회에 편지하노니 이제도 계시고 전에도 계셨고 장차 오실 이와 그의 보좌 앞에 있는 일곱 영과 또 충성된 증인으로 죽은 자들 가운데에서 먼저 나시고 땅의 임금들의 머리가 되신 예수 그리스도로 말미암아 은혜와 평강이 너희에게 있기를 원하노라(계 1:4-5).

여기서 예수님이 어떻게 소개됩니까? 그는 전에도 계셨고 이제도 계시고 장차 오실 이로 소개됩니다. 그는 충성된 증인으로 죽은 자들 가운데서 먼저 나시고 땅의 임금들의 머리가 되신 분입니다. 하나님이 이 예수로 무엇을 증언하신 것입니까? 과거와 현재와 미래를 하나로 묶어 하나님의 의지와 목적을 이루고 마신다는 역사적 산 증거로 삼으신 것 아닙니까?

믿는다는 것은 명예다

아하스처럼 우리도 언제나 "다가올 미래를 어떻게 책임질 것인가. 무엇을 할 수 있는가" 하는 문제에 붙잡혀 있는 것 아닙니까? 여러분의 걱정은 당연한 것이지만, 해결 방법은 예수님 안에서 선포된 대로 하나님의 의지가 더 크다는 사실을 인식하는 것입니다. 요한계시록 1:8에 이렇게 되어 있습니다. "주 하나님이 이르시되 나는 알파와 오메가라. 이제도 있고 전에도 있었고 장차 올 자요 전능한 자라 하시더라"(계 1:8). 이제도 있고 전에도 있었고 장차 올 어느 것 하나도 하나님의 뜻과 계획에서 필요 없거나 잘라버릴 것은 없습니다. 그 중의 어느 하나도 하나님의 뜻과 의지와 목적에 필요 없는 것이 없다는 말입니다. 하나님은 시간의 조건에 매여 있지도 않을뿐더러 그 모든 것을 채우시는 분이라고 증언합니다. 동정녀 잉태가 그것을 증언합니다. 창조주가 창조물의 후손으로 오셨고, 낳을 수 없는 자가 낳았고, 더 나아가 완성에 이를 것이라고 증언합니다.

이런 것들을 근거로 성경의 요구들이 나오는 것입니다. 로마서 12:1입니다. "그러므로 형제들아, 내가 하나님의 모든 자비하심으로 너희를 권하노니 너희 몸을 하나님이 기뻐하시는 거룩한 산 제물로 드리라. 이는 너희가 드릴 영적 예배니라." 신앙생활을 한다는 것이 무엇일까요? 그것은 곧 명예입니다. 어떤 명예일까요? 결국 당신의 형상대로 우리를 지어 당신의 영광의 찬송이 되게 하실 목적을 가지신 이의 목적에 이르게 되는 것이 바로 명예입니다. 하나님을 기뻐하고 하나님을 찬송하고 인간이라는 존재로 창조된 운명에 감사하는 자리로 가는 것입니다. 그 일의 완성은 미래에 있을 것입니다. 그러나 예수님 안에서 과거에 이미 성취된 것을 우리는 지금 여기서 누릴 수 있습니다. 장차 완성될 우리의 구원은 시간 질서에 따라 종말에 일어나겠지만, 믿는 우리는 지금 여기서 그것을 맛볼 수 있습니다.

그렇게 못한다면 여러분의 운명은 왔다 갔다 할 것입니다. 그것은 이차적인 문제입니다. 아하스가 믿든 믿지 않든, 그가 겁을 내고 있는 두 나라를 하나님이 마침내 멸하실 것입니다. 그것을 믿으면 명예가 되고 자랑이 되겠지만, 믿지 못하면 불안과 비겁함에 쫓겨 다닐 수밖에 없습니다. 기독교 신자들에게 있어서 '신앙으로 살아간다는 것'은 우리가 결정하고 실제적으로 누리는 인생 속에서 우리가 알고 있는 미래를 지금 살아내는 명예로 이해하는 것입니다. 이것이 얼마나 옳은가 하는 것은 설명할 필요조차 없습니다.

우리가 하루를 마감할 때면 그날 일어났던 일 중에 실수했던 일들이 가장 많이 기억날 것입니다. 왜 그랬을까 후회된다면 다음 날은 조금 삼가는 것이 좋습니다. 잘하려고 했는데 정신을 차리고 보니 이미 실수를 저지르고 있을 때가 있습니다. 그러면 실수를 깨달았을 때 거기서 뚝 자르십시오. 상을 엎었습니까? 그러면 상을 바로 놓고 엎질러 진 것을 주워 담으십시오. 그것이 명예입니다. 누구에게 오해를 받을 때에는 잘 받으십시오. 칭찬을 받을 때처럼 행동하기 어렵다면 가만히 계십시오. 가만히 있기 어려우면 도망가십시오. "잠깐 화장실 다녀오겠습니다" 하고 그 자리를 피하십시오. 그것이 명예입니다. 왜 그렇습니까? 그것이 다가 아니라는 것을 알고 있는 자만이 할 수 있는 것이기 때문입니다.

로마서 12:17-21 말씀은 아주 굉장합니다.

아무에게도 악을 악으로 갚지 말고 모든 사람 앞에서 선한 일을 도모하라. 할 수 있거든 너희로서는 모든 사람과 더불어 화목하라. 내 사랑하는 자들아, 너희가 친히 원수를 갚지 말고 하나님의 진노하심에 맡기라. 기록되었으되 원수 갚는 것이 내게 있으니 내가 갚으리라고 주께서 말씀하시니라. 네 원수가 주리거든 먹이고 목마르거든 마시게 하라. 그리함으로 네가 숯불을 그 머리에 쌓아 놓으리라. 악에게 지지 말고 선으로 악을 이기라(롬 12:17-21).

아주 무시무시한 말씀입니다. 상대방이 아하스 노릇을 하면 아하스

노릇하게 놔두십시오. 여러분은 이사야 노릇을 하십시오. 이해하시겠습니까? 그가 가진 왕권, 그가 가진 권력은 중요한 것이 아닙니다. 권력을 쥐고 있는 자라도 자기 지위를 어떻게 감당해내야 하고, 자기 인생을 어떻게 살아내느냐에 대한 이해와 결정을 해야 합니다. 그 권력의 피해를 입는 자도 피해를 받는 자리에서 자기 지위와 조건을 어떻게 이해하고 어떻게 반응할 것이냐 하는 동일한 기회가 주어지는 것입니다. 어디서나 멋있게 행동할 수 있습니다. 여러분은 주어진 삶의 조건들, 그리고 여러분이 겪는 억울함을 토로하고 그것을 해결하는 수준에 머물러서는 안됩니다. 하나님이 가지신 의지와 궁극적 목적을 알고 있는 자로서 우리는 다르게 반응해야 한다고 성경은 가르칩니다.

고린도전서 13:4-6도 보겠습니다.

사랑은 오래 참고 사랑은 온유하며 시기하지 아니하며 사랑은 자랑하지 아니하며 교만하지 아니하며 무례히 행하지 아니하며 자기의 유익을 구하지 아니하며 성내지 아니하며 악한 것을 생각하지 아니하며 불의를 기뻐하지 아니하며 진리와 함께 기뻐하고(고전 13:4-6).

이 모든 것들을 덕목으로 삼는다고 해도 당장 실천에 옮길 수는 없습니다. 덕목으로 이해하고 실천해도 눈앞에 보상이 없기 때문입니다. 여러분이 무슨 일이든 참고 견디기만 하면 다른 사람들로부터 어리석다는 말을 들을 것입니다. 사람들은 결국 우리가 다른 길로 간다는 것을 알기 때문입니다. 그 외의 것들은 가치가 없습니다. 영원하지 않습니다. 하나님은 우리를 다른 길로 몰아가고 계십니다. 우리는 그 길로 갈 것입니다. 그 길로 가는 게 최고입니다.

여러분이 나이 들어서 후회하는 것이 무엇입니까? 그때 더 잘할 걸 하는 것 아닙니까. 그렇다면 그때 못한 것이 무슨 의미가 있을까요? 후회를 만들어냅니다. 그 후회는 또 무엇을 만들까요? 겸손과 지혜를 만들어냅니다. 반대로 어떤 일을 잘해냈다면 자랑을 만들어내겠지요. 그 자랑이 여러분을 관용으로 이끌고 가야 합니다. 하나님이 그렇게 하도록 만드실 것입니다. 그러나 여러분의 자랑이 거스르고 비난하는 쪽으로 향한다면 그것은 여러분에게 손해입니다. 자랑할 것이 있을 때 관용을 베푼다면 더 없이 멋진 것입니다.

그런 일들을 오로지 누가 할 수 있습니까? 하나님이 세상과 다른 길로 이끄신다는 것을 아는 자들만이 그렇게 할 수 있습니다. 그것은 나만 가고 저 사람은 못 가는 상대적이고 경쟁적인 길이 아니라 하나님이 인류의 시작부터 시작하신 방법입니다. 하나님이 그렇게 만드셨고 목적하셨으며 또 포기하지 않고 일하고 계십니다. 예수님에게서 그 증언이 완료되었습니다. 성취되었습니다. 그래서 예수님을 믿는다는 말에는 이 모든 것이 다 포함됩니다. 우리 각자가 살아가면서 비록 억울한 상황에 놓이더라도 사랑하라는 것입니다. 달리 말하자면 오래 참으라는 것입니다. 남을 비난하거나 보복한다고 해서 보상받는 것이 아닙니다. 사랑을 해야 하는 문제입니다. 비난해도 보상을 받지 못하며 설명해도 보상을 받지 못합니다. 사랑하지 않으면 안되는 것입니다.

여기에 시간이 들어옵니다. 고린도전서 13:7을 보십시오. "모든 것을 참으며 모든 것을 믿으며 모든 것을 바라며 모든 것을 견디느니라"(고전 13:7). 이것이 무슨 뜻일까요? 시간은 그냥 흘러가지 않는다는 것입니다. 이것은 단순히 우리가 신자이기 때문에 손해를 감수하고 참아야 한다는 것이 아닙니다. 하나님이 우리 모두를 그리로 몰고 가시기 때문입니다. 이것을 감당하는 것은 신자들의 책임이기 이전에 신자의 명예라는 것을 알아야 합니다. 그것이 사랑입니다. 예수 그리스도의 탄생으로 이루어진 성육신, 임마누엘이 모든 시간과 운명과 과정과 조건을 모두 한데 묶습니다. 그것 밖으로 나갈 수 있는 것은 아무것도 없습니다. 역사와 세계와 운명과 가치와 생명과 자랑에 대한 것이 그렇습니다.

그러니 예수님을 믿는다고 하는 고백이 얼마나 굉장한 것입니까. 이 굉장한 것을 우리가 가지고 있음에도 불구하고 계속 하나님께 자신이 처한 상황을 바꿔달라고 하는 것 아닙니까? 마치 아하스처럼 "내 아들이라도 바칠 테니 이 상황 좀 바꿔주십시오" 하는 것과 같습니다. 아하스가 하나님을 모른다고 하는 것은 말이 되지 않습니다. 그가 유다의 왕인데 어찌 모르겠습니까? "다윗의 집이여, 들을지어다"라고 하지 않았습니까? 남의 이야기가 아닙니다. 여러분 각자의 신앙고백에 들어 있는 운명과 힘, 정황, 기회, 책임, 명예, 영광에 대해 이해함으로써 각자의 삶을 이겨내어 자랑할 수 있는 인생이 되기를 바랍니다.

::

하나님 아버지, 은혜를 감사합니다. 우리의 존재, 조건, 정황, 억울함, 버거움, 그리고 고난, 고통, 염려, 불안, 걱정, 막막함, 그 어느 것도 하나님의 뜻을 거스를 수 없습니다. 그것들은 하나님의 뜻이 이루어지는 데 동원될 뿐입니다. 하나님은 임마누엘이십니다. 우리와 함께하시며 우리의 인생에 개입하시고 당신의 최초의 뜻을 이루시는 우리의 아버지이십니다. 믿음으로 성경의 증언을 따라 자기의 삶과 자신의 가치를 누리는 우리 인생 되게 하옵소서. 예수님 이름으로 기도합니다. 아멘.

두 아들

사 8:16-18

너는 증거의 말씀을 싸매며 율법을 내 제자들 가운데에서 봉함하라. 이제 야곱의 집에 대하여 얼굴을 가리시는 여호와를 나는 기다리며 그를 바라보리라. 보라, 나와 및 여호와께서 내게 주신 자녀들이 이스라엘 중에 징조와 예표가 되었나니 이는 시온 산에 계신 만군의 여호와께로 말미암은 것이니라.

스알야숩과 마헬살랄하스바스

하나님께서 이사야에게 아람과 북이스라엘이 곧 망하리라는 것을 큰 서판에 "마헬살랄하스바스"라고 써서 증거로 삼으라고 하십니다. 마헬살랄하스바스란 '침략 혹은 노략이 신속히 이루어진다'라는 뜻입니다. 그 노략의 대상은 남유다를 공격하는 두 동맹국 아람과 북이스라엘이 될 것이며, 앗수르가 이 두 나라를 노략할 것입니다. 그런데 일이 묘하게도 이 마헬살랄하스바스를 이사야와 그 아내 사이에 낳을 아이의 이름으로 삼으라고 하십니다. 이사야에게는 아들이 둘 있는데 첫째 아들은 스알야숩이고, 둘째 아들은 마헬살랄하스바스입니다. 이렇게 둘째 아이에게 그 이름이 붙여집니다.

우리가 읽은 본문에서는 이렇게 말합니다. "너는 증거의 말씀을 싸매며 율법을 내 제자들 가운데에서 봉함하라. 이제 야곱의 집에 대하여 얼굴을 가리시는 여호와를 나는 기다리며 그를 바라보리라. 보라, 나와 및 여호와께서 내게 주신 자녀들이 이스라엘 중에 징조와 예표가 되었나니." 유다 왕 아하스에게 "아람과 북이스라엘의 동맹군은 결코 성공하지 못한다. 너희는 안전하다. 걱정마라"고 합니다.

그럼에도 아하스가 믿지 않았고, 그래서 주신 징조가 처녀가 아들을 낳는 것이요 그 아들의 이름은 임마누엘이었습니다. 또한 그 두 나라가 결국 멸망하리라는 것을 확인시켜 주시려고 이사야에게 마헬살랄하스바스를 아들로 주십니다. 그리고 유다는 믿지 않은 죄로 다 사로잡혀 가고 남은 자만 돌아오게 될 것이라고 합니다. 심한 고난을 당하고 국가의 운명까지 꺾여 멸망당하고 포로로 잡혀 가겠지만, 남은 자만 돌아온다는 것입니다. 그것을 말해주는 것이 스알야숩입니다. 이것이 그 시대적 상황입니다.

왜 하나님이 진노하십니까? 이스라엘이 하나님을 섬기지 않고 하나님이 주신 선택받은 백성으로서의 사명을 감당하지 못했기 때문입니다. 즉 하나님이 누구이며, 하나님의 자녀가 된다는 것이 무엇인지 알아야 하는 책임을 저버림으로써 그들 자신과 하나님께 불명예가 되었기 때문입니다. 이스라엘의 실패는 곧 하나님의 실패가 되는 것과 마찬가지이기 때문입니다. 그렇지만 다시 구원을 약속하십니다. "결단코 내가 너희를 버리지 않고 너희를 정화하여 회복하겠다. 구원을 완성하고야 말겠다"고 하십니다. 이사야서를 읽을 때 이처럼 심판과 구원이라는 두 주제가 매 장마다 반복해서 나오는 탓에 어디까지가 진심이고, 어디까지가 궁극적인 결과인지 가늠할 수 없을 정도입니다. 그만큼 서로 타협할 수 없는 반대의 길로 이사야서가 맹렬하게 진행되는 것을 볼 수 있습니다.

하나님의 진노와 경고에도 불구하고 하나님 따르기를 거절하는 북이스라엘은 물론이요 남유다도 하나님이 구원하실 것입니다. 그것이 지금으로서는 실현될 가능성도 보이지 않습니다. 하지만 이 일이 가능한 첫 번째

이사야서, 하나님의 비전

징조로 이사야가 섭니다. 이사야는 선지자입니다. 우리가 보통 이해하는 대로라면 선지자는 가서 백성들을 책망하고 하나님의 엄중한 진노를 피하도록 회개하라 가르치는 것이 첫째 임무입니다. 그러니 선지자를 보낸 것으로도 이미 이스라엘은 포기의 대상이 아니라는 뜻입니다. 그런데 선지자 이사야가 가서 "회개하라. 너희가 잘못했다" 하는 정도의 일을 하도록 보냄을 받는 것이 아니라 네가 가서 말할지라도 못 알아들을 것이라고 합니다. 그것을 수사학적으로 과장해서 말하자면, "알아 들을까봐 두려우니 가서 눈과 귀를 막고 와라" 하는 사명을 주십니다. 그러나 그 선지자의 이름은 '여호와는 구원이시다'라는 뜻입니다.

이러한 성경의 역설을 이해하지 못하면 하나님의 주권적이고 성실하신 의지를 우리가 저지르는 현실과 어떻게 연결할 것인지에 대하여 해답을 얻기 어렵습니다. "하나님이 결국 이기신다. 그러니 우리가 하는 일은 아무 의미가 없구나"라고 답을 내야 할 테니 말입니다. 하지만 "이래도 되고 저래도 되는구나"라고 생각하기에는 그 문제의 깊이가 너무 깊습니다. 우리의 인생이 그렇듯이 말입니다.

우리의 인생이 얼마나 깊은 층을 갖는지 쉽게 설명할 수 없지 않습니까. 인간은 깊고 신묘한 존재입니다. 창조의 목적과 하나님의 구원은 우리가 쉽게 생각하듯이 고통이 없고 자존심 상하지 않고 걱정하지 않아도 되는 그런 것이 아닙니다. 그것보다 훨씬 깊습니다. 무에서 유를 창조하신 하나님의 능력이 요구하는 바가 있기 때문입니다. 따라서 기독교 신앙이란 여러분이 기대하고 소원하듯이 삶의 어려움이 없는 정도의 소극적인 것과는 차원을 달리 합니다. 기독교 신앙은 그런 것들과 쉽게 타협할 수 있는 것이 아닙니다. 기독교 신앙이 요구하는 바를 우리가 소원하거나 상상할 수 없기에 하나님의 인도하심과 구원의 여정은 우리에게 힘들 수밖에 없습니다.

약속과 오늘이라는 시간

이 아이들이 징표가 된다는 것은, 임마누엘의 징조에서 그랬듯이 처녀가 잉태하여 아들을 낳아 열두 살이 되기 전에 저 두 나라의 왕이 패배한다는 것입니다. 그렇다면 처녀가 아이를 낳기 전에는 사람들이 어떤 위기의식을 갖지 않아도 될 것입니다. 그러나 아이가 태어나면 그들에게는 이제부터 말세입니다. 해가 가면 갈수록 그 징조는 사람들에게 더욱 실제적으로 다가와 위기감을 느끼게 할 것입니다. 이사야의 두 아이들도 똑같습니다. 스알야숩과 마헬살랄하스바스는 모두 어린 아이입니다. 그들은 태어나서 어린 아이로서 자라나고 있습니다. 언제 죽을지 정확하게 모르는 일이지만 그 아이들이 자라나고 있다는 것은 두 나라의 멸망이 다가오고 있다는 뜻입니다.

왜 하나님이 이런 방법을 쓰실까요? 여러분의 인생이 아무것도 아닌 것 같고, 국제 정세는 고사하고 내가 사는 동네에 아무 이바지조차 할 것이 없다 해도 여러분의 한 해는 그만큼 하나님께서 무엇을 하시는 한 해이기 때문입니다. 그것이 얼마나 중요한지 아십니까? 여러분이 중요하게 생각하지 않는 나의 일 년, 나의 하루가 하나님이 함께하신 임마누엘이요 스알야숩이요 마헬살랄하스바스입니다.

그런 것들이 우리의 존재를 형성합니다. 너무나 평범한, 아무것도 아닌, 감추어진 것들이 이런 약속에 들어 있습니다. 우리가 이런 것들을 간과하기 때문에 처녀 잉태가 가진 의미를 모를 수밖에 없습니다. 그 징조가 주어질 당시 사람들에게는 시간적 개념 정도로 이해되었겠지만, 예수님이 오시자 그것이 어떻게 됩니까? 무에서 유의 창조가 되지 않습니까? 창조주가 처녀의 자손으로 태어나심으로 예수님은 미래의 운명을 확증하고 확정하시는 존재로 오십니다. 그러니 예수를 믿는다는 것은 그 믿음의 시작과 과정과 결과 그 자체로 신적 증거인 것입니다. 그 증거를 우리 눈으로 본 것이요 우리가 사는 삶으로 확인한 것입니다. 우리가 사는 모든 인생이, 60년을 살든 80년을 살든, 그 시작과 최종 운명이 서로 한데 묶인 그 사이를 살아가는 것임을 확인할 수 있어야 합니다.

다시 본문으로 돌아와서 스알야숩과 마헬살랄하스바스 이야기를 한번 살펴보겠습니다. 당시에 유치원이 있었는지 없었는지는 모르겠지만, 한번 이렇게 상상해 보지요. 아이들은 유치원도 가고 학교도 가고 친구들도 만나고 나가서 장난도 칠 것입니다. 그런데 마헬살랄하스바스가 사고를 칩니다. 이웃집 아이를 다치게 한 것입니다. 그러자 어떤 사람이 마헬살랄하스바스의 어머니에게 와서는 이렇게 말합니다. "마헬살랄하스바스 어머니, 마헬살랄하스바스가 옆집에 사는 아이를 때리는 바람에 경찰이 와서 데리고 갔어요. 지금 아이가 눈물이 그렁그렁 해서는 엄마만 찾고 있어요. 마헬살렐하스바스 어머니, 빨리 가보세요." 사람들은 이런 일상의 일들에 파묻혀 익숙해진 나머지 아무도 이 마헬살렐하스바스에 관한 예언을 기억하지 못합니다. 그 예언이 뜻하는 바가 무엇인지 다 놓치고 있다는 것입니다.

세상은 멸망할 것입니다. 심판으로 끝날 것입니다. 하나님 나라가 임할 것입니다. 우리가 다 아는 이야기입니다. 우리 생애 가운데 일어나는 일에는 잘한 것, 못한 것, 의도한 것, 의도하지 않은 것, 주도권을 잡고 일으킨 것, 또는 다른 사람과 엮여서 일어난 것 등 모든 경우가 들어 있습니다. 말하자면 이사야의 두 아들의 경우에도 그들의 현실 속에 그런 모든 일들이 들어 있듯이 말입니다. 이사야를 통해 주신 하나님의 약속은 당시의 모든 현실과 따로 분리되어 있는 게 아니라, 모두 한데 묶여 있습니다. 그래서 그 모든 경우를 쓸어 담아 이 약속은 성취될 것입니다.

우리는 종종 하나님이 하시려는 일에 우리가 더 적극적이고 더 필요하고 더 유효한 자리에 있어야 한다고 생각하곤 합니다. 그러나 그렇지 않습니다. 하나님 나라라는 큰 명분을 드러내고 싶은 자리를 택하려고 할 것이 아니라, 먼저 여러분 자신이 어떤 사람이 되어야 할 것인지를 위해 선택하는 것이 마땅합니다. 하나님은 지금이라도 하늘나라를 임하게 하실 수 있고, 세상 역사를 끊으실 수 있기 때문입니다. 하나님은 우리에게 시간을 주고 계십니다. 따라서 인류 역사의 끝이 무엇인지를 알며, 그 끝을 위하여 하나님이 이제껏 그의 백성을 어떻게 다루셨고, 지금 무슨 일을 하고 계신지 아는 자로서는 그 안에서 무르익어야 합니다. 성숙해져야 합니다. 이런 성숙과는 상관없이 하나님을 위해서 쓸모 있는 인간이 되겠다고 나서지 마시고 하나님이 누구시며 나에게 무엇을 요구하시는지 아는 자로 서야 한다는 것입니다.

문제는 이것입니다. 마음에는 원이로되 육신이 말을 듣지 않는 것입니다. 매일 실수합니다. 그리고 정신을 차렸을 때는 이미 너무 멀리 와 있습니다. 거기가 문제입니다. 그러나 그것을 모두 만회하고 과거의 죄를 다 씻고 오려고 하지 말고, 어제 것까지는 다 잘라버리고 오늘을 사십시오. 이것이 처녀 잉태의 가장 중요한 상징입니다. 스알야숩과 마헬살랄하스바스에게 주어진 징조의 진정한 의미입니다.

시간을 마음껏 주신다

우리는 인생을 살면서 매우 당황스러운 일을 만날 때가 있습니다. 인과관계나 논리적인 이해나 관습을 벗어나는 일들이 벌어지기 때문입니다. 우리 기독교 신앙에는 다른 이해들과 차이가 나는 아주 중요한 것이 있습니다. 그것이 뭐냐 하면 말이 안되는 게 있다는 것입니다. 무에서 유를 창조하기 때문입니다. 거슬러 올라갈 원인이 더 이상 없습니다. 가장 중요한

이사야서, 하나님의 비전

것은 무엇입니까? 그것은 바로 구원입니다. 구원을 왜 받았는지, 어떻게 받았는지 묻지만 우리는 모릅니다. "그날 예수님을 알게 되었고, 내가 죄인이라는 사실을 알게 되었습니다." 그 다음에는 어떻게 삽니까? 그 다음에도 비슷하게 삽니다. 그런데 구원을 받은 것은 확실합니다. "그렇게 살아도 되겠는가?" "안됩니다." "그러면 오늘부터 바꾸겠는가?" "그러겠습니다." 하지만 그러고도 또 예전과 똑같이 삽니다.

하나님의 창조의 능력과 부활의 능력이 여러분을 기어코 완성의 자리에 이르게 할 것입니다. 말이 안되는데도 불구하고 말입니다. 시작도 과정도 결과도 그럴 것입니다. 기독교가 이렇게 이야기하는 사실을 여러분이 믿지 못하는 가장 큰 이유는 여러분이 기독교를 도덕이라 생각하고 있기 때문입니다. 여러분이 유용해야 한다고 생각하기 때문입니다. 그렇지 않습니다. 부모가 자식이 쓸모 있기를 바라는 것은 자식을 돈벌이 수단으로 삼겠다는 욕심 이외에 다른 것이 아닙니다. 자식은 자기 인생을 살아야 합니다.

거기에 가장 큰 깨우침이 필요합니다. 인간은 게으르다는 것, 인간은 이기적이라는 것, 인간은 허영심이 있다는 것, 인간은 남의 말을 듣지 않는다는 사실에 깨우침이 있어야 합니다. 이런 것들을 배우는 것이 훨씬 더 중요합니다. 하나님이 그 일을 하십니다. 그래서 우리가 신앙 좋은 사람에 대해 이야기할 때마다 역사에서 손꼽히는 사람들을 예로 들면서 본받아야 한다고 말하는 것, 하나님이 자녀를 키우시는 방법을 전혀 모르는 처사입니다.

하나님은 아담과 하와에게 선악과를 먹지 말라고 하시고서 그들이 따먹자 그에 대해 벌을 내리시고 인류 역사는 그대로 유지해 나가십니다. 그런 잘못 속에서도 하나님이 키우십니다. 자신이 결정한 것이 무엇인지 지켜볼 기회를 주십니다. 탕자의 비유에서 작은 아들이 자기 몫을 달라고 하자 재산을 털어서 그에게 줍니다. 아버지는 아들이 나가서 다 말아먹고 배 곯아서 돌아올 때까지 기다립니다. 그가 돌아오니까 "거 봐." 그러지 않습니다. 오히려 반가워합니다. 사람은 그렇게 해서 큽니다.

신앙 인생이란 옳고 그르고, 쓸모 있고 자랑스럽고, 그런 것이 아닙니다. 믿으나 마나하고, 예수 믿는 것 때문에 더 욕먹습니다. 동창끼리 모이면 제일 미운 소리 듣는 게 교회 나가는 사람입니다. 모두들 욕하지요. "절에 다니는 애들은 안 그러는데, 교회 나가는 애들은 왜 그러냐?" 모욕을 당하고 오해를 받는 일을 하나님이 감수하십니다. 잘못을 해본 적이 없는 사람은 역전시킬 건더기가 없습니다. "꼭 잘못을 해봐야 하는가?" 예, 잘못을 해봐야 됩니다. 인간이 어디까지 잘못할 수 있는가에 인간의 재능들이 들어 있습니다. 인간 된 재능, 더 큰 욕심, 더 큰 기대, 더 큰 만족을 요구하는 욕심이 있습니다. 아무것도 없어서 잘못하지 않는 것은 안됩니다. 하나님은 우리에게 시간을 마음껏 주십니다. 하나님이 그런 시간 속에서 일을 하십니다. 스알야숩과 마헬살랄하스바스를 주십니다. 성경이 이런 식의 깨우침을 주는 것에 대하여 우리는 매우 놀라울 뿐입니다.

시간이 간다는 것의 의미

로마서 4:17 이하를 보겠습니다.

기록된 바 내가 너를 많은 민족의 조상으로 세웠다 하심과 같으니 그가 믿은 바 하나님은 죽은 자를 살리시며 없는 것을 있는 것으로 부르시는 이시니라. 아브라함이 바랄 수 없는 중에 바라고 믿었으니 이는 네 후손이 이같으리라 하신 말씀대로 많은 민족의 조상이 되게 하려 하심이라. 그가 백 세나 되어 자기 몸이 죽은 것 같고 사라의 태가 죽은 것 같음을 알고도 믿음이 약하여지지 아니하고 믿음이 없어 하나님의 약속을 의심하지 않고 믿음으로 견고하여져서 하나님께 영광을 돌리며 약속하신 그것을 또한 능히 이루실 줄을 확신하였으니(롬 4:17-21).

하나님은 아브라함이 이렇게 믿은 것을 그의 의로 여기셨습니다. 이 지점이 어렵습니다. 예수님을 믿어 구원을 얻는다는 뜻에서 믿음입니다. 기독교 신앙의 가장 기본적인 것은 이 믿음이라는 고백입니다. "나는 예수님을 믿습니다." 예수님을 믿는다는 것은 구원을 받는다는 것인데, 구원은 믿음으로만 얻습니다. 이때 믿음이란 어떤 다른 조건이 아닙니다. 이해, 선행, 소원, 무슨 업적, 이 모든 것이 아닌 것으로 구원을 얻은 줄 압니다.

그 방법이 무엇입니까? 예수님입니다. 예수님이 누구십니까? 처녀 잉태, 즉 없는 데서 나신 이입니다. 하나님이 그의 백성을 구하기 위하여 없는 데서 나게 하신 분입니다. 시작이고 끝인 하나님입니다. 우리가 이것을 믿는 것입니다. 그것이 믿음입니다. 그러니 예수님을 믿으면 무엇이 달라집니까? 인생과 자신이 속한 시대와 사회와 역사와 모든 가치에 어떤 자세를 갖게 됩니까? 하나님은 없는 데서 있는 것을 만드실 수 있고, 잘못한 것을 뒤집으실 수 있다고 믿게 되는 것입니다. 여러분 자신뿐 아니라 여러분이 속한 사회, 여러분이 만나는 모든 경우, 모든 이웃들 앞에서 그 자세를 가질 수 있게 됩니다.

아브라함은 하나님 앞에 부름을 받고 열국의 아비가 되기로 합니다. 자녀를 열 명 주시겠다는 것도 아니고, 열 개의 부족을 주시겠다는 것도 아니라 열방, 전 세계의 아버지가 되게 하시겠다는 것입니다. 그런데 자녀는 하나도 없습니다. 그 삶이 얼마나 말이 안되었을지 한번 생각해 보십시오. 아이는 하나도 없는데 열국의 아비라뇨. 그가 돌아다닐 때 사람들이 묻습니다. "당신의 이름이 무엇입니까?" "저는 열국의 아비입니다. 내게는 자손이 하나도 없지만, 하나님이 나에게 열국을 주기로 하셨습니다." 이처럼 아이가 하나도 없는 가운데서 그가 배우는 것입니다.

그 열국 속에 우리가 들어가 있지 않습니까? 우리는 아브라함이 무엇을 배웠는지 알아야 합니다. 아브라함이 돌아다니면서 자신의 생애를 통해 무엇을 증언했겠습니까? "너를 축복하는 자에게는 내가 복을 내리고 너를 저주하는 자에게는 내가 저주하겠다." 이것 아니겠습니까? 그런데 그런 아브라함을 보고 비웃는다면 그는 바보가 되는 것입니다. 마찬가지로 사람들이 우리의 믿음을 비웃을 때 그 말을 듣고서 화를 낸다면 정작 우리가 바보가 되는 것입니다. 예수님을 믿는다는 것이 뭔지 아시겠습니까? 성경이 이렇게 크고 깊은 의미를 담아 쓴 말들이라는 것을 이해해야 합니다. 고린도후서 5:11 이하를 보겠습니다.

우리는 주의 두려우심을 알므로 사람들을 권면하거니와 우리가 하나님 앞에 알리어졌으니 또 너희의 양심에도 알리어지기를 바라노라. 우리가 다시 너희에게 자천하는 것이 아니요 오직 우리로 말미암아 자랑할 기회를 너희에게 주어 마음으로 하지 않고 외모로 자랑하는 자들에게 대답하게 하려 하는 것이라. 우리가 만일 미쳤어도 하나님을 위한 것이요 정신이 온전하여도 너희를 위한 것이니 그리스도의 사랑이 우리를 강권하시는도다. 우리가 생각하건대 한 사람이 모든 사람을 대신하여 죽었은즉 모든 사람이 죽은 것이라. 그가 모든 사람을 대신하여 죽으심은 살아 있는 자들로 하여금 다시는 그들 자신을 위하여 살지 않고 오직 그들을 대신하여 죽었다가 다시 살아나신 이를 위하여 살게 하려 함이라. 그러므로 우리가 이제부터는 어떤 사람도 육신을 따라 알지 아니하노라. 비록 우리가 그리스도도 육신을 따라 알았으나 이제부터는 그같이 알지 아니하노라. 그런즉 누구든지 그리스도 안에 있으면 새로운 피조물이라. 이전 것은 지나갔으니 보라, 새

것이 되었도다(고후 5:11-17).

    이 본문이 무엇을 말하고 있는지 아시겠습니까? 세상이 바뀌었다는 것입니다. 아무것도 아닌 것은 없으며, 어느 것도 실패할 수 없는 세상에 내가 살게 되었다는 것입니다. 일이 이렇게 되었으니 괜찮다는 것입니다. "모든 것이 합력하여 선을 이루느니라." 이 로마서의 한 줄 선언대로 온 인류, 역사, 경우, 각 개인의 처지 등 그 모든 것이 바뀐 세상 속에 들어 있습니다. 처녀 잉태, 죽음으로부터의 부활이 이제 그 바뀐 세상 안에 들어 있다는 것입니다. 아무것도 거기서 벗어날 수 없습니다.

    시간이 가는 것은 무엇이냐고요? 하나님의 약속이 성취되어 가고 있다는 뜻입니다. 우리가 그 속에서 살고 있는 것입니다. 겁을 낼 이유가 없습니다. 예수님을 믿는다는 말의 뜻을 이해한다는 것이 무엇일까요? 내가 그 완성으로 가는 여정 속에서 지금 여기에 살고 있다는 것입니다. 누구든지 그리스도 예수 안에 있으면 새로운 피조물입니다. 이것은 나 하나의 구원을 말하는 정도가 아닙니다. "이전 것은 지나갔으니 보라, 새 것이 되었도다"라고 말씀하지 않습니까? 그 새로운 피조물이란 새로운 세상을 말하는 것입니다. 그러니 다 달라 보입니다. 여러분의 존재, 여러분의 결정, 여러분의 처지, 여러분이 지금 풀어야 할 그 산더미 같은 문제들이 다 반전될 수 있습니다. 여러분이 할 수 있는 것은 이 믿음을 갖고 그 모든 짐, 그 모든 위기를 명예로 짊어지는 것이어야 합니다. 멋있게 웃어야 합니다. 여러분을 보는 사람들이 여러분을 통해 희망과 생명과 영생과 기쁨과 하나님을 보게 하십시오.

::

하나님 아버지, 은혜를 감사합니다. 우리는 생명과 감사와 영광과 명예와 예수를 가진 자들입니다. 우리를 두렵게 할 수 있는 것은 이 세상에 아무것도 없습니다. 그러니 우리를 만나는 모든 사람 앞에서 반가워할 힘이 되고 해결이 되고 소망이 되는 우리의 인생, 그 삶을 열심히 성실하고 충만하게 살아가게 하옵소서. 예수님 이름으로 기도합니다. 아멘.

07

한 아기

사 9:1-7

전에 고통 받던 자들에게는 흑암이 없으리로다. 옛적에는 여호와께서 스불론 땅과 납달리 땅이 멸시를 당하게 하셨더니 후에는 해변 길과 요단 저쪽 이방의 갈릴리를 영화롭게 하셨느니라. 흑암에 행하던 백성이 큰 빛을 보고 사망의 그늘진 땅에 거주하던 자에게 빛이 비치도다. 주께서 이 나라를 창성하게 하시며 그 즐거움을 더하게 하셨으므로 추수하는 즐거움과 탈취물을 나눌 때의 즐거움 같이 그들이 주 앞에서 즐거워하오니 이는 그들이 무겁게 멘 멍에와 그들의 어깨의 채찍과 그 압제자의 막대기를 주께서 꺾으시되 미디안의 날과 같이 하셨음이니이다. 어지러이 싸우는 군인들의 신과 피 묻은 겉옷이 불에 섶 같이 살라지리니 이는 한 아기가 우리에게 났고 한 아들을 우리에게 주신 바 되었는데 그의 어깨에는 정사를 메었고 그의 이름은 기묘자라, 모사라, 전능하신 하나님이라, 영존하시는 아버지라, 평강의 왕이라 할 것임이라. 그 정사와 평강의 더함이 무궁하며 또 다윗의 왕좌와 그의 나라에 군림하여 그 나라를 굳게 세우고 지금 이후로 영원히 정의와 공의로 그것을 보존하실 것이라. 만군의 여호와의 열심이 이를 이루시리라.

한 아기가 태어남

이사야서를 열면 이스라엘의 불순종에 대한 하나님의 무서운 심판 경고가 반복적으로 나옵니다. 그리고 그 심판에 대한 경고 이상으로 하나님의 최종적인 구원이 드높이 선포됩니다. 이 둘이 모순되고 충돌됨에도 불구하고 계속 꼬리를 물고 등장하기 때문에 이사야서를 읽는 것이 쉽지 않습니다. 우리는 이미 이사야 8장 말미에서 이스라엘이 결국은 하나님의 심판 아래 어려운 일을 당한다는 것을 알게 되었습니다. 북이스라엘도 망할 것이고 남유다도 바벨론에 망할 것입니다. 그들은 이사야 8:22에 있는 바와 같이 멸망할 것입니다. 즉 "땅을 굽어보아도 환난과 흑암과 고통의 흑암뿐이리니 그들이 심한 흑암 가운데로 쫓겨 들어가리라." 이렇게 절망과 비통한 하나님의 경고와 심판 속에 놓여 있는 것을 봅니다.

그런데 이사야 9장에서 대단히 돌연한 반전이 등장합니다. "전에 고통 받던 자들에게는 흑암이 없으리로다. 하나님께서 갈릴리를 영화롭게 하셨느니라. 흑암에 행하던 백성이 큰 빛을 보고 사망의 그늘진 땅에 거주하던 자에게 빛이 비치도다." 이런 반전이 일어납니다. 이사야 8장과 도저히 이을 수 없는 9장의 선언입니다. 너무나 간단한 역전이고, 너무나 명백한, 그리고 너무 쉬운 반전이라서 믿어지지 않습니다. 이사야를 읽는 모든 독자들은 이 8장과 9장 사이를 잇는 연결점이 어디인지 도무지 찾을 수가 없을 것 같습니다.

여기서 가장 중요한 것은 여호와께서 그리 하시겠다는 것인데, 우리로서는 이해하기 어려운 선포입니다. 이사야 9:1에서 여호와께서 스불론 땅과 납달리 땅이 멸시를 당하게 하셨고, 나중에는 갈릴리를 영화롭게 하시겠다고 합니다. 3절에서도 마찬가지로 주께서 이 나라를 영화롭게 하사 즐거움을 회복케 하실 것입니다. 그들이 무겁게 맨 멍에와 그들의 어깨의 채찍과 그 압제자의 막대기를 주께서 꺾으실 것입니다. 이러한 반전에 대한 단 하나의 설명은 하나님께서 그리 하시겠다는 것으로, 다른 모든 이해, 설명 혹은 어떠한 도전도 다 물리치신다는 것입니다.

"그것이 어떻게 가능할 것인가? 그것을 우리가 어떻게 믿을 수 있겠는가?" 이 질문에 대한 답은 이사야 9:6에 나타납니다. "이는 한 아기가 우리에게 났고 한 아들을 우리에게 주신 바 되었는데 그의 어깨에는 정사를 메었고 그의 이름은 기묘자라, 모사라, 전능하신 하나님이라, 영존하시는 아버지라, 평강의 왕이라 할 것임이라." 이 한 아기에 대한 약속이 증거라는 것입니다. 이 아기는 이미 태어났습니다. 이 아기가 태어났기 때문에 이 모든 하나님의 선포들, 회복, 구원, 승리, 역전은 기정사실과 다름없다는 것입니다.

우리는 이 아기가 이사야 7장에서 아하스에게 주어진 징조였다는 것을 기억합니다. "처녀가 잉태하여 아들을 낳으리니 그 이름을 임마누엘이라 하라"고 한 그 징조였고 약속이었습니다. 그때는 낳을 아이였고 지금은 태어난 아기입니다. 약간의 시간이 흘렀겠지요. 우리는 이 아기가 나중에 신약에 와서 처녀가 잉태하여 아들로 태어난 예수 그리스도로 성취되어 구체화된 것을 봅니다. 역사 속에 행하신 하나님의 증거와 신실하심과 약속의 진실하심으로 실체가 되고 역사가 되는 것을 봅니다.

누구냐가 아닌 시간의 문제

그러나 지금은 우리 예수님을 믿는 사람들이 '예수님을 믿는다. 예수님 안에서 다 성취되었다'와 같은 말들에 대해 그 약속이 역사적 배경 속에서 어떤 의미를 가졌고, 당시에는 어떻게 이해되었으며, 또 어떻게 적용되었는지를 깊이 살피지 않은 채 너무 쉽게 이야기하고 넘어가는 경향이 있습니다. 앞서 이야기한 대로 이사야 9:1의 반전을 생각할 때, 이사야 8장의 심판과 고통에서 간단히 반전이 일어난 것처럼 생각한다거나, "예수님을 믿는다", 혹은 "처녀가 아기를 낳았다" 등의 문제에 대해 너무도 쉽게 생각한다는 것입니다. 그 역사의 무게, 시대적 깊이, 오랜 시간에 걸친 하나님의 신실하심, 하나님의 진정한 길이 어떠했는지 제대로 이해하지 못하곤 합니다. 여기에 어떤 문제가 있을까요? 분명하지만 너무 쉬운 결론이기 때문에, 그 결론에 이르는 과정에 들어 있는 역사적 깊이를 제대로 헤아리지 못한 채 쉽게 놓칠 수 있다는 것입니다. 그래서 우리 인생을 제대로 이해하지 못할 때가 있는 것 같습니다.

우리는 이 임마누엘이 신약에서 예수 그리스도로 실체화되고 구체적인 역사가 되고 사건이 되고 기적이 되기 전에, 이사야의 이 예언의 핵심이 그 아이가 누구인가 하는 것이 아니라 시간에 관한 것임을 확인한 바 있습니다. 그것은 아하스 왕이 에브라임과 아람의 동맹군 앞에 국운이 걸린 위기 속에서 살 길을 찾아 모색할 때 하나님이 찾아와 주신 징조였지요. 무슨 징조였습니까? "하나님이 미래와 운명을 쥐고 있다. 너는 걱정 마라. 처녀가 잉태하여 아들을 낳고 그 아들이 열두 살이 되기 전에 너희가 지금 겁내고 있는 에브라임과 아람이 다 망할 것이다" 하는 것이었습니다. 이처럼 그때의 징조는 처녀가 낳는 아기가 누구냐 하는 것에 초점이 있었던 것이 아니라, 시간과 관계가 있었습니다.

당시 역사 기록을 살펴보면 에브라임과 아람의 동맹군은 주전 734년에 유다를 공격합니다. 그리고 북이스라엘은 주전 722년에 망합니다. 그러니까 동맹군이 공격할 때 그 아이가 태어났다면 12년쯤 흘러서 북왕국이 망하는 것입니다. 아무리 길어봤자 북왕국은 향후 20년 내에 망한다는 이야기입니다. "그때가 되면 하나님이 시간을 쥐고 계시며 미래를 붙들고 계시는 분임을 너희가 알게 될 것이다." 이와 같은 사실을 알게 하시려고 처녀 잉태를 소개하고 있습니다.

그리고 처녀가 아이를 낳는 이 문제는 한층 더 깊어집니다. 역사의 시작과 과정과 결과는 하나님 손에 달려 있습니다. 창조자가 어떻게 창조된 여인의 후손의 자리로 들어오고, 그가 어떻게 시작이며 결과가 되고, 처음이며 나중이 되는가 하는 것은 앞에서 살펴봤습니다. 그러나 이사야에서는 역사가 이런 식으로 진행된다는 것을 확연히 보여주지는 않습니다. 대신에 당시의 시대 상황과 미래에 대한 약속, 그리고 누가 결정권자인가, 누가 주인인가 하는 문제만 다룹니다. 그 아이가 태어남으로 하나님의 이 모든 약속들이 성취되고, 흑암에 앉은 백성들이 빛을 보며, 고통당하던 어깨에 채찍 대신 하나님의 권세가 주어지는 일이 허락될 것입니다. 이 아이에게 허락될 것입니다.

그러나 이 아이가 신약에서 우리가 확인한 예수님으로, 임마누엘로 구체화되는 것을 이 시대에서는 아직 확인할 수 없습니다. 이와 같이 신약 위주로 이해하기 때문에 우리는 예언이 선포될 당시의 이해나 적용을 간과한 채 비약하곤 합니다. 무슨 근거로 이런 의문을 제기할 수 있을까요? 여기서는 이 아기가 누구냐에 대해서는 관심이 없다고 했습니다. 중요한 증거가 되고 확인이 되는 징조인 이 아기가 누구냐 하는 것에는 관심을 보이지 않는다는 것입니다. 이 아기는 시간과 미래와 운명에 대한 주인의 일하심과 관계될 뿐입니다. 다만 그 아기가 태어난 것으로 임마누엘 약속의 성취가 틀림없다고 인용할 뿐입니다. 신약에서 보는 예수님, 우리가 아는 메시아로는 여기에서 아직 드러나지 않습니다. 그러나 그렇게 드러나지 않은 덕분에 이때 주어졌던 이 아기에 대한 당시의 이해, 당시의 적용은 생생하게 살아납니다. 왜 그가 아기일까요? 이사야 8:16-18에서 그 힌트가 주어집니다.

> 너는 증거의 말씀을 싸매며 율법을 내 제자들 가운데에서 봉함하라. 이제 야곱의 집에 대하여 얼굴을 가리시는 여호와를 나는 기다리며 그를 바라보리라. 보라, 나와 및 여호와께서 내게 주신 자녀들이 이스라엘 중에 징조와 예표가 되었나니 이는 시온 산에 계신 만군의 여호와께로 말미암은 것이니라(사 8:16-18).

이사야는 자신의 예언을 봉함하라는 명령을 받습니다. 즉, 타임캡슐을 만들라고 한 것입니다. 나중에 일어난 결과를 보고 조작한 것이 아니라는 것을 알게 하려는 것입니다. 지금은 알 수 없는 미래, 지금으로는 기대할 수 없는 미래이지만, 하나님의 약속을 지금 봉함해서 나중에 결과가 일어난 다음에 열어보라는 것입니다. 하나님이 주인이고 하나님의 약속이 실제로 이루어졌다는 것을 그때 가서 확인해 보라는 것입니다. 이렇게 그 약속을 봉함합니다. 그러면서 이사야가 뭐라고 말합니까? 자신과 자신에게 주신 자녀가 징조, 예표라는 것입니다. 하나님의 주권과 성실하심에 대한 징표라는 것입니다.

이사야는 어느 자리로 보냄을 받습니까? 하나님이 물으십니다. "누가 우리를 위하여 갈꼬?" 이사야가 나섭니다. "제가 가겠습니다." "너는 가라. 가서 그들의 눈을 감겨라. 그들의 귀를 막아라. 그들이 깨달을까봐 내가 겁이 난다." 이사야는 거기에 보냄을 받습니다. 그들에게 회개하라고 선포하거나 그들로 깨닫게 하도록 하려고 보냄을 받은 것이 아닙니다. 오히려 깨달을까봐 남은 가능성마저 막으라는 자리로 보냄을 받습니다. 그러나 이사야의 이름은 '여호와는 구원이시다'라는 뜻입니다. 우리가 이 역설을 읽어내지 못하면 성경을 읽어낼 방법이 없습니다.

하나님의 일하심은 곧 다가올 심판을 말하고 있습니다. 북이스라엘과 남유다의 멸망을 이야기합니다. 그러나 동시에 그것이 끝이 아니라는 이야기도 하십니다. 이사야의 첫째 아들은 스알야숩입니다. '남은 자가 돌아오리라'는 뜻입니다. 남은 자가 돌아온다는 것은 많은 사람이 죽고, 남겨진 자가 돌아온다는 말이 아닙니다. 이런 간단한 이야기가 아니라, 결국은 이스라엘이 남는다는 것입니다. 이스라엘을 친 대적들이 남는 것이 아니라 이스라엘, 즉 하나님의 약속의 백성이 남는다. 그들을 친 자들은 남지 않고 그들에 의해서 공격 받고 멸망당한 나라가 남는다. 그들을 위하여 이 심판이 있다는 이야기입니다.

마헬살랄하스바스란 "이스라엘을 친 그들이 망한다. 유다를 친 북이 스라엘과 아람이 먼저 망한다. 하나님의 심판이 임박해 있다. 그 심판이 급박하다"는 의미입니다. 그리고 남유다에게는 다음과 같은 뜻으로 선포됩니다. "너희는 바벨론에게 망할 것이다. 그러나 걱정마라. 결국 그들이 망하고 너희가 남는다." 이런 뜻이 되겠습니다.

그런데 그것이 왜 한 아기에게 주어지냐는 것입니다. 하나님의 심판은 끝이 아니고 구원을 위하여 있다는 말씀이 왜 한 아기에게 주어지냐는 것입니다. 예수님이라고 하면 문제는 간단히 해결될 터인데 말입니다. 우리는 예수님의 권능, 기적, 구원, 은혜를 한꺼번에 뭉뚱그려 쉽게 해결합니다만 이 당시는 아직 예수님을 모를 때입니다. 그는 단지 아기에 지나지 않습니다. 이 아기는 이름조차 없습니다. 한 아기가 태어난다는 것입니다. 이 아기가 태어난다는 것은 무엇입니까? 그 말은 미래를 갖는다는 뜻입니다. 출생이란 시작이요 미래를 가지는 것입니다. 끝장을 보려고 태어나는 것이 아닙니다. 아기란 시작이요 미래를 여는 것과 관계가 있습니다. 하나님께서 이스라엘 백성을 포로로 잡혀 가게 놔두시고 그들의 불신앙과 거부한 모든 죄에 대한 심판을 내리실지라도 그들을 존속시키십니다.

하나님의 의지가 우선한다

그러니까 한 아기는 이런 것입니다. 모든 인생이 아이를 가질 때마다, 아이가 태어날 때마다, 세상의 죄와 사망과 하나님을 반대하는 것이 이기는 것이 아니라 하나님이 이기신다는 사실을 기억하라는 것입니다. 물론 예수님 안에서 구체화되고, 기적과 능력과 승리가 현실로 드러날 것입니다. 그러나 모든 인생에게 아이를 주는 것은 예수님을 믿느냐, 믿지 않느냐 하는 것과는 별개일 것입니다. 아이가 태어날 때마다 이 역사는 죽음으로 끝나지 않고 희망이 있다는 메시지를 줍니다. 세상이 갖는 권력, 세상의 운명보다 더 큰 하나님의 의지를 보임으로써 우리에게 희망을 전하는 것입니다. 결국 모든 인생이 죽겠지만 하나님은 희망을 말씀하고 싶으신 것입니다.

죽음의 자리로 가면 다 망하고 끝나는 것이 아니라 거기에 예수님의 십자가가 선다는 것입니다. 누구도 사망을 피할 수 없듯이 예수님 안에 있는 은혜에서 도망갈 자는 아무도 없습니다. 죽음을 피할 수 없듯이 예수님의 끌어안으심에서 피할 수 없습니다. 거기에 부활을 세우십니다. 무엇이 겁이 나겠습니까? "이는 한 아기가 우리에게 났고 한 아들을 우리에게 주신 바 되었는데 그의 어깨에는 정사를 메었고 그의 이름은 기묘자라, 모사라, 전능하신 하나님이라, 영존하시는 아버지라, 평강의 왕이라 할 것임이라"(이사야 9:6). 하나님의 주권, 위대한 기적, 반전, 진정성, 두려움, 권능, 구원, 은혜, 용서가 거기에 다 묻어있습니다. 여러분의 나이, 여러분의 경우, 여러분의 현실 속에도 묻어있습니다. 한 아기로 태어나서 여러분이 온 지금 이 자리까지, 죽음이 눈앞에 온 지금 이 자리까지 다 어떻다고 하십니까? "그의 어깨에는 정사를 메었고 그의 이름은 기묘자라, 모사라, 전능하신 하나님이라, 영존하시는 아버지"라는 이름, 약속, 성실하심과 권능이 거기에 다 허락되어 있습니다.

로마서 8:28-30을 보겠습니다.

우리가 알거니와 하나님을 사랑하는 자 곧 그의 뜻대로 부르심을 입은 자들에게는 모든 것이 합력하여 선을 이루느니라. 하나님이 미리 아신 자들을 또한 그 아들의 형상을 본받게 하기 위하여 미리 정하셨으니 이는 그로 많은 형제 중에서 맏아들이 되게 하려 하심이니라. 또 미리 정하신 그들을 또한 부르시고 부르신 그들을 또한 의롭다 하시고 의롭다 하신 그들을 또

이사야서, 하나님의 비전

한 영화롭게 하셨느니라(롬 8:28-30).

이 말씀은 하나님의 예정과 예지, 그리고 구체적인 부르심과 칭의와 완성을 이야기하고 있습니다. 전문적인 신학 용어로 그것을 '구원의 서정'(the order of salvation) 또는 '구원의 과정'이라고 합니다. 여러분도 다 겪었습니다. 부르심과 회개, 그리고 구원을 확인하는 일과 성화와 영화로의 인도하심을 경험하고 있습니다. 이 본문에서 모든 표현은 완료형으로 되어 있습니다. 이미 끝난 일로 기록되어 있습니다. "미리 정하신 그들을 또한 부르시고 부르신 그들을 또한 의롭다 하시고 의롭다 하신 그들을 또한 영화롭게 하셨느니라." 이런 표현을 또 전문적인 용어로 '예언적 완료'라고 합니다. 하나님이 정하시면 그것이 결과입니다. 그것이 사실입니다. 하나님의 뜻을 거스를 수 있는 것은 없고 하나님은 스스로를 부정하실 수 없기 때문에 그의 작정은 곧 운명이 되고 결과가 됩니다. 그러니까 하나님을 사랑하는 자, 그의 부르심을 입은 자들에게는 모든 것이 합력하여 선을 이룹니다. 그것은 하나님의 의지에 속합니다.

성경이 이야기하는 바는 우리의 이해나 보상 개념, 우리가 아는 원칙, 인과관계 등 이 모든 것보다 하나님의 의지가 우선하며, 우위에 있다는 것입니다. 여러분은 당연히 이런 의문을 가질 것입니다. "하나님의 마음대로 하신다고요? 그러면 혼란스러운 것 아닌가요?" 우리도 그런 자유를 가지고 있습니다. 인간이 갖는 최고의 권리가 무엇입니까? 변덕입니다. 변덕이란 무엇입니까? 일관성이 없는 고집입니다. 그러니까 여러분은 언제나 기분에 따라 최종 결정을 내립니다. 그 기분을 설명할 수 있을 때도 있겠고 설명할 수 없을 때도 있겠으며, 그 결정이 대의에 맞을 때도 있겠고, 대의에 맞지 않을 때도 있을 것입니다. 우리는 죄인이므로 당연히 말이 안되는 고집도 부리곤 합니다.

그런데 하나님도 자기 뜻대로 하십니다. 이에 대하여 우리는 혼란스럽습니다. 그러나 하나님은 거룩하십니다. 선하십니다. 의로우십니다. 그의 주권과 자유, 그의 고집은 선함을 위해 있습니다. 우리의 유익을 위해서 그렇게 하십니다. 하나님은 옳고 그름의 원칙을 넘어섭니다. 얼마나 고맙습니까? 그것을 읽어내지 못하면 성경을 읽을 수 없습니다. 성경을 그저 옳은 말씀으로 읽어서는 은혜를 받을 여유가 생기지 않습니다. 하나님이 선하심과 거룩하심과 기뻐하심으로 우리의 운명, 그 시작과 과정을 계획하셨기 때문에 우리는 모든 것에서 은혜를 받습니다. 우리가 모를 때도 하나님이 은혜를 베푸셨다는 사실을 아십니까? 이것은 말이 되지 않습니다. 좋은 일이지만 말이 안됩니다.

성경은 이렇게 이야기합니다. "그런즉 이 일에 대하여 우리가 무슨 말 하리요. 만일 하나님이 우리를 위하시면 누가 우리를 대적하리요"(롬 8:31). 그러니까 성경이 말하는 시비의 판결 기준은 이렇습니다. 하나님이 그리 하시겠다는데 누가 막을 수 있느냐? 얼마나 고마운 말씀입니까? 하나님이 시비의 원칙을 지키신다면 좋겠습니까? 물론입니다. 그 원칙 이상의 것을 행하신다면 거절하겠습니까? 하나님은 더 베푸시고 더 베푸시는 분입니다. 그것이 성경이 주장하는 바입니다. 우리의 고집을 인정하십니다. 탕자가 집을 나가듯, 이스라엘이 멸망하듯, 우리가 실패를 택하도록 허락하십니다.

그러나 그 선택이 운명이 되도록 내버려두지 않으시겠답니다. 고마우신 하나님입니다. 하나님은 우리와 다르십니다. 하나님께 잘 보여서 받는 보상보다 더 크게 허락하시겠다는 것입니다. 감사한 말씀입니다. 고마운 말씀입니다. 그러니 우리는 살아낼 수 있습니다. 하나님이 우리를 위하시면 누가 우리를 대적하겠습니까. 그러니 하나님은 우리 삶 속에서 하루하루 기억해야 할 우리의 원군이십니다. 세상은 우리를 이렇게 공격합니다.

"그거 봐라. 넌 안돼. 넌 자랑할 게 없잖아. 네가 생각해도 말이 안되잖아. 네가 어제도 못 했는데 오늘은 할 수 있을 것 같아? 내일이라고? 내일 되어 봐." 이렇게 우리에게 자책하고 자폭하라고 부추깁니다. 우리는 이것을 이기는 것입니다. 하나님이 우리를 위하시면 누가 우리를 대적하겠습니까.

그 증거가 무엇입니까? "자기 아들을 아끼지 아니하시고 우리 모든 사람을 위하여 내주신 이가 어찌 그 아들과 함께 모든 것을 우리에게 주시지 아니하겠느냐"(롬 8:32). 하나님은 그 아들을 내어주신 분이십니다. 그것이 예수님 안에서 확인되는 하나님의 신실하심과 권능에 대한 구체적인 역사적 증거입니다. 그것이 아하스 당시에는 어떻게 확인되었겠습니까? 한 아기였습니다. 태어나는 모든 아기들에게 하나님의 신실하심과 궁극적 구원의 약속들이 얹혀 증거가 되곤 했습니다. 그때는 다 확인하지 못했겠지요. 암담한 현실을 겪는 동안 결과를 알기 전에는 그들이 가질 수 있는 희망은 적었겠지요. 우리는 그 후대입니다. 이 약속과 결과를 본 자들이고, 그 결과를 이루시는 하나님의 능력, 구체적인 역사를 예수님 안에서 본 자들입니다. 우리는 이렇게 복된 자리에 있습니다.

그러니 여러분의 인생에 대하여 겁낼 것 없습니다. 여러분이 잘못하면 어떻게 되냐고요? 혼이 좀 나야지요. 잘하면 어떻게 되냐고요? 명예롭습니다. 하나님의 기뻐하심을 입는다는 것은 대단한 명예입니다. 대단한 즐거움입니다. 세상에서 가지는 자랑과 비교할 수 없는 것입니다. 하나님의 기뻐하심을 갖는다는 것이 바로 그런 것입니다. 그것이 매일 여러분에게 펼쳐져 있습니다. 여러분 생애 내내 있습니다. 한 달에 한 번만이라도 그런 경험을 해보십시오. 그 한 번으로 삼 년을 써먹을 수 있습니다. 여러분이 아니라고 믿었던 어느 경우에도 하나님은 성실하십니다. 매년 나이를 먹듯이, 하루를 살아가는 동안 저녁을 맞이하고 아침을 맞이하듯이, 하나님의 성실과 공의와 약속과 의지가 여러분을 붙들고 있습니다. 그것을 확인하여 여러분의 삶을 귀하게 견디고 승리하고 이기십시오. 명예를 알고 누리십시오.

::

하나님 아버지, 은혜를 감사합니다. 우리의 삶에 하나님이 함께하시는 증거는 너무나 많고 분명합니다. 우리는 매일 생명을 연장하며 하나님이 주시는 하루하루를 맞이하고 있습니다. 어제 졌다고 해서 오늘도 질 필요는 없습니다. 오늘 졌다고 해서 내일을 포기할 필요도 없습니다. 하나님의 구원과 하나님의 약속의 신실함을 예수 안에서 보았으며, 누리고 있습니다. 예수를 알고 믿습니다. 그러니 우리의 인생도 믿음으로 이겨내고 자랑하고 기뻐하며, 무엇보다 하나님의 영광을 아는 그 기적이 우리와 우리를 지켜보는 이웃들 앞에 넘쳐나는 생애가 되게 하옵소서. 예수님 이름으로 기도합니다. 아멘.

08

내 거룩한 산

사 11:1-9

이새의 줄기에서 한 싹이 나며 그 뿌리에서 한 가지가 나서 결실할 것이요 그의 위에 여호와의 영 곧 지혜와 총명의 영이요 모략과 재능의 영이요 지식과 여호와를 경외하는 영이 강림하시리니 그가 여호와를 경외함으로 즐거움을 삼을 것이며 그의 눈에 보이는 대로 심판하지 아니하며 그의 귀에 들리는 대로 판단하지 아니하며 공의로 가난한 자를 심판하며 정직으로 세상의 겸손한 자를 판단할 것이며 그의 입의 막대기로 세상을 치며 그의 입술의 기운으로 악인을 죽일 것이며 공의로 그의 허리띠를 삼으며 성실로 그의 몸의 띠를 삼으리라. 그 때에 이리가 어린 양과 함께 살며 표범이 어린 염소와 함께 누우며 송아지와 어린 사자와 살진 짐승이 함께 있어 어린 아이에게 끌리며 암소와 곰이 함께 먹으며 그것들의 새끼가 함께 엎드리며 사자가 소처럼 풀을 먹을 것이며 젖 먹는 아이가 독사의 구멍에서 장난하며 젖 뗀 어린 아이가 독사의 굴에 손을 넣을 것이라. 내 거룩한 산 모든 곳에서 해 됨도 없고 상함도 없을 것이니 이는 물이 바다를 덮음 같이 여호와를 아는 지식이 세상에 충만할 것임이니라.

심판과 구원의 충돌

이사야 11장도 임마누엘 약속의 연장선상에 있는 하나님의 약속을 다루고 있습니다. 이스라엘의 배신과 불순종에 대하여 하나님께서 심판하시겠지만, 그 심판이 최종 운명이 아니라 마침내 구원이 그들의 운명이 될 것이라고 약속하십니다. 그 증거로 처녀가 잉태하여 아들을 낳을 것이고, 그 이름

08 · 내 거룩한 산

을 임마누엘이라 하라고 하십니다. 심판은 하나님이 자기 백성들을 외면하고 버리는 데 있지 않고, 하나님의 구원을 제대로 결실시키는 그의 은혜와 거룩하심의 과정이 될 것입니다.

우리는 이사야서 전반부에서 하나님이 역사적 현실 속에서 이스라엘 민족에게 하신 약속을 어떻게 이루어 가시는지 살피고 있습니다. 이스라엘은 어려운 지경에서도 끝까지 하나님 앞으로 돌아오는 것을 거부합니다. 그리고 마침내 북이스라엘도 망하고 남유다도 망할 것입니다. 그들은 비록 망했지만 많은 것을 깨닫게 됩니다. 그런데 그 후에 예수님이 오셨을 때도 여전히 예수님을 거부합니다. 결국 그들은 다 흩어지게 되었고, 긴 세월에 이르도록 이스라엘은 아직도 국가적으로 예수님을 믿지 않습니다.

그러나 하나님은 역사 속에서 그들과 함께해오셨고, 하나님이 하신 약속은 과거에도 성취되었을 뿐 아니라, 또 하나님은 그 약속을 앞으로도 기어코 완성하실 것입니다. 하나님의 약속들은 우리 모든 믿는 자에게 중요한 증언으로 남아있고, 그래서 믿음의 근거가 되어 현실을 살고 미래를 기대할 수 있게 해줍니다. 이사야서에서 심판과 구원이 교차되는 이 선언 중에서 과연 어느 것이 궁극적 운명이 될 것인가 하는 문제는 대단히 중요합니다. 제가 가졌던 가장 중요한 신앙의 질문도 있는데 이런 것이었습니다. "한 인간의 운명이 그 개인에게 있는 것인가, 하나님께 있는 것인가?" 저는 그것이 제일 궁금했습니다. 결국 저는 제 운명이 하나님께 있다는 사실로 인하여 안심할 수 있었고, 또 대단히 큰 은혜와 담대함을 가질 수 있었습니다. 저는 성경을 근거로 그 사실을 고백할 수 있게 되었습니다.

우리는 이 임마누엘에 대한 하나님의 약속이 결과적으로 2천 년 전 예수 그리스도의 처녀 탄생에서 충만하게, 그리고 넘치게 실현된 것을 봅니다. 구원의 구체적 완성, 모든 죄인들을 끌어안는 하나님의 무한하신 은혜, 부활의 기적임을 확인할 수 있습니다. 물론 이사야 당시에도 그 징조들과 약속들은 유효했을 것입니다. 그러나 당시에는 예수님이 오신 다음에 신약 시대 성도들이 그 징조에 관해 깊은 수준까지 이해하지는 못했을 것입니다. 그렇더라도 그 역사적 정황 속에서 이스라엘 백성은 이 징조와 약속을 여전히 하나님은 우리를 편들고 계시며, 이 심판마저도 하나님 손 안에서 궁극적으로 구원과 은혜를 목적으로 하는 역사적 사건으로 이해하도록 돕는 증거로 여겼을 것입니다. 그런 차원에서 11장의 처음 부분을 다시 보겠습니다.

> 이새의 줄기에서 한 싹이 나며 그 뿌리에서 한 가지가 나서 결실할 것이요 그의 위에 여호와의 영 곧 지혜와 총명의 영이요 모략과 재능의 영이요 지식과 여호와를 경외하는 영이 강림하시리니 그가 여호와를 경외함으로 즐거움을 삼을 것이며 그의 눈에 보이는 대로 심판하지 아니하며 그의 귀에 들리는 대로 판단하지 아니하며 공의로 가난한 자를 심판하며 정직으로 세상의 겸손한 자를 판단할 것이며 그의 입의 막대기로 세상을 치며 그의 입술의 기운으로 악인을 죽일 것이며 공의로 그의 허리띠를 삼으며 성실로 그의 몸의 띠를 삼으리라(사 11:1-5).

우리는 이 약속이 예수 그리스도에게서 완성되는 것을 보았지만, 이 약속은 이사야 당시에도 하나의 징조로서 유효한 증거였습니다. 그것은 아마 하나님의 통치를 대행하는 남유다 왕들의 왕권을 통해 실현되었을 것입니다. 이는 역사 속에서 히스기야와 요시야에게서 나타납니다. 이제 망할 나라요, 넘어가는 나라인데 돌연히 하나님의 종들이 나타난 것입니다.

히스기야는 아하스의 아들이지만 아하스와 정반대의 길을 걷습니다. 히스기야는 하나님의 의의 통치를 실천했지만, 또 그의 아들 므낫세는 정반대로 갑니다. 므낫세의 아들 아몬도 아버지와 마찬가지로 반대의 길을 걷지만, 그 아들 요시야는 또 다시 개혁 정치로 돌아섭니다. 요시야는 남북 왕국 분열 이후 남유다 역사에서 어찌 보면 유일하다 싶은 종교 개혁을 일으킨 하나님의 종이 됩니다.

이처럼 망해가는 형국에서 사회와 국가 전체가 우상숭배로 깊이 찌든 상태였지만, 하나님께 돌아오는 회개와 순종이 있었고 또 경건한 왕들이 등장한 것입니다. 이러한 사실은 당시로서는 하나님의 특별한 개입이 아니었다면 불가능했을 역사적 증거인 셈입니다. 본문 6-9절에서는 그것이 더 확장되어 우리의 이해와 상상을 초월하는 약속으로 주어집니다.

> 그 때에 이리가 어린 양과 함께 살며 표범이 어린 염소와 함께 누우며 송아지와 어린 사자와 살진 짐승이 함께 있어 어린 아이에게 끌리며 암소와 곰이 함께 먹으며 그것들의 새끼가 함께 엎드리며 사자가 소처럼 풀을 먹을 것이며 젖 먹는 아이가 독사의 구멍에서 장난하며 젖 뗀 어린 아이가 독사의 굴에 손을 넣을 것이라. 내 거룩한 산 모든 곳에서 해 됨도 없고 상함도 없을 것이니 이는 물이 바다를 덮음 같이 여호와를 아는 지식이 세상에 충만할 것임이니라(사 11:6-9).

하나님께서 세우시는 정의롭고 경건한 왕이 종교 개혁을 이루고, 하나님의 통치를 실천하여 정의 사회를 이룹니다. 이사야 11:2-5에서 본 바와 같이 공의를 실현하고 경건을 이루려면 악인들을 심판하고 악한 세력을 배척할 힘은 당연히 필요하고, 악인과의 충돌도 불가피합니다. 그러나 6-9절에서는 그런 것과 전혀 상관없는 이상적인 사회가 그려집니다. 악을 꺾을 필요도 없고 분노할 필요도 없는, 가해자와 피해자가 함께 손을 잡는, 모두 다 평화를 누리는 그런 사회, 그런 환경이 제시됩니다.

이사야서 후반에 이르면 40장에서 전적으로 하나님의 놀라운 구원이 선포되는 것을 볼 수 있습니다. 그러나 1-39장에서 이사야는 온 힘을 기울여서 심판을 선포하고 있습니다. "너희는 결단코 회복되지 못한다. 너희는 결단코 도망가지 못한다. 너희는 다 망한다. 그렇지만 너희가 받는 심판이 너희의 운명이 되지는 않을 것이다. 너희는 구원을 얻게 될 것이다." 이는 이사야가 목소리 높여, 힘을 다하여 외치는 두 개의 모순된 주장입니다.

이사야는 하나님께서 "누가 우리를 위하여 갈꼬?" 하실 때 발 벗고 나선 사람입니다. "제가 여기에 있습니다. 저를 보내소서." "가라." 그러나 그 사명은 의외의 것이었습니다. 그가 가지만, 저들로 보기는 보아도 보지 못하게 하고 듣기는 들어도 깨닫지 못하게 하라는 사명입니다. 그리고 그것은 예수 그리스도의 성육신과 그의 사역에서 주께서 하신 모든 일에서도 고스란히 볼 수 있습니다. 그분이 맹인의 눈을 뜨게 하고 청각 장애인을 낫게 하며 걷지 못하는 사람을 일으키는 일에서 이사야의 예언이 이루어졌다고 말씀합니다.

왜 이사야는 그런 부르심을 받았을까요? "어딘가 한 가닥 남아 있을 가능성마저 막아버려라. 이스라엘 백성으로 하여금 희망조차 없게 하라. 도망갈 데가 없게 하라." 이것이 이사야가 맡은 사명입니다. 그런데 그의 이름은 공교롭게도 '여호와는 구원이시다'라는 뜻입니다. 이 역설, 모순, 충돌이 이사야서 안에 가득 차 있습니다.

다 끌어안는 이상 세계

시편 2편을 보겠습니다.

어찌하여 이방 나라들이 분노하며 민족들이 헛된 일을 꾸미는가. 세상의 군왕들이 나서며 관원들이 서로 꾀하여 여호와와 그의 기름 부음 받은 자를 대적하며 우리가 그들의 맨 것을 끊고 그의 결박을 벗어 버리자 하는도다. 하늘에 계신 이가 웃으심이여, 주께서 그들을 비웃으시리로다. 그 때에 분을 발하며 진노하사 그들을 놀라게 하여 이르시기를 내가 나의 왕을 내 거룩한 산 시온에 세웠다 하시리로다. 내가 여호와의 명령을 전하노라. 여호와께서 내게 이르시되 너는 내 아들이라. 오늘 내가 너를 낳았도다. 내게 구하라. 내가 이방 나라를 네 유업으로 주리니 네 소유가 땅 끝까지 이르리로다. 네가 철장으로 그들을 깨뜨림이여. 질그릇 같이 부수리라 하시도다. 그런즉 군왕들아, 너희는 지혜를 얻으며 세상의 재판관들아, 너희는 교훈을 받을지어다. 여호와를 경외함으로 섬기고 떨며 즐거워할지어다. 그의 아들에게 입맞추라. 그렇지 아니하면 진노하심으로 너희가 길에서 망하리니 그의 진노가 급하심이라. 여호와께 피하는 모든 사람은 다 복이 있도다(시 2:1-12).

이방 나라들이 헛된 일을 꾸며 하나님의 기름부음 받은 메시아를 죽입니다. 역사적 사실입니다. 예수님은 그렇게 로마 권력 아래서 약속의 백성들의 고소와 비난을 받으며 죽으십니다. 이런 현상은 지금도 현실에서 나타납니다. 세상은 사망을 그 권세로 하여 자기네들이 최종 권위인 것처럼 우리 인생을 몰아댑니다. "내 말을 듣지 않으면 죽여 버릴 것이다." 우리 인생에서 매일매일 직면하는 현실적 위협입니다.

그런데 하늘에 계신 이가 웃으신답니다. "그 때에 분을 발하며 진노하사 그들을 놀라게 하여 이르시기를 내가 나의 왕을 내 거룩한 산 시온에 세웠다 하시리로다." 시온 산은 다윗 성, 곧 예루살렘 성입니다. 하나님의 약속과 임재의 상징이었던 그곳에 하나님께서 구원의 깃발을 올리실 것입니다. 통치의 보좌를 펴고 앉으실 것입니다. 전 역사와 인류를 구원하시는 하나님의 개입, 반전, 약속의 실현은 인류의 운명이 될 것입니다. 그래서 그 임무를 받은 자들, 곧 하나님의 약속을 부여받은 자들이 다 외칠 것입니다. "내가 여호와의 명령을 전하노라. 여호와께서 내게 이르시되 너는 내 아들이라. 오늘 내가 너를 낳았도다. 내게 구하라. 내가 이방 나라를 네 유업으로 주리니 네 소유가 땅 끝까지 이르리로다. 네가 철장으로 그들을 깨뜨림이여, 질그릇 같이 부수리라."

이것이 예수님에게서 일어났습니다. 그가 사망을 깨뜨리십니다. 그리고 우리 모두에게도 그 반전과 은혜와 구원의 기적이 연장됩니다. 우리가 서 있는 곳에서는 어두움이 빛을 가리지 못합니다. 어두움조차도 우리를 덮을 수 없습니다. 우리가 서 있는 곳에서는 생명이 열립니다. 그 생명을 막을 수 있는 무생명은 없습니다. 하나님은 이미 멸망이 임박한 이스라엘에 이사야 선지자를 보내어 개입하심을 증거하셨고, 이제 하나님의 일하심은 예수님에게서 완성됩니다. 깊이를 측량 못할 하나님의 능력은 증거가 되고 역사에서 사실로 드러났으며, 지금도 그렇습니다. 하나님은 당신의 통치를 히스기야와 요시야를 통해 증언해 내셨고, 우리를 통해 역사와 현실 속에 증언해 내십니다. 사실 우리로서는 이런 일들을 이해하기 쉽지는 않습니다.

이사야가 이스라엘에게 남아 있는 마지막 한 가닥 희망을 덮어버리는 선지자로 보냄을 받았지만, 그의 이름은 '여호와는 구원'이라는 뜻입니다. 그가 이스라엘의 멸망을 예언하고 있지만, 첫째 아들은 스알야숩이고, 둘째 아들은 마헬살랄하스바스입니다. 첫째 아들의 이름은 '남은 자가 돌아올 것이다'라는 뜻이요, 둘째 아들의 이름은 '침략과 심판이 임박했다'는 뜻입니다. 침략과 심판이 임박했다는 경고는 앗수르와 아람과 북이스라엘을 향한 것입니다. 그러나 그 경고가 남유다를 향한 것은 아니었습니다. 그들은 잡혀 갈 것이고, 자신들의 불신앙에 대한 결과를 책임져야 했지만 그들은 남을 것입니다. 반면에 그들을 친 자들은 죽을 것입니다. 우리의 이해로는 이 둘이 하나로 묶여지지가 않습니다. 그래서 심판과 구원은 우리에게 이분법으로 남습니다. 어떻게 이분법으로 드러납니까? 그것은 예수님을 믿는 자와 믿지 않은 자로 나누는 식으로 드러납니다. 여기서 더 나아가면 잘 믿는 자와 대충 믿는 자로 나누는 식이 됩니다.

그러나 성경은 그렇게 이야기하지 않습니다. 그 둘을 하나로 묶습니다. 우리로서는 이해할 수 없는 하나님의 방법입니다. 어린 아이가 독사의 굴에 손을 넣고 어린 염소와 사자가 함께 풀에 눕는, 그런 나라를 말하고 있습니다. 그렇게 다 끌어안는 이상 세계를 하나님이 약속하고 계십니다. 이 약속은 하나님의 우주적 평화의 나라, 하나님의 은혜의 왕국에 대한 설명으로 주어집니다. 임마누엘의 출생이 당시 역사 속에 나타난 한 가지 증거이기는 하지만, 그 깊이와 넓이와 내용이 얼마나 풍성한지는 사실 예수께서 오실 때까지 알려지지 않았던 것입니다. 또한 우리가 예수님 안에서 그 깊이와 넓이와 내용의 풍성함을 확인하더라도, 온 세상이 그것을 알게 되려면 주님께서 다시 한번 오시는 마지막 심판이 있어야 할 것입니다. 이와 같이 우리가 모든 것을 알지는 못하지만, 하나님은 그 둘을 하나로 묶고 계십니다. 하나님이 일하고 계십니다.

이러한 사실은 심판이 구원을 배척하고 구원이 심판을 배척하는, 즉 승자와 패자로 나뉘는 식의 하나님의 일하심이 아니라 승자와 패자가 서로 닮고 있다고 이야기하고 있습니다. 시편 2편이 그렇게 이야기합니다. 그러니 뭐라고 합니까? 걱정 말고 살라는 겁니다. 하나님이 저들과 우리를 구별시켜 따로 떼어놓지 않으신다는 것입니다. 하나님은 믿음과 충성을 가진 우리를 그렇지 아니한 자들과 함께 한데 묶어 놓으신다는 것입니다. 구원과 심판이 역사 속에서 함께 진행한다는 것입니다. 그러니까 저들을 제거함으로써 평화의 나라가 오고, 저들을 제거함으로써 정의가 실현되는 것이 아니라, 그보다 훨씬 더 높은 차원에서 정의와 평화가 성취된다는 것

　　　　　　　　　　　　　　　　　　　이사야서, 하나님의 비전

입니다. 거기에 복 받을 자와 벌받을 자들이 같이 앉을 것입니다. 그것이 우리에게는 혼란스럽겠지만, 예수님 안에서는 사실입니다.

로마서 5:5-8을 보겠습니다.

소망이 우리를 부끄럽게 하지 아니함은 우리에게 주신 성령으로 말미암아 하나님의 사랑이 우리 마음에 부은 바 됨이니 우리가 아직 연약할 때에 기약대로 그리스도께서 경건하지 않은 자를 위하여 죽으셨도다. 의인을 위하여 죽는 자가 쉽지 않고 선인을 위하여 용감히 죽는 자가 혹 있거니와 우리가 아직 죄인 되었을 때에 그리스도께서 우리를 위하여 죽으심으로 하나님께서 우리에 대한 자기의 사랑을 확증하셨느니라(롬 5:5-8).

예수께서 우리를 위하여 죽으셨습니다. 이는 우리가 잘 아는 내용입니다. 이것이 없다면 우리는 없습니다. 그러니 잘 생각해 보십시오. 우리가 아직 죄인이었을 때에 우리는 그를 몰랐습니다. 그러니 그것은 전적인 은혜인 것입니다. 우리는 그 은혜를 확대해야 합니다. 그 은혜가 어떤 것입니까? 우리가 그를 몰랐고, 우리가 그를 죽였으며, 그 죽음으로 우리가 얻은 은혜입니다. 사실 죽음이란 것은 아무것도 아닙니다. 우리로서는 죽음이 일을 했다는 것을 전혀 상상할 수 없습니다. 우리가 그를 죽이고 우리가 구원을 받는다는 것도 상상할 수 없습니다. 그러므로 죽이고도 구원을 얻는다는 것을 여러분이 담을 수 있다면, 죽어서 구원을 만든다는 것도 담아낼 수 있어야 합니다.

자신의 역할을 하라

여러분은 무엇 때문에 열심히 믿는 것입니까? 열심히 믿는다는 것은 명예요 영광이기 때문입니다. 그것은 상과 벌로 나뉘는 것보다 훨씬 큰 것입니다. 왜 그렇게 이야기할 수 있을까요? 예수님이 죽으심으로 구원하셨다는 사실 때문에 그렇습니다. 실은 죽으면 아무것도 할 수가 없습니다. 죽으면 그만입니다. 그런데 우리가 몰랐을 때 그 죽음이 일을 할 수 있었다면, 우리가 죽이고도 은혜를 받을 수 있었다면, 이제 우리의 이해 범위는 무한히 확장될 것입니다. 이해할 수 없는 범위까지 열어놔야 합니다. 그렇지 않습니까? 로마서 5:9-10도 계속 보겠습니다.

> 그러면 이제 우리가 그의 피로 말미암아 의롭다 하심을 받았으니 더욱 그로 말미암아 진노하심에서 구원을 받을 것이니 곧 우리가 원수 되었을 때에 그의 아들의 죽으심으로 말미암아 하나님과 화목하게 되었은즉 화목하게 된 자로서는 더욱 그의 살아나심으로 말미암아 구원을 받을 것이니라(롬 5:9-10).

자, 이렇게 비교해 보십시오. 우리가 몰랐을 때 구원을 얻었고 그를 죽였을 때 우리가 구원을 받았다면, 이제 우리가 그를 믿는다면 그 구원은 얼마나 더 큰 것이 되겠습니까? 그가 죽은 것으로도 우리를 구원했다면, 그가 살아서 편을 드신다면 우리에게 얼마나 더 굉장한 일이 일어나겠습니까? 이 지점을 더 확장해야 합니다. 성도들은 대부분 여기서 꼼짝도 하지 않고 있습니다. 자기 정체성을 확인하는 것이 이 경계선에 머물러서는 안 되고, 이 경계선에서 앞으로 쭉 더 뻗어나가야 합니다. 나와 다른 자를 비교함으로써 자신을 소극적이고 부정적으로 확인하려 하지 마십시오. 믿는 자가 되어서, 화목한 자가 되어서 살아나신 예수님, 부활 권능으로 하늘 보좌 우편에서 편드시는 예수님으로 말미암는 인생을 사십시오. 이렇게 인생을 사는 것이 우리의 위대함입니다. 우리의 권세입니다.

세상이 가진 힘으로 퍼붓는 도전, 위협, 죽임 앞에서 아무것도 하지 않는 것으로 끝낼 것이 아닙니다. 하나님이 함께하심으로 우리에게 주어진 인생 속에서 이 기회를 명예롭게 사는 것으로 세상을 대적하라는 것입니다. 그것은 적을 꺾자는 것이 아닙니다. 그때 이리와 어린 양이 함께 누울 것입니다. 우리는 모릅니다. 이리와 어린 양이 함께 눕는 이 산에서 여러분은 이리 역을 맡지 마시고, 양의 역을 맡으십시오.

여러분의 인생 속에서 그들을 감동시키거나 꺾거나 그들과 타협할 필요가 없습니다. 그것은 하나님 손에 맡기고, 여러분이 가야할 길을 가십시오. 여러분이 저 모든 것을 이겨야 한다고, 그래야만 문제가 해결될 것이라고 생각한다면 악한 세력은 당연히 고집을 부릴 것입니다. 그리고 그 세력이 크다는 사실이 여러분에게는 늘 불만이 될 것입니다. 그러나 그것이 여러분과 상관없는 일이라는 것을 알게 될 것입니다. 그 일은 누군가 하도록 놔두고 여러분이 할 일을 하십시오. 여러분은 어린 아이 역을 하십시오. 그 나라에서 독사 역은 하지 마십시오. 어린 아이 역은 얼마든지 할 수 있지 않습니까? 상대방이 으르렁거리게 그냥 놔두고, 예수님 안에서 본 것, 그가 말없이 죽으신 것을 따라 하십시오.

여러분이 아무것도 아닌 자신의 지위를 살아낼 자신과 감격이 없다면, 아무것도 할 수 없을 것입니다. 그렇게 하지 아니하면 결국 정치화되고 맙니다. 모두 항복시키고 굴복시킬 권력만 필요하다고 할 것입니다. 그런 잘못된 길로 들어서면 교회나 그리스도인들은 결국 권력 다툼에 빠지고 말 것입니다. 여러분이 무언가 더 가져야 더 많은 일을 할 수 있는 것이 아닙니다. 더 우월해야 더 많은 효과를 내는 것도 아닙니다. 여러분이 가진 지위와 조건은 충분합니다. 그렇게 하신 것이 하나님의 지혜입니다.

로마서 8:33-34에도 동일한 격려가 나옵니다.

누가 능히 하나님께서 택하신 자들을 고발하리요. 의롭다 하신 이는 하나님이시니 누가 정죄하리요. 죽으실 뿐 아니라 다시 살아나신 이는 그리스도 예수시니 그는 하나님 우편에 계신 자요 우리를 위하여 간구하시는 자시니라(롬 8:33-34).

이제는 여러분이 품고 있었던 어떤 한계를 걷어내고 확 열어 제치십시오. 예수님이 우리를 위하여 죽으셨습니다. 그 죽음이 우리를 죄에서 해방시키고, 그의 부활이 우리를 생명의 절정, 곧 그 영광에 이르게 할 것입니다. 이 두 가지가 우리 인생 속에서 늘 부딪히는 도전들이 아닌가요? 우리는 어디서나 죽음을 맛봐야 하고, 어디서나 부활 생명을 증언해야 합니다. 우리는 말할 기회조차 주어지지 않고 상대에게 확인시켜 줄 방법도 없는 자리에서 예수님의 죽음과 부활 생명을 증언해야 합니다. 우리는 죽을 수도 있지만, 살아서 증언할 수도 있습니다. 예수께서 하나님의 구원의 경륜에서 인류 역사의 모든 정황을 끌어안으셨듯이, 우리 생애에서 일어나는 어떤 심판, 어떤 전쟁, 어떤 고통, 어떤 형편에서라도 그것들을 끌어안으면 우리에게도 그것이 영광스러운 기회가 된다는 것입니다.

그러니 여러분은 다른 요구를 입에 올릴 필요가 없습니다. 이 나라 대통령을 위해서 기도하지 마십시오. 자신이나 잘 해야 합니다. 몇 년 전에 우리가 외쳤던 구호인 "너나 잘해"가 새삼스럽습니다. 여러분 하나의 가치를 아십시오. 여러분에게 주어진 자리를 이해하십시오. 베들레헴에 태어나 나사렛에서 크고 갈릴리에서 일하신 그것으로 온 인류와 모든 민족과 모든 역사를 담으실 수 있었습니다. 그러니 여러분이 갖는 제한된 조건들이 무한히 큰 구체적인 조건이라는 것을 아십시오. 이새의 뿌리로부터 출발한 하나님의 역사적, 구체적 약속의 성취가 우리 각자의 생애 속에 반복적으로 구현될 뿐 아니라, 그 나라를 향한 하나님의 뜻이 진전한다는 사

이사야서, 하나님의 비전

실을 기억하고 승리하는 여러분의 생애가 되기를 기원합니다.

::

하나님 아버지, 은혜와 사랑을 감사합니다. 우리 인생의 가치와 우리 존재의 영광을 확인합니다. 우리가 당하는 모든 어려움과 도전이 사실은 기회입니다. 하나님은 그것들을 통해 어디서나 십자가를 세우시고, 거기에 부활을 만드십니다. 우리가 가는 어느 곳에도 하나님의 영광은 충만할 것이며, 하나님을 아는 지식이 빛으로 나타날 것입니다. 그것은 입으로 떠들 것도, 어떤 우월한 조건으로 만들 것도 아닌 우리 자신, 우리 존재, 우리 생애, 우리의 구체적 현실인 것입니다. 그 사실을 기억하여 명예와 믿음을 가지고 영광과 승리의 싸움을 싸우는 위대한 생애가 되도록 하나님 함께하여 주시옵소서. 예수님 이름으로 기도합니다. 아멘.

09

바벨론의 폭력

사 14:12-23

너 아침의 아들 계명성이여, 어찌 그리 하늘에서 떨어졌으며 너 열국을 엎은 자여, 어찌 그리 땅에 찍혔는고. 네가 네 마음에 이르기를 내가 하늘에 올라 하나님의 뭇 별 위에 내 자리를 높이리라. 내가 북극 집회의 산 위에 앉으리라. 가장 높은 구름에 올라가 지극히 높은 이와 같아지리라 하는도다. 그러나 이제 네가 스올 곧 구덩이 맨 밑에 떨어짐을 당하리로다. 너를 보는 이가 주목하여 너를 자세히 살펴 보며 말하기를 이 사람이 땅을 진동시키며 열국을 놀라게 하며 세계를 황무하게 하며 성읍을 파괴하며 그에게 사로잡힌 자들을 집으로 놓아 보내지 아니하던 자가 아니냐 하리로다. 열방의 모든 왕들은 모두 각각 자기 집에서 영광 중에 자건마는 오직 너는 자기 무덤에서 내쫓겼으니 가증한 나무 가지 같고 칼에 찔려 돌구덩이에 떨어진 주검들에 둘러싸였으니 밟힌 시체와 같도다. 네가 네 땅을 망하게 하였고 네 백성을 죽였으므로 그들과 함께 안장되지 못하나니 악을 행하는 자들의 후손은 영원히 이름이 불려지지 아니하리로다 할지니라. 너희는 그들의 조상들의 죄악으로 말미암아 그의 자손 도륙하기를 준비하여 그들이 일어나 땅을 차지하여 성읍들로 세상을 가득하게 하지 못하게 하라. 만군의 여호와께서 말씀하시되 내가 일어나 그들을 쳐서 이름과 남은 자와 아들과 후손을 바벨론에서 끊으리라. 나 여호와의 말이니라. 내가 또 그것이 고슴도치의 굴혈과 물 웅덩이가 되게 하고 또 멸망의 빗자루로 청소하리라. 나 만군의 여호와의 말이니라 하시니라.

폭력에 대한 심판 선언

이사야 13-23장에서는 열국에 대한 심판이 선언됩니다. 이사야 11장은 임마누엘로 인해 완성될 나라를 약속합니다. 즉 "내 거룩한 산 모든 곳에서 해 됨도 없고 상함도 없을 것이니 이는 물이 바다를 덮음 같이 여호와를 아는 지식이"(사 11:9) 충만한 나라입니다. 그리고 이어서 12장에는 이 약속을 받은 이사야의 찬송이 나옵니다.

그 날에 네가 말하기를 여호와여 주께서 전에는 내게 노하셨사오나 이제는 주의 진노가 돌아섰고 또 주께서 나를 안위하시오니 내가 주께 감사하겠나이다 할 것이니라. 보라, 하나님은 나의 구원이시라. 내가 신뢰하고 두려움이 없으리니 주 여호와는 나의 힘이시며 나의 노래시며 나의 구원이심이라. 그러므로 너희가 기쁨으로 구원의 우물들에서 물을 길으리로다(사 12:1-3).

이런 찬송에 이어 바로 그 다음 이사야 13장에는 바벨론에 대한 심판이 나옵니다. 이 대목에서 우리에게 하나의 의문점이 생깁니다. 하나님의 약속된 나라, 곧 사자와 소가 함께 풀을 먹고 어린 아이가 독사의 굴에 손을 넣는 그런 나라가 제시된 후에 어째서 바벨론에 대한 심판이 등장하는가 하는 문제입니다. 이사야 13:1은 "아모스의 아들 이사야가 바벨론에 대하여 받은 경고라"고 언급합니다. 9절부터 보겠습니다.

보라, 여호와의 날 곧 잔혹히 분냄과 맹렬히 노하는 날이 이르러 땅을 황폐하게 하며 그 중에서 죄인들을 멸하리니 하늘의 별들과 별 무리가 그 빛을 내지 아니하며 해가 돋아도 어두우며 달이 그 빛을 비추지 아니할 것이로다. 내가 세상의 악과 악인의 죄를 벌하며 교만한 자의 오만을 끊으며 강포한 자의 거만을 낮출 것이며 내가 사람을 순금보다 희소하게 하며 인생을 오빌의 금보다 희귀하게 하리로다. 그러므로 나 만군의 여호와가 분하여 맹렬히 노하는 날에 하늘을 진동시키며 땅을 흔들어 그 자리에서 떠나게 하리니 그들이 쫓긴 노루나 모으는 자 없는 양 같이 각기 자기 동족에게로 돌아가며 각기 본향으로 도망할 것이나 만나는 자마다 창에 찔리겠고 잡히는 자마다 칼에 엎드러지겠고 그들의 어린 아이들은 그들의 목전에서 메어침을 당하겠고 그들의 집은 노략을 당하겠고 그들의 아내는 욕을 당하리라 (사 13:9-16).

이 본문에서는 성경에 표현되기 어려운 굉장히 잔혹한 심판과 멸망이 선언되고 있습니다. 이사야 선지자는 주전 740-680년 어간에 활동한 선지자이며, 그때 유다에 가장 위협적인 적대국은 앗수르였습니다. 그런데 기이하게도 앗수르가 아닌 바벨론을 저주하고 있습니다. 우리가 아는 대로 남유다는 앗수르가 아닌 바벨론에 망합니다. 이 바벨론은 고대 세계에서 가장 강력한 제국을 형성합니다. 따라서 이 바벨론에 대한 심판과 저주는 이 세상이 가지는 최고의 권력에 대한 심판인 것입니다. 9절에서 보듯이, "잔혹히 분냄과 맹렬히 노하는 날"에 모두 도망을 가다가도 잔인한 보복을 받고 다 죽어 엎드러진다는 심판 경고입니다. 이 하나님의 심판은 그들이 저지른 폭력과 악행보다 훨씬 더 강력한 것입니다. 바벨론이 유다를 삼킨 것, 바벨론이 폭력을 행사한 것, 바벨론이 의와 평화가 없는 것, 이런 일로 심판을 받는 것이 아니라 그것보다 훨씬 큰 일로 심판을 받습니다.

하박국 2:4에 "보라, 그의 마음은 교만하며 그 속에서 정직하지 못하나 의인은 그의 믿음으로 말미암아 살리라"고 합니다. 이 구절에서 "그"는 바벨론을 가리킵니다. 하박국 선지자는 주전 600년 어간에 활동한 선지자인데, 이때는 바벨론이 아주 위협적인 세력이 됩니다. 그리고 남유다는 1차 침략을 받아 많은 사람들이 포로로 끌려가게 됩니다. 이것은 그 직전에 하박국 선지자가 한 예언입니다. 주전 605년쯤에 바벨론에 의한 제1차 포로 사건이 일어났기 때문에, 이 예언은 주전 607년쯤에 한 것으로 보입니다. 이어서 5절부터 계속 보겠습니다.

> 그는 술을 즐기며 거짓되고 교만하여 가만히 있지 아니하고 스올처럼 자기의 욕심을 넓히며 또 그는 사망 같아서 족한 줄을 모르고 자기에게로 여러 나라를 모으며 여러 백성을 모으나니 그 무리가 다 속담으로 그를 평론하며 조롱하는 시로 그를 풍자하지 않겠느냐. 곧 이르기를 화 있을진저, 자기 소유 아닌 것을 모으는 자여, 언제까지 이르겠느냐. 볼모 잡은 것으로 무겁게 짐진 자여, 너를 억누를 자들이 갑자기 일어나지 않겠느냐. 너를 괴롭힐 자들이 깨어나지 않겠느냐. 네가 그들에게 노략을 당하지 않겠느냐. 네가 여러 나라를 노략하였으므로 그 모든 민족의 남은 자가 너를 노략하리니 이는 네가 사람의 피를 흘렸음이요 또 땅과 성읍과 그 안의 모든 주민에게 강포를 행하였음이니라(합 2:5-8).

바벨론이 망할 것이라며, "네가 행한 대로 네가 보복을 받을 것이다"라고 이야기합니다. 6절에 "자기 소유 아닌 것을 모으는 자여"라는 표현이 나옵니다. 자기 소유가 아닌 것을 모았다는 것은 힘으로 빼앗은 것은 자기 것이 되지 않는다는 의미입니다. 역사에서 강한 나라들이 흥망성쇠를 되풀이 한다는 것을 우리는 익히 알고 있습니다. 힘으로 빼앗은 자는 힘으로 망합니다.

하나님이 하박국 선지자를 통해 하박국 2:9에서 이렇게 조롱하고 있습니다. "재앙을 피하기 위하여 높은 데 깃들이려 하며 자기 집을 위하여 부당한 이익을 취하는 자에게 화 있을진저." 여기서 높은 데 사는 것이란 오늘날 고층 아파트에 사는 것과 같은 의미는 아닙니다. 성벽을 높게 쌓은, 거대한 힘을 가진 것을 의미합니다.

그 다음 구절도 이어서 보겠습니다. "네가 많은 민족을 멸한 것이 네 집에 욕을 부르며 네 영혼에게 죄를 범하게 하는 것이 되었도다. 담에서 돌이 부르짖고 집에서 들보가 응답하리라. 피로 성읍을 건설하며 불의로 성을 건축하는 자에게 화 있을진저"(합 2:10-12). 그들이 침략하여 약탈하는 것이므로 피로 성읍을 건설하는 것입니다. 그렇지만 그들의 흥망성쇠가 어떻다는 것입니까? "민족들이 불탈 것으로 수고하는 것과 나라들이 헛된 일로 피곤하게 되는 것이 만군의 여호와께로 말미암음이 아니냐"(합 2:13)라는 것입니다. 이처럼 흥망성쇠는 하나님이 그렇게 되게 하신 것입니다. 힘으로 싸우는 것이 헛되고 반복되는 일이지만, 세상의 힘이 결국 영원한 승리와 영광을 만드는 것이 아니라는 것입니다. 하나님이 그렇게 되도록 놔두시지 않겠다는 것입니다. 그래서 결론은 이렇습니다. "이는 물이 바다를 덮음 같이 여호와의 영광을 인정하는 것이 세상에 가득함이니라"(합 2:14).

이는 이사야 11장에도 나오는 말씀입니다. "나의 거룩한 산에서는 해됨도 없고 상함도 없으리라. 물이 바다를 덮음 같이 여호와를 아는 지식이 세상에 가득하리라." 여호와를 아는 지식, 여호와의 영광을 인정하는 것이 세상에 가득할 것이라고 말합니다. 그러니까 하나님의 나라는 이 세상이 만들거나 세울 수 있는 것과 극명하게 대조되는 것이라서, 바벨론으로 대표되는 이 세상의 힘, 이 세상의 승리, 이 세상의 나라에 대하여 하나님이 극도의 분노로 반대를 표시하고 있습니다. 이 세상이 만드는 힘, 이 세상이 가지는 승리가 얼마나 헛된 것인지 그 실체를 하나님이 보여주십니다. 하나님은 우리가 만드는 것과 다른, 하나님만이 만드실 수 있는 것으로 자신이 하나님이심을 보이려고 이사야 13장에서 본 것처럼 그토록 잔인한 표현들을 쓰고 있습니다.

승자의 어리석음

이사야 42장에서는 이렇게 이야기합니다. "나는 여호와이니 이는 내 이름이라. 나는 내 영광을 다른 자에게, 내 찬송을 우상에게 주지 아니하리라"(사 42:8). 이 말이 무슨 뜻일까요? 하나님이 그의 영광, 그의 뜻으로 채우는 것을 방해하는 것, 중간에 타협하는 것에 대해 절대 방관하지 않겠다는 것입니다. 그러니까 여호와를 아는 지식, 여호와의 영광을 아는 지식, 이런 것들은 어떤 깨우침이나 지식에 그치는 것일 수 없습니다. 즉 이것은 자기 백성이 그의 목적하신 존재가 되지 않고 다른 존재가 되는 것에 만족하실 수도 없고 타협하시지도 않겠다는 하나님 의지의 표현인 것입니다. 하나님께서 절대로 그대로 놔두지 않겠다고 하는 뜻입니다. 이것이 이스라엘의 심판에서, 그리고 바벨론의 심판에서 두드러지게 강조됩니다.

이스라엘의 잘못으로 바벨론이 들어와 그들을 치자 이스라엘이 곤욕을 당합니다. 이스라엘도 이방 나라를 흉내 내어 힘으로 보존하려 하지만 하나님이 그것도 막으십니다. 이방 나라가 이스라엘을 이김으로써 세상 권세가 더 큰 것 같았습니다. 하지만 하나님은 결국 세상이 더 큰 승리를 만들어낼 수 있다는 것도 제거해 버리십니다. 그리하여 하나님이 누구신가를 드러냅니다. 이스라엘의 심판과 바벨론의 심판에서 둘이 전혀 공통된 내용을 담을 수 없을 것 같았던 반대 조건과 반대 상황인데도, 그 속에서 하나님은 통일된 하나님의 영광을 선언하십니다. 시편 14편을 보겠습니다.

어리석은 자는 그의 마음에 이르기를 하나님이 없다 하는도다. 그들은 부패하고 그 행실이 가증하니 선을 행하는 자가 없도다. 여호와께서 하늘에서 인생을 굽어살피사 지각이 있어 하나님을 찾는 자가 있는가 보려 하신

즉 다 치우쳐 함께 더러운 자가 되고 선을 행하는 자가 없으니 하나도 없도다. 죄악을 행하는 자는 다 무지하냐. 그들이 떡 먹듯이 내 백성을 먹으면서 여호와를 부르지 아니하는도다(시 14:1-4).

이 말씀은 하나님 없이 만족할 수 있다고 말하는 어리석음이 도대체 무엇인가 하는 문제를 다룹니다. 어리석은 자는 그 마음에 이르기를 하나님이 없다고 합니다. "하나님 없이도 충분하다. 만족한다. 악행을 일삼고 남을 꺾고 승리하는 것이 전부다." 이렇게 말하는 것은 어리석다는 것입니다. 그리고 4절에 "죄악을 행하는 자는 다 무지하냐"라는 표현이 나오는데, 이는 수사적 반어법에 해당하는 표현입니다. 죄악을 행하는 자는 다 무지하다는 뜻입니다. 무엇이 무지하다는 것입니까? 자신들이 승자여서 만족하고 성공했다고 믿는 것이 무지한 것입니다.

그런 반어법적 표현에 이어 곧바로 이런 말씀이 나옵니다. "그들이 떡 먹듯이 내 백성을 먹으면서 여호와를 부르지 아니하는도다." 이는 그 다음 구절인 5절과 연결됩니다. "그러나 거기서 그들은 두려워하고 두려워하였으니 하나님이 의인의 세대에 계심이로다." 그들이 무엇을 두려워했을까요? 세상의 승자에게 무슨 두려움이 있었을까요? 승리가 헛되다는 것입니다.

이것은 세상에서 승리를 해봤어야 이해할 수 있습니다. 여러분에게는 꽃다운 나이가 있었습니다. 20대, 30대에 잘난 척했던 만발의 시기가 영원할 것 같았지만, 지금은 거울 앞에 서면 내 조부모님 같은 인생이 되어있지 않습니까? 얼마나 헛된지 잘 알고 있습니다. 옛날이야기를 해봐야 소용없습니다. 해마다 교회 요람을 내는데, 성도들의 사진을 보면 꼭 고등학생 시절 사진 같습니다. 자녀 사진을 낸 것 같아요. 최근 사진을 잘 내지 않습니다. 억울하십니까? 아닙니다. 세상에서는 승리의 자리에서 후회할 것밖에 없습니다. 세상에서 아무리 훌륭하고 위대한 사람이라도 결국은 한 줌 흙으로 돌아가고 말지 않습니까? 그것이 현실이고 사실입니다.

하나님이 이것과 극명하게 대조시키는 승리에는 어떤 것이 있을까요? 예수님을 믿고 나면 모든 실패가 다 영광과 감사와 연결이 되지만, 하나님이 없으면 모든 승리가 다 헛된 옛 이야기가 되고 만다는 것입니다. 그렇지 않습니까? 잘못한 것이 어떻게 좋은 것을 만들어내겠습니까? 잘한 것도 별것 아닌데 말입니다. 하나님이 함께하시면 잘못한 것도 우리에게 유익이 된다는 것을 신자들은 다 경험합니다.

여러분이 "다시 한번 살아 봤으면"이라고 이야기하는 것은 하나님이 지금까지 길러서 만드신 지금의 절정에 대한 이해가 없기 때문입니다. 지금 우리는 관조할 수 있고 통찰과 분별과 지혜가 있는 어른의 자리에 와 있습니다. 꿈꾸는 요셉이 아니라 총리 자리에 앉은 요셉이 되어 있다는 것입니다. 정치력을 가지거나 세상적 지위를 가져야 발휘되는 자리가 아닙니다. 하나의 인생을 여러분이 어떻게 이해하고 반응하고 책임을 지느냐에 따라 온 세상을 향한 하나님의 반응, 약속, 증언이 배어나올 수 있는 것이 아닌가요? 우리의 현실, 우리가 만들어온 자리, 거기서 하나님이 무엇을 하셨는가를 보십시오. 하나님이 없으면 세상적인 자랑에서 끝이 날 뿐이고, 그것은 그저 지나간 자리에 불과할 따름입니다.

하나님이 우리 모든 믿는 자에게 하고 싶으신 이야기가 무엇이겠습니까? 이 이사야서를 통하여 바벨론의 영광, 바벨론의 권력, 바벨론의 승리가 얼마나 하찮은 것인지, 아니, 하나님이 얼마나 미워하시고 또 미워하시는 문제인지를 이해하라는 것입니다. 그 승리는 진정한 승리가 아닙니다. 거기서는 만들어낼 것이 없습니다. 생명과 진리가 만들어내는 것은 세상이 말하는 것들로는 만들어낼 수 없습니다. 정치, 경제, 사회, 교육이 만들지 못합니다. 성실함이 만들지도 못합니다. 성실한 것은 명예인 것입니다. 그러나 생명을 만드는 것과 가치를 만드는 것은 하나님께만 있습니다. 그것은 하나님의 창조력입니다. 그러니 예수 안에서 하나님이 하신 일이 무엇인지를 모른다면 예수님을 믿는다는 말이 현실에 적용되지 않습니다. 힘이 되지 않습니다. 골로새서 1:19 이하에서 이렇게 말씀합니다. "아버지께서는 모든 충만으로 예수 안에 거하게 하시고 그의 십자가의 피로 화평을 이루사 만물 곧 땅에 있는 것들이나 하늘에 있는 것들이 그로 말미암아 자기와 화목하게 되기를 기뻐하심이라"(골 1:19-20).

예수님으로 말미암는 평화

이 평화는 하나님의 승리, 하나님의 뜻, 하나님의 목적, 예수님으로 말미암는 평화입니다. 예수님으로 말미암는 평화는 규칙에 의한 것도 아니요, 세상의 물건과 권력을 분배받는 것도 아니라, 하나님 당신을 우리에게 주시는 것입니다. 그것이 예수님으로 말미암는 십자가의 피로 갖게 된 화평입니다. 이사야 11:6-9은 하나님의 평화를 이렇게 묘사합니다.

> 그 때에 이리가 어린 양과 함께 살며 표범이 어린 염소와 함께 누우며 송아지와 어린 사자와 살진 짐승이 함께 있어 어린 아이에게 끌리며 암소와 곰이 함께 먹으며 그것들의 새끼가 함께 엎드리며 사자가 소처럼 풀을 먹을 것이며 젖 먹는 아이가 독사의 구멍에서 장난하며 젖 뗀 어린 아이가 독사의 굴에 손을 넣을 것이라. 내 거룩한 산 모든 곳에서 해 됨도 없고 상함도 없을 것이니 이는 물이 바다를 덮음 같이 여호와를 아는 지식이 세상에 충만할 것임이니라(이사야 11:6-9).

예수님을 믿는다는 것이 어떤 것일까요? 우리는 예수님을 믿으면서도 이분법을 가지고 살아갑니다. 우리는 믿는 자와 믿지 않는 자, 핍박받는 자와 핍박하는 자, 해를 당하는 자와 해를 끼치는 자로 나누는 등의 이분법을 가지고 있습니다. 물론 그런 현상이 실제로 존재하지 않는다는 것은 아닙니다. 그러나 우리가 그런 이분법에 사로잡혀 있는 한 갈등과 분쟁과 대결은 사라질 수 없을 것입니다. 우리가 이런 이분법을 해소하고 함께 살 수 있도록 해주는 것이 있습니다. 그것은 하나님의 평화입니다. 그것은 하나님과의 화목이요, 하나님으로부터 오는 모든 충만함이요, 여호와를 아는 지식이 충만한 것이요, 여호와의 영광으로 충만한 것이요, 예수님 안에서의 충만함입니다. 가치, 보람, 명예, 자랑, 영광, 생명, 감사가 있습니다. 거기에는 승리로 얻은 힘을 가지고 상대를 막아야 하는, 높은 성을 쌓아야 하는, 피를 흘려야 하는 싸움이 없습니다. 하나님만이 하실 수 있고 하나님으로부터 오는 충만함에 따른 넘침과 감사가 있습니다.

감사와 자랑은 서로 어떻게 다릅니까? 감사는 차고 넘치는 것입니다. 그와 대조적으로 자랑은 쥐어짜고 휘두르는 것입니다. 상대를 꺾어서 만족을 얻는 방식이 자랑이라면 넘쳐서 나누어 줄 수 있는 것이 감사입니다. 하나님은 예수님을 사망의 자리로 보내시어 생명을 만드시고 우리 모두에게 부활 생명으로 넘치게 하십니다. 세상 것으로 우리를 안심시키거나 만족시킬 필요가 없습니다. 예수님 안에서 하나님과 관계된 화목과 운명과 동행하심이 우리의 모든 조건에 적용됩니다.

바울 사도는 로마서 15:5-7에서 무엇을 말하고 있습니까?

이제 인내와 위로의 하나님이 너희로 그리스도 예수를 본받아 서로 뜻이 같게 하여 주사 한마음과 한 입으로 하나님 곧 우리 주 예수 그리스도의 아버지께 영광을 돌리게 하려 하노라. 그러므로 그리스도께서 우리를 받아 하나님께 영광을 돌리심과 같이 너희도 서로 받으라(롬 15:5-7).

사도는 "너희도 서로 받으라"고 말합니다. 그가 무엇을 받으라고 말합니까? "그냥 내버려두세요. 이웃을 그냥 내버려두세요." 이런 취지로 말한 것인가요? 아닙니다. 그것은 방관하라거나 내버려두라는 말이 아닙니다. 여러분의 만족과 유익을 위해서 요구하거나 조작하거나 장악하지 말라는 것입니다. 하나님께서 예수 그리스도를 이 땅에 보내어 당신의 구원을 이루실 때 그리스도의 성육신에서 가장 놀라운 사실은 예수님이 한 인생을 사셨다는 것입니다. 정치력을 발휘하거나 사회를 뒤집지 않습니다. 그저 한 사람의 인생을 사십니다. 로마 정권도 그대로 받으시고, 당시 이스라엘 종교 지도자들의 위선도 그대로 받으십니다. 그대로 받아 자신의 길을 가십니다.

따라서 여러분이 힘을 얻고, 여론을 주도하고, 주류가 되어 기독교 신앙을 확인받으려 하지 마십시오. 여러분의 현재 조건만으로도 충분합니다. 예수께서 그렇게 걸어가신 것같이 아무것도 아닌 것처럼 여겨지고, 아무도 알아주지 않는 인생을 사십시오. 예수께서 하시는 것을 보고 사람들이 어떤 시험을 받습니까? 왜 자신의 능력과 힘을 정치적으로 쓰지 않는가? 왜 군사적으로 쓰지 않는가? 이런 요구에 예수님이 어떻게 반응하십니까? 아무런 대꾸도 하지 않고 십자가에 죽으시고 맙니다. 여러분의 현재 삶의 모든 조건과 정황이 그와 동일하다는 것을 인정하시겠습니까? 하지만 그와는 달리 세상적인 해결책이 있다고 말하는 대표와 상징은 바벨론입니다. 그들은 힘을 내세웁니다.

우리가 궁금하게 여기는 것에는 어떤 것들이 있을까요? 우리나라는 국제 사회 속에서 어떻게 될까? 중국과 일본과 미국과 러시아 사이에서 어떻게 될까? 이런 것들은 전혀 신자의 삶의 중요한 조건이 될 수 없습니다. 우리가 자신의 인생을 승패로 나누거나 안심과 불안으로 나누거나 유능과 무능으로 나누거나 옳고 그른 것으로 나누게 되면 우리는 밤낮 벌벌 떨 수밖에 없습니다. 자신의 조건을 완벽하게 만들려고 하면 할수록 진정한 신앙인으로 사는 데서 물러서게 됩니다. 이미 주어진 조건 속에서 살아야 하는 오늘을 살아내지 못하고 결격 사유를 만회하기 위한 일에 매달리게 됩니다. 아닙니다. 여러분만큼 사십시오. 여러분에게 주어진 여러분의 은사와 한계 내에서 사십시오. 아무것도 아닌 것을 사십시오. 그것이 예수께서 가신 길입니다.

그리스도께서 우리를 받아 하나님께 영광을 돌리심과 같이 너희끼리도 서로 받으라고 말씀하십니다. "자기 길을 가라. 걱정 마라." 하나님이 그렇게 이야기하고 있습니다. 그 다음은 하나님이 하실 것입니다. 그것이 바벨론에 대한 경고입니다. "바벨론아, 나는 내 영광을 너에게 주지 않겠다. 이사야, 이스라엘아, 나는 내 찬송을 우상에게 주지 않겠다. 그것을 기억해라. 너희에게 내가 하나님이다. 너희의 지금의 조건과 위기와 도전과 시험과 불안 속에서도 하나님만 믿고 사는 내 자녀가 되어다오. 걱정 마라." 이렇게 이야기하고 계십니다. 이사야에게 "아멘" 하지 말고 자신에게 "아멘" 하시는 여러분 모두가 되기 바랍니다.

::

하나님 아버지, 은혜를 감사합니다. 우리 자신이 얼마나 충분한 조건 속에 있는지를 알게 하셨으니 우리 각자의 삶을 스스로 걸어가게 하옵소서. 아무도 대신할 수 없는 자기의 삶을 살아내는 그 믿음과 순종과 명예와 책임을 감당하게 하옵소서. 예수님 이름으로 기도합니다. 아멘

10
모압의 안심

사 16:6-10

우리가 모압의 교만을 들었나니 심히 교만하도다. 그가 거만하며 교만하며 분노함도 들었거니와 그의 자랑이 헛되도다. 그러므로 모압이 모압을 위하여 통곡하되 다 통곡하며 길하레셋 건포도 떡을 위하여 그들이 슬퍼하며 심히 근심하리니 이는 헤스본의 밭과 십마의 포도나무가 말랐음이라. 전에는 그 가지가 야셀에 미쳐 광야에 이르고 그 싹이 자라서 바다를 건넜더니 이제 열국의 주권자들이 그 좋은 가지를 꺾었도다. 그러므로 내가 야셀의 울음처럼 십마의 포도나무를 위하여 울리라. 헤스본이여, 엘르알레여, 내 눈물로 너를 적시리니 너의 여름 실과, 네 농작물에 즐거운 소리가 그쳤음이라. 즐거움과 기쁨이 기름진 밭에서 떠났고 포도원에는 노래와 즐거운 소리가 없어지겠고 틀에는 포도를 밟을 사람이 없으리니 이는 내가 즐거운 소리를 그치게 하였음이라.

모압에 대한 경고의 핵심

우리는 열방에 대한 심판 본문들을 살피고 있습니다. 이사야 13-23장이 바로 그런 본문입니다. 그 첫 번째 심판의 대상이 바벨론이었다는 사실을 기억할 것입니다. 바벨론에 대한 심판은 그가 가진 폭력에 대한 하나님의 심판이었습니다. 누구를 꺾고 해치고 망가뜨려서 얻는 승리는 하나님이 원하시는 영광과 명예와 거룩하심에 반대되는 것입니다. 그것이 바벨론 심판의 내용입니다.

그러나 이사야 16장에 등장하는 모압은 바벨론과 상대도 되지 않는 작은 나라이고, 성경에도 주인공으로 등장한 적이 거의 없는 조그마한 나라입니다. 본문에서 보는 대로 모압에는 농산물이 풍족했던 것 같습니다. 포도원과 농작물의 실과들이 심판의 대상으로 등장하는 것으로 보아 풍족한 농산물을 누리고 즐긴 것이 심판의 원인이 되었다는 것입니다. 모압이 즐겼던 만족과 기쁨을 주는 것들이 하나님에 의해서 중요한 심판의 대상이 된 것입니다. 그것은 하나님께서 목적하시고 기뻐하시는 것에 비해 현저하게 가치 없는 것과 타협하지 말라는 뜻입니다.

폭력이 하나님의 영광에서 멀리 떨어져 있듯이, 즐겁고 기쁘게 하는 것이 다 가치 있지 않습니다. 그렇다면 힘과 승리가 전부가 아니요, 즐겁고 기쁜 것이 전부가 아니라는 하나님의 심판의 말씀을 우리가 들었을 때 어떤 질문을 던져야 할까요? 성경이 제시하고 요구하며 하나님이 인정하시고 목적하시는 진정한 승리, 진정한 기쁨은 무엇이겠습니까? 우리는 이제 이렇게 질문하게 만드는 본문에 와 있습니다.

우리가 앞에서 이사야 선지자의 소명을 살필 때 마태복음 13장의 씨 뿌리는 비유와 연결시켜 기독교가 주장하는 정체성에 관한 이해를 얻었습니다. 그 비유 다음에 제자들의 질문과 예수님의 답이 10-15절에 나옵니다.

제자들이 예수께 나아와 이르되 어찌하여 그들에게 비유로 말씀하시나이까. 대답하여 이르시되 천국의 비밀을 아는 것이 너희에게는 허락되었으나 그들에게는 아니되었나니 무릇 있는 자는 받아 넉넉하게 되되 없는 자는 그 있는 것도 빼앗기리라. 그러므로 내가 그들에게 비유로 말하는 것은 그들이 보아도 보지 못하며 들어도 듣지 못하며 깨닫지 못함이니라. 이사야의 예언이 그들에게 이루어졌으니 일렀으되 너희가 듣기는 들어도 깨닫지 못할 것이요 보기는 보아도 알지 못하리라. 이 백성들의 마음이 완악하여져서 그 귀는 듣기에 둔하고 눈은 감았으니 이는 눈으로 보고 귀로 듣고 마음으로 깨달아 돌이켜 내게 고침을 받을까 두려워함이라 하였느니라(마 13:10-15).

예수께서 씨 뿌리는 비유를 말씀하셨습니다. 우리가 잘 아는 대로 더러는 길가에 떨어졌고, 더러는 돌밭에 떨어졌고, 더러는 가시떨기에 떨어져서 결실하지 못했습니다. 좋은 땅에 떨어진 것은 30배, 60배, 100배의 결실을 하게 됩니다. 누구나 다 알 것 같은 비유를 말씀하셨는데, 이 비유를 설명하는 과정에서 이사야 선지자가 받은 소명의 내용을 말씀합니다. 그들의 귀가 막히고 그들의 눈이 감기게 하라는 내용입니다. 저들로 하여금 깨닫거나 알아듣는 일이 없게 하여 내게 고침을 받지 못하게 하라는 내용입니다. 그 일이 이렇게 성취된 것이라고 말씀합니다. 주님은 이 비유를 내용 면에서 이사야 선지자가 받은 소명 내용과 연결시키고, 또 그것이 성취되었다고 말씀합니다. 이렇게 당신의 성육신과 사명을 설명하고 있습니다.

기독교 신앙의 진정한 내용과 신앙인으로서 정체성을 확인하는 일에서 우리가 갖는 오해가 있습니다. 그것은 성경의 주장들이 우리 인간들이 가지는 보편적인 이해와는 현격하게 다르기 때문에 그렇습니다. 우리가 신앙생활을 하면서 반복적으로 경험하는 것이기도 합니다. 이 씨 뿌리는 비유도 대표적인 예가 되지 않을까 합니다. 씨에는 아무 결함이 없고 밭의 조건에 따라 결실하기도 하고 그렇지 못하기도 한다는 식으로 쉽게 이해되곤 합니다. 그래서 내리는 결론은 주신 은혜를 잘 받들고 섬겨 많은 열매를 맺자 정도가 됩니다. 하지만 이 비유가 귀를 막고 눈을 감기게 한다는 점에서 우리를 당혹스럽게 합니다. 이런 이유로 우리는 가장 근본적인 질문을 던지지 않을 수 없습니다.

"성경은 무엇을 신앙의 본질, 신자 된 정체성의 근거와 내용이라고 말하는가? 성경이 주장하는 바는 무엇이며 우리의 이해는 어디에서 잘못된 것인가?" 이렇게 다시 묻지 않을 수 없습니다. 성경이 말하는 대로 이야기를 하자면, 신자의 정체성이란 윤리나 유용성에 있지 않습니다. 신자의 정체성의 근거는 하나님께만 있습니다. 하나님이 우리를 당신의 형상으로 만드시고 당신의 기쁨으로 삼겠다고 목적하셔서 우리라는 존재가 있게 됩니다. 그러니까 하나님 없이 우리가 따로 있는 것이 아닙니다. 하나님이 우리에 대하여 가지시는 목적이나, 우리와 관계하는 관계성 속에서 우리는 정체성의 근거를 갖게 됩니다. 우리는 하나님 없이 우리의 근거나 존재의 토대를 가질 수 없습니다.

하나님이 우리를 목적으로 삼으셨고 당신의 형상으로, 당신의 기쁨으로, 당신의 모든 복으로 삼으신다고 한 내용은 구체적으로 무엇일까요? 그것은 성경에서 읽는 바와 같이 하나님이 우리에게 주시고자 한 것입니다. 그런데 우리에게 주시고자 한 이것을 하나님은 무엇과 대비하시지요? 하나님이 우리 인간에게 요구하신 반응과 대비하십니다. 다시 말해 그가 주시고자 한 것과 우리가 보이는 반응은 분명히 서로 다르다는 것입니다.

우리의 정체성은 하나님이 만드십니다. 우리의 존재의 토대가 하나님께 있듯이 우리의 정체성의 내용도 하나님이 만드십니다. 그런데 우리는 우리의 정체성을 우리가 반응하는 것, 책임을 져야 하는 것, 쓸모 있는 것으로 그 초점을 슬쩍 옮겨놓곤 합니다. 그것이 모압에게 하신 경고에서 중요한 핵심입니다. "네가 즐거워한다고 해서 그것이 가치 있는 일이 아니다. 네가 기뻐한다고 해서 그것이 복이 아니다. 그것은 네가 기뻐하는 것이겠지만, 오히려 너를 슬프게 할 수도 있다." 이러한 반응이 그들의 정체성일 수 없다는 것입니다. 모압의 심판에는 이런 경고의 내용이 들어 있습니다.

그러니 이 씨 뿌리는 비유를 잘 보십시오. 밭의 비유가 아니고 씨 뿌리는 비유입니다. 씨가 결실하는 문제인데 씨가 결실을 하려면 밭이 어떠해야 하겠습니까? 우리 생각에는 씨가 뿌려진 밭이 옥토가 되어 그 씨를 잘 길러내어 많은 결실을 하는 것이 밭의 기본 책무 아니겠습니까. 그러나 그 문제가 그렇게 간단하지 않습니다.

고린도전서 3:3-9을 보겠습니다. 이 본문은 고린도교회에 있는 분파 때문에 책망하는 장면입니다.

> 너희는 아직도 육신에 속한 자로다. 너희 가운데 시기와 분쟁이 있으니 어찌 육신에 속하여 사람을 따라 행함이 아니리요. 어떤 이는 말하되 나는 바울에게라 하고 다른 이는 나는 아볼로에게라 하니 너희가 육의 사람이 아니리요. 그런즉 아볼로는 무엇이며 바울은 무엇이냐. 그들은 주께서 각각 주신 대로 너희로 하여금 믿게 한 사역자들이니라. 나는 심었고 아볼로는 물을 주었으되 오직 하나님께서 자라나게 하셨나니 그런즉 심는 이나 물 주는 이는 아무 것도 아니로되 오직 자라게 하시는 이는 하나님뿐이니라. 심는 이와 물 주는 이는 한가지이나 각각 자기가 일한 대로 자기의 상을 받으리라. 우리는 하나님의 동역자들이요 너희는 하나님의 밭이요 하나님의 집이니라(고전 3:3-9).

생명을 주시는 이도 하나님이시요, 그 생명이 자라나게 하는 이도 하나님이십니다. 우리는 아무것도 아닙니다. 이것이 바울의 고백입니다. "우리는 다만 그의 일꾼에 불과하다. 우리가 창조력을 가지는 것이 아니다. 생명을 만들고 생명을 키우고 생명을 완성하는 것은 하나님만이 하실 수 있다. 우리는 그의 손길에 불과하다." 여기에 힌트가 있습니다.

　다시 씨 뿌리는 비유로 돌아가서 생각해 보지요. 밭이 그 씨로 인해 결실을 냅니다. 꽃밭을 한번 상상해 보십시오. 우리는 그 밭을 꽃밭이라고 부릅니다. 꽃밭이 무엇입니까? 꽃밭이라고 부르면 밭이 꽃이 되는 겁니까, 꽃이 밭이 되는 겁니까? 그 둘을 분리할 수 있습니까? 분리할 수 없습니다. "자라나게 하시는 하나님"이라는 말이 가지는 의미를 이해하려면 이 꽃밭 비유밖에는 쓸 수 있는 것이 없습니다. 꽃이 자란다고 하지 밭이 자라났다고 이야기하지 않습니다. 하나님이 자라나게 하십니다. 하나님이 우리를 자라나게 하십니다. 우리는 밭이고 씨가 심겨서 우리에게 열매가 맺히는 것이 아니라, 그 씨가 들어와 우리를 자라나게 합니다. 그러니까 꽃밭은 꽃과 밭으로 분리되는 것이 아니라, 생명이 들어옴으로써 그 밭에서 생명이 자라 결실을 하는 것입니다. 그저 흙바닥에 불과한 것이 아니라 그 밭을 꽃밭으로 만든다는 것입니다.

　갈라디아서 5:22-23을 보겠습니다. "성령의 열매는 사랑과 희락과 화평과 오래 참음과 자비와 양선과 충성과 온유와 절제니 이같은 것을 금지할 법이 없느니라"(갈 5:22-23). 이 구절에서 무엇을 구별하려고 성령의 열매를 제시합니까? 바로 다음의 문제입니다. 성령을 따르고 있는가, 육체를 따르고 있는가? 이것을 구별하려면 열매를 보라는 것입니다. 이 열매 이야기는 유명합니다. 마태복음 7장에서 먼저 이 열매 이야기가 시작되었습니다. 마태복음 7:15 이하를 보겠습니다.

　거짓 선지자들을 삼가라. 양의 옷을 입고 너희에게 나아오나 속에는 노략질하는 이리라. 그들의 열매로 그들을 알지니 가시나무에서 포도를, 또는 엉겅퀴에서 무화과를 따겠느냐. 이와 같이 좋은 나무마다 아름다운 열매를 맺고 못된 나무가 나쁜 열매를 맺나니 좋은 나무가 나쁜 열매를 맺을 수 없고 못된 나무가 아름다운 열매를 맺을 수 없느니라. 아름다운 열매를 맺지 아니하는 나무마다 찍혀 불에 던져지느니라. 이러므로 그들의 열매로 그들을 알리라(마 7:15-20).

설명이 아주 명확합니다. 복숭아가 달려 있으면 복숭아나무입니다. 복숭아나무는 열매가 아니고 복숭아가 열매입니다. 그렇지요? 그 나무는 뭐라고 부릅니까? 복숭아나무라고 합니다. 복숭아나무는 복숭아가 달려 있을 때만 복숭아나무입니까? 복숭아가 달려 있지 않을 때도 복숭아나무입니다. 그러니까 복숭아가 자란다고 하면 열매가 자라는 겁니까, 나무가 자라는 겁니까? 우리는 이 문제에서 늘 나무와 복숭아를 분리합니다. 우리가 열심을 내어 어느 한 해는 복숭아를 맺었다가, 다른 한 해는 사과를 맺는 존재가 아니라는 것입니다.

그런데도 우리는 나무에 열매를 묶거나 열매를 나무에 묶을 수 있다는 식으로 오해합니다. 겸손이나 사랑과 같은 열매를 나라는 나무에 묶을 수 있을 것처럼 신앙생활을 잘못 생각하게 됩니다. 그렇게 생각한다면 신앙생활에서 자격, 능력, 책임, 열성 같은 것들이 늘 자기에게 와서 달라붙게 됩니다. 성경이 하고 싶은 이야기는 이런 것이 아닙니다. "너는 막대기인데 원하고 기도하고 열심을 낸다고 과실이 하나씩 달리는 것이 아니다. 내가 너를 복숭아나무로 불러 너를 자라게 하여 많은 복숭아 열매를 맺게 할 것이다. 내가 네게 생명을 주어 너를 내 자녀로 삼고 너를 복된 나무로 기르는 것이다. 그러니까 너는 자라난다. 네가 맺는 열매를 목적으로 삼는 것이 아니라 너라는 나무를 내가 목적하고 있으며, 그것은 나만이 만들 수 있다." 그것이 성경이 하고싶어 하는 이야기입니다.

그러면 당장 반론이 나옵니다. "그러면 우리는 뭡니까? 아무것도 아닙니까?" 여기가 어렵습니다. 성경에서 신자의 정체성의 근거가 하나님의 목적과 의도, 하나님의 뜻, 하나님의 의지라고 말한 것과 같이 우리의 정체성을 하나님이 목적하시고 원하시는 대로 하나님이 만드실 것입니다. 하나님이 주도권을 가지고 계십니다. 그는 거룩하신 분입니다. 이 일을 기어코 해내실 것입니다. 그런데 우리는 우리가 반응해야 한다는 것을 어떻게 오해하고 있습니까? 우리는 자신이 주도적으로 책임을 져야 한다고 생각합니다. 그래서 씨와 전혀 상관없는 우리의 진심, 열심, 헌신, 열정 같은 것들을 밭의 반응으로 오해하곤 합니다. 그렇게 되면 씨와 밭은 서로 뗄 수 없는 관계인데도 결국 분리되고 맙니다. 이렇게 씨와 밭을 갈라놓은 채 밭의 반응을 생각할 수 있겠습니까? 그런데 우리는 자신이 스스로 믿었고 구원을 확신했고 책임을 지고 있다고 생각한다는 것입니다.

하나님의 영광의 찬송

그러나 성경은 그렇게 이야기하지 않습니다. 에베소서 1:3 이하도 보겠습니다.

> 찬송하리로다. 하나님 곧 우리 주 예수 그리스도의 아버지께서 그리스도 안에서 하늘에 속한 모든 신령한 복을 우리에게 주시되 곧 창세 전에 그리스도 안에서 우리를 택하사 우리로 사랑 안에서 그 앞에 거룩하고 흠이 없게 하시려고 그 기쁘신 뜻대로 우리를 예정하사 예수 그리스도로 말미암아 자기의 아들들이 되게 하셨으니 이는 그가 사랑하시는 자 안에서 우리에게 거저 주시는 바 그의 은혜의 영광을 찬송하게 하려는 것이라(엡 1:3-6).

구원이란 무엇입니까? 하나님의 영광을 찬송하는 것입니다. 하나님이 이렇게 굉장한 분이십니다. 하나님은 찬송을 받으셔야 마땅합니다. 그것이 구원입니다. 신자가 가지는 신앙인으로서의 최고의 가치, 최고의 감격이 무엇입니까? 하나님을 아는 것입니다. 하나님은 진실로 하나님이십니다. 무엇으로 그런 말을 할 수 있습니까? 하나님은 나를 만드셨기 때문입니다. 하나님이 당신의 영광과 기쁨으로 나를 만드셨고 내가 하나님의 기쁨이자 목적이라는 사실로 인해 하나님께 영광과 감사를 드리지 않을 수 없습니다. 하나님은 너무나 굉장하십니다. 너무나 놀라우십니다. 그것이 신자가 가지는 정체성의 본질입니다. 우리는 하잘 것 없고 늘 실패하기 때문에 윤리적 차원이나 기능적 차원에서 점검하는 것 외에 다른 것은 할 줄 모릅니다. 하나님이 우리에게 얼마나 큰 것을 목적하고 계시는지 사실은 제대로 경험할 틈도 별로 없습니다. 무슨 기이한 환상이나 성령으로 흠뻑 젖는 특별한 경우를 제외하고는 그런 감격이 무엇인지 우리는 잘 이해하지 못합니다.

그러나 여기에 중요한 증거가 있습니다. 그 증거는 예수님입니다. 우리에게 가지신 하나님의 목적이 얼마나 굉장한 것인가는 예수님에게서 드러납니다. 다른 것은 다 그만두고 마태복음 13장에 나오는 씨 뿌리는 비유가 그렇습니다. 이것은 이사야 선지자의 예언이 성취된 것입니다. "너희 눈을 감기게 하고 너희 귀를 막아 너희로 내게 돌아와 고침을 받지 못하게 하는 일의 성취다. 그것을 위하여 내가 왔다."

그것이 무엇이겠습니까? 밭이 만들어내는 작품으로 타협하려는 것을 막는 것입니다. 모압의 기쁨을 심판하는 것입니다. "여름 실과의 기름진 것으로 만족하려는 것과 타협하지 마라. 그것은 아니다. 그것과 비교할 수 없이 크다. 하나님이 당신의 영광을 걸고 우리에게 요구하시는 하나님의 뜻이다. 그 이외의 것은 다 죄다." 이렇게 이야기하는 것입니다. 우리가 예수님을 필요로 하지도 않았고, 또 누구인지도 모르고 구하지도 않았을 때에 예수께서 오신 것처럼 말입니다. 이것이 제일 중요한 것입니다. 하나님이 목적하사 하나님의 능력과 거룩하심과 자비하심과 그의 복되심으로 우리를 만들고 완성하시겠다는 것이 하나님이 가지시고 우리에게 요구하시는 목적입니다. 이것이 우리가 알아야 하는 정체성인 것입니다.

그러나 교회 역사 속 어느 시대에나 그랬듯이 기독교 신앙은 시대마다 독특한 특징을 가집니다. 그 특징들로 인하여 전체 균형이 언제나 약간씩 치우쳐 있습니다. 가장 심각한 도전은 이 핵심이 되는 가장 중요한 본질이 희미해졌다는 사실입니다. 우리 시대에도 그렇습니다. 여러분이 예수님을 믿는 가장 근본적인 이유와 기대는 무엇입니까? 너무나 쉽게 말하는 이런 것 아닙니까? "하나님, 마음 편하게 살게 해주십시오. 걱정 없이 살게 해주십시오." 이것은 하나님을 만나고 하나님 앞에서 우리의 지위와 우리의 받은 바 사랑과 복을 확인하는 입구에 지나지 않습니다. 그러니 거기 주저앉아 있으면 안되는 것입니다.

우리는 손가락질 받지 않고 남에게 아쉬운 소리 하지 않고 자존심 지키고 고생 없이 살기를 기대합니다. 그럴 바에는 하나님이 우리를 만드실 이유가 없었습니다. 그 증거가 무엇입니까? 다른 것은 다 제쳐두고 하나님 없어도 되는 자리로 만족하려는 것을 그 아들을 보내어 깨부순 사건입니다. 곧 예수 그리스도와 십자가입니다. 따라서 하나님이 부르시는 곳으로 나오지 않고 그대로 주저앉아 있겠다고 하는 것은 다 심판의 대상입니다. 하나님이 우리를 향해 가지신 목적은 에베소서 1장에 나온 대로 사랑하시는 자 안에서 우리에게 거저 주시는 바 그의 은혜의 영광을 찬송하게 하려는 것입니다. 이것이 하나님이 우리를 창조하신 목적이요 의도입니다.

나는 타협할 수 없다

하나님이 누구십니까? 그의 신실하심으로 우리를 그의 영광으로 부르시는 이십니다. 그러니 "우리나라 잘 살게 해주십시오"와 같은 기도는 제발 하지 맙시다. 우리의 현실에 대한 걱정과 불안을 하나님 앞에서 하소연하는 것은 당연히 우리가 해야 할 바이지만, 그것이 유일한 내용은 될 수 없습니다. "몸이 불편합니다. 하나님, 건강하게 해주십시오." 온통 건강만이 소원이 되고 마는 기독교도 절대 용납해서는 안됩니다.

이런 것들이 다 하나님의 심판의 대상입니다. 이사야 13-23장에서 확인되는 바와 같이 하나님은 모든 나라를 낱낱이 심판하십니다. "너희가 그것으로 만족하고 있어서는 안된다. 그것은 안된다. 내가 하나님이다. 나는 나의 영광을 우상에게 줄 수 없다. 나는 너희를 그렇게 만들지 않았다. 나 없이 대강 사는 것, 타협하고 사는 것, 내 영광을 깨부수는 것을 도저히 내가 방치할 수 없다. 나는 여호와다." 이것이 이사야 선지자의 예언이고, 예수 그리스도가 오셔서 완성하신 하나님의 의지입니다. 여기에서 타협하면 안됩니다.

모르겠다고요? 괜찮습니다. 몰라도 괜찮습니다. 여러분이 모르는 동안에도 큽니다. 여러분이 알고 반응해서 이루어진 일은 없습니다. 여러분이 몰랐을 때, 여러분이 외면하고 있었을 때, 아니 반대하고 있었을 때, 거부하고 있었을 때, 여러분의 손으로 예수님을 십자가에 못 박았을 때, 그때도 하나님은 여러분을 위하여 일하고 계셨고, 지금도 일하시고 계시며, 그리고 완성하실 것입니다.

이를 에베소서 1장의 두 구절에서 확인할 수 있습니다. "이는 그가 사랑하시는 자 안에서 우리에게 거저 주시는 바 그의 은혜의 영광을 찬송하게 하려는 것이라"(엡 1:6). "이는 우리가 그리스도 안에서 전부터 바라던 그의 영광의 찬송이 되게 하려 하심이라"(엡 1:12). 이 두 구절은 한 쌍을 이루고 있습니다. 그러니 종이에 써서 잘 보이는 곳에 붙여 놓으십시오. 우리는 하나님의 영광을 찬송할 것이며, 우리는 하나님의 영광의 찬송이 될 것입니다. 이와 같이 6절은 우리의 항복의 의미를 밝히며, 12절은 우리의 영광이 하나님의 영광의 찬송이 된다고 말씀합니다. 그것이 하나님의 의도요 목적입니다. 하나님이 여전히 그 일을 하고 계십니다. 우리는 무엇을 해야 할까요? 그 명예를, 그 약속을, 그 믿음을 누리십시오. 하나님께 진지하게 물으십시오. "이 약속이 사실입니까?" 하나님 앞에 무릎 꿇고 물으십시오. 확인시켜 달라고 기도하십시오. 그러나 우리는 지금 이런 일들을 하고 있지 않습니다. 이렇게 나눈 이 영광에 대해 에베소서 5:19-21에서는 어떻게 표현하는지 또 확인해 보겠습니다.

> 시와 찬송과 신령한 노래들로 서로 화답하며 너희의 마음으로 주께 노래하며 찬송하며 범사에 우리 주 예수 그리스도의 이름으로 항상 아버지 하나님께 감사하며 그리스도를 경외함으로 피차 복종하라(엡 5:19-21).

이러한 구절이 무슨 의미인지 알겠습니까? 여러분이 가장 우선시하는 어떤 필요들, 그 모든 것들은 이 목록에 올라올 수조차 없습니다. 그것들은 문젯거리가 되지 않습니다. 성경은 그 깊고 깊은 하나님의 영광의 찬송에 대하여 우리에게 깨우치라 하며, 타협하지 말라고 도전하고 있습니다. 빌립보서 4:4-7도 보겠습니다.

> 주 안에서 항상 기뻐하라. 내가 다시 말하노니 기뻐하라. 너희 관용을 모든 사람에게 알게 하라. 주께서 가까우시니라. 아무 것도 염려하지 말고 다만 모든 일에 기도와 간구로, 너희 구할 것을 감사함으로 하나님께 아뢰라. 그리하면 모든 지각에 뛰어난 하나님의 평강이 그리스도 예수 안에서 너희 마음과 생각을 지키시리라(빌 4:4-7).

이 본문을 보면 우리가 요구하는 것은 아예 리스트에 올라오지도 않았습니다. 차원이 다릅니다. 현실을 외면하고 부정하라는 뜻이 아닙니다. 우리의 현실이 우리를 만들고 있습니다. 하나님이 우리를 만드시고 있습니다. 하나님이 꽃밭을 만드시고 있습니다. 생명의 밭으로 만드시고 있습니다. 어디가 나무이고 어디가 열매인지로 나눌 수 없는 하나님의 자녀로, 하나님의 영광으로, 하나님의 복으로 만드시고 있습니다. 우리를 기르시고 인도하시고 깨우치시고 확인시키시고 선택하게 하시고 고민하게 하십니다. 그것이 성경이 하고 싶은 이야기입니다. 그런데 우리는 그 가장 중요한 내용 바깥에 있는 것을 가지고 매일 싸우고 있다는 것입니다.

골로새서 3:12 이하도 보겠습니다.

그러므로 너희는 하나님이 택하사 거룩하고 사랑 받는 자처럼 긍휼과 자비와 겸손과 온유와 오래 참음을 옷 입고 누가 누구에게 불만이 있거든 서로 용납하여 피차 용서하되 주께서 너희를 용서하신 것 같이 너희도 그리하고 이 모든 것 위에 사랑을 더하라. 이는 온전하게 매는 띠니라. 그리스도의 평강이 너희 마음을 주장하게 하라. 너희는 평강을 위하여 한 몸으로 부르심을 받았나니 너희는 또한 감사하는 자가 되라. 그리스도의 말씀이 너희 속에 풍성히 거하여 모든 지혜로 피차 가르치며 권면하고 시와 찬송과 신령한 노래를 부르며 감사하는 마음으로 하나님을 찬양하고 또 무엇을 하든지 말에나 일에나 다 주 예수의 이름으로 하고 그를 힘입어 하나님 아버지께 감사하라(골 3:12-17).

이것은 무슨 이야기입니까? 너무 현실감 없어 보이는 이야기 같지 않습니까? 그렇지 않습니다. 이것이 현실입니다. 하나님이 이렇게 만들고 계십니다. 그것을 목적하고 계십니다. 예수님을 보내신 것이 역사적 사실이듯이, 지금 하나님이 일하고 계시는 것이 우리의 현실입니다. 기적과 능력 속에 있는 현실입니다. 우리가 알아채지 못하고 있을 뿐입니다. 우리는 늘 가장 사소한 것, 본문에서 떠나 있는 것에 목숨을 겁니다. 우리의 이런 실상과 하나님이 하시려는 것 사이에 놓인 모순, 이 충돌을 통해 하나님은 우리를 매일매일 가르치십니다. 시험하십니다. 훈련시키십니다. 그것이 성경이 하고싶어 하는 이야기입니다.

예수님은 우리가 모를 때 오셨습니다. 우리가 하나님께 보내달라고 하지도 않았습니다. 우리는 예수님에게 살려달라고 하지도 않았습니다. 우리가 예수님을 죽였습니다. 그러나 하나님은 우리를 위하여 그를 제물로 삼아 우리를 위한 당신의 뜻을 이루십니다. 그것이 오늘 성경이 하고싶어 하는 이야기입니다. "나는 내 영광을 우상에게 주지 않겠다. 나는 질투하는 하나님이다. 나는 너희의 작은 소원과 타협하지 않겠다."

그것이 지금 이사야 13-23장에 걸쳐 나오는 긴 저주입니다. 모든 열방에 대한 책망입니다. "너희가 만족하는 것으로는 안된다. 너희가 안심하는 그 정도에서 나는 타협할 수 없다. 나는 하나님이다. 나는 너희를 그렇게 만들지 않았다." 그러니 여러분, 스스로의 인생과 예수님을 믿는다는 것이 무엇인지 다시 생각해 보십시오.

바벨론의 폭력, 그리고 지금 우리가 보고 있는 모압의 안심, 이런 것들과 하나님은 결코 타협하지 않으실 것입니다. 하나님의 영광을 두기로 하신 그 약속을 이루기까지 하나님은 우리를 흔드실 것입니다. 그 진실한 것을 확인시킬 것입니다. 여러분은 그 과정 속에 놓여 있습니다. 신실하신 하나님의 역사와 그 고집 속에 여러분이 있습니다. 불평만 하지 마십시오. 여러분의 인생의 시간이 길어지는 동안에도 계속 배우듯이 세상이 거짓되다는 것을 확인할 때마다 여러분이 가지신 약속, 성경이 하는 약속이 무엇인지를 확인하는 그 기쁨이 있어야 합니다. 여러분이 보내는 하루하루는 의미없이 지나가는 시간도 아니요 소비되는 시간도 아닙니다. 하나님의 일하시는 결과물들이 켜켜이 쌓여가는 시간입니다. 멋진 하나님의 사람으로 자라가는 전진과 결과가 있기를 바랍니다.

::

하나님 아버지, 은혜를 감사합니다. 하나님의 일하심과 부르심과 목적하심에 대하여, 그 은혜와 능력과 오래 참으심에 대하여 감사합니다. 우리의 위대한 운명이 하나님 손에 있고 하나님의 약속 안에 있으니, 우리는 감사합니다. 우리가 열 번 넘어질지라도 열한 번 일어날 것이요, 스무 번 잘못했을지라도 이백 번 돌아서겠습니다. 하나님, 우리를 놓지 마옵시고 하나님의 약속과 승리를 누리는 그 자리에 이르기까지 끝까지 붙들어 주시옵소서. 예수님 이름으로 기도합니다. 아멘.

11

셋이 복이 되리니

사 19:19-25

그 날에 애굽이 부녀와 같을 것이라. 그들이 만군의 여호와께서 흔드시는 손이 그들 위에 흔들림으로 말미암아 떨며 두려워할 것이며 유다의 땅은 애굽의 두려움이 되리니 이는 만군의 여호와께서 애굽에 대하여 정하신 계획으로 말미암음이라. 그 소문을 듣는 자마다 떨리라. 그 날에 애굽 땅에 가나안 방언을 말하며 만군의 여호와를 가리켜 맹세하는 다섯 성읍이 있을 것이며 그 중 하나를 멸망의 성읍이라 칭하리라. 그 날에 애굽 땅 중앙에는 여호와를 위하여 제단이 있겠고 그 변경에는 여호와를 위하여 기둥이 있을 것이요 이것이 애굽 땅에서 만군의 여호와를 위하여 징조와 증거가 되리니 이는 그들이 그 압박하는 자들로 말미암아 여호와께 부르짖겠고 여호와께서는 그들에게 한 구원자이자 보호자를 보내사 그들을 건지실 것임이라. 여호와께서 자기를 애굽에 알게 하시리니 그 날에 애굽이 여호와를 알고 제물과 예물을 그에게 드리고 경배할 것이요 여호와께 서원하고 그대로 행하리라. 여호와께서 애굽을 치실지라도 치시고는 고치실 것이므로 그들이 여호와께로 돌아올 것이라. 여호와께서 그들의 간구함을 들으시고 그들을 고쳐 주시리라. 그 날에 애굽에서 앗수르로 통하는 대로가 있어 앗수르 사람은 애굽으로 가겠고 애굽 사람은 앗수르로 갈 것이며 애굽 사람이 앗수르 사람과 함께 경배하리라. 그 날에 이스라엘이 애굽 및 앗수르와 더불어 셋이 세계 중에 복이 되리니 이는 만군의 여호와께서 복 주시며 이르시되 내 백성 애굽이여, 내 손으로 지은 앗수르여, 나의 기업 이스라엘이여, 복이 있을지어다 하실 것임이라.

심판으로 꺾으시다

이 본문은 열방의 심판을 언급한 이사야 13-23장에 들어 있는 일부로서 애굽에 관한 것입니다. 그리고 다음 24-27장에서는 세계의 심판에 대한 예언이 나옵니다. 열방이라 하면 당시 이스라엘을 중심으로 한 인근 나라들을 가리킵니다. 이름을 들으면 알 수 있는 나라들이 차례차례 경고를 받습니다.

이사야 19:24-25에는 특이한 내용이 나옵니다. "그 날에 이스라엘이 애굽 및 앗수르와 더불어 셋이 세계 중에 복이 되리니 이는 만군의 여호와께서 복 주시며 이르시되 내 백성 애굽이여, 내 손으로 지은 앗수르여, 나의 기업 이스라엘이여, 복이 있을지어다 하실 것임이라." 이처럼 심판은 보복이나 처벌에 그치는 것이 아닙니다. 그래서 우리는 이런 질문을 해볼 수 있습니다. 하나님께서 결국 돌이키고 복으로 삼으실 것이라면 과연 심판의 목적은 무엇인가?

애초에 이런 심판 과정이 없이 하나님이 강권하시는 개입이 있었다면 고통스러운 과정도 없이 하나님의 창조의 목적이 이루어지고, 또 인류를 향한 하나님의 은혜가 쉽게 부어지는 다른 길이 있지 않았을까 하는 생각이 듭니다. 그것은 우리가 조금 더 생각해 볼 문제입니다만, 우선 우리가 살펴볼 이 심판이 역사적 사실이라는 것을 기억해야 합니다. 앗수르도 이스라엘도 애굽도 다 망했습니다. 나중에 바벨론이 앗수르를 대신하게 되지만, 그 바벨론도 망합니다. 이것은 역사적 사실입니다.

이 역사적 사실들이 가지는 무게를 이해하지 못하면 이런 일들이 일어난 역사와 그 역사 속에 살고 있는 각 개인의 실존과 가치 등에 대한 이해도 턱없이 부족할 수밖에 없습니다. 어떻게 심판과 구원이 한 줄로 연결될 수 있다는 것인가? 하나님의 은혜와 긍휼로 말미암는 구원이 최종 목적이었다면, 구원이 이루어지는 과정도 심판이 아닌 심판보다 더 낫거나 더 쉽거나 더 편한 방법은 없었을까? 그러나 심판은 이미 일어난 역사적 사실이므로, 왜 그 심판이 필요했던 것일까 묻지 않을 수 없습니다.

고린도후서 10:1 이하를 보겠습니다.

너희를 대면하면 유순하고 떠나 있으면 너희에 대하여 담대한 나 바울은 이제 그리스도의 온유와 관용으로 친히 너희를 권하고 또한 우리를 육신에 따라 행하는 자로 여기는 자들에 대하여 내가 담대히 대하는 것 같이 너희와 함께 있을 때에 나로 하여금 이 담대한 태도로 대하지 않게 하기를 구하노라. 우리가 육신으로 행하나 육신에 따라 싸우지 아니하노니 우리의 싸우는 무기는 육신에 속한 것이 아니요 오직 어떤 견고한 진도 무너뜨리는 하나님의 능력이라. 모든 이론을 무너뜨리며 하나님 아는 것을 대적하여 높아진 것을 다 무너뜨리고 모든 생각을 사로잡아 그리스도에게 복종하게 하니 너희의 복종이 온전하게 될 때에 모든 복종하지 않는 것을 벌하려고 준비하는 중에 있노라(고후 10:1-6).

이 본문에 따르면, 심판이란 하나님을 대적하여 높아진 모든 교만한 것을 넘어뜨리는 것입니다. 그것을 부러뜨리고 쳐부수는 것입니다. 하나님이 궁극적으로 구원을 목적으로 하고 있다면 심판은 단지 분노의 표출이나 보복 수준에 머무를 수 없습니다. 그 교만을 심판하여 꺾어 그리스도께 복종케 한다는 것은 대단히 음미해 볼 만한 내용입니다. 하나님을 대적하여 높아진 모든 것들을 사로잡아 예수님의 죽음에 끌고 옴으로써 구원을 이루십니다. 따라서 하나님께서 저들의 교만을 무너뜨린다는 것은 하나님께서 저들과 경쟁적이거나 전투적인 구조를 갖지 않는다는 뜻입니다. 저들에게 가면 하나님께 오지 못하고, 저들에게 복종하면 하나님께 복종하지 못한다는 그런 대등한 방식을 말하는 것이 아닙니다. 하나님이 가지신 목적과 뜻을 이루심에 있어서 그 목적과 뜻에 미치지 못하면 결코 그대로 놔두지 않는다는 것이 심판인 것입니다. 이사야의 본문을 깊이 따라 내려가다 보면 우리는 자연스럽게 그런 결론에 이를 것입니다.

예수님은 오셔서 우리를 구원하기 위하여 당신이 죽는 방법을 택하셨습니다. 예수님은 그저 간단한 승부나 경쟁, 전투 방식을 취하신 것이 아닙니다. 하나님은 그가 이루실 구원의 방법과 상관없는 것이라면 어떤 것과도 타협하지 않으실 것입니다. 다시 말해 구원을 이루심에 있어서 하나님의 부재는 결단코 방관할 수 없다는 것입니다. 예수님을 믿어야 구원을 얻는다고 할 때 가장 중요한 핵심은 사람이 믿었느냐, 믿지 않았느냐 하는 데 있지 않습니다. 그보다 앞서는 것은 하나님이 예수님으로 말미암는 길 외에는 결코 없다고 하신 데 있습니다. 예수님으로 인한 구원이 아니라면 그 어떤 것과도 결코 타협하실 수 없다는 뜻입니다. 그러니까 예수님으로 말미암지 않고서는 구원을 받지 못한다는 식으로 좀 간단하게 이해할 수는 있겠습니다.

앗수르의 멸망과 애굽의 멸망에는 틀린 것이 아닌 모자라는 것이 드러납니다. 멸망이란 하나님이 저들을 치셨다는 것만이 아닙니다. 우리가 인류 역사에서 보다시피 어떤 나라도 권력을 영원히 가진 적은 없었습니다. 역사의 증언입니다. 권력의 나라들은 폭력의 나라가 되었고, 결국 스스로 무너졌습니다. 그 나라를 영속시킬 가치가 없었습니다. 만족이 없었습니다. 그 나라들은 상대국에게 자발적 항복을 받아낸 것도 아닙니다. 여기에 하나님의 심판이 가지는 더 깊은 의미가 있습니다. 하나님은 우리 자신이 선택한 것의 덧없음, 위선, 기만을 우리에게 들이대 폭로하는 작업을 하십니다. 그런데 우리는 "하나님, 번잡스럽게 그러실 필요가 있습니까? 그냥 하나님이 우리를 확 움켜쥐시고 붙들어 매서서 다른 곳으로 가지 못하게 하시면 되지 않겠습니까?" 하는 식으로 생각할 수도 있습니다. 그러나 그렇게 하지 않으시고 이런 기회와 시간, 역사를 우리에게 허락하신다는 것입니다.

이사야서, 하나님의 비전

출애굽 사건은 이스라엘이 종 되었던 땅에서 하나님의 도우심으로 구원을 얻은 사건이라고 생각할 수 있지만, 그보다 더 큰 의미를 가진 역사적 사건입니다. 애굽이 이스라엘을 가두어 놓을 수만 있었다면 애굽은 사람들에게 궁극적인 목적이 되었을 것입니다. 그들에게 전부가 되었을 것입니다. 결국 힘이야말로 사람이 바랄 수 있는 최고의 가치가 되었고, 답이 되었고, 문명이 되었을 테지만 하나님이 그것을 깨뜨리십니다.

이스라엘이 애굽을 빠져나감으로써 애굽은 항구적인 운명과 지위를 갖지 못하게 됩니다. 하나님은 인간이 만드는 최선 혹은 최고의 조건, 어떤 지위 같은 것들이 궁극의 해답이 될 수 없음을 보여주십니다. 이스라엘이 하나님의 은혜로 애굽을 빠져나올 수 있었고, 하나님은 그렇게 바로를 꺾으셨습니다. 이스라엘을 종으로 가졌던 권력보다 더 큰 하나님의 은혜로 애굽을 깨뜨리시고 이스라엘을 꺼내십니다. 이리하여 진정한 힘은 하나님의 손에 있으며, 애굽이나 앗수르나 바벨론의 손에 있지 않다는 희망을 인류 모두가 가질 수 있게 하십니다.

앞뒤가 맞지 않는 이야기

이것이 예수 그리스도 안에서 아주 명백하게 드러납니다. 로마서 11:30-32을 보겠습니다.

> 너희가 전에는 하나님께 순종하지 아니하더니 이스라엘이 순종하지 아니함으로 이제 긍휼을 입었는지라. 이와 같이 이 사람들이 순종하지 아니하니 이는 너희에게 베푸시는 긍휼로 이제 그들도 긍휼을 얻게 하려 하심이라. 하나님이 모든 사람을 순종하지 아니하는 가운데 가두어 두심은 모든 사람에게 긍휼을 베풀려 하심이로다(롬 11:30-32).

이 본문은 이해하기가 만만치 않은 구절입니다. 이스라엘이 불순종함으로써 이방인에게 구원이 넘어갑니다. 원래는 이스라엘의 순종으로 이방인에게 구원이 일어났어야 합니다. 그런데 이스라엘이 불순종합니다. 그렇다면 이방인에게는 사실 구원의 기회조차 없어야 마땅할 터인데 그들에게 구원이 넘어갑니다. 그렇게 함으로써 불순종이 끝이 아니며, 심판이 궁극적인 운명이 아니라고 선언하는 셈입니다. 성경이 이러한 역설을 얼마나 많이 사용하는지 이해해야 합니다.

이사야서 내내 이스라엘의 심판과 궁극적 구원이 나오고, 앗수르의 승리와 심판이 나오고, 바벨론의 승리와 심판이 나옵니다. 이것이 무엇을 말하는지 알아야 합니다. 하나님을 대적하여 반대하는 것도 망할 것이요, 외면하고 도망가는 것도 망할 것입니다. 그런데 그렇게 망한다는 것은 보복을 당한다거나 처벌을 받는다고 간단히 생각할 것이 아니라, 하나님이 창조의 궁극적인 목적과 내용과 우리의 운명을 포기하지 않으신다는 이야기라는 사실을 알아야 합니다.

하나님이 모든 사람을 순종치 아니하는 데 가두어 두셨다고 바울은 말합니다(롬 11:32). 그 순종치 아니하는 것들로 인해 무엇이 일어났겠습니까? 애굽과 앗수르와 바벨론의 폭력과 약자가 당하는 사망, 그리고 강자이지만 의를 행하지 않음으로 자초한 멸망의 길입니다. 이렇게 하나님을 거부하고 외면한 이 모든 것이 멸망한다는 것은 인류 역사의 거대한 진실이 아닐 수 없습니다. 하나님은 그런 역사 위에 서서 기다리고 계시는 것입니다. 하나님은 아무도 도망갈 수 없는 길, 역사가 증언하는 모두의 멸망, 사망, 소멸의 자리에 예수님을 보내십니다. 어느 누구 하나 예외 없이 불순종에 가두어 두셔서 아무도 벗어날 수 없을 것 같았던 자리에 처한 우리의 운명을 뒤엎으신 것입니다. 사망을 부활로 뒤엎으십니다. 이 말이 앞뒤가 맞지 않아 불편하게 들릴지 모르겠습니다.

그런데 그 앞뒤가 맞지 않는 이야기를 고린도전서 2:1 이하에서 이렇게 증언하고 있습니다.

형제들아, 내가 너희에게 나아가 하나님의 증거를 전할 때에 말과 지혜의 아름다운 것으로 아니하였나니 내가 너희 중에서 예수 그리스도와 그가 십자가에 못 박히신 것 외에는 아무 것도 알지 아니하기로 작정하였음이라. 내가 너희 가운데 거할 때에 약하고 두려워하고 심히 떨었노라. 내 말과 내 전도함이 설득력 있는 지혜의 말로 하지 아니하고 다만 성령의 나타나심과 능력으로 하여 너희 믿음이 사람의 지혜에 있지 아니하고 다만 하나님의 능력에 있게 하려 하였노라. 그러나 우리가 온전한 자들 중에서는 지혜를 말하노니 이는 이 세상의 지혜가 아니요 또 이 세상에서 없어질 통치자들의 지혜도 아니요 오직 은밀한 가운데 있는 하나님의 지혜를 말하는 것으로서 곧 감추어졌던 것인데 하나님이 우리의 영광을 위하여 만세 전에 미리 정하신 것이라. 이 지혜는 이 세대의 통치자들이 한 사람도 알지 못하였나니 만일 알았더라면 영광의 주를 십자가에 못 박지 아니하였으리라(고전 2:1-8).

이 지혜는 세상의 지혜도 아니요 통치자들의 지혜도 아니라고 합니다. 그것은 이해의 지혜도 아니며, 힘으로서의 지혜도 아니라고 합니다. 또한 이해하고 납득할 수 있는 이론적 논리적 산물도 아니라고 합니다. 그 지혜는 7절에서 보듯이 "오직 은밀한 가운데 있는 하나님의 지혜를 말하는 것으로서 곧 감추어졌던 것인데 하나님이 우리의 영광을 위하여 만세 전에 미리 정하신 것이라"고 합니다. 우리는 그 지혜를 몰랐습니다. 만약 그것을 알았더라면 예수님을 못 박지 않았을 것입니다. 우리는 예수님이 메시아인 것을 몰랐던 것입니다. 왜 그랬겠습니까? 구원자가 죽었기 때문입니다. 말이 안 맞지 않습니까? 구원자가 자기도 구하지 못하는데 어떻게 남을 구할 수 있겠습니까? 중요한 증언입니다. 그리고 9절에서는 이 설명에 대한 역사적 증언을 가져다 댑니다. 즉 "기록된 바 하나님이 자기를 사랑하는 자들을 위하여 예비하신 모든 것은 눈으로 보지 못하고 귀로 듣지 못하고 사람의 마음으로 생각하지도 못하였다 함과 같으니라."

이 9절은 이사야 64장에서 인용한 것입니다. "이런 일을 행한 신을 예부터 들은 자도 없고 귀로 들은 자도 없고 눈으로 본 자도 없었나이다"(사 64:4). 이 듣지도 보지도 못한 것이란 이사야 6장에서 하나님이 이사야를 불러 선지자로서 사명을 맡기실 때 말씀하셨던 반전입니다. "누가 우리를 위하여 갈꼬?" "내가 여기 있나이다. 나를 보내소서." "그래, 네가 가라. 가서 못 보게 하라. 못 듣게 하라. 못 깨닫게 하라." 그런 반전이라는 것입니다. 하나님이 우리를 위하여 예비하신 것은 무엇입니까? 그것은 듣지도 보지도 못한 것이었습니다. 우리로서는 이해할 수 없었던 것입니다.

우리로 믿도록 결정하게 만든 가장 큰 것은 무엇이었습니까? 그것은 하나님의 능력입니다. 그것이 복음에 관한 정의였습니다. 복음에는 하나님의 능력이 나타납니다. 믿음으로 믿음에 이르게 하는 하나님의 능력입니다. 복음은 하나님의 능력입니다. 거기서 능력이라는 표현은 우리가 알고 있는 힘의 크기를 말하는 것이 아니라 그것보다 더 큰 하나님의 지혜를 가리킵니다. 1 더하기 1이 2가 아닌 것 같은 하나님의 방법, 하나님의 의지, 하나님의 목적입니다.

뒤엎으심으로 복의 자리로

이것이 우리에게는 그토록 납득되지 않습니다. 이에 대한 설명이 고린도전서 2:1-2에 이렇게 나옵니다. "형제들아, 내가 너희에게 나아가 하나님의 증거를 전할 때에 말과 지혜의 아름다운 것으로 아니하였나니 내가 너희 중에서 예수 그리스도와 그가 십자가에 못 박히신 것 외에는 아무 것도 알지 아니하기로 작정하였음이라." 바울 사도가 고린도교회에 갈 때 제일 걱정했던 것은 다음 4-5절에 나오는 이것입니다. "내 말과 내 전도함이 설득력 있는 지혜의 말로 하지 아니하고 다만 성령의 나타나심과 능력으로 하여 너희 믿음이 사람의 지혜에 있지 아니하고 다만 하나님의 능력에 있게 하려 하였노라."

복음은 지혜나 설득이나 설명이 아니고 능력에 속한 것입니다. "내가 너희에게 나갈 때에 다른 것 다 접어놓고 예수 그리스도와 그의 못 박히신 것만 기억하기로 했다." 이것이 무슨 뜻일까요? 우리가 다 알고 있는 너무나 분명한 말씀입니다. 예수님은 하나님이 우리를 구하시기 위해 우리를 찾아오신 성육신입니다. 힘으로 오시지 않고 겁을 주러 오시지 않고 강요하러 오시지 않고 조작하려고 오신 것이 아닙니다. 그래서 그것은 하나님의 성의(聖意)입니다.

그런데 우리는 어떻게 대했습니까? 그를 못 박았습니다. 그것은 인간의 진실입니다. 인간의 현주소입니다. 우리는 이 십자가 처형과 하나님의 성의를 서로 이을 수가 없습니다. 왜냐하면 죽음은 그것으로 끝이기 때문입니다. 그런데 하나님은 이것을 잇고 계십니다. 죽음을 통해 부활을 들어오게 하셨기 때문입니다. 여기에 우리로서는 이해할 수 없는 역설이 들어 있습니다.

우리가 예수님을 믿으면서 가장 납득하기 어려운 것이 무엇일까요? 우리가 믿은 내용이 삶의 과정 속에서 이해되지 않는다는 사실입니다. 소원은 있으나 하나님이 응답하시지 않고, 열심을 내나 보상하시지 않습니다. 그래서 우리는 입버릇처럼 절망을 말하곤 합니다. 우리가 사는 이 시대, 현실마저 그렇습니다. 역사 내내 그랬습니다. 지금이 가장 어렵다고 말한다면 여러분은 복음을, 그리고 진실을 모르는 것입니다. 기독교는 어느 때든 어렵습니다. 하나님이 그 영혼을 찾기까지 다른 것은 증명되지도, 전달되지도, 그리고 결과로 만들어지지도 않습니다.

그러나 우리는 이런저런 조건들이 있으면 된다고 믿습니다. 교회가 완벽하면 된다고 믿습니다. 아닙니다. 교회가 잘하면 야단치고 비난하고 정죄합니다. 역사의 증언입니다. 교회는 사회적, 선교적 책임을 지고 있음에도 불구하고 언제나 어려움에 가득 차 있습니다. 그런 갈등과 혼선 속에서 하나님이 일하고 계시다고 증언합니다.

오늘 성경 말씀 중에 여러분에게 가장 중요한 적용, 이해는 이것일 것입니다. 여러분의 생애에서, 아니 지금 여러분의 현실 속에 있는 모든 갈등, 긴장, 공포, 두려움, 절망이 일을 하고 있다는 사실입니다. 여러분의 신앙고백, 소원, 앞뒤가 맞지 않는 현실은 우리가 앞에서 살펴본 내용에서도 확인할 수 있습니다. 즉, "이스라엘이 앗수르 및 애굽과 함께 만국 중에 셋이 복이 될지라"라고 한 것처럼 말이 안되는 이런 약속에서 말입니다. 그 셋은 곧 다 망할 것입니다. 셋이 다 망해서 복의 자리로 갈 것입니다. 하나님이 그 아들을 보내어 증언하셨습니다. 그가 스스로 가장 낮추어 우리를 사랑하사 대접하는 모습으로 찾아오신 진정성은 우리가 소원하는 힘, 조건, 능력 같은 것들을 초월하여 일하신 증거인 것입니다.

그러니 여러분 각자에게 신앙에서 가장 중요한 첫 번째 필수적인 조건은 절망이어야 합니다. 그것이 여러분에게서 일을 할 것입니다. 왜 그렇습니까? 형통하면 생각하지 않기 때문입니다. 우리 모두가 다 아는 사실입니다. 형통하면 생각하지 않고, 남을 동정하지도 않으며, 어떤 것도 이해하지 못합니다. 그런데 하나님이 그렇게 안하시겠답니다. 성경의 증언에 따르면, 예수 그리스도의 오심은 그가 인생을 체휼하사 하나님의 사랑을 증언하고 구체화한 것입니다. 그러니 여러분 생애의 고단함과 말이 안되는

이사야서, 하나님의 비전

것들은 하나님의 일하심의 신비입니다. 하나님의 능력이 모든 것을 뒤엎을 수 있습니다. 여러분이 겪은 모든 긴장과 갈등과 공포와 의심을 결국 궁극적인 복으로, 영광으로 만드실 것입니다.

　그것을 모르면 예수님을 믿는다는 말이 무엇인지 모르는 것입니다. 여러분의 현실에서 거듭되고 있는 경험이 아닙니까? "한국 교회는 왜 이 모양 이 꼴인가?" 이렇게 비난하는 사람이 있다면 제가 묻고 싶습니다. "당신은 좀 나은가요?" 사실 말하기는 쉽지만 제대로 살기는 어렵습니다. 이렇게 하면 되지 않겠느냐고 고함질러서 결과가 만들어지는 일은 하나도 없습니다. 고함지르고 싶은 마음과 실력이 있거든 오병이어의 물고기 중 한 마리나 보리떡 하나가 되십시오. 자기 자리에서 자기 신앙과 하나님의 일하심을 수행하고 감수하면 그 다음은 하나님이 하실 것입니다. 고함질러 남들에게 강요하고 자기는 편하려 하지 마십시오. 스스로의 현실에 대하여 낙담하지 말고 기다리면 하나님의 기적을 보게 될 것입니다. 그것이 모든 성도들의 기회요 믿음의 내용입니다.

::

하나님 아버지, 은혜를 감사합니다. 우리 인생은 귀하고 명예로우며 위대하고 기적으로 가득 차 있습니다. 우리 마음에는 늘 절망과 의심과 분노가 가득하지만, 그것이 일을 합니다. 하나님이 능력으로 함께하시기 때문입니다. 말이 되지 않는 것, 그렇게 되리라는 결과가 보이지 않는 길에 하나님이 그 아들을 보내신 것같이, 우리의 인생을 뒤집으실 것입니다. 그 하나님의 거룩하심과 성실하심을 근거로 하여 우리의 인생을 하나님께 맡기고 순종하여 열심히 살기로 다짐합니다. 복 주서서 기적을 경험하는 우리의 생애 되게 하옵소서. 예수님 이름으로 기도합니다. 아멘.

12

하나님의 심판

사 23:1-9

두로에 관한 경고라. 다시스의 배들아, 너희는 슬피 부르짖을지어다. 두로가 황무하여 집이 없고 들어갈 곳도 없음이요 이 소식이 깃딤 땅에서부터 그들에게 전파되었음이라. 바다에 왕래하는 시돈 상인들로 말미암아 부요하게 된 너희 해변 주민들아, 잠잠하라. 시홀의 곡식 곧 나일의 추수를 큰 물로 수송하여 들였으니 열국의 시장이 되었도다. 시돈이여, 너는 부끄러워할지어다. 대저 바다 곧 바다의 요새가 말하기를 나는 산고를 겪지 못하였으며 출산하지 못하였으며 청년들을 양육하지도 못하였으며 처녀들을 생육하지도 못하였다 하였음이라. 그 소식이 애굽에 이르면 그들이 두로의 소식으로 말미암아 고통 받으리로다. 너희는 다시스로 건너갈지어다. 해변 주민아, 너희는 슬피 부르짖을지어다. 이것이 옛날에 건설된 너희 희락의 성 곧 그 백성이 자기 발로 먼 지방까지 가서 머물던 성읍이냐. 면류관을 씌우던 자요 그 상인들은 고관들이요 그 무역상들은 세상에 존귀한 자들이었던 두로에 대하여 누가 이 일을 정하였느냐. 만군의 여호와께서 그것을 정하신 것이라. 모든 누리던 영화를 욕되게 하시며 세상의 모든 교만하던 자가 멸시를 받게 하려 하심이라.

고난과 순종

이사야 13-27장은 열방의 심판과 세계의 심판에 대하여 말씀합니다. 우리가 이전 설교에서 고린도후서 10장에서 확인한 대로, 그 본문은 하나님을 대적하여 높아진 모든 대적들을 쳐부숴 그리스도에게로 복종케 하시는 하나님의 심판을 말하고 있습니다. 그 심판은 하나님 이외의 것으로는 궁극적인 목적이나 권위, 가치나 운명으로 삼지 못하게 하는, 하나님의 은혜로 말미암는 역사에 대한 개입입니다.

그러나 한 걸음 더 나아가서 보면, 그 잘못된 것을 다 꺾어 하나님 이외의 가치나 기대나 욕심을 버리고 하나님께로 돌아오게 하는, 하나님만이 답이라고 하는 심판입니다. 그러니까 외적으로는 무너뜨리고 멸망시키는 것입니다. 그리고 그것을 당하는 입장에서 보면 환난이요 재앙이요 고난입니다. 이런 일들이 어떤 가치가 있는 것입니까? 하나님이 당신의 경쟁자들이나 혹은 잘못된 길을 다 제거하는 그분의 승리인 것입니까? 성경은 분명히 그렇게 이야기하지 않기 때문에 그 질문이 성립합니다.

하나님은 예수님을 보내어 인류의 죄 짐을 대신 지고 죽게 하는 방법으로 사망을 깨뜨리십니다. 그 일은 힘겨루기거나 상대나 경쟁자를 제거하여 갖는 승리와는 완연히 다른 것입니다. 따라서 고난이 갖는 의미, 심판이 갖는 의미를 생각해 볼 수 있게 됩니다.

히브리서 5장에 보면 가장 대표되는 고난에 관한 놀라운 증언이 나옵니다.

그는 육체에 계실 때에 자기를 죽음에서 능히 구원하실 이에게 심한 통곡과 눈물로 간구와 소원을 올렸고 그의 경건하심으로 말미암아 들으심을 얻었느니라. 그가 아들이시면서도 받으신 고난으로 순종함을 배워서 온전하게 되셨은즉 자기에게 순종하는 모든 자에게 영원한 구원의 근원이 되시고 하나님께 멜기세덱의 반차를 따른 대제사장이라 칭하심을 받으셨느니라 (히 5:7-10).

그가 아들인데도 고난으로 순종을 배워 온전하게 되셨다고 합니다. 그런데 우리는 이 말씀을 어떻게 접근하는 경향이 있습니까? "예수께서 다만 고난으로 순종을 배우셨고, 온전하게 된 것은 순종의 결과다." 이렇게 접근합니다.

역사적, 정서적 유산에서 보자면 우리 한국 사람들은 명분을 내세우는 것이 사실입니다. 우리는 그런 유산을 가지고 있습니다. 순종 자체도 명분과 가치를 가진다는 것입니다. 말하자면 무엇이 들어오는 통로이자 받아들이는 입구로 순종을 이해하기 보다는, 순종 자체가 가치를 갖는 경우가 많습니다.

그러나 성경에 따르면, 순종을 한다는 것은 외부로부터의 어떤 요구나 명령이나 약속을 받아들여 나를 채우는 것입니다. 순종은 우상으로 대표되는 하나님 이외의 것을 궁극적 가치와 권위로 삼는 것을 깨부숨으로써 우리로 하여금 그것에게 가지 못하게, 그것에 절하지 못하게 합니다. 그런 것들로 자신의 정체성을 만들지 못하게 함으로써 하나님이 요구하시는 궁극적 승리, 가치, 정체성을 만들게 해줍니다. 따라서 하나님이 우리에게 순종을 요구하시는 것은 하나님의 뜻을 채우시겠다는 것입니다. 그리고 그 순종은 고난으로 시작됩니다.

그러니까 고난을 아무리 좋게 이야기해도 긍정적인 의미로는 잘 받아들여지지 않습니다. 순종 자체가 가치가 되어 순종이라는 말을 남발하는 까닭에 실제로 순종이 무엇인지 잘 모릅니다. 따라서 순종이라는 통로를 통해 하나님의 의도하심과 목적하심이 우리에게 무엇을 전달하는지, 그리하여 온전하게 된다는 것이 무슨 말인지 우리가 좀 깊이 살피고자 합니다.

환난이 하는 일

로마서 8장에서는 고난을 굉장히 긍정적인 것으로 가르치고 있습니다. "성령이 친히 우리의 영과 더불어 우리가 하나님의 자녀인 것을 증언하시나니 자녀이면 또한 상속자 곧 하나님의 상속자요 그리스도와 함께 한 상속자니 우리가 그와 함께 영광을 받기 위하여 고난도 함께 받아야 할 것이니라"(롬 8:16-17). 여기서 고난은 영광과 대등한 것으로 소개됩니다. 그와 함께 영광을 받기 위하여 고난도 함께 받아야 한다고 말입니다. 하나님의 궁극적인 약속, 복된 승리로 가는데 고난은 영광과 대등한 가치를 지니며, 또한 요구된다는 것입니다. 이것이 로마서 5장에서는 매우 차분하게 설명되고 있습니다.

> 그러므로 우리가 믿음으로 의롭다 하심을 받았으니 우리 주 예수 그리스도로 말미암아 하나님과 화평을 누리자. 또한 그로 말미암아 우리가 믿음으로 서 있는 이 은혜에 들어감을 얻었으며 하나님의 영광을 바라고 즐거워하느니라. 다만 이뿐 아니라 우리가 환난 중에도 즐거워하나니 이는 환난은 인내를, 인내는 연단을, 연단은 소망을 이루는 줄 앎이로다. 소망이 우리를 부끄럽게 하지 아니함은 우리에게 주신 성령으로 말미암아 하나님의 사랑이 우리 마음에 부은 바 됨이니 우리가 아직 연약할 때에 기약대로 그리스도께서 경건하지 않은 자를 위하여 죽으셨도다. 의인을 위하여 죽는 자가 쉽지 않고 선인을 위하여 용감히 죽는 자가 혹 있거니와 우리가 아직 죄인 되었을 때에 그리스도께서 우리를 위하여 죽으심으로 하나님께서 우리에 대한 자기의 사랑을 확증하셨느니라(롬 5:1-8).

1절과 2절은 분명합니다. "그리스도로 말미암아 하나님과 화목하게 되었으니 화평을 누리자. 그리고 예수님으로 말미암아 이 은혜의 자리에 들어오게 되었으니 영광을 바라고 즐거워하자." 이러한 화평과 영광을 동등한 차원에서 설명하기 위해서 "다만 이뿐 아니라 우리가 환난 중에도 즐거워하나니"라는 말씀으로 이어지면서 환난이 소개됩니다. 예수님을 믿어서 얻는 약속, 지위, 운명, 현실, 하나님과의 화목, 영광된 운명에 이르는 즐거움과 함께 환난이 등장합니다.

그런데 우리에게 환난은 환영할 만한 것이 못 됩니다. 환난은 좌절이요 고통이요 불만이요 실패요 슬픈 일들이기 때문입니다. 하지만 로마서 5장에서 환난은 하나님과의 화목, 하나님의 승리를 위하여 주어진 하나님의 지혜에 속한 것이요 그의 능력의 과정에 속한 것으로 소개됩니다. 조건이라고 말합니다.

그러니 우리는 환난이 도대체 무슨 가치가 있는지 살펴봐야 합니다. 성경에 기록된 대로 "환난은 인내를 인내는 연단을 연단은 소망을 이룬다"라는 말씀을 먼저 기억해야 합니다. 이 말들은 사실 따지고 보면 걸림돌이 됩니다. 환난은 인내를 만들지 않습니다. 환난을 당하여 힘써 그것을 극복한 사람은 훌륭한 사람들뿐입니다. 그것은 결과론적으로 하는 이야기입니다.

우리는 환난을 당하면 낙심하고 도망갑니다. 그런데 어떻게 환난이 인내로 이어지게 됩니까? 도망갈 길이 없어서 참는 것 아닙니까? 그렇게 인내할 뿐입니다. 무슨 뾰족한 수가 없습니다. 무엇을 어떻게 하겠습니까? 방법이 없습니다. 망신스럽고 창피하지만 숨어 다니기에 바쁩니다. 그것이 인내입니다.

그래서 어떻게 됩니까? 체념하게 됩니다. 거기서 연단이 나옵니다. 익숙해집니다. 남들이 이상하게 봐도 그러려니 합니다. 뭐라고 해도 상처도 별로 받지 않습니다. 그것이 어떻게 소망을 이루게 합니까? 어떻게 하나님의 완성, 하나님의 영광의 완성에 이르게 합니까? 이처럼 부정적이고 하나님의 승리의 약속을 방해하는 것 같고 그 길에 연속성이 없는 것 같은데 어떻게 소망으로 가는 길이 되겠습니까? 증거는 이것입니다.

이사야서, 하나님의 비전

소망이 우리를 부끄럽게 하지 아니함은 우리에게 주신 성령으로 말미암아 하나님의 사랑이 우리 마음에 부은 바 됨이니 우리가 아직 연약할 때에 기약대로 그리스도께서 경건하지 않은 자를 위하여 죽으셨도다.……우리가 아직 죄인 되었을 때에 그리스도께서 우리를 위하여 죽으심으로 하나님께서 우리에 대한 자기의 사랑을 확증하셨느니라(롬 5:5-6, 8).

예수님이 우리를 구원하러 오셨을 때 우리는 그를 몰랐으며, 그분의 필요도 몰랐고, 요청도 하지 않았습니다. 예수님이 우리 죄를 위하여 죽으셨을 때, 그것이 무엇을 말하는지도 몰랐습니다. 우리가 그저 그를 죽이고 말았습니다.

이와 똑같습니다. 환난이 무엇을 하는지 우리는 모릅니다. 환난으로 말미암아 우리는 절망하고 낙담하고 비탄 속에서 그저 참을 뿐입니다. 그렇게 모두 체념으로 바뀌고, 자존심도 다 버리고, 아무것도 아닌 자리에서 소망을 이루게 됩니다. 하나님이 우리 죄를 위하여 예수님을 보내셨으나, 우리가 그를 저주하고 배신하고 십자가에 못 박았고, 하나님이 그것을 뒤집어 구원을 이루어내신 것같이, 환난이 우리에게 일을 한다는 것입니다.

고난과 죽음

우리 삶 속에서 항상 따지는 "잘하면 복 받고, 잘못하면 벌받는다"는 것보다 훨씬 크신 예수님을 통해 증거된 것을 우리가 어떻게 믿을 수 있습니까? 우리 인생 속에서 일어나는 모든 일을 통해 하나님이 승리하시리라는 것을 우리가 어떻게 믿을 수 있습니까? 예수님을 보십시오. 우리가 아직 죄인 되었을 때 그가 오셔서 죽으셨습니다. 그가 우리 손에 죽으신 것입니다.

우리를 구원하러 오신 이가 우리에게 대접을 받거나 우리와 어떤 합의를 한 것도 아니며, 우리가 최소한의 호의를 보인 것도 아닙니다. 우리가 아무런 근거도 만들지 않았습니다. 그러나 하나님은 우리 모두 적대적인 자리에 서서 그에게 하지 못할 짓을 한 것으로 구원을 이루십니다. 이와 같은 방식으로 환난도 우리에게서 일을 합니다.

나라가 붕괴되고, 나라와 나라가 전쟁을 하고, 기존 질서가 깨지고, 불안과 공포와 비참한 비극들이 역사에 반복됩니다. 그것은 오늘날도 마찬가지입니다. 세계 곳곳에 전쟁이 있고, 말할 수 없는 참상과 굶주림과 비참함이 널려 있습니다. 우리도 아슬아슬한 곳에 살고 있습니다. 우리라고 더 나은 데 있지 않습니다. 그렇지만 그 모든 것들이 하나님이 일하심 속에서는 손해를 보게 하지 않고 적극적으로 일을 하게 한다고 성경이 약속합니다.

이어서 로마서 5:9 이하도 계속 보겠습니다.

그러면 이제 우리가 그의 피로 말미암아 의롭다 하심을 받았으니 더욱 그로 말미암아 진노하심에서 구원을 받을 것이니 곧 우리가 원수 되었을 때에 그의 아들의 죽으심으로 말미암아 하나님과 화목하게 되었은즉 화목하게 된 자로서는 더욱 그의 살아나심으로 말미암아 구원을 받을 것이니라. 그뿐 아니라 이제 우리로 화목하게 하신 우리 주 예수 그리스도로 말미암아 하나님 안에서 또한 즐거워하느니라(롬 5:9-11).

예수님의 죽음은 우리를 위한 하나님의 극진함만 증언하는 것이 아닙니다. 우리가 죽인 예수님입니다. 우리가 죽인 예수님으로 우리를 구원하십니다. 우리가 죽인 것으로 끝낼 수 없는 하나님의 의지가 그를 부활시켜, 우리의 인생과 운명이 그를 죽인 죄 안에서 끝나지 않게 하시려고 우리를 사망에서 불러내십니다. 우리가 죄인이었을 때, 즉 최악의 결과밖에 만들어낼 수 없었을 때, 구원과 화목과 영광을 만들어내실 수 있었던 하나님이 그를 살리시고 우리를 구원하셨습니다. 우리가 죄인이었을 때와는 비교할 수도 없는 더 좋은 관계로 묶어놓으셨으니, 하나님의 자녀로 사는 인생에 얼마나 굉장한 기적이 있겠느냐 하는 것입니다.

예수님 안에서 증거된 것이 역사상 무엇이며, 인류에게 어떤 영향을 미쳤으며, 이 세계의 역사를 마침내 어디로 끌고 갈 것이며, 그래서 우리가 누구이고, 우리가 몸담고 있는 역사와 세계가 누구 손에 달려 있으며, 그가 어떤 자비와 능력과 긍휼과 거룩하신 목적을 갖고 있는가를 알고 있다면, 어떤 고난이 오든지 어떤 억울한 일을 당하든지 무엇이 겁나겠느냐는 것입니다. 이것이 고난에 대한 성경의 주장입니다.

예수 그리스도의 십자가 사건에 대하여 빌립보서 2장은 독특한 점을 강조하고 있습니다. 우리가 이를 자주 놓칩니다.

> 너희 안에 이 마음을 품으라. 곧 그리스도 예수의 마음이니 그는 근본 하나님의 본체시나 하나님과 동등됨을 취할 것으로 여기지 아니하시고 오히려 자기를 비워 종의 형체를 가지사 사람들과 같이 되셨고 사람의 모양으로 나타나사 자기를 낮추시고 죽기까지 복종하셨으니 곧 십자가에 죽으심이라. 이러므로 하나님이 그를 지극히 높여 모든 이름 위에 뛰어난 이름을 주사 하늘에 있는 자들과 땅에 있는 자들과 땅 아래에 있는 자들로 모든 무릎을 예수의 이름에 꿇게 하시고 모든 입으로 예수 그리스도를 주라 시인하여 하나님 아버지께 영광을 돌리게 하셨느니라(빌 2:5-11).

우리가 다루고 있는 이 고난의 주제는 예수님의 십자가 사건에서 가장 핵심이 되는 것입니다. 환난과 고난 중에서 십자가는 최종의 것이기 때문입니다. 그는 죽기까지 복종하십니다. 자기를 비우고 복종하시는 것입니다. 자기가 만든 것으로 채우지 않으시고, 하나님께서 주시는 것을 받아 자신을 만들고 채우시기로 하십니다. 그 복종이 어디까지라고요? 죽기까지입니다. 모든 것을 다 포기하고 버림으로써 하나님의 뜻을 받아들이는 것입니다. 그런 존재가 되기로 하십니다. 그래서 하나님이 그를 가장 높이십니다. 모든 피조물 위에 높이십니다. 그에게 가장 높은 이름을 주시고, 그것으로 하나님이 영광을 받으십니다.

영광의 찬송이 되게 함

그것이 무슨 뜻일까요? 세상이 주는 가치 그 어느 것과도 비교할 수 없는 하나님의 영광, 하나님이 우리에게 목적하고 주시는 영광을 모든 창조 세계가 감격하리라는 것입니다. 여러분이 가지는 최소한의 자존심과 최소한의 가치 안에 갇혀 벌벌 떨면서 세상을 마주하지 말고, 성경이 요구하는 현실적 이해를 가져야 합니다. 세상이 하자고 하는 것 말고 성경이 하자는 것을 하십시오. 그것이 복종이요 믿음입니다. 이 믿음이 우리에게 없습니다. 그런데 우리는 믿음이라는 명목 아래 "내게 힘을 주십시오, 안심할 수 있게 해주십시오"라고 요구합니다. 그러나 하나님은 "내가 그거 다 알고 있다. 그러니 내가 가자는 길로 가자"라고 하십니다.

에베소서 1장은 대단히 큰 그림으로 교회와 성도의 운명을 이렇게 증언합니다. "모든 일을 그의 뜻의 결정대로 일하시는 이의 계획을 따라 우리가 예정을 입어 그 안에서 기업이 되었으니 이는 우리가 그리스도 안에서 전부터 바라던 그의 영광의 찬송이 되게 하려 하심이라"(엡 1:11-12). 하나님이 우리에게 환난을 허락하시는 것은 그의 영광의 찬송이 되게 하려는 데 그 목적이 있습니다. 이것이 하나님의 뜻입니다. 여러분이 기대하고 여러분이 만족하고 싶어 하는 것을 이제 포기하십시오. 그리고 순종으로 그 문을 여십시오. 하나님의 뜻을 채우기로 해야 합니다. 하나님의 영광의 찬송이 되십시오.

이 문제는 너무나 중요해서, 에베소서에서 교회가 세워진 궁극적인 특징이자 책임을 다음과 같이 말씀하고 있습니다. "또 만물을 그의 발 아래에 복종하게 하시고 그를 만물 위에 교회의 머리로 삼으셨느니라. 교회는 그의 몸이니 만물 안에서 만물을 충만하게 하시는 이의 충만함이니라"(엡 1:22-23). 교회는 예수 그리스도의 충만이요 하나님의 충만입니다. 여기에는 명예와 기쁨과 감격, 그리고 하나님을 아는 지식에 의한 영광이 있습니다. 그것은 신비하고 초월적인, 무슨 눈에 보이는 형상으로 드러나지 않습니다. 하나님이 그런 목적으로 부른 자들의 공동체로 드러납니다. 사도 바울은 그것을 에베소서 3장에서 멋진 기도로 이렇게 소개합니다.

> 이러므로 내가 하늘과 땅에 있는 각 족속에게 이름을 주신 아버지 앞에 무릎을 꿇고 비노니 그의 영광의 풍성함을 따라 그의 성령으로 말미암아 너희 속사람을 능력으로 강건하게 하시오며 믿음으로 말미암아 그리스도께서 너희 마음에 계시게 하시옵고 너희가 사랑 가운데서 뿌리가 박히고 터가 굳어져서 능히 모든 성도와 함께 지식에 넘치는 그리스도의 사랑을 알고 그 너비와 길이와 높이와 깊이가 어떠함을 깨달아 하나님의 모든 충만하신 것으로 너희에게 충만하게 하시기를 구하노라(엡 3:14-19).

이 기도문에 성경에서만 쓸 수 있는 큰 단어가 어떻게 동원되는지를 보십시오. 여기 16절에서는 "그의 영광의 풍성함", "성령으로 말미암아 너희 속사람을 능력으로 강건하게"라는 표현이 등장합니다. 그리고 18절에는 "성도와 함께 지식에 넘치는 그리스도의 사랑을 알고", 19절에는 "하나님의 모든 충만하신 것으로 너희에게 충만하기를"이라는 표현이 나타납니다. 여러분은 이런 구절들에 드러난 그런 기대를 가지고 계십니까? 예수님을 믿는다는 것에 내포된 이런 기대야말로 정당한 기대입니다. 그런데 우리는 이런 기대에 미치지 못하고 아주 작은 것에 목을 맵니다. 사도 바울은 이렇게 부연합니다.

> 우리 가운데서 역사하시는 능력대로 우리가 구하거나 생각하는 모든 것에 더 넘치도록 능히 하실 이에게 교회 안에서와 그리스도 예수 안에서 영광이 대대로 영원무궁하기를 원하노라. 아멘(엡 3:20-21).

그것이 예수님을 믿는 것이요 현실을 사는 것입니다. 여러분의 현실에 일어나는 모든 일이 하나님의 지혜와 능력 안에서 여러분을 그의 영광의 찬송이 되게 하실 것입니다.

::

하나님 아버지, 은혜를 감사합니다. 우리의 인생이 하나님의 손에 달려 있고, 우리가 가는 길에 하나님이 동행하시기에, 우리가 당하는 모든 일 속에서 하나님의 영광을 봅니다. 하나님의 사람으로 기쁨과 즐거움과 자랑과 기적을 봅니다. 우리가 이 세상의 빛이고 우리야말로 이 세상의 구원의 손길입니다. 우리가 세상을 걱정할 것이 아니라, 세상이 우리를 보고 놀라고 감탄하고 따라오고 부러워하며, 우리가 모시는 하나님의 영광을 만나는 그런 기적으로 사는 귀한 삶이 되게 하옵소서. 예수님 이름으로 기도합니다. 아멘.

이사야서, 하나님의 비전

13
만민을 위한 연회

사 25:1-8

여호와여, 주는 나의 하나님이시라. 내가 주를 높이고 주의 이름을 찬송하오리니 주는 기사를 옛적에 정하신 뜻대로 성실함과 진실함으로 행하셨음이라. 주께서 성읍을 돌무더기로 만드시며 견고한 성읍을 황폐하게 하시며 외인의 궁성을 성읍이 되지 못하게 하사 영원히 건설되지 못하게 하셨으므로 강한 민족이 주를 영화롭게 하며 포학한 나라들의 성읍이 주를 경외하리이다. 주는 포학자의 기세가 성벽을 치는 폭풍과 같을 때에 빈궁한 자의 요새이시며 환난 당한 가난한 자의 요새이시며 폭풍 중의 피난처시며 폭양을 피하는 그늘이 되셨사오니 마른 땅에 폭양을 제함 같이 주께서 이방인의 소란을 그치게 하시며 폭양을 구름으로 가림 같이 포학한 자의 노래를 낮추시리이다. 만군의 여호와께서 이 산에서 만민을 위하여 기름진 것과 오래 저장하였던 포도주로 연회를 베푸시리니 곧 골수가 가득한 기름진 것과 오래 저장하였던 맑은 포도주로 하실 것이며 또 이 산에서 모든 민족의 얼굴을 가린 가리개와 열방 위에 덮인 덮개를 제하시며 사망을 영원히 멸하실 것이라. 주 여호와께서 모든 얼굴에서 눈물을 씻기시며 자기 백성의 수치를 온 천하에서 제하시리라. 여호와께서 이같이 말씀하셨느니라.

구원은 기름진 것

이사야 25장은 열방과 세상의 심판을 경고하는 13-27장 안에 들어 있기는 하지만, 하나님의 진노하심을 전하는 내용과 함께 나란히 구원의 약속을 말하고 있습니다. 사실 이 둘이 나란히 놓인다는 것은 잘 어울리지 않아 보입니다. 이런 내용을 1절부터 간단히 살펴보겠습니다. "여호와여, 주는 나의 하나님이시라. 내가 주를 높이고 주의 이름을 찬송하오리니 주는 기사를 옛적에 정하신 뜻대로 성실함과 진실함으로 행하셨음이라." 1절에 따르면 하나님의 구원은 어떤 대가나 보상이 아니라 하나님의 약속이자 작정이요 의지였다고 이야기합니다.

바로 이어서 2-5절에서는 온 세상이 심판받을 것에 대하여 이야기합니다. 우리가 이미 앞서 여러 장들에서 살펴본 바와 같습니다. 이사야의 많은 부분이 이 심판의 경고, 심판의 두려움에 대하여 진지하게 다룹니다. 그것은 이 세상 나라의 권세 또는 이 세상의 권력이 궁극적 운명이 되도록 놓아두시지 않겠다는 하나님의 의지요, 세상의 것과는 타협하시지 않겠다는 하나님의 복된 약속을 증언하는 것입니다. 그리고 장차 베푸실 구원에 대하여 이렇게 약속합니다.

> 만군의 여호와께서 이 산에서 만민을 위하여 기름진 것과 오래 저장하였던 포도주로 연회를 베푸시리니 곧 골수가 가득한 기름진 것과 오래 저장하였던 맑은 포도주로 하실 것이며 또 이 산에서 모든 민족의 얼굴을 가린 가리개와 열방 위에 덮인 덮개를 제하시며 사망을 영원히 멸하실 것이라. 주 여호와께서 모든 얼굴에서 눈물을 씻기시며 자기 백성의 수치를 온 천하에서 제하시리라. 여호와께서 이같이 말씀하셨느니라(사 25:6-8).

여기서 구원은 "기름진 것"으로 표현됩니다. 수치를 제하고 사망을 멸할 것이라고 표현됩니다. 우리 한국 교회는 지난 약 130년 동안 기독교 신앙의 핵심을 '예수 믿고 천국 가는 것, 죄를 벗어나 영원한 생명을 얻는 것'으로 올바르게 이해해 왔습니다. 그럼에도 불구하고 그것은 시대적인 한계를 가지고 있었습니다. 그 한계란 다른 것이 아니라 구원을 아주 소극적으로 이해했다는 것입니다. 아직 한국 교회는 구원을 현실과 연결하여 성경이 제시하는 답들을 충분히 깨우칠 시간이 없었습니다. 해결되지 않는 현실적인 모든 문제를 약속의 그날로 미루어 놓았던 것입니다. 그래서 어쩌면 현실을 더 용감하게 살 수 있었고, 순교를 책임질 수 있었던 시대를 갖지 않았나 생각해 봅니다.

그러나 이제 한 걸음 더 나아간 한국 교회의 신앙의 경험들은 좀 더 적극적인 것을 가르칠 수 있게 되었습니다. 이것이 다만 그날에 이루어질 천국에서만의 보상이 아니라 현실에서도 신앙의 보상과 명예가 있다고 가르치고 있습니다. 그것은 "기름진 것"입니다. 어떻게 그것이 기름진 것이 되느냐 하면, 수치와 사망을 제하시는 하나님의 나라가 이미 임하였기 때문입니다.

가난한 신앙에 머문다는 것

예수님을 믿는 것은 미래의 천국이 아닌 현실에서 일어납니다. 우리는 그 고백을 현실에서 가집니다. 지금 고백합니다. 지금 우리는 예수님과 함께 살고 있습니다. 천국에서 완성될 흠 없는 완성된 나라를 보는 것이 우리 현실 속에서 실현 가능합니다. 그 원리나 내용에서 아직도 사망이 세력을 잡고 있는 세상 속에서 사망을 극복한 부활의 능력이 그 힘을 발휘할 수 있습니다.

로마서 8:18 이하에서는 구원을 이렇게 설명합니다.

생각하건대 현재의 고난은 장차 우리에게 나타날 영광과 비교할 수 없도다. 피조물이 고대하는 바는 하나님의 아들들이 나타나는 것이니 피조물이 허무한 데 굴복하는 것은 자기 뜻이 아니요 오직 굴복하게 하시는 이로 말미암음이라. 그 바라는 것은 피조물도 썩어짐의 종 노릇 한 데서 해방되어 하나님의 자녀들의 영광의 자유에 이르는 것이니라. 피조물이 다 이제까지 함께 탄식하며 함께 고통을 겪고 있는 것을 우리가 아느니라. 그뿐 아니라 또한 우리 곧 성령의 처음 익은 열매를 받은 우리까지도 속으로 탄식하여 양자 될 것 곧 우리 몸의 속량을 기다리느니라. 우리가 소망으로 구원을 얻었으매 보이는 소망이 소망이 아니니 보는 것을 누가 바라리요(롬 8:18-24).

이사야 25장 본문의 표현 방식으로 하면, 구원은 수치를 제하고 사망을 멸하는 것입니다. 여기 로마서 8장에 따르면, 허망한 것을 극복하는 것이요 썩어질 것을 극복하는 것입니다. 성경은 우리의 구원을 긍정적인 면에서 영광된 것이라고 증언합니다. 그런데 우리는 다만 기독교 신앙을 죄를 안 짓는 것, 흠이 없는 것, 잘못하지 않는 것, 그래서 매사에 회개하여 죄를 씻어내는 것으로 이해해 왔습니다.

사실은 성경이 그것을 더 긍정적인 약속들과 대조하고 있다는 것을 알아야 합니다. 성경은 잘못하는 것이 아닌 잘하는 일과 틀린 것이 아닌 옳은 일, 죽어나가는 것이 아닌 살고 충만해지는 길을 우리에게 약속합니다. 세상은 그 모든 것에서 사망에게 잡혀 있습니다. 결국 죽으니 이겨도 그만입니다. 지면 물론 더 말할 것도 없습니다. 아무리 큰 자랑과 업적이 있을지라도 허무하고, 어떤 정성과 진심도 영원하지 못하며, 썩어짐의 종노릇을 할 뿐입니다.

우리는 우리 삶 속에서 인생이 무상하다는 것을 압니다. 새해를 맞이해서 요람에 올릴 사진을 내라고 하면 고등학생 시절 사진을 내는 여러분의 저의 속에 어떤 것이 숨어 있는 것 같습니다. "아직도 마음은 젊은데 왜 거울에는 다른 사람이 나올까?" 우리가 다 겪고 있습니다. 여러분 주변에는 이미 세상을 떠난 사람들이 여럿 있습니다. 살아 있는 사람이 더 적어지는 날이 올 것입니다. 그리고 어느 날 여러분도 죽을 것입니다. 누구도 외면할 수 없고 예외가 없는 현실입니다.

그래서 이렇게 이야기합니다. "그러니 예수 믿고 죽은 다음에 천국에나 가지." 이 얼마나 소극적이고 한심하고 가난한 신앙입니까? 모든 것이 사망에게 붙잡혀 있는 세상 속에서 생명과 부활과 충만으로 가는 자로 부름을 받은 여러분은 살아생전에 어떻게 살아야 할까요? 신자에게 그런 기회와 명예가 주어져 있는 것인데 이를 놓치는 것에 대하여 성경은 강력히 신자의 영광을 요구하고 있습니다.

영광된 자리에 놓이다

에베소서 1장은 이렇게 말씀합니다.

> 찬송하리로다. 하나님 곧 우리 주 예수 그리스도의 아버지께서 그리스도 안에서 하늘에 속한 모든 신령한 복을 우리에게 주시되 곧 창세 전에 그리스도 안에서 우리를 택하사 우리로 사랑 안에서 그 앞에 거룩하고 흠이 없게 하시려고 그 기쁘신 뜻대로 우리를 예정하사 예수 그리스도로 말미암아 자기의 아들들이 되게 하셨으니 이는 그가 사랑하시는 자 안에서 우리에게 거저 주시는 바 그의 은혜의 영광을 찬송하게 하려는 것이라(엡 1:3-6).

구원은, 성경적으로 정의하자면, 영광된 것입니다. 지옥 가지 않고 천국 가는 것으로 말하는 것은 분명 진실을 담고는 있지만, 너무나 소극적이고 축소된 것이라 하지 않을 수 없습니다. 그것은 영광된 것입니다. 그것은 찬송할 일입니다. 그 기쁨과 감격은 어떤 사소한 경험으로도 묻어버릴 수 없습니다. 우리 전 생애와 인류 역사, 하나님의 작정과 능력, 그의 창조와 부활 같은 거대한 사건들로 증언된 것으로서 예수님을 믿는 자에게 주어진 영광이라는 것입니다.

바울은 에베소서 1장에서 그것을 설명하는 것 자체를 지루해하고 또 필요 없다고 하는 것 같습니다. 왜요? 그것은 사실이기 때문입니다. 하나님의 작정이고 운명이기 때문입니다. "그저 이 사실을 기억하라. 알라. 이것은 진실이고 우리의 운명이며 우리의 승리이며 우리의 현실이다." 이렇게 가르치고 있습니다. 이런 차원에서 성경에 얼마나 많이 하나님의 일하심, 그의 약속, 성도들을 향한 그분의 승리를 자주 언급하고 있는지를 우리가 알아둘 필요가 있습니다.

고린도전서 15:51 이하를 보겠습니다.

보라, 내가 너희에게 비밀을 말하노니 우리가 다 잠 잘 것이 아니요 마지막 나팔에 순식간에 홀연히 다 변화되리니 나팔 소리가 나매 죽은 자들이 썩지 아니할 것으로 다시 살아나고 우리도 변화되리라. 이 썩을 것이 반드시 썩지 아니할 것을 입겠고 이 죽을 것이 죽지 아니함을 입으리로다. 이 썩을 것이 썩지 아니함을 입고 이 죽을 것이 죽지 아니함을 입을 때에는 사망을 삼키고 이기리라고 기록된 말씀이 이루어지리라. 사망아, 너의 승리가 어디 있느냐. 사망아, 네가 쏘는 것이 어디 있느냐. 사망이 쏘는 것은 죄요 죄의 권능은 율법이라. 우리 주 예수 그리스도로 말미암아 우리에게 승리를 주시는 하나님께 감사하노니 그러므로 내 사랑하는 형제들아 견실하며 흔들리지 말고 항상 주의 일에 더욱 힘쓰는 자들이 되라. 이는 너희 수고가 주 안에서 헛되지 않은 줄 앎이라(고전 15:51-58).

사망은 패배합니다. 누구에게 패배합니까? 생명에게 패배합니다. 우리의 존재와 우리의 현실은 부활과 영광을 향하여 달려가는 길에 붙잡혀 있습니다. 그러니 여러분은 이렇게 말할 수 있을 것입니다. "현실은 그렇

　　　　　　　　　　　　　　　이사야서, 하나님의 비전

지 않은데요." 현실에서는 진다는 것이겠지요. 그러나 하나님이 지는 것은 아닙니다. 하나님은 포기하시지도 않습니다. 이 사실을 기억해야 합니다.

복음서에서 예수 그리스도의 성육신과 그의 사역과 그의 죽으심과 부활에 대하여 가장 중요하게 공통적으로 하는 증언은 무엇입니까? "아무도 예수님이 누구신지를 몰랐다." 바로 이것입니다. 예수님의 위대하심에 대하여 읽을 때마다 감격하고서 "이런 일도 하셨구나" 하고 감동은 받지만, 그때 우리는 아무도 그것이 무엇인지를 몰랐다는 것입니다. 죽은 자를 살리셔도, 걷지 못하는 자를 일으키셔도, 나병환자를 고치셔도, 오병이어의 기적을 행하셨을지라도 몰랐다는 것입니다. 그래서 사람들이 보인 반응이 무엇이었습니까? "그런 것을 할 수 있거든 나라를 구하십시오. 우리를 로마로부터 해방시켜 주십시오." 이런 요구가 아니었습니까?

"예수가 그렇게 해주지 않아서 우리는 분노해 그를 죽였다." 그것이 복음서의 증언입니다. 예수님이 무엇을 하고 계시는 줄 아무도 몰랐고, 저들이 그를 잡아 죽였습니다. 예수님은 죽으셨습니다. 그러나 하나님의 뜻이든 구원이든 그가 이 땅에 오셔서 해야 할 일에서 실패한 것도 방해받은 것도 전혀 없었습니다. 그 죽음까지 뒤집어 놓았기 때문입니다.

그런데도 여러분의 생애 속에서, 여러분의 현실 속에서 이렇게 말하는 것을 봅니다. "나는 안돼. 이건 아니야. 어쩌면 좋아." 이런 어떤 절망과 비극도 그것 자체로 끝날 수 없습니다. 왜요? 예수님 안에서 사망은 정복되었기 때문입니다. 여러분의 인생에서 보인 어떠한 실패나 못남도 하나님이 뒤집으실 것입니다. 이사야서의 본문대로 수치와 사망을 제하실 것입니다. 무엇이 겁납니까?

우리가 어떤 명예에 붙잡혀 있는지, 어떤 운명과 실제적인 현실을 부여받고 있는지를 알아야 합니다. 우리는 영광된 자리에 있습니다. 잘못이 잘못으로 끝나지 않는, 죽을 짓이 죽음으로 끝나지 않는 운명에, 하나님의 은혜와 능력에 붙들려 있습니다. 이것이 이사야가 하고싶어 하는 이야기입니다. 예수님 안에서 지금까지 울려 퍼지는 우리의 현실입니다. 운명입니다. 우리의 고백입니다. 그러니 멋지게 행동해야 합니다. 더 분명하게 확인시켜 드릴까요?

고린도전서 15:22 이하를 보겠습니다.

아담 안에서 모든 사람이 죽은 것 같이 그리스도 안에서 모든 사람이 삶을 얻으리라. 그러나 각각 자기 차례대로 되리니 먼저는 첫 열매인 그리스도요 다음에는 그가 강림하실 때에 그리스도에게 속한 자요 그 후에는 마지막이니 그가 모든 통치와 모든 권세와 능력을 멸하시고 나라를 아버지 하나님께 바칠 때라. 그가 모든 원수를 그 발 아래에 둘 때까지 반드시 왕 노릇 하시리니 맨 나중에 멸망 받을 원수는 사망이니라(고전 15:22-26).

정말 놀랍습니다. 이는 요한계시록 20장에도 다시 나옵니다. 사망이 심판을 받습니다. 사망이 없어집니다. 그것은 예수님 안에서 하신 하나님의 약속이요 인류 역사 속에서 하나님이 하실 일입니다. 하나님으로부터 떠나 스스로 자초한 멸망과 실패에도 불구하고 하나님이 찾아오셔서 구원하십니다.

그 명예를 누려라

이렇게 구원을 받은 우리에게 에베소서 5장은 무슨 이야기를 하고 싶었을 것 같습니까? 영광의 자리에 있는 자는 현실을 이렇게 살라고 합니다.

그러므로 사랑을 받는 자녀 같이 너희는 하나님을 본받는 자가 되고 그리스도께서 너희를 사랑하신 것 같이 너희도 사랑 가운데서 행하라. 그는 우리를 위하여 자신을 버리사 향기로운 제물과 희생제물로 하나님께 드리셨느니라. 음행과 온갖 더러운 것과 탐욕은 너희 중에서 그 이름조차도 부르지 말라. 이는 성도에게 마땅한 바나라. 누추함과 어리석은 말이나 희롱의 말이 마땅치 아니하니 오히려 감사하는 말을 하라(엡 5:1-4).

이것은 윤리적으로 구별되라는 정도의 것이 아닙니다. 매사에 잘하고, 신자답게 행동하고, 나쁜 짓하지 말고, 더러운 말을 하지 말라고 구별하는 것이 아닙니다. "그런 썩어짐의 종노릇하는 더러움과 어리석음과 수치스러운 일들을 하지 말고, 영광된 존재와 지위를 가진 자의 명예를 누려라." 이렇게 말하는 것입니다. 여러분이 현실 속에서 당하는 모든 고난과 어려움들은 이 세상이 만들어내는 것일 수밖에 없기 때문입니다. 싫은 소리, 미운 소리, 싸우자는 소리, 다투고 빼앗고 굴복시키는 싸움입니다. 예수님 안에서 보이신 하나님의 약속과 우리에게 주신 구원은 하나님이 지는 것입니다.

하나님이 언제까지 지실까요? 우리가 하는 짓이 무엇인지를 알며, 그것이 아무것도 아닌 것임을 알 때까지 지십니다. 예수님 안에서 우리에게 주실 영광을 확인하고 스스로 무릎 꿇어 "하나님, 나를 외면하지 말아주십시오"라는 고백으로 인도하는 과정임을 알게 되는 날까지 지십니다.

그러니 인생 속에서 만나는 모든 경우, 만나는 이웃 혹은 사건, 아니 이 사회와 이 세상에 대해서 분노할 것 없습니다. 그것은 언제나 그런 것입니다. 이 세상은 이 영광을 만들어내지 못합니다. 사망이 운명이기 때문입니다. 고함을 지를 수밖에 없고, 못나게 굴 수밖에 없습니다. 저들은 억울해 합니다. 우리만 억울하지 않습니다. 그러니 멋지게 행동해야 합니다. 우리는 자신이 맡은 역할을 알아야 하고, 자신들이 고백한 신앙의 위대함을 알아야 합니다.

이 좋은 날, 이 좋은 시간에 왜 교회에 나와 있습니까? 그것이 어떤 현실적인 이해관계에 관한 것입니까? 아니지요. 그것은 인간된 자랑과 관계된 것입니다. 인간의 위대한 지위와 신분과 기회를 놓친 자들 속에서, 예수님 안에서 허락된 구원의 위대함과 명예와 자랑을 펼칠 기회를 갖게 된 것은 그 어떤 것으로도 대신할 수 없습니다. 저들 앞에 빛이 되는 영광을 가지는 것은 무엇으로도 대신할 수 없습니다. 그런 것을 하십시오. 에베소서 5:5-7에서 그 이야기를 하고 있습니다.

> 너희도 정녕 이것을 알거니와 음행하는 자나 더러운 자나 탐하는 자 곧 우상 숭배자는 다 그리스도와 하나님의 나라에서 기업을 얻지 못하리니 누구든지 헛된 말로 너희를 속이지 못하게 하라. 이로 말미암아 하나님의 진노가 불순종의 아들들에게 임하나니 그러므로 그들과 함께 하는 자가 되지 말라(엡 5:5-7).

도덕적 구별이 아니라고 여러 번 이야기했습니다. 도덕적 구별은 우리 이웃을 위해서만 필요합니다. 하나님이 없으면 사망이 왕인 자리에서는 더러움과 수치와 망하는 것밖에 없습니다. 그러니 우리에게 어떻게 하라고 하십니까? "너희가 전에는 어둠이더니 이제는 주 안에서 빛이라. 빛의 자녀들처럼 행하라. 빛의 열매는 모든 착함과 의로움과 진실함에 있느니라. 주를 기쁘시게 할 것이 무엇인가 시험하여 보라"(엡 5:8-10).

여러분, 제가 손녀딸을 만나면 무엇을 하겠습니까? 우리 손녀딸이 어떻게 하면 웃을까, 그 생각을 합니다. 제 손녀딸은 무슨 생각을 할까요? 어떻게 하면 우리 할아버지 주머니에서 돈을 뺏을까, 그런 생각을 할까요? 그것은 아무래도 좋습니다. 사랑이 무엇입니까? 웃는 얼굴을 보자는 것입니다. 치사하게 웃는 것 말고, 한 인간이라는 존재의 전인격이 속에서부터 만족과 자랑으로 피어나는 것을 보고 싶은 것입니다. 그것은 우리밖에 할 수 없습니다.

여러분이 사는 시대의 곤고함이나 짙은 어두움들은 그래서 더욱 더 여러분에게 명예의 조건이 될 것입니다. 여러분이 짐을 덜어버려야겠다고 생각하는 것은 얼마나 못난 생각인지 모릅니다. 그것은 자기에게 달린 명예를 스스로 집어던지는 일입니다. 짐을 벗고 고난을 겪지 않겠다고 이야기하는 것은 참으로 못난 짓입니다. 그러고 싶다면 무슨 돌이 되거나 생기 없는 알루미늄이 되거나 플라스틱 로봇이 되어야 할 것입니다.

여러분의 고뇌가 그렇게 깊고, 여러분의 번민이 그렇게 몸서리쳐지는 것 그 이상으로 명예와 기쁨을 갖게 되는 존재라는 것을 아서야 합니다. 답은 기독교밖에 없습니다. 아무리 잘난 척을 해도, 무슨 예술성이 뛰어나고 창조력이 뛰어나고 기술이 뛰어나고 능력이 대단한 것이라도 해도, 그것과는 구별되어야 합니다. 한 인간 존재가 전 인간성과 성품을 동원하여 자신을 만족케 하며 즐거워하며 감사하는 것으로써 하나님이 누구신지, 인간에게 준 지위와 구원이라는 기회와 인생이라는 명예가 무엇인지를 아는 것입니다. 이것이 성경이 요구하는 바입니다.

여러분은 그것을 스스로 격려하고 스스로 몰고 가야 하는 의지와 노력의 싸움으로 생각하면 안됩니다. 그것은 명예요 기쁨이어야 합니다. 그러나 쉽지 않을 것입니다.

이제 끝으로 로마서 8:31-35을 보겠습니다.

그런즉 이 일에 대하여 우리가 무슨 말 하리요. 만일 하나님이 우리를 위하시면 누가 우리를 대적하리요. 자기 아들을 아끼지 아니하시고 우리 모든 사람을 위하여 내주신 이가 어찌 그 아들과 함께 모든 것을 우리에게 주시지 아니하겠느냐. 누가 능히 하나님께서 택하신 자들을 고발하리요. 의롭다 하신 이는 하나님이시니 누가 정죄하리요. 죽으실 뿐 아니라 다시 살아나신 이는 그리스도 예수시니 그는 하나님 우편에 계신 자요 우리를 위하여 간구하시는 자시니라. 누가 우리를 그리스도의 사랑에서 끊으리요. 환난이나 곤고나 박해나 기근이나 적신이나 위험이나 칼이랴(롬 8:31-35).

이것이 다 무슨 이야기입니까? 여기에는 하나님의 약속만 있는 것이 아닙니다. 우리에게 기회만 주어진 것이 아닙니다. 여기에는 하나님의 의지가 있습니다. 하나님이 그리 하시고야 말 것입니다. 그러니 여러분 자신에 대하여, 모든 존재에 대하여, 인류 역사에 대하여, 세상에 대하여, 여러분의 현실에 대하여, 하나님이 고집을 갖고 계신다는 사실을 기억하십시오. 그 아들을 십자가에 매달 수 있는 하나님의 고집이 있다는 것을 기억하십시오. 너무나 감사한 하나님의 성실하심입니다.

우리가 자기 자신에 대해서 실망하고 절망할 때마다, 자기가 아니고 싶을 때마다, 걱정하지 말고 "하나님이 이기신다"라고 이야기하고 일어나십시오. 여러분의 얼굴에서 다른 이들이 예수님의 얼굴을 만나게 하실 것입니다.

::

하나님 아버지, 은혜를 감사합니다. 우리의 인생과 존재와 운명과 현실이 하나님의 놀라운 성의와 능력과 사랑 속에 있다는 사실을 기억합니다. 우리가 자신에 대해서 분노하며 실망하는 그날도 하나님이 예수 안에서 우리를 붙잡고 계시는 줄 믿습니다. 우리의 실패와 못난 것을 끌어안고, 사망을 멸하고 부활을 우리의 운명으로 정하신 하나님을 믿는 마음으로 우리 인생을 살아냄으로써 우리 존재를 통하여 하나님의 약속과 구원을 전하게 하옵소서. 자랑하게 하옵소서. 그

이사야서, 하나님의 비전

리고 우리로 하여금 하나님의 자녀 된 명예를 현실에서 누리는 귀한 결단과 실천과 순종, 승리가 있게 하옵소서. 예수님 이름으로 기도합니다. 아멘.

14

심판에서 의를 배우다

사 26:8-15

여호와여, 주께서 심판하시는 길에서 우리가 주를 기다렸사오며 주의 이름을 위하여 또 주를 기억하려고 우리 영혼이 사모하나이다. 밤에 내 영혼이 주를 사모하였사온즉 내 중심이 주를 간절히 구하오리니 이는 주께서 땅에서 심판하시는 때에 세계의 거민이 의를 배움이니이다. 악인은 은총을 입을지라도 의를 배우지 아니하며 정직한 자의 땅에서 불의를 행하고 여호와의 위엄을 돌아보지 아니하는도다. 여호와여, 주의 손이 높이 들릴지라도 그들이 보지 아니하오나 백성을 위하시는 주의 열성을 보면 부끄러워할 것이라. 불이 주의 대적들을 사르리이다. 여호와여, 주께서 우리를 위하여 평강을 베푸시오리니 주께서 우리의 모든 일도 우리를 위하여 이루심이니이다. 여호와 우리 하나님이시여, 주 외에 다른 주들이 우리를 관할하였사오나 우리는 주만 의지하고 주의 이름을 부르리이다. 그들은 죽었은즉 다시 살지 못하겠고 사망하였은즉 일어나지 못할 것이니 이는 주께서 벌하여 그들을 멸하사 그들의 모든 기억을 없이하셨음이니이다. 여호와여, 주께서 이 나라를 더 크게 하셨고 이 나라를 더 크게 하셨나이다. 스스로 영광을 얻으시고 이 땅의 모든 경계를 확장하셨나이다.

불순종과 심판

이사야는 1-12장에 이르는 첫 단락에서 이스라엘에 대한 하나님의 심판을 통해 하나님의 뜻과 진노를 말하고 있습니다. 남북 왕국의 완전한 멸망, 즉 앗수르와 바벨론에 의한 완전한 멸절을 선언합니다. 그리고 13-23장에서는 그 주변 국가들의 이름을 일일이 열거하며 열방의 심판 또한 선언합니다. 이스라엘을 무너뜨린 앗수르나 바벨론의 멸망도 선언합니다. 그리고 24-27장에서는 어떤 나라나 일부 지역이 아닌 세상 전체를 심판하실 것이라고 선포합니다.

이사야 24:3-6을 보겠습니다.

땅이 온전히 공허하게 되고 온전히 황무하게 되리라. 여호와께서 이 말씀을 하셨느니라. 땅이 슬퍼하고 쇠잔하며 세계가 쇠약하고 쇠잔하며 세상 백성 중에 높은 자가 쇠약하며 땅이 또한 그 주민 아래서 더럽게 되었으니 이는 그들이 율법을 범하며 율례를 어기며 영원한 언약을 깨뜨렸음이라. 그러므로 저주가 땅을 삼켰고 그 중에 사는 자들이 정죄함을 당하였고 땅의 주민이 불타서 남은 자가 적도다(사 24:3-6).

이런 무시무시한 하나님의 진노와 심판에 대한 선언이 이사야서에 반복적으로 나옵니다. 그러나 우리가 본문에서 보듯이 이사야 26:8-9에서 선지자는 구원을 기대합니다. "여호와여, 주께서 심판하시는 길에서 우리가 주를 기다렸사오며 주의 이름을 위하여 또 주를 기억하려고 우리 영혼이 사모하나이다. 밤에 내 영혼이 주를 사모하였사온즉 내 중심이 주를 간절히 구하오리니"(사 26:8-9). 여기에 나오는 "심판하시는 길에서"나 "밤에"라는 표현은 모두 최악의 조건, 최악의 형편에서 구원을 바라는 것임을 나타내고 있습니다.

그러니 이사야서의 전반부인 1-27장에서 말하는 바는 이렇습니다. 하나님이 이스라엘을 심판하시는 것은 저들의 불순종과 관련이 있다는 것입니다. 하나님이 그들을 세상의 권력에 내버려두심으로써 더 강한 나라가 남북 이스라엘 전체를 삼키게 됩니다. 그러나 그 나라들이 최종 권세가 될 수 없으며, 그 폭력성으로 인하여 그들은 무가치하다는 사실이 드러났다고 하시며 심판하십니다.

이스라엘을 삼킨 세력들이 궁극적 권위가 될 수 없다고 심판하시는 하나님은 이사야서 전반부 중간에서도 계속해서 구원을 말씀하십니다. 이 구원을 통해, 이스라엘이 순종치 아니한 처지였을지라도, 폭력밖에 낳지 못한 세상의 권력과 전혀 다른 하나님의 나라가 될 것이라고 이야기합니다. 그렇다면 대뜸 이런 질문을 할 수도 있겠습니다. "하나님, 불순종과 폭력을 제거하시고 처음부터 하나님께 순종하는 백성으로 만드셔서, 우리도 원하고 하나님도 그리하시겠다는 하나님의 나라로 곧장 가실 수는 없었습니까?"

불순종과 심판 속에서 만들어지는 구원, 그것은 우리에게는 이해할 수 없는 과정을 거치는 성경의 증언으로 보일 수 있습니다. 그런 상황은 우리에게 이런 질문을 던지게 합니다. "하나님이 약속하시는 구원과 나라는 어떤 것입니까?" 그런데 문제는 그런 상황이 인류 역사의 경험이요, 우리 각자의 현실이라는 것입니다. 편안한 구원은 없습니다. 쉬운 믿음도 보상도 없습니다. 그래서 "이럴 바에는 차라리 늦게 믿는 건데" 하는 생각이 우리 마음에 늘 밀려드는 것입니다. 예수님을 믿었으니 세상 사람들하고 똑같이 굴 수도 없고, 또 믿음을 지켜봤자 보상도 없는 그런 막막함이 그 얻은 구원과 하나님의 일하심에 대한 우리의 생각을 늘 흔들어댑니다.

순종은 독립된 가치인가

그래서 이제 이 문제를 살펴보려고 합니다. "불순종이란 무엇인가?" 우리가 다 아는 대로 불순종이란 '하라는 것을 하지 않는 것'입니다. 신명기 6장에서 하나님이 이스라엘 백성을 구원하신 출애굽 사건 직후에 이스라엘 백성에게 신신당부하신 것이 바로 순종입니다.

이는 곧 너희의 하나님 여호와께서 너희에게 가르치라고 명하신 명령과 규례와 법도라. 너희가 건너가서 차지할 땅에서 행할 것이니 곧 너와 네 아들과 네 손자들이 평생에 네 하나님 여호와를 경외하며 내가 너희에게 명한 그 모든 규례와 명령을 지키게 하기 위한 것이며 또 네 날을 장구하게 하기 위한 것이라. 이스라엘아, 듣고 삼가 그것을 행하라. 그리하면 네가 복을 받고 네 조상들의 하나님 여호와께서 네게 허락하심 같이 젖과 꿀이 흐르는 땅에서 네가 크게 번성하리라(신 6:1-3).

"여호와의 명령에 순종하라. 그것이 복이니라." 이렇게 말씀하십니다. 그런데 이 문제는 기독교 신앙인들에게 어떤 오해를 빚어내기도 합니다. 말하자면 순종 자체가 독립된 가치로 이해된다는 것입니다. 순종이 독립된 가치가 되면, 누구에게 순종한 것이냐 하는 점은 상실되고, 순종 자체가 미덕이 되어 순종 자체에 묶이고 맙니다. 그러나 순종에는 '무엇을', '누구에게'라는 전제가 있어야 합니다. 무엇에 순종하며 누구에게 순종하느냐 하는 문제라는 것입니다. 그것은 곧 '여호와의 규례와 명령'입니다. 이 여호와의 규례와 명령이란 신을 하나 동원하여, 요구하는 윤리나 덕목에 권위와 명분을 턱 매달아 놓은 것에 불과한 것이 아닙니다. 이 법도란 순종을 요구한 그 상대를 우리가 알아야 하고 그에게 항복해야 한다는 것을 전제로 하고 있습니다. 그러니 신명기 6:4-9에서는 이렇게 말씀합니다.

이스라엘아, 들으라. 우리 하나님 여호와는 오직 유일한 여호와이시니 너는 마음을 다하고 뜻을 다하고 힘을 다하여 네 하나님 여호와를 사랑하라. 오늘 내가 네게 명하는 이 말씀을 너는 마음에 새기고 네 자녀에게 부지런히 가르치며 집에 앉았을 때에든지 길을 갈 때에든지 누워 있을 때에든지 일어날 때에든지 이 말씀을 강론할 것이며 너는 또 그것을 네 손목에 매어

기호를 삼으며 네 미간에 붙여 표로 삼고 또 네 집 문설주와 바깥 문에 기록할지니라(신 6:4-9).

이 신명기 6장은 "너희는 들으라"라고 요구하고 있습니다. "들으라"고 말하는 이가 있고, 듣는 자가 있습니다. 들어야 하는 우리가 상대방의 말을 이해하지 못하면, 그 요구하는 명령을 우리 마음대로 이해하고 우리 마음대로 선택할 것입니다. 여기에 말하자면 강제력이 있습니다. 어떤 강제력입니까? 상대가 누구냐 하는 것입니다. 부모가 자녀에게 이야기할 때 자녀는 집중해서 들어야 옳습니다. 말을 잘 듣지 않는 것이 현실이지만, 집중해야 한다는 것은 당연합니다. 왜 그렇습니까? 옳은 말이기 때문이 아니라, 부모이기 때문입니다. 부모가 계속 무엇을 강조합니까? "너 잘되라고 그러는 거야." 그러면 자녀는 어떻게 반응합니까? "알아듣지 못하겠습니다. 지금은 시끄럽습니다." 이런 관계 속에서 그 말들이 오간다는 것입니다. 부모이므로 그 말을 하는 것이니 자녀는 들어야 합니다. 이 관계는 자녀가 말을 듣느냐, 듣지 않느냐 하는 것보다 앞서는 것입니다.

이것은 신명기 6장에서 순종, 불순종을 논할 때에 꼭 기억해야 할 전제입니다. 하나님이 우리에게 말씀하시는 것은 우리에게 복 주시기 위함입니다. "그러니 너는 그분이 누구인지를 기억하고, 그분을 사랑하고 그분을 기뻐하여 그의 말씀을 들어라. 그러면 복이 될 것이다. 이같이 순종해야 한다." 따라서 복을 받으라고 하신 것은 이차적인 문제입니다. 이처럼 존재의 가치와 우리의 정체성이라는 것이 복을 받는 것보다 더 우선한 것으로 제시되어 있습니다.

예수께서 이 땅에 오셔서 공생애를 시작하시기 직전에 시험을 받으십니다. 그 세 가지 시험이 성경 전체를 어떻게 담아내고 있는지 아십니까? 그 세 가지 시험은 이렇게 진행됩니다. "이 돌로 떡을 만들어라." "사람은 떡으로만 살지 않는다. 하나님의 말씀으로 산다." "너는 높은 곳에서 뛰어 내려라. 하나님이 와서 너를 다치지 않게 해줄 것이다." "주 너의 하나님을 시험하지 마라." "나에게 절해라. 그러면 모든 것을 주겠다." "나는 하나님을 경배하기 위해서 왔다. 그 조건 속에서 하자." "그 조건이 뭐냐?" "네가 위협하고 유혹하는 그 조건은 놔두고, 하나님이 일하시는 조건 속에서 내가 순종하는 것으로 경배가 무엇인지를 내가 보이겠다." 이것이 세 가지 시험의 의미입니다.

실은 예수께서 이 마지막 조건을 받아들이십니다. 즉, 그가 십자가에 달려 죽는 자리까지 들어가신 것은 마치 사망이 최고의 권력인 것으로 보인다는 것입니다. 하나님은 그 속에서 일하시겠다는 것입니다. 세상은 폭력과 시험과 여러 가지 장애들을 최종적 권위라고 생각하지만, 예수께서 그 속에 들어가시고 그것을 다 뒤집는 하나님의 일하심을 보이는 것입니다. 이것이 예수께서 받으신 시험이 갖는 중요한 증언입니다.

자녀를 기르는 징계

하나님은 이스라엘의 배신에도 불구하고 그들을 놓지 않으십니다. 그럼 아예 배신을 하지 못하게 하는 것이 가장 좋지 않겠습니까? 그러나 하나님은 그들에게 선택권을 기회로 주십니다. 그리고 반복되는 배신을 극복해 나가십니다. 그렇게 해서 우리로 알게 하십니다.

신명기 8:1 이하를 보겠습니다.

내가 오늘 명하는 모든 명령을 너희는 지켜 행하라. 그리하면 너희가 살고 번성하고 여호와께서 너희의 조상들에게 맹세하신 땅에 들어가서 그것을 차지하리라. 네 하나님 여호와께서 이 사십 년 동안에 네게 광야 길을 걷게 하신 것을 기억하라. 이는 너를 낮추시며 너를 시험하사 네 마음이 어떠한 지 그 명령을 지키는지 지키지 않는지 알려 하심이라. 너를 낮추시며 너를 주리게 하시며 또 너도 알지 못하며 네 조상들도 알지 못하던 만나를 네게 먹이신 것은 사람이 떡으로만 사는 것이 아니요 여호와의 입에서 나오는 모든 말씀으로 사는 줄을 네가 알게 하려 하심이니라. 이 사십 년 동안에 네 의복이 해어지지 아니하였고 네 발이 부르트지 아니하였느니라. 너는 사람 이 그 아들을 징계함 같이 네 하나님 여호와께서 너를 징계하시는 줄 마음 에 생각하고 네 하나님 여호와의 명령을 지켜 그의 길을 따라가며 그를 경 외할지니라(신 8:1-6).

하나님의 징계란 무엇입니까? 자녀를 기르는 겁니다. 그것은 물건을 조작하는 것이 아닙니다. 사람을 만드는 것입니다. 하나님이 인간을 어떤 소모품으로 쓰시지 않고, 하나님의 자녀라는 이름에 걸맞은 지위와 정체 성과 영광을 주셔서 그런 존재가 되게 하는 과정을 밟으십니다. 시간을 주 십니다. "이 40년을 너희를 위해서 줬다." 그 광야 40년은 무엇에 의한 결 과였습니까? 이스라엘이 분순종의 결과로 받은 벌이었습니다.

출애굽을 한 이스라엘이 가데스바네아에 도착했을 때 약속의 땅에 들 어가기를 거부하고 반란을 일으켰습니다. 그러자 하나님이 반응하십니다. "너희는 이제 40년 동안 광야를 맴돌아라. 홍해를 건너온 성인들은 40년 동안 광야에서 다 죽어야 한다. 내가 그 자녀들을 데리고 약속의 땅에 들 어가겠다." 그 불순종에 상응하는 무시무시한 하나님의 진노요 벌이었습 니다. 하지만 그것은 우리의 선택, 하나님의 마음에 다 들지 못하는 우리의 현실 같은 것들까지 다 끌어안아 그의 자녀들을 만드시고 고치시고 항복 시키시는 길이었습니다. 그것은 이런 사실을 우리에게 더 깊게 가르쳐 줍 니다.

이 40년 동안에 무엇을 배웁니까? 그들은 40년 동안 굶주리지 않습니다. 의복이 해어지지 아니하고 발이 부르트지 않습니다. 그들이 무엇을 배웠을까요? "인생은 이것이 다인가?" 이런 마음이 들었겠지요. 우리가 하는 최소한의 기도는 언제나 이런 것입니다. "하나님, 자존심을 지키고 사람들 앞에 손 내밀고 살지 않게 해주십시오. 자랑할 것이 있게 해주십시오." 그것이 다 아니던가요? 다 살아 보지 않았습니까? 우리가 인생에 욕심내어 기대했던 바가 답이 아니었다는 사실을 모두 알고 있습니다. 그래서 배웁니다. "기왕 이렇게 될 거였다면 그때 잘할걸." 그렇지 않습니까? 여러분, 공부해야 하는 때에 공부하는 영광을 누려야 하고, 성공해서 가질 때에는 나눌 수 있어야 합니다. 그것이 명예입니다.

세상이 말하는 싸움, 세상이 말하는 성공이나 승리는 명예로운 것을 담지 못합니다. 보복이거나 원망이거나 분노거나 더러움 이외에 담을 것이 없어서, 성공을 했는데도 미운 말 하고, 가졌는데도 더럽게 굽니다. 생각해 보십시오. 가지고 안 가지고, 이기고 지고의 문제가 아닙니다. 여러분이 할 수 있는 것치고 세상에서 명예로운 것은 없습니다. 여러분이 예수님을 믿고 알아야 하는 것은 우리를 만드시고, 우리를 구원하시고, 우리를 예수님 안에서 부르시는 하나님이 우리에게 온통 명예를 명하시고 있기 때문입니다. "정직해라. 너희가 져라. 용서해라. 괜찮다." 이것이 다 명예입니다. 세상에서는 이런 명예를 만들지 못하기 때문에 하나님이 이스라엘의 불순종을 꺾으시고 심판하신 것입니다. "나를 제외하고는 가치 있는 것을 너희는 만들 수 없다. 그걸 모르겠느냐?" 하시는 것입니다.

이스라엘을 친 세상 권력들, 바벨론이나 페르시아나 로마가 역사에 무엇을 남겼습니까? 관광지밖에 없습니다. 애굽의 자랑은 무덤입니다. 어디를 가든지 폐허된 흔적 외에 남은 것이 없습니다. 우리는 자꾸 어떤 유혹을 받습니까? 과거의 영광을 재현하고 싶어 합니다. 영광이라고요? 아니요. 아무것도 아닙니다.

진정한 영광은 소수에게 주어지는 어떤 특별한 것이 아니라, 하나님이 모든 인간에게 넣어주신 하나님을 아는 지식, 하나님을 향한 간절함입니다. 무엇으로도 채울 수 없는 이 하나님의 붙드심 때문에 오늘도 붙잡혀 이 자리에 나온 것입니다. 하나님 외에 아무도 답을 해줄 수 없습니다. 우리가 우리의 필요를 채울 수 없습니다. 그것을 인생에서 배우는 것입니다. 이 40년 동안 배우게 하십니다. 사람은 떡으로만 살지 않습니다. 말씀으로 삽니다.

인간은 배 부르는 것으로는 끝나지 않습니다. 평안하고 건강한 것만으로는 행복이 만들어지지 않습니다. 자기를 확인하려고 남의 흉을 봅니다. "너 못하는 거 나는 한다." 그래 봤자 못하기는 매일반입니다. 위대하지 않습니다. 하나님을 아버지라 부르는 그 호칭, 그 지위, 그 존재가 아니고서는 인간의 위대함을 가질 수 없습니다. 우리 인생 속에 하나님이 기회를 주십니다. 하나님은 명하시고 우리의 불순종도 감내하십니다.

이사야 1:2 이하를 보겠습니다. 하나님은 인류 역사 내내, 우리 인생 내내 이렇게 말씀했습니다.

하늘이여, 들으라. 땅이여, 귀를 기울이라. 여호와께서 말씀하시기를 내가 자식을 양육하였거늘 그들이 나를 거역하였도다. 소는 그 임자를 알고 나귀는 그 주인의 구유를 알건마는 이스라엘은 알지 못하고 나의 백성은 깨닫지 못하는도다 하셨도다. 슬프다, 범죄한 나라요 허물 진 백성이요 행악의 종자요 행위가 부패한 자식이로다. 그들이 여호와를 버리며 이스라엘의 거룩하신 이를 만홀히 여겨 멀리하고 물러갔도다. 너희가 어찌하여 매를 더 맞으려고 패역을 거듭하느냐. 온 머리는 병들었고 온 마음은 피곤하였으며 발바닥에서 머리까지 성한 곳이 없이 상한 것과 터진 것과 새로 맞은

이사야서, 하나님의 비전

혼적뿐이거늘 그것을 짜며 싸매며 기름으로 부드럽게 함을 받지 못하였도다. 너희의 땅은 황폐하였고 너희의 성읍들은 불에 탔고 너희의 토지는 너희 목전에서 이방인에게 삼켜졌으며 이방인에게 파괴됨 같이 황폐하였고 딸 시온은 포도원의 망대 같이, 참외밭의 원두막 같이, 에워 싸인 성읍 같이 겨우 남았도다. 만군의 여호와께서 우리를 위하여 생존자를 조금 남겨 두지 아니하셨더면 우리가 소돔 같고 고모라 같았으리로다(사 1:2-9).

이 말씀은 정확히 부모의 마음을 나타냅니다. 자녀에게 매를 들 수밖에 없습니다. "너, 그런 곳에 드나들면 내가 네 다리를 부러뜨려 놓겠다." 그렇지만 부러뜨리지 못합니다. 허나 부러뜨릴 심정을 갖지 않으면 자녀를 기를 수 없습니다. '역자이교지'(易子而敎之)라는 옛말이 있습니다. '자녀는 바꿔서 가르친다.' 자기 자녀는 못 부러뜨리니까 바꿔서 부러뜨려야 합니다. 하나님이 역사 내내, 우리의 인생 내내 그런 일을 하십니다.

네 명예를 보이라

여러분이 실패를 만날 때마다, 아니 성공을 만날 때에도, 하나님이 뜻하시는 길과 그 내용을 채우지 않으면 하나님이 개입하십니다. 그래서 인간은 하나님을 만나지 아니하면 답을 가질 수 없습니다. 예수님 안에서 하나님의 평안을 얻기 전까지는 평안을 갖지 못합니다. 그것이 현실입니다. 그것이 사실입니다. 기만하거나 도망갈 수가 없습니다. 이런 신앙생활이 얼마나 복된 것임을 알지 못하면, 우리는 우리의 현실을 거부하고 있는 것입니다. 답이 없는데 계속 우기는 것입니다. 다시 신명기 6:10-13로 돌아가 보겠습니다.

네 하나님 여호와께서 네 조상 아브라함과 이삭과 야곱을 향하여 네게 주리라 맹세하신 땅으로 너를 들어가게 하시고 네가 건축하지 아니한 크고 아름다운 성읍을 얻게 하시며 네가 채우지 아니한 아름다운 물건이 가득한 집을 얻게 하시며 네가 파지 아니한 우물을 차지하게 하시며 네가 심지 아니한 포도원과 감람나무를 차지하게 하사 네게 배불리 먹게 하실 때에 너는 조심하여 너를 애굽 땅 종 되었던 집에서 인도하여 내신 여호와를 잊지 말고 네 하나님 여호와를 경외하며 그를 섬기며 그의 이름으로 맹세할 것이니라(신 6:10-13).

이 본문을 통해 하나님이 무슨 말씀을 하신 것일까요? "너희가 종살이 하던 세상을 전부로 알던 자리에서 벗어나 구원과 약속과 지위를 갖게 된 인생을 산다는 것이 무엇인지 모른다면, 너희는 다시 옛날로 돌아갈 수밖에 없다. 하나님이 어디서 너희를 꺼냈는지 기억하지 못한다면, 너희 삶과 실존 속에서의 명예가 무엇인지를 모른다. 하나님의 이름으로 산다는 것의 명예와 가치를 모른다면, 그것이 바로 실패다." 이런 이야기입니다. 하나님으로부터만 모든 가치 있는 것 곧 모든 영광, 생명, 실체가 나온다는 것입니다. 사실이 그렇습니다. 계속해서 14-19절도 보겠습니다.

너희는 다른 신들 곧 네 사면에 있는 백성의 신들을 따르지 말라. 너희 중에 계신 너희의 하나님 여호와는 질투하시는 하나님이신즉 너희의 하나님 여호와께서 네게 진노하사 너를 지면에서 멸절시키실까 두려워하노라. 너희가 맛사에서 시험한 것 같이 너희의 하나님 여호와를 시험하지 말고 너희의 하나님 여호와께서 너희에게 명하신 명령과 증거와 규례를 삼가 지키며 여호와께서 보시기에 정직하고 선량한 일을 행하라. 그리하면 네가 복을 받고 그 땅에 들어가서 여호와께서 모든 대적을 네 앞에서 쫓아내시겠다고 네 조상들에게 맹세하신 아름다운 땅을 차지하리니 여호와의 말씀과 같으니라(신 6:14-19).

이렇게 명령하시는 것은 강요가 아닙니다. 그것은 강제하는 것이 아닙니다. 하나님의 진심입니다. 자녀를 쉽게 키우는 이들이 있습니다. 그들이 주로 쉽게 사용하는 말이 있습니다. "너도 이제 클 만큼 컸으니 나도 모르겠다. 네 인생은 네가 책임져라. 나중에 나한테 원망하지 마라." 그렇게 말하면 안됩니다. 왜 그렇습니까? 자녀가 교도소에 들어가 있는데 부모가 면회를 가서는 이런 대화가 오갑니다. "왜 저를 이렇게 되도록 놔두셨어요?" "너, 내가 그때 얼마나 말렸니?" "그러니까 더 세게 말리셨어야죠."

누가 부모입니까? 누가 하나님입니까? 누가 자녀입니까? 하나님의 자식이 하나님의 강권과 진심을 알아듣고 순종하는 것이 복입니다. 못나서 자기 마음대로 살고, 하나님을 원망하는 것이 얼마나 인생에서 무가치한 것인지를 빨리 깨달아야 합니다. 원망하고 변명하는 것이 답이 되지 않습니다. 누구의 책임인가 하는 문제가 아니라, 나 자신의 현실이고 운명입니다. 내 인생입니다.

위대하게 사십시오. 그저 위대해져야겠다는 말만 되뇌는 것으로는 삶 자체가 위대해질 수 없습니다. 하나님이 위대함과 영광을 우리에게 명예로 요구하고 계십니다. "넌 다른 존재다." 그것이 성경이 하고 싶은 이야기입니다. 20-24절도 계속 보겠습니다.

후일에 네 아들이 네게 묻기를 우리 하나님 여호와께서 명령하신 증거와 규례와 법도가 무슨 뜻이냐 하거든 너는 네 아들에게 이르기를 우리가 옛적에 애굽에서 바로의 종이 되었더니 여호와께서 권능의 손으로 우리를 애굽에서 인도하여 내셨나니 곧 여호와께서 우리의 목전에서 크고 두려운 이적과 기사를 애굽과 바로와 그의 온 집에 베푸시고 우리 조상들에게 맹세하신 땅을 우리에게 주어 들어가게 하시려고 우리를 거기서 인도하여 내시고 여호와께서 우리에게 이 모든 규례를 지키라 명령하셨으니 이는 우리가 우리 하나님 여호와를 경외하여 항상 복을 누리게 하기 위하심이며 또 여호와께서 우리를 오늘과 같이 살게 하려 하심이라(신 6:20-24).

하나님의 명령이 애굽의 폭력과 대비되고 있습니다. 애굽으로부터의 구원입니다. 폭력이 전부인 것으로부터의 구원입니다. "명예와 영광이 있는 자리를 네 자녀에게 보여라." 그겁니다. 왜 이렇게 살아야 합니까? "이것이 명예이기 때문이다. 세상에는 폭력밖에 없다. 세상은 망하는 곳이며, 더러운 곳이며, 소멸되는 곳이다. 하지만 이것이 생명이며, 이것이 진리다. 이것이 인간의 가치다." 그 다음 25절에 있는 대로입니다. "우리가 그 명령하신 대로 이 모든 명령을 우리 하나님 여호와 앞에서 삼가 지키면 그것이 곧 우리의 의로움이니라 할지니라. 우리의 자랑이라 할지니라. 우리의 영광이라 할지니라. 우리의 명예요 위대함이라 할지니라."

자녀들에게 보여줄 것이 있기를 바랍니다. 예수님을 믿는 것이 무엇인지를 보여주십시오. 여러분이 책임져야 하는 인생과 여러분이 기르고 보호해야 할 여러분의 자녀 앞에서 하나님을 믿는다는 것이 무엇인지를 보여줄 수 없다면, 우리는 어느 곳에서도 신앙생활을 할 수가 없습니다. 우리 자녀에게 그 명예를 보여줄 수 있다면, 그것은 우리의 최고의 행복일 것입니다. 자녀에게 잘하여 자녀가 복 받는 것 외에 부모 된 무슨 더한 기쁨이나 비교할 수 있는 자랑이 있겠습니까? 그런 하나님의 자녀의 영광을 증언하고 자녀들에게 물려주는 여러분의 삶이기를 원합니다. 그래서 여러분이 살아 숨 쉬며 속한 사회와 시대 앞에 하나님의 손길이 되는 인생이 되십시오.

::

하나님 아버지, 은혜를 감사합니다. 우리로 하나님의 자녀가 되게 하시며 하나님을 아버지라 부르게 하셨습니다. 예수와 함께 걷는 우리 인생 속에 하나님의 구체적인 개입과 신실하심이 우리의 삶이며 우리의 존재입니다. 우리 자신이 하나님의 손길로 오늘 하루를 사는 줄 알아 우리의 생애를 순종과 승리와 기적으로 이끌어 주시고, 우리와 자손들과 이 시대와 이 나라에 하나님의 은혜와 구원과 영광을 베풀어 주시옵소서. 예수님 이름으로 기도합니다. 아멘.

15

하나님의 역설

사 29:15-24

자기의 계획을 여호와께 깊이 숨기려 하는 자들은 화 있을진저. 그들의 일을 어두운 데에서 행하며 이르기를 누가 우리를 보랴. 누가 우리를 알랴 하니 너희의 패역함이 심하도다. 토기장이를 어찌 진흙 같이 여기겠느냐. 지음을 받은 물건이 어찌 자기를 지은 이에게 대하여 이르기를 그가 나를 짓지 아니하였다 하겠으며 빚음을 받은 물건이 자기를 빚은 이에게 대하여 이르기를 그가 총명이 없다 하겠느냐. 오래지 아니하여 레바논이 기름진 밭으로 변하지 아니하겠으며 기름진 밭이 숲으로 여겨지지 아니하겠느냐. 그 날에 못 듣는 사람이 책의 말을 들을 것이며 어둡고 캄캄한 데에서 맹인의 눈이 볼 것이며 겸손한 자에게 여호와로 말미암아 기쁨이 더하겠고 사람 중 가난한 자가 이스라엘의 거룩하신 이로 말미암아 즐거워하리니 이는 강포한 자가 소멸되었으며 오만한 자가 그쳤으며 죄악의 기회를 엿보던 자가 다 끊어졌음이라. 그들은 송사로 사람에게 죄를 씌우며 성문에서 판단하는 자를 올무로 잡듯 하며 헛된 일로 의인을 억울하게 하느니라. 그러므로 아브라함을 구속하신 여호와께서 야곱 족속에 대하여 이같이 말씀하시되 야곱이 이제는 부끄러워하지 아니하겠고 그의 얼굴이 이제는 창백해지지 아니할 것이며 그의 자손은 내 손이 그 가운데에서 행한 것을 볼 때에 내 이름을 거룩하다 하며 야곱의 거룩한 이를 거룩하다 하며 이스라엘의 하나님을 경외할 것이며 마음이 혼미하던 자들도 총명하게 되며 원망하던 자들도 교훈을 받으리라 하셨느니라.

갈망하는 피조 인간

이사야서 29장에서 중요한 선언은 16절에 있는 다음 말씀입니다. "너희의 패역함이 심하도다. 토기장이를 어찌 진흙 같이 여기겠느냐. 지음을 받은 물건이 어찌 자기를 지은 이에게 대하여 이르기를 그가 나를 짓지 아니하였다 하겠으며 빚음을 받은 물건이 자기를 빚은 이에게 대하여 이르기를 그가 총명이 없다 하겠느냐." 이것은 기독교 신앙을 이해하기 위해서 반드시 통과해야 하는 관문이 되는 말씀입니다.

이것은 마치 도공이 도자기를 지었는데 이렇게 말하는 것과 같습니다. "나는 스스로 생겨났다. 나의 아름다움은 내 능력의 결과물이다. 도공이라는 존재가 있을 리가 있나?" 이것은 성경 전체에서 "인간이 피조물인게 맞나? 하나님이 창조자인 것이 맞나?" 하는 문제로 전 인류 역사를 그 증거로 삼아 하나님이 우리에게 깨우치고 알리시는 가장 중요한 주제입니다.

우리가 자기 자신을 만들어낼 수 없는 피조물에 불과하다는 사실은 우리의 소원을 우리의 능력으로 채울 수 없다는 데서 매우 분명하게 드러납니다. 우리는 스스로 체념하고 타협하는 존재임에도 불구하고 소원을 아주 크게 갖는 존재입니다. 그래서 그 소원이 구체적으로 만들어지거나 이해되지도 않습니다. 대단히 막연한 소원을 가지고 있을 뿐입니다. C. S. 루이스는 그것을 그가 예수님을 믿기 전에 가졌던 "자신의 가장 큰 내적 가치, 혹은 자기 인생의 어떤 열정의 갈망"이었다고 소개합니다.

갈망이라는 것은 대단히 모호한 단어가 아닙니까? '무엇'이라는 것이 없고 갈망만 있었다는 것입니다. 사랑이 그렇습니다. 상대방은 없고 사랑만 있다면 정말 말이 되지 않습니다. 사랑을 노래하지만 상대는 없습니다. 기독교에서도 가장 중요한 문제는 믿어야 할 대상인데, 복을 주시는 주인은 없고 소원과 진심만 나열된다고 하면 그것은 허구일 뿐입니다.

이사야 1-12장에서 하나님은 이사야를 통해서 이스라엘 백성들을 준엄하게 꾸짖고 그들에 대한 심판을 철저하게 요구하십니다. 13-23장은 당시 이스라엘 주변에 있었던 열방들의 이름을 일일이 거론하며 그들 모두가 심판을 받고 멸망할 것이라고 선언합니다. 24-27장은 하나님께서 온 세상을 멸하실 것이라고 선언합니다. 그리고 28-29장은 다시 새삼스럽게 에브라임과 예루살렘의 멸망을 통렬히 선언하고, 하나님께서 가슴 아파하신다고 말합니다.

이러한 이사야의 심판에 관한 경고들은 우리로서는 참으로 읽어내기 어렵고, 두렵고 괴로운 역사이자 진술입니다. 그런데 이사야서를 이해하기 어렵게 만드는 것은 바로 그 심판과 멸망 속에서 구원이 약속된다는 점입니다. 이스라엘의 불순종으로 그들에게 심판이 오며, 이 심판 속에서 구원이 선언됩니다. 그리고 열방의 심판은 그들의 승리가 다만 폭력에 근거한 것이요, 폭력을 내용으로 한 것에 불과하다는 것을 드러냅니다. 궁극적 권위는 폭력이어서는 안됩니다. 말하자면 그것은 우리가 소원하는 정의, 평화, 행복 같은 것이어야 할 것입니다. 성경적인 표현으로 말하자면, 그것은 생명이고 진리여야 할 것입니다.

그런 내용이 앞뒤 문맥과 연결되지 않은 채, 깊고 무겁고 진지하게, 그리고 무섭게 선포됩니다. 그러니 이사야서를 읽어내기가 어렵습니다. 이사야서만 어려울까요? 성경이 어렵습니다. 여러분이 성경을 읽는 가장 큰 이유는 속 시원한 믿음을 갖고자 하는 데 있을 것입니다. 그러나 성경을 제대로 읽은 사람은 얼마 되지 않습니다. 성경 통독을 몇 번 하느냐가 가장 중요한 목적과 이유가 된 것 같습니다. 중요한 구절들에 밑줄을 긋고 요절을 외웁니다. 그런데 성경이 전체적으로 하는 이야기는 모른 채, 파편적으로 퍼즐의 조각같이, 요절들을 몇 개 안다고 성경을 다 이해한 것으로 생각하기도 하고 스스로에게 적용하기도 합니다. 그것이 현실입니다.

성경을 읽는 가장 중요한 이유는 생명이 갈증을 느끼기 때문입니다. 말씀에만 생명수가 있습니다. 그런데 그것을 담은 컵은 보고 마시는 물은 알아보지 못하는 경우가 제일 많습니다. 성경을 읽으나 이해하지 못하고,

이사야서, 하나님의 비전

무엇을 마셨는지 설명하라고 하면 대부분 그릇만 기억하고 있습니다. 그러한 예를 단적으로 보여주는 책을 이사야서라고 말씀드릴 수 있습니다.

이스라엘의 불순종을 심판하시고, 폭력은 궁극적 권위가 될 수 없다고 하신 하나님의 심판은 너무나 당연하고 감사한 것입니다. 하나님의 영광이 궁극적 내용이어야 한다는 것은, 우리 인간이나 역사나 세상에 가장 고마운 선언이자 약속이므로 우리는 마땅히 감사해야 옳습니다. 그런데 그것은 우리가 기대하는 것처럼 인과율에 따른 보상으로, 노력의 결과로 만들어지는 것이 아니라, 그렇게 약속되어 있습니다. 그러나 이 약속이 어떠한 것인지, 그 약속을 하시는 이가 누구인지에 대한 우리의 이해는 좀처럼 진전되지 않았습니다.

심판을 비집고 드러나는 구원

심판과 구원에 대한 이해를 돕는 가장 중요한 열쇠 말은 '역설'입니다. 심판이 구원을 만들고 구원을 위해서는 심판이 필요하다는 것입니다. 우리는 구원, 성공, 승리, 영광을 위해서는 최선의 길을 가야 합니다. 최고의 능력을 발휘해야 합니다. 그러나 하나님은 우리를 꺾고 낮추고 찢고 묻음으로써 승리와 영광을 만들겠다고 하십니다.

혹시 여러분이 구원을 우리의 잘못을 용서하고 회복시키는 것 정도로 생각한다면, 그런 구원 이해는 너무 진부합니다. 이 세상이 구원을 만들어낼 수 없고, 우리 자신이 스스로 가치를 창출할 수 없다는 것을 아는 데는 오랜 시간이 필요하지 않습니다.

우리 인생 속에서도 충분히 경험하고, 인류 역사가 증명하는 증언이 하나 있습니다. 곧, 인간이 할 수 있는 최고로 가치 있고, 최선을 다하여 할 수 있는 유일한 일은 사고를 치지 않는 것입니다. 개인적인 욕심을 가지는 모든 것이 죄이기 때문에, 사심을 갖지 않는 것이 최선입니다. 그러니 살아 있는 한 어떠한 일도 하지 않아야 하는 것이므로, 불교가 이야기했듯이 빨리 죽는 것이 최선입니다. 빨리 없어져야 할 것입니다. 우리는 적극적인 가치나 우리가 말하는 선 또는 의를 행할 수 없습니다. 우리의 모든 소원이나 공포는 사고를 치지 않는 것, 즉 잘못을 저지르지 않는 것에 있습니다. 거기서 전전긍긍하고 있습니다.

그것 말고 긍정적으로 무엇을 해야 하는지에 관한 내용은 우리의 사고 속에 없습니다. 우리는 그런 것을 상상하거나 표현할 수 있는 단어를 갖고 있지 못합니다. 왜냐하면 우리가 창조력을 갖고 있지 않기 때문입니다. 우리는 부정을 통해서 확인합니다. 소극적으로, 부정적으로 확인할 수밖에 없습니다. 하나님께서 하시는 말씀은 이것입니다. "너희의 상상, 너희의 소원과는 다른 하나님의 차원에서의 약속이다." 이렇게 나오는 것이 심판이 만드는 구원입니다. 이런 역설을 도입하게 된 것입니다.

이사야 5:1 이하를 보겠습니다.

나는 내가 사랑하는 자를 위하여 노래하되 내가 사랑하는 자의 포도원을 노래하리라. 내가 사랑하는 자에게 포도원이 있음이여 심히 기름진 산에로다. 땅을 파서 돌을 제하고 극상품 포도나무를 심었도다. 그 중에 망대를 세웠고 또 그 안에 술틀을 팠도다. 좋은 포도 맺기를 바랐더니 들포도를 맺었도다. 예루살렘 주민과 유다 사람들아, 구하노니 이제 나와 내 포도원 사이에서 사리를 판단하라. 내가 내 포도원을 위하여 행한 것 외에 무엇을 더할 것이 있으랴. 내가 좋은 포도 맺기를 기다렸거늘 들포도를 맺음은 어찌 됨인고. 이제 내가 내 포도원에 어떻게 행할지를 너희에게 이르리라. 내가 그 울타리를 걷어 먹힘을 당하게 하며 그 담을 헐어 짓밟히게 할 것이요 내가 그것을 황폐하게 하리니 다시는 가지를 자름이나 북을 돋우지 못하여 찔레와 가시가 날 것이며 내가 또 구름에게 명하여 그 위에 비를 내리지 못하게 하리라 하셨으니(사 5:1-6).

이 부분은 하나님께서 이스라엘을 꾸짖으시며 불순종에 대하여 내리시는 심판입니다. "나와 포도원 사이에 누가 잘못했는지 판정을 내려 보아라. 누구 잘못이냐? 내가 이 포도원을 심판하는 것이 내가 잘못하는 것이냐? 포도원이 잘못한 것이냐?" 그런데 같은 포도원 비유를 말하는 이사야 27장에서는 이스라엘을 상징하는 이 포도원에 대하여 이렇게 말씀합니다.

그 날에 너희는 아름다운 포도원을 두고 노래를 부를지어다. 나 여호와는 포도원지기가 됨이여. 때때로 물을 주며 밤낮으로 간수하여 아무든지 이를 해치지 못하게 하리로다. 나는 포도원에 대하여 노함이 없나니 찔레와 가시가 나를 대적하여 싸운다 하자. 내가 그것을 밟고 모아 불사르리라(사 27:2-4).

이사야 5장의 포도원에 대한 심판과 이사야 27:2 이하에 나오는 아름다운 포도원에 대한 약속 사이에는 논리적 연결이 전혀 없습니다. 인간이 만들어내는 어떠한 잘못, 실패, 절망에도 불구하고, 하나님은 그분의 뜻을 이루실 것입니다. 그것은 우리에게 근거를 둔 것도 아니며, 우리의 도움을 필요로 한 것도 아닙니다. 그것은 하나님의 기쁘신 작정이요 기쁘신 뜻이라고 합니다.

제가 이 이사야서 설교들에 대한 제목을 "이사야-하나님의 비전"으로 붙였습니다. 우리말 표현에 적당한 것이 없어서 영어인 "비전"(vision)으로 한 것입니다. 즉, "하나님의 꿈", "하나님의 기쁘신 뜻"입니다. 성경에 드러난 모든 서술들은 하나님의 꿈입니다. 인류 역사와 우리 개개인에게 가지는 하나님의 의지입니다. 그 기쁘신 뜻입니다. 그것이 이루어질 것입니다.

이사야 1장에서부터 시작해서 29장에 이르도록 반복해서 나오는 것이 있습니다. 인류가 마땅히 받을 심판과 자초한 멸망임에도 불구하고, 거부할 수 없고 방해할 수 없고 중단할 수 없는 하나님의 의지와 목적이 우리의 실패와 거부와 저항과 무지와 망쳐 놓은 모든 것 위로 계속 삐어져 나온다는 사실입니다. 그것이 솟아나와 모든 심판과 절망과 비극을 다시 덮어 버립니다.

이사야 25:1은 이렇게 말씀합니다. "여호와여, 주는 나의 하나님이시라. 내가 주를 높이고 주의 이름을 찬송하오리니 주는 기사를 옛적에 정하신 뜻대로 성실함과 진실함으로 행하셨음이라." 하나님이 이 뜻을 가지셨습니다. 그래서 이 일은 이루어질 것입니다. 어떤 일입니까? 그가 만드신 세상과 허락하신 역사와 그가 창조한 인류가 하나님의 영광을 드러내는 운명에 도달한다는 것입니다. 하나님이 이 일을 하실 것입니다. 그것을 막을 수 있는 것은 아무것도 없을 것입니다.

다른 차원

그런데 왜 굳이 이런 심판과 절망, 실패, 불순종 같은 것들 속에서 일을 하실까요? 우리를 납득시키려는 목적 때문입니다. 하나님이 가지신 것으로 우리에게 채우시겠다는 의지의 표현으로 하나님께서 우리에게 "순종하라"고 말씀하시는 것입니다. 그것은 강요하는 것도 아니요, 우리의 선택의 폭을 줄이는 것도 아니요, 우리에게 기회를 주지 않는 것도 아닙니다. "나에게 맡겨라. 내가 너희보다 더 큰 소원을 가지고 있다." 그것입니다. 이사야가 하고 싶은 이야기입니다. 그러니 이사야가 받았던 선지자의 소명이 무엇이었는가를 기억해 보십시오. "누가 우리를 위하여 갈꼬?" "제가 여기 있나이다. 저를 보내소서." "네가 가라. 가서 저들의 눈을 감기고 저들의 귀를 막아라. 저들이 보고 듣고 깨달아 알까봐 내가 걱정된다. 그 눈을 감겨라. 못 보게 해라. 귀를 막아라."

무슨 뜻입니까? 하나님은 우리가 보고 듣고 아는 것 속에 인간의 운명과 소원과 기쁨과 목적을 두는 것을 거부하고 계십니다. 차원이 다릅니다. 하나님만이 하실 수 있는 것으로 우리에게 주시기 위함입니다. 우리가 하는 모든 것의 결국, 그것의 부족함을 보여주는 시간을 허락하십니다. 그것이 인류 역사입니다. 개인의 인생입니다. 우리가 해보고 싶은 것, 우리가 행복이나 성공이라고 생각했던 것들에 대한 기회를 주십니다. 그리고 그것이 답이 아니라는 사실을 우리가 봅니다.

하나님은 이스라엘의 불순종을 고쳐서 순종으로 만들고, 그에 대한 보상으로 구원을 주시는 것이 아닙니다. 열방을 심판하고 그들을 깨부수어 챔피언이 되는 것이 아닙니다. 그것들이 아니라, "내가 만드는 것"이라는 대비(對比)로 서 있습니다. 불순종을 순종으로 고치고, 폭력을 더 큰 하나님의 능력으로 꺾어 이기는 승리로 하나님의 나라를 선언하고 있지 않습니다. "차원이 다르다. 내용이 다르다. 내가 만드는 나라, 내가 만드는 세상, 내가 만드는 운명, 내가 만드는 가치로 내가 너를 부른다." 순종이란 하나님이 만드시는 자리에 참여하여 누리는 것입니다. 이사야 25:6-8에 하나님 차원의 구원이 이렇게 표현되어 있습니다.

만군의 여호와께서 이 산에서 만민을 위하여 기름진 것과 오래 저장하였던 포도주로 연회를 베푸시리니 곧 골수가 가득한 기름진 것과 오래 저장하였던 맑은 포도주로 하실 것이며 또 이 산에서 모든 민족의 얼굴을 가린 가리개와 열방 위에 덮인 덮개를 제하시며 사망을 영원히 멸하실 것이라. 주 여호와께서 모든 얼굴에서 눈물을 씻기시며 자기 백성의 수치를 온 천하에서 제하시리라. 여호와께서 이같이 말씀하셨느니라(사 25:6-8).

이는 우리가 상상하는 것보다 훨씬 큰 구원입니다. 더 깊고 더 무겁고 더 놀라운 것입니다. 우리로서는 상상할 수 없는 것입니다. 다시 앞서 보았던 본문으로 돌아와 보겠습니다. 이사야 29:18입니다. "그 날에 못 듣는 사람이 책의 말을 들을 것이며 어둡고 캄캄한 데에서 맹인의 눈이 볼 것이"다. 그나마 보고 듣던 것도 막아버리라고 보낸 이사야입니다. 그런데 이 구원에서는 못 듣는 사람이 들을 것이고 맹인이 볼 것입니다. 맹인이 무엇을 보며 못 듣는 사람이 무엇을 듣겠습니까? 이 역설이 가지는 의미가 무엇입니까? 하나님이 그분의 영광을 성취하실 것입니다. 그것이 기독교입니다.

사무엘하 7장에는 이 일에 대한 역사적 증언이 있습니다.

여호와께서 주위의 모든 원수를 무찌르사 왕으로 궁에 평안히 살게 하신 때에 왕이 선지자 나단에게 이르되 볼지어다, 나는 백향목 궁에 살거늘 하나님의 궤는 휘장 가운데에 있도다. 나단이 왕께 아뢰되 여호와께서 왕과 함께 계시니 마음에 있는 모든 것을 행하소서 하니라. 그 밤에 여호와의 말씀이 나단에게 임하여 이르시되 가서 내 종 다윗에게 말하기를 여호와께서 이와 같이 말씀하시되 네가 나를 위하여 내가 살 집을 건축하겠느냐. 내가 이스라엘 자손을 애굽에서 인도하여 내던 날부터 오늘까지 집에 살지 아니하고 장막과 성막 안에서 다녔나니 이스라엘 자손과 더불어 다니는 모든 곳에서 내가 내 백성 이스라엘을 먹이라고 명령한 이스라엘 어느 지파들 가운데 하나에게 내가 말하기를 너희가 어찌하여 나를 위하여 백향목 집을 건축하지 아니하였느냐고 말하였느냐. 그러므로 이제 내 종 다윗에게 이와 같이 말하라. 만군의 여호와께서 이와 같이 말씀하시기를 내가 너를 목장

이사야서, 하나님의 비전

곧 양을 따르는 데에서 데려다가 내 백성 이스라엘의 주권자로 삼고 네가 가는 모든 곳에서 내가 너와 함께 있어 네 모든 원수를 네 앞에서 멸하였은 즉 땅에서 위대한 자들의 이름 같이 네 이름을 위대하게 만들어 주리라. 내가 또 내 백성 이스라엘을 위하여 한 곳을 정하여 그를 심고 그를 거주하게 하고 다시 옮기지 못하게 하며 악한 종류로 전과 같이 그들을 해하지 못하게 하여 전에 내가 사사에게 명령하여 내 백성 이스라엘을 다스리던 때와 같지 아니하게 하고 너를 모든 원수에게서 벗어나 편히 쉬게 하리라. 여호와가 또 네게 이르노니 여호와가 너를 위하여 집을 짓고 네 수한이 차서 네 조상들과 함께 누울 때에 내가 네 몸에서 날 네 씨를 네 뒤에 세워 그의 나라를 견고하게 하리라(삼하 7:1-12).

무슨 이야기입니까? 다윗이 당시에 신통한 제안을 했습니다. "하나님, 이렇게 복을 주시고 승리케 하셨으니 하나님을 위하여 성전을 짓겠습니다." "다윗아, 네가 어찌 나에게 도움이 되며, 내게 필요한 것을 네가 채우겠느냐? 내가 네게 주마. 내가 복을 베풀고 승리를 주는 하나님이다. 어찌 네가 나에게 도움이 된단 말이냐? 다윗아, 내가 네 지위와 네 영광을 네 자자손손에게 영원토록 있게 하겠다. 내가 하나님이다."

그러니 여러분, 생각해 보십시오. 우리가 아는 기독교는 무엇입니까? 여러분이 하나님께 무슨 도움이 되기를 바라십니까? 여러분은 무엇을 함으로써 예수님을 믿는다는 것을 스스로 확인할 수 있습니까? 여러분이 예수님을 믿게 된 것은 하나님이 여러분에게 돌연히 찾아오신 덕분입니다. 여러분의 신앙을 돈독하게 하려고 여러분이 하는 모든 것들을 하나님이 붙잡고 계시고 여러분의 손을 놓지 않고 계십니다. 하나님은 여러분의 영혼, 여러분의 전 인격을 향해 더 큰 영광과 더 큰 진리와 더 큰 가치를 요구하고 계십니다.

그러나 우리는 그것을 자꾸 추상화합니다. 그것을 만드신 주인, 그것을 내게 이루시고 내게 찾아오신, 내 영혼과 내 인격과 내 존재 속에 그 약속을 이루신 하나님을 만난 감동과 확인이 자꾸 개념화되고 도덕화되고 명분화됩니다. 그래서 생명력과의 관계, 인격, 주고받는 감동, 이런 것들이 시들어 버립니다.

여러분 스스로를 확인해 보십시오. 하나님이 다시 물으십니다. 하나님이 당신의 약속을 어떤 공증(公證)으로 제시하셨습니까? 세상 인류 역사에 이렇게 인쇄해서 모든 이들 앞에 펼쳐 놓고 이렇게 말씀하시는 것 아닙니까? "내가 하나님이다. 내가 천지를 창조했고 너희를 내 형상대로 만들었다. 내가 내 아들을 보냈고, 내가 너를 사랑하고, 내가 내 약속을 지킬 것이다." 인류 역사 내내 오해를 받고, 능멸을 당하고, 비웃음을 사면서 하나님의 성실하심과 공의를 지키고 계십니다. 거기에 기독교 신자 된 기쁨과 자랑의 근거가 있습니다.

시편 8:1-9을 보겠습니다.

여호와 우리 주여, 주의 이름이 온 땅에 어찌 그리 아름다운지요. 주의 영광이 하늘을 덮었나이다. 주의 대적으로 말미암아 어린 아이들과 젖먹이들의 입으로 권능을 세우심이여, 이는 원수들과 보복자들을 잠잠하게 하려 하심이니이다. 주의 손가락으로 만드신 주의 하늘과 주께서 베풀어 두신 달과 별들을 내가 보오니 사람이 무엇이기에 주께서 그를 생각하시며 인자가 무엇이기에 주께서 그를 돌보시나이까. 그를 하나님보다 조금 못하게 하시고 영화와 존귀로 관을 씌우셨나이다. 주의 손으로 만드신 것을 다스리게 하시고 만물을 그의 발 아래 두셨으니 곧 모든 소와 양과 들짐승이며 공중의 새와 바다의 물고기와 바닷길에 다니는 것이니이다. 여호와 우리 주여, 주의 이름이 온 땅에 어찌 그리 아름다운지요(시 8:1-9).

이것은 무슨 시일까요? "우리가 이렇게 귀한 존재입니까? 이 온 세상을 우리를 위하여 주셨고, 우리가 다스리라고 하십니까? 우리에게 씌우신 존귀와 영광이 얼마나 큰 것입니까? 하나님, 이것이 하나님의 기쁘신 뜻입니까? 인간이라는 존재의 가치입니까? 하나님, 너무나 놀랍습니다." 그런 고백입니다.

그 고백이 왜 필요합니까? 여러분의 현실에서 일어나는 어떤 일도 여러분 발아래 있기 때문입니다. 여러분이 고개 숙이고 질 것이 없습니다. 모든 것이 여러분 발아래 있습니다. 그 치열한 생존 경쟁도 여러분 발아래 있습니다. 여러분의 위기, 공포, 유혹, 시험 모두 여러분 발아래 있습니다. 여러분이 하나님의 최고의 목적이요 대상입니다. 예수님을 주셔서 확인시키셨듯이, 우리는 하나님만이 가지시고 주시는 용서와 이해와 겸손, 사랑과 영광, 명예를 압니다. 하나님이 우리의 인생을 꿰뚫고 그 한복판을 걸어 세상을 두 쪽 내시고, 여러분이 "나는 하나님의 자녀다"라고 외치도록 명하시고 있습니다. 그 자랑과 믿음을 가지는 여러분의 생애가 되기를 바랍니다.

::

하나님 아버지, 은혜를 감사합니다. 하나님이 우리를 귀하게 여기시며 존귀와 영광으로 관을 씌우셨습니다. 하나님의 이름을 주셨습니다. 이제 우리가 하나님의 자녀라는 이름으로 살아갈 때에, 생명과 진리와 용서와 회복, 사랑과 이해, 무엇보다도 믿음과 명예와 영광을 가지게 되었습니다. 우리의 삶이 하나님의 자녀로 사는 귀한 책임과 자랑이 되게 하옵소서. 예수님 이름으로 기도합니다. 아멘.

16

역사의 주인

사 31:1-4

도움을 구하러 애굽으로 내려가는 자들은 화 있을진저. 그들은 말을 의지하며 병거의 많음과 마병의 심히 강함을 의지하고 이스라엘의 거룩하신 이를 앙모하지 아니하며 여호와를 구하지 아니하나니 여호와께서도 지혜로우신즉 재앙을 내리실 것이라. 그의 말씀들을 변하게 하지 아니하시고 일어나사 악행하는 자들의 집을 치시며 행악을 돕는 자들을 치시리니 애굽은 사람이요 신이 아니며 그들의 말들은 육체요 영이 아니라. 여호와께서 그의 손을 펴시면 돕는 자도 넘어지며 도움을 받는 자도 엎드러져서 다 함께 멸망하리라. 여호와께서 이같이 내게 이르시되 큰 사자나 젊은 사자가 자기의 먹이를 움키고 으르렁거릴 때에 그것을 치려고 여러 목자를 불러 왔다 할지라도 그것이 그들의 소리로 말미암아 놀라지 아니할 것이요 그들의 떠듦으로 말미암아 굴복하지 아니할 것이라. 이와 같이 나 만군의 여호와가 강림하여 시온 산과 그 언덕에서 싸울 것이라.

힘이 해결책이 아니다

이사야서 30-31장은 위기에 처한 유다가 나라를 구하기 위하여 위협적인 앗수르를 물리칠 유일한 방책으로 애굽을 끌어들이려 한 일에 대한 하나님의 책망을 담고 있습니다. 당시 앗수르 제국은 중동 지역에서 가장 강력한 나라였고, 이에 맞설 수 있는 국력을 가진 나라는 애굽밖에 없다고 판단한 것입니다. 그러나 31:3에서는 "애굽은 사람이요 신이 아니며 그들의 말들은 육체요 영이 아니라. 여호와께서 그의 손을 펴시면 돕는 자도 넘어지며 도움을 받는 자도 엎드러져서 다 함께 멸망하리라"고 말씀하십니다. 이것이 책망의 핵심 내용입니다.

인류 역사를 돌아보면 모든 일들은 언제나 권력 다툼으로 이어졌음을 확인할 수 있습니다. 힘이 강한 자가 약한 자를 굴복시키고 수탈해 가는 일들이 반복적으로 나타난 것이 역사의 현실입니다. 하나님이 애굽에게 도움을 청하는 유다만 아니라, 도움을 주겠다는 애굽까지 양쪽 모두 꾸짖으시는 이 장면에서 역사의 주인은 실제적으로 하나님이라는 사실을 이사야를 통하여 선포하시는 것입니다.

이것이 만만한 문제가 아닌 것은, 지금까지도 현실에서는 권력이 해결 방안이 되기 때문입니다. 힘이 없으면 아무런 영향력도, 해결도 가져올 수 없습니다. 역사학자들의 이야기를 들어보면, 그들 스스로가 "역사는 이해할 수 없다"고 고백합니다. 가장 대표적인 고백이 "역사는 의식이 없다"라는 것입니다.

역사는 의식이 없다는 말은 무슨 뜻일까요? 역사는 속이 없습니다. 최소한의 분별이나 공식이 없습니다. 실제로 나열된 과거의 사실들을 한 줄로 꿸 수가 없습니다. 우리가 잘 아는 대로 사람마다 다른 관점과 주제를 가지고 서로 이어보려고 애를 씁니다. 대표적인 것이 문명사, 전쟁사, 경제사인데 요즘에 와서는 문화사라는 이름을 붙이기도 하지만, 극히 일부를 제외하고는 일렬로 세울 수가 없습니다. 그래서 나온 말이 "역사는 반복된다"는 표현입니다. 이 반복된다는 말은 진전하지 않는다는 뜻입니다. "같은 자리에서 반복되고 있다. 인류는 역사에서 교훈을 받지 않는다." 이런 결론을 내리고 있습니다. 참으로 무시무시한 결론입니다. 성경 방식으로 표현하면, "헛되고 헛되며 헛되고 헛되니 모든 것이 헛되다"와 같은 말을 하고 있는 셈입니다.

그런데 이 역사의 진실은 그것이 사실이라는 데 있습니다. 모순, 변덕, 비극, 있을 수 없는 진실들이 이해되지는 않지만 일어났습니다. 그런 점에 무서움이 있습니다. 개인의 인생 속에도 일어날 수 없는 일들이 매일 일어납니다. 사고가 터집니다. 사고는 예측할 수 없고 이해도 되지 않습니다. 그리고 해결할 수도 없습니다. 그런 것들이 현실입니다. 아무리 변명하고, 어떤 대안을 가지고 노력한다 해도 이 비극, 악순환, 운명을 벗어날 수가 없습니다.

성경은 세상에서 일어나는 모든 일이 하나님이 일하시는 중요한 증거라고 이야기합니다. 하나님이 일하시는 증거라는 뜻은 일어난 사건들이 결과를 만드는 것이 아니라, 그 모든 것이 공멸하고 멸절되지 않게 역사가 이어지고 개인 인생이 유지될 수 있게 하신다는 것입니다. 이것이 하나님의 은혜입니다. 그것이 보존되고 유지되게 할 만큼 은혜와 구원과 승리를 주실 것입니다. 성경은 그렇게 잇고 있습니다.

세상에 들어온 하나님의 손

그런데 이런 이야기를 다 옆으로 제쳐놓고, 당장 우리 앞에 있는 이 현실적 질문에 답하라고 이 본문은 요구합니다. 하나님이 인류와 역사와 개인의 인생과 운명의 주인이시라면 왜 비극과 고난이 있느냐는 것입니다. 이것이 이제 중요한 질문이고 그 답은 나와야 합니다.

마태복음 4:8-10을 보겠습니다.

마귀가 또 그를 데리고 지극히 높은 산으로 가서 천하 만국과 그 영광을 보여 이르되 만일 내게 엎드려 경배하면 이 모든 것을 네게 주리라. 이에 예수께서 말씀하시되 사탄아, 물러가라. 기록되었으되 주 너의 하나님께 경배

이사야서, 하나님의 비전

하고 다만 그를 섬기라 하였느니라(마 4:8-10).

이것은 예수님의 공생애가 시작되는 시점인 광야에서 기도하실 때 일어난 일입니다. 마귀가 와서 예수님을 세 가지로 시험합니다. 그 중의 하나가 천하만국을 보여주고 "내게 절하면 다 주겠다"고 한 시험입니다. 예수님의 답은 동문서답같이 보입니다. "좋다. 싫다. 누가 더 센지 싸워보자." 이 세 가지 모두 아닙니다. "주 너의 하나님께 경배하고 다만 그를 섬기라"고 말씀하십니다. 사탄의 도전과 질문에 우리로서는 적합해 보이지 않는 답을 제시하십니다.

여기에는 이런 뜻이 있습니다. "너와 힘겨루기를 하러 온 것도 아니요 권력을 빼앗기 위하여 온 것도 아니다. 그것보다 더 큰 목적을 가지고 왔다. 너는 이 세상에서 지금 주인 노릇하는 체하지만, 세상이 전부가 아니다." 이런 것들이 내포되어 있는 참으로 의미심장한 답변입니다. 그런데 우리가 확인하려는 중요한 문제가 이 답변에서 풀린다는 것입니다. 우리 인생과 역사에서 생기는 질문과 성경이 제시하는 답 사이를 이을 수 있는 중요한 실마리가 여기에 있다고 생각합니다.

예수님은 이렇게 말씀하시는 셈입니다. "세상 권세는 네가 가지고 있어라. 그리고 네 마음대로 해라. 그 조건 속에서, 그 무대 속에서 나는 네가 힘으로 다스리는 인류를 하나님을 경배하는 백성으로 만들겠다." 이렇게 시작되는 것입니다. 하지만 하나님이 주인이신데 왜 이런 일이 있는 것입니까? 이는 중요한 질문입니다.

어떤 지식인이 제2차 세계대전의 참상을 보고 "하나님이 있다면 어떻게 세상에 이런 일이 일어나겠는가?"라고 분노한 나머지 기독교 신앙을 포기했다고 합니다. 여기에 자연스레 그 답이 나옵니다. 세상은 사탄이 쥐고 있습니다. 사탄이 쥐고 있는 이유는 우리가 하나님을 거부하고 외면해서 우리와 세상이 하나님이 없는 곳이 되었기 때문입니다. 그래서 그 하나님 없는 곳을 하나님 있는 곳으로 만들려고 하나님이 예수님을 보내십니다. 그러니까 하나님 없는 곳, 하나님을 외면하고 거부하고 저항하는 환경과 조건과 무대 속에 하나님이 들어오시는 것입니다. 우리는 좋을 때는 내가 했다고 하고, 마음에 들지 않을 때는 다 하나님 탓으로 돌립니다. 그러나 그 반대입니다. 이 재난과 공포와 폭력이 난무하는 곳에 하나님의 손이 들어온 것입니다. 그것이 성경이 제시하는 답입니다.

조금 더 깊이 들어가 보겠습니다. 마태복음 16:16-24을 보겠습니다.

시몬 베드로가 대답하여 이르되 주는 그리스도시요 살아 계신 하나님의 아들이시니이다. 예수께서 대답하여 이르시되 바요나 시몬아, 네가 복이 있도다. 이를 네게 알게 한 이는 혈육이 아니요 하늘에 계신 내 아버지시니라. 또 내가 네게 이르노니 너는 베드로라. 내가 이 반석 위에 내 교회를 세우리니 음부의 권세가 이기지 못하리라. 내가 천국 열쇠를 네게 주리니 네가 땅에서 무엇이든지 매면 하늘에서도 매일 것이요 네가 땅에서 무엇이든지 풀면 하늘에서도 풀리리라 하시고 이에 제자들에게 경고하사 자기가 그리스도인 것을 아무에게도 이르지 말라 하시니라. 이 때로부터 예수 그리스도께서 자기가 예루살렘에 올라가 장로들과 대제사장들과 서기관들에게 많은 고난을 받고 죽임을 당하고 제삼일에 살아나야 할 것을 제자들에게 비로소 나타내시니 베드로가 예수를 붙들고 항변하여 이르되 주여, 그리 마옵소서. 이 일이 결코 주께 미치지 아니하리이다. 예수께서 돌이키시며 베드로에게 이르시되 사탄아, 내 뒤로 물러가라. 너는 나를 넘어지게 하는 자로다. 네가 하나님의 일을 생각하지 아니하고 도리어 사람의 일을 생각하는도다 하시고 이에 예수께서 제자들에게 이르시되 누구든지 나를 따라오려거든 자기를 부인하고 자기 십자가를 지고 나를 따를 것이니라(마 16:16-24).

베드로가 예수님을 "주는 그리스도시요 살아 계신 하나님의 아들이십니다"라고 고백합니다. 그 고백을 들으신 예수께서 교회를 약속하시고 음부의 권세가 이기지 못할 것이라고 말씀하십니다. "네가 무엇이든지 매면 하늘에서도 매고 땅에서 풀면 하늘에서도 풀리리라." 그리고 예수께서 "나는 죽는다"고 하십니다. 그러니 베드로로서는 말이 안되는 일입니다. 그는 충성심에서 이렇게 말합니다. "주여, 그리 마옵소서. 주를 죽이려고 오거나 주를 해하려 하면 제가 막겠습니다. 걱정 마십시오." 그러자 예수님은 뜻밖에, "사탄아"라고 하셨습니다. 우리의 상식으로는 "무식한 것"이라고 해야 맞습니다. 그렇지 않습니까? 앞서 사탄의 시험에서 본 바와 같이 이 문제도 간단하지 않습니다.

베드로가 한 말에서 진정한 위험은 무엇이겠습니까? 예수께서 세상의 권력을 빼앗으러 오셨다는 것이었을까요? 예수님의 역할은 그런 것일 수 없습니다. 하나님을 외면한 인류가 가 있는 모든 자리에 찾아가는 것이 예수님의 일입니다. 우리가 하나님을 부인함으로써 하나님이 없는 하나님 부재의 세상을 만들었는데, 이제 그곳에 오신 것입니다. 우리가 도망간 자리, 우리가 만든 모든 것, 그러니까 우리라는 존재와 우리가 걸어온 한 인생의 모든 자리, 모든 경로를 예수께서 하나님의 창조의 목적과 내용에 부합하도록 완성하러 오신 것입니다. 그런 첫 번째 인간이 되는 것이 성육신입니다.

예수님은 자신의 임무를 권력을 빼앗는 싸움으로 보시지 않습니다. 하나님이 주신 임무는 그런 것이 아닙니다. 우리를 당신의 형상으로 만드시고 사랑과 믿음을 요구하셨지만, 이에 배신하고 기피하고 도망한 우리를 뒤쫓아 들어오신 것입니다. 이런 최악의 조건에 들어오신 예수님더러 베드로는 "그런 거 하지 마십시오"라고 합니다. 그러니 마태복음 4장이나 16장에서 예수님이 "사탄아, 물러가라"고 하신 말씀이 어떤 의미를 갖겠습니까? "나를 시간과 공간에서 쫓아내어 심사위원이나 하라는 것이냐? 그 따위로 생각지 마라." 이런 의미가 들어 있는 것입니다. 히브리서 5:7-10을 보겠습니다.

> 그는 육체에 계실 때에 자기를 죽음에서 능히 구원하실 이에게 심한 통곡과 눈물로 간구와 소원을 올렸고 그의 경건하심으로 말미암아 들으심을 얻었느니라. 그가 아들이시면서도 받으신 고난으로 순종함을 배워서 온전하게 되셨은즉 자기에게 순종하는 모든 자에게 영원한 구원의 근원이 되시고 하나님께 멜기세덱의 반차를 따른 대제사장이라 칭하심을 받으셨느니라 (히 5:7-10).

예수께서 육체에 계실 때에 통곡과 눈물로 간구와 소원을 올리고 들으심을 받습니다. 자기를 죽음에서 능히 구원하실 이에게 통곡과 눈물로 기도하셨던 시간 순서를 기억하십시오. 우리가 이런 자리에 있다면 다음 두 가지 중 하나 아니겠습니까? "우리를 죽음에서 구원하실 수 있다면 지금은 편하게 해주십시오." 이것이든지, 아니면 "죽음에서 능히 구원받을 운명이라면, 까짓것 어렵더라도 무엇이 걱정이냐"일 것입니다.

그러나 성경이 말하는 바는, 예수님이야말로 그 누구보다 하나님께서 주시는 최후의 승리를 알고 계시는 분이고, 그렇게 하실 수 있는 분임에도 불구하고 통곡과 눈물의 기도를 올리셨다는 것입니다. 통곡하고 눈물을 흘려야 하는 시간과 과정이 있었습니다. 시간과 공간이라는 것이 다만 결과를 내놓기 위하여 있는 것이 아니라, 결과를 누적시키는 과정과 관련이 있다는 뜻입니다. 인간에게 시간과 공간과 육체라는 것이 한데 합쳐지는 누적된 존재로의 완성이 없다면, 성경이 말하는 충만, 영광, 성품 같은 것들은 만들어지지 않습니다. 그런 것들은 시간과 공간 속에서 만들어집니다.

우리가 과거를 돌이켜보면 후회할 일들이 많은데, 후회가 있다는 것은 실수가 있었다는 것입니다. 실수가 곧바로 명예를 만들 수는 없지만, 그 실수를 후회함으로써 명예로워질 수 있습니다. 실수를 고치게 됩니다. 이런 일들이 없이 명예나 승리라는 말을 쓰게 되면 그것은 추상명사가 됩니다. 그저 온갖 눈에 보이지 않는 구체화할 수 없는 것이 됩니다. 예수께서 이렇게 실제로 통곡과 눈물의 과정을 지나셨고, 하나님의 아들이시면서도 고난을 받으시며 순종함을 배우십니다. 이 고난이란 지금의 조건, 즉 사탄이 폭력을 쓰는 조건 속에 들어오셔서 그 과정, 그 긴 시간을 채우셨다는 말입니다. 그 무대 안에 들어와 계신 것이 고난입니다. 그리하여 온전하게 되십니다. 그러니까 온전함이란 말은 단순히 지적이고 추상적인 개념 같은 것이 아니라, 실제와 실체, 구체적인 것입니다.

하나님의 영광을 담아내는 인생

여러분의 신앙이 좋아진다는 증거는 어떤 특별한 임무에서 나타나는 것이 아니라, 대부분 일상에서 나타납니다. 슬플 때 어떻게 하는가? 고난을 당했을 때 어떻게 반응하는가? 억울할 때 어떻게 하는가? 신앙이 좋다면 그럴 때 훨씬 빛이 나게 됩니다. 탁월한 연기자는 본디 기본이 못생겨야 합니다. 잘생기면 그 외모에 모든 것이 빨려 들어가 버립니다. 성공해도 "잘생겨서 그래" 하고 끝나버립니다. 엘리자베스 테일러는 연기상을 못 받았습니다. 그는 연기를 잘하는 배우였는데도 상을 주려하면 "예뻐서 주는 거야" 해서 못 줬습니다. 물론 그는 억울했겠지요. 연기의 위대함은 배우가 못생겨야 드러나고 비극이라야 드러납니다. 그것이 참 신기합니다. 그러니 겁을 내지 마십시오.

하나님은 그의 영광을 여러분의 성공에도 담으실 수 있습니다. 그리고 여러분의 실패에도 그의 영광을 담으실 수 있습니다. 여러분의 실패에는 더 크게 담으실 것입니다. "죄가 넘치는 곳에 은혜가 더욱 넘쳤다." 놀라운 선언입니다. 예수님의 성육신을 들여다 볼 때, 거기서 우리는 인생에서 겁낼 것 없다는 증거를 찾을 수 있습니다. 이것은 굉장히 중요합니다. 그런데 우리는 성육신에 대해서 어떤 생각만 가졌습니까? 그가 "우리를 위하여 죽으셨다"만 생각했지, "우리와 같은 인생, 인간이 되어 사셨다"는 사실을 간과해서 우리는 자신의 현실을 외면하고 겁을 내고 변명한 것이 아닙니까? 그것이 성경이 하고 싶은 이야기입니다. 로마서 5:1-4을 보겠습니다.

그러므로 우리가 믿음으로 의롭다 하심을 받았으니 우리 주 예수 그리스도로 말미암아 하나님과 화평을 누리자. 또한 그로 말미암아 우리가 믿음으로 서 있는 이 은혜에 들어감을 얻었으며 하나님의 영광을 바라고 즐거워하느니라. 다만 이뿐 아니라 우리가 환난 중에도 즐거워하나니 이는 환난은 인내를, 인내는 연단을, 연단은 소망을 이루는 줄 앎이로다(롬 5:1-4).

이 본문에서 우리는 하나님과 화평을 이루고 영광을 약속받습니다. 그런데 왜 환난을 말합니까? 그것이 현실이기 때문입니다. 여러분이 어디서 구원을 받았고, 여러분의 믿음 생활을 어디서 하는가를 알아야 합니다. 환난 속에서 합니다. 왜 그렇습니까? 사탄이 권세를 가지고 있는 세상에서 살기 때문입니다. 그런데 우리가 천국에 가기 전에 우리가 선택했던 곳, 우리가 만들었던 자리, 사탄이 왕 노릇하는 하나님 없는 곳에서 구원을 받아 하나님의 백성으로서 사는 것입니다. 우리를 거부하고 반대하고 힘으로 꺾으려고 하는 현실 속에서, 하나님이 더 큰 것을 만드신다는 것을 깨닫게 하셔서, 채우시고 완성시키십니다.

그것이 우리의 기회이자 현실입니다. 여기서 도망칠 수 없습니다. 환

이사야서, 하나님의 비전

난이 인내를 만든다는 그 인내는 경험입니다. 나이를 먹는 겁니다. 나이가 뭡니까? 사람이 얼마나 연약한지, 세상이 얼마나 악한지, 성경 말씀이 얼마나 옳은지를 깨우치는 것이 인내입니다. 인내가 연단을 이루고, 연단은 예술이 된다는 것입니다. 작품이 된다는 것입니다.

이제 갈라디아서 6:1-5 말씀으로 결론을 맺겠습니다.

형제들아, 사람이 만일 무슨 범죄한 일이 드러나거든 신령한 너희는 온유한 심령으로 그러한 자를 바로잡고 너 자신을 살펴보아 너도 시험을 받을까 두려워하라. 너희가 짐을 서로 지라. 그리하여 그리스도의 법을 성취하라. 만일 누가 아무 것도 되지 못하고 된 줄로 생각하면 스스로 속임이라. 각각 자기의 일을 살피라. 그리하면 자랑할 것이 자기에게는 있어도 남에게는 있지 아니하리니 각각 자기의 짐을 질 것이라(갈 6:1-5).

"짐을 나누어지는 것이 그리스도의 법"이라고 했는데 그것이 무슨 뜻일까요? 그리스도께서 우리 인생이 얼마나 복된 것인가, 얼마나 영광된 것인가를 실제로 앞서서 모범을 보이셨습니다. 우리의 못난 인생, 우리의 무지와 미련과 거부와 회피 속에 들어와 우리를 담아내셨습니다. 우리를 위하여 우리 인생이 얼마나 복된 것인가를 증명하여 우리를 살려내셨습니다. 이와 같이 우리도 그렇게 살라고 하십니다.

우리가 태어나면 한 사회 속에서 그 구성원이 되고 사회적 신분을 갖게 되는데, 우리는 어떤 것에 분노합니까? 내가 하지 않은 일을 책임져야 할 때, 내가 한 것을 나 혼자 보상받지 않고 함께 나누어야 할 때입니다. 그런 면에서 제일 억울한 것이 세금일 것입니다. 복지 혜택을 받으면 좋지만 그것을 위해서 자기가 애써 번 것을 많이 내는 것이 싫습니다. 사회 안에서 일어나는, 내가 만들지 않은 여러 가지 일들로 불편을 겪으면 다 분노합니다. 그러나 그 속에서 신앙생활을 해야 합니다. 이 사회가 만들어내는 폭력과 보복 속에서 믿음과 사랑을 가진 자로서의 짐을 져야 합니다. 그것이 중요한 사회적 책임이며, 그리스도의 법입니다.

그런데 여기 말씀한 대로 "아무 것도 되지 못하고 된 줄로 생각하는 것"은 무엇일까요? 도망가는 것, 혼자 남는 것입니다. "나는 너에게 아쉬운 소리 하지 않을 테니 너도 나에게 매달리지 마." 이것은 신앙생활이 아닙니다. 기도원에 들어가서 자기 혼자 편하겠다고 하는 것도 마찬가지입니다. 자기를 정리하고 새로운 계기를 삼기 위해서라면 얼마든지 기도원에 갈 수 있습니다. 하지만 기도원으로 도망가는 것은 사실 비겁한 것입니다. 그것은 답이 아닙니다. 그러니 이 현실 속에서 치열하게 살아야 합니다.

거기서 뭘 하라고요? 자기 짐을 지라고 하십니다. 그리고 자랑할 것이 자기에게만 있다는 것을 알라고 했습니다. 무슨 자랑입니까? 네 몫, 네 인생, 각자의 인생은 아무도 대신해 줄 수 없다는 것입니다. 옆에서 격려는 해줄 수 있겠지만, 그것은 격려일 뿐입니다. 아무도 대신해 줄 수 없습니다. 여러분이 아무리 변명하고 하소연한다 해도 결국 자기 인생은 자기 혼자 감당할 수밖에 없습니다. 이 말은 고립되었다는 의미에서 혼자라는 것이 아니라, 나는 나라는 것을 말합니다. 누가 내 속에 들어올 수 없습니다. 잘 생각해 보십시오. "너는 독립되고 독특한, 유일한 존재라는 것을 알고, 네 삶을 네가 결정하고, 네 삶을 스스로 명예롭게 해라. 네 짐을 져라. 네 책임을 감당해라. 그것은 너밖에 할 수 없는 네 책임이요 네 명예요 네 특권이다."

그 힘든 일을 왜 해야 합니까? 예수께서 오셔서 시간과 공간이라는 제한 속에서 구체적인 인생을 사심으로써 하나님의 무한이 유한에 담길 수 있다는 것을 실증하셨기 때문입니다. 그것이 성육신입니다. 여러분 각자가 메시아가 될 수 있습니다. 여러분 각자가 하나의 빛입니다. 예수 그리스도로 말미암아 모든 신자들이 갖는 독특한 신분이요 지위요 역할이요 책임이며 영광입니다. 겁내지 마십시오. 자신의 역할과 한계와 조건을 기꺼이 감수하십시오. 예수께서 거기서 사셨듯이 여러분의 인생을 살아내어 하나님이 무한을 담아 주시는 기적을 경험하는 복된 인생이 되십시오. 그런 자랑스러운 인생이 되기를 바랍니다.

::

하나님 아버지, 은혜를 감사합니다. 우리가 하나님을 아버지라 부르게 하시고 예수를 믿음으로 그의 이름으로 기도하게 하셨습니다. 예수님의 약속은 이것이었습니다. 너희가 나를 믿으면 내가 하는 일을 너희도 할 것이요, 내가 하지 못한 일도 할 것이라고 하셨습니다. 얼마나 엄청난 약속입니까. 그 약속을 명예와 특권과 영광으로 아는 인생을 사는 우리가 되게 하셔서, 하나님 홀로 영광 받으시옵소서. 예수님 이름으로 기도합니다. 아멘.

17

공의의 왕

사 32:1-8

보라, 장차 한 왕이 공의로 통치할 것이요 방백들이 정의로 다스릴 것이며 또 그 사람은 광풍을 피하는 곳, 폭우를 가리는 곳 같을 것이며 마른 땅에 냇물 같을 것이며 곤비한 땅에 큰 바위 그늘 같으리니 보는 자의 눈이 감기지 아니할 것이요 듣는 자가 귀를 기울일 것이며 조급한 자의 마음이 지식을 깨닫고 어눌한 자의 혀가 민첩하여 말을 분명히 할 것이라. 어리석은 자를 다시 존귀하다 부르지 아니하겠고 우둔한 자를 다시 존귀한 자라 말하지 아니하리니 이는 어리석은 자는 어리석은 것을 말하며 그 마음에 불의를 품어 간사를 행하며 패역한 말로 여호와를 거스르며 주린 자의 속을 비게 하며 목마른 자에게서 마실 것을 없어지게 함이며 악한 자는 그 그릇이 악하여 악한 계획을 세워 거짓말로 가련한 자를 멸하며 가난한 자가 말을 바르게 할지라도 그리함이거니와 존귀한 자는 존귀한 일을 계획하나니 그는 항상 존귀한 일에 서리라.

애굽을 의지하려는 유다

이사야는 유다의 멸망 직전에 중요하게 활동합니다. 그는 나라가 망해가는 꼴을 보게 되며, 그 나라에 주시는 하나님의 책망과 소망을 전합니다. 본문에서 "보라, 장차 한 왕이 공의로 통치할 것이요 방백들이 정의로 다스릴 것"이라는 말씀은 지금 유다가 겪고 있는 역사적 현실, 즉 국가의 존망이 달려 있는 앗수르의 위협 앞에서 하나님이 주시는 복된 구원의 약속입니다.

그러나 이 구원의 약속은 만만치 않는 배경을 가지고 있습니다. 북왕국은 이미 망했고, 이후 36장 이하에서 확인하겠지만, 남왕국 또한 많은 영토를 잃고 예루살렘만 남아 포위를 당하는 절체절명의 자리에까지 갑니다. 도무지 보이는 것에서는 아무런 소망도 없고, 다만 망하는 일만 남은 그 즈음에 하나님께서 정의와 공평의 통치를 선언하십니다.

국가의 존망이 정치력이나 군사력이나 경제력에 달려 있지 않고, 공평과 정의라는 매우 추상적인 약속에 달려 있다고 이야기합니다. 이는 결국 한 나라가 존속하는 데 의미가 있는 것이 아니라, 그 존재하는 것들의 가치와 진정한 내용에 있다는 것을 암시하고 있습니다. 그리고 그것은 보이는 것들, 즉 세상이 만들 수 있는 것으로는 만들어낼 수 없다는 것도 암시하고 있습니다.

앗수르는 당대에 최고의 권력을 가진 제국입니다. 앗수르 앞에 세상이 다 망합니다. 하지만 앗수르는 공포의 대상으로 폭력을 행사하고 있을 뿐이지, 공평과 정의를 실현하는 일에는 아무 관심이 없습니다. 그런 폭력을 저지하고 목숨을 존속하기 위한 유다의 유일한 대안은 애굽이었습니다. 그런 힘을 군사력으로 막아낼 수 있는 유일한 나라는 애굽밖에 없었습니다. 애굽이 전통적인 강국이었기 때문입니다. 그런데 전체적인 맥락에서 보면 유다는 하나님이 누구신지를 이해하지 못하고, 앗수르와 애굽 사이에서 망가지고 있는 형국입니다. 이것이 이사야의 활동기에 주어진 모든 메시지의 배후에 있는 역사적 정황입니다. 이 문제에 관해 이사야 30:1-5을 보면 훨씬 도움이 되는 표현이 나옵니다.

여호와께서 이르시되 패역한 자식들은 화 있을진저. 그들이 계교를 베푸나 나로 말미암지 아니하며 맹약을 맺으나 나의 영으로 말미암지 아니하고 죄에 죄를 더하도다. 그들이 바로의 세력 안에서 스스로 강하려 하며 애굽의 그늘에 피하려 하여 애굽으로 내려갔으되 나의 입에 묻지 아니하였도다. 그러므로 바로의 세력이 너희의 수치가 되며 애굽의 그늘에 피함이 너희의 수욕이 될 것이라. 그 고관들이 소안에 있고 그 사신들이 하네스에 이르렀으나 그들이 다 자기를 유익하게 하지 못하는 민족으로 말미암아 수치를 당하리니 그 민족이 돕지도 못하며 유익하게도 못하고 수치가 되게 하며 수욕이 되게 할 뿐임이니라(사 30:1-5).

유다가 애굽을 찾아간 것이 왜 하나님의 진노를 일으킬까요? 하나님이 세상과 인류를, 보이는 것을 보이는 것 정도로 해결하도록 만들어 놓지 않으셨기 때문입니다. 하나님이 우리를 만드시고 우리에게 요구하시는 바가 무엇일까요? 그것은 우리를 만드신 창조의 능력이 창조의 완성인 하나님의 영광을 드러내는 것입니다.

우리가 하나님의 영광을 위하여 있다고 하면 우리는 하나님을 위하여 무슨 희생을 하거나 소모품이 되는 것쯤으로 생각합니다. 그것은 성경이 이야기하려는 뜻과 전혀 다른 것입니다. 성경에 나오는 "너희는 물댄 동산 같겠고"라는 표현을 생각해 보십시오. 물이 흘러 들어오는 동산은 모든 것이 아름답게 우거져 있어, 아주 아름다운 창조 세계의 모습을 자랑하게 될 것입니다. 생명과 그 무성함과 찬란함으로 말입니다. 하나님의 영광이 드러나는 것은 우리로서는 감사하고 감격하고 놀랄만한 일입니다. 우리가 우리에 대해서 가지고 있는 이해나 소원을 넘어서는, 하나님이 만드시고 목적하신 우리 존재의 가치와 내용에 대한 감동으로 드러날 것입니다. 그것이 성경이 말하는 "하나님의 영광을 위하여 있다"라는 뜻입니다.

그러니 이사야 30장은 이스라엘이, 혹은 더 직접적으로 남유다가 국가적 위기 앞에서 항상 하나님의 일하심과 그의 목적을 목표로 삼고 있지 않다고 지적합니다. 그저 이 세상에서의 지위를 지켜내는 일에 골몰함으로써, 하나님을 잊고 하나님께 묻지 않으며, 보이는 것으로 자기들이 상상하는 한계 내에서 작은 목적을 위하여 조바심을 내고 있을 뿐입니다. 그것에 대하여 아주 무거운 하나님의 진노가 소개되는 것입니다.

공평과 정의로 통치할 왕

다시 본문으로 돌아와 보면, 유다가 애굽을 찾아간 것은 하나님께 묻지 아니한 것으로 하나님의 뜻을 벗어나 있는 것입니다. 앗수르는 폭력에 불과한데 그 폭력을 막아내기 위해 애굽을 대안으로 삼는 것도 마찬가지로 또 다른 폭력에 의존하는 것에 불과합니다. 그들은 폭력과 폭력 사이에서 자신들의 안전을 도모하려고 폭력을 끌어들이는 작은 꾀에 스스로를 팔아넘긴 것입니다. 이 세 못난 주체들을 놓고, 하나님의 일하심이 이것과 얼마나 다른가를 증언하는 것이 이사야서 전체의 내용입니다.

그러니 장차 한 왕이 등장하여 공평과 정의로 다스린다는 것은 예수 그리스도께서 십자가로 하나님의 나라를 증언하시고 우리의 영혼을 깨우시며 믿음을 가지고 살게 하신 것으로 확연히 증언됩니다. 이처럼 그는 이 세상의 폭력과 다르다는 것을 십자가로 증언하십니다. 폭력에 의한 승리가 아닌, 폭력을 받아내고 부활로 역전시키십니다. 그것이 성경 전체에서 가장 중요한 내용입니다.

이것은 앗수르가 해낼 수 없고 애굽이 해낼 수 없으며, 유다도 해낼 수 없습니다. 오직 하나님만이 이것을 해내실 것입니다. 그것은 하나님의 목적이며 개입이며 성실하심입니다. 그것이 바로 "보라, 장차 한 왕이 나타날 것이다"라고 한 내용입니다. 하나님이 그 왕을 세우신다는 것입니다. 그것은 앞에 있었던 것으로 이뤄낸 결과물이 아닙니다.

이 왕을 다른 것들과 어떻게 대비시킵니까? "그 사람은 광풍을 피하는 곳, 폭우를 가리는 곳 같을 것이며 마른 땅에 냇물 같을 것이며 곤비한 땅에 큰 바위 그늘 같"(사 32:2)을 것이라고 합니다. 그러니 지금 세상은 다 어떻다는 이야기입니까? 앗수르나 애굽이나 유다가 어떻다는 것입니까? 광풍이고 폭우고 마른 땅이고 곤비한 땅이라는 것입니다.

우리가 인생을 살 때 하나님이 우리에게 가르치시는 것이 무엇입니까? 우리가 아무리 잘나도 우리는 광풍을 피하는 곳이나 폭우를 가리는 곳이나 마른 땅에 냇물이나 곤비한 땅에 바위 그늘이 될 수 없다는 사실입니다. 우리가 세상에서 경험하는 가장 큰 진실은 인간이 행복하고 만족스러워하는 것을 세상은 만들어낼 수 없다는 사실입니다. 세상은 광풍에 광풍을 더하고, 폭풍에 폭풍을 더하며, 마른 땅을 더 마르게 하고, 바위를 깨트릴 뿐이지, 거기에는 그늘도 안식처도 없습니다.

우리는 끊임없이 기독교 신앙이 이런 해답을 주는 것보다는 자기에게 닥친 문제를 해결하는 데 쓰이기를 바랍니다. 하나님이 계속 그 해답을 주시지 않는 것은 우리가 앗수르를 피하기에 급급하기 때문입니다. 그러므로 우리의 해답이 애굽에 있다고 믿고 있어서 자신이 누구인지, 하나님의 자녀라는 정체성이 무엇인지를 알지 못하는 것입니다. 이런 일로 하나님이 계속 우리를 훈련시키십니다. 그것이 우리의 일생이고 인류의 역사입니다. 인간은 인간이 가지는 상상력과 기대로써 해결되지 않는 존재라는 것을 그렇게 증언하십니다.

우리가 살아가면서 현실의 어려움들 때문에 여러 가지를 요구할 수 있습니다. 최소한의 경제력과 지위, 건강 같은 것들은 현실적인 문제입니다. 그렇지 않습니까? 그러나 그런 것들을 가져도 그것이 행복을 만들지는 못합니다. 우리는 지금의 불안과 고통을 면하기에 급급할 뿐입니다. 우리는 진정한 목표와 내용을 상상조차 못합니다.

가까이 지내는 어느 목사님이 몇 년 전부터 자기 딸을 시집 보내달라고 저에게 간청했습니다. 그런데 그것이 생각처럼 쉽지 않더라고요. 그래서 이렇게 재미없는 대답을 했습니다. "시집 보낸다고 문제가 다 해결되는 게 아닙니다." "목사님, 저도 제 딸 팔짱 끼고 결혼식장에 한번 걸어 들어가 보고 싶습니다." "그러면 다인 줄 아세요? 손주도 한번 안아 봐야지. 아, 손주 낳으면 행복한 줄 아세요? 짐만 생깁니다." "목사님, 저 그 짐 좀 져보고 싶습니다." 이것이 우리의 현실입니다. 우리는 현실에 급급합니다.

우리에게는 더 원대한 꿈이 없습니다. 우리의 상상은 소극적이고 부정적인 것입니다. 남에게 괄시를 받지 않는 것, 아쉬운 소리하지 않는 것, 이게 다입니다. 명예, 위대함, 이런 것들은 우리에게 없습니다. 생각해 보십시오. 인류 역사에 큰소리를 쳤던 모든 나라가 쓰러져 갔습니다. 폭력으로 권력을 잡고 있던 나라들도 그 폭력이 그 나라를 붕괴시켰습니다. 이런 현상은 어디서나 볼 수 있습니다. 내부에서의 폭력으로, 내부에서의 배신으로, 내부에서의 부패로 망합니다. 외부로부터 망하지 않습니다. 그것은 최후의 일격을 가한 것으로 이미 무너질 때가 되어 있는 것을 공격한 것입니다. 건강할 때는 못 무너뜨립니다.

그러니 이러한 가르침을 통해 하나님께서 우리가 기대하거나 상상할 수 없는 것으로 우리를 만드신 창조자의 목적과 복을 기어코 이루시겠다고 약속하신다는 사실을 이해해야 합니다. 그 약속은 우리가 속하고 만들어내는 현실이 하나도 우리에게 답이 되지 않는다는 위기 속에서 확인됩니다. 아니, 그 위기 자체가 증거가 됩니다. 누가복음 2:8-14을 보겠습니다.

그 지역에 목자들이 밤에 밖에서 자기 양 떼를 지키더니 주의 사자가 곁에 서고 주의 영광이 그들을 두루 비추매 크게 무서워하는지라. 천사가 이르되 무서워하지 말라. 보라, 내가 온 백성에게 미칠 큰 기쁨의 좋은 소식을 너희에게 전하노라. 오늘 다윗의 동네에 너희를 위하여 구주가 나셨으니 곧 그리스도 주시니라. 너희가 가서 강보에 싸여 구유에 뉘어 있는 아기를 보리니 이것이 너희에게 표적이니라 하더니 홀연히 수많은 천군이 그 천사와 함께 하나님을 찬송하여 이르되 지극히 높은 곳에서는 하나님께 영광이요 땅에서는 하나님이 기뻐하신 사람들 중에 평화로다 하니라(눅 2:8-14).

천군천사가 밤중에 목자들에게 나타났습니다. "보라, 오늘 다윗의 동네에 예수가 나셨다. 메시아가 나셨다. 어서 가보아라." 그리고 천군천사가 홀연히 온 세계가 흔들리도록 찬송을 부릅니다. 그래서 우리는 성탄절에 즐겨 쓰는 이 본문이 가지는 초월적이고 엄청난 경이로움으로 예수 그리스도의 탄생을 이해하고 상상합니다.

그러나 이 그림의 강조점은 어디에 있습니까? "오늘 다윗의 동네에 너희를 위하여 구주가 나셨으니 곧 그리스도 주시니라. 너희가 가서 강보에 싸여 구유에 뉘어 있는 아기를 보리니 이것이 너희에게 표적이니라." 여기에 있습니다. 그런데 강보에 싸여 말구유에 누워 있는 무기력한 아기입니다. 그리스 신화에 나오는 거인 티탄족의 신들처럼 엄청나지 않습니다. 무력한 어린 아기가 말구유에 누워 있는 것이 표적이랍니다. 그러니 우리는 기독교를 몰라도 너무 모른다는 것입니다. 그 진정한 힘, 진정한 내용은 모르고, 우리는 좁은 이해 방식으로 신앙을 자꾸 왜곡시킵니다.

목자들의 증언이 이어집니다. "천사들이 떠나 하늘로 올라가니 목자가 서로 말하되 이제 베들레헴으로 가서 주께서 우리에게 알리신 바 이 이루어진 일을 보자 하고 빨리 가서 마리아와 요셉과 구유에 누인 아기를 찾아서"(눅 2:15-16) 보게 됩니다. 이런 일은 우리에게도 늘 이어지고 있습니다. 어느 집이나 아이를 낳고, 우유를 먹이잖습니까. 그런 기적이 계속되는데도 우리는 그것이 무슨 의미인지 하나도 모릅니다. 모든 사람에게 이렇게 일하시는 것이 하나님이 일하시는 가장 큰 원칙입니다.

다음 구절들도 이어서 보겠습니다. "보고 천사가 자기들에게 이 아기에 대하여 말한 것을 전하니 듣는 자가 다 목자들이 그들에게 말한 것들을 놀랍게 여기되 마리아는 이 모든 말을 마음에 새기어 생각하니라. 목자들은 자기들에게 이르던 바와 같이 듣고 본 그 모든 것으로 인하여 하나님께 영광을 돌리고 찬송하며 돌아가니라"(눅 2:17-20). 목자들이 천사들에게 들은 대로 본 것이 무엇입니까? 그들이 확인한 것은 강보에 싸여 구유에 누워 있는 무력한 아기입니다. 여기에서 하나님이 인류와 역사에 개입하신 것을 보게 됩니다. 그의 전능한 손을 여기 보이십니다. 이런 것은 성경에 계속 반복적으로 등장합니다.

사도행전 2장에 보면, 오순절에 성령강림 사건으로 성내가 시끄러워집니다. 비난하는 자들도 있고 오해하는 자들도 생깁니다. 베드로가 이 일에 대하여 아주 중요한 증언을 합니다. "그런즉 이스라엘 온 집은 확실히 알지니 너희가 십자가에 못 박은 이 예수를 하나님이 주와 그리스도가 되게 하셨느니라 하니라"(행 2:36). 그들은 예수님을 못 박았습니다. 못 박히고 십자가에 죽으신 예수께서 주가 되시고 그리스도가 되십니다. 예수님을 죽인 자들을 위하여 그렇게 되십니다. 예수님을 죽인 자들은 예수님에게서 제외되는 것이 아니라, 그를 죽인 자들을 구원하기 위하여 예수께서 죽으십니다. 예루살렘 성내에 주민들이 다 나와서 "그 사람을 죽이고 대신 바라바를 놓아주시오"라고 떠들었습니다. "그 피를 우리와 우리 자손에게 돌리시오"라고 고함질렀습니다. 예수님은 그들을 위하여 죽으십니다.

하나님의 일하심이 어떻게 일어나고 있는지를 모르면, 우리가 보는 것들을 어떻게 묶으시고 어떤 결과로 반전시키시는지를 모르면, 하나님이 지금 일하고 계시는데도 그것을 하나도 알 수 없습니다. 여러분이 무력하고 세상이 여러분에게 못질하는 것이 현실이듯이, 하나님이 일하시는 것도 사실입니다.

어쨌든 여러분이 여기까지 와서 예수님을 믿고 있잖습니까. 여러분이 아무리 여러분의 조상과 여러분의 생애를 엮는다 해도 여기 올 이유는 전혀 없습니다. 이것이야말로 가장 큰 기적입니다. 여기 와서는 조는데 영화관에 가서는 졸지 않습니다. 졸리면 그대로 나와버립니다. 이렇게 여기 와서 졸고, 다음 주에도 또 나옵니다. 우리가 겪거나 상상하거나 이해하는 것으로만 우리의 인생과 우리의 운명이 결정되지 않는다는 가장 좋은 본보기가 아닐까요? 여러분, 겁을 낼 필요가 없습니다.

모세를 통해 일하시는 하나님

출애굽기 3:1-10에 보면, 모세에 관한 고전적인 증언이 나옵니다.

> 모세가 그의 장인 미디안 제사장 이드로의 양 떼를 치더니 그 떼를 광야 서쪽으로 인도하여 하나님의 산 호렙에 이르매 여호와의 사자가 떨기나무 가운데로부터 나오는 불꽃 안에서 그에게 나타나시니라. 그가 보니 떨기나무에 불이 붙었으나 그 떨기나무가 사라지지 아니하는지라. 이에 모세가 이르되 내가 돌이켜 가서 이 큰 광경을 보리라. 떨기나무가 어찌하여 타지 아니하는고 하니 그 때에 여호와께서 그가 보려고 돌이켜 오는 것을 보신지라. 하나님이 떨기나무 가운데서 그를 불러 이르시되 모세야, 모세야, 하시매 그가 이르되 내가 여기 있나이다. 하나님이 이르시되 이리로 가까이 오지 말라. 네가 선 곳은 거룩한 땅이니 네 발에서 신을 벗으라. 또 이르시되 나는 네 조상의 하나님이니 아브라함의 하나님, 이삭의 하나님, 야곱의 하나님이니라. 모세가 하나님 뵈옵기를 두려워하여 얼굴을 가리매 여호와께서 이르시되 내가 애굽에 있는 내 백성의 고통을 분명히 보고 그들이 그들의 감독자로 말미암아 부르짖음을 듣고 그 근심을 알고 내가 내려가서 그

이사야서, 하나님의 비전

들을 애굽인의 손에서 건져내고 그들을 그 땅에서 인도하여 아름답고 광대한 땅, 젖과 꿀이 흐르는 땅 곧 가나안 족속, 헷 족속, 아모리 족속, 브리스 족속, 히위 족속, 여부스 족속의 지방에 데려가려 하노라. 이제 가라. 이스라엘 자손의 부르짖음이 내게 달하고 애굽 사람이 그들을 괴롭히는 학대도 내가 보았으니 이제 내가 너를 바로에게 보내어 너에게 내 백성 이스라엘 자손을 애굽에서 인도하여 내게 하리라(출 3:1-10).

모세를 보내시는 것은 8절에서 보는 바와 같이, "내가 내려가는" 것입니다. 하나님이 내려오시는 것입니다. 모세 홀로 보내시는 것이 아니며, 모세가 가는 것은 하나님이 내려오시는 것입니다. 그런데 모세가 보인 반응은 어떻습니까? "모세가 하나님께 아뢰되 내가 누구이기에 바로에게 가며 이스라엘 자손을 애굽에서 인도하여 내리이까"(출 3:11). 여기서 "내가 누구이기에 바로에게 가며"라고 번역한 것을 이전의 개역한글판은 "내가 누구관대 바로에게 가며"라고 번역하고 있는데 말맛이 더 있습니다. 약간 볼멘소리를 한 것입니다. "내가 누구이기에"는 너무 부드러워서 예의를 갖춘 모습이 됐습니다. 그렇지 않습니다. 그가 볼멘소리를 했습니다. 그런데 하나님의 답은 대단히 단도직입적입니다. "하나님이 이르시되 내가 반드시 너와 함께 있으리라. 네가 백성을 애굽에서 인도하여 낸 후에 너희가 이 산에서 하나님을 섬기리니 이것이 내가 너를 보낸 증거니라"(출 3:12). 뭐라고 시비를 걸 수 없는 답입니다.

이에 대하여 이번에는 모세가 약간 공손해집니다. "모세가 하나님께 고하되 내가 이스라엘 자손에게 가서 이르기를 너희 조상의 하나님이 나를 너희에게 보내셨다 하면 그들이 내게 묻기를 그의 이름이 무엇이냐 하리니 내가 무엇이라고 그들에게 말하리이까"(출 3:13). "하나님이 모세에게 이르시되 나는 스스로 있는 자니라. 또 이르시되 너는 이스라엘 자손에게 이같이 이르기를 스스로 있는 자가 나를 너희에게 보내셨다 하라"(출 3:14). "내 마음이 답이다. 내가 그렇게 하기로 결정했다. 내가 주인이다. 내 말대로 해라." 이것이 답입니다.

이런 권위가 늘 의심을 받고 도전을 받는 것은 우리가 인류 역사를 살아오면서 가졌던 권력들이 모두 폭력성과 독재성을 드러냈기 때문입니다. 그러나 따지고 보면 하나님의 권위는 정당합니다. 정말로 성경이 이야기하는 공평과 정의를 가진 자가 권력을 쥐고 있다면, 그것 이상의 답은 없습니다. 우리는 성경이 왜 하나님에 대하여 권력보다도 성품적인 증언을 더많이 하고 있는지를 염두에 두어야 합니다. 그는 의로우시고 자비로우시고 은혜로우시며, 긍휼히 여기시고 용서하시며 복 주시며 우리를 사랑하시는 하나님이시기 때문입니다. 그분이 능력을 갖고 있지 않다면 그 모든 약속은 정말 헛된 약속이 될 것입니다.

그렇습니다. "하나님이 모든 권력을 가지고 이 모든 것을 이루어 가십시오." 이것이 우리 기독교인의 기도입니다. 우리는 하나님 같은 성품과 능력을 가질 수 없습니다. 우리가 힘을 가지면 안됩니다. "제발, 하나님이 성경에서 말씀하신 것같이 하나님이 힘을 가지십시오. 우리 인류가 만드는 역사로 끝내지 마시고 하나님의 의지가 승리하게 하십시오. 우리가 그것을 빕니다." 이것이 기독교이고, 기독교 신앙입니다.

이어서 15절을 보겠습니다. "하나님이 또 모세에게 이르시되 너는 이스라엘 자손에게 이같이 이르기를 너희 조상의 하나님 여호와 곧 아브라함의 하나님, 이삭의 하나님, 야곱의 하나님께서 나를 너희에게 보내셨다 하라. 이는 나의 영원한 이름이요 대대로 기억할 나의 칭호니라"(출 3:15). 그러니 앞서 시작할 때 6절에 나온, "나는 네 조상의 하나님이니 아브라함의 하나님, 이삭의 하나님, 야곱의 하나님이니라"(출 3:6)라는 진술이 15절에서 다시 확인되면서 "이는 나의 영원한 이름이요 대대로 기억할 나의 칭

이사야서, 하나님의 비전

호니라"고 표현함으로써 어떤 역사, 어떤 현실, 어떤 정황도 내 손 밖에 있는 것은 없다고 선언하시는 것입니다. 이것이 무슨 뜻인지는 사도행전 7장의 스데반의 진술을 통해 조금 더 확인해 보겠습니다.

이튿날 이스라엘 사람끼리 싸울 때에 모세가 와서 화해시키려 하여 이르되 너희는 형제인데 어찌 서로 해치느냐 하니 그 동무를 해치는 사람이 모세를 밀어뜨려 이르되 누가 너를 관리와 재판장으로 우리 위에 세웠느냐. 네가 어제는 애굽 사람을 죽임과 같이 또 나를 죽이려느냐 하니 모세가 이 말때문에 도주하여 미디안 땅에서 나그네 되어 거기서 아들 둘을 낳으니라. 사십 년이 차매 천사가 시내 산 광야 가시나무 떨기 불꽃 가운데서 그에게 보이거늘 모세가 그 광경을 보고 놀랍게 여겨 알아보려고 가까이 가니 주의 소리가 있어 나는 네 조상의 하나님 즉 아브라함과 이삭과 야곱의 하나님이라 하신대 모세가 무서워 감히 바라보지 못하더라. 주께서 이르시되 네 발의 신을 벗으라. 네가 서 있는 곳은 거룩한 땅이니라. 내 백성이 애굽에서 괴로움 받음을 내가 확실히 보고 그 탄식하는 소리를 듣고 그들을 구원하려고 내려왔노니 이제 내가 너를 애굽으로 보내리라 하시니라. 그들의 말이 누가 너를 관리와 재판장으로 세웠느냐 하며 거절하던 그 모세를 하나님은 가시나무 떨기 가운데서 보이던 천사의 손으로 관리와 속량하는 자로서 보내셨으니 이 사람이 백성을 인도하여 나오게 하고 애굽과 홍해와 광야에서 사십 년간 기사와 표적을 행하였느니라(행 7:26-36).

이것이 무슨 말입니까? 이스라엘이 거절한 그 사람이 이스라엘 구국 역사의 최고 영웅이었다는 것입니다. 이스라엘이 거절한 자, 이스라엘로부터 거부당한 자가 이스라엘을 위하여 쓰임을 받습니다. 이 이야기를 왜 도입했을까요? 예수님 이야기를 하려고 도입한 것입니다. "그때도 너희가 모세를 알아보지 못했다. 아니, 한 걸음 더 나아가서 모세를 하나님의 역사로 보지 않았다. 그러나 하나님은 그 사람을 통해 일하셨다. 너희가 만족해하지 않는 사람을 가지고 이스라엘 민족의 최고 구국 역사를 이루었다. 지금도 그렇다. 너희가 십자가에서 죽인 그 예수가 하나님의 가장 큰 구원의 개입이요, 역사요, 기적이요, 운명이 되었다." 지금 그 이야기를 하고 있습니다.

스데반이 이스라엘 백성들에게 "너희는 바보들이다"라고 말하는 것이 아닙니다. 우리 모두에게 이 말을 전하고 있습니다. 우리 인생에서 우리를 반대하는 것, 우리의 기대나 우리의 소원과 다른 것, 살아 있는 한 해결할 수 없는 현실, 나를 반대하는 모든 것이 다 이런 조건이라는 것입니다. 우리가 "이것일 수 없다"고 하는 모든 것이 우리의 조건인 것입니다. 구원과 복의 조건이 될 것입니다. 그것이 이사야 선지자가 하고 싶은 이야기였습니다.

혹시 여러분 자신이 여러분에게 가장 큰 걸림돌이 아닌가요? "나는 왜 못났는가? 나는 왜 이것을 못하는가?" 그것까지도 괜찮다는 것입니다. 그것을 극복하고 깨고서, 하나님이 로마서 8장에서 우리에게 하신 말씀같이, 모든 것이 합력하여 선을 이룰 것입니다. 그러니 기독교 신앙이 없으면 인생을 살 수가 없습니다. 인생은 다만 원망과 분노와 의심과 공포 속에서 혼란스러울 뿐입니다. 빨리 죽는 방법밖에 해결책이 없습니다. 예수님을 믿는 사람은 다릅니다. 그 모든 것이 일을 한다는 것을 믿습니다.

아무런 희망이 없는 세상에서, 어떤 위대함도 만들 수 없는 세상에서 우리만이 위대함을 만듭니다. 우리는 질 수 있습니다. 진다는 것은 포기한다는 것과 이야기가 다릅니다. 세상이 질 수 없는 이유는, 세상은 아무것도 갖고 있지 않기 때문입니다. 그들은 작은 것에서도 양보를 할 수 없지만, 우리는 얼마든지 양보할 수 있습니다. 비로소 예의를 지킬 수 있고, 용서할

이사야서, 하나님의 비전

수 있고, 기다릴 수 있습니다. 얼마나 멋진 인생입니까?

기독교의 진정한 힘을 이해하고, 그리로 따라 들어오십시오. 여러분의 인생을 사십시오. 아무것도 아닌 그 인생이 얼마나 위대한 것인가, 하나님이 현실 속에서 어떻게 일하시는지를 확인하십시오. 그러니 교회 올 때는 기대를 갖고 얼굴 펴고 오십시오. 다리미질하고 오십시오. 예수 믿는다는 것이 무엇인지 알고 감사한 마음으로 돌아가야 합니다. 증거는 얼굴에 가장 많이 나타나는 것입니다. 여러분의 인생이 더욱 훌륭해지고 위대해지고 감사로 넘쳐나기를 바랍니다.

::

하나님 아버지, 은혜를 감사합니다. 하나님의 자녀라는 이름이 없으면, 예수 그리스도를 믿는다는 이 구원이 없으면, 우리 인생은 얼마나 비참한 것일까요. 늘 의심하고 무서워하고 도망가고 비난하는 것 외에는 할 것이 없습니다. 그러나 이제 우리는 다릅니다. 우리는 감사할 수 있습니다. 용서할 수 있습니다. 기다릴 수 있습니다. 좋은 말 할 수 있습니다. 그러니 우리의 인생 속에 함께하시는 하나님의 놀라우심을 증언하는 기적을 사는 삶이 되게 하시고, 하나님 앞에 더욱 가까이 가도록 우리 인생을 복되게 하옵소서. 예수님 이름으로 기도합니다. 아멘.

18

여호와의 영광을 보리라

사 35:1-10

광야와 메마른 땅이 기뻐하며 사막이 백합화 같이 피어 즐거워하며 무성하게 피어 기쁜 노래로 즐거워하며 레바논의 영광과 갈멜과 사론의 아름다움을 얻을 것이라. 그것들이 여호와의 영광 곧 우리 하나님의 아름다움을 보리로다. 너희는 약한 손을 강하게 하며 떨리는 무릎을 굳게 하며 겁내는 자들에게 이르기를 굳세어라, 두려워하지 말라, 보라, 너희 하나님이 오사 보복하시며 갚아 주실 것이라. 하나님이 오사 너희를 구하시리라 하라. 그 때에 맹인의 눈이 밝을 것이며 못 듣는 사람의 귀가 열릴 것이며 그 때에 저는 자는 사슴 같이 뛸 것이며 말 못하는 자의 혀는 노래하리니 이는 광야에서 물이 솟겠고 사막에서 시내가 흐를 것임이라. 뜨거운 사막이 변하여 못이 될 것이며 메마른 땅이 변하여 원천이 될 것이며 승냥이의 눕던 곳에 풀과 갈대와 부들이 날 것이며 거기에 대로가 있어 그 길을 거룩한 길이라 일컫는 바 되리니 깨끗하지 못한 자는 지나가지 못하겠고 오직 구속함을 입은 자들을 위하여 있게 될 것이라. 우매한 행인은 그 길로 다니지 못할 것이며 거기에는 사자가 없고 사나운 짐승이 그리로 올라가지 아니하므로 그것을 만나지 못하겠고 오직 구속함을 받은 자만 그리로 행할 것이며 여호와의 속량함을 받은 자들이 돌아오되 노래하며 시온에 이르러 그들의 머리 위에 영영한 희락을 띠고 기쁨과 즐거움을 얻으리니 슬픔과 탄식이 사라지리로다.

이해되지 않는 약속

이샤야 35장은 하나님께서 갖고 계신 당신의 약속, 비전을 선언하고 있습니다. "광야에 샘이 솟을 것이다. 광야에 백합화가 필 것이다"가 아니고,

"광야가 연못이 되고 광야가 꽃이 된다. 광야에 꽃이 피는 것이 아니라 광야가 꽃같이 된다." 그런 약속을 하고 있습니다. 사뭇 다릅니다.

이러한 약속은 우리로서는 선뜻 이해되지 않습니다. 우리에게 어떤 보상이 주어지거나 우리가 어떤 깨우침은 얻을 수 있어도, 경험과 현실 속에서 겪는 우리의 조건이 통째로 바뀌어 그 본질과 내용이 전부 영광되게 변할 것이라고는 감히 생각하기가 어렵습니다. 우리는 나 아닌 다른 존재가 나를 대신한다면 모를까, 이렇게 절망적인 우리가 그런 영광의 덩어리, 영광 자체가 된다는 것은 우리에게 다소 지나친 기대와 상상으로 비칠 것입니다. 그러나 성경은 정확히 그렇게 말씀합니다.

C. S. 루이스는 1941년 그의 설교 『영광의 무게』에서 하나님이 우리 인간과 인생에게 요구하는 것은 "우리가 영광 자체가 되는 것"이라고 말합니다. 우리가 영광을 보상으로 받아 소유하거나 영광의 수단이 되는 것보다 더 큰 영광 자체가 된다고 말하고 있습니다. 믿을 수 없을 것 같은 그 약속은, 바로 앞장인 이사야 34장에서 세계에 대한 하나님의 심판을 선언하는 가운데서도 나란히 제시됩니다.

열국이여, 너희는 나아와 들을지어다. 민족들이여, 귀를 기울일지어다. 땅과 땅에 충만한 것, 세계와 세계에서 나는 모든 것이여, 들을지어다. 대저 여호와께서 열방을 향하여 진노하시며 그들의 만군을 향하여 분내사 그들을 진멸하시며 살륙 당하게 하셨은즉 그 살륙 당한 자는 내던진 바 되며 그 사체의 악취가 솟아오르고 그 피에 산들이 녹을 것이며 하늘의 만상이 사라지고 하늘들이 두루마리 같이 말리되 그 만상의 쇠잔함이 포도나무 잎이 마름 같고 무화과나무 잎이 마름 같으리라. 여호와의 칼이 하늘에서 족하게 마셨은즉 보라, 이것이 에돔 위에 내리며 진멸하시기로 한 백성 위에 내려 그를 심판할 것이라. 여호와의 칼이 피 곧 어린 양과 염소의 피에 만족하고 기름 곧 숫양의 콩팥 기름으로 윤택하니 이는 여호와를 위한 희생이 보스라에 있고 큰 살륙이 에돔 땅에 있음이라. 들소와 송아지와 수소가 함께 도살장에 내려가니 그들의 땅이 피에 취하며 흙이 기름으로 윤택하리라(사 34:1-7).

우리가 납득하기 어려운 심판 선언입니다. 하나님의 진노로 세상이 피로 가득할 것이라고 선언합니다. 여호와의 칼이 피에 만족하게 되는 그런 역사를 선언합니다. 그리하여 땅이 기름으로 윤택하게 될 사체의 악취를 말하고 있습니다. 이런 현상이 말이 되고 안되고를 떠나서 이것이 역사라는 것입니다. 왜라는 말을 붙일 수조차 없을 만큼 반복적으로 역사에 일어나고 있는 일입니다. 전쟁마다, 그리고 모든 존재마다, 서로가 서로에 대하여 언제나 지나친 결과를 만들어 왔습니다. 그것이 현실입니다.

우리가 살아남으려고 하면, 다시 말해 내 자리를 확보하려고 하면, 누군가를 떠밀어내고 분질러 내던져버려야 합니다. 그렇지 않고서는 자기 자리가 없는 현실에서 살 수밖에 없습니다. "이게 뭐냐?" 하는 것입니다. 내가 상대를 몰아낼 수 있다면, 상대 또한 나를 몰아낼 수 있습니다. 그런 충돌 속에서 모두가 상처를 받고 피해를 입고 죽어나는 세상입니다. 그런 광야와 사막이 백합화같이 피어날 것이라고 선언합니다.

우리가 이해하고 만족할 수 있느냐를 떠나서 복음도 그렇습니다. 로마서에서 보는 바와 같이, 복음을 설명하는 사도 바울의 논조에서도 그대로 드러납니다. "내가 너희에게 복음을 설명하고 싶다. 하나님이 우리의 인생을 돌아보시고 당신의 은혜와 복으로 인류의 역사와 운명을 바꾸실 것이다. 이 복된 소식은 믿음으로 얻는 은혜에 관한 약속이다."

바울은 그 설명을 어디서부터 시작합니까? 그는 로마서 1:18-3:20에서 인류 역사의 진실, 사망, 절망, 분노, 억울함을 말하는 데서부터 시작합니다. 그 모든 것이 사실입니다. 그것들은 하나님의 놀라운 약속, 하나님의 비전이 제시되는 전제입니다. 우리는 늘 이런 질문을 던집니다. "하나님은 무엇을 하고 계시기에 이런 현실, 이런 역사를 방관하고 계시지?" 아니, 그것이 일하고 계시는 것이라고 합니다.

이런 식으로 하나님 없는 것이 어떤 것인지를 드러내십니다. 하나님이 없으면, 거기에는 생명도 진리도 가치도 승리도 자랑도 있을 수 없습니다. 하나님이 이런 사실을 실컷 보여주시고 있습니다. 하나님께도 쉽지 않은 일입니다. 하나님께도 고통스러운 과정입니다. 정작 그것이 없으면 안되는 것인가요? 그것이 없으면 안된다고 성경은 이야기합니다. 그것이 없어도 되거나 생각할 필요도 없거나 비명을 지를 필요도 없는, 그런 우리로는 하나님께서 만족하시지 않겠답니다. 그러니 이 부분에서 우리는 하나님이 누구시며, 우리를 향한 목적이 무엇이며, 하나님이 어떤 방법으로 이루실 것인지에 대한 이해가 더해져야 합니다.

고난은 부정적인 것이 아니며, 비극적이지도 않습니다. 그것은 하나님이 택하신 방법입니다. 우리는 하나님이 이 길을 택하신 사실을 인식하지 못한 채 언제나 안심과 형통이라는 데 묶여 하나님을 원망하거나 자신을 자책합니다. 이 둘 사이에서 스스로 쳇바퀴를 돌리고 있습니다.

전혀 새로운 정체성

마태복음 13:10-15을 보겠습니다. 천국 비유 중에 첫 번째로 나오는 씨 뿌리는 비유입니다.

제자들이 예수께 나아와 이르되 어찌하여 그들에게 비유로 말씀하시나이까. 대답하여 이르시되 천국의 비밀을 아는 것이 너희에게는 허락되었으나 그들에게는 아니되었나니 무릇 있는 자는 받아 넉넉하게 되되 없는 자는 그 있는 것도 빼앗기리라. 그러므로 내가 그들에게 비유로 말하는 것은 그들이 보아도 보지 못하며 들어도 듣지 못하며 깨닫지 못함이니라. 이사야의 예언이 그들에게 이루어졌으니 일렀으되 너희가 듣기는 들어도 깨닫지 못할 것이요 보기는 보아도 알지 못하리라. 이 백성들의 마음이 완악하여져서 그 귀는 듣기에 둔하고 눈은 감았으니 이는 눈으로 보고 귀로 듣고 마음으로 깨달아 돌이켜 내게 고침을 받을까 두려워함이라 하였느니라(마 13:10-15).

예수님의 비유는 정확히 이사야 선지자에게 주셨던 소명과 일치하며 그것의 분명한 성취라고 이야기합니다. 이사야 선지자에게 주셨던 사명이 무엇입니까? "누가 이 백성을 위하여 갈꼬?" "제가 가겠습니다. 저를 보내소서." "네가 가라. 가서 눈을 감기고 귀를 막아라. 저들이 듣고 볼까봐 겁난다. 못 보게 하고 못 듣게 하라." 씨 뿌리는 비유에서 예수님은 자신이 이사야 선지자의 소명을 성취한 것이라고 이야기하십니다.

16절에서 그 성취에 대하여 이렇게 말씀합니다. "그러나 너희 눈은 봄으로, 너희 귀는 들음으로 복이 있도다. 내가 진실로 너희에게 이르노니 많은 선지자와 의인이 너희가 보는 것들을 보고자 하여도 보지 못하였고 너희가 듣는 것들을 듣고자 하여도 듣지 못하였느니라"(마 13:16-17). 보기는 보아도 알지 못하고, 듣기는 들어도 알지 못하지만, 하나님이 결국 보고 듣게 하실 것입니다. 광야가 변하고 사막이 변한다는 바의 구체적인 증거입니다. 그 완성입니다. 그러니 이 씨 뿌리는 비유는 농부가 뿌린 씨에 밭이 반응하지 못해서 결실치 못한 것과 그 반대로 결실한 것을 서로 비교한 것이 아니라, 씨와 밭이 서로 어떻게 연합하는가를 말하고 있습니다.

천국 비유가 44절에도 나옵니다. "천국은 마치 밭에 감추인 보화와 같으니 사람이 이를 발견한 후 숨겨 두고 기뻐하며 돌아가서 자기의 소유를 다 팔아 그 밭을 사느니라"(마 13:44). 그가 밭을 사는 것일까요, 보화를 사는 것일까요? 제가 물이 들어 있는 컵을 들고서 "이것이 뭐죠?"라고 물으면 "컵이요"라고 하지 않을 것입니다. 다들 뭐라고 할까요? 당연히 "물이요"라고 할 것입니다. 왜 컵이라고 하지 않지요? 컵은 용기이기 때문입니다. 제가 컵에 포도주를 담고 "이것이 무엇이죠?"라고 물으면 분명히 "포도주요"라고 할 것입니다. 그럼 왜 똑같은 컵인데 하나는 포도주라 하고, 다른 하나는 물이라고 할까요? 그것은 컵에 담긴 내용물이 서로 다르기 때문입니다. 이처럼 같은 컵일지라도 사람들은 거기에 담긴 내용물에 따라 달리 반응하게 됩니다. 그 내용물이 자신들에게 익숙한 것이라면 금방 알아채겠지만, 한 번도 보지 못한 전혀 알 수 없는 것이라면 알아채기 어려울 것입니다.

예수님 당시에 사람들은 그를 어떤 분으로 인식했습니까? 예수님은 사람들에게 자신을 메시아며 구원자이고, 하나님의 능력이며, 하나님의 약속의 성취자로 드러내셨습니다. 그러나 왜 사람들은 예수님을 그런 분으로 보지 못했을까요? 그들은 자신들의 구원자가 정치적, 군사적 능력을 발휘할 자, 자기 민족을 구원할 애국심을 가진 자일 것으로 기대했기 때문입니다. 하나님이 보내신 구원자가 자신들의 기대와 전혀 달랐던 것입니다.

예수께서 베푸신 많은 기적들로 인해서 그들은 예수 그리스도가 당연히 그 힘으로 자신들의 민족을 구원할 줄 알았습니다. 그러나 예수님이 십자가를 지자 다 분개했습니다. 왜일까요? 배신감을 느꼈기 때문입니다. 그들을 구원할 해방자로 기대했던 자가 이렇게 무력하게 죽어 버리니 정말 어이가 없고 기가 막혔을 것입니다. 그것이 역사 아닙니까? 복음서의 기록 아닙니까? 그들이 겉으로 아는 예수님은 하나님의 뜻을 성취하려 오신 예수님과 결코 같을 수 없었습니다.

하나님이 우리 눈과 귀를 감고 닫게 하시고, 그 약속이 가지는 진정한 실체를 드러내 보이시자, 우리는 다 아연실색했습니다. 밭에 뿌린 씨들이 그 밭을 바꾸는 것입니다. 꽃이 많은 어떤 언덕길을 오르면 우리는 물론 이렇게 표현합니다. "완전히 꽃밭이구만." 밭이 아니고 꽃밭입니다.

제가 초등학교 때 읽은 책 가운데 『보물섬』이라는 책이 있었습니다. 플린트 선장이 약탈한 보물들을 어느 무인도에 감춰놓고 지도를 만들었는데, 그 지도가 오랜 세월 후에 어찌어찌 해서 실버 선장의 손에 들어옵니다. 플린트 선장은 실버가 예전에 모셨던 선장입니다. 보물섬에 보물이 있다는 이야기가 퍼지자, 과거에 플린트를 모셨던 외다리 실버가 선원으로 가장하여 들어와 함께 보물섬으로 가서 보물을 빼앗으려고 싸운다는 그런 이야기입니다. 섬에 보물이 있다고 해서 그 이름이 보물섬으로 불립니다. 그러나 섬 자체가 보물일 수는 없습니다. 그 섬에 보물이 있으니까 보물섬으로 불린 것입니다.

그러니까 씨를 뿌려 밭이 결실을 하면 단순한 밭이 아닌 곡식밭이 됩니다. 광야와 사막이 백합화처럼 피어나듯이, 그릇과 내용물이 하나를 이루듯이, 한계가 있고 못난 우리가 무엇을 소유하는 정도가 아니라 전혀 새로운 정체성을 갖게 됩니다. 지금의 우리 존재와 전혀 다른 존재가 되는 것입니다.

고난을 지나면서 성숙해지다

욥은 욥기의 서두에서 이렇게 설정됩니다. 욥은 의로운 자요, 완전한 자입니다. 그런데 고난을 받습니다. 이것은 본인의 상식으로도 말이 안됩니다. 하나님이 온 우주의 유일한 통치자요 선하신 분인데, 아무런 잘못도 하지 않은 나에게 왜 고난이 오는가? 이제 그것이 문제가 됐습니다. 그의 유일한 답은 이렇습니다. "제가 죽는 수밖에 없습니다. 하나님이 틀렸습니다." 그가 죽겠다고 펄펄 뜁니다. 친구들은 찾아와서 이렇게 따집니다. "하나님은 완전한 분이시다. 네가 뭔가 잘못한 것이 있다. 그러니 빨리 회개해라." 이렇게 싸우는 것이 욥기입니다.

하나님이 나중에 욥에게 찾아와서 답을 주십니다. 그것은 누가 맞고 누가 틀렸는가 하는 간단한 답이 아닙니다. 욥의 고난에 대하여 우리가 기대하는 식으로 보상해 주시지 않고, 희한한 답을 주십니다. 하나님이 지으신 창조 세계를 보여주십니다. 그것을 보고 욥이 답을 얻습니다. 욥기 42:1-6이 그런 내용입니다.

> 욥이 여호와께 대답하여 이르되 주께서는 못 하실 일이 없사오며 무슨 계획이든지 못 이루실 것이 없는 줄 아오니 무지한 말로 이치를 가리는 자가 누구니이까. 나는 깨닫지도 못한 일을 말하였고 스스로 알 수도 없고 헤아리기도 어려운 일을 말하였나이다. 내가 말하겠사오니 주는 들으시고 내가 주께 묻겠사오니 주여, 내게 알게 하옵소서. 내가 주께 대하여 귀로 듣기만 하였사오나 이제는 눈으로 주를 뵈옵나이다. 그러므로 내가 스스로 거두어 들이고 티끌과 재 가운데에서 회개하나이다(욥 42:1-6).

이 말씀은 이해하기가 만만치 않아 우리가 잘 아는 우화를 예로 들어 설명해 보겠습니다. 어리석음을 지적하는 예화를 우화라고 하는데, "장님 코끼리 만지기"라는 이야기가 있습니다. 어떤 장님은 코끼리 다리를 만져보고 "코끼리는 기둥 같다", 어떤 장님은 배를 만져보고 "아니다. 넓은 벽이다", 또 하나는 귀를 만지고 "큰 부채 같다", 코를 만진 장님은 "큰 소방 호스 같다", 꼬리를 만진 이는 "굵고 긴 뱀 같다"고 각각 말한다는 것입니다. 우화를 사용하는 것은 그것을 말하는 자나 듣는 자 모두가 어떤 전제를 갖는다는 것입니다. 그들이 제각각 코끼리를 안다는 것입니다. 그래야 그들의 주장에서 무엇이 틀린지를 알 수 있습니다.

그러나 만일 제대로 보지 못했다면 각자의 주장을 누가 옳다고 이야기할 수 없는 것은 당연합니다. 좀 더 마음을 넓혀 모두의 견해를 다 수용해서 조합을 한다 해도 코끼리는 만들어지지 않습니다. 만든다 해도 이상하게 만들어질 것입니다. 다리를 벽에다가 어떻게 꽂아야 하는지, 어떻게 옆에다 병치시켜야 하는 것인지, 그리고 뱀은 어디로 기어가야 하는지 조합할 수가 없습니다. 그러나 일단 코끼리를 직접 보면 그만입니다.

욥에게 주신 하나님의 답은 "네가 이해하고 만족해야 결과가 만들어지는 것이 아니라, 내가 만들어 너희에게 복을 주고 너희를 항복시키고 너희를 기쁘게 하려고 하는 것이 창조다"라고 말씀하시는 것입니다. "너는 우박창고를 봤느냐? 너는 악어의 힘이 어디에 있는지 아느냐?" 이렇게 나오십니다.

순서와 과정이 얼마나 다른지 보십시오. 우리의 고난과 한계와 막막함이 다만 억울하고 잘못된 벌이 아니라, 하나님이 우리에게 걷게 하시는 길이라면 어떻게 하겠습니까? 우리의 어떤 실수나 못남이나 바보짓도 하나님이 우리를 만들어 가기 위해 허락하신 무한한 자유와 선택의 기회요, 하나님이 그것으로 우리를 만들려고 하는 과정이라고 성경이 이야기하는데도 왜 우리는 아니라고 우기고 있을까요? 고통스럽기 때문입니다. 우리의 고통은 하나님께도 고통입니다.

그러나 하나님은 그 고통을 감수하셨습니다. 그러니 우리도 감수해야 합니다. 하나님은 절대 포기하시지 않고 지지 않으실 것입니다. 여러분도 포기하지 말고 지지 마십시오. 여러분의 불만, 여러분의 후회가 일을 합니다. 그런 것들은 하나님 없이 일어날 수 없습니다. 성경이 하고 싶은 이야기입니다. 욥은 이렇게 회개합니다. "내가 스스로 거두어들이고 티끌과 재 가운데에서 회개합니다." 그는 오해를 받고, 원망을 하고, 크게 상처를 받고, 자녀들이 죽고, 아내도 떠납니다. 그는 이 모든 것이 다 괜찮다고 하는 자리까지 옵니다. 그것이 말이 됩니까?

제가 예전에 제럴드 싯처가 쓴 『하나님의 뜻』과 『하나님의 은혜』라는 책을 소개했었지요. 그가 어느 날 집회에 갔다 오던 길에, 술에 만취한 운전자의 차가 중앙선을 넘어 자기 차를 들이받는 탓에 아내와 어머니와 자녀 둘이 죽습니다. 그래서 그는 2년 동안 의문과 분노에 사로잡히게 됩니다. "하나님, 이렇게 귀한 우리집 식구를 저 사람 하나 때문에 그렇게 죽게 하실 수 있습니까?" 이 문제가 그를 평생 붙잡습니다.

그러나 하나님이 거기서 일을 하십니다. 그는 나중에 쓴 『하나님의 은혜』에서 이런 이야기를 합니다. 비록 그 일어난 일은 참혹한 것이었지만, 그 엄청난 비극은 이제 소품에 불과해 보였다고 합니다. 그런 엄청난 증언을 합니다. 그러니 하나님께서 우리에게 보이시는 이 일들, 인류 역사가 만드는 비극을 가지고 하나님이 그의 약속을 우리에게 끊임없이 확인시키시고 있습니다.

고통이 영광 자체가 되리라

우리는 이제 고린도후서 4:16-18에 나오는 말씀을 참으로 주의 깊게 기억해야 할 것입니다.

그러므로 우리가 낙심하지 아니하노니 우리의 겉사람은 낡아지나 우리의 속사람은 날로 새로워지도다. 우리가 잠시 받는 환난의 경한 것이 지극히 크고 영원한 영광의 중한 것을 우리에게 이루게 함이니 우리가 주목하는 것은 보이는 것이 아니요 보이지 않는 것이니 보이는 것은 잠깐이요 보이지 않는 것은 영원함이라(고후 4:16-18).

사막과 광야가 백합화처럼 피어날 것입니다. 거기에 백합화가 피는 것이 아니고, 그것 자체가 백합같이 될 것입니다. 우리의 환난이, 환난을 지나 환난이라는 것을 통해 무엇이 주어지는 것 이상으로 영광으로 바뀔 것입니다. 환난을 겪은 사람이 그 환경을 무심한듯 지나갈 때 우리는 어떻게 말합니까? "저건 바보 정도가 아니야. 바보 그 자체야." 인생은 고통스러운 것이 아니라 고통 그 자체입니다. 그런데 그 고통이 영광 그 자체가 될 것입니다.

이런 성경의 약속이 예수님에게서 드러납니다. 예수님은 창조주요 심판자이면서 구주로 오십니다. 우리 옆에 오십니다. 우리 삶에 동참하셔서 우리 중에 하나로 헤아림을 받으십니다. 그것은 우리가 보통 설명하는 어떤 정성이나 비장함 같은 것으로 묘사할 문제가 아닙니다. 훨씬 심오한 것입니다. 그러니 여러분, 지금의 현실에 대해서 징징대지 마십시오. 예수님을 믿는 데 뭐가 겁이 납니까? 져도 된다는 데 뭐가 겁이 납니까?

히브리서 12:11-13을 보겠습니다.

무릇 징계가 당시에는 즐거워 보이지 않고 슬퍼 보이나 후에 그로 말미암아 연단 받은 자들은 의와 평강의 열매를 맺느니라. 그러므로 피곤한 손과 연약한 무릎을 일으켜 세우고 너희 발을 위하여 곧은 길을 만들어 저는 다리로 하여금 어그러지지 않고 고침을 받게 하라(히 12:11-13).

이 히브리서 말씀은 우리의 본문인 이사야 35장에서 인용하고 있습니다. 일어서십시오. 가슴을 펴십시오. 다친 다리를 질질 끌고 가십시오. 하나님이 우리의 인생과 모든 경우에 그분의 능력과 성실한 약속을 담고 있

이사야서, 하나님의 비전

다는 것을 기억하고 멋지게 사십시오.

::

하나님 아버지, 은혜를 감사합니다. 우리의 불신앙은 결국 하나님의 성실하심과 전능하심을 믿지 못하는 것입니다. 우리의 고난이 일을 한다는 것, 우리가 알고 기대하는 것보다 그 고난의 역사가 크다는 것을 예수 그리스도로 확인해야 합니다. 주께서 오시고 주께서 사신 것같이 살아야 합니다. 그 위대한 길을 걷는 자가 되었으니 승리하게 하옵소서. 자신의 위대함을 살아내게 하옵소서. 우리에게 주어진 기회를 복되게 하옵소서. 우리가 처한 자리와 조건을 감사하게 하옵소서. 예수 믿는 자라는 말을 제대로 하게 하옵소서. 예수님 이름으로 기도합니다. 아멘.

19

살아 계시는 하나님

사 37:14-20

히스기야가 그 사자들의 손에서 글을 받아 보고 여호와의 전에 올라가서 그 글을 여호와 앞에 펴 놓고 여호와께 기도하여 이르되 그룹 사이에 계신 이스라엘 하나님 만군의 여호와여, 주는 천하 만국에 유일하신 하나님이시라. 주께서 천지를 만드셨나이다. 여호와여, 귀를 기울여 들으시옵소서. 여호와여, 눈을 뜨고 보시옵소서. 산헤립이 사람을 보내어 살아 계시는 하나님을 훼방한 모든 말을 들으시옵소서. 여호와여, 앗수르 왕들이 과연 열국과 그들의 땅을 황폐하게 하였고 그들의 신들을 불에 던졌사오나 그들은 신이 아니라 사람의 손으로 만든 것일 뿐이요 나무와 돌이라. 그러므로 멸망을 당하였나이다. 우리 하나님 여호와여, 이제 우리를 그의 손에서 구원하사 천하 만국이 주만이 여호와이신 줄을 알게 하옵소서 하니라.

너희를 건지겠느냐

이 본문은 주전 701년에 일어난 앗수르의 예루살렘 침공 역사를 배경으로 한 내용입니다. 이사야 36:1에 "히스기야 왕 십사 년에 앗수르 왕 산혜립이 올라와서 유다의 모든 견고한 성을 쳐서 취하니라"고 말합니다. 이제 예루살렘만 남은 것입니다. 앗수르 왕 산혜립이 자신의 신하 랍사게를 보내어 예루살렘을 향해 항복을 요구하는 장면입니다. 그런데 항복을 요구하는 내용, 위협, 회유 같은 것들이 대단히 흥미로운 내용을 가지고 있습니다. 성경은 이 일을 통해 하나님이 우리에게 말씀하시는 내용을 잘 담아내

　　　　　　　　　　　　　　　이사야서, 하나님의 비전

고 있습니다.

이사야 37장에서 히스기야 왕이 하나님 앞에 나아가 항복의 권유 또는 위협에 해당하는 말을 꺼내놓고 기도하는 장면을 보았습니다. 그 결론이 본문 20절에 나옵니다. "우리 하나님 여호와여, 이제 우리를 그의 손에서 구원하사 천하 만국이 주만이 여호와이신 줄을 알게 하옵소서." 이 기도는 그렇게 마무리됩니다. 왜냐하면 이 싸움은 다만 예루살렘의 구원, 성공적인 예루살렘 수성에 초점이 있는 것이 아니라, 그 싸움에서 불거진 보다 본질적인 문제들, 본질적인 충돌들에 그 초점이 있기 때문입니다. 이사야 36:13-16을 보겠습니다.

> 이에 랍사게가 일어서서 유다 방언으로 크게 외쳐 이르되 너희는 대왕 앗수르 왕의 말씀을 들으라. 왕의 말씀에 너희는 히스기야에게 미혹되지 말라. 그가 능히 너희를 건지지 못할 것이니라. 히스기야가 너희에게 여호와를 신뢰하게 하려는 것을 따르지 말라. 그가 말하기를 여호와께서 반드시 우리를 건지시리니 이 성이 앗수르 왕의 손에 넘어가지 아니하리라 할지라도 히스기야의 말을 듣지 말라(사 36:13-16).

이것은 분명한 위협입니다. "너희는 못 견딘다. 히스기야가 예루살렘을 지켜내지 못한다. 그러니 항복해라." 랍사게가 말하는 우리 대왕은 산헤립이며, 랍사게는 아마 관직명일 것입니다. 오늘날로 치면 국방장관 혹은 원정군 사령관에 해당합니다. 그러니까 "너희는 히스기야의 말을 믿지 마라. 그가 견디지 못할 것이다"라고 말하는 것입니다. 그렇게 생각하는 이유가 16-20절에 나옵니다.

히스기야의 말을 듣지 말라. 앗수르 왕이 또 이같이 말씀하시기를 너희는 내게 항복하고 내게로 나아오라. 그리하면 너희가 각각 자기의 포도와 자기의 무화과를 먹을 것이며 각각 자기의 우물 물을 마실 것이요 내가 와서 너희를 너희 본토와 같이 곡식과 포도주와 떡과 포도원이 있는 땅에 옮기기까지 하리라. 혹시 히스기야가 너희에게 이르기를 여호와께서 우리를 건지시리라 할지라도 속지 말라. 열국의 신들 중에 자기의 땅을 앗수르 왕의 손에서 건진 자가 있느냐. 하맛과 아르밧의 신들이 어디 있느냐. 스발와임의 신들이 어디 있느냐. 그들이 사마리아를 내 손에서 건졌느냐. 이 열방의 신들 중에 어떤 신이 자기의 나라를 내 손에서 건져냈기에 여호와가 능히 예루살렘을 내 손에서 건지겠느냐 하셨느니라 하니라(사 36:16-20).

산혜립의 명을 받고 온 랍사게의 표현을 보면, 내용뿐 아니라 그 방법 면에서도 도전이 대단합니다. 그는 하나님의 지위에 도전합니다. 랍사게가 "앗수르 왕께서 말씀하시기를"이라고 말함으로써, 자신을 히스기야와 동등하게 놓고, 자신을 보낸 산혜립을 이스라엘이 믿는 하나님과 동등한 위치에 두고 있습니다. 그러니까 그는 말을 전하는 자입니다. "이러이러한 일을 대왕께서 친히 와서 말할 필요조차 없다"고 한 표현 방식을 유심히 보아야 합니다. 그가 자신을 히스기야 왕과 대등하게 놓고 협박할 수 있기 때문에, 자신이 섬기는 왕은 이제 신입니다.

자기 왕이 신이라는 것은 이렇게 말한 데서 나옵니다. "혹시 히스기야가 너희에게 이르기를 여호와께서 우리를 건지시리라 할지라도 속지 말라. 열국의 신들 중에 자기의 땅을 앗수르 왕의 손에서 건진 자가 있느냐"(사 36:18). 열국이 믿는 신들 가운데 앗수르 왕에게 이긴 신이 없다는 것입니다. 그러니까 앗수르 왕은 신들의 신인 셈입니다. "하맛과 아르밧의 신들이 어디 있느냐. 스발와임의 신들이 어디 있느냐. 그들이 사마리아를 내 손에서 건졌느냐"(사 36:19). 사마리아는 북이스라엘의 수도입니다. 북왕국도 그들에게 망했습니다.

그런데 지금 이 사건은 히스기야 14년의 일로서 주전 701년 사건입니다. 북이스라엘이 주전 722년에 망했으니 그로부터 21년 후 일어난 사건입니다. 히스기야의 부친 아하스 왕 때에 에브라임과 아람(지금의 시리아)의 연합군이 쳐들어왔던 것을 상기해야 합니다. 동정녀 탄생의 징조가 주어졌던 위기는 북이스라엘과 당시 최대의 적국이었던 아람이 서로 손을 잡고 유다를 침공했을 때입니다. 에브라임과 아람이 동맹을 맺고 유다에 쳐들어온다는 소문으로 유다 백성의 마음이 바람 앞에 삼림처럼 흔들렸더라고 기록합니다. 그때를 대략 주전 740년에서 735년 사이로 보고 있습니다.

북이스라엘과 아람은 원수 간이었으나 그 둘이 손을 잡게 된 이유는, 두 나라가 앗수르에 대항하여 싸울 수 없는 상황이 되었기 때문입니다. 앗수르가 더 큰 제국으로 일어났기 때문입니다. 아람이나 북이스라엘이 괜찮은 국력을 갖고 있었을지라도 단독으로 앗수르를 당할 수 없어서 서로 동맹을 맺고 남유다를 끌어들이려 한 것입니다. 유다는 이사야 선지자의 말을 듣고 하나님이 그 동맹에 참여하지 말라고 해서 참여하지 않습니다. 그랬더니 그 두 나라가 연합군을 만들어 유다를 침공해서 아하스를 폐위하고, 자기네 말을 듣는 새로운 왕을 세우려고 합니다. 그때 하나님이 주신 약속은 20년도 못 되어서 저 두 나라가 다 망한다는 것이었습니다. 아하스는 그 말을 믿지 않았습니다. 그와 대조적으로 히스기야는 이때 쳐들어온 앗수르가 이기지 못한다는 것을 믿습니다. 이렇게 순종하는 왕 히스기야는 아하스와 대조됩니다.

역사를 보면 아람이 먼저 망하고, 그 다음에 북이스라엘이 망합니다. 유다도 중요한 군사적 거점들이나 큰 성읍들은 이미 앗수르에게 모두 점령당하고 예루살렘만 남았을 뿐입니다. 이사야 36:20에서 "어떤 신이 자기의 나라를 내 손에서 건져냈기에"라는 표현은 어떤 군사적 지휘관이나 정치 지도자의 이름을 들먹이는 것이 아니라 신을 들먹이는 것입니다. "어떤 신이 자기의 나라를 내 손에서 건져냈기에 여호와가 능히 예루살렘을 내 손에서 건지겠느냐 하셨느니라"고 함으로써 랍사게가 앗수르 왕을 얼마나 높이고 있는가를 보이고 있습니다. 이 말을 듣고서 히스기야가 누구에게 나아갑니까? 여호와께 나아갑니다. "하나님, 이것은 하나님의 전쟁입니다." 이렇게 된 것입니다. 삼삼한 신앙의 자세입니다.

내 진노의 막대기라

그래서 이 문제에 대한 답이 이사야 37:21-29에 나옵니다. 이 구절들에 설명을 붙이면서 읽어나가겠습니다. "아모스의 아들 이사야가 사람을 보내어." 이사야가 직접 오지도 않고 사람을 보내어 "히스기야에게 이르되." 여호와가 산헤립보다 더 위라는 것을 이런 식으로 표현합니다. "이스라엘의 하나님 여호와께서 말씀하시되." 그러니까 앞서 랍사게는 그 위에 왕이 있지만, 하나님은 그 아래 이사야가 있고, 시종이 있고, 왕이 있으니 계급으로도 상대가 안된다는 것 아닙니까? "네가 앗수르의 산헤립 왕의 일로 내게 기도하였도다 하시고." 여기서 랍사게는 언급조차 되지 않습니다. 이런 것이 읽혀야 재미있습니다. "여호와께서 그에 대하여 이같이 이르시되 처녀 딸 시온이 너를 멸시하며 조소하였고 딸 예루살렘이 너를 향하여 머리를 흔들었느니라." 히스기야가 나설 것도 없습니다. "시온, 곧 예루살렘이, 온 백성이, 여자가, 어린 아이가 너를 비웃었느니라." "비웃을 것이다"도 아니고, "비웃었느니라"고 말합니다.

계속해서 23절 이하도 보겠습니다. "네가 훼방하며 능욕한 것은 누구에게냐. 네가 소리를 높이며 눈을 높이 들어 향한 것은 누구에게냐. 곧 이스라엘의 거룩하신 이에게니라. 네가 네 종을 통해서 주를 훼방하여 이르기를 내가 나의 허다한 병거를 거느리고 산들의 꼭대기에 올라가며 레바논의 깊은 곳에 이르렀으니 높은 백향목과 아름다운 향나무를 베고 또 그 제일 높은 곳에 들어가 살진 땅의 수풀에 이를 것이며 내가 우물을 파서 물을 마셨으니 내 발바닥으로 애굽의 모든 하수를 말리리라 하였도다"(사 27:23-25). 그러니까 제일 좋은 곳에 별장을 짓고 산해진미를 먹고, 애굽을 치기 위해 군사를 이끌고 가는 동안에 우물을 파서 물을 마시자 나일 강이 말라 버렸다는 것입니다.

26절입니다. "네가 어찌하여 듣지 못하였느냐?" 누가 듣지 못했다고요? 앗수르 왕입니다. "이 일들은 내가 태초부터 행한 바요 상고부터 정한 바로서 이제 내가 이루어 네가 견고한 성읍들을 헐어 돌무더기가 되게 하였노라. 그러므로 그 주민들이 힘이 약하여 놀라며 수치를 당하여 들의 풀 같이, 푸른 나물 같이, 지붕의 풀 같이, 자라지 못한 곡초 같이 되었느니라. 네 거처와 네 출입과 네가 나를 거슬러 분노함을 내가 아노라. 네가 나를 거슬러 분노함과 네 오만함이 내 귀에 들렸으므로 내가 갈고리로 네 코를 꿰며 재갈을 네 입에 물려 너를 오던 길로 돌아가게 하리라 하셨나이다"(사 37:26-29).

아, 굉장합니다. "네가 한 일 모두는 네 힘으로 한 것이 아니라, 내가 시킨 것이다. 내가 허락한 것이다. 내 재가를 받지 않은 일, 내가 허락하지 않은 일은 역사에 일어날 수 없다." 이렇게 말씀하시는 것입니다. 그런데 우리는 이런 말을 들으면 또한 의문이 듭니다. "그럼 이 악한 역할을 왜 만들었으며, 이 악역을 맡은 자들로 인해 그의 사랑하는 백성들이 왜 고난을 당해야 합니까?" 이런 질문은 당연히 나올 것입니다. 그러나 지금 싸움은 누가 궁극적인 결정권자인지, 즉 역사와 세계와 인생의 궁극적 결정자가 누구인지를 비교하는 문제입니다. 이 문제는 이미 이사야 10:12-14에도 제시되었습니다.

그러므로 주께서 주의 일을 시온 산과 예루살렘에 다 행하신 후에 앗수르 왕의 완악한 마음의 열매와 높은 눈의 자랑을 벌하시리라. 그의 말에 나는 내 손의 힘과 내 지혜로 이 일을 행하였나니 나는 총명한 자라. 열국의 경계선을 걷어치웠고 그들의 재물을 약탈하였으며 또 용감한 자처럼 위에 거주한 자들을 낮추었으며 내 손으로 열국의 재물을 얻은 것은 새의 보금자리를 얻음 같고 온 세계를 얻은 것은 내버린 알을 주움 같았으나 날개를 치거나 입을 벌리거나 지저귀는 것이 하나도 없었다 하는도다(사 10:12-14).

앗수르가 이제 거만해집니다. 왜냐하면 무력을 갖고 있었기 때문입니다. 세상의 진실은 힘입니다. 그런데 이 일은 하나님께서 앗수르와 이스라엘 간의 세력 경쟁을 시켜서 승자와 패자를 보자는 일이 아니었습니다. 이스라엘의 잘못을 고치기 위하여 든 분노의 막대기였다는 말입니다. 그것이 이사야 10:5-7에 나옵니다.

앗수르 사람은 화 있을진저. 그는 내 진노의 막대기요 그 손의 몽둥이는 내 분노라. 내가 그를 보내어 경건하지 아니한 나라를 치게 하며 내가 그에게 명령하여 나를 노하게 한 백성을 쳐서 탈취하며 노략하게 하며 또 그들을 길거리의 진흙 같이 짓밟게 하려 하거니와 그의 뜻은 이같지 아니하며 그의 마음의 생각도 이같지 아니하고 다만 그의 마음은 허다한 나라를 파괴하며 멸절하려 하는도다(사 10:5-7).

그러니까 그들이 하나님의 진노의 막대기와 지팡이가 되어서 하나님의 심판과 징계를 대신하고 있는데, 그들은 그렇게 사용되는 줄 모릅니다. 자기들이 승자고 잘난 자가 됐습니다. 그래서 이사야 10:14-15에 말한 바와 같습니다. "내 손으로 열국의 재물을 얻은 것은 새의 보금자리를 얻음 같고 온 세계를 얻은 것은 내버린 알을 주움 같았으나 날개를 치거나 입을 벌리거나 지저귀는 것이 하나도 없었다 하는도다." 찍소리도 못했다는 것입니다. "도끼가 어찌 찍는 자에게 스스로 자랑하겠으며 톱이 어찌 켜는 자에게 스스로 큰 체하겠느냐. 이는 막대기가 자기를 드는 자를 움직이려 하며 몽둥이가 나무 아닌 사람을 들려 함과 같음이로다"(사 10:14-15). 이것이 하나님의 지위, 권위, 그리고 진실입니다.

인격자의 의지에 묶여 있는 인생과 역사

이쯤에서 우리가 성경을 읽을 때마다 우리 안에 생겨나는 질문과 신학 학문계 안에서 일어나는 중요한 논쟁의 주제를 만나게 됩니다. "이러한 방법을 사용하는 것이 정당한가? 어떤 사람에게 악역을 시키는 것이 정당한가?" 하는 것입니다. 우리는 모른다는 것입니다.

로마서 9장에 따르면, 모세와 바로 둘 다 동등한 역할을 하고 있습니다. "그러면 바로는 억울하지 않는가?" "그것은 내 마음대로다." "바로는 억울하지 않는가?" "그것은 모른다. 하나님께 달린 문제다. 너는 네 역할이나 잘해라."

이 문제를 역사 비평이라는 주제로 좀 더 끌고 들어가 보겠습니다. 역사에 대하여 역사가들이 스스로 결론내린 것같이, 역사는 의식이 없습니다. 역사는 인격이 아닙니다. 그리고 역사는 법칙도 아닙니다. 법칙이 그대로 실행되지 않습니다. 일어날 확률이 낮은 일들이 일어납니다. 어떤 일이 일어나면 통상적으로 진행될 것이라고 예상되는 결과가 있지만, 그대로 되지 않습니다. 또 어떤 좋은 일이 일어날 때는 그것이 왜 일어나는지 알 수가 없습니다.

우리는 그저 그 사실들을 연결시켜 원인과 결과의 법칙에 묶어버림니다. 역사를 그렇게밖에는 진술할 수가 없습니다. 그렇게 하지 않으면 말이 맞지 않기 때문입니다. 스위스의 유명한 학자인 야코프 부르트하르트(1818-1897)의 『세계 역사의 관찰』이라는 책이 있습니다. 이 책은 그가 죽은 후에 출판되었는데 그런 제목이 붙은 이유가 있습니다. 역사는 앞뒤가 맞지 않다는 것입니다. 이 사건도 사실이고 저 사건도 사실인데, 그것들이 전후로 서로 연결되지 않는다는 것입니다.

물론 부르트하르트의 설명을 그대로 적용하기는 어렵겠지만, 성경을 읽을 때도 사건의 전후 문제로 인해 곤란을 느끼는 사람들이 있습니다. 대표적인 예로 역사 비평(historical criticism)이라는 방법으로 성경을 연구하는 학자들입니다. 그들은 성경의 역사 기록들이 일반 역사처럼 앞뒤 순서가 누구나 수긍할 수 있도록 연결되어 있지 않다는 이유로 그 기록을 사실로서 역사가 아닌 고백의 기록으로 보려는 타협책을 내놓게 됩니다. 그 대표적인 것이 예수님의 부활입니다. 그들은 예수님의 부활을 설명할 때 예수님이 실제로 살아나신 역사적 사건을 가리키는 것이 아니라, 그 제자들의 마음속에 예수님에 대한 항복, 그의 가르침에 대한 감동이 살아난 것을 뜻한다고 주장합니다. 부활은 실제로 일어난 사건이 아니라, 제자들의 신앙고백 속에 있는 어떤 진정성을 표현한 것에 지나지 않는다는 이야기입니다. 다시 말해 예수님의 부활은 누구나 수긍할 수 있는 역사적 사건일 수 없다는 논리가 되겠습니다.

제가 이런 도전을 받은 적이 있습니다. "예수님이 부활하셨습니까?" "네, 예수님은 부활하셨습니다." "그러면 부활하신 예수님이 왜 빌라도에게는 안 나타났습니까?" "빌라도에게는 나타날 가치가 없었습니다." "당신은 부활하신 예수님을 보았습니까?" "물론입니다." "시차가 2천 년이나 나는데 어떻게 보았습니까?" "사람은 같은 장소에 있어야만 보는 게 아닙니다." 상대방이 뭐라고 했겠습니까? "말이 안 통하는 분이군요." 이렇게 그

대화는 끝났습니다.

그렇습니다. 우리는 믿는 자들입니다. 믿는다는 것은 합리성을 부정하거나 선후를 혼란시키는 것을 말하는 것이 아니라, 그것보다 더 큰 주권이 있음을 고백하는 것입니다. 역사와 인생의 운명이 법칙과 우연에 묶여 있지 않고, 인격자의 의지에 묶여 있다는 것을 알게 되는 것입니다. 인류 역사가 발전한 상황에서 상식이나 교양, 도덕이나 무슨 일반적인 지성이라는 이름으로 결국 요구하는 것이 무엇입니까? 탐욕을 버리는 것, 부정함과 부패에 휩쓸리지 않는 것, 이타적으로 사는 것입니다. 이렇게 추상 명사에 불과한 것들을 최선의 덕으로 제시할 수밖에 없습니다.

그러나 가족이 되면, 그러한 것을 요구할지라도 그것은 인격자가 인격자에게 요구하는 것입니다. 그래서 자녀를 때려도 죽도록 때리지 않습니다. 고치라고 매를 대는 것입니다. 때린 것만큼 다시 끌어안습니다. 기독교 신앙이란 인격자를 만나, 인격 아래 붙들려 보호받고 인도받는 것입니다.

역사적으로 앗수르 제국이 있었지만 그것의 멸망도 있었고, 바벨론 제국이 있었지만 그것의 몰락도 있었습니다. 그 나라들은 영원하지 않았습니다. 기독교 신앙의 위대함은 그것이 영원하다는 것입니다. 이스라엘 백성에게서, 초대 교회에서, 지난 2천 년 신약 시대 내내, 장소와 시대가 다른 모든 곳에서 같은 본문을 놓고 "아멘" 하고 있습니다. 그 일어난 일들 가운데 앞뒤가 맞지 않고 이해되지 않는 것들이 많지만 우리가 "아멘" 하는 것은 그것을 행하시고 증거하시는 이가 거룩하시고 신실하시기 때문입니다. 나를 향하여 사랑으로 그분의 모든 것을 주고 계시다는 사실에 모두 공통된 고백을 하는 것입니다. 우리 모두가 생애에서 다른 과정을 겪고도 동일한 고백에 와 있습니다. 이 세상에 일어나는 어떤 일도 하나님의 뜻을 거스르거나 취소시킬 수 없는 하나님의 통치 아래 있습니다. 하나님의 선하심이 진행되고 있습니다. 그때 일어났고 지금도 일어나고 있습니다. 나에게 있어서 사실이며, 인류와 역사에 있어서 운명이 될 것이라고 고백하게 하는 것입니다.

이사야 37장에 따르면, 하나님의 말씀은 산헤립 왕에게 갈고리로 코를 꿰어 재갈을 물려 오던 길로 돌아가게 하시겠다고 합니다.

여호와의 사자가 나가서 앗수르 진중에서 십팔만 오천인을 쳤으므로 아침에 일찍이 일어나 본즉 시체뿐이라. 이에 앗수르의 산헤립 왕이 떠나 돌아가서 니느웨에 거주하더니 (니느웨는 앗수르의 수도입니다) 자기 신 니스록의 신전에서 경배할 때에 그의 아들 아드람멜렉과 사레셀이 그를 칼로 죽이고 아라랏 땅으로 도망하였으므로 그의 아들 에살핫돈이 이어 왕이 되니라(사 37:36-38).

그는 완전한 멸망을 당합니다. 자기 권력의 중심지인 수도에서 자기가 섬기는 신전에 들어가 경배할 때, 자기 아들들의 손에 죽습니다. 죽인 아들들은 그 아버지의 뒤를 잇지 못하고, 뒤에서 가만히 있던 아들이 왕위를 차지해 버립니다. 이는 우리의 현실에서도 얼마든지 보는 것이요, 세상의 거짓과 헛됨이 잘 드러나는 대목입니다. 이럴 수 있을까요? 있습니다. 역사에서 얼마든지 볼 수 있고, 현실에서도 얼마든지 보는 것입니다.

친구가 하루아침에 배신하는 것을 보았고, 생각지 않았던 친구가 목숨을 걸고 편드는 것을 보는 것이 현실입니다. 그 친구가 왜 배신했는지 알 수 없고, 그 친구는 왜 그렇게 편을 드는지 알 수가 없습니다. 어느 때는 내가 살아 있는 것이 좋고, 어느 때는 왜 태어났나 싶습니다. 그 둘이 왔다 갔다 하면서 우리를 키웁니다. 우리는 죽을 수 없습니다. 하나님이 부르실 때까지 죽을 수 없습니다. 죽는 것은 무책임한 것입니다. 살아서 도움이 되라는 것이 아니라, 살아서 걱정해 주는 자가 되어야 합니다. 그것은 하나님의 일하심을 믿는 최고의 순종입니다. 그러니 여러분의 현실에 대하여 긍정하십시오. 지금 여러분의 최고의 장애물, 최고의 족쇄가 일을 하고 있다는 것입니다. 그러나 그것이 무엇이 될지는 두고 봐야 합니다. 아무도 원망할 필요가 없고, 여러분이 보복해서 해결해야 할 필요도 없습니다. 최선을 다할 뿐입니다. 하나님이 그것으로 일하십니다.

::

하나님 아버지, 하나님을 믿지 않으면 우리가 현실을 살 수가 없습니다. 서로 폭력과 거짓밖에 주고받을 것이 없는, 크게 기대할 것이 없는 인생입니다. 그것이 현실입니다. 그러나 우리는 다릅니다. 그것들은 진실과 승리와 영광 아래 무릎을 꿇을 것입니다. 우리가 하나님의 자녀가 되었으므로 하나님 통치의 넓이와 깊이 속에서, 어느 것에서 무슨 일을 만나든지 그것으로 우리를 사랑하시고 승리케 하시는 하나님의 기적이 될 것을 믿습니다. 그러니 우리로 하여금 위대하게 하옵소서. 인내하게 하옵소서. 무릎 꿇고 기도하는 우리가 되게 하옵소서. 예수님 이름으로 기도합니다. 아멘.

20

히스기야의 기도

사 38:1-8

그 때에 히스기야가 병들어 죽게 되니 아모스의 아들 선지자 이사야가 나아가 그에게 이르되 여호와께서 이같이 말씀하시기를 너는 네 집에 유언하라. 네가 죽고 살지 못하리라 하셨나이다 하니 히스기야가 얼굴을 벽으로 향하고 여호와께 기도하여 이르되 여호와여 구하오니 내가 주 앞에서 진실과 전심으로 행하며 주의 목전에서 선하게 행한 것을 기억하옵소서 하고 히스기야가 심히 통곡하니 이에 여호와의 말씀이 이사야에게 임하여 이르시되 너는 가서 히스기야에게 이르기를 네 조상 다윗의 하나님 여호와께서 이같이 말씀하시기를 내가 네 기도를 들었고 네 눈물을 보았노라. 내가 네 수한에 십오 년을 더하고 너와 이 성을 앗수르 왕의 손에서 건져내겠고 내가 또 이 성을 보호하리라. 이는 여호와께로 말미암는 너를 위한 징조이니 곧 여호와께서 하신 말씀을 그가 이루신다는 증거이니라. 보라, 아하스의 해시계에 나아갔던 해 그림자를 뒤로 십 도를 물러가게 하리라 하셨다 하라 하시더니 이에 해시계에 나아갔던 해의 그림자가 십 도를 물러가니라.

기도 성립의 근거

이사야 38장에는 히스기야가 병들어 죽게 되었다가 하나님 앞에 기도하여 병이 나은 사건이 나옵니다. 그는 하나님께 15년 더 생명을 연장받았고, 이것에 대한 하나의 징표로서 해시계가 10도 뒤로 물러나는 사건이 나옵니다. 기독교 신앙에서 기도하여 응답을 받는 것은 기독교인들에게 너무나 당연한 진리이고 내용입니다. 그러나 여기 본문에 소개된 이야기는 단지 한 개인의 사소한 소원과 그에 대한 응답에 관한 것이 아니라, 치열한 역사의 현장에서 하나님의 개입이 어떻게 일어났고 그것을 어떻게 이해해야 하는가의 문제를 우리에게 던지고 있습니다.

이 본문을 확대 적용하자면 어느 자리에서나 기도만 하면 되는 것인가, 또는 하나님이 우리에게 이 세상의 질서와 원칙에 대해서는 어떻게 이해하라는 것인가 하는 문제를 생각해 볼 수 있습니다. 이 기도가 성립되는 중요한 조건은, 본문 3절 "여호와여 구하오니 내가 주 앞에서 진실과 전심으로 행하며 주의 목전에서 선하게 행한 것을 기억하옵소서 하고 히스기야가 심히 통곡하니"라는 표현에 드러납니다.

이 3절에서 생각해 볼 문제는 이런 것입니다. 선행이나 자격, 그리고 간절함이 기도에 응답받을 만한 조건으로서 과연 합당한지에 관한 것입니다. 이 기도에 하나님이 응답하시고, 그에 대한 진실한 약속으로서 시간이 뒤로 물러나는 징표가 주어지는 것도 우리로서는 선뜻 이해되지는 않습니다. 요한복음 14:8-11을 보겠습니다.

> 빌립이 이르되 주여, 아버지를 우리에게 보여주옵소서. 그리하면 족하겠나이다. 예수께서 이르시되 빌립아, 내가 이렇게 오래 너희와 함께 있으되 네가 나를 알지 못하느냐. 나를 본 자는 아버지를 보았거늘 어찌하여 아버지를 보이라 하느냐. 내가 아버지 안에 거하고 아버지는 내 안에 계신 것을 네가 믿지 아니하느냐. 내가 너희에게 이르는 말은 스스로 하는 것이 아니라 아버지께서 내 안에 계셔서 그의 일을 하시는 것이라. 내가 아버지 안에 거하고 아버지께서 내 안에 계심을 믿으라. 그렇지 못하겠거든 행하는 그 일로 말미암아 나를 믿으라(요 14:8-11).

빌립이 예수님께 "아버지를 보여주옵소서"라고 요청한 것은, 서두에서 한 질문처럼 하나님의 초월성, 즉 하나님의 권세를 보여달라고 요구한 것으로 이해됩니다. 왜냐하면 예수께서 자신이 메시아라고 주장하시기 때문입니다. 자신이 메시아인데, 즉 이스라엘에게 약속한 구원자인데, 그가 하나님이시라는 것입니다. 빌립이 말하는 그 배후에는 하나님이 세상이라는 창조 세계에 들어오는 것만으로도 그가 하나님일 수는 없다는 전제가 깔려 있다고 생각합니다. 하나님이 세상에 들어오시면 세상이 무너지든가 쪼개지든가 해야지, 시간과 공간에 묶여 사람들이 반대하고 외면하고 알아보지 못하는 지위에 그대로 붙들려 있을 수 있겠느냐 하는 것입니다.

이에 예수님은 거꾸로 답하십니다. "나를 본 자는 아버지를 보았거늘 네가 나를 보고도 아직 모르겠느냐." 그러니 하나님은 크기에 있어서 세상보다 크고, 높이에 있어서도 하늘보다 높아서 세상이 그를 담을 수 없다고 생각하는 것과 하나님이 나는 세상 속에 들어가 구체적인 모습으로도 나를 보일 수 있다고 하시는 주장이 서로 충돌하고 있는 지점인 셈입니다. 이 후자로 하나님이 자신을 증명하시고 일하셨다는 것이 예수님의 성육신입니다.

여기에는 구체적으로 표현되지 않고, 구체적으로 질문하지 않는 많은 내용들에 관한 성경의 어떤 도전이 있습니다. 하나님을 보면 죽는다는 것, 하나님을 아무도 감당할 수 없다는 것이 사실이면서, 하나님이 그 속에 들어오셨습니다. 그것이 임마누엘이요, 예수님의 성육신입니다. 예수님이 행하시는 일에는 분명히 초월이 있고, 그리고 그것은 육신의 한계 속에 있습니다. 죽은 자를 살리시고 당신도 살아나실 것이지만, 시간과 공간에 묶이시고 오해를 받으시고 적대 행위 속에 있으시고 굶으시고 피곤하셨습니다. 성경의 증언은 하나님의 일하심이 예수님 안에서 온전하며, 예수님으로 인하여 구체화되었다고 말씀합니다. 성육신은 그런 하나님의 일하심의 최고의 능력이요 영광으로 선언됩니다. 11절을 다시 보겠습니다. "내가

이사야서, 하나님의 비전

아버지 안에 거하고 아버지께서 내 안에 계심을 믿으라." 하나님이 이렇게 보이는 육체 속에 담기실 수 있다는 것을 믿으라고 하십니다. "그렇지 못하겠거든 행하는 그 일로 말미암아 나를 믿으라"고 하십니다. 그가 행하는 일, 즉 그의 구체적 인생을 믿으라고 하십니다. 기적만도 아니고 변화산의 변화만도 아니라 죽음까지 믿으라는 것입니다. 그래서 이 기도가 성립됩니다.

> 내가 아버지 안에 거하고 아버지께서 내 안에 계심을 믿으라. 그렇지 못하겠거든 행하는 그 일로 말미암아 나를 믿으라. 내가 진실로 진실로 너희에게 이르노니 나를 믿는 자는 내가 하는 일을 그도 할 것이요 또한 그보다 큰 일도 하리니 이는 내가 아버지께로 감이라. 너희가 내 이름으로 무엇을 구하든지 내가 행하리니 이는 아버지로 하여금 아들로 말미암아 영광을 받으시게 하려 함이라. 내 이름으로 무엇이든지 내게 구하면 내가 행하리라(요 14:11-14).

이런 기도가 우리에게 허락됩니다. 기도란 간절하게 한다고 다 응답되는 것이 아닙니다. 하나님의 초월된 권세와 능력이 드러나는 어떤 통로나 어떤 방법만을 뜻하는 것도 아닙니다. 예수께서 구체적으로 인간의 몸을 입고 현실을 살아내신 것을 근거로 해서 우리의 기도가 성립될 수 있다고 하십니다. "예수 이름으로"라는 표현이 그런 뜻입니다. 기도는 하나님의 구체적인 일하심을 근거로 성립됩니다. 하나님이 구체적인 육체와 인생 속에서 일하기로 작정하여 예수님을 보내신 그 방법으로, 우리를 당신의 가족으로 불러 구원을 허락하신 지위를 근거로 하여 기도가 성립된다는 것입니다.

예수님의 기도

요한복음 17:1-5도 보겠습니다.

> 예수께서 이 말씀을 하시고 눈을 들어 하늘을 우러러 이르시되 아버지여,
> 때가 이르렀사오니 아들을 영화롭게 하사 아들로 아버지를 영화롭게 하게
> 하옵소서. 아버지께서 아들에게 주신 모든 사람에게 영생을 주게 하시려고
> 만민을 다스리는 권세를 아들에게 주셨음이로소이다. 영생은 곧 유일하신
> 참 하나님과 그가 보내신 자 예수 그리스도를 아는 것이니이다. 아버지께
> 서 내게 하라고 주신 일을 내가 이루어 아버지를 이 세상에서 영화롭게 하
> 였사오니 아버지여 창세 전에 내가 아버지와 함께 가졌던 영화로써 지금도
> 아버지와 함께 나를 영화롭게 하옵소서(요 17:1-5).

예수님이 뭘 하셨습니까? 그는 인간으로 오셨습니다. 하나님은 모든
인류가 걷는 길을 예수님으로 걷게 하셨고, 살게 하셨습니다. 창조자요 전
능자이셨으나 인생을 살게 하셨습니다. 육체를 입고 한계 속에서 하나님
과 함께 하시는 구체적인 인생을 살게 하셨습니다. 그런 조건에서 겪어야
하는 모든 일, 심지어 고난, 모욕, 배신, 죽음을 당하십니다. 그것이 하나님
을 영화롭게 하는 것입니다. 하나님의 영화로움이란 성육신과 구원에서
보자면, 하나님을 배반한 우리를 편드는 것, 따라오는 것, 운명을 거는 것
입니다. 이것이 하나님께 영광인 것입니다.

그것이 어떤 영광일까요? 다만 심판이나 세력, 고함이 아닌 우리를 편
드는 것으로 당신의 영광을 삼으시겠다는 것입니다. 기독교 신앙의 최고
의 특성이 무엇입니까? 사랑입니다. 용서입니다. 대접입니다. 하나님은 우
리를 대접하십니다. 우리가 뭘 잘했다는 것입니까? 하나님이 사랑하셔서

죽음의 자리까지 편을 들려고 쫓아 들어와 운명을 같이 하시는 것이 십자가 이야기입니다. 그것이 하나님께 영광이라는 것입니다. 하나님의 자기 자랑은 이것입니다. 5절에서 보듯이, "아버지여, 창세 전에 내가 아버지와 함께 가졌던 영화로써 지금도 아버지와 함께 나를 영화롭게 하옵소서." 그 길을 걸으시는 예수님도 그 길이 영광이라고 하십니다. 요한복음 17:18-22을 보겠습니다.

> 아버지께서 나를 세상에 보내신 것 같이 나도 그들을 세상에 보내었고 또 그들을 위하여 내가 나를 거룩하게 하오니 이는 그들도 진리로 거룩함을 얻게 하려 함이니이다. 내가 비옵는 것은 이 사람들만 위함이 아니요 또 그들의 말로 말미암아 나를 믿는 사람들도 위함이니 아버지여, 아버지께서 내 안에, 내가 아버지 안에 있는 것 같이 그들도 다 하나가 되어 우리 안에 있게 하사 세상으로 아버지께서 나를 보내신 것을 믿게 하옵소서. 내게 주신 영광을 내가 그들에게 주었사오니 이는 우리가 하나가 된 것 같이 그들도 하나가 되게 하려 함이니이다(요 17:18-22).

"내게 주신 영광"이 무엇일까요? 그것은 예수께서 죽으시는 것입니다. 인생을 거시는 것입니다. 육체가 되시는 것입니다. 한계에 붙잡히시는 것입니다. 성부께서 성자를 세상에 보내신 그 영광으로 성자께서도 자기 백성을 세상에 보내셨다는 것입니다. 여러분, 살아 있는 것 빨리 끝장내고 천국 가야 하는 인생이 아닙니다. 인생은 지겨운 것이나 빨리 벗어야 할 짐이 아닙니다. 빨리 벗어야 할 비극이 아닙니다. 도리어 그것은 하나님이 구체적으로 일하시는 방식이요 하나님의 능력이요 영광의 자리입니다. 이것이 말이 됩니까?

자녀를 결혼시키려고 할 때 어떤 사람을 소개받게 될 수 있습니다. 그런데 당사자들이 서로 사랑에 빠지기 전에 상대방의 조건들을 먼저 나열하면 그 어떤 조건도 마음에 들지 않을 수 있습니다. 상대방이 똑똑해서 일류대학을 나왔고, 전문직이라 수입도 많고, 집안도 든든하다는 이야기를 들어도 별 관심이 없습니다. 사진을 보여줘도 시큰둥합니다. 어떤 연예인을 닮았다고 해도 소용없습니다. 하지만 사랑에 빠진다면 이야기가 달라집니다. 사랑에 빠진 이들에게는 어떠한 조건도 필요하지 않습니다. "그 사람 집안 형편이 어려워서 대학도 못 갔대." "무슨 상관이야?" "그 사람에게 치명적인 유전병이 있어서 아이를 가질 수 없어." "입양하면 되잖아!" 뭐든지 다 좋다고 합니다. 여러분, 사랑을 해보셨습니까? 어떠한 조건도 상관하지 않을 그런 사랑을 해보셨나요?

하나님은 우리에게 자신의 관심과 의지와 평가를 그렇게 설명하고 계십니다. 하나님이 설득을 하십니다. 우리는 자꾸 비인격적인 어떤 기준, 개념, 원칙 같은 것들로 성경이 하고 싶은 이야기들을 자꾸 걸러냅니다. 성경의 따뜻함과 피와 눈물을 없애고 법칙이나 비정한 것으로 바꿉니다. 신앙을 이야기하면서 점점 얼굴이 굳어지고 멋이 없어진다면 그것은 잘못된 것입니다. 신앙을 이야기하면 녹아들고 편을 들고 울고 웃어야 맞습니다.

이것이 영광에 관한 이야기입니다. 예수님이 오신 길은 구원을 위해서 희생한 길이 아니라, 영광으로 알고 오신 길입니다. 영광으로 기꺼이 사신 길입니다. 기쁨이 충만한 길이요, 그 기쁨은 아버지의 뜻을 이루는 것이었습니다. 우리를 사랑하는 것이 당신의 명예였던 길이라고 성경은 증언합니다. 그것이 자기를 보내신 아버지의 하나님 되신 영광이라고 증언합니다. 에베소서는 서두인 1장에서 먼저 결론을 내고 그 나머지를 쓴 서신입니다. 우리는 누구이며, 교회는 무엇인지에 관한 이야기를 먼저 앞에 둡니다. 이런 두괄식으로 먼저 결론을 내립니다.

찬송하리로다. 하나님 곧 우리 주 예수 그리스도의 아버지께서 그리스도 안에서 하늘에 속한 모든 신령한 복을 우리에게 주시되 곧 창세 전에 그리스도 안에서 우리를 택하사 우리로 사랑 안에서 그 앞에 거룩하고 흠이 없게 하시려고 그 기쁘신 뜻대로 우리를 예정하사 예수 그리스도로 말미암아 자기의 아들들이 되게 하셨으니 이는 그가 사랑하시는 자 안에서 우리에게 거저 주시는 바 그의 은혜의 영광을 찬송하게 하려는 것이라(엡 1:3-6).

우리 하나님이 어떤 하나님이신가 하는 것이 기독교 신앙에서 가장 중요한 핵심 내용입니다. 그것은 "그의 은혜의 영광을 찬송하게 하려는"(엡 1:6) 것이라고 말씀합니다. 그리고 이것은 "우리가 그리스도 안에서 전부터 바라던 그의 영광의 찬송이 되게 하려 하심이라"(엡 1:12)는 말씀과 짝을 이룹니다. 우리가 하나님 영광의 꽃이 될 것입니다. 하나님은 우리를 통해 영광을 받으시며, 우리는 그 영광의 꽃이 될 것입니다.

이것이 요한복음 17장에서 예수님이 말씀하시고, 바울이 에베소서 1장에서 이야기하는 중요한 내용입니다. 하나님이 우리를 만드시고 우리에게 목적하신 바입니다. 하나님이 누구십니까? 우리를 어떻게 대접하십니까? 우리에게 무엇을 목적하십니까? 우리 인생은 하나님의 능력이 드러나는 자리가 되고 하나님의 명예가 됩니다. 우리가 지긋지긋해 하는 이 인생 말입니다. 시간과 공간 속에 붙잡힌 구체적 현실인 이 인생 말입니다.

그러므로 하나님이 창조 세계의 주인공인 하나님의 형상으로 지음 받은 자기 자녀들을 사랑하셔서 그들의 거룩함을 목적하신 까닭에, 기도란 하나님이 어떻게 능력을 베푸시고 그가 어떻게 영광을 받으시는가와 관련된 것입니다. 그것은 하나님이 우리에게 요구하시는 것이요, 또 우리에게 누리라고 하시는 것입니다. 그래서 우리에게 요구하라고 하십니다. 그것이 기도입니다. 우리가 이런 지위, 이런 관계에 있지 아니하면 기도할 수가 없고, 하나님이 답하실 리도 없습니다.

기도는 명예요 특권이다

기도가 무엇인지 아시겠습니까? 기도하는 것 자체가 명예이고 특권입니다. 답을 듣는 것은 그 다음 문제입니다. 답을 아니 하실 리 없습니다. 그 아들을 십자가에 매단 사랑을 베푸셨기 때문입니다. 우리가 예수님을 믿고 가장 많이 소원하는 것은 어서 이 썩어질 몸에서, 실수투성이고 늘 후회하는 삶에서 벗어나 빨리 자유, 승리로 가고 싶은 것입니다. 그래서 어서 죽고 싶다는 기도를 드리는 것이지요.

살아 있는 동안에는 일이 생길 터이고, 죽으면 더 이상 구할 필요도 없을 것 아니겠습니까. 그래서 드리는 기도가 이러합니다. "살아 있는 동안에 일어난 일은 어떻게 좀 해주십시오. 다시는 와서 이런 기도를 하지 않을 테니 이 문제만 한번 봐주십시오." 기도가 이런 지위와 조건에서 나오더라는 것입니다. "사실 죄송하기 짝이 없는 기도입니다만 그저 하나님, 한번 봐주시면 다음에는 안 그러겠습니다. 따지고 보면 하나님이 저를 일찍 부르지 않으셔서 이런 기도가 나온 것이니 빨리 불러 가십시오." 기도가 이렇게밖에 나오지 않습니다.

우리가 넘어지고 울고불고 하는 것이 무엇을 만드는지 깨닫지 못한다면, 그것이 하나님의 지혜요 능력이요 영광이요 승리요 기적임을 깨닫지 못한다면, 내 인생의 가치를 구체적으로 알 수가 없습니다. 요한복음 14장에서 예수님이 "너희가 나를 믿으면 내가 한 일을 너희도 할 것이요 더 큰 일도 할 것이다"고 하셨습니다. 놀랍습니다. 왜입니까? 구체적인 인생이 우리에게 주어져 있으므로 얼마든지 담아낼 수 있습니다. 여러분이 겪는 모든 경우에서 담아낼 수 있습니다. 눈물로도, 원망으로도 담아낼 수 있습니다. 무엇이 겁이 납니까? 기도할 수 있는데도 말입니다.

적극적인 신자가 되었을 때 갖는 공통의 소원은 이런 것입니다. "예수님, 한번 보고 싶습니다. 주님, 한번 만나 주십시오." 저는 기도 응답을 적게 받은 대표적인 사람 중 하나입니다. 이제 보니 요구가 너무 컸던 것 같습니다. 사소한 것을 구했으면 혹시 응답을 받았을지도 모르는데, 너무 큰 것을 구했던 것 같습니다. "예수님, 한번 만나 주세요." 통 안 만나 주셨습니다. 여러분도 겪으셨겠지만, 들리는 간증들은 예수님 만난 간증들이었습니다. 빛나는 보좌를 봤다든가, 흰 옷 입은 광채 나는 분을 뵈었다든가, 어떤 분들은 자기가 만난 예수님을 그림으로 그려 책을 내기도 했습니다.

저는 나중에 예수님을 만났습니다. 제가 가장 막다른 곳에 도달했을 때, "하나님, 저는 끝장입니다" 그랬더니, 내 뒤에서 "아니다"고 하셨습니다. 그분이 예수님이셨습니다. 제가 간 가장 비참한 자리에서 "더 이상 밑바닥은 없다"라고 고함지를 때, "네 뒤를 봐라"고 하셨습니다. 예수님이셨습니다. 왜 예수님은 제가 그렇게 힘들 때 나타나셨는지 모르겠습니다. 제가 가장 어려운 경우에 걸려서 "이건 말이 안됩니다"라고 할 때, "그거 네가 걸어온 길 아니냐"라고 하셨습니다. "네가 궤도에서 이탈한 것 아니다. 네가 내 범위에서 나가 있는 거 아니다. 내가 그것 다 끌어안았다. 너는 내 가슴에, 내 팔 안에 있다. 걱정마라." 이렇게 만나 주셨습니다. 나는 예수님보다는 덜 갔다고 이야기할 수 있습니다. 예수님이 더 가셨으니 거기까지 끌어안으셨던 것입니다. 기도의 지위란 무엇일까요? 히스기야의 기도는 어떤 것일까요? 그것은 하나님의 능력, 하나님의 영광, 우리의 지위를 대변하고 있습니다. 에베소서 1장은 우리를 이곳으로 끌고 갑니다.

우리 주 예수 그리스도의 하나님, 영광의 아버지께서 지혜와 계시의 영을 너희에게 주사 하나님을 알게 하시고 너희 마음의 눈을 밝히사 그의 부르심의 소망이 무엇이며 성도 안에서 그 기업의 영광의 풍성함이 무엇이며 그의 힘의 위력으로 역사하심을 따라 믿는 우리에게 베푸신 능력의 지극히 크심이 어떠한 것을 너희로 알게 하시기를 구하노라(엡 1:17-19).

여기에 영광, 능력과 같은 단어들이 나옵니다. 그것들이 얼마나 큰 단어입니까?

그의 능력이 그리스도 안에서 역사하사 죽은 자들 가운데서 다시 살리시고 하늘에서 자기의 오른편에 앉히사 모든 통치와 권세와 능력과 주권과 이 세상뿐 아니라 오는 세상에 일컫는 모든 이름 위에 뛰어나게 하시고 또 만물을 그의 발 아래에 복종하게 하시고 그를 만물 위에 교회의 머리로 삼으셨느니라(엡 1:20-22).

능력이 어떤 식으로 펼쳐졌습니까? 죽으심과 부활하심으로 펼쳐졌습니다. 죽으심이라는 자리에서 부활이 드러났습니다. 죽음이 여기서는 결코 소극적이거나 부정적이지 않습니다. 그보다 훨씬 큽니다. 하나님을 대적하는 모든 것, 우리가 절망하는 모든 것까지 거기에 들어왔습니다. 그러니 능력입니다. 이것이 예수님을 가장 높이는 방법입니다. 우리의 거부와 실패, 무지, 외면, 그리고 우리가 도망간 곳에까지 따라 들어오심으로써 하나님이 누구신지를 스스로 증명하셨습니다. 우리가 실제로 도망간 길을 따라 들어오신 그 피 흘린 자리가 다 하나님께는 가장 큰 영광입니다. 이것을 하나님의 승리로 소개하고 있습니다. 그래서 기독교는 '복음'이라는 것입니다.

기독교라는 종교는 열심과 헌신에 기초하고 있는 것이 아닙니다. 복음에 기초하고 있습니다. 하나님의 용서, 우리 자체를 향한 하나님의 목적

이사야서, 하나님의 비전

의 크기, 우리의 가치를 증명하신 것에 있습니다. 그래서 예수 그리스도께서 하나님의 뜻을 따라 이 비천한 인생을 사심으로써 우리의 존재와 실존을 하나님의 영광과 능력으로 채우십니다. 이 방법이야말로 하나님이 당신의 영광을 제일 잘 드러낸 방법이요 길이요 역사입니다. 하나님이 그 예수님에게 모두를 묶으십니다. 그것이 교회입니다. "교회는 그의 몸이니 만물 안에서 만물을 충만하게 하시는 이의 충만함이니라"(엡 1:23).

교회란 구약 시대의 이스라엘이라는 칭호를 대신하는 것입니다. 하나의 민족으로서 배타적으로 선택되어 구별되었던 시절에는 이스라엘이라는 이름은 한 민족이기보다 하나님의 백성이라는 칭호였습니다. 그것이 신약에 오면 예수님을 믿는 자들에게 하나님의 자녀가 되는 신분이 주어지고, 그 칭호는 교회가 됩니다. 예수님을 믿는 각 개인들, 하나님의 자녀가 되는 모든 자가 신약성경에서는 교회입니다.

그 모두는 예수님과 묶여 있습니다. 우리는 그의 몸으로서 구체적 실존으로, 시간과 공간 속에서 시대와 이웃 속에서, 각각에게 요구되는 조건과 정황 속에서 만물을 충만케 하시는 자의 충만으로 존재합니다. 우리가 그의 충만함입니다. 내가 하는 자리에서 내가 하는 것으로 말입니다. 하나님은 세상과 역사에서 우리의 운명과 인생의 가치를 증명하십니다. 결국은 잘해야 되는 문제지만, 잘하는 과정이 모두 영광이 되고 능력에 붙잡힌 과정이라는 것입니다.

히스기야는 역사의 가장 큰 위기와 공포 앞에서 기도하게 됩니다. 그는 "너는 죽는다"는 것에만 붙잡혀 있지 않고 한 개인의 운명이 걸린 일, 생명이 걸린 일, 아무도 어떻게 할 수 없는 자리에서 기도할 수 있었습니다. 그가 어떻게 그렇게 할 수 있었을까요? 히스기야가 "내가 주 앞에서 전심으로 행한 것을 기억하옵소서"라고 한 말은 무엇일까요? "저, 하나님을 압니다. 제 기도 들어주시옵소서." 그것입니다.

해시계가 뒤로 물러간 것은 무엇을 말하는 것일까요? 우리가 아는 인과율에 따른 결과를 넘어서게 하는 것입니다. 하나님이 붙잡고 계시다는 것입니다. 우리가 저지르는 실수와 잘못된 선택도 그대로 끝내지 않으십니다. 시간을 거꾸로 흐르게 하십니다. 미래가 과거를 회복시킵니다. 우리가 과거를 어떻게 회복할 수 없잖습니까? 일어난 일을 어떻게 바꾸겠습니까? 후회할 수 있고 왜곡할 수는 있겠지만 사실을 바꿀 수 없잖습니까? 그 결과를 바꿀 수 없는데 하나님이 바꾸시겠다는 것입니다. "기도하면 된다"고 하는 것이 무슨 말인지 알아야 합니다. "믿으면 된다"고 하는 말이 무슨 말인지 알아야 합니다.

하나님은 여러분의 과거를 회복시켜 주십니다. 여러분의 못난 것들과 실수들과 무능이 오늘을 만들었을 리 없습니다. 이 자리에 온 것이 여러분이 만드신 것의 결과가 아니라는 것쯤은 모든 기독교인들이 고백할 것입니다. 여러분의 인생도 당연히 그러할 것입니다. 여러분이 알고 있는 대로 끝나지 않고, 하나님이 개입하실 것입니다. 여러분을 이 자리에 앉혀 놓으신 하나님이 여러분이 한 것보다 더 크고 놀랍게 영광을 받으시고, 여러분으로 영광되게 하실 것입니다.

::

하나님 아버지, 은혜를 감사합니다. 우리가 다만 우리의 능력에 붙들려 있거나 행운에 붙들려 있지 않고, 우리의 소원이나 정성에 붙들려 있지 않고, 은혜로우시고 자비로우시고 노하기를 더디 하시고 인자와 진실이 많으신 하나님께 붙들려 있음을 감사합니다. 하나님이 우리를 사랑하시고 우리의 인생에 복 주시고 하나님의 영광과 능력으로 삼으셨다고 선언하셨으니, 믿음 가지고 위대하게 살게 하옵소서. 그 기회를 자랑과 명예로 승리하는 우리 되게 하시며, 우리의 눈물과 한숨도 주 안에서 회복되고 승리할 수 있다고 믿는 믿음으로 살게 하옵소서.

이사야서, 하나님의 비전

우리의 인생을, 우리가 사는 역사를 담아내는 귀한 인생 되게 하옵소서. 예수님 이름으로 기도합니다. 아멘.

너희는 위로하라

사 40:1-8

너희의 하나님이 이르시되 너희는 위로하라. 내 백성을 위로하라. 너희는 예루살렘의 마음에 닿도록 말하며 그것에게 외치라. 그 노역의 때가 끝났고 그 죄악이 사함을 받았느니라. 그의 모든 죄로 말미암아 여호와의 손에서 벌을 배나 받았느니라 할지니라 하시니라. 외치는 자의 소리여, 이르되 너희는 광야에서 여호와의 길을 예비하라. 사막에서 우리 하나님의 대로를 평탄하게 하라. 골짜기마다 돋우어지며 산마다, 언덕마다 낮아지며 고르지 아니한 곳이 평탄하게 되며 험한 곳이 평지가 될 것이요 여호와의 영광이 나타나고 모든 육체가 그것을 함께 보리라. 이는 여호와의 입이 말씀하셨느니라. 말하는 자의 소리여, 이르되 외치라. 대답하되 내가 무엇이라 외치리이까 하니 이르되 모든 육체는 풀이요 그의 모든 아름다움은 들의 꽃과 같으니 풀은 마르고 꽃이 시듦은 여호와의 기운이 그 위에 붊이라. 이 백성은 실로 풀이로다. 풀은 마르고 꽃은 시드나 우리 하나님의 말씀은 영원히 서리라 하라.

설명할 수 없는 하나님

이사야 40장부터 마지막 66장까지는 1-39장에서 제시된 외면할 수 없는 역사적 사실 및 현실을 무대로 하여 그 한복판에 주어지는 하나님의 약속을 다루고 있습니다. 이스라엘의 실패, 배신 그리고 희망적이었던 왕 히스기야의 실패를 전제로 합니다. 38장에 보면, 히스기야가 병들어 죽게 되어 기도하자 하나님이 그 생명을 15년 더 연장해 주시겠다는 징표로 아하스의 해시계의 그림자를 뒤로 물러가게 하십니다. 그리고 9절 이하에 그의 찬송시가 나옵니다.

이 이야기가 소문이 많이 나서 바벨론 제국의 왕이 된 므로닥발라단의 귀에까지 들어갑니다. 그는 바벨론 제국을 일으켜 그의 제위 12년에 앗수르를 정복합니다. 그때는 아직 나라가 커지기 전이었습니다. 그런 그가 무슨 일로, 무슨 기대로 히스기야를 찾아왔겠습니까? 히스기야가 죽을병에 걸렸다가 그가 섬기는 신에 의하여 치료를 받았다는 소문을 듣고 앗수르를 대적하려면 유다의 힘이 필요하겠다고 생각해서 찾아온 것입니다. 저들이 섬기는 신은 우리가 아는 어떠한 신보다도 위대하다고 해서 사절단을 보냈는데, 히스기야는 신이 나서 자기들이 얼마나 쓸 만한 국력을 가지고 있는지를 마음껏 자랑합니다. 모든 보물 창고와 모든 병기고를 다 보여줌으로써 자신들이 쓸 만한 동맹국이 될 수 있다는 것을 과시한 것입니다. 그러자 하나님이 이렇게 꾸짖으십니다. "내가 동맹국을 원해서 온 바벨론에게 너희를 꼭 망하게 하고, 네 자식 중에 몇을 그 나라 왕을 섬기는 환관으로 삼게 하겠다." 이렇게 엄하게 꾸짖으십니다.

이사야 39:5-8을 보겠습니다.

이사야가 히스기야에게 이르되 왕은 만군의 여호와의 말씀을 들으소서. 보라, 날이 이르리니 네 집에 있는 모든 소유와 네 조상들이 오늘까지 쌓아 둔 것이 모두 바벨론으로 옮긴 바 되고 남을 것이 없으리라 여호와의 말이니라. 또 네게서 태어날 자손 중에서 몇이 사로잡혀 바벨론 왕궁의 환관이 되리라 하셨나이다 하니 히스기야가 이사야에게 이르되 당신이 이른 바 여호와의 말씀이 좋소이다 하고 또 이르되 내 생전에는 평안과 견고함이 있으리로다 하니라(사 39:5-8).

히스기야는 이사야가 전해 주는 여호와의 말씀에 대해 다음과 같이 반응합니다. "그 일이 내 생전에 일어나지 않으면 나는 괜찮습니다." 우리가 아는 히스기야가 이처럼 갈 수 없는 자리에까지 가고 맙니다. 이스라엘의 배신은 이사야 1장부터 39장에 이르기까지 나옵니다. "하늘이여, 들으라. 땅이여, 귀를 기울이라." 이 하나님의 통분하심, 안타까우심, 분노가 있고 이스라엘의 거부, 들어도 모르고 봐도 모르는 이스라엘의 무지가 있습니다. 그러나 어쩌면 희망의 왕이 될 수도 있었을 히스기야가, 기도하여 예루살렘을 구하고 하나님이 언제든지 이스라엘을 편들 수 있다는 것도 보았던 그가, 마지막에 넘어지고 맙니다. 그런 경험을 한 당사자가 배신하는 이런 상황에서 이사야 40장 초두에 다음의 말씀이 터져 나옵니다. "너희의 하나님이 이르시되 너희는 위로하라. 내 백성을 위로하라"(사 40:1).

　　믿음은 있어도 하나님이 누구신지 잘 알기가 어렵습니다. 성경을 읽어도 앞뒤가 맞는 것이 없습니다. 히스기야라는 왕은 도대체 왜 등장했는지 알 수가 없습니다. 그의 아버지는 아하스입니다. 자기 자녀를 몰렉이라는 이방 우상에게 산 채로 제물로 바친 왕입니다. 하나님을 믿지 않은 사람입니다. 그의 아들로 히스기야가 나올 수 있었다는 것은 희한한 일입니다. 그런데 히스기야의 아들은 므낫세입니다. 그는 아버지의 유전자는 온데간데없고 할아버지를 따라서 아주 나라를 망쳐놓고 맙니다.

　　이런 불연속, 앞뒤가 맞지 않는 모순, 그런 것 때문에 성경의 기록들은 유대인들이 가지는 민족적 자존심을 위한 신화, 극화된 과장, 어느 민족이나 가지는 자존심을 세우려는 억지 정도로 간주되기도 합니다. 가치가 있다면 이스라엘이 지켜왔던 율법 정도만 그 가치를 인정받습니다.

　　그러나 성경이 증언하는 것은 역사에 이미 나타났듯이, 역사에 연속성 보다는 모순과 역전이 있으나, 하나님이 그 중심에 계시다는 사실입니다. 역사를 움직이고 모든 존재의 운명을 좌우하는 것은, 우리가 알고 있는 인과율, 원인과 결과의 법칙, 노력해서 성과를 내는 능력이나 경쟁이 아니라 궁극적인 권세자인 하나님입니다.

우리는 이런 하나님이 약속하시며 뛰어 드시는 일로 인하여 하나님을 알게 됐고, 하나님의 자녀, 하나님을 믿는 기독교인이 된 것입니다. 그것이 우리에게 일어난 역사적, 현실적 사실입니다. 이것을 설명하려고 하면 우리는 우리의 생애를 되돌아보고, 현실을 설명하는 일 중간에 말이 안되는 말을 넣을 수밖에 없습니다. "그날따라 어떻게 된 건지 그 말이 마음에 콱 와 닿았어." 그 전에는 못 들었을까요? 들었을 것입니다. 그때는 문이 열리지 않아서 기억하지 못할 것입니다.

하나님의 성실하신 역사와 두드리심은 우리의 문이 열린 날, 눈이 뜨인 날, 가슴에 와 닿은 날로만 기록되어 있습니다. 하나님이 그토록 열심히 일하신 날들은 우리가 다 기억하지 못합니다. 세상이 우리를 괴롭힌 것은 다 기억하고 있으면서 말입니다. 그런 설명할 수 없는 하나님이 성경에서는 최고의 권위를 가지신 분이요 우리의 자랑과 영광과 복으로 선포되고 있습니다.

나는 너희 하나님이고 너희는 내 자녀다

이러한 모순과 우리의 이해를 뛰어넘는 것 때문에 우리가 살고 있는 현실과 여기까지 온 역사를 이해함에 있어서 그 둘을 서로 연결할 수 없다고 말하는 것은 적어도 신앙인들에 있어서는 어처구니없는 일입니다. 우리가 하나님을 믿는 데 있어서, 하나님이 "나는 너희 하나님이다. 너희는 내 자녀다"라고 말씀하는 것보다 더 큰 권세는 없습니다. 이 문제가 바로 욥기 38장에 이렇게 등장하고 있습니다.

그 때에 여호와께서 폭풍우 가운데에서 욥에게 말씀하여 이르시되 무지한 말로 생각을 어둡게 하는 자가 누구냐. 너는 대장부처럼 허리를 묶고 내가 네게 묻는 것을 대답할지니라(욥 38:1-3).

욥기 38장 이전에는 욥은 이런 일에 묶입니다. 그는 완전한 신앙인이고 흠이 없는 사람이었지만, 고난에 붙잡힙니다. 자녀들이 죽고 재물은 다 약탈당하고 본인은 병이 듭니다. 친구들이 찾아와서 "너는 틀림없이 뭔가 잘못했을 것이다. 그래서 하나님이 너를 벌주신 것이다. 회개해라"고 말합니다. 욥의 대답은 이렇습니다. "나는 벌받을 짓을 한 적이 없다." "네가 그렇게 말하는 것만 해도 벌받을 소리다." "그런 것은 벌받을 이유가 되지 못한다." 이런 논쟁이 욥기 37장까지 이어지고, 결국 친구들은 입을 다물게 됩니다. 욥은 친구들이 제시한 모든 것에 걸릴 것이 없습니다.

"그러면 이것이 어떻게 해서 일어난 일인지 하나님이 답하십시오." 그러자 하나님이 폭풍우 가운데서 등장하십니다. 무슨 뜻일까요? 하나님은 우리가 하는 일을 보고 채점하고 심사하고 논평하는 분이 아닙니다. 우리라는 존재를 만드셨고, 그 존재를 완성시키는 과정에 뛰어드셨습니다. 우리가 알고 있는 세상의 방법들, 요소들, 즉 "노력해야 얻는다. 심어야 거둔다. 천리 길도 한 걸음부터다. 한술 밥에 배부르랴? 티끌 모아 태산이다"와 같은 수많은 법칙이 곧 하나님의 법칙입니다. 하나님은 그 법칙을 만드신 분으로서 그 법칙 위에 계십니다. "그것들이 다 내 손 안에 있고 그 원칙들이 다 너희를 다스리고 보호하고 만들어 가는 나의 개입이다." 이렇게 이야기하시는 것입니다.

그러나 우리는 하나님을 그런 분으로 알지 못합니다. 욥의 친구들은 인간이 그 법칙 아래 묶이는 것으로 오해하고 있는 까닭에 인간의 가치를 낮추고 맙니다. 그러니 실제로 거기에는 긍정적인 승리나 명예, 영광이 없습니다. 우리가 도덕을 지키면 영광스러운 이유는 도덕을 지키지 못하는 사람들 때문에 상대적 영광을 얻게 되기 때문입니다. 도덕을 지킨다고 해서 생명이나 사랑이나 행복이 생기지는 않습니다. 도덕은 행복이나 생명을 만들지 못합니다. 시비는 걸어도, 하나의 눈금이 되기는 해도, 그것들을 만들지는 못합니다. 여러분이 지도를 보면 지도가 길을 가르쳐 줍니다. 그러나 지도가 여러분을 목적지까지 데려다 주지는 못합니다. 혼동하지 마십시오.

세상에는 상대적인 자랑밖에 없습니다. "저 사람이 하지 못한 일을 나는 했다." 그것은 죄 짓지 않았다는 것입니다. 그것은 부족하지 않은 것이지, 필요한 것을 만들어내는 것은 아닙니다. 세상의 어떤 법칙으로 여러분이 심고 땀 흘리고 걸어도, 행복과 생명과 영광을 만들지는 못합니다. 이것이 욥기의 증언입니다. 그것은 하나님만 만드십니다.

우리가 언제 하나님을 만나게 됩니까? 우리의 핍절함이나 결함이 이미 누군가 가지고 있는 것으로 채워진다고 해서 하나님을 만날 수 있는 것이 아닙니다. 이 정도면 당연히 만족할 수 있다고 하는 자리에까지 와도 하나님을 만날 수는 없습니다. 그것을 만들어낼 수 없다는 지점에 이르러야 결국 하나님을 만나게 됩니다. 하나님은 우리가 스스로 만들어내는 것과 타협하지도 않으시고, 축소하는 것도 거부하십니다. 하나님은 그분의 소극적인 일하심과 적극적인 일하심을 동시에 우리의 생애 속에, 인류 역사 속에, 모든 경우 속에 함께 개입시켜 일하십니다. 이런 하나님께서 폭풍우 가운데 오셔서 이렇게 묻습니다. "너는 대장부처럼 허리를 묶어라." 꾸짖으시는 것이 아닙니다. "너는 다른 존재다. 너는 더 일어서라. 쩔쩔매지 마라. 지지 마라." 이렇게 말씀하시는 것입니다.

아버지의 마음

누가복음 15:11-24을 보겠습니다.

> 또 이르시되 어떤 사람에게 두 아들이 있는데 그 둘째가 아버지에게 말하되 아버지여, 재산 중에서 내게 돌아올 분깃을 내게 주소서 하는지라. 아버지가 그 살림을 각각 나눠 주었더니 그 후 며칠이 안되어 둘째 아들이 재물을 다 모아 가지고 먼 나라에 가 거기서 허랑방탕하여 그 재산을 낭비하더니 다 없앤 후 그 나라에 크게 흉년이 들어 그가 비로소 궁핍한지라. 가서 그 나라 백성 중 한 사람에게 붙여 사니 그가 그를 들로 보내어 돼지를 치게 하였는데 그가 돼지 먹는 쥐엄 열매로 배를 채우고자 하되 주는 자가 없는지라. 이에 스스로 돌이켜 이르되 내 아버지에게는 양식이 풍족한 품꾼이 얼마나 많은가. 나는 여기서 주려 죽는구나. 내가 일어나 아버지께 가서 이르기를 아버지, 내가 하늘과 아버지께 죄를 지었사오니 지금부터는 아버지의 아들이라 일컬음을 감당하지 못하겠나이다. 나를 품꾼의 하나로 보소서 하리라 하고 이에 일어나서 아버지께로 돌아가니라. 아직도 거리가 먼데 아버지가 그를 보고 측은히 여겨 달려가 목을 안고 입을 맞추니 아들이 이르되 아버지, 내가 하늘과 아버지께 죄를 지었사오니 지금부터는 아버지의 아들이라 일컬음을 감당하지 못하겠나이다 하나 아버지는 종들에게 이르되 제일 좋은 옷을 내어다가 입히고 손에 가락지를 끼우고 발에 신을 신기라. 그리고 살진 송아지를 끌어다가 잡으라. 우리가 먹고 즐기자. 이 내 아들은 죽었다가 다시 살아났으며 내가 잃었다가 다시 얻었노라 하니 그들이 즐거워하더라(눅 15:11-24).

아버지가 뭐라고 합니까? "내 아들아, 내 아들아"라고 부릅니다. "아버지, 저는 아버지라 부를 수 없고, 제가 아들일 수 없습니다. 품꾼의 하나로 보소서." "무슨 소리냐? 내 아들이 돌아왔다. 소를 잡아라." 성경은 "병아리 잡아라"고 하지 않습니다. "송아지를 잡아라. 내 아들이 돌아왔다." 당연히 여러분의 마음속에는 이 생각이 들 것입니다. "원칙이 무너지는데요?" 맏아들이 그렇게 말합니다.

> 맏아들은 밭에 있다가 돌아와 집에 가까이 왔을 때에 풍악과 춤추는 소리를 듣고 한 종을 불러 이 무슨 일인가 물은대 대답하되 당신의 동생이 돌아왔으매 당신의 아버지가 건강한 그를 다시 맞아들이게 됨으로 인하여 살진 송아지를 잡았나이다 하니 그가 노하여 들어가고자 하지 아니하거늘 아버지가 나와서 권한대 아버지께 대답하여 이르되 내가 여러 해 아버지를 섬겨 명을 어김이 없거늘 내게는 염소 새끼라도 주어 나와 내 벗으로 즐기게 하신 일이 없더니 아버지의 살림을 창녀들과 함께 삼켜 버린 이 아들이 돌아오매 이를 위하여 살진 송아지를 잡으셨나이다(눅 15:25-30).

유진 피터슨이 지적한 것으로 기억합니다. 맏아들은 돌아온 자기 동생을 "이 아들이 돌아오매"라고 말했다는 것입니다. "동생이 돌아오매"라고 하지 않는다는 것입니다. 그런데 아버지는 뭐라고 합니까? "네 동생"이라고 합니다. "아버지가 이르되 너는 항상 나와 함께 있으니 내 것이 다 네 것이로되 이 네 동생은 죽었다가 살아났으며 내가 잃었다가 얻었기로 우리가 즐거워하고 기뻐하는 것이 마땅하다 하니라(눅 15:31-32). 그렇다면 원칙 문제는 어떻게 되는 걸까요? 무엇 때문에 열심히 믿어야 되는 걸까요? 진탕만탕하고 돌아와도 된다면, 그래도 열심히 순종해야 하는 걸까요?

마태복음 20장에 이 문제에 대한 예수님의 중요한 비유가 나옵니다.

천국은 마치 품꾼을 얻어 포도원에 들여보내려고 이른 아침에 나간 집 주인과 같으니 그가 하루 한 데나리온씩 품꾼들과 약속하여 포도원에 들여보내고 또 제삼시에 나가 보니 장터에 놀고 서 있는 사람들이 또 있는지라. 그들에게 이르되 너희도 포도원에 들어가라. 내가 너희에게 상당하게 주리라 하니 그들이 가고 제육시와 제구시에 또 나가 그와 같이 하고 제십일시에도 나가 보니 서 있는 사람들이 또 있는지라. 이르되 너희는 어찌하여 종일토록 놀고 여기 서 있느냐. 이르되 우리를 품꾼으로 쓰는 이가 없음이니이다. 이르되 너희도 포도원에 들어가라 하니라. 저물매 포도원 주인이 청지기에게 이르되 품꾼들을 불러 나중 온 자로부터 시작하여 먼저 온 자까지 삯을 주라 하니 제십일시에 온 자들이 와서 한 데나리온씩을 받거늘 먼저 온 자들이 와서 더 받을 줄 알았더니 그들도 한 데나리온씩 받은지라. 받은 후 집 주인을 원망하여 이르되 나중 온 이 사람들은 한 시간밖에 일하지 아니하였거늘 그들을 종일 수고하며 더위를 견딘 우리와 같게 하였나이다. 주인이 그 중의 한 사람에게 대답하여 이르되 친구여, 내가 네게 잘못한 것이 없노라. 네가 나와 한 데나리온의 약속을 하지 아니하였느냐. 네 것이나 가지고 가라. 나중 온 이 사람에게 너와 같이 주는 것이 내 뜻이니라. 내 것을 가지고 내 뜻대로 할 것이 아니냐. 내가 선하므로 네가 악하게 보느냐(마 20:1-15).

중요한 비유입니다. 원칙 그 이상을 지키십니다. 원칙을 지키기 위해서 더 후하게 베풀지 말자고요? 말도 안되는 소리입니다. 먼저 온 것이 무슨 유익이 있을까요? 유익이 있습니다. 나중에 온 사람에게 물어보십시오. 한 시간 일하고도 먼저 온 사람과 똑같이 받았으니 얼마나 좋겠느냐고 말입니다. "나는 오늘 굶는 줄 알았어, 나는 오후 다섯 시에 겨우 부름 받았어. 점심도 굶고 집에 빈손으로 가서 가족들이 다 굶을 줄 알았어. 내일 나올 힘도 없었지. 그때서야 부름을 받았어." 순종하고 사는 것은 속박되는 것도, 자유를 제한받는 것도 결코 아닙니다. 영광된 자리에 서는 것입니다.

이 세상을 살면서 보이는 이 세상 사람들의 삶의 실력을 보십시오. 선택의 폭을 보십시오. 망가지고 허비하고 스스로 과장하는 것, 기만하는 것 외에 무슨 선택이 있습니까? 다 헛고생입니다. 예수님을 믿으면 알게 됩니다. 자주 쓰는 표현입니다. 져도 됩니다. 망해도 됩니다. 하나님이 담으시려고 하면 쪽박에 생수를 담으실 수 있고 굶은 식구들 속에 웃음을 주실 수 있습니다. 우리는 기꺼이 사랑할 수 있으며 양보할 수 있으며 희생할 수 있습니다. 우리만 할 수 있고 줄 수 있습니다. 빼앗아 올 필요가 없습니다. 그러면 사람들이 열심히 살지 않는다고요? 열심히 사는 것보다 더 열심히 살아야 이 영광과 명예를 누릴 수 있습니다. 이른 새벽부터 와서 일해야 합니다. 보상받는 일은 안심과 자랑 속에 있습니다.

아버지가 맏아들에게 뭐라고 대답합니까? "얘야, 내 것이 다 네 것 아니냐? 네가 먹고 싶을 때 언제든지 먹을 수 있지 않느냐?" 하나님은 모든 법칙, 모든 조건, 우리가 아는 이해, 우리가 기대하는 상상보다 당연히 위에 계십니다. 그의 신실하심과 은혜로우심과 자비하심으로 우리를 이렇게 부르십니다. "내 아들아, 무슨 소리냐? 나는 네 아버지다." 이사야 40:1도 같은 이야기입니다. "너희 하나님이 이르시되 너희는 위로하라. 내 백성을 위로하라." 그처럼 천둥같이 깨고 들어오십니다. 매일매일 그렇습니다.

너희는 내 백성을 위로하라

욥기 40장에서도, 이 문제에 관한 하나님의 지적은 앞에서 살핀 누가복음 15장과 마태복음 20장에 나왔던 문제와 동일합니다.

그 때에 여호와께서 폭풍우 가운데에서 욥에게 일러 말씀하시되 너는 대장부처럼 허리를 묶고 내가 네게 묻겠으니 내게 대답할지니라. 네가 내 공의를 부인하려느냐. 네 의를 세우려고 나를 악하다 하겠느냐. 네가 하나님처럼 능력이 있느냐. 하나님처럼 천둥 소리를 내겠느냐(욥 40:6-9).

이것이 무슨 말씀입니까? "네 이해, 네 능력 안에 나를 묶겠다고? 그것으로 담기지 않으면 내가 잘못한 거라고? 무슨 말이냐? 네가 옳다 하려고 나를 그르다고 하겠느냐? 내가 원칙을 깬다고? 나는 원칙을 풍성하게 하는 이다. 내가 창조주다. 내가 네 아버지다." "이것만 해주시면 다시는 소원하지 않겠습니다." "무슨 소리냐? 오늘도 하고 내일도 해라. 네가 달라는 것 내가 뭐든지 해주고, 네가 달라고 하지 않는 것도 줄 수 있다"고 하시는 우리 하나님이십니다.

그러니 본문으로 돌아와서 우리가 기억해야 할 말씀이 있습니다. 교회에 와서 이 설교를 들으시는 분은 종이에 이 말씀을 써서 냉장고 문에 붙여 놓으시기 바랍니다. "너희의 하나님이 이르시되 너희는 위로하라." 너희는 누구일까요? "너희의 하나님"에서 "너희"는 누구이며, "너희는 위로하라"에서 "너희"는 누구일까요? "너희"는 내 백성일까요? 그런데 "너희의 하나님이 이르시되 너희는 나를 하나님으로 섬기는 자를 위로하라"고 말씀합니다. 그래서 처음의 "너희"와 두 번째 "너희"가 서로 같은지 다른지 잘 알 수가 없습니다.

이사야 1-39장은 무엇을 말합니까? 역사, 현실, 운명, 절망, 심판, 비극, 낙담, 사필귀정, 인과응보를 말하고 있습니다. 거기에다 대고 말하는 것입니다. "너희 실패들아, 너희 비극들아, 너희 절망들아, 너희 인과응보들아, 사필귀정들아, 너희는 내 백성을 위로하라. 너희는 예루살렘에 마음이 닿도록 말하라. 너희 목소리를 높이지 마라. 너희가 끝이 아니다. 너희가 궁극적 권위가 아니다. 너희는 내 손에 있다. 너희가 내 백성 잘못했을 때, 찾아가서 꾸짖을 때, 너희가 끝인 것같이 악쓰지 마라. 내가 너희를 심판할 것이다."

우리는 하나님이 아버지라는 사실이 무슨 말인지 하나도 모르는 자들입니다. 하나님이 천둥같이 매일 말씀하시고 또 붙잡고 계십니다. 우리에게 일어난 일들이 하나님이 일하시는 것입니다. 명예롭지 않은 길로 가지 말라고, 명예로우라고, 배우라고 하십니다. 결국 너희는 실패하지 않는다고 하시는 것입니다. 이사야 40:3-5을 보겠습니다.

외치는 자의 소리여, 이르되 너희는 광야에서 여호와의 길을 예비하라. 사막에서 우리 하나님의 대로를 평탄하게 하라. 골짜기마다 돋우어지며 산마다, 언덕마다 낮아지며 고르지 아니한 곳이 평탄하게 되며 험한 곳이 평지가 될 것이요 여호와의 영광이 나타나고 모든 육체가 그것을 함께 보리라. 이는 여호와의 입이 말씀하셨느니라(사 40:3-5)

"광야야, 사막아, 재앙아, 심판아, 비극아, 네 고개를 낮추어라. 네 허리를 굽혀라. 하나님이 그의 백성을 데리고 이제 가려고 한다. 너희들이 웅덩이를 막아라. 너희들이 구멍 난 곳에 엎드려 길을 평탄케 하라. 고난아, 심통아, 비극아, 허리를 숙여라. 납작 엎드려라." 그렇게 말씀하시는 것입니다.

우리가 밤낮 읽으면서도 그 스케일을 모르는 로마서 8장의 말씀이 이런 역사적 배경을 두고 하는 말씀임을 기억해야 합니다. 여러분의 한 인생과 비교할 수 없는 구약 이스라엘의 역사를 두고, 지난 인류의 5천 년 역사를 두고, 로마서 8:31 이하는 이렇게 말씀합니다.

그런즉 이 일에 대하여 우리가 무슨 말 하리요. 만일 하나님이 우리를 위하시면 누가 우리를 대적하리요. 자기 아들을 아끼지 아니하시고 우리 모든 사람을 위하여 내주신 이가 어찌 그 아들과 함께 모든 것을 우리에게 주시지 아니하겠느냐(롬 8:31-32).

하나님이 그 아들을 내주셨다고 선언합니다. 천둥과 우레로 찾아오십니다. "내 아들아"라고 고함 지르시는 이가 구체적으로 그런 하나님으로 일하신다는 것입니다. 그래서 우리는 하나님을 믿는 신앙을 '예수님을 믿는다'고 표현하는 것입니다. 실제로 그리 하신 하나님, 또 그리 하실 하나님, 예수님 안에서 우리의 인생과 운명을 역사에 고정시켜 변개시킬 수 없게 하신 하나님이십니다. 우리의 현실이 그 손에 있습니다. 마음껏 소리쳐도 되는 하나님입니다. 우리가 그런 인생을 사는 것입니다.

::

하나님 아버지, 은혜를 감사합니다. 하나님을 아버지라 부르고 예수를 믿는다고 선언하는 것은 얼마나 굉장한 것인지요. 무엇이 그것을 방해할 수 있으며, 무엇이 그것을 꺾을 수 있겠습니까. 하나님의 신실하심과 우리를 찾아오시는 그 능력을 예수 안에서 보았으니, 우리의 인생을 하나님의 자녀로 사는 줄 아는 믿음과 용기를 가지게 하옵소서. 우리에게 다만 승리만 있는 줄 알게 하옵소서. 예수님 이름으로 기도합니다. 아멘.

이사야서, 하나님의 비전

내가 너와 함께 함이라

사 41:1-10

섬들아, 내 앞에 잠잠하라. 민족들아, 힘을 새롭게 하라. 가까이 나아오라. 그리고 말하라. 우리가 서로 재판 자리에 가까이 나아가자. 누가 동방에서 사람을 일깨워서 공의로 그를 불러 자기 발 앞에 이르게 하였느냐. 열국을 그의 앞에 넘겨주며 그가 왕들을 다스리게 하되 그들이 그의 칼에 티끌 같게, 그의 활에 불리는 초개 같게 하매 그가 그들을 쫓아가서 그의 발로 가 보지 못한 길을 안전히 지났나니 이 일을 누가 행하였느냐. 누가 이루었느냐. 누가 처음부터 만대를 불러내었느냐. 나 여호와라. 처음에도 나요 나중 있을 자에게도 내가 곧 그니라. 섬들이 보고 두려워하며 땅 끝이 무서워 떨며 함께 모여 와서 각기 이웃을 도우며 그 형제에게 이르기를 너는 힘을 내라 하고 목공은 금장색을 격려하며 망치로 고르게 하는 자는 메질꾼을 격려하며 이르되 땜질이 잘 된다 하니 그가 못을 단단히 박아 우상을 흔들리지 아니하게 하는도다. 그러나 나의 종 너 이스라엘아, 내가 택한 야곱아, 나의 벗 아브라함의 자손아, 내가 땅 끝에서부터 너를 붙들며 땅 모퉁이에서부터 너를 부르고 네게 이르기를 너는 나의 종이라. 내가 너를 택하고 싫어하여 버리지 아니하였다 하였노라. 두려워하지 말라. 내가 너와 함께 함이라. 놀라지 말라. 나는 네 하나님이 됨이라. 내가 너를 굳세게 하리라. 참으로 너를 도와 주리라. 참으로 나의 의로운 오른손으로 너를 붙들리라.

왜 멸망을 보게 하시는가

이사야 41장은 4절의 선언이 중심을 이룹니다. "이 일을 누가 행하였느냐. 누가 이루었느냐. 누가 처음부터 만대를 불러내었느냐. 나 여호와라. 처음에도 나요 나중 있을 자에게도 내가 곧 그니라." 하나님이 시작과 끝이 되는 의지와 목적을 가지고 계시고, 결국 그가 이루시고야 만다는 것입니다. 하나님은 이처럼 하나님 되시는 권위와 성실함을 가지고 계십니다.

이사야 40장 이전까지는 어떤 역사적 배경을 가지고 있습니까? 북이스라엘은 결국 앗수르 앞에 멸망당하고, 남유다는 간신히 앗수르의 침공을 물리쳤지만 크게 약화된 상태로 전전긍긍합니다. 물론 히스기야 왕 때 잠시 희망을 보이지만, 결국 실패하고 마침내 바벨론에게 멸망당합니다.

이처럼 이사야 40장 이전의 역사적 배경은 남북이 멸망할 수밖에 없는 상황이었으나, 40장 이후는 역사적 배경이 포로기로 바뀝니다. 바벨론 포로로 와 있는 중에 하나님의 약속과 위로가 66장까지 울려 퍼지고, 그 진정성을 우리에게 알리고 있습니다. 하나님은 포로 된 현실 속에 있는 이스라엘 운명이, 여기가 끝이 아니요 그럴 수 없다고 하십니다. 왜냐하면 "내가 하나님이요 내가 너희에게 약속하고 복 주기로 작정한 주인이므로 이대로 끝날 수 없다"고 하시기 때문입니다. 그래서 "너희는 위로하라. 내 백성을 위로하라"고 외치려고 등장하셨습니다.

"너희는 예루살렘에 정다이 말하라. 높은 것은 낮아지고, 골짜기는 돋우어져 여호와의 길을 예비하라." 길을 평탄하게 만든다는 것은 "너희 실패들아, 허리를 굽혀라. 너희 저주들아, 칼을 놓아라." 그런 뜻입니다. "너희의 절망이, 너희의 무능이 너희의 운명을 만들지 않는다. 내가 만든다. 너희 앞에 장애가 됐던 어떤 것도 다 엎드려 여호와의 길의 발 디딤돌이 될 것이다."

그러나 이사야 41장에 오면, 성경이 설명은 하지만 우리에게 의문이 생깁니다. "결국 하나님이 그렇게 돌연히 들어와 역사를 파탄내실 것이라면 고민하고 노력하는 것이 무슨 소용이 있겠는가?" 이런 의문이 당연히 들 것입니다. "하나님이 인류 역사에서 최종 결정권자이시면서 또 성실하시고 복 주기를 원하시는 분인데, 어째서 역사가 설명되지 않는 것인가? 마침내 주실 거라면 왜 기다리게 하시는가? 지금 오실 수 있지 않는가? 왜 이런 실패와 혼돈의 시간을 우리 앞에 놓아두어 멸망과 비극을 보게 하시는가?" 이런 질문이 생겨날 수밖에 없습니다.

이사야 40장 이후에 나오는 하나님의 위로와 약속, 궁극적 승리에 관한 이 주장들은 이스라엘을 향한 것입니다. 민족적 구별을 하려고 이스라엘이라고 한 것이 아니라, 하나님이 선택하고 약속하고 목적한 대상의 대표자로서 이스라엘이라는 호칭이 반복적으로 등장합니다. "그러나 나의 종 너 이스라엘아, 내가 택한 야곱아, 나의 벗 아브라함의 자손아"(사 41:8). "야곱아, 너를 창조하신 여호와께서 지금 말씀하시느니라. 이스라엘아, 너를 지으신 이가 말씀하시느니라"(사 43:1). "나의 종 야곱, 내가 택한 이스라엘아, 이제 들으라"(사 44:1). 이처럼 이스라엘, 야곱과 같은 이름들이 계속 반복해서 나옵니다. 이런 표현들은 수도 없이 반복되기 때문에 나중에 더 확인할 수 있습니다.

야곱의 인생을 보라

야곱과 이스라엘은 동일인의 다른 두 이름입니다. 원래는 야곱이었고, 얍복 나루 사건을 통하여 하나님이 "이스라엘"로 바꿔 주셨습니다. 그 이름이 그 민족, 국가의 이름이 됩니다. 그런데 그 호칭이 이스라엘이라는 이름으로 불릴 때와 야곱으로 불릴 때가 그 표현 내용이 매우 다르다는 것입니다.

호세아 12:1-6을 보겠습니다.

에브라임은 바람을 먹으며 동풍을 따라가서 종일토록 거짓과 포학을 더하여 앗수르와 계약을 맺고 기름을 애굽에 보내도다. 여호와께서 유다와 논쟁하시고 야곱을 그 행실대로 벌하시며 그의 행위대로 그에게 보응하시리라. 야곱은 모태에서 그의 형의 발뒤꿈치를 잡았고 또 힘으로는 하나님과 겨루되 천사와 겨루어 이기고 울며 그에게 간구하였으며 하나님은 벧엘에서 그를 만나셨고 거기에서 우리에게 말씀하셨나니 여호와는 만군의 하나님이시라. 여호와는 그를 기억하게 하는 이름이니라. 그런즉 너의 하나님께로 돌아와서 인애와 정의를 지키며 항상 너의 하나님을 바랄지니라(호 12:1-6).

호세아는 북이스라엘이 망하기 직전에 활동했던 선지자입니다. 에브라임이라는 표현은 북이스라엘의 대표 지파의 이름입니다. 남북 왕조로 나뉠 때 북왕국은 열 개의 지파로 구성되고, 남왕국은 두 개의 지파로 구성됩니다. 이 열 개 지파의 우두머리 격이 에브라임 지파라서 북왕국을 부를 때는 에브라임이라는 호칭을 쓰곤 합니다. 그런데 더 많은 지파가 북왕국을 이루었기 때문에 이스라엘이라는 국호를 북왕국이 가져가고, 남왕국은 유다가 큰 지파이고 베냐민은 작아서 유다라는 이름으로 불리게 됩니다. 이런 배경을 갖지만, 오늘날까지도 우리는 이스라엘 사람을 지칭할 때 같은 대상임에도 이스라엘인이라는 말과 유대인이라는 말을 혼용합니다.

호세아 12장에서 북왕국의 실패를 논하고 남왕국의 실패를 논하는데 야곱을 그의 행실대로 벌하시며 그의 행위대로 보응하시겠다는 것입니다. 지금 북이스라엘과 남유다를 꾸짖는 중인데 야곱과 이스라엘이 번갈아 등장합니다. 야곱이 이스라엘이라는 이름으로 바뀌고, 이스라엘이라는 이름이 국호가 되었기 때문에 이스라엘이 행한 일이 마치 야곱이 행한 일과 같습니다. 야곱에게 이스라엘이라는 이름을 주어 야곱에게 허락하신 승리가 이스라엘에게 유효하다는 이야기를 하고 있습니다. 이렇게 야곱과 이스라엘이 번갈아 등장합니다.

여기 있는 야곱은 누구입니까? 그는 태어날 때 형 발뒤꿈치를 잡고 나온 사람입니다. 왜 그랬을까요? 그때는 장자 독식이었습니다. 차남부터는 아무런 유산을 물려받지 못합니다. 그래서 그는 팥죽으로 형에게서 장자의 명분을 빼앗고 또 어머니와 짜고 들어가서 눈먼 아버지를 속여 형이 받을 축복도 받아냅니다. 그런 야곱입니다. 야곱이라는 이름으로 소개되는 야곱의 생애는 인간이 자기 힘으로 할 수 있는 모든 노력을 다 기울였으나 아무것도 얻지 못한 생애입니다. 이것을 표현하는 일에 야곱을 등장시킵니다.

야곱은 장자권도 빼앗고 아버지의 축복도 받았으나, 형이 그를 죽이려고 해서 외삼촌 집으로 피난을 갈 수밖에 없었습니다. 외삼촌 집에서 거의 종살이 수준으로 생활하는데, 제법 약삭빠르게 굴어서 거부가 됩니다. 이에 외사촌들이 시기를 하자 위기를 느끼고 외삼촌 집에서 나올 수밖에 없게 되었지만, 갈 곳이 없습니다. 그래서 고향으로 돌아오는데, 형이 기다리고 있습니다. 척후병을 보냈더니 형이 중무장한 400명을 데리고 야곱을 기다리고 있답니다. 얍복 나루에서 야곱은 공포와 갈등과 선택할 수 없는 절망 속에서 마지막 밤을 지새웁니다. 그때 하나님이 찾아오십니다. 야곱이 하나님과 씨름하는데 야곱이 지지 않습니다. 하나님이 그의 환도뼈를 치고 돌아가시려는데, 야곱이 하나님을 붙잡고 무릎을 꿇습니다. "축복하시지 않으면 보내드릴 수 없습니다." "네 이름이 뭐냐?" "야곱입니다." "다시는 야곱이라고 하지마라. 너는 이스라엘이다."

하나님과 싸워 이긴 사람입니다. 무엇을 이겼을까요? 하나님은 야곱을 당할 수 없답니다. 야곱에게 진답니다. 그것이 무슨 말입니까? 부모는 자식을 이기지 못합니다. 사랑하는 사람은 상대를 이기지 않습니다. 그것이 이스라엘입니다. 그것이 하나님 당신이 지으신 인류에 대하여 가지시는 부모의 마음입니다. 우리는 그의 백성이요, 그의 복 받는 시민일 뿐만 아니라, 언제나 우리는 그의 자녀라고 성경은 이야기합니다.

우리는 하나님의 자녀입니다. 독특한 지위입니다. 우리는 하나님을 훨씬 다른 조건, 다른 기준보다 이런 혈육의 관계에서 이해해야 합니다. 그렇지 않으면 말이 맞지 않습니다. 야곱의 인생을 보십시오. 그의 인생에서 주요한 사건을 시간 순서대로 한번 생각해 보겠습니다. 출생과 벧엘 사건과 얍복 나루 사건을 생각해 볼 수 있는데, 그는 이 얍복 나루 사건 전까지 사실 하나님 없이 잘못된 인생을 살았습니다. 그런 인생이었음에도 불구하고 그는 벧엘에서 특이한 경험을 하게 되지요.

벧엘 사건은 우리가 잘 아는 대로 형을 피하여 도망가던 중 노숙하던 그 자리에 하나님이 그를 찾아오신 사건입니다. "내가 네게 복을 주어 네가 어디를 가든지 너와 함께하고 네게 약속한 것을 다 이루기 전에는 너를 떠나지 아니하리라." 자기 할아버지가 가졌던 하나님의 복된 약속들을 확인받은 사건입니다. 야곱이 아직은 자신의 운명과 결국이 하나님 손에 있다는 것을 모르고, 자기 홀로 인생을 자기 힘으로 살아가던 시기에 받은 약속이었습니다. 이 약속은 그가 외삼촌한테 가는 노정에서 받은 것이고, 그가 깨우친 것은 20년 뒤의 일입니다.

그 20년이 무엇일까요? 우리는 그 20년을 이렇게 생각하고 싶어 합니다. 우리는 방황하지 않고, 후회하지 않고, 잊고 싶은 실패와 눈물들의 시간이 없기를 바라지요. "기왕 하나님이 하실 것이라면, 처음부터 벧엘에서 결정을 지어주시지, 아니 태어날 때부터 제대로 맏아들로 태어나게 하시지, 아니 그러지 말고 외아들로 태어나게 하여 전부 차지하게 하고 착한 일 많이 하다가 잘 죽었다는 말 듣게 하시지" 하는 것 아닙니까? 그러나 중요한 이유가 있습니다. 시간상의 약속이라는 이유입니다. 야곱의 결국은 그가 깨우쳐서 스스로 결정하고 선택해서 마침내 얻은 결과가 아닙니다. 그것은 본인의 이해와 성숙과 득도를 통해 다다른 자리가 아니라, 하나님이

끌고 온 자리입니다. 이것을 보이기 위하여 순서상 벧엘 사건에서 하나님의 약속이 먼저 들어오는 것입니다.

그것이 역사입니다. 하나님이 시작이고 끝입니다. 이 끝은 시작에서부터 끝입니다. 하나님이 가지신 목적과 의지를 꺾을 수 있는 것은 아무것도 없습니다. 하나님은 결코 타협하지 않으실 것입니다. 그런데 우리가 인류 역사에서 보는 대로 이 이해가 안되는 역사를 우리에게 허락하십니다. 모든 사람이 이해하게 된 것처럼 역사는 의식이 없습니다. 그 말은 역사는 인격이 아니라는 것입니다. 역사는 자기가 써내려가는 것이 아니라, 일어난 일들의 나열에 불과합니다. 거기에 어떠한 의미가 있느냐 하는 것은 그 사건을 보는 인격이 이해할 문제이지 역사가 그것을 해설하지는 않는다는 것입니다.

그런 역사, 말이 안되는 역사를 인류가 여기까지 써내려 왔습니다. 그 역사가 도대체 어디로 갈 것인가? 누가 거기에 정당한 내용을 담아낼 수 있는가? 이 물음에 대해 반복적으로 도전하고 있으나 반복적으로 실패하는 것이기도 합니다. 이 문제에 대한 성경의 설명을 이해하지 못하면, 역사와 인생과 운명과 가치에 대하여 아무도 답을 얻을 수가 없습니다.

시간의 역행

예수 그리스도의 십자가는 바로 이 시간에 관하여 하나님의 일하시는 순서와 거기에 담으시는 하나님의 신비를 이렇게 소개합니다. 우리가 잘 아는 예수 그리스도의 구속 사건입니다. "우리가 아직 죄인 되었을 때에 그리스도께서 우리를 위하여 죽으심으로 하나님께서 우리에 대한 자기의 사랑을 확증하셨느니라"(롬 5:8). 이렇게 선언합니다. 대단히 놀라운 선언이고 대단히 간단하면서도 무서운 선언입니다. 우리가 몰랐을 때 하나님은 우리를 위해 구원을 이루십니다. 시간적으로 이야기하면 우리가 태어나기 전, 2천 년 전에 예수 안에서 하나님은 구원을 이루십니다. 우리를 구원하시기 위하여 예수께서 십자가에 죽으신 사건입니다. 2천 년 전에 일어났고 종료되었습니다. 우리는 그 후에 태어납니다.

그런데 우리가 태어날 때는 하나님이 이루신 구원의 결과로, 의인이나 하나님의 자녀로 태어나지 않고, 창조에서 시작된 인류의 조상 아담의 실패 안에서 태어납니다. 죄인으로 태어납니다. 아무리 믿음이 좋은 부모를 두고 있어도 자녀는 죄인으로 출발합니다. 이것이 말이 됩니까? 말이 됩니다. 어떤 선악을 행하기 전에 죽는 일이 아직도 일어나고 있습니다. 어린 아이가 죽습니다. 다 죄인이라는 뜻입니다. 죗값은 사망입니다. 그리고 삶의 어느 중간에 예수님을 만납니다. 그리하여 2천 년 전에 일어났던 사건을, 우리의 생애 속에서 확인하고 납득하고 고백하는 순서를 갖게 하십니다.

이 기독교 신앙생활의 과정을 보면 기이하게도 예수님을 믿고 난 다음에도 완벽하게 변화하지 않습니다. 믿기는 했지만 그 전과 별로 달라지는 게 없습니다. 나아진 것이 있다면 죄책감 정도일 것입니다. 주일에 등산하러 가면 꼭 넘어져 구를 것만 같고, 낚시하러 가면 상어에게 잡혀 먹을 것 같은 기분이 드는 것만 달라졌지, 아무것도 변한 것은 없습니다. 그리고 고민이 가중됩니다. 왜 가중될까요? 여러분이 계속 주일마다 와서 "지난 한 주일 동안도 죄만 짓고 살았습니다"라고 하는 회개 기도가 가지는 진정한 의미는 무엇일까요? 이것을 보기 때문입니다. 하나님은 우리에게 하나님 없이 사는 존재와 인생이 무엇인지를 보여주십니다. 왜 그렇습니까? 그것은 우리가 선택한 것이기 때문입니다. 우리는 태어나면서부터 야곱이라는 이름처럼 형의 발뒤꿈치를 잡고 태어납니다. 생존 경쟁이 무엇인지를 배웁니다.

이사야서, 하나님의 비전

우리는 보통 자녀에게 "너는 그따위로 행동해서 세상을 어떻게 살아가려고 그래"라고 말하곤 합니다. 아무리 신앙생활을 잘해도 대개 자녀를 그런 식으로 나무랍니다. 그런 것은 다 믿음이 없는 탓일까요? 그럴 것입니다. 믿음이 없는 것이 죄일까요? 아닙니다. 믿음이 좋아지는 필수 과정입니다. 예수님을 믿는다는 것은 긍정적인 것, 적극적인 것으로 확인되지 않고, 뜻밖에 소극적이고 부정적인 것으로 확인됩니다.

어떻게 확인될까요? 세상이 약속하는, 세상이 가치 있다고 이야기하는 것들이 전부 거짓말이라는 것을 세상 속에서 배웁니다. 이기면 행복해지는 줄 알지만, 이기면 두려움만 남습니다. 세상에는 물리친 적이 곱게 물러나는 예가 없습니다. 망하게 되면 "같이 죽자" 그럽니다. 가지면 나은 줄 아는데, 가지면 짐만 더 많아질 뿐입니다. 우리에게 어떤 기회가 주어지면, 그 기회를 선용하는 예는 없고 오로지 그 기회를 언제나 이기적으로 쓸 줄밖에 모릅니다. 그것은 도덕도 아니고 양심도 아니고 현실입니다.

그러니 로마서 7장에서 바울이 "오호라, 나는 곤고한 사람이로다. 이 사망의 몸에서 누가 건져내랴"고 탄식한 것은 양심의 가책도 도덕적 결벽증도 아닙니다. 현실입니다. 우리가 살면서 부러워하고 기대하고 소원한 모든 것들을 가진 성공한 사람, 더 가진 사람이 멋있어 보인 예가 없습니다. 이 세상에서 제일 무서운 것이 무엇이겠습니까? 사람입니다. 살아 보십시오. 이것은 괜히 겁을 주는 문제가 아니라 사실입니다. 움직일 수 없고 타협할 수 없고, 변명할 수 없는 사실입니다. 평화는 우리가 체념할 때만 이루어집니다. 끝까지 밀어 붙이면 너 죽고 나 죽자 할 테니, 서로 적절히 타협하거나 내가 양보하는 방법 외에는 없습니다. 그것이 현실입니다.

예수님의 선언대로, 예수님이 길이고 진리고 생명입니다. 그것은 법칙도 아니고, 물건도 아니고, 노력의 결과물도 아닙니다. 예수님은 인격으로서 길이고 진리고 생명이십니다. 그것은 인격적인 것입니다. 인격자가 만드시는 창조물입니다. 그분 외에는 아무도 사랑과 믿음을 줄 수가 없습니다. 사랑과 믿음을 갖고 싶다면 그분과 관계를 맺어야만 합니다. 다른 것으로는 가질 수 없습니다. 다른 데 있는 믿음은 투자거나 도박이거나 확률입니다. 이는 살면서 배웁니다. 그러니 우리의 회개란 "내가 잘못 살았습니다"가 아니라, "그렇게밖에 살 수 없었습니다"라고 하는 한탄일 것입니다.

신자의 성실과 노력과 고민은 세상 어디에도 의탁해 볼 데가 없습니다. 그래서 우리는 그것을 자책하며 내가 제대로 신앙생활을 못해서 가진 벌로 생각하게 됩니다. 그렇지 않습니다. 열심히 산 탓에 그것 외에는 본 것이 없고, 거기서 아무런 답도 얻을 수 없다는 현실을 아직 제대로 설명할 줄 모르기 때문에 그런 것입니다. 회개하면 다음 주에는 행복이 찾아오고 기쁨이 찾아올 줄 착각하고 있기 때문입니다. 이런 과정에서 신앙이 묻어 나오는 것입니다.

기독교의 기적은 무엇입니까? 공간을 뒤집고 시간 순서를 뒤바꾸는 것입니다. 죽은 자가 살아나고 바다가 잠잠해지고 나병환자가 나음을 받은 것이 다 그렇습니다. 부모는 누구의 자녀이면서 또 누구의 부모가 되는 것인데, 자녀는 자기가 한 것의 어떤 결과로 태어나야 맞습니다. 누구누구의 자녀일 것입니다. 그런데 보십시오. 자녀에 의하여 부모의 지위가 변하게 됩니다. 시간의 역행이 우리 일상생활 속에 일어난다는 것입니다.

모세의 인생

자녀가 잘못하면 부모는 수치를 당합니다. 시간이라는 것은 지나가 버린 앞과 남아 있는 뒤가 서로 밀접하게 연계되어 있는 것이 아니겠습니까? 하나님이 그것을 우리에게 허락하십니다. 왜 그렇습니까? 하나님은 역사에

이사야서, 하나님의 비전

대해서 어떤 조건을 주고 잘하기를 바랐다가, 잘 안되면 들어와서 "그렇게 하면 안돼" 하고 심판해서 확 뒤집어놓지 않습니다. 우리가 기억하는 큰 사건들 사이를 채워주시고 기다리시는 분입니다. 좀 더 이해를 돕기 위해서 출애굽기 3:1-12을 살펴보겠습니다.

모세가 그의 장인 미디안 제사장 이드로의 양 떼를 치더니 그 떼를 광야 서쪽으로 인도하여 하나님의 산 호렙에 이르매 여호와의 사자가 떨기나무 가운데로부터 나오는 불꽃 안에서 그에게 나타나시니라. 그가 보니 떨기나무에 불이 붙었으나 그 떨기나무가 사라지지 아니하는지라. 이에 모세가 이르되 내가 돌이켜 가서 이 큰 광경을 보리라. 떨기나무가 어찌하여 타지 아니하는고 하니 그 때에 여호와께서 그가 보려고 돌이켜 오는 것을 보신지라. 하나님이 떨기나무 가운데서 그를 불러 이르시되 모세야, 모세야, 하시매 그가 이르되 내가 여기 있나이다. 하나님이 이르시되 이리로 가까이 오지 말라. 네가 선 곳은 거룩한 땅이니 네 발에서 신을 벗으라. 또 이르시되 나는 네 조상의 하나님이니 아브라함의 하나님, 이삭의 하나님, 야곱의 하나님이니라. 모세가 하나님 뵈옵기를 두려워하여 얼굴을 가리매 여호와께서 이르시되 내가 애굽에 있는 내 백성의 고통을 분명히 보고 그들이 그들의 감독자로 말미암아 부르짖음을 듣고 그 근심을 알고 내가 내려가서 그들을 애굽인의 손에서 건져내고 그들을 그 땅에서 인도하여 아름답고 광대한 땅, 젖과 꿀이 흐르는 땅 곧 가나안 족속, 헷 족속, 아모리 족속, 브리스 족속, 히위 족속, 여부스 족속의 지방에 데려가려 하노라. 이제 가라. 이스라엘 자손의 부르짖음이 내게 달하고 애굽 사람이 그들을 괴롭히는 학대도 내가 보았으니 이제 내가 너를 바로에게 보내어 너에게 내 백성 이스라엘 자손을 애굽에서 인도하여 내게 하리라. 모세가 하나님께 아뢰되 내가 누구이기에 바로에게 가며 이스라엘 자손을 애굽에서 인도하여 내리이까. 하나님이 이르시되 내가 반드시 너와 함께 있으리라. 네가 그 백성을 애굽에서 인도하여 낸 후에 너희가 이 산에서 하나님을 섬기리니 이것이 내가 너를 보낸 증거니라(출 3:1-12).

모세가 자기 백성을 구하러 갈 때는 하나님이 예전에 아브라함에게 약속하셨을 때로부터 많은 해가 지나서입니다. 400년 이상의 세월이 지났습니다. 요셉 때에 이스라엘 백성은 기근을 피해서 요셉이 총리로 있던 애굽에 이주민으로 살게 됩니다. 거기서 이스라엘 백성이 커집니다. 그래서 출애굽할 때쯤에는 약 300만의 인구를 가졌을 것으로 봅니다. 400년 동안 애굽에서 종살이를 합니다. 그 시기 동안에 하나님은 무엇을 하셨을까요? 왜 이제 와서 모세를 불러 "내 백성을 인도하라"고 하셨을까요? 그들을 키우신 것입니다. 300만이 되도록 키우신 것입니다. 그렇게 키우실 때도 하나님이 함께하신 것입니다. "내가 왜 가야 합니까?" "내 뜻이다. 내가 반드시 너와 함께하리라." 연이어 출애굽기 3:13-15도 보겠습니다.

모세가 하나님께 아뢰되 내가 이스라엘 자손에게 가서 이르기를 너희의 조상의 하나님이 나를 너희에게 보내셨다 하면 그들이 내게 묻기를 그의 이름이 무엇이냐 하리니 내가 무엇이라고 그들에게 말하리이까. 하나님이 모세에게 이르시되 나는 스스로 있는 자이니라. 또 이르시되 너는 이스라엘 자손에게 이같이 이르기를 스스로 있는 자가 나를 너희에게 보내셨다 하라. 하나님이 또 모세에게 이르시되 너는 이스라엘 자손에게 이같이 이르기를 너희 조상의 하나님 여호와 곧 아브라함의 하나님, 이삭의 하나님, 야곱의 하나님께서 나를 너희에게 보내셨다 하라(출 3:13-15).

스스로 있는 자란 누구인가요? 마음대로 하시는 분입니다. 그는 선하

이사야서, 하나님의 비전

심을 위하여 마음대로 하십니다. 법칙과 성과물을 넘어서는 일을 하실 수 있는 분입니다. 은혜와 긍휼의 하나님이십니다. 이것이 역사 속에 담기는 것입니다. 우리가 기억하는 어떤 깨우침, 어떤 성취, 또한 그 사이에 있었던 막막하고 의심스럽고 돌아보기 싫었던 자리들도 하나님은 허락하십니다. 우리의 노력과 우리의 선택을 요구하시고 허락하십니다. 우리의 잘잘못으로 끝나는 것이 아니라, 잘잘못이 일을 한다고 말씀합니다.

대표적인 예를 보겠습니다. 사람은 몸이 먼저 큽니까, 정신이 먼저 큽니까? 몸이 먼저 큽니다. 아무리 빨라도 사춘기가 와야 정신이 생깁니다. "나는 누구인가? 우리 부모는 왜 그런가?" 이때부터 시작입니다. 그렇게 되려면 본체가 있어야 합니다. 생각이 없을 때 먹여서 키우는 것입니다. 우리가 철없을 때에 청바지 입고 설악산에 올라가서 밤새 놀다가 굴러 내려오곤 했던 그 모든 나날들도 하나님이 기르신 시간입니다. 하나님이 기르십니다. 기타 하나 메고서 한 시간은 노래 부르고, 또 한 시간은 휘둘러 싸웠던 해운대에서의 시간도 하나님이 기르신 시간입니다.

그래서 나중에 할 말이 있게 됩니다. 말로 듣고, 단어로 듣고 추상명사로 들은 이야기가 아니고, 내가 살고 부딪히고 경험한 사건들이 말을 한다는 것을 알게 됩니다. 하나님은 하나님의 일을 위하여 우리를 앉혀 놓고 설명하거나 구경시키거나 훈계하시는 것이 아니라, 나 자신을 그의 뜻과 목적에 맞게 채워 나가십니다. 나에게서 항복을 받으십니다. 나에게 채워 작품을 만드십니다.

모세는 나중에 깨닫습니다. 시편 90편의 증언처럼, 그는 자신의 80년 동안 죽어나간 세월을 보냅니다. 40년간은 멋모르고 바로의 왕자로 살았습니다. 얼마나 수치스러운 일입니까? 나중에 자기 정체성을 확인하고서 그 다음 40년은 광야로 쫓겨나 이름 없이 세월을 다 보냅니다. 그리고 마지막 40년에 부름을 받습니다. "하나님, 이 나이에 뭘 하자는 겁니까?" "괜찮다." 그의 생애는 위대해집니다. 그가 그 80년을 할 말 없는 인생으로 산 것 때문에 위대해집니다. 처음부터 그가 위대해졌다면 기대해 볼 만한 것은 하나도 없습니다.

아무것도 아닌 것 같은 우리, 아무것도 아닌 것 같은 인생, 가장 사소하고 가장 후회스러운 것들 속에서 하나님이 일하고 계십니다. 그것이 역사입니다. 우리 인생입니다. 우리의 존재입니다. 겁내지 마십시오. 그때는 그러는 것입니다. "그때 너 머리 빡빡 깎고 나타났잖아." "야, 그때는 성질 좀 났어." 그런 것이 자랑입니다. "난 그때 공부했어." 이것은 바보입니다. 놀아야 할 때 제대로 놀지 못한 사람하고는 대화가 되지 않습니다. 한번쯤 미친 짓 안 해본 사람하고는 정서적 감흥을 나눌 수가 없습니다. 책만 읽어대면 안됩니다. 인격과 인간성이 영광과 성숙으로 올라오는 하나님의 일하심을 마음껏 채우고 담아내야 합니다. 여러분, 인생을 살고 싶은 힘이 나십니까? 그래야 됩니다.

::

하나님 아버지, 은혜를 감사합니다. 우리의 모든 조건 속에 하나님이 함께하시고 역사와 인생의 주인 되심을 고백하고 감사드리며, 그래서 우리 인생을 책임 있게 살기로 다짐합니다. 하나님과 동행하는 줄 아는 믿음으로 힘껏 살겠습니다. 예수님 이름으로 기도합니다. 아멘.

이사야서, 하나님의 비전

23

내 마음에 기뻐하는 자

사 42:1-9

내가 붙드는 나의 종, 내 마음에 기뻐하는 자 곧 내가 택한 사람을 보라. 내가 나의 영을 그에게 주었은즉 그가 이방에 정의를 베풀리라. 그는 외치지 아니하며 목소리를 높이지 아니하며 그 소리를 거리에 들리게 하지 아니하며 상한 갈대를 꺾지 아니하며 꺼져가는 등불을 끄지 아니하고 진실로 정의를 시행할 것이며 그는 쇠하지 아니하며 낙담하지 아니하고 세상에 정의를 세우기에 이르리니 섬들이 그 교훈을 앙망하리라. 하늘을 창조하여 펴시고 땅과 그 소산을 내시며 땅 위의 백성에게 호흡을 주시며 땅에 행하는 자에게 영을 주시는 하나님 여호와께서 이같이 말씀하시되 나 여호와가 의로 너를 불렀은즉 내가 네 손을 잡아 너를 보호하며 너를 세워 백성의 언약과 이방의 빛이 되게 하리니 네가 눈먼 자들의 눈을 밝히며 갇힌 자를 감옥에서 이끌어 내며 흑암에 앉은 자를 감방에서 나오게 하리라. 나는 여호와이니 이는 내 이름이라. 나는 내 영광을 다른 자에게, 내 찬송을 우상에게 주지 아니하리라. 보라, 전에 예언한 일이 이미 이루어졌느니라. 이제 내가 새 일을 알리노라. 그 일이 시작되기 전에라도 너희에게 이르노라.

섬기는 종

하나님께서 그의 창조와 그가 가지신 목적을 성실히 이루시고 완성하시기 위하여 그의 종을 세운다고 말씀하십니다. "내가 붙드는 나의 종, 내 마음에 기뻐하는 자 곧 내가 택한 사람을 보라. 내가 나의 영을 그에게 주었은즉 그가 이방에 정의를 베풀리라"(사 42:1). 여기서 말하는 정의는 물론 우리가 이해하는 정의보다 큽니다. 소극적이거나 부정적인 것과 달리 적극적이고 아주 높은 정의입니다. 하나님을 아는 지식이며, 하나님의 거룩하심을 닮고 또 그것을 담아내는 영광과 명예, 위대함을 말합니다. 이 종은 궁극적으로 예수 그리스도 안에서 성취되고 증거되며, 역사 속에 실제로 오셔서 하나님의 약속과 뜻을 그의 생애와 죽음과 부활로 변개할 수 없이 증명해 내십니다.

그런데 이 메시아는, 이사야 42:2-3에 나온 대로, 외치지 아니하며 목소리를 높이지 아니하며 상한 갈대를 꺾지 아니하며 꺼져가는 등불을 끄지 않을 것입니다. 이 메시아, 곧 하나님의 종은 철저히 권력적이지 않을 것입니다. 하나님이 그의 뜻을 성취하기 위하여 부르시는 모든 종마다, 그가 종이라고 명명됨으로써, 벌써 그 칭호에서 느껴지듯이 주장하는 자가 아니라 섬기는 자라는 것을 가장 우선적인 특징으로 선포하고 있습니다.

하나님의 일하심이 인류가 살아낸 역사 속에서 면면히 흐르고 또 예수 그리스도에게서 분명하고 풍성하게 성취된 것이라면, 인류 역사에 대한 하나님의 개입하심과 동행하심, 일하심을 이해하는 것은 기독교 신자들에게 매우 시급한 과제입니다. 그는 종으로 명명되어 섬기는 삶을 사셨고, 권력적이지 않으셨습니다. 강제력으로 그 일을 이루시지 않습니다. 이사야 53장에 드러나듯이, 질고를 지고 고운 모양도 없고 귀히 여겨지지도 않는 그런 길로 가셨습니다. 그렇게 하여 하나님이 그분의 뜻을 이루셨습니다. 이 사실을 이해하지 못하면, 우리 기독교 신앙인들이 시험받는, 기도가 응답받지 못하는 이유도 알 수 없을 것입니다. "주를 위하여 진심이 있사오니 저에게 이런저런 조건을 주시면 제가 쓸모 있는 인생을 살겠습니다"라고 기도하는 것 말입니다. 우리는 그런 기도를 하기 전에 하나님이 이미 그의 종인 우리에게 필요한 모든 조건을 허락하셨고, 또 일하고 계시다는 것을 확인해야 합니다. 마태복음 16:16-22을 보겠습니다.

시몬 베드로가 대답하여 이르되 주는 그리스도시요 살아 계신 하나님의 아들이시니이다. 예수께서 대답하여 이르시되 바요나 시몬아, 네가 복이 있도다. 이를 네게 알게 한 이는 혈육이 아니요 하늘에 계신 내 아버지시니라. 또 내가 네게 이르노니 너는 베드로라. 내가 이 반석 위에 내 교회를 세우리니 음부의 권세가 이기지 못하리라. 내가 천국 열쇠를 네게 주리니 네가 땅에서 무엇이든지 매면 하늘에서도 매일 것이요 네가 땅에서 무엇이든지 풀면 하늘에서도 풀리리라 하시고 이에 제자들에게 경고하사 자기가 그리스도인 것을 아무에게도 이르지 말라 하시니라. 이 때로부터 예수 그리스도께서 자기가 예루살렘에 올라가 장로들과 대제사장들과 서기관들에게 많은 고난을 받고 죽임을 당하고 제삼일에 살아나야 할 것을 제자들에게 비로소 나타내시니 베드로가 예수를 붙들고 항변하여 이르되 주여, 그리 마옵소서. 이 일이 결코 주께 미치지 아니하리이다(마 16:16-22).

이 본문의 앞뒤 맥락을 잘 생각해 보십시오. 예수님이 베드로의 고백 위에 이렇게 말씀하십니다. "그렇다. 내가 그리스도다. 내가 메시아다." 메시아를 헬라어로 번역하면 그리스도입니다. "내가 그 선지자요 해방자다. 약속된 하나님의 구원자다. 내가 네 위에 교회를 세워 천국 열쇠를 주겠다. 음부의 권세가 이기지 못할 것이다. 그리고 내가 메시아인 것을 말하지 말라. 나는 죽게 될 것이다." 그러니까 베드로가 펄쩍 뛰었습니다. "그럴 수 없습니다. 이 모든 약속이 당신을 근거로 주어진 것이고, 능력으로라야 성취될 수 있는데, 당신이 죽는다면 말이 됩니까?" 그러자 예수께서 이렇게 책망하십니다. "사탄아, 물러가라." 놀라운 책망입니다. 이 문제가 무슨 사탄 운운할 것이겠습니까. 그런 말씀은 가룟 유다나 빌라도나 자기를 찌른 로마 병사에게 하셔야 하지 않겠습니까? 그들을 향해서는 아무런 저주도 정죄도 없으시고, 자신을 위해서 당연히 항변한 베드로에게 "사탄아, 너는 나를 넘어지게 하는 자로다" 하신 것입니다.

이 "사탄아"라고 꾸짖으신 것이 어떤 성격의 문제인지를 알려면 먼저 기억할 것이 있습니다. 예수께서 공생애를 시작하기 전에 받으신 시험을 한번 떠올려 보십시오. 그 시험 중의 하나가 사탄이 예수님을 산위로 데려가 천하만국을 보여주고서, "내게 절하기만 하면 내가 가진 권세를 네게 주겠다"고 한 것입니다. 그때 하신 말씀이 "사탄아, 물러가라"였습니다. 기억나십니까?

이 꾸짖음은 베드로를 꾸짖으신 것과 동일한 성격의 것입니다. "이것이 권력의 싸움인 줄 아느냐? 힘의 논리인 줄 아느냐?" 그 시험의 답이 무엇이었습니까? "나는 사람들이 모두 하나님을 경배하게 하려고 왔다." 이 것입니다. 하나님이 우리의 경배를 받으시는 것은 강제력으로 요구하시는 것이 아닙니다. 여기에 예수 그리스도의 성육신과 십자가 죽음의 자리가 있습니다. 그 모든 것은 하나님이 우리에게 항복을 받아내기 위하여 필요한 과정이요 또 방법이었습니다. 우리는 이 문제에 대하여 무지합니다. 우리는 다 베드로입니다. 힘을 가져야 하나님 나라가 세상 권세를 깨고 설 수있다고 생각합니다. 그렇지 않다는 것입니다.

이 힘의 논리에 관한 문제는 예수님과 제자들이 앉았던 자리에서 제자들이 누가 더 예수께 공헌도가 높은가 하는 자리다툼에서도 불거집니다. 예수님의 답변은 이것이었습니다. 세상에서는 높은 자리에 있는 자들이 권력을 휘두르고 아랫사람들을 부리지만, 하나님의 나라는 섬기는 데 있다고 말씀합니다. 자신은 섬기러 왔고, 죽으러 왔다고 하십니다.

하나님이 기뻐하시는 방법

이 문제가 이해되지 않으면 기독교인으로서의 삶은 어렵습니다. 우리는

이사야서, 하나님의 비전

억울할 수 있습니다. 우리가 진리를 가졌고, 우리가 옳은 자라는 사실 때문입니다. 그래서 "하나님, 어찌하여 내 기도에 응답하시지 않습니까" 할 것이요, "하나님이 제 기도에 응답하시지 않으면, 반대로 저 잘못하는 자들을 벌하여 주옵소서" 하게 될 것입니다. 하나님이 둘 다 응답하시지 않습니다. 나에게 권력을 주시지 않을 뿐만 아니라, 잘못된 권력을 응징하시지도 않습니다. 그것은 때가 되어야 하실 것입니다. 우리가 시원할 만큼, 우리가 분명히 이해하고 싶은 만큼 주시지 않습니다. 말하자면 여기에 기독교 신앙에 대한 우리의 오해가 있습니다.

다시 본문으로 돌아가 보면, 이 일은 이렇게 종을 보내어 섬김을 통해 하시는 것이 하나님이 기뻐하시는 방법이랍니다. "내가 붙드는 나의 종, 내 마음에 기뻐하는 자 곧 내가 택한 사람을 보라." 하나님의 마음을 펼치고 그의 기쁘신 뜻을 받드는 자가 종의 자리에 있다는 것입니다.

그런데 우리는 이 섬긴다는 것을 잘못 이해할 수 있습니다. 다시 말해 이 섬김으로 나중에 어떤 답을 받아내지 못하고 보상도 없으면 그 섬김을 가치로 삼아 "나는 겸손했고 정의로웠는데, 너는 아니다"라는 식으로 비교하게 됩니다. 만약 겸손과 공정함과 성실함을 통해 어떤 보상을 받지 못하면, 그렇지 않은 사람을 정죄하거나 비난하게 됩니다.

예수님의 생애에서 가장 놀라운 것은 아무도 원망하거나 저주하지 않으신다는 것입니다. 그저 다 감수하십니다. 예수께서 공생애를 시작하시자마자 세례 요한에게 가서 세례를 받으십니다. 세례를 받고 물에서 올라오자, 하늘이 열리고 성령이 비둘기같이 임하고 하늘에서 소리가 납니다. "이는 내 사랑하는 아들이요 내 기뻐하는 자라." 여기서 기뻐하는 자란 예수님의 순종을 말하는 것이기도 하지만, 하나님이 요구하신 길, 하나님이 기뻐하시는 길, 우리가 보통 부정적으로 이야기하면 "지는 길"로 걸어가는 것을 말하는 것입니다.

빌립보서 2:5-11을 보겠습니다.

너희 안에 이 마음을 품으라. 곧 그리스도 예수의 마음이니 그는 근본 하나
님의 본체시나 하나님과 동등됨을 취할 것으로 여기지 아니하시고 오히려
자기를 비워 종의 형체를 가지사 사람들과 같이 되셨고 사람의 모양으로
나타나사 자기를 낮추시고 죽기까지 복종하셨으니 곧 십자가에 죽으심이
라. 이러므로 하나님이 그를 지극히 높여 모든 이름 위에 뛰어난 이름을 주
사 하늘에 있는 자들과 땅에 있는 자들과 땅 아래에 있는 자들로 모든 무릎
을 예수의 이름에 꿇게 하시고 모든 입으로 예수 그리스도를 주라 시인하
여 하나님 아버지께 영광을 돌리게 하셨느니라(빌 2:5-11).

우리는 보통 예수님의 죽음을 순종, 희생, 고난, 배신 그리고 부활과
같은 단어들로 가치화시키고 권력화합니다. 순종해서 얻은 승리, 배신당
해서 가진 부활로 말입니다. 말하자면 그것을 비장하게 만들거나 그것의
가치를 필요 이상으로 담아내어 거기에 권세와 지위를 부여하려고 합니
다. 그것이 아닙니다. 하나님이 요구하시고 기뻐하시는, 지는 것으로 만들
어내는 승리를 말해야 합니다. 장렬하고 지극하고 처절한 것이 값을 가지
는 것이 아니라, 힘의 논리에서는 말이 안되는 지위와 방법으로 만드시는
하나님의 승리 말입니다. 그것이 하나님이 요구하시는 영광입니다.

그러니까 빌립보서 2:5-11의 의미는, 예수께서 죽으시는 방법으로 하
나님이 영광을 만들어내셨다는 것입니다. 그래서 모든 입으로 하늘에 있
는 것이나 땅에 있는 것이나 땅 아래 있는 모든 존재, 우리가 말하는 모든
지위와 권력들이 하나님께 항복한다는 것입니다. 하나님은 다르십니다.
하나님의 영광과 권세는 다릅니다. 이렇게 모든 창조 세계가 무릎을 꿇고
항복하고 뒤집어질 수밖에 없었다고 이야기합니다.

이것이 우리에게는 낯섭니다. 우리가 살고 있는 현실이 힘의 논리 아래 있고, 이 길에 들어서면 상대를 꺾어야 살 수 있기 때문입니다. 그래서 지고 이긴다는 말에 대해서도 오해하는 경향이 있습니다. 순진한 마음에서 금식하고 철야하고 성경공부하는 일들이 그것 자체로 가치화되는 바람에, 하나님이 십자가의 방법을 쓰신다는 것에 대하여 전혀 생각하지 못하게 됩니다.

내가 자책하지 않으려는 최후의 방어 수단으로 예배에 나오고 성경공부도 하는 면이 있습니다. 우리는 아무것도 아닌 길이 이 세상이 만드는 어떤 능력보다도 하나님이 기뻐하시는 자기 자랑이자 증명이요 우리를 불러 동참시키시는 그의 능력임을 이해하지 못하고 있습니다. 그것은 우리 모두에게 있는 현실입니다. 여러분 모두 누구 하나 예외 없이, 사실 아무것도 아닙니다. 고단하고 지위가 없고 존재 가치가 없고 성질을 부릴 힘도 없습니다. 그것이야말로 하나님이 예수 안에서 보이신 하나님의 일하심이고 승리로 가는 길이며, 영광으로 가는 길입니다.

비방도 감수하다

로마서 15:1-3을 보겠습니다.

> 믿음이 강한 우리는 마땅히 믿음이 약한 자의 약점을 담당하고 자기를 기쁘게 하지 아니할 것이라. 우리 각 사람이 이웃을 기쁘게 하되 선을 이루고 덕을 세우도록 할지니라. 그리스도께서도 자기를 기쁘게 하지 아니하셨나니 기록된 바 주를 비방하는 자들의 비방이 내게 미쳤나이다 함과 같으니라(롬 15:1-3).

하나님의 기쁘심은 우리를 기쁘게 하는 것, 우리를 영광되게 하는 것입니다. 우리를 만드신 창조자는 강제력을 가지고 우리 위에 군림하시지 않고, 우리에게 강요하시지 않고, 우리를 조작하시지 않고, 우리를 기꺼이 항복시키십니다. 그 항복은 세상이 하는 식의 힘의 굴복과는 다른 것입니다. 그것은 우리에게 주어진 영광에 관한 것입니다. 하나님과의 관계에서 갖게 된 우리의 만족입니다.

예수 그리스도의 공생애가 가지는 가장 중요한 내용은 하나님께서 이 땅에 오사, 우리를 대접하시는 것입니다. 우리의 배신과 무지와 못난 것에 들어와 함께하시는 것입니다. 그것이 임마누엘입니다. 누가 우리 집에 오면 그가 우리를 대접하는 것입니다. 그가 대등한 지위에서 우리의 지위를 인정하고 존재를 끌어안아 주는 것입니다. 명령을 내리고 경찰을 보내는 것이 아니라, 방문을 하는 것입니다. 나를 찾아오는 것이요 나를 만나러 오는 것입니다. 예수님은 그 모든 것을 끌어안으십니다. 어떻게 끌어안으시냐 하면 하나님에 대하여 비방하는 것을 다 감수하심으로 끌어안으십니다. "그리스도께서도 자기를 기쁘게 하지 아니하셨나니 기록된 바 주를 비방하는 자들의 비방이 내게 미쳤나이다"(롬 15:3).

하나님을 비방한다는 것이 무엇일까요? 예수께서 이 땅에 계시는 동안 그들이 하나님을 모른 것, 하나님을 거부한 것, 하나님의 뜻을 알려 하지 않은 것입니다. 그 모든 것이 우리가 아는 대로 말하자면, 배신입니다. 하나님은 그런 기만, 위협, 보복 이 모든 것들을 다 끌어안으십니다. 세상이 보복한 것을 되받아 치지 않으시고 그것을 감수하십시다. 세상이 공격하고 모욕을 준 모든 것을 다 자신 안에 담으십니다. 그들이 보복하려고 들어오지만 그들을 끌어안아 십자가 안에 포함시키고 이 땅의 가치와 질서에서 끌어내어 부활에 포함시키신 것입니다.

시편 69편을 보겠습니다.

　　　　　　　　　　　　이사야서, 하나님의 비전

하나님이여, 나를 구원하소서. 물들이 내 영혼에까지 흘러 들어왔나이다. 나는 설 곳이 없는 깊은 수렁에 빠지며 깊은 물에 들어가니 큰 물이 내게 넘치나이다. 내가 부르짖음으로 피곤하여 나의 목이 마르며 나의 하나님을 바라서 나의 눈이 쇠하였나이다. 까닭 없이 나를 미워하는 자가 나의 머리털보다 많고 부당하게 나의 원수가 되어 나를 끊으려 하는 자가 강하였으니 내가 빼앗지 아니한 것도 물어 주게 되었나이다. 하나님이여, 주는 나의 우매함을 아시오니 나의 죄가 주 앞에서 숨김이 없나이다. 주 만군의 여호와여, 주를 바라는 자들이 나를 인하여 수치를 당하게 하지 마옵소서. 이스라엘의 하나님이여, 주를 찾는 자가 나로 말미암아 욕을 당하게 하지 마옵소서(시 69:1-6).

이 시의 저자는 다윗입니다. 그가 얼마나 많은 곤욕을 당하며 억울함을 당하고 있는가, 그리고 그 당하고 있는 고난이 얼마나 심한가를 호소하고 있습니다. 그의 호소는 "빨리 해결해 주십시오. 구원해 주십시오"와 같은 간단한 간절함이 아닙니다. 우리가 기도할 때 기대하고 간절히 매달리는 믿음을 가지면 보상받게 된다고 여기에 기록되어 있지 않습니다. 그가 어느 자리에까지 갔는가를 기록하고 있습니다. 그리고 그 시는 이렇게 이어집니다.

내가 주를 위하여 비방을 받았사오니 수치가 나의 얼굴에 덮였나이다. 내가 나의 형제에게는 객이 되고 나의 어머니의 자녀에게는 낯선 사람이 되었나이다. 주의 집을 위하는 열성이 나를 삼키고 주를 비방하는 비방이 내게 미쳤나이다(시 69:7-9).

이 7절과 9절을 합쳐서 앞에서 본 로마서 15장에 인용하고 있습니다.

주를 위하여 비방을 받고 주를 비방하는 비방까지 받습니다. 그가 무슨 이야기를 하고싶어 합니까? "네 처지를 보니, 하나님이 있다는 것은 거짓말이다. 네가 어려운 꼴을 당하는 것을 보니, 너는 하나님께 버림을 받았구나. 네가 믿는 하나님이 힘이 없구나." 이런 두 가지 비방을 받는다는 것입니다. 그런데 이 저자는 그 두 가지를 다 "하나님이 일하시는 범위다. 하나님의 승리를 위한 하나님의 수단이다"라고 증언합니다. 무엇이었다고요? "네 어려움을 보니, 네가 하나님 앞에 뭔가 잘못한 모양이다. 네가 믿는 하나님이 힘이 없나보다"고 하는 비방까지 함께 받고 있지만, 그는 그것이 하나님이 일하시는 자리라는 것까지 압니다.

우리가 주의 기뻐하시는 종이다

그러니 나의 택한 종, 나의 기뻐하는 사람을 보라고 한 이 하나님의 약속은 예수님에게서 완성되는 것입니다. 인류와 각 개인의 영혼에 승리를 주기 위한 구원의 약속이 이루어지는 하나님의 구체적인 손길과 방법은 예수님에게서 구체화되고 분명해집니다. 그러나 그 동일한 하나님의 일하심은 온 인류의 역사 속에도 들어 있었습니다. 절대 다수의 인생과 조건 속에도 들어 있었던 하나님의 성실한 동행이었습니다. 그런 하나님의 손길이었다고 증언하고 있는 것입니다.

따라서 이 주의 종이란, 말하자면 다윗이나 히스기야, 고레스 등 한정된 역사적 위인들만 지칭한 것이 아니라, 그보다 훨씬 넓은 의미로 이해해야 한다는 것입니다. 이런 이해에 대하여, 제가 참고하고 있는 폴 D. 핸슨의 『이사야 40-66: 현대성서주석』에는 이렇게 씌어 있습니다. "종의 모습은 어느 한 장소와 어느 한 시대 속에 있는 한 사람에 대한 전기적 묘사보다 더 확대된다. 어떤 위인전기 정도가 아니다. 하나님을 사랑하는 모든

사람이 그와 같이 되도록 도전을 가능케 하는 이야기다." 그러니까 우리가
그 종인 것입니다.

여기서 조건이 더 나으면 쓸모없습니다. 그런 것이 이해됩니까? 하나
님이 일하십니다. 여러분이 받는 어떤 수모나 외면과 같은 그런 것들이 하
나님이 즐겨하시고 기뻐하시는 것입니다. 그래서 섬기는 역할이랍니다.
어머니를 보세요. 평생 자기가 희생해서 키운 자식들에게 아무런 보상을
못 받습니다. 사실 모든 인생이 그렇습니다. 열심히 살고 욕심도 내고 있
지만, 아무것도 받아내지 못하는 것이 진정한 행복과 만족 아닙니까? 이런
것들은 세상이 말하는 힘의 논리 속에는 없습니다. 나만 있으면 된다고 합
니다. 그것이 말하자면 현실 속에서, 아무것도 없음 속에서 하나님이 드러
내시는 진정한 진리일 것입니다. 그러니 여러분이 이러한 일을 당하게 되
면 섬기는 자로 서 있는 귀한 자리로 여기십시오.

어떤 이가 여러분을 경멸하는 눈초리로 쳐다보는 것을 받아내십시오.
하나님이 거기서 일하십니다. 그렇게 노려본다고 해서 그가 가진 것은 아
무것도 없습니다. 거기에는 영광이 담겨 있지 않습니다. 고개 한번 쳐들고
큰소리 한번 쳐봤으면 좋겠습니까? 남이 실수한 것을 본 것으로 충분합니
다. "너는 내가 일하는 자리에서 내 손길이 되라"는 요청을 받고 있습니다.
이런 요청은 무궁무진하게 많습니다.

다른 누구를 흉볼 것도, 탐낼 것도 없는 여러분의 자리, 여러분이 무안
해지고 부끄럽고 죄스러운 마음이 드는 곳이 최고의 자리입니다. 그것이
성육신의 길입니다. 이사야 53장에 가면 마음껏 이 부분을 확인할 것입니
다. 우리 자신이 하나님이 일하시는 현장입니다. 그것이 그가 기뻐하시는
방법이라고 이해하는 것은, 여러분의 이해보다 더 중요한 성경의 증언입
니다. 여러분의 영적 시야가 열려서 하나님의 일하심에 동참하는 인생을
사는 위대함과 승리가 있기를 바랍니다.

::

하나님 아버지, 은혜를 감사합니다. 우리의 존재와 인생 조건이 이렇게 위대한 것인 줄 우리는 이해하지 못합니다. 베드로가 그랬듯이, 그가 지금 우리 앞에 나타나면 우리에게 틀림없이 "너, 그게 뭐냐"고 할 것입니다. 하나님, 우리의 힘을 모아 "사탄아, 물러가라"고 말할 수 있게 하옵소서. 예수님 이름으로 기도합니다. 아멘.

24

너는 내 것이라

사 43:1-7

야곱아, 너를 창조하신 여호와께서 지금 말씀하시느니라. 이스라엘아, 너를 지으신 이가 말씀하시느니라. 너는 두려워하지 말라. 내가 너를 구속하였고 내가 너를 지명하여 불렀나니 너는 내 것이라. 네가 물 가운데로 지날 때에 내가 너와 함께 할 것이라. 강을 건널 때에 물이 너를 침몰하지 못할 것이며 네가 불 가운데로 지날 때에 타지도 아니할 것이요 불꽃이 너를 사르지도 못하리니 대저 나는 여호와 네 하나님이요 이스라엘의 거룩한 이요 네 구원자임이라. 내가 애굽을 너의 속량물로, 구스와 스바를 너를 대신하여 주었노라. 네가 내 눈에 보배롭고 존귀하며 내가 너를 사랑하였은즉 내가 네 대신 사람들을 내어 주며 백성들이 네 생명을 대신하리니 두려워하지 말라. 내가 너와 함께 하여 네 자손을 동쪽에서부터 오게 하며 서쪽에서부터 너를 모을 것이며 내가 북쪽에게 이르기를 내놓으라. 남쪽에게 이르기를 가두어 두지 말라. 내 아들들을 먼 곳에서 이끌며 내 딸들을 땅 끝에서 오게 하며 내 이름으로 불려지는 모든 자 곧 내가 내 영광을 위하여 창조한 자를 오게 하라. 그를 내가 지었고 그를 내가 만들었느니라.

내가 너를 사랑하였은즉

이사야 43장은 특별한 장입니다. 이사야 40장 이후 하나님께서 이스라엘 백성을 끝까지 포기하시지 않고 구원하시며 승리케 하실 것이라는 약속들이 반복되는 가운데 나오기 때문입니다. 하나님은 역사에 개입하시고 이스라엘의 모든 못난 결정에 개입하여 그것을 고치시며, 그의 사랑으로 인하여 그들에게 하신 약속을, 그들의 결정보다 크신 하나님이 그의 성의와 능력으로 지켜내시겠다고 말씀합니다. 4절에서는 하나님이 "네가 내 눈에 보배롭고 존귀하며 내가 너를 사랑하였은즉 내가 네 대신 사람들을 내어 주며 백성들이 네 생명을 대신하리니 두려워하지 말라"고 하십니다.

이 말씀은 이스라엘 백성이 바벨론 포로 하에 있다는 것을 역사적 배경으로 설정하고 있습니다. 그래서 이 말씀이 그즈음에 주신 말씀인지, 아니면 이사야 시대에 예언된 것인지는 논란이 있습니다. 그때는 이사야가 죽었을 나이이기 때문에 다른 사람들이 이 글을 써서 이사야의 이름으로 연결시켰는지, 이사야가 이때를 내다보았는지는 논란이 있습니다. 그러나 내용에 대해서는 논란이 없습니다.

이사야 1-39장에 따르면, 하나님은 이스라엘이 국가적 위기에 처했을 때 찾아오셔서 경고하십니다. 북이스라엘의 멸망과 남유다의 멸망이라는 위기 속에서 꾸짖으시고 경계하시고 붙드십니다. 그럼에도 불구하고 앗수르와 바벨론으로 쫓겨 간 그들에게 찾아오시고 원래의 약속을 이루시기 위하여 끊임없이 설득하고 격려하고 선포하시는 하나님을 만나게 됩니다. 이러한 이스라엘 역사가 가지는, 그 선민들이 누렸던 약속과 저들이 실제로 걸어왔던 역사 간의 간격과 모순 혹은 괴리를 우리는 이해할 수가 없습니다.

어떤 민족보다도 가장 못난 민족 같은데 하나님이 기어코 그들을 승리와 구원으로 인도하신다면, 왜 그런 처절한 역사를 허락하셨는지 우리로서는 사실 선뜻 이해되지 않습니다. 그런데 그것을 본문의 방식으로 말하자면, 4절에서 본 바와 같이 사랑 때문이라는 것입니다. 우리에게는 이 말이 어렵습니다. 사랑은 우리가 아는 말이기도 하고 모르는 말이기도 한 까닭입니다.

이사야서, 하나님의 비전

우리 안에 없었던 믿음

이스라엘 역사에서, 그리고 예수님의 성육신과 죽음과 부활에서 드러나는 하나님의 자기 설명이나 자기 증명, 또는 하나님이 목적과 대상으로 삼고 있는 인간의 정체성과 가치 같은 것들은 사실 우리의 이해 범주를 벗어납니다. 그것이 아마 세상에서 기독교가 이해되지 않고 기이하게 보이는 이유일 것입니다. 예수님을 믿고 나면 알기도 하지만 모르기도 하는 것이 성경이 말하는 하나님과 그의 구원 이야기요, 그의 사랑의 대상인 신자 자신의 가치입니다. 이제 이 문제를 좀 더 자세히 살펴보려고 합니다. 로마서 1:16-17에서 구원 이야기를 이렇게 시작합니다.

> 내가 복음을 부끄러워하지 아니하노니 이 복음은 모든 믿는 자에게 구원을 주시는 하나님의 능력이 됨이라. 먼저는 유대인에게요 그리고 헬라인에게로다. 복음에는 하나님의 의가 나타나서 믿음으로 믿음에 이르게 하나니 기록된 바 의인은 믿음으로 말미암아 살리라 함과 같으니라(롬 1:16-17).

기독교가 주장하는 구원에 관한 설명을 복음이라고 합니다. 복음은 믿는 자에게 구원을 주시는 하나님의 능력입니다. 복음은 구원과 믿음에 관한 것이며, 하나님의 능력에 관한 것입니다. 믿음이라는 것은 그리스도인이 가장 먼저 가져야 할 것이요, 그리스도인 됨에 있어 가장 소중한 조건이자 설명일 것입니다. 그러나 이 믿음이라는 말은 어렵습니다. 성경은 우리의 이해를 위해서 우리가 쓰는 단어를 차용해서 쓰지만, 내용은 사뭇 다릅니다. 우리가 말하는 믿음은 신뢰, 의리, 기대 같은 것입니다. 그러나 성경에서 말하는 믿음은 그것과 차원이 다릅니다. 성경은 믿음을 이해하려면 아브라함을 이해해야 한다고 말합니다. 로마서 4:18-24을 보겠습니다.

아브라함이 바랄 수 없는 중에 바라고 믿었으니 이는 네 후손이 이같으리라 하신 말씀대로 많은 민족의 조상이 되게 하려 하심이라. 그가 백 세나 되어 자기 몸이 죽은 것 같고 사라의 태가 죽은 것 같음을 알고도 믿음이 약하여지지 아니하고 믿음이 없어 하나님의 약속을 의심하지 않고 믿음으로 견고하여져서 하나님께 영광을 돌리며 약속하신 그것을 또한 능히 이루실 줄을 확신하였으니 그러므로 그것이 그에게 의로 여겨졌느니라. 그에게 의로 여겨졌다 기록된 것은 아브라함만 위한 것이 아니요 의로 여기심을 받을 우리도 위함이니 곧 예수 우리 주를 죽은 자 가운데서 살리신 이를 믿는 자니라(롬 4:18-24).

기독교인은 예수님을 믿는 자입니다. 믿음의 조상인 아브라함도 하나님을 믿은 자입니다. 그가 바랄 수 없는 중에 바라고 믿었습니다. 여기가 어렵습니다. 바랄 수 없는 중에 바랐다는 것은 이해와 기대를 벗어났다는 뜻이기 때문입니다. 우리가 말하는 믿음이란 상상 속에 있는 것을 선택하는 것이지만, 성경이 이야기하는 바에 따르면 우리가 상상하는 것 속에는 믿음이 없었다는 말입니다.

하나님이 아브라함을 부르십니다. 아브라함은 믿음으로 순종합니다. 하나님이 아브라함을 믿음으로 부르시고, 아브라함이 믿음으로 반응했다는 것은 하나님이 아브라함에게 조건과 자격을 묻지 않으셨다는 말입니다. 그래서 아브라함은 믿음을 가지고 순종했다고 합니다. 그 말은 그가 이해하지 못하고 알지 못하고 잡혀 나왔다는 뜻입니다. 그런데 우리는 이런 사실이 우리 각 개인에게서도 반복되고 구체적으로 설명될 수 있다고 허풍을 떱니다. "우리는 예수 믿는 사람들이다. 우리도 아브라함처럼 믿음으로 의롭다함을 받았다. 아브라함이 하나님을 믿고 모든 것을 다 놓고 믿고 따랐듯이, 우리도 다 놓고 예수를 믿었다." 이렇게 말입니다.

로마서 4:25을 보십시오. "예수는 우리가 범죄한 것 때문에 내줌이 되고 또한 우리를 의롭다 하시기 위하여 살아나셨느니라." 이것은 우리가 믿었다는 말입니까? 아닙니다. 우리가 이해하거나 경험하기 전에 일어난 사건을 말하고 있습니다. 그가 우리 죄를 위하여 죽으신 것이 우리의 동의나 이해나 요청이 필요했던 것이 아닙니다. 우리의 기대나 요청이나 필요도 없이 그가 살아나신 것입니다. 알겠습니까? 이것은 우리의 경험이나 선택을 벗어난 시간에서 일어난 사건입니다. 이 예수 사건이 우리의 것이 되는 게 믿음입니다. 그것은 "다음 보기 중에서 맞는 것을 고르시오"라는 것에는 없는 것입니다.

사실 창조 세계에는 우리가 이해하고 납득하고 선택하고 책임지는 일보다 더 많은 일들이 있습니다. 특별히 하나님께서 자신의 형상으로 만드시고 영광을 목적하신 인간에게 그렇습니다. 믿음이라는 것도 그중에 하나입니다. 그것이 나중에 자랍니다. 하나님을 알게 되고 아는 것만큼 납득하고 더 깊어지는 믿음이 점점 자라나게 됩니다. 있었던 것이 자라는 게 아니라 우리에게 없었던 것, 하나님이 주신 것이 점차 자라납니다. 그리고 하나님이 우리를 납득시키는 과정 속에서, 다시 말해 우리의 거부와 불순종, 실패와 갈등, 의심 속에서 믿음이 큽니다.

아브라함이 마침내 이삭을 낳았습니다. 본인은 끝까지 이해하지 못했습니다. 그가 하갈을 통해 이스마엘을 낳았습니다. 그리고 사라에게 "내년에 네게 아들을 주겠다"고 하셨을 때 사라가 웃었습니다. "하나님이 그렇게 심한 농담을 하시다니……." 그러고는 아들을 낳습니다. 그래서 그의 이름을 '이삭', 곧 '웃음'이라고 짓습니다. 그의 신앙이 제대로 된 것은 아마 모리아 산에서 이삭을 바쳤을 때일 것입니다. "그가 없어도 된다." 드디어 알게 됩니다. "이삭은 없어도 된다. 하나님은 뭐든지 하실 수 있다. 하나님이 주신다." 이쯤 해서 제대로 된 구체적인 믿음의 모습이 처음으로 그에게 나타납니다. 그러니까 아브라함이 이전에는 무엇인지도 모르는 길을 걸어온 것입니다.

우리에게 없었던 사랑

"하나님이 우리를 사랑하신다"고 할 때도 우리가 사랑이라는 단어를 쓰지만, 성경은 그 말을 쉽게 열정이나 진심, 집념 같은 것들로 생각하면 안된다고 가르칩니다. 요한일서 4:7-10을 보겠습니다.

> 사랑하는 자들아, 우리가 서로 사랑하자. 사랑은 하나님께 속한 것이니 사랑하는 자마다 하나님으로부터 나서 하나님을 알고 사랑하지 아니하는 자는 하나님을 알지 못하나니 이는 하나님은 사랑이심이라. 하나님의 사랑이 우리에게 이렇게 나타난 바 되었으니 하나님이 자기의 독생자를 세상에 보내심은 그로 말미암아 우리를 살리려 하심이라. 사랑은 여기 있으니 우리가 하나님을 사랑한 것이 아니요 하나님이 우리를 사랑하사 우리 죄를 속하기 위하여 화목제물로 그 아들을 보내셨음이라(요일 4:7-10).

이 본문은 사랑 이야기를 하고 있습니다. 하나님은 사랑이십니다. 그것은 이런 것과 같습니다. 하나님은 진리고 생명이고 복이시며, 또한 거룩하시고 의로우시고 선하십니다. "그분으로부터만 이런 것들이 나온다. 그분만이 이것을 만드신다." 이런 뜻입니다. 우리의 진심과 노력으로는 이런 것들을 만들지 못합니다. 그것은 우리가 하나님으로부터 받는 것들입니다. 그러니까 사랑을 받지 않으면 사랑할 수가 없습니다. 세상적 사랑에 대해서는 세상적 사랑에 반응을 하지만, 그것은 하나님의 사랑을 받고 하나님의 사랑에 참여하는 것과는 차원이 다릅니다.

여러분이 잘 아는 사랑을 한번 생각해 보십시오. 세상에서는 지고지 순한 사랑도 욕심에 불과합니다. 그것은 지극할 뿐이지 영광을 만들지는 못합니다. 사랑을 하는 자와 사랑을 받는 자에게 영광을 만들지 못합니다. 사랑하게 되면 그 다음으로 사랑을 하는 자와 받는 자가 인간이 가지는 진정한 정체성, 영광의 자리로 가야하는데 그렇게 되지 않습니다.

최선의 사랑으로 묶여도, 그저 서로 진심을 가질 수는 있을지라도, 피조물인 인간이 갖는 어떤 한계를 스스로 뛰어넘어 하나님이 주시는 영광의 자리에 이를 수는 없습니다. 그것은 하나님이 하십니다. 그것이 그 아들을 보내신 이유입니다. 그 아들을 죽이심으로 하나님의 진정성을 보이시고, 동시에 그로 인하여 하나님이 우리에게 무엇을 목적하셨는지를 보이십니다.

사랑을 이야기하다 왜 예수님의 죽음, 대속 사건을 이야기해야 합니까? 앞서 로마서 4:25에서 본 바와 같이, 그는 우리 죄를 위하여 죽으시고 우리를 의롭다 하시려고 살아나십니다. 우리는 이 결정적 사건에 직접 참여한 것이 아닙니다. 우리가 그것을 이해한 것도 아니고 우리가 어떤 조건이나 도움이 된 것도 아닙니다. 그러니까 하나님이 이루신 것입니다. 우리가 아는 모든 최고의 기대를 넘어서는 하나님이 일하신 그의 위대하심이요 그의 선하심과 성실하심에 대한 구체적인 표가 될 뿐입니다. 우리가 그 일에 어떤 조건이 된 것이 아닙니다. 우리는 그 대상일 뿐입니다.

그런 방법이 우리를 위하여 주어진 것입니다. 그것이 믿음에서 설명이 되었다면, 사랑에서는 한 걸음 더 나아가는 것입니다. 우리가 행한 모든 못난 짓을 주께서 끌어안고 죄와 사망과 더러움과 못난 것을 다 끌어안아, 거기서 꽃을 피우십니다. 그것이 예수님의 죽음과 부활입니다. 왜 사랑 이야기에 예수님의 죽으심, 대속 사역이 등장한 것입니까? 그가 우리를 다 받으시고 우리에게서 나오는 것을 다 받으셔서, 그것이 만드는 가장 더러울 수밖에 없는 것을 예수님 안에서 바꾸셨기 때문입니다. 그것이 사랑입니다.

이 사랑의 능력이 우리에게는 없습니다. 아름다운 것을 사랑할 수는 있어도, 아름다움을 만들지는 못합니다. 아름다운 것을 분별할지는 몰라도, 아름다움을 창조하지는 못합니다. 이 지점이 다릅니다. "나는 하나님이다." 그 하나님이 누구십니까? 그는 영광을 만드시는 자, 거룩하신 분, 성실하신 분입니다. 당신의 목적을 이루는 방법은 언제나 선하고 의로울 뿐입니다. 기쁨과 복으로 채우시는 성실한 고집, 최선의 진정성을 가지고 계십니다. 그의 모든 능력이 폭력이나 강제나 공포가 되지 않고, 그 능력으로 모두를 살리시며, 기쁨을 주시는 데 동원됩니다. 그것이 사랑입니다.

사랑의 대상인 우리

하나님은 그 일을 이루심에 있어서 당신의 성품과 의지로 힘을 가지신 분입니다. 방관하지 않으시는 분, 지나치실 수 없는 분, 놔두지 않으시는 분입니다. 그런 하나님이 어떻게 하셨습니까? 그가 이스라엘을 심판하셨습니다. 그것은 하나님의 노여움이자 보복이었습니까? 아닙니다. 이스라엘이 한 것의 결과를 보여준 것입니다. "봐라, 너희가 선택한 것이 뭔지 봐라." 이것이 탕자의 비유입니다. 작은 아들이 재산을 달라고 하자 줘서 보내줍니다. 그 아들은 집 나간 후에 다시 돌아옵니다. 다른 데는 갈 곳이 없습니다. 왜요? 다른 데는 다 망하는 것밖에 없지 않습니까? 세상은 결국 어디로 끌고 갑니까? 그저 죽음으로만 끌고 갑니다. 기독교에는 무엇이 있습니까? 영생이 있습니다. 그것은 단지 시간의 연장만 말하는 것이 아니라, 가치가 있다는 뜻입니다.

세상은 가치라고 생각하고 승리라고 생각했던 것이지만 그렇지 않다고 이야기하는 것이 죽음입니다. 그것이 만일 진정한 가치라면, 영원히 가

이사야서, 하나님의 비전

치를 가져야 합니다. 그것이 영원한 승리라면, 영원히 승리가 유지되어야 합니다. 세상에는 그것이 없습니다. 서로 보복하는 것이 전부일 뿐입니다.

여기는 다릅니다. 그것이 사랑입니다. 하나님은 아쉬울 것도 없고, 도움 받을 일도 없는데 왜 이렇게 열심히 하시는가? 그러니까 하나님이십니다. "나는 여호와 네 하나님이다. 나는 거룩한 네 하나님이다. 나는 내 영광을 우상에게 주지 않겠다. 나는 그 꼴을 볼 수 없다. 대충 하지 않는다. 나는 하나님이다. 내가 다스리는 나라에서, 내가 왕으로 있는 세상에서, 존재하는 모든 것들에서, 모두의 영광과 모두의 기쁨을 끌어낼 때까지 내 통치는 멈추지 않을 것이다. 그러니 너희에게 준 자유, 너희가 선택할 수 있는 기회로 마음껏 나와 씨름하자." 이렇게 되는 것입니다.

그러니 뭐라고 이야기하십니까? "걱정마라. 네가 잡혀 간 것은 끝이 아니다. 네가 물속을 지날 때 내가 함께 할 것이요, 네가 강을 건널 때 물이 너를 뒤덮지 못할 것이요, 네가 불속을 지날 때 불길이 너를 태우지 못할 것이다." "그러면 처음부터 물에 가지 못하게 하고, 불에 가지 못하게 하시지요." 거기서 우리를 항복시키시는 것입니다. 우리가 납득해야 되는 것입니다. 안심과 안전장치에 가둬 놓는 것이 아니라, 우리가 할 수 있는 모든 선택 속에서 하나님이 목적하시고 우리에게 권면하십니다. 그러니 그 자유와 선택은 그것에 대한 확인과 동참, 성숙과 완성으로 가게 하는 기회인 것입니다.

다시 본문으로 돌아가겠습니다. 다음의 말씀이 가지는 이 강한 자신감을 보십시오. "대저 나는 여호와 네 하나님이요 이스라엘의 거룩한 이요 네 구원자임이라. 내가 애굽을 너의 속량물로, 구스와 스바를 너를 대신하여 주었노라"(사 43:3). 이것이 무슨 말입니까? 애굽이 이스라엘을 종으로 부리고 살았지만 그것이 애굽을 위한 것이 아니고, 이스라엘을 위한 것이랍니다. 바벨론이 이스라엘을 먹었지만, 그것은 이스라엘로 복되게 하는 것으로 쓰인 것이랍니다. 바벨론의 자랑과 승리와 유익이 되는 것으로 유다가 잡혀 가 있는 것이 아니랍니다.

그러므로 세상에 일어나는 어떤 비극과 절망도 하나님이 우리를 위하여 쓰시는, 말하자면 소품인 것입니다. 이 세상에 일어나는 어떤 일도 우리를 해치거나 우리를 손해 보게 할 수 없습니다. 그것이 고통스러울지라도 말입니다. 우리는 로마서 8장에 나오는 이 약속을 기억하고 있습니다. "누가 우리 주 그리스도 예수 안에 있는 하나님의 사랑에서부터 우리를 끊으리요." 우리의 최고의 배신인 메시아의 죽음은 더 이상의 기대를 할 수 없는 것이었는데, 하나님은 그것을 뒤집어 부활을 만드십니다. 그러니 이 부활이 얼마나 무서운 말입니까? 모든 것을 뒤집을 수 있습니다. 마가복음 4장을 보면 이런 말씀들을 다 묶어서, 예수님이 이런 사건 속에서 이 말씀으로 권면하십니다.

그 날 저물 때에 제자들에게 이르시되 우리가 저편으로 건너가자 하시니 그들이 무리를 떠나 예수를 배에 계신 그대로 모시고 가매 다른 배들도 함께 하더니 큰 광풍이 일어나며 물결이 배에 부딪쳐 들어와 배에 가득하게 되었더라. 예수께서는 고물에서 베개를 베고 주무시더니 제자들이 깨우며 이르되 선생님이여, 우리가 죽게 된 것을 돌보지 아니하시나이까 하니 예수께서 깨어 바람을 꾸짖으시며 바다더러 이르시되 잠잠하라. 고요하라 하시니 바람이 그치고 아주 잔잔하여지더라. 이에 제자들에게 이르시되 어찌하여 이렇게 무서워하느냐. 너희가 어찌 믿음이 없느냐 하시니 그들이 심히 두려워하여 서로 말하되 그가 누구이기에 바람과 바다도 순종하는가 하였더라(막 4:35-41).

이것이 무슨 말 같습니까? 예수님이 피곤해서 주무셨습니다. 바다도

이사야서, 하나님의 비전

꾸짖을 수 있는 분이 피곤하셨습니다. 기이하지 않습니까? 우리의 선택, 우리의 못난 것 탓에 피곤하신 자리까지 따라 들어오신 것을 상징해 보이는 것 같습니다. 제자들이 죽게 되었습니다. 예수께서 뭐라고 하셨습니까? "뭘 그리 무서워하고 있느냐? 이 믿음이 없는 자들아, 내가 여기에 있는데 무엇을 무서워하느냐? 내가 너희를 찾아왔는데, 아무도 너희를 어찌할 수 없다는 것을 모르겠느냐?" 이런 말씀입니다.

누구도 예수께 해를 끼칠 수 없는 것같이, 우리에게도 해를 끼칠 수 없습니다. 왜 그렇습니까? 그가 피곤하시기까지 찾아 들어온, 하나님 사랑의 대상이 우리이기 때문입니다. 우리는 이 사랑이라는 말에서 하나님이 우리를 어떻게 대접하시는지를 봅니다. 동시에 우리에게 믿음을 요구하시는 하나님이 어떤 분이신지도 깨우칩니다. 이 세상의 그 어느 것으로도 이간시킬 수 없습니다. 우리를 포기시킬 수 없습니다. 우리로 질 수 없게 하시는 하나님이 나를 찾으신 것입니다. 그러니 이스라엘은 마음껏 포로생활을 할 수 있었을 것입니다. 여러분의 인생도 마찬가지입니다. 마음껏 그 인생을 사십시오. 괜찮은 정도가 아니라, 하나님이 거기에 무한의 능력과 사랑이라는 단어로 설명되는 모든 정열을 쏟아 부어 여러분을 위대하고 영광스럽게 하실 것입니다.

::

하나님 아버지, 은혜를 감사합니다. 하나님을 아버지라 부르는 것이 얼마나 굉장한 것인지, 예수를 믿는다는 말이 얼마나 현실적인 우리의 힘인지 깨우치게 하셔서, 우리로 우리 인생을 실제로 살게 하옵소서. 예수 믿는 자로 살게 하옵소서. 그리하여 우리가 받는 고난과 어려움 속에서 위대하신 하나님의 사랑을 받는 자로서의 명예와 기적을 누리는 자의 삶을 살아, 이 세상 앞에 빛이 되게 하옵소서. 예수님 이름으로 기도합니다. 아멘.

나는 처음이요 마지막이라

사 44:1-10

나의 종 야곱, 내가 택한 이스라엘아, 이제 들으라. 너를 만들고 너를 모태에서부터 지어 낸 너를 도와 줄 여호와가 이같이 말하노라. 나의 종 야곱, 내가 택한 여수룬아, 두려워하지 말라. 나는 목마른 자에게 물을 주며 마른 땅에 시내가 흐르게 하며 나의 영을 네 자손에게, 나의 복을 네 후손에게 부어 주리니 그들이 풀 가운데에서 솟아나기를 시냇가의 버들 같이 할 것이라. 한 사람은 이르기를 나는 여호와께 속하였다 할 것이며 또 한 사람은 야곱의 이름으로 자기를 부를 것이며 또 다른 사람은 자기가 여호와께 속하였음을 그의 손으로 기록하고 이스라엘의 이름으로 존귀히 여김을 받으리라. 이스라엘의 왕인 여호와, 이스라엘의 구원자인 만군의 여호와가 이같이 말하노라. 나는 처음이요 나는 마지막이라. 나 외에 다른 신이 없느니라. 내가 영원한 백성을 세운 이후로 나처럼 외치며 알리며 나에게 설명할 자가 누구냐. 있거든 될 일과 장차 올 일을 그들에게 알릴지어다. 너희는 두려워하지 말며 겁내지 말라. 내가 예로부터 너희에게 듣게 하지 아니하였느냐. 알리지 아니하였느냐. 너희는 나의 증인이라. 나 외에 신이 있겠느냐. 과연 반석은 없나니 다른 신이 있음을 내가 알지 못하노라.

우리에게 자유를 주시다

이사야 40장부터 55장까지는 이스라엘이 적군의 포로가 되어 포로생활을 하는 역사적 배경을 가지고 있다고 했습니다. 그들의 나라는 멸망했고, 하나님은 이스라엘을 버리신 것 같았습니다. 이스라엘 민족에게 국가의 멸망은 정치적, 민족적 문제를 넘어 그들이 믿던 하나님의 존재, 하나님이 그들에게 주신 약속, 그리고 신앙에 대한 심각한 도전이었습니다.

하나님은 이 포로 중에 있는 이스라엘 백성들에게 찾아오십니다. 하나님의 약속은 아직도 유효하며, 지금 일어나고 있는 현실의 재앙과 심판과 절망이 끝이 아니라고 거듭 말씀하십니다. 이사야 44장에서 언급한 바와 같이 "나의 종 야곱, 내가 택한 이스라엘"과 같은 표현은 이스라엘이라는 나라의 이름과 야곱이라는 개인의 이름을 통해 이미 역사하셨던 하나님의 자기 설명입니다.

이사야 44:6-7에서 하나님은 말씀하십니다. "이스라엘의 왕인 여호와, 이스라엘의 구원자인 만군의 여호와가 이같이 말하노라. 나는 처음이요 나는 마지막이라. 나 외에 다른 신이 없느니라. 내가 영원한 백성을 세운 이후로 나처럼 외치며 알리며 나에게 설명할 자가 누구냐. 있거든 될 일과 장차 올 일을 그들에게 알릴지어다." 이렇게 말씀하심으로 하나님은 운명을 쥐고 계신 분, 시간을 장악하고 계신 분으로 자신을 소개하십니다. 그러니까 그는 처음이고 마지막입니다.

그것은 요한계시록에서 예수님이 당신 스스로에게 붙이신 설명이기도 합니다. "나는 알파와 오메가요 처음과 마지막이요 시작과 마침이라." 그러니까 하나님은 시작이시고, 결과이십니다. 그런 까닭에 그분의 약속과 목적은 타협의 대상이거나 포기의 대상도 아니요 실패할 리도 없습니다. 우리는 이것을 전문적인 용어로 '하나님의 예정'이라고 부릅니다. '하나님의 작정'이라고도 합니다. 그러니까 하나님은 창조주로서 존재하는 만물의 창조주이실 뿐 아니라, 시간의 주인이시기도 합니다. 그가 모든 존재와 존재의 가치와 존재의 결국, 완성을 쥐고 계십니다.

그렇지만 이 문제에 관한 우리의 질문은 좀 더 부정적일 때가 많습니다. "하나님이 모든 것을 쥐고 계시다면 우리 인생에 일어나는, 혹은 인류역사에 일어나는 비극과 절망, 반발이나 후회는 무엇인가?" 이 질문이 가장 먼저 마음속에서 일어나게 됩니다. 하나님이 계시다면 차마 이런 일이 일어날 수 있겠는가? 그리고 개인적으로는 예수님을 믿기 전에야 많은 실수가 있다 치더라도, 예수님을 믿은 이후에 간절히 드린 기도와 소원은 왜 모두 응답되지 않는가? 이런 문제들이 예정으로 설명되는 성경의 주장과 정면으로 부딪칩니다.

여기에 대한 하나님의 기이한 약속이 이루어지는 여정에, 하나님이 그의 뜻을 이루시려고 인간에게 자유를 주셨다는 것입니다. 하나님 자신마저도 거부할 자유를 주십니다. 언제나 예정을 설명하려 할 때 자유는 한계와 선택의 폭이 어디까지일까 하는 문제가 등장합니다. 최종적 운명을 결정하는 것은 하나님의 작정인지, 아니면 인간의 책임인지에 관한 문제입니다. 하나님은 그의 뜻을 이루시기 위하여 우리가 예상하는 힘, 즉 폭력과 강제력으로 하시지 않습니다. 이것은 그가 우리에게 자유를 주신다는 뜻입니다.

하나님은 그의 뜻을 어떻게 이루실 것인가? 사랑으로 이루십니다. 하나님이 그의 뜻을 이루시기 위하여 사랑이라는 방법, 사랑이라는 방식, 그것만 사용하겠다고 하십니다. 그러기 위하여 우리에게 자유를 주시겠다는 것입니다. 여기에서 자유를 주신다는 것은 인류에게 독특한 지위를 부여하신다는 뜻입니다.

사랑은 상대를 동정하지 않습니다. 사랑은 서로 대등하게 예우합니다. 하나님은 인류에게 그렇게 예우하십니다. 우리를 사랑의 대상으로 대하셨으므로 당연히 선택권을 주십니다. 그러면 우리의 반발과 무지와 배신으로 빚어내는 선택권의 부작용들이 하나님의 실패할 수 없는 작정과 충돌할 때, 그것을 하나님은 어떤 식으로 극복하실 것인가 하는 문제가 당연히 제기될 수 있습니다.

왜냐하면 우리 현실에서 빈번히 발생하는 사고이기 때문입니다. 우리

이사야서, 하나님의 비전

는 기꺼이 이런 기도를 하곤 합니다. "하나님, 그러기에 제가 뭐라고 했습니까? 저에게 자유를 주지 말고 하나님이 다 알아서 하시라고 그랬잖아요. 저에게 선택하라고 하셔서 선택을 했더니, 그 다음에는 잘못했다고 그러시는 겁니까?" 이것은 우리가 수없이 해왔던 기도입니다. 그렇지 않습니까?

우리의 삶을 납득되게 하시다

왜 하나님은 이런 식으로 일하실까? 이 질문은 우리가 풀어내야 하고 또 기독교 신앙을 이해하는 데 가장 중요한, 하나님이 누구이신가에 관한 핵심 내용이 됩니다. 그러니 먼저 야곱에 대해서 살펴보겠습니다. 창세기 28:10-15을 보겠습니다.

> 야곱이 브엘세바에서 떠나 하란으로 향하여 가더니 한 곳에 이르러는 해가 진지라. 거기서 유숙하려고 그 곳의 한 돌을 가져다가 베개로 삼고 거기 누워 자더니 꿈에 본즉 사닥다리가 땅 위에 서 있는데 그 꼭대기가 하늘에 닿았고 또 본즉 하나님의 사자들이 그 위에서 오르락내리락 하고 또 본즉 여호와께서 그 위에 서서 이르시되 나는 여호와니 너의 조부 아브라함의 하나님이요 이삭의 하나님이라. 네가 누워 있는 땅을 내가 너와 네 자손에게 주리니 네 자손이 땅의 티끌 같이 되어 네가 서쪽과 동쪽과 북쪽과 남쪽으로 퍼져나갈지며 땅의 모든 족속이 너와 네 자손으로 말미암아 복을 받으리라. 내가 너와 함께 있어 네가 어디로 가든지 너를 지키며 너를 이끌어 이 땅으로 돌아오게 할지라. 내가 네게 허락한 것을 다 이루기까지 너를 떠나지 아니하리라 하신지라(창 28:10-15).

이 본문에는 하나님의 작정과 야곱의 자유가 공존합니다. "내가 네게 이렇게 하겠다. 마침내 내가 너를 이리로 돌아오게 하겠다. 그러니 네 마음대로 가봐라. 네가 어디로 가든지 내가 너와 함께할 것이다. 그리하여 이리로 돌아오게 할 것이다. 네게 약속한 복을 내가 이룰 것이다. 네가 가는 데까지 내가 쫓아가겠다. 마음대로 가봐라." 이렇게 되어 있습니다.

이때는 야곱이 형 에서에게 목숨의 위협을 느낀 탓에 집에서 더 이상 견딜 수 없어서 외삼촌 집으로 피난 가던 길입니다. 야곱은 외삼촌 라반에게 가서 20년을 종살이하며 거부가 됩니다. 그리고 사촌들에게 미움을 사서 거기서도 생명의 위협을 느껴 집으로 돌아올 수밖에 없습니다. 갈 데가 없습니다. 그가 돌아오는데 이제는 형이 자기를 죽이려고 400명의 용병을 데리고 쳐들어온답니다. 야곱은 얍복 나루에서 긴 밤을 지새우게 됩니다. 이어서 창세기 32:22-28을 보겠습니다.

> 밤에 일어나 두 아내와 두 여종과 열한 아들을 인도하여 얍복 나루를 건널 새 그들을 인도하여 시내를 건너가게 하며 그의 소유도 건너가게 하고 야곱은 홀로 남았더니 어떤 사람이 날이 새도록 야곱과 씨름하다가 자기가 야곱을 이기지 못함을 보고 그가 야곱의 허벅지 관절을 치매 야곱의 허벅지 관절이 그 사람과 씨름할 때에 어긋났더라. 그가 이르되 날이 새려하니 나로 가게 하라. 야곱이 이르되 당신이 내게 축복하지 아니하면 가게 하지 아니하겠나이다. 그 사람이 그에게 이르되 네 이름이 무엇이냐. 그가 이르되 야곱이니이다. 그가 이르되 네 이름을 다시는 야곱이라 부를 것이 아니요 이스라엘이라 부를 것이니 이는 네가 하나님 및 사람들과 겨루어 이겼음이니라(창 32:22-28).

야곱이 새로운 이름을 얻는 중요한 장면입니다. 야곱에서 이스라엘로 새롭게 거듭납니다. 이스라엘은 '하나님과 싸워 이긴 자'라는 뜻입니다.

야곱은 '약탈자'라는 뜻입니다. 야곱이 약탈자라는 이름을 가지게 된 것은 그가 태어날 때 형 에서의 발뒤꿈치를 잡고 나왔기 때문입니다. 굳이 '약탈자'라고 의역하는 이유는, 그 이름이 원래 발목을 잡는다는 의미이기 때문입니다. 그것은 손목을 잡는 것과는 다릅니다. 손목은 연애할 때 잡는 것이고, 발목은 남을 해칠 때 잡는 것입니다. 그는 평생 약탈자로 살았습니다. 그는 자기가 정한 가치에 따라 무엇을 어떻게 가져야 할 것인지 생각하고 열심히 살아온 전형적인 인간입니다. 그는 장자권도 빼앗고, 아버지의 축복도 빼앗고, 피난 가서는 외삼촌 집에서 마침내 거부가 됩니다. 그러나 얍복 나루에 섰을 때는 그 모든 것이 아무 소용 없게 됩니다. 그는 이렇게 생각했을 것입니다. "그래, 인생이란 무엇일까?"

인문학이 밝히듯이 인류 역사와 각 개인의 인생 속에서 최종적으로 갖게 되는 질문은 이것입니다. "이것이 무엇인가?" 하나 더 있습니다. "나는 무엇인가?" 이렇게 정체성을 묻는 것입니다. 어떤 결과나 다른 모든 가치를 떠나서 나는 어떠한 존재인가 하는 문제입니다. 야곱은 얍복 나루에서 마침내 이 마지막 질문의 자리에 서게 됩니다. 인문학 전체를 통하여 인류 역사를 성찰하면서 가장 중요한 텍스트를 구축하려고 애썼던 인류의 노력에도 불구하고, 결국은 텍스트까지는 가지 못합니다. 하나님이 우리에게 주신 시간은 모두 정황을 만들어냅니다. 시간과 공간이 있으면 정황이라는 것이 생깁니다. 그것은 콘텍스트(context)입니다.

그 정황에 무엇을 담아야 하는가? 역사에는 모든 실험, 모든 기회, 모든 경험이 들어 있습니다. 화도 내어보고, 타협도 해보고, 어떤 원칙도 세우고, 윤리도 만들고, 양심도 제시했으나, 결국 그것으로는 텍스트가 되지 못한다는 것을 발견합니다. 정당한 본문이 없으면 우리는 만족할 수가 없습니다. 그 만족할 수 없다는 것이 어디에서 드러날까요? 우리 인류는 함께 살 능력이 없더라는 사실에서 드러납니다.

사람이 제일 무서워하는 것은 사람입니다. 국가나 사회는 법을 제정하여 간신히 버티는 정도입니다. 사람이 제일 무섭습니다. 사람이 무서운 것은 모두가 정당한 정체성을 상실한 탓입니다. "왜 저 사람은 나 같지 않은가"라고 물으면 상대방도 똑같은 질문을 해올 것입니다. "왜 나 같지 않은가?" 전쟁이 일어나는 가장 큰 이유도 서로 자기와 같아지라고 강요하기 때문이 아니겠습니까? 자기의 정당함을 위하여 상대방을 죽이는 방법 이외에는 공존할 다른 방법이 없기 때문입니다. 전쟁은 그것을 확인해 줍니다.

그러니 인문학이 발견한 텍스트, 곧 본문은 '공포'였습니다. 공포란 인간에게는 정체성이 없다는 말의 다른 표현입니다. "인간이 어떠한 존재인지 모르겠다. 역사를 살펴봐도, 철학과 문학을 동원해 봐도, 인간에게 거대한 갈망은 있지만 그것이 무슨 갈망인지, 어떻게 채울 수 있는 갈망인지, 갈망의 실체가 무엇인지 모르겠다." 이런 것이었습니다.

성경이 그 답을 하는 것입니다. 그것은 정체성입니다. 인간은 어떤 존재입니까? 하나님이 만드신 창조물입니다. 너무 쉬운 답으로 가버린 것 같습니다. 그러나 거기가 중요합니다. 우리가 하나님의 정체성을 알지 못하면, 인간은 자기의 정체성이 성립되는 근거를 갖지 못합니다. 왜냐하면 인간은 하나님이 사랑하시는 대상이기 때문입니다.

그러니 이사야 44장 본문에서 보는 '하나님의 작정'이란, 그분의 뜻을 이루거나 그 의지를 선언하는 것보다 더 크다는 것입니다. 하나님이 그의 일을 하심으로써 "하나님은 이런 분이구나" 하는 것이 드러나며, 그렇게 드러나게 하는 것은 예정입니다. 그리고 "우리가 누구인가" 하는 문제는 어디에서 확인될까요? "하나님이 우리를 어떻게 대접하며 무엇을 만들려고 하시는가" 하는 지점에서 확인될 수 있습니다. 성경은 하나님이 우리의 선택과 당신의 신실하심을 섞어 씨름하여 만드는 것들 속에서 확인된다고 가르칩니다. 이것이 야곱의 자리입니다.

야곱이 최후의 순간에 자신의 정체성의 방황과 당황과 공황에 빠졌을 때, 하나님이 찾아오셔서 그를 덮어 누르시지 않고 그와 씨름하십니다. 야곱은 항복하지 않습니다. 최후의 순간에 돌연한 변화가 일어나는데, 우리는 그 지점을 설명할 길이 없습니다. 하나님은 그의 환도뼈를 치시고 "나는 가겠다"고 말씀하십니다. 그의 골반을 치셨습니다. 골반은 사람의 육체에서 서 있는 동작에 근간을 이루는 부분입니다. 거기는 다리도 붙어 있고 상체도 얹혀 있습니다. 이 지점에서 야곱이 돌아서는데, 그것을 회개라고만 이야기할 수 없습니다.

인간의 정체성은 스스로 만들 수 있는 것이 아니라는 것쯤은 공포를 통하여 희미하게 느낄 수 있습니다. 그리고 거기서 하나님을 붙잡아야겠다는 반전이 일어나는 것 같습니다. 그 반전은 공포나 그의 각성으로 발생하는 것이 아니라, 그것은 창조입니다. 그것이 야곱에게서 일어납니다. "하여튼 못 가십니다. 축복하기 전에는 못 가십니다." "네 이름이 뭐냐?" "약탈자입니다." "네 이름대로 탈취해 가져라." "안됩니다. 내가 만들 수 없습니다. 하나님이 주셔야만 합니다." "네 이름을 다시는 야곱이라고 부르지 말고, 이스라엘이라 하라." 무슨 뜻입니까? '하나님을 붙잡아 승리하게 된 자'라는 뜻입니다.

씨름은 떨쳐내는 싸움이기도 하고 붙잡고 늘어지는 싸움이기도 합니다. 지지 않으려고 밀던 싸움이 붙들고 늘어지는 싸움으로 바뀐 그 신비와 기적이 무엇인지 우리는 모릅니다. 왜 그럴까요? 십자가의 반전도 그와 동일한 것이 아닌가요? 그러나 여기에서 하나님이 야곱에게 준 세월들, 기회들, 선택이라는 지위가 결국 설득과 납득의 가장 중요한 수단이 되었다는 것만은 알 수 있습니다. 우리는 공부를 하듯이 기독교 신앙을 가질 수 없습니다. 각자의 경우에 각자의 독특한 자기 확인과 자기 고백이 있기 때문입니다. 그 내용은 같은데, 경험은 다 다릅니다.

정체성에서 이기는 자

가장 흔한 신자들의 실수는 이런 것입니다. 자신이 변화를 받은 그 콘텍스트에 누군가를 데려가면 텍스트가 저절로 그에게 만들어지는 줄로 오해하는 것입니다. 그래서 무슨 기도원에 가서 시냇가에 있는 몇 번째 바위에 앉아 밤을 새면 구원을 받는다거나 성령을 받는다는 간증들이 생겨난 것입니다. 변화를 받은 콘텍스트는 각자 다 다른 것인데, 너도나도 같은 콘텍스트에 찾아 간다는 것입니다. 그렇지 않습니다. 누구든지 같은 주인, 동일한 인격에게로 가야 합니다. 하나님의 작정과 우리에게 주신 자유는 어떻게 서로 연합하여 하나님의 뜻을 이룰까요? 이 문제에 대하여 십자가는 가장 중요한 증거이자 완성입니다.

빌립보서 2:5-11을 보겠습니다.

> 너희 안에 이 마음을 품으라. 곧 그리스도 예수의 마음이니 그는 근본 하나님의 본체시나 하나님과 동등됨을 취할 것으로 여기지 아니하시고 오히려 자기를 비워 종의 형체를 가지사 사람들과 같이 되셨고 사람의 모양으로 나타나사 자기를 낮추시고 죽기까지 복종하셨으니 곧 십자가에 죽으심이라. 이러므로 하나님이 그를 지극히 높여 모든 이름 위에 뛰어난 이름을 주사 하늘에 있는 자들과 땅에 있는 자들과 땅 아래에 있는 자들로 모든 무릎을 예수의 이름에 꿇게 하시고 모든 입으로 예수 그리스도를 주라 시인하여 하나님 아버지께 영광을 돌리게 하셨느니라(빌 2:5-11).

그 두 가지가 다 나옵니다. 여기서 우리는 하나님의 작정과 인간에게 주신 자유가 동시에 결합되어 있는 것을 봅니다. 하나님은 그의 뜻을 이루시려고 지는 길을 가십니다. 우리의 무지, 외면, 거부, 배신, 누명, 죽음을 감수하십니다. 왜 감수하십니까? 그의 일을 이루기 위하여 따라 들어오셔서 우리를 간섭하신 까닭에 그 일을 당합니다. 그가 멀리 계셨다면 거부든 배신이든 다 없었을 것입니다. 거기까지 따라 들어오신 것입니다.

앞서 설명한 대로 그의 작정과 그의 일하심은 사랑이라는 방법을 통해 이루어지는 것입니다. 그는 상대방을 존중하며 기다리십니다. 그동안 우리는 뭘 합니까? 우리에게 주신 선택권, 즉 자유를 마음껏 구사합니다. 그것을 어떤 식으로 구사할까요? 무지, 기만, 배신, 왜곡, 푸념으로 구사하는 것입니다. 이것들을 하나님이 예수 안에서 다 감수하십니다. 그 모든 것이 어디로 갑니까? 결국 십자가로 갑니다.

십자가는 우리가 행한 모든 것의 궁극적 결과물입니다. 그것은 죽음이었습니다. 그를 죽음으로 내몰아 우리가 무엇을 얻었습니까? 아무것도 없었습니다. 우리 인생에서 늘 뭔가 선택하는 일에 직면했을 때마다 한 것은 "이것이 가장 나은 방법일까? 난 이게 좋아"라는 것이었습니다. 하지만 그것은 결국 사망 이외에 아무것도 아니었고, 헛된 것이었으며, 비겁한 것이었습니다. 우리의 선택권은 이것밖에 없었습니다. 이는 우리가 인류 역사 내내 반복한 것들입니다.

우리는 생명과 진리를 만들어내는 주체가 될 수 없습니다. 그것은 우리 손 안에 있지 않습니다. 그것은 하나님만이 하십니다. 하나님은 우리에게 자유를 주시면서 이렇게 말씀합니다. "그 자유로 나를 선택해라." 그러나 우리가 하나님을 만나기 전까지는 우리의 선택 조항에 하나님은 없습니다.

그러니까 세상 사람들은 하나님을 선택할 여지가 전혀 없습니다. 그래서 죄의 종이라는 표현이 나온 것입니다. 그리고 우리가 비로소 그리스도의 종이 되는 것입니다. 기꺼이 종이 되는 것입니다. 그것은 지위가 열등한 탓에 져서 그렇게 된 결과가 아닙니다. 여러분, 사랑을 해보셨으니 기꺼이 종이 될 수 있다는 것을 경험하셨잖습니까. 상대에게 뭐라고 이야기합니까? "제 주인이 되어 주십시오." 그것이 몇 달 안 가서 문제지, 모두 진심 아니었습니까?

성경이 이야기하는 이런 표현들이 갖는 가치는 무엇일까요? 하나님은 우리에게 혼자 살아 보라고, 하고 싶은 것 다 해보라고, 그래서 그것이 무엇을 만드는지를 보라고 하십니다. 그러시면서 그것을 고통스럽게 다 감수하고 기다려 주십니다. 심지어 하나님을 능멸하는 것조차 감수하십니다. 이렇게 해주시는 것으로 비로소 우리가 깨어납니다. 그렇습니다. 여기에만 영광이 있습니다. 여기에만 명예가 있습니다.

"내가 소원했던 것 다 버리고 내가 망하는 길로 가는 한이 있어도 나는 내 정체성을 선택하겠습니다." 이렇게 나아오는 것이, 하나님의 작정이 가지는 하나님에 대한 설명인 것입니다. "하나님이 누구신가?" "전지전능하시다. 못하실 일이 없다. 내 기도를 꼭 들어 주신다." "그런데 왜 불편한가?" 여기에서 왜 이어지지 않지요? 하나님이 내게 바라는 것은 겉으로 보이는 외적 문제의 해결이 아니라, 내 정체성이라는 것입니다. 그것을 원하시는 분이 하나님이시라는 사실이 얼마나 귀합니까?

하나님이 누구이십니까? 성경이 하고 싶은 이야기는 하나님의 성품, 나와 하나님의 관계와 같은 것들입니다. 그런데 우리는 어떻습니까? "쌀이 떨어졌습니다. 온수가 나오지 않습니다. 냉장고에 고기를 가득 채워주십시오." 여기서 더 나아가는 게 뭐가 있습니까? 우리의 전 인생에 걸쳐 우리가 밤낮 원망하는 것들은 내가 선택한 것이고, 그것이 낳은 것은 아무런 유익도 없었습니다. 우리는 그것을 반복적으로 보면서도 항복하지 않습니다. 그러나 여러분께 강요할 마음은 없습니다. 하나님이 일하고 계시다는 것만 기억해 주십시오.

하나님께 책임을 전가하지 마시고, 여러분에게 주신 기회가 무엇을

이사야서, 하나님의 비전

만들고 있는지 기억하십시오. 하나님과 하나님이 하시는 일의 내용을 이해함으로써 여러분의 현실과 정황이 어떻게 펼쳐지더라도 정체성에서 이기는 자가 된다면, 위대할 수 있고 감수할 수 있을 것입니다. 그것이 죽음조차 가로막지 못할 우리의 자랑이 되고 감격이 될 것입니다. 그것이 기독교인이 된다는 뜻입니다.

::

하나님 아버지, 은혜를 감사합니다. 우리의 자랑은 하나님께 있습니다. 하나님만이 우리를 위대하게 하십니다. 하나님의 자녀로 불러주십니다. 우리 인생을 살게 하실 것입니다. 온갖 도전과 시험과 유혹 앞에서 하나님의 사랑의 거룩함과 위대함과 명예와 자랑과 실력을 우리가 보일 수 있습니다. 웃을 수 있습니다. 용서할 수 있습니다. 감사할 수 있습니다. 이 인생을 놓치지 않는 우리가 되게 하옵소서. 예수님 이름으로 기도합니다. 아멘.

26

나는 여호와라

사 45:1-8

여호와께서 그의 기름 부음을 받은 고레스에게 이같이 말씀하시되 내가 그의 오른손을 붙들고 그 앞에 열국을 항복하게 하며 내가 왕들의 허리를 풀어 그 앞에 문들을 열고 성문들이 닫히지 못하게 하리라. 내가 너보다 앞서 가서 험한 곳을 평탄하게 하며 놋문을 쳐서 부수며 쇠빗장을 꺾고 네게 흑암 중의 보화와 은밀한 곳에 숨은 재물을 주어 네 이름을 부르는 자가 나 여호와 이스라엘의 하나님인 줄을 네가 알게 하리라. 내가 나의 종 야곱, 내가 택한 자 이스라엘을 위하여 네 이름을 불러 너는 나를 알지 못하였을지라도 네게 칭호를 주었노라. 나는 여호와라. 나 외에 다른 이가 없나니 나 밖에 신이 없느니라. 너는 나를 알지 못하였을지라도 나는 네 띠를 동일 것이요 해 뜨는 곳에서든지 지는 곳에서든지 나 밖에 다른 이가 없는 줄을 알게 하리라. 나는 여호와라. 다른 이가 없느니라. 나는 빛도 짓고 어둠도 창조하며 나는 평안도 짓고 환난도 창조하나니 나는 여호와라. 이 모든 일들을 행하는 자니라 하였노라. 하늘이여, 위로부터 공의를 뿌리며 구름이여, 의를 부을지어다. 땅이여, 열려서 구원을 싹트게 하고 공의도 함께 움돋게 할지어다. 나 여호와가 이 일을 창조하였느니라.

역사의 주인

이사야 45장은 "하나님께서 포로 된 이스라엘을 해방시키기 위하여 고레스를 왕으로 세웠다. 내가 역사의 주인이다" 그렇게 선포하는 자리입니다. 주전 539년 고레스는 바벨론을 무너뜨리고 페르시아를 당대 최고의 제국으로 일으킵니다. 역사에서는 키루스 2세(Cyrus II, 주전 585?-주전 529)라는 이름으로 번역된 인물이 이사야 본문에 나오는 이 고레스입니다. 하나님이 고레스를 세워 이스라엘을 향해 가지신 당신의 뜻을 실행하게 하신다는 것입니다. 하나님의 약속을 거부한 백성을 심판하고 깨우치고 회복시키는 일들에서 고레스가 중요한 하나님의 종이 됩니다.

그러나 4절에 보면, 고레스는 그런 이해나 목적을 가지고 있지 아니한 자입니다. "내가 나의 종 야곱, 내가 택한 자 이스라엘을 위하여 네 이름을 불러 너는 나를 알지 못하였을지라도 네게 칭호를 주었노라." 이처럼 고레스는 그가 하나님의 일을 하고 있는지 모릅니다. 당시 전 세계의 패권을 쥔 자가 자신이 하는 일이 무엇인지 모른 채 하나님의 일에 쓰임을 받는 것입니다. 5-6절에서 그에게 이런 약속이 주어집니다. "나는 여호와라. 나 외에 다른 이가 없나니 나 밖에 신이 없느니라. 너는 나를 알지 못하였을지라도 나는 네 띠를 동일 것이요 해 뜨는 곳에서든지 지는 곳에서든지 나 밖에 다른 이가 없는 줄을 알게 하리라."

이스라엘 백성은 고레스가 페르시아를 세우고 바벨론을 멸망시킨 후에 그가 취한 정책 때문에 풀려납니다. 고레스는 앞서 존재했던 제국인 앗수르나 바벨론이 멸망한 것은 권력으로 강제하는 나라로는 오랜 세월을 버틸 수 없기 때문이라고 생각했고, 그래서 유화 정책을 취했습니다. 여러 나라를 굴복시키고 합병하여 세운 제국이기 때문에 제국을 이루는 민족이 서로 다르고, 유산과 정서가 다릅니다. 물론 종교도 다릅니다. 그리하여 고레스는 이 페르시아라는 제국의 정치 질서에 복종하면 나머지는 다 허락하기로 합니다. 그래서 심지어 이스라엘의 경우에는 고토로 돌아가서 성전을 재건할 수 있게도 해줍니다. 그렇게 할 자유를 주는 정도만 아니라 재정 지원까지 해줍니다. 이는 하나님의 일을 한다는 생각에서 나온 것이 아니라, 제국을 다스리기 위한 정치적 수완에서 나온 것입니다. 그러나 본문에서는 하나님이 그를 세우셨고, 그가 하는 모든 것이 하나님의 뜻을 이루는 준비되고 약속된 일이었다고 소개됩니다.

　그런데 역사의 주인이 누구냐고 물으면 사람들은 없다고 말합니다. 혹, 어떤 이들은 역사의 주인을 우연 또는 권력 등으로 말합니다. 여러분의 생각에 역사의 주인은 권력입니까, 우연입니까, 아니면 없습니까? 성경은 역사의 주인이 하나님이시라고 강력하게 말합니다. 그러나 일반 역사가들이 암묵적으로 합의하여 주장하는 바는 역사의 주인이 '권력'이라는 것입니다. 하지만 고레스 왕의 통치를 통해 드러나는 하나님의 일하심을 보면, 권력은 강제력만으로는 유지될 수 없습니다. 앗수르와 바벨론의 멸망이 대표적인 사례입니다.

　나라가 강제력을 갖고 있어도 도덕성을 갖추지 못하면 망한다는 것이 역사의 교훈입니다. 이때 말하는 도덕성은 가치와 윤리의 고급함을 말하는 것이 아니라, 자발성을 가진다는 뜻입니다. 사람은 법에 대해서 자발성을 보이지 않습니다. 그것은 가치가 낮기 때문입니다. 가장 소극적이고 부정적인 기준에 불과하기 때문입니다. 법을 지키는 것으로는 어떤 나라나 사회나 한 존재가 유지되게 할 희망을 갖게 하기는 어렵습니다. 법을 어기지 않는 것 정도로는 안됩니다.

　더 큰 가치를 가지려면 법보다 높은 수준의 무언가가 필요합니다. 세상에서 제시할 수 있는 유일한 대안으로는 도덕이나 애국, 이념이나 이상 또는 정의가 될 수 있을 것입니다. 그러나 그것들은 실제적인 목표나 내용이 될 수 없습니다. 그것들은 모두 그저 명분에 지나지 않습니다. 실제적인 자발성을 갖게 하는 것은 명분이 아니라 우리 자신의 실력입니다. 명분 또는 서로 합의하는 어떤 이해관계가 우리를 고치거나 자발성과 헌신을 갖게 하지는 못합니다. 그것을 주장할 수는 있지만, 그것이 우리를 만들거나 정의와 평화를 만들어내지는 못합니다. 우리는 그럴 만한 존재가 못됩니다. 그러니까 이 문제에 대하여 성경은 이 싸움을 일찍부터 했습니다.

역사의 주인은 권력이 아니라 하나님이시다. 그러면 하나님은 역사를 어떻게 움직이십니까?

권력을 갖지 않는다

누가복음 22:24-30을 보겠습니다.

> 또 그들 사이에 그 중 누가 크냐 하는 다툼이 난지라. 예수께서 이르시되 이 방인의 임금들은 그들을 주관하며 그 집권자들은 은인이라 칭함을 받으나 너희는 그렇지 않을지니 너희 중에 큰 자는 젊은 자와 같고 다스리는 자는 섬기는 자와 같을지니라. 앉아서 먹는 자가 크냐. 섬기는 자가 크냐. 앉아서 먹는 자가 아니냐. 그러나 나는 섬기는 자로 너희 중에 있노라. 너희는 나의 모든 시험 중에 항상 나와 함께 한 자들인즉 내 아버지께서 나라를 내게 맡기신 것 같이 나도 너희에게 맡겨 너희로 내 나라에 있어 내 상에서 먹고 마시며 또는 보좌에 앉아 이스라엘 열두 지파를 다스리게 하려 하노라(눅 22:24-30).

이 본문에서는 "세상에서는 권력이 위에 있다. 그러나 내 나라에서는 그렇지 않다. 권력은 섬기는 것이다. 너희는 내 모든 시험 중에 항상 나와 함께 있었던 자들이니 너희가 보상받을 것이다"라고 이야기합니다. 예수님의 시험 중에 항상 같이 있었던 자들은 제자들입니다. 그들이 무엇을 봤을까요? 역사의 주인이 권력을 갖고 있지 않다는 것을 봤습니다.

우리는 예수님이 공생애를 시작하기 직전에 받은 시험에서 이 문제를 다룬 적이 있습니다. 사탄이 예수님을 데리고 높은 곳에 올라 천하만국을 보여주고 이렇게 말합니다. "내게 절하면 이 모든 것을 주리라." "사탄아,

물라가라. 다만 내 아버지께 경배하며 그를 섬길지니라." 그러니 하나님이 일하고 계신다는 것을 알고 있어야 합니다.

역사는 권력에 휘둘리는 것이 아닙니다. 하나님이 역사 속에서 일하고 계시는데, 하나님은 섬기고 계십니다. 모든 경우, 모든 존재, 모든 시간, 모든 장소에서 하나님이 일하고 계십니다. 고레스는 모릅니다. 그러나 그는 하나님의 일을 하고 있습니다. 여기가 기독교인들이 걸려 넘어지는 턱입니다.

사도행전 4장에 보면, 베드로와 요한이 걷지 못하는 자를 고치되 예수님의 이름으로 고치고, 붙잡혀 가서 예수님의 이름을 증언하는 바람에 곤욕을 치릅니다. 그리고 그들은 풀려납니다.

사도들이 놓이매 그 동료에게 가서 제사장들과 장로들의 말을 다 알리니 그들이 듣고 한마음으로 하나님께 소리를 높여 이르되 대주재여, 천지와 바다와 그 가운데 만물을 지은 이시요 또 주의 종 우리 조상 다윗의 입을 통하여 성령으로 말씀하시기를 어찌하여 열방이 분노하며 족속들이 허사를 경영하였는고. 세상의 군왕들이 나서며 관리들이 함께 모여 주와 그의 그리스도를 대적하도다 하신 이로소이다. 과연 헤롯과 본디오 빌라도는 이방인과 이스라엘 백성과 합세하여 하나님께서 기름 부으신 거룩한 종 예수를 거슬러 하나님의 권능과 뜻대로 이루려고 예정하신 그것을 행하려고 이 성에 모였나이다. 주여, 이제도 그들의 위협함을 굽어보시옵고 또 종들로 하여금 담대히 하나님의 말씀을 전하게 하여 주시오며 손을 내밀어 병을 낫게 하시옵고 표적과 기사가 거룩한 종 예수의 이름으로 이루어지게 하옵소서 하더라(행 4:23-30).

헤롯과 빌라도는 자기의 일을 하러 왔습니다. 하나님이 시키신 일을

이사야서, 하나님의 비전

하러 왔습니다. 악역을 맡았고, 거스르는 일을 맡았습니다. 그것이 하나님께서 하시고자 하는 일을 담아내는 자리, 역할, 현실입니다. 우리는 우리역할, 하나님이 우리 안에 담으시는 일을 해야 합니다. 저들은 핍박하는 일을 하고 우리는 핍박당하는 일 속에 있습니다. 하나님이 저기서도 하나님의 일을 하시고, 여기서도 하나님의 일을 하십니다. "저들이 자신들의 권력을 휘두르듯 우리는 우리의 믿음을 휘두르게 하옵소서." 이렇게 되는 것입니다.

우리의 불만은 무엇입니까? 역사의 주인이신 예수님이 역사를 뒤집어 구원하려고 오셨습니다. 교회는 세상 앞에 복음과 구원과 하나님의 증거이고 영광이고 실체이며, 우리 신자들은 손길입니다. 그런데 하나님이 우리한테 권력을 주시지 않는다는 사실입니다. 우리는 지는 자 같고, 망하는 자 같고, 없는 자 같습니다. 역사의 주인이 역사를 구하러 오셨으나, 역사가들과 세상은 예수님을 역사에서 빼놓고 이야기합니다. 죽는 신은 필요가 없기 때문입니다.

세상의 권력에 지는 신이 무슨 신이겠는가? 마땅히 이렇게 생각할 수 있습니다. 그래서 예수님의 부활을 이야기하면, 흔히들 그것을 음모론으로 돌립니다. 음모론은 무엇 때문에 나오게 됩니까? 콘텍스트와 텍스트가 서로 분리될 때 등장하지 않습니까? 그 정황에서 그 내용은 완전히 거짓이라는 것이지요. 그러니 보십시오. "죽음을 부활로 반전시켰다." 이것이 그들에게 거짓이지 진짜겠습니까? 죽음은 끝인 것입니다. "그러니 예수를 믿는 것은 거짓이다. 그러니 예수도 거짓이다." 이렇게 됩니다. 그것이 역사가들이 이해하는 방식입니다.

우리는 그것이 거짓이 아니라는 것을 어떻게 압니까? "내가 믿습니다." 여러분 모두 믿습니다. 여러분은 자신의 믿음이 시원치 않음에도 불구하고 여기 나와 앉아 있습니다. 신앙생활을 3년 동안 해도 설교 말씀이 이해되지 않습니다. 그렇지만 다른 교회에는 못 갑니다. 그것이 우리의 콘텍스트입니다. 그리고 거짓이라고 말하는 그 텍스트가 우리 안에 들어오면 참말이 되는데 어떡할 것입니까?

그 거짓이 우리에게서는 서로 일치가 되지만, 세상에서는 일치되지 않는 것을 얼마든지 볼 수 있습니다. 역사에서, 국제 사회와 사회 현실에서, 그들의 인생에서 실컷 보는 것입니다. 세상에서는 권력을 가져야 합니다. 그러나 우리는 권력을 갖지 않는 구원을 받고서 자기 정황에 들어갈 수 없는 신앙고백을 합니다. 이 고백이 사실 현실 속에서는 결과물인데도 우리에게는 잘 믿어지지 않습니다. 이 일에 대한 성경의 증언은 바울에게서 너무나 분명하게 나타납니다.

믿음은 어떤 정황이라도 상관없다

사도행전 9장에 등장하는 바울의 회심을 살펴보겠습니다.

사울이 주의 제자들에 대하여 여전히 위협과 살기가 등등하여 대제사장에게 가서 다메섹 여러 회당에 가져갈 공문을 청하니 이는 만일 그 도를 따르는 사람을 만나면 남녀를 막론하고 결박하여 예루살렘으로 잡아오려 함이라. 사울이 길을 가다가 다메섹에 가까이 이르더니 홀연히 하늘로부터 빛이 그를 둘러 비추는지라. 땅에 엎드러져 들으매 소리가 있어 이르시되 사울아, 사울아, 네가 어찌하여 나를 박해하느냐 하시거늘 대답하되 주여, 누구시니이까. 이르시되 나는 네가 박해하는 예수라. 너는 일어나 시내로 들어가라. 네가 행할 것을 네게 이를 자가 있느니라 하시니 같이 가던 사람들은 소리만 듣고 아무도 보지 못하여 말을 못하고 서 있더라. 사울이 땅에서 일어나 눈은 떴으나 아무 것도 보지 못하고 사람의 손에 끌려 다메섹으

이사야서, 하나님의 비전

로 들어가서 사흘 동안 보지 못하고 먹지도 마시지도 아니하니라. 그 때에 다메섹에 아나니아라 하는 제자가 있더니 주께서 환상 중에 불러 이르시되 아나니아야, 하시거늘 대답하되 주여, 내가 여기 있나이다 하니 주께서 이르시되 일어나 직가라 하는 거리로 가서 유다의 집에서 다소 사람 사울이라 하는 사람을 찾으라. 그가 기도하는 중이니라. 그가 아나니아라 하는 사람이 들어와서 자기에게 안수하여 다시 보게 하는 것을 보았느니라 하시거늘 아나니아가 대답하되 주여, 이 사람에 대하여 내가 여러 사람에게 듣사온즉 그가 예루살렘에서 주의 성도에게 적지 않은 해를 끼쳤다 하더니 여기서도 주의 이름을 부르는 모든 사람을 결박할 권한을 대제사장들에게서 받았나이다 하거늘 주께서 이르시되 가라. 이 사람은 내 이름을 이방인과 임금들과 이스라엘 자손들에게 전하기 위하여 택한 나의 그릇이라. 그가 내 이름을 위하여 얼마나 고난을 받아야 할 것을 내가 그에게 보이리라 하시니(행 9:1-16).

지금 정황은 어떤 것입니까? 바울이 증오심과 적개심과 진심을 가지고 예수 믿는 자들을 잡아 죽이려 뛰어든 정황입니다. 그런데 예수께서 오셔서, "너는 내 종이 될 것이요, 복음을 이방에 전할 것이요, 임금들 앞에 설 것이요, 말할 수 없는 고난을 받을 것이다"고 하는 텍스트를 그에게 집어넣으십니다.

여러분은 바울이 다메섹 도상에서 회개했다고 생각하십니까? 그는 우리가 일반적으로 울고불고 하는 식의 회개를 한 것이 아닙니다. 부활하신 예수께서 그를 찾아오심으로 그에게 획기적인 변화가 일어난 것입니다. 우리는 그에게서 일어난 큰 변화의 내용이 무엇인지 사도행전에서 확인할 수 있습니다. 즉, 그가 그토록 박해하던 예수님을 얼마 후 다메섹에서 하나님의 아들이요 메시아라고 전했다는 사실입니다(행 9:19, 22). 이는 이전의 바울에게서 결단코 상상조차 할 수 없는 증언입니다. 그가 적극 반대하고 박멸하고자 했던 것 아니었습니까? 이런 그에게 그 텍스트를 담아 주셨던 것입니다.

그가 자신의 사도권을 증명할 때도 "내가 복음의 사도가 맞다"라고 말합니다. 만일 여러분에게 "당신, 예수 믿는 게 맞습니까?"라고 묻는다면 여러분은 뭐라고 증명하겠습니까? "내가 이런 경험을 했고, 이렇게 예수님을 받아들였고, 이렇게 성경이 증언을 했다. 그게 다 나와 일치한다." 그렇게 이야기할 것 아닙니까? 고린도후서 11장에서 바울은 자신의 사도권에 대해 이렇게 증언합니다.

내가 다시 말하노니 누구든지 나를 어리석은 자로 여기지 말라. 만일 그러하더라도 내가 조금 자랑할 수 있도록 어리석은 자로 받으라. 내가 말하는 것은 주를 따라 하는 말이 아니요 오직 어리석은 자와 같이 기탄없이 자랑하노라. 여러 사람이 육신을 따라 자랑하니 나도 자랑하겠노라. 너희는 지혜로운 자로서 어리석은 자들을 기쁘게 용납하는구나. 누가 너희를 종으로 삼거나 잡아먹거나 빼앗거나 스스로 높이거나 뺨을 칠지라도 너희가 용납하는도다. 나는 우리가 약한 것 같이 욕되게 말하노라. 그러나 누가 무슨 일에 담대하면 어리석은 말이나마 나도 담대하리라. 그들이 히브리인이냐. 나도 그러하며 그들이 이스라엘인이냐. 나도 그러하며 그들이 아브라함의 후손이냐. 나도 그러하며 그들이 그리스도의 일꾼이냐. 정신없는 말을 하거니와 나는 더욱 그러하도다. 내가 수고를 넘치도록 하고 옥에 갇히기도 더 많이 하고 매도 수없이 맞고 여러 번 죽을 뻔하였으니 유대인들에게 사십에서 하나 감한 매를 다섯 번 맞았으며 세 번 태장으로 맞고 한 번 돌로 맞고 세 번 파선하고 일 주야를 깊은 바다에서 지냈으며 여러 번 여행하면서 강의 위험과 강도의 위험과 동족의 위험과 이방인의 위험과 시내의 위험과 광야의 위험과 바다의 위험과 거짓 형제 중의 위험을 당하고 또 수고하며 애쓰고 여러 번 자지 못하고 주리며 목마르고 여러 번 굶고 춥고 헐벗었노라(고후 11:16-27).

이것이 사도권에 대한 무슨 증명이 되겠습니까? "내가 세상 권세로 하는 일이 어느 것 하나 있는가 봐라." 그렇게 이야기하는 것입니다. "내가 사도인 증거가 뭐냐? 세상 권세와는 전혀 연결되어 있지 않다. 내가 하나님의 일을 하고 있다는 것이 너무나 분명하다." 이렇게 자기 증명을 합니다.

여러분, 여러분의 인생을 보십시오. 여러분의 모든 불만을 보십시오. "나를 불러 하나님을 믿게 하고, 헌신케 하고, 감격하게 해놓고, 아무런 권력도 주시지 않으면 뭘 어떻게 하라는 말입니까?" 그러니 이 고린도후서의 말씀을 읽으십시오. 고난을 미화시킬 것도, 변명할 것도 없습니다. 여러분이 변명한다는 것은 뭔가 기대하고 있고, 원망하고 있다는 뜻입니다. 여러분이 가진 것이 최고의 조건입니다. "걱정하지 마라. 내가 실어 보낸다. 너는 운전이나 잘해라." 그런 뜻입니다. 불만스러운가요?

이사야 45장에 너무나도 기가 막힌 말씀이 선포되어 있습니다. "나는 빛도 짓고 어둠도 창조하며 나는 평안도 짓고 환난도 창조하나니 나는 여호와라. 이 모든 일들을 행하는 자니라 하였노라"(사 45:7). 평안과 환난을 대조시킬 것 없습니다. 평안에 심는 하나님의 창조가 있고, 환난에 담는 하나님의 창조가 있다는 것입니다. 하나님의 성실하심과 긍휼하심과 선하심과 의로우심이 어디에나 담길 수 있답니다. 우리는 결국 자신의 콘텍스트를 서로 대조해 보는 것 외에 아무것도 하지 않습니다.

여러분의 불만이 무엇인가요? 자랑은 또 무엇인가요? 위대한 배우가 되려면 최고로 못생겨야 합니다. 그것은 매우 중요한 것입니다. 잘 생기면 그 콘텍스트를 보느라고 사람들이 텍스트를 보지 못합니다. 영화 「벤허」

에 등장하는 찰턴 헤스턴은 못생긴 탓에 우리는 다행히 그 스토리를 따라
가게 됩니다. 거기에 록 허드슨이 나왔다면, 우리는 그 사람 사진만 갖고
있게 되었을 것입니다. 여러분이 한탄하는 못생김이나 못남, 부족함, 제한,
그런 것이 다 여러분에게 최고의 조건이라는 것을 잊지 마십시오. 빌립보
서 4장에 사도 바울의 멋진 신앙고백이 나옵니다. 이것은 우리 모두의 신
앙고백일 것입니다.

> 내가 주 안에서 크게 기뻐함은 너희가 나를 생각하던 것이 이제 다시 싹이
> 남이니 너희가 또한 이를 위하여 생각은 하였으나 기회가 없었느니라. 내
> 가 궁핍하므로 말하는 것이 아니니라. 어떠한 형편에든지 나는 자족하기를
> 배웠노니 나는 비천에 처할 줄도 알고 풍부에 처할 줄도 알아 모든 일 곧 배
> 부름과 배고픔과 풍부와 궁핍에도 처할 줄 아는 일체의 비결을 배웠노라.
> 내게 능력 주시는 자 안에서 내가 모든 것을 할 수 있느니라(빌 4:10-13).

이제 알겠습니까? "무슨 정황이라도 상관없다. 나는 텍스트다. 내가
본문이다. 내가 조명을 받아야 하고 내가 빛나야 할 필요는 없다. 내게 다
른 권력은 필요 없다. 내가 본문이다. 나는 어느 정황이라도 들어갈 수 있
다." 그렇게 이야기합니다. 성경은 우리의 이런 신앙고백만 받아내는 것
이 아닙니다. 하나님은 이렇게도 선포하십니다. "하늘이여, 위로부터 공의
를 뿌리며 구름이여, 의를 부을지어다. 땅이여, 열려서 구원을 싹트게 하
고 공의도 함께 움돋게 할지어다. 나 여호와가 이 일을 창조하였느니라"(사
45:8). "하늘아, 복을 쏟아라. 땅아, 복을 싹 틔워라. 내가 명령하노라. 나는
창조자 너희 하나님이니라." 아멘입니다. 여러분이 당면한 인생과 역사와
어떠한 현실 속에도 이 창조주가 주인이십니다.

::

하나님 아버지, 은혜를 감사합니다. 우리의 존재와 지위와 우리가 만나는 현실 속에서 우리가 본문이 되어야 합니다. 하나님의 자녀이기에 그러합니다. 하나님의 영광이 드러나며, 하나님의 창조와 섭리와 하나님의 복이 우리 안에서 증언되는 그 귀한 삶을 살도록 믿음의 승리와 영광, 자랑과 감사가 있게 하옵소서. 예수님 이름으로 기도합니다. 아멘.

27

너희는 장부가 되라

사 46:1-13

벨은 엎드러졌고 느보는 구부러졌도다. 그들의 우상들은 짐승과 가축에게 실렸으니 너희가 떠 메고 다니던 그것들이 피곤한 짐승의 무거운 짐이 되었도다. 그들은 구부러졌고 그들은 일제 히 엎드러졌으므로 그 짐을 구하여 내지 못하고 자기들도 잡혀 갔느니라. 야곱의 집이여, 이스 라엘 집에 남은 모든 자여, 내게 들을지어다. 배에서 태어남으로부터 내게 안겼고 태에서 남 으로부터 내게 업힌 너희여, 너희가 노년에 이르기까지 내가 그리하겠고 백발이 되기까지 내 가 너희를 품을 것이라. 내가 지었은즉 내가 업을 것이요 내가 품고 구하여 내리라. 너희가 나 를 누구에게 비기며 누구와 짝하며 누구와 비교하여 서로 같다 하겠느냐. 사람들이 주머니에 서 금을 쏟아 내며 은을 저울에 달아 도금장이에게 주고 그것으로 신을 만들게 하고 그것에게 엎드려 경배하며 그것을 들어 어깨에 메어다가 그의 처소에 두면 그것이 서 있고 거기에서 능 히 움직이지 못하며 그에게 부르짖어도 능히 응답하지 못하며 고난에서 구하여 내지도 못하느 니라. 너희 패역한 자들아, 이 일을 기억하고 장부가 되라. 이 일을 마음에 두라. 너희는 옛적 일을 기억하라. 나는 하나님이라. 나 외에 다른 이가 없느니라. 나는 하나님이라. 나 같은 이가 없느니라. 내가 시초부터 종말을 알리며 아직 이루지 아니한 일을 옛적부터 보이고 이르기를 나의 뜻이 설 것이니 내가 나의 모든 기뻐하는 것을 이루리라 하였노라. 내가 동쪽에서 사나운 날짐승을 부르며 먼 나라에서 나의 뜻을 이룰 사람을 부를 것이라. 내가 말하였은즉 반드시 이 룰 것이요 계획하였은즉 반드시 시행하리라. 마음이 완악하여 공의에서 멀리 떠난 너희여, 내 게 들으라. 내가 나의 공의를 가깝게 할 것인즉 그것이 멀지 아니하나니 나의 구원이 지체하지 아니할 것이라. 내가 나의 영광인 이스라엘을 위하여 구원을 시온에 베풀리라.

고레스를 통한 바벨론의 멸망

이사야 46장은 하나님께서 포로 된 이스라엘 백성에게 그들을 구하여 내시겠다고 강력하게 선포하시는 내용입니다. 1절에 "벨은 엎드러졌고 느보는 구부러졌도다. 그들의 우상들은 짐승과 가축에게 실렸으니 너희가 떠메고 다니던 그것들이 피곤한 짐승의 무거운 짐이 되었도다"라는 표현에서 언급된 벨과 느보는 바벨론 제국이 섬기던 국가의 신, 국가 우상의 이름입니다. '벨'은 우리에게 '마르둑'으로 알려진 우상의 별명이고, '느보'는 벨의 아들입니다. 이 둘은 부자(父子) 우상입니다. 바벨론 사람들은 그 아들 신의 이름을 더 좋아해서 느부갓네살과 나보니두스(주전 556-539년 재위, 최후의 왕)에게도 그 이름을 넣은 것 같습니다.

이 우상들은 구부러지고 엎드러져 가축의 수레에 실려서 버려집니다. 7절에 보면, 그것들의 실상이 이렇게 묘사됩니다. "그것을 들어 어깨에 메어다가 그의 처소에 두면 그것이 서 있고 거기에서 능히 움직이지 못하며 그에게 부르짖어도 능히 응답하지 못하며 고난에서 구하여 내지도 못하느니라." 신전을 세워 그곳에 그 우상들을 세워 놨을 때도 홀로 움직이지도 못하고 대답도 못하는 신이라는 것입니다. 그리고 지금은 페르시아에 의하여 바벨론이 멸망하자, 그들이 섬기던 우상들은 이렇게 다 수레에 실려 내버려지는 상황에 놓이게 됩니다.

그런데 여기 8절에서는 그 장면을 상기시키면서 붙잡혀 간 이스라엘 백성들에게 이렇게 말씀합니다. "너희 패역한 자들아, 이 일을 기억하고 장부가 되라. 이 일을 마음에 두라." 패역한 자들이란 포로로 잡혀 온 이스라엘 백성을 말합니다. 하나님을 믿지 않고 늘 거부함으로써 이 심판을 받은 바벨론의 포로 된 자들입니다. 그들에게 "이 일을 기억하여 장부가 되라"고 말씀합니다. 즉, 철이 들라는 뜻입니다.

이스라엘이 망할 때 선지자들이 일어나서 "너희가 이렇게 하나님을 배반하고 그를 따르지 않고, 순종하지 않고 세상 나라와 똑같이 죄악을 삶의 보편적 내용으로 가지고 있으면 하나님 앞에 심판을 받는다"고 했으나, 이스라엘 백성들은 그 말을 듣지 않았습니다. 하나님이 북왕국을 심판하여 앗수르에 넘기셨을 때, 남유다는 끝까지 자신들이 하나님을 믿는 나라요, 저들은 우상을 섬기는 나라인 까닭에 망할 리 없다고 생각했습니다. 그러나 결국 둘 다 망했습니다. 그들은 아마 깊은 충격을 받았을 것입니다. "우리가 믿던 하나님이 진짜 신이었지 않느냐?" 하지만 앗수르와 바벨론은 모두 그들의 신이 이 이스라엘의 신보다 우월하다고 주장했습니다.

그런 바벨론이 이제 망하는 것입니다. 바벨론이 이스라엘을 이기고 자신들의 권력과 승리를 신적 근거로 삼아 스스로 속고, 남들도 속였습니다. 이 일들이 거짓임은 바벨론이 멸망함으로써 드러납니다. 이는 페르시아가 일어나서 바벨론을 군사력이나 정치력에서 이긴 단순한 사건이 아니라 하나님이 하신 일이었다는 것입니다. 하나님이 이스라엘에게 행하셨던 심판의 진정한 목적, 곧 하나님이 누구신지를 제대로 알고, 하나님을 섬긴다는 것이 무슨 요구인지를 알게 하는 일이었습니다. 그런 일을 위해 고레스를 세워 이스라엘 백성들을 귀환시키겠다고 하신 것입니다.

고레스는 이런 신앙적인 이해를 갖고 있지 않은 왕입니다. 이미 45장에서 확인했듯이, 그는 다만 정치적 이유로 광대한 제국을 통치하려면 관용을 베푸는 것이 더 낫다는 판단에서 이스라엘 포로들을 돌려보냅니다. 성경에서만 그것이 하나님의 뜻으로 드러납니다. 그러니까 하나님을 모르는 자들이 겪는 역사 속에서 하나님이 어떻게 일하고 계시는지를 구별하는 것입니다. 이스라엘만은 하나님의 일하심이 자신들의 역사 가운데 어떻게 나타났는지, 또한 그 가운데 하나님이 그들에게 무엇을 요구하시는지를 알아야 한다고 이야기하는 부분입니다. 이는 오늘날 우리 기독교 신자들에게서도 마찬가지입니다. 그런 일들은 역사 전반에 걸쳐 일어나는 하나님의 일하심이며, 각 개인의 인생 속에 허락되는 현실로서 하나님이 우리에게 항복을 받아내기 위해 주시는 기회라는 것입니다.

진정한 가치가 없는 승리

일반 역사를 논하자면 인문학적 소양이 필요합니다. 그것은 '역사에 진정한 의미는 없다'라는 것입니다. 역사는 늘 실패로 끝나는데, 괴이한 것은 그 실패한 역사를 반복하고 있다는 사실입니다. 역사가 아놀드 토인비는 "인류는 역사에서 배우지 않는다"고 말했습니다. 하나님이 바벨론의 멸망을 통해 이스라엘 백성에게 가르치시는 바와 같이 힘과 운이라는 것은 얼마나 보잘것없는 것입니까? 우리가 말하는 승리를 위해서는 힘과 행운이 있어야 합니다. 그런데 실제로 살아 보면 힘이란 진정한 승리를 만들어내는 능력이 아니며, 운은 행운만 있지 않고 불운도 있다는 사실을 알게 됩니다. 이렇게 제멋대로인 것에서는 진정한 연속성이 있을 수 없습니다. 한 걸음 더 나아가서 영속성을 가진 의미와 가치를 만들어낼 수도 없습니다. 그것이 이스라엘이 겪는 역사입니다.

이스라엘의 역사가 그 배후에 이런 문제를 어떻게 가지고 있습니까? 구약 이스라엘 역사의 가장 중요한 세 가지 사건은, 출애굽과 가나안 땅 점령과 바벨론에 포로로 끌려간 사건입니다. 하나님이 그들을 하나님의 백성으로 목적하사 애굽에서 구원해 내시고, 젖과 꿀이 흐르는 약속의 땅으로 보내십니다. 그들에게 자유와 기회가 주어집니다. 축복과 약속이 주어집니다. 그러나 그들은 실패하여 심판받아 바벨론의 포로가 됩니다.

막연한 승리, 막연한 자랑, 헛된 욕심은 역사의 진정한 의미가 아닙니다. 그것은 주어진 시간이고 무대일 뿐입니다. 그 안에서 살아내고 인류가 만들어내고 깨우쳐야 할, 그리고 채워야 할 내용을 발생시키는 기회요 무대일 뿐입니다. 역사에서 일어난 일들을 통하여 하나님이 하시고 싶은 이야기는 하나님 없는 곳에서는 이런 기회, 배경, 무대 같은 것들이 다 헛되다는 것입니다. 왜냐하면 그런 무대와 시간이 의미나 목적을 만들어내는 것이 아니라 그 안에 서 있는 주인공인 인류가 내용과 가치, 그리고 책임을 만들어내기 때문입니다.

그런데 인간은 어떤 것만 할 수 있었습니까? 승리밖에는 요구하지 않았습니다. 여기서 승리란 가치 없는 승리였습니다. 그것은 다만 폭력이고 거짓말이었습니다. 역사가 증언하듯이, 그리고 구약에서 이스라엘 백성이 그들의 역사 속에서 그 길을 걸었듯이, 인류 역사라는 거대한 시간과 경험 속에서 각 개인들은 자기 생애에서 그 일을 반복적으로 경험합니다. 여러분 모두가 경험합니다. 여러분이 태어나 자라면서 배우는 최고의 도전, 최고의 관심, 최고의 소망은 다 승리입니다. 그러나 막연한 승리입니다. 그 승리는 어떤 가치를 위한 승리가 아니라 상대를 이기려는 목적밖에 없습니다. 그래서 우리의 이김은 피 흘리는 이김입니다. 세상이 요구하는 바는 비열해지는 싸움이고, 무정해지는 싸움이고, 폭력적인 싸움입니다. 진 사람들만 가치 있는 이야기나 도덕과 정의를 논한다는 것입니다. 그런 식으로 변명할 수밖에 없습니다.

이기고서도 그렇게 이야기하는 사람은 에이브러햄 링컨밖에 없습니다. 하나님을 모르고 이긴 자나 지위를 가진 자가 정의, 긍휼, 용서를 이야기할 수는 없습니다. 그것이 하나님께서 이사야를 통하여 이스라엘 백성에게 깨닫게 하시는 바입니다. "너희 패역한 자들아, 이 일을 기억하고 장부가 되라. 이 일을 마음에 두라." 다른 것 없습니다. 여러분의 현실을 보십시오. 여러분이 이겼다고 생각하는 것들이 다 있었을 것입니다. "이건 내가 이겼다." 그 이긴 것이 진정한 가치인가 보십시오. 모두가 공감하는 최고의 가치가 있습니다. 사람이라면 모두가 이것만은 공감합니다. "건강이 제일이야." 그렇습니다. 그래도 결국에는 죽습니다.

가을에 공원 산책을 나가보면 가을 풍경은 좋지만, 가장 보기 싫은 것이 플라타너스입니다. 가을인데도 시퍼렇고 무성하기 때문입니다. 가을에 시퍼렇고 둥둥하게 있지 마십시오. 건강하게 있지 마시고 빨리 시들어서 떨어지십시오. 그게 가을의 멋입니다. 빨갛게, 노랗게, 갈색으로 물들어 떨어지십시오. 시퍼렇게 둥둥하게 살아 있지 마십시오. 건강하게 오래 사는 것은 벌입니다. 왜 오래 살려고 합니까? 시간을 연장하는 것 외에 답이 없어서 그렇습니다.

그러니까 "내가 살아도 주를 위하여 살고 내가 죽어도 주를 위하여 죽나니 사나 죽으나 우리가 주의 것이라"는 고백은 얼마나 대단한 것입니까? 세상의 위협과 시험을 벗어나 있고, 넘어서 있습니다. 우리만이 할 수 있는 것입니다. 그러나 뜻밖에도 기독교인들이, 이스라엘이 역사에서 그랬듯이, 개인의 인생에서 증언되는 이 질문들, 자기가 받는 위협, 자기가 받는 시험의 진정한 내용이 무엇인지를 이해하려고 하지 않습니다.

인생의 가치가 무엇입니까? 우리가 겪는 일의 가치가 무엇입니까? 하나님의 말씀입니다. 이사야 46:9에 "너희는 옛적 일을 기억하라. 나는 하나님이라. 나 외에 다른 이가 없느니라. 나는 하나님이라. 나 같은 이가 없느니라"고 말씀합니다. 이 46장에서 나 같은 이가 없다고 굳이 반복해서 대조하고 싶으신 것은 무엇일까요? 그가 우상과 다르다는 것입니다. 우상은 우리가 만들고 우리가 떠메고 가서, 우리가 세워 놓은 자리에서 꼼짝도 못하는 존재입니다. 나중에 결국 수레에 실려 나가 어딘가에 내팽개쳐질 존재입니다.

그러나 하나님은 어떤 분이십니까? "나는 일하는 하나님이다. 나는 의지를 가진 하나님이다. 나는 전능자요 창조주다. 너희를 만들고 너희 인생의 가치와 내용을 심는 자다. 그것을 원하는 자요 그 의지를 가진 자다. 나는 다르다. 역사를 보고 인생을 살면서 생각하여라. 의지를 갖고 있지 않은 시간과 공간에 대고 욕심을 내어 시험을 받지 말고, 네가 책임을 져야한다. 네가 욕심내는 것의 한계를 봐라. 역사 내내 인간이 가진 그 한계, 그 못남, 자기가 아는 한계를 채워서 자신의 가치를 만들려고 하는 것이 얼마나 헛된 일인가를 이 반복된 역사 속에서 봐라. 누가 의를 이루며, 누가 진리와 은혜와 감사와 영광을 만들었는가? 모든 영광은 누군가의 수치를 밟고 올라서 있었던 것 아니냐? 승리는 누군가를 울려서 만든 것이 아니었느냐? 그런 승리, 그런 영광이 진정한 가치냐?"라고 말씀하시고 또 물으시는 분입니다.

여러분 생애에서도 묻습니다. "승리한 것이 무슨 가치가 있는가? 반대로, 진 것은 무슨 가치가 있는가?" 지게 되면 결국 이런 이야기를 합니다. 우리 교회 오신 성도들이 저한테 많이 한 이야기입니다. "목사님, 제가 잘 나갔을 때 만났어야 하는데요." "잘 나갔으면 절 만났겠어요? 돈 있고 시간 있고 건강한데 저를 만난다고요? 어림도 없지요." 여러분은 언제 그런 생각을 합니까? 여러분이 억울한 처지에 있으면 정의를 논합니다. 정의를 실현해야 할 지위에 올라서서 정의를 실현한 자는 역사에 없습니다.

정신 차리십시오. 지금 권력을 가진 자들이 나쁜 놈들을 죽이면 새로운 세상이 온다고요? 그렇게 말하지 마십시오. 여러분이나 잘 하십시오. 실패자요 약한 자로서 정의를 실천하십시오. 정의를 권력으로 실천하지 말고 자신에게서 내용으로 가지십시오. 그것을 할 수 없으면 여러분은 다만 분노하는 것에 지나지 않습니다. 보복을 원하는 것입니다. "하나님, 저 악한 자들 다 죽여 주시옵소서." 기독교는 그런 초라한 종교가 아닙니다.

시작과 끝 사이에 놓인 인생

하나님이 "나는 다르다"고 말씀하시는 부분에 본문 10절을 붙이십니다. "내가 시초부터 종말을 알리며 아직 이루지 아니한 일을 옛적부터 보이고 이르기를 나의 뜻이 설 것이니 내가 나의 모든 기뻐하는 것을 이루리라 하였노라." 하나님은 당신이 시초부터 종말을 알렸다고 하십니다. 이런 표현은 이사야 44:6에 이렇게 되어 있습니다. "이스라엘의 왕인 여호와, 이스라엘의 구원자인 만군의 여호와가 이같이 말하노라. 나는 처음이요 나는 마지막이라. 나 외에 다른 신이 없느니라."

이것이 무슨 뜻일까요? 요한계시록에서 예수님은 사도 요한에게 나타나셔서 "나는 알파와 오메가요 처음과 마지막이다"라고 말씀합니다. 처음과 마지막이란 무슨 뜻일까요? 모를 것도 없습니다. 처음이고 마지막입니다. 그런데 시작이란 목적을 가지지 않는 한 시작이 아닙니다. 목적을 가져야 시작입니다. 줄 그어 놓는다고 시작이 아닙니다. 여러분 30센티미터 자 기억하시지요? 자의 모든 눈금이 시작입니까? 아닙니다. 그것을 시작이라고 하지 않습니다. 목적을 가지지 않거나, 방향을 가지지 않으면, 길을 가지지 않으면, 시작이라고 하지 않습니다. 끝은 무엇입니까? 시작이 완성되는 것을 끝이라고 합니다. 그러니까 과정이란 시작을 끝으로 만드는 내용을 담아내는 시간인 것입니다. 이사야 46:3-4의 본문 식으로 이야기하면 이렇습니다.

야곱의 집이여, 이스라엘 집에 남은 모든 자여, 내게 들을지어다. 배에서 태어남으로부터 내게 안겼고 태에서 남으로부터 내게 업힌 너희여, 너희가 노년에 이르기까지 내가 그리하겠고 백발이 되기까지 내가 너희를 품을 것이라. 내가 지었은즉 내가 업을 것이요 내가 품고 구하여 내리라(사 46:3-4).

여러분, 현실이나 실존과 같은 이런 단어들이 무엇을 뜻합니까? 지금입니다. 지금의 형편, 지금의 현실입니다. 그것은 시작과 끝 사이에 있습니다. 하나님이 일하시고 있는 때라는 것입니다. 그러니 하나님이 여러분을 잊었다든가, 열심을 놓았다든가, 외면했다든가 하는 표현들은 말이 되지 않습니다. 하나님이 지금 어디에 말씀하십니까? 포로 된 이스라엘에게 말씀하시고 있습니다. "내가 나의 공의를 가깝게 할 것인즉 그것이 멀지 아니하나니 나의 구원이 지체하지 아니할 것이라. 내가 나의 영광인 이스라엘을 위하여 구원을 시온에 베풀리라"(사 46:13). 그가 구원하겠다고 하신 것은 공허한 이야기가 아닙니다. 바벨론 포로가 된 자들을 주장하고 있던 권력이 바뀌는 때입니다. 얼마나 불안하고 위험한 지위에 있는 사람들입니까? "그것이 다 너희에게 유익할 것이다. 내가 너희를 품고 내 일을 하는 중이다"라고 말씀하고 있습니다.

우리는 고난을 면하는 것 외에는 아무런 관심도 없습니다. 인간이 고난이 없기를 바라는 것을 불교에서는 이렇게 정확히 정곡을 찔러 말합니다. "그러니까 빨리 죽어." 거기에 공감하겠습니까? "네가 있어서 번민이 생기는 거야. 번민을 없애려고 하지 말고, 네가 죽어." 정곡을 찌르는 말입니다. 기독교의 다름은 무엇입니까? 그 번민하는 우리가 영광된 존재의 완성을 목적으로 허락받은 자라는 것입니다. 여러분의 신앙이 성장하고, 또 인생을 살아가면서 철이 들고 은혜를 입으면 무엇이든지 감당할 수 있게 됩니다. 존경만 받는 것만이 아니라, 비난도 받고 원망도 받을 수 있습니다.

어떤 사람이 좋은 권투 선수가 될 수 있는지를 볼 때 권투 선수로서 중요한 자격 중의 하나는 펀치력이 아니라 맷집입니다. 맷집이 없으면 권투 선수가 될 수 없습니다. 인간이라는 존재의 진정한 내용은 밖에 뭔가를 주렁주렁 걸치는 데 있지 않고 속에 두는 것입니다. 그것은 그의 성품과 인격, 그의 이해, 하나님과의 관계라는 것입니다. 우리가 어떤 조건 속에 있느냐 하는 것으로는 우리를 아무도 이해하지 못합니다. 하나님은 그것을 남이 볼 때 부러워할 만한 조건 속에 채워주실 수도 있고, 남이 볼 때 이해되지 않는 조건 속에 채워주실 수도 있습니다. 교회가 성립하는 것은 내적 공통성 때문입니다. 예수님을 믿는다는 말이 가지는 영광과 감사로 인하여 모이는 것입니다. 여러분이 아직도 인생을 살아야 하는 이유는, 그 존재로 세상 앞에 서 있으면 하나님이 우리로 인하여 우리 시대와 사회를 구원하신다고 믿기 때문입니다. 그 책임의 위대함을 알기 때문에 아무것도 아닌 존재 같은 조건으로 우리는 하루하루 살아낼 수 있습니다. 그것이 성경이 전하는 이야기입니다. 로마서 5:1-8을 보면 이 문제를 이렇게 아주 잘 요약해 냅니다.

> 그러므로 우리가 믿음으로 의롭다 하심을 받았으니 우리 주 예수 그리스도로 말미암아 하나님과 화평을 누리자. 또한 그로 말미암아 우리가 믿음으로 서 있는 이 은혜에 들어감을 얻었으며 하나님의 영광을 바라고 즐거워하느니라. 다만 이뿐 아니라 우리가 환난 중에도 즐거워하나니 이는 환난은 인내를, 인내는 연단을, 연단은 소망을 이루는 줄 앎이로다. 소망이 우리를 부끄럽게 하지 아니함은 우리에게 주신 성령으로 말미암아 하나님의 사랑이 우리 마음에 부은 바 됨이니 우리가 아직 연약할 때에 기약대로 그리스도께서 경건하지 않은 자를 위하여 죽으셨도다. 의인을 위하여 죽는 자가 쉽지 않고 선인을 위하여 용감히 죽는 자가 혹 있거니와 우리가 아직 죄인 되었을 때에 그리스도께서 우리를 위하여 죽으심으로 하나님께서 우리에 대한 자기의 사랑을 확증하셨느니라(롬 5:1-8).

이 로마서 5장 서두에서 우리는 예수님으로 인하여 하나님과의 관계가 정상화되었다고 이야기합니다. "우리는 영광으로 갈 것이다. 이것이 우리의 운명이요 우리 존재의 목적이다." 이렇게 이야기합니다. 그리고 환난이 튀어나옵니다. 영광을 약속받은 우리를 환난 속에 두십니다. 이 환난은 현실을 말합니다. 아직은 우리를 세상 속에 두십니다. 환난을 당하는 것은, 하나님의 나라와 하나님의 약속들이 아직 보이는 것으로 드러나지 않는 때와 환경을 말합니다.

왜 거기에 두십니까? 그 속에서 뭐가 생긴다고 합니까? 인내하게 된답니다. 인내란 무엇일까요? 인내란 견디는 것입니다. 어떻게 견딜까요? 모든 인내는 이것으로 견딥니다. "그냥"입니다. 그것이 무슨 말입니까? 선택의 여지가 없어서, 뾰족한 수가 없어서, 시간을 흘려보내는 것입니다. 그것이 인내입니다.

그런데 우리는 매일 어떤 전진이 있어야 하고, 깨우침이 있어야 하고, 나아져야 한다고 생각해서 굉장히 자책합니다. 시간은 그냥 흐르지 않습니다. 여러분의 무지함, 무심함, 게으름까지 다 누적시켜서 결국 구원을 이루어 갑니다. 그래서 어디로 갑니까? 인내는 연단으로 갑니다. 연단이란 분별과 지혜를 말합니다. "아하" 하고 알게 됩니다. 소망은 완성입니다. 이 승리가 실패할 리 없습니다. "소망이 우리를 부끄럽게 하지 아니함은 하나님께서 우리에게 주신 성령으로 말미암아 하나님의 사랑이 우리 마음에 부은 바" 되었기 때문입니다.

이것이 무슨 말입니까? 사랑이란 무엇일까요? 사랑이란 의지의 극치입니다. 의지의 극치가 사랑입니다. 그것은 하나님의 의지의 극치입니다. 우리가 죄인 되었을 때 그 아들을 십자가에 매달 수 있는 의지입니다. "그러니 겁내지 마라." 그렇게 말씀하는 것입니다. 무엇을 배운다고요? 성경에서 약속하는 이 하나님을 배웁니다. 하나님은 예수님 안에서 우리를 부르시고 우리의 정체성을 예수님과 묶으십니다. 그가 가진 창조와 부활의 영광으로 채우시겠다고 약속하십니다. 자신을 그런 존재로 이해하고 그것을 기뻐하는 것에 대하여 세상은 반복해서 위협하고 시험합니다.

실컷 살아 보지 않았습니까? 화를 내야 소용이 없다는 것쯤은 알고 있습니다. 부부싸움 하다 무엇을 집어 던져봐야 소용없다는 것쯤 알고 있습니다. 누가 치워야 합니까? 던진 사람이 치워야 합니다. 유리창을 깨면 다음날 갈아야 합니다. 그런 것 소용이 없다는 것쯤은 잘 알 것입니다. 배우십시오. 위대해지십시오. 아무것도 아닌 일에서 위대해지십시오. 거기가 하나님이 일하시는 자리입니다. 실력만큼 하십시오. 못나게 했으면 다음은 잘하겠다고 결심하십시오. 괜찮습니다. 여러분의 인생 속에서 하나님은 어떤 분이십니까? "나는 처음이요 마지막이니라. 나는 시작이요 끝이니라. 내가 너희를 태어날 때부터, 아니 뱃속에서부터 내가 지었고 내가 낳았고 내가 품었다. 너희가 백발까지 그렇게 하더라도 너희 운명을 내가 놓지 않겠다." 얼마나 감사한 말씀입니까. 그 위대한 인생을 사는 여러분의 현실이 되십시오.

::

하나님 아버지, 은혜를 감사합니다. 우리의 하루가 얼마나 위대한 것인지, 우리의 이해와 깨우침이 없을지라도 하나님이 얼마나 신실하게 우리를 붙들고 계시는지 확인하고 또 확인합니다. 그러니 기억하게 하옵소서. 생각하게 하옵소서. 우리의 하루를 헛되지 않게 살겠다고 결심하고 한 걸음씩 한 걸음씩 철드는, 하나님의 영광으로 나아가는 우리의 인생, 우리의 걸음, 우리의 책임 되게 하옵소서. 예수님 이름으로 기도합니다. 아멘.

28

바벨론의 길

사 47:1-15

처녀 딸 바벨론이여, 내려와서 티끌에 앉으라. 딸 갈대아여, 보좌가 없어졌으니 땅에 앉으라. 네가 다시는 곱고 아리땁다 일컬음을 받지 못할 것임이라. 맷돌을 가지고 가루를 갈고 너울을 벗으며 치마를 걷어 다리를 드러내고 강을 건너라. 네 속살이 드러나고 네 부끄러운 것이 보일 것이라. 내가 보복하되 사람을 아끼지 아니하리라. 우리의 구원자는 그의 이름이 만군의 여호와 이스라엘의 거룩한 이시니라. 딸 갈대아여, 잠잠히 앉으라. 흑암으로 들어가라. 네가 다시는 여러 왕국의 여주인이라 일컬음을 받지 못하리라. 전에 내가 내 백성에게 노하여 내 기업을 욕되게 하여 그들을 네 손에 넘겨주었거늘 네가 그들을 긍휼히 여기지 아니하고 늙은이에게 네 멍에를 심히 무겁게 메우며 말하기를 내가 영영히 여주인이 되리라 하고 이 일을 네 마음에 두지도 아니하며 그들의 종말도 생각하지 아니하였도다. 그러므로 사치하고 평안히 지내며 마음에 이르기를 나뿐이라. 나 외에 다른 이가 없도다. 나는 과부로 지내지도 아니하며 자녀를 잃어버리는 일도 모르리라 하는 자여, 너는 이제 들을지어다. 한 날에 갑자기 자녀를 잃으며 과부가 되는 이 두 가지 일이 네게 임할 것이라. 네가 무수한 주술과 많은 주문을 빌릴지라도 이 일이 온전히 네게 임하리라. 네가 네 악을 의지하고 스스로 이르기를 나를 보는 자가 없다 하나니 네 지혜와 네 지식이 너를 유혹하였음이라. 네 마음에 이르기를 나뿐이라. 나 외에 다른 이가 없다 하였으므로 재앙이 네게 임하리라. 그러나 네가 그 근원을 알지 못할 것이며 손해가 네게 이르리라. 그러나 이를 물리칠 능력이 없을 것이며 파멸이 홀연히 네게 임하리라. 그러나 네가 알지 못할 것이니라. 이제 너는 젊어서부터 힘쓰던 주문과 많은 주술을 가지고 맞서 보라. 혹시 유익을 얻을 수 있을는지, 혹시 놀라게 할 수 있을는지, 네가 많은 계략으로 말미암아 피곤하게 되었도다. 하늘을 살피는 자와 별을 보는 자와 초하룻날에 예고하는 자들에게 일어나 네게 임할 그 일에서 너를 구원하게 하여 보라. 보라, 그들은 초개 같아서 불에 타리니 그 불꽃의 세력에서 스스로 구원하지 못할 것이라. 이 불은 덥게 할 숯불이 아니요 그 앞에 앉을 만한 불도 아니니라. 네가 같이 힘쓰던 자들이 네게 이같이 되리니 어려서부터 너와 함께 장사하던 자들이 각기 제 길로 흩어지고 너를 구원할 자가 없으리라.

바벨론 심판의 죄목, 폭력과 사치

이사야 47장은 바벨론 심판을 다루고 있으며, 바벨론에 대한 저주와 조롱으로 가득합니다. 바벨론 심판의 두 가지 죄목은 본문 두 곳에 각각 나옵니다. 하나는 "전에 내가 내 백성에게 노하여 내 기업을 욕되게 하여 그들을 네 손에 넘겨주었거늘 네가 그들을 긍휼히 여기지 아니하고 늙은이에게 네 멍에를 심히 무겁게 메우며"(6절)라는 것이고, 다른 하나는 "사치하고 평안히 지내며 마음에 이르기를 나뿐이라. 나 외에 다른 이가 없도다"(8절)라고 한 죄목입니다.

바벨론 심판 저주의 죄목은 '폭력'과 '사치'라고 할 수 있습니다. 이 폭력과 사치는 '진리'와 '생명'이라는 기독교 신앙, 하나님의 창조와 구원의 핵심 내용과 대비되는 것을 대표합니다. 요한계시록 18장에도 바벨론의 심판이 선언되고 있습니다. 요한계시록은 로마 시대에 기록되었는데, 당시 로마 제국이 바벨론과 마찬가지로 폭력과 사치의 나라, 즉 죄악의 나라였지만, 로마의 이름을 직접 언급할 수 없었기 때문에 바벨론으로 표현된 것입니다.

앞서 존재했던 애굽이나 앗수르, 그리고 바벨론이나 페르시아, 로마 모두 이 진리와 생명을 갖지 못하고 다만 폭력과 사치로 가득한 나라였습니다. 그래서 이 심판은 그들이 죄악을 행했다거나 도덕이 무너졌다는 식으로 그 이유를 단순하게 설명할 것이 아니라, 먼저 '하나님께서 이것을 싫어하시기 때문에'로 묶어야 합니다. 하나님이 싫어하신다는 것은 온 창조 세계의 주인으로서 창조 세계를 만드시고 그의 영광과 기쁨을 담아 주시는 하나님의 진리와 생명에 반대되는 것을 뜻합니다. 그 반대란 진리와 생명을 외면하고 거부하여 스스로 사망을 택하는 것입니다. 이에 대하여 하나님은 진노하십니다.

이사야서에서 폭력과 사치로 소개되고, 요한계시록 18장에서 음행과 사치로 소개되는 것들은 진정한 진리와 내용을 갖고 있지 않습니다. 그처럼 내용을 갖고 있지 않으면 그것은 허공을 치는 것과 같고, 좌충우돌하고 변덕을 부릴 수밖에 없습니다. 생명을 갖지 않으면 생명이 가지는 아름다움과 풍요로움을 가공하고 치장하는 수밖에 없습니다. 생명이 있다면 치장할 필요가 전혀 없습니다.

이런 문제에 대한 성경의 지적은 우리가 아는 도덕적 혹은 추상적 가치 개념과는 다른 것입니다. 대표적인 예로, 진심이라는 단어를 생각해 보십시오. 진심이란 얼마나 소중한 것입니까? 그러나 진심은 그 자체로 내용이 아닙니다. 진심은 자세일 뿐입니다. 나쁜 짓을 진심으로 하면 큰일 나는 것 아닙니까? 우리는 우리 안에서 선과 명예와 가치를 창출할 수 없기 때문에 그 내용을 하나님으로부터 부여받아야 합니다. 그 내용은 없고 수식어, 자세, 명분만 쓸 수밖에 없기 때문에 늘 부패하고 왜곡됩니다. 하나님의 그런 지적에 대하여 우리는 하나님을 대적하는 나라요, 이스라엘을 잡아간 나라라는 간단한 이유로 바벨론을 적대시하지 않아야 합니다.

이사야 3장으로 돌아가 보면, 이스라엘에 대해서도 동일한 심판을 명하시기 때문입니다.

여호와께서 변론하러 일어나시며 백성들을 심판하려고 서시도다. 여호와께서 자기 백성의 장로들과 고관들을 심문하러 오시리니 포도원을 삼킨 자는 너희이며 가난한 자에게서 탈취한 물건이 너희의 집에 있도다. 어찌하여 너희가 내 백성을 짓밟으며 가난한 자의 얼굴에 맷돌질하느냐. 주 만군의 여호와 내가 말하였느니라 하시도다(사 3:13-15).

바벨론의 맷돌질, 메운 멍에, 학대에 대해서 이스라엘도 동일하게 지적받고 있습니다. 이어서 16-24절도 보겠습니다.

여호와께서 또 말씀하시되 시온의 딸들이 교만하여 늘인 목, 정을 통하는 눈으로 다니며 아기작거려 걸으며 발로는 쟁쟁한 소리를 낸다 하시도다. 그러므로 주께서 시온의 딸들의 정수리에 딱지가 생기게 하시며 여호와께서 그들의 하체가 드러나게 하시리라. 주께서 그 날에 그들이 장식한 발목 고리와 머리의 망사와 반달 장식과 귀 고리와 팔목 고리와 얼굴 가리개와 화관과 발목 사슬과 띠와 향합과 호신부와 반지와 코 고리와 예복과 겉옷과 목도리와 손 주머니와 손 거울과 세마포 옷과 머리 수건과 너울을 제하시리니 그 때에 썩은 냄새가 향기를 대신하고 노끈이 띠를 대신하고 대머리가 숱한 머리털을 대신하고 굵은 베 옷이 화려한 옷을 대신하고 수치스러운 흔적이 아름다움을 대신할 것이며(사 3:16-24).

썩은 냄새가 나고 모든 것이 수치가 될 것이라고 말씀합니다. 그들에게 생명은 없고 장식뿐입니다. 썩어가고 망해가는 것을 하나님께서 심판하신다는 것입니다. 그래서 그들은 다음과 같이 될 것입니다. "너희의 장정은 칼에, 너희의 용사는 전란에 망할 것이며 그 성문은 슬퍼하며 곡할 것이요 시온은 황폐하여 땅에 앉으리라"(사 3:25-26).

바벨론에게 한 저주와 하나도 다를 것 없는 경고와 심판이 이스라엘에게도 동일하게 떨어집니다. "너희는 내 백성으로 삼았으니 내 자식이고, 저들은 내가 모르는 자식이다." 이렇게 나누어지지 않습니다. 바벨론에게 한 경고와 들이댄 잣대는 이스라엘에게 한 경고나 들이댄 잣대와 다르지 않습니다. 그것이 무엇입니까? "사망의 길로 가지마라. 생명의 길에 서라."
이것입니다. 사망의 길은 무엇입니까? 하나님이 없는 곳입니다. 그래서 하
나님의 저주와 심판은 바벨론이 이스라엘에게 적대적 행위를 한 원수요
주적국이라는 차원에서 내려지는 것이 아닌 것입니다. 이사야 14:21 이하
를 보겠습니다.

> 너희는 그들의 조상들의 죄악으로 말미암아 그의 자손 도륙하기를 준비하
> 여 그들이 일어나 땅을 차지하여 성읍들로 세상을 가득하게 하지 못하게
> 하라. 만군의 여호와께서 말씀하시되 내가 일어나 그들을 쳐서 이름과 남
> 은 자와 아들과 후손을 바벨론에서 끊으리라. 나 여호와의 말이니라. 내가
> 또 그것이 고슴도치의 굴혈과 물 웅덩이가 되게 하고 또 멸망의 빗자루로
> 청소하리라. 나 만군의 여호와의 말이니라 하시니라(사 14:21-23).

바벨론은 무시무시한 저주를 받습니다. "후손이 없고 그 대가 끊기리
라. 너희는 멸절되고 흔적도 남지 아니하리라." 이것은 바벨론이 상징하고
있는 하나님 없음, 생명을 썩히는 사망에 대한 심판을 말합니다. "너 바벨
론"이라고 이야기할 때는 특정한 국가, 특정한 민족, 특정한 나라를 말하
는 것이 아니라, 그들이 대표하고 있는 것을 말합니다. 사망을 만드는 것,
사망으로 가는 것, 진리와 생명이 없는 것입니다. 진리와 생명은 창조주
하나님께만 있습니다. 그분만이 주실 수 있습니다. 창조의 하나님, 구원의
하나님, 영광의 하나님이 없으면 바벨론의 길로 가는 수밖에 없습니다. 그
런 권력은 역사에서 반복적으로 등장하는 권력입니다. 하나님 없는 권력
입니다.

다른 약속을 받은 이스라엘

어떻게 그렇게 이야기할 수 있냐고요? 이것과 비교해 보십시오. 이사야 10장을 보면, 이스라엘에 대하여 동일한 심판과 경고와 저주가 선언됨에도 불구하고 이스라엘은 저들과 다른 약속을 받습니다.

> 그 날에 이스라엘의 남은 자와 야곱 족속의 피난한 자들이 다시는 자기를 친 자를 의지하지 아니하고 이스라엘의 거룩하신 이 여호와를 진실하게 의지하리니 남은 자 곧 야곱의 남은 자가 능하신 하나님께로 돌아올 것이라. 이스라엘이여, 네 백성이 바다의 모래 같을지라도 남은 자만 돌아오리니 넘치는 공의로 파멸이 작정되었음이라. 이미 작정된 파멸을 주 만군의 여호와께서 온 세계 중에 끝까지 행하시리라(사 10:20-23).

이스라엘은 귀환을 약속받습니다. 남은 자가 있을 것이라고 합니다. 앞서 본 이사야 14장에서는 하나님이 바벨론을 어떻게 하겠다고 하십니까? "자손을 끊으리라. 무덤까지 없애리라. 흔적을 없애리라." 너희는 선민이고 그들은 이방인이기 때문에 그렇게 하신다는 것이 아닙니다. 두 나라모두 메시지를 품고 있습니다. "하나님은 사망을 끊으신다. 사망을 저주하고 멸하실 것이다. 그리고 자신의 약속을 따라 그의 구원을 열방에 기어코행하실 것이다." 각각의 역할이 다릅니다. 선민이라는 역할을 맡음으로써이 약속을 담는 것이고, 선민이 아닌 이방인으로 갖는 역할 때문에 죽음을선고받습니다. 그렇게 해서 하나님이 누구신가, 하나님이 우리를 어떻게하시려는가 하는 메시지를 담는 것입니다.

고린도전서 15:19-26을 보겠습니다. 우리가 부활을 소망해야 한다는당연한 성경의 증언입니다.

만일 그리스도 안에서 우리가 바라는 것이 다만 이 세상의 삶뿐이면 모든 사람 가운데 우리가 더욱 불쌍한 자이리라. 그러나 이제 그리스도께서 죽은 자 가운데서 다시 살아나사 잠자는 자들의 첫 열매가 되셨도다. 사망이 한 사람으로 말미암았으니 죽은 자의 부활도 한 사람으로 말미암는도다. 아담 안에서 모든 사람이 죽은 것 같이 그리스도 안에서 모든 사람이 삶을 얻으리라. 그러나 각각 자기 차례대로 되리니 먼저는 첫 열매인 그리스도 요 다음에는 그가 강림하실 때에 그리스도에게 속한 자요 그 후에는 마지막이니 그가 모든 통치와 모든 권세와 능력을 멸하시고 나라를 아버지 하나님께 바칠 때라. 그가 모든 원수를 그 발 아래에 둘 때까지 반드시 왕 노릇 하시리니 맨 나중에 멸망 받을 원수는 사망이니라(고전 15:19-26).

부활이 사망을 멸해야 합니다. 사망을 딛고, 극복하고, 밟고 서는 것입니다. 그러니 사망을 저주하고 심판하시는 하나님이 이사야 47장에서 "너 바벨론아"라고 하신 말씀은 "너 사망아"라고 하신 것입니다. "너 사망아, 내가 기어코 너를 꺾으리라. 너 사망아, 너를 부끄럽게 하리라." 그러나 이스라엘이 갖게 된 약속은 "남은 자가 돌아오리라. 내가 너희를 남기리라. 사망은 끊고 너희의 생명은 영원케 하리라"로 소개됩니다.

성경이 이런 식으로 표현하는 기독교 신앙의 웅장함, 기독교 신앙의 놀라움에 대한 이해가 신자들에게 있어야 합니다. 우리 신앙인들은 마치 이 세상이 갖는 큰 권력 아래 저 귀퉁이 한쪽에서 셋방살이 하는 것 같고, 쫓겨나 숨어 있는 것 같은 그런 참담한 마음으로 세상을 살아간다는 느낌을 너무 자주 받습니다. 그러나 그렇지 않습니다. 로마서 11:11-15을 통해서 성경이 말하는 올바른 성경적 이해를 확인할 수 있습니다.

그러므로 내가 말하노니 그들이 넘어지기까지 실족하였느냐. 그럴 수 없느니라. 그들이 넘어짐으로 구원이 이방인에게 이르러 이스라엘로 시기나게 함이니라. 그들의 넘어짐이 세상의 풍성함이 되며 그들의 실패가 이방인의 풍성함이 되거든 하물며 그들의 충만함이리요. 내가 이방인인 너희에게 말하노라. 내가 이방인의 사도인 만큼 내 직분을 영광스럽게 여기노니 이는 혹 내 골육을 아무쪼록 시기하게 하여 그들 중에서 얼마를 구원하려 함이라. 그들을 버리는 것이 세상의 화목이 되거든 그 받아들이는 것이 죽은 자 가운데서 살아나는 것이 아니면 무엇이리요(롬 11:11-15).

이런 표현이 우리에게는 익숙지 않습니다. 성경의 수사법 중에는 역설법도 있고, 이와 같은 경탄법도 있습니다. 로마서 5장 내내 무슨 이야기를 합니까? "그리스도께서 우리를 위하여 죽으심으로 하나님과 화목되었으니 그의 살아나심으로는 얼마나 그 구원이 더 굉장하겠느냐?" 이런 식의 논리가 있다는 것을 알 수 있습니다.

이스라엘은 원래 약속의 백성일 뿐 아니라, 제사장 나라가 되어 세계를 구원토록 세움을 받았습니다. 그러나 그들은 실패합니다. 그들이 책임져야 했던 임무는 해보지도 못하고 그들은 망하고 맙니다. 그럼에도 불구하고 복음은 이방에 넘어갔습니다. 유진 피터슨은 이 대목에 대하여 정곡을 찔러 설명합니다. "약속의 방에서 문을 열고 나가버린 이스라엘 때문에 그 문이 열려 이방이 들어오게 되었다." 아주 기가 막힌 묘사입니다. 그들이 나가려고 열어 놓은 문은 구원이 물밀듯이 들어온 문이었다. 얼마나 멋집니까.

그들이 잘못한 것으로도 이방인이 들어오는 은혜가 되었다면, 그들이 잘했을 때는 얼마나 굉장했을까요. 그들이 잘했으면 문도 열고 창문도 열고 그랬겠지요. 그러니 여러분이 기억해야 할 것은 바벨론의 멸망도 하나님의 구원과 은혜의 한 손길이라면, 순종을 통해 이루어지는 구원과 하나님의 영광은 얼마나 굉장할 것인가 하는 것입니다.

이스라엘의 실패에도 불구하고

일반 역사에서는 나라들의 흥망성쇠를 결정짓는 요인으로 꼽는 것들이 여러 가지 있습니다. 예컨대 권력층의 내부 균열이나 이민족의 침략 같은 것들입니다. 그러나 그것들은 그저 현상에 지나지 않을 뿐입니다. 실제적인 내용은 이런 것입니다. 진리와 생명을 스스로 만들 수 없는 사망이 영구히 왕 노릇할 수 없도록 하나님이 막으신 것입니다. 그러니까 역사에서 나라들의 흥망성쇠란 사실 사망이 왕 노릇할 수 없다는 것을 반복적으로 보여 주는 증거라는 뜻입니다.

우리 인생에서는 나를 못살게 구는 사람이 나타날 때도 있고, 나라의 정치와 경제, 사회, 문화, 교육 등 다방면에서 나를 고통스럽게 하는 일이 일어나기도 합니다. 그런데 그 공격들이 무너지는 것을 볼 수 있습니다. 세상에 있는 말 그대로 아닙니까? 권불십년 화무십일홍(權不十年 花無十日紅)이라고 했습니다. 권력은 십 년을 못가고, 활짝 핀 꽃도 열흘을 가지 못한다는 뜻입니다. 이것이 무엇을 말하는 것일까요? 그저 헛되다는 것만이 아니라 하나님이 사망의 대를 끊으시며 사망이 최후의 권세가 되도록 놔두지 않으신다는 것입니다. 우리는 이것을 인류 역사 내내 반복적으로 확인하고 있습니다. 하나님이 일하고 계시다는 증거입니다.

이스라엘에게 하신 약속에 대해서도 하나님은 동일하게 반복적으로 일하고 계십니다. 어떻게요? 우리도 믿게 되지 않았습니까? 믿고 더 신앙적인 기대를 가지고 그 안에서 하나님이 일하심을 보고 있습니다. 내가 열심을 내지 못하고 이해하지 못했을 때도 우리 안에 쌓여가는 것을 보고 있습니다. 로마서 9:22-24을 보면, 그 문제에 대해 우리를 더 격려해 주십니다.

만일 하나님이 그의 진노를 보이시고 그의 능력을 알게 하고자 하사 멸하기로 준비된 진노의 그릇을 오래 참으심으로 관용하시고 또한 영광 받기로 예비하신 바 긍휼의 그릇에 대하여 그 영광의 풍성함을 알게 하고자 하셨을지라도 무슨 말을 하리요. 이 그릇은 우리니 곧 유대인 중에서 뿐 아니라 이방인 중에서도 부르신 자니라(롬 9:22-24).

로마서 9-11장에서 사도 바울은 이스라엘이 어떻게 될 것인지에 관하여 이야기합니다. 이스라엘은 예수님을 죽였습니다. 그들은 믿기를 거부했습니다. 복음은 이방인에게로 넘어갔고, 이스라엘은 제사장 나라로서의 자리를 잃었습니다. 그렇다면 구원은 이방인이 얻고, 이스라엘은 버려졌다는 것입니까? 그렇지 않다는 것입니다. 왜 그렇지 않은 것입니까? 이방인이 구원을 얻은 것은 분명히 중간 고리 없이 받은 은혜이기 때문입니다.

"이스라엘이 구원을 얻어야 넘어갈 수 있었던 복음이, 그들이 그 역할을 하지 못한 채 이방인에게 넘어갔다면, 그 은혜를 거부한 자들에게 은혜로 작용하지 못할 이유가 어디 있겠는가?" 이렇게 이야기합니다. 다시 말해 이방에 대한 사명에서 실패한 이스라엘이라 할지라도 하나님은 기다리실 것이다. 그가 버릴 수 있었던 이방인조차도 버리지 않고 기다리신 것을 기억하라는 이야기입니다. 이스라엘은 약속의 자녀여서 그들이 실패했을 때조차도 기다렸다는 것은 말이 될 수 있습니다.

그렇다면 이방인은 어떻습니까? 그들은 원래 선민도 아니고, 죄악밖에 행할 수 없었으니 그들을 끊어버렸다 한들 하나님께 무슨 책임이 있겠습니까? 그렇지만 하나님은 기다리셨습니다. 언제까지 기다리셨습니까? 그들이 구원을 얻을 때까지 기다리셨습니다. 이것이 무슨 뜻입니까? "하나님이 진노를 참으시고 기다리신 것이 잘못이었는가? 또 은혜로 구원을 베푸신다고 해서 그 은혜가 값싼 것이거나 가난한 것은 아니다. 매달리고 노력해야 얻을 수 있는 것보다 더 큰 것이라고 해서 하나님이 잘못하신 것인가? 하나님이 무시되어야 하는가? 이 논리가 말이 안되는 것인가?" 이렇게 묻고 있습니다.

기독교 신앙이 갖는 위로가 무엇이겠습니까? "창조주 하나님이 누구신가? 예수 그리스도로 말미암는 구원이 무엇인가? 역사가 무엇인가? 현실이 무엇인가? 인생이 무엇인가?" 이렇게 물을 때 기독교 신앙이 여기에 대한 답을 가지고 있다는 것보다 더 큰 위로는 없습니다. 우리는 이런 의문을 가질 수도 있습니다. "저들은 저렇게 살았는데도 왜 복을 주시는가?" 그러면 하나님은 뭐라고 답하실까요? "내가 용서하고 기다렸고, 또 저들이 하지 않은 것을 준 것이 잘못이냐? 넌 그런 하나님이 싫으냐?" "저는 열심히 살았습니다." "그래, 너는 열심히 해서 이미 복되고 명예롭고 영광된 것이 아니냐?"

이 이야기는 탕자의 비유에서 작은 아들과 큰 아들의 이야기 같지 않습니까? 거기서 누가 더 명예롭습니까? 첫째입니까, 둘째입니까? 첫째가 명예롭습니다. 왜 밤낮 작은 아들에 대해서만 이야기합니까? 그가 돌아왔기 때문에 그렇게 이야기하는 것이지요. 그러나 아버지가 첫째 아들에게 한 이야기에 주목하십시오. "아들아, 내 것이 다 네 것 아니냐?"

신앙생활에서 여러분을 괴롭히는 세력이 무너져야만 하는 것은 아닙니다. 여러분이 편하고 싶은 까닭에 장애와 적대 세력이 없어져야 하는 것은 아닙니다. 사망이 없어져야 합니다. 사망을 끊어야 합니다. 그러니까 그들이 어떻게 사망 노릇하는지를 보시고, 사망이 무엇인지를 깨우치십시오. 여러분이 생명 안에 있다는 것이 어떤 것인지를 사망과 비교할 수 있다면, 우리야 어떤 처지라도 원망할 구실은 없다고 이야기하는 대목입니다.

이사야 19:23-25에 이런 말씀도 있습니다.

그 날에 애굽에서 앗수르로 통하는 대로가 있어 앗수르 사람은 애굽으로 가겠고 애굽 사람은 앗수르로 갈 것이며 애굽 사람이 앗수르 사람과 함께 경배하리라. 그 날에 이스라엘이 애굽 및 앗수르와 더불어 셋이 세계 중에 복이 되리니 이는 만군의 여호와께서 복 주시며 이르시되 내 백성 애굽이여, 내 손으로 지은 앗수르여, 나의 기업 이스라엘이여, 복이 있을지어다 하실 것임이라(사 19:23-25).

경악스럽지 않습니까? 앗수르는 북이스라엘을 멸망시킨 이스라엘의 주적입니다. 애굽은 늘 이스라엘 민족에게 적국이었고, 이스라엘이 종살이 했던 곳입니다. 거기에서 탈출해야 했던 나라입니다. 이사야 전반부는 주로 아하스와 히스기야 시대를 다루고 있어서 그때 대표적인 적국은 앗수르로 등장하지만, 이사야 40장 이후부터는 시대 배경이 바벨론 포로로 바뀝니다. 그때 주적국은 바벨론입니다. 그런데 하나님이 아주 놀라운 말씀을 하십니다. "이스라엘이 애굽 및 앗수르와 함께 세계 중에 복이 되리라." 저들이 한 것이 무엇이었습니까? 이스라엘은 그들을 통해서 사망이하는 일이 무엇인지 봅니다. 폭력과 사치, 왜곡과 기만을 봤습니다. 이스라엘은 하나님이 그 나라들을 거듭 끊어내는 것도 봅니다.

우리가 여기서 무엇을 배울 수 있을까요? 하나님이 그런 것들을 물리치고 꺾고 심판하실 뿐 아니라 우리를 막아 주시고, 그의 구원을 우리의 실제 인생 속에서 그리고 인류 역사 속에서 이루어 가신다는 것을 반복해서 확인시켜 주신다는 사실입니다. 그렇게 확인시켜서 우리를 향한 그의 적극적인 약속에 대한 믿음을 갖고서 우리의 현실 조건을 담대하게 살아낼 수 있도록 해주십니다. 골로새서 2:14-15을 보겠습니다.

우리를 거스르고 불리하게 하는 법조문으로 쓴 증서를 지우시고 제하여 버리사 십자가에 못 박으시고 통치자들과 권세들을 무력화하여 드러내어 구경거리로 삼으시고 십자가로 그들을 이기셨느니라(골 2:14-15).

십자가는 무엇입니까? 이 십자가는 성자 하나님의 순종과 희생, 대속과 구원을 의미합니다. 그러나 성경에 따르면, 더 큰 증거가 있습니다. 세상 권세에 대한 진실을 폭로하는 것입니다. 이 세상은 예수님을 달아맴으로써 창조주도 메시아도 알아보지 못합니다. 모든 권력은 사망밖에는 만들어내지 못합니다. 그렇게 그 권력을 역사와 천하 만민 앞에 세우십니다. "보라, 너희들은 이것밖에 할 수 없지 않느냐."

우리가 매일의 삶 속에서 당하는 위협은 무엇입니까? 하나님은 이 세상 권세와 정사의 실체를 밝히 드러내시고 그것을 뒤집으십니다. 하나님의 승리입니다. 십자가는 죽음으로 끝나지 않습니다. 십자가는 부활로 끝납니다. 기독교가 십자가를 세우는 이유는 부활이라는 결과가 있기 때문입니다. 십자가가 끝이면 누가 예수님을 믿겠습니까? 그러니 여러분의 현실과 여러분의 조건 속에서 역사하는 하나님의 일하심을 보십시오. 세상의 민낯을 보십시오. 그들의 실체를 보십시오. 그리고 우리의 지위를 확인하고 이 웅장하고 위대한 하나님의 증언과 손길과 실체를 확인하십시오. 여러분이 스스로 도망가지 않는 한, 세상에서 여러분을 이길 수 있는 것은 아무것도 없습니다. 우리가 만나는 모든 정황이 하나님의 하나님이심을 증언한다는 사실을 알게 될 것입니다. 그 무게와 힘과 위엄을 가지는 여러분의 신앙 인생 되기를 바랍니다.

::

하나님 아버지, 은혜를 감사합니다. 하나님의 자녀라는 이름으로 사는 부활과 생명과 진리와 은혜의 자랑을 확인합니다. 거짓과 사망을 꿰뚫고 우리를 보내신 시대와 이웃 앞에서 하나님의 사람으로 살겠습니다. 소망이 되고 빛이 되며, 생명이 되고 영광이 되며, 은혜가 되고 명예가 되겠습니다. 우리의 각오와 우리의 인생을 주께 바칩니다. 함께하여 주시옵소서. 예수님 이름으로 기도합니다. 아멘.

29

그의 종 야곱의 구속

사 48:17-22

너희의 구속자시요 이스라엘의 거룩하신 이이신 여호와께서 이르시되 나는 네게 유익하도록 가르치고 너를 마땅히 행할 길로 인도하는 네 하나님 여호와라. 네가 나의 명령에 주의하였더라면 네 평강이 강과 같았겠고 네 공의가 바다 물결 같았을 것이며 네 자손이 모래 같았겠고 네 몸의 소생이 모래 알 같아서 그의 이름이 내 앞에서 끊어지지 아니하였겠고 없어지지 아니하였으리라 하셨느니라. 너희는 바벨론에서 나와서 갈대아인을 피하고 즐거운 소리로 이를 알게 하여 들려 주며 땅 끝까지 반포하여 이르기를 여호와께서 그의 종 야곱을 구속하셨다 하라. 여호와께서 그들을 사막으로 통과하게 하시던 때에 그들이 목마르지 아니하게 하시되 그들을 위하여 바위에서 물이 흘러나게 하시며 바위를 쪼개사 물이 솟아나게 하셨느니라. 여호와께서 말씀하시되 악인에게는 평강이 없다 하셨느니라.

창조의 시작과 완성 사이

이사야 48장은 바벨론의 심판을 선언한 이사야 47장과 똑같이 준엄하고 진지하게 야곱의 구원을 선언합니다. 이는 본문 9절에서 보는 대로입니다. "내 이름을 위하여 내가 노하기를 더디 할 것이며 내 영광을 위하여 내가 참고 너를 멸절하지 아니하리라." 그리고 20절에서 구원이 선포됩니다. "너희는 바벨론에서 나와서 갈대아인을 피하고 즐거운 소리로 이를 알게 하여 들려 주며 땅 끝까지 반포하여 이르기를 여호와께서 그의 종 야곱을 구속하셨다 하라."

　이사야 47장의 바벨론 심판은 어떤 나라나 제국 또는 폭력을 겪는 것 이상으로 '사망을 심판한다'는 의미가 있다고 말씀드렸습니다. 이와는 대조적으로 이사야 48장은 구원과 더불어 하나님의 창조의 완성을 약속합니다. 바벨론이라는 나라 하나, 야곱이라는 이스라엘 족속 하나에 관한 것이 아니라 창조주 하나님께서 세계와 역사 속에 그의 창조 사역을 승리로, 영광으로 완성하시겠다는 약속입니다. 그래서 이사야 48장에 나오는 야곱의 구원은 바벨론의 심판을 선언할 때 보인 단호하고 준엄한 동일한 무게로 진정성 있게 약속됩니다.

　이 48장을 이해하기 위해서 그 서론에 해당하는 내용을 풀어서 말씀드리겠습니다. 구원에 대한 말들은 가혹한 비난 속에서 선언됩니다. 역사의 변동은 하나님의 부르심에 대한 인간의 반응이 얽히고설킨 것이라고 말합니다. 그러면 이 절망의 현실에서 누가 이스라엘로 하여금 희망을 기대할 수 있게 합니까? 바로 하나님이십니다. 하나님은 어떤 분이신가요? 그는 창조자이십니다. 창조주는 없는 데서 결과를 만드시는 분입니다. 그러니 하나님께서 구원을 완성하겠다고 하신 것을 그의 창조를 승리로 이끄시겠다는 약속으로 이해한다면, 그 과정은 어떻게 이해해야 할까요?

　우리가 겪는 현실이 있고 인생이 있고 인류의 역사가 있습니다. 그 인류의 역사는 도대체 무엇일까요? 약속의 민족마저도 이처럼 가혹한 비난을 받아 마땅한 현실이 바로 인류 역사라는 것입니다. 그 역사는 시작과 마침이며, 처음과 마지막이신 분이 이렇게 비난하고 한탄하고 꾸짖고 심판해야 하는 과정인 것입니다. 즉 그 대상들이 회개해야 하고, 부끄러워해야 하고, 비난받아야 하고, 심판받아 마땅한 과정이라는 것입니다. 그 과정이란 도대체 무엇인가요? 성경이 내내 담고 있는 이스라엘의 역사란 무엇일까요? 2천 년 교회사란 무엇일까요? 이렇게 질문은 이어질 수밖에 없습니다.

창조의 시작과 완성 사이에 존재하는 과정이란 어떤 것일까요? 그것은 존재의 정체성을 채우는 시간입니다. 성경은 그렇다고 증언합니다. 다른 모든 존재하는 사물들은 인격을 갖지 않은 존재이기 때문에 그것들은 존재하는 것으로 그만이지만, 인간만은 자기의 정체성을 스스로 이해해야 합니다. 왜냐하면 인간은 인격적인 존재이기 때문입니다. 인간은 하나님의 사랑의 대상이고, 따라서 사랑에 반응해야 합니다. 도덕이 자발성을 요구한다면, 사랑은 자발성을 무한하게 더 갖는 것이어야 합니다. 납득하고 항복하고 기뻐하고 소원하는 것이 아니라면, 사랑은 이루어질 수 없습니다. 그러면 그것을 어떻게 만드느냐 하는 것입니다. 하나님이 우리를 만드셨고 우리를 당신의 기쁘심으로 삼아 채우시고 우리로 하여금 당신을 기뻐하며 사랑하게 하시겠다는 것입니다. 이것이 성경에서 말하는 구원의 말씀입니다. 그리고 피조 인간이 가져야 할 정체성입니다.

정체성을 만들어 가시다

그렇다면 그 정체성을 어떻게 완성하느냐가 문제입니다. 그 완성을 위해서 성경은 우리의 고집과 무지로부터 출발한다고 이야기합니다. 성경은 이스라엘을 향하여 구원을 약속하면서 "나는 너희를 모태에서부터 조성한 이다. 나는 너희를 존재케 한 이다"로부터 출발해서 그들이 완성에 이르는 동안에 하나님의 돌보심과 하나님의 손 안에 있다고 이야기합니다.

이 하나님의 손 안에 있다는 것은 처음부터 끝까지 하나님이 모든 것을 대신하신다는 뜻이 아닙니다. 우리에게 시작이 있고 완성이 있는 기간을 하나님이 함께하신다는 것으로 선언됩니다. 무지하고 어리고 철없고 고집을 부릴 때에 잘못 선택한 실패, 왜곡, 기만이 있다고 이야기합니다. 자유가 있어서 고집하고, 진리를 의심하는 데서 넘어서야 하고, 인간의 정체성에 대한 혹독한 오해, 왜곡, 기만도 넘어서야 합니다. 그것이 성경이 말하는 하나님이 우리 안에서 정체성을 만들어 가시는 방법입니다. 그런 과정 속에서 우리를 항복시키십니다.

어떤 내용과 개념을 확인시키는 것이 아니라, 그 과정 속에서 우리는 하나님이 원하시는 사랑에 반응하는 인격을 형성합니다. 우리가 그런 창조의 과정을 사는 것입니다. 창조해 놓은 것이 망가져서 회복하는 정도가 아닙니다. 그가 시작하신 모든 것을 근거로 해서 우리가 선택한 것에 대한 결과도 보고, 가치에 대하여 실망도 하며, 우리 자신의 진정한 만족을 위하여 방황하고 갈등하고 절규하는 것입니다. 이 모든 것으로 하나님이 우리 안에 정체성을 만드십니다. 그것이 중요합니다. 우리의 인생, 아니 인류의 역사가 창조의 과정이 됩니다. 이런 창조의 과정을 이해시키는 성경의 많은 증거들이 있지만 우리가 대부분 놓치고 있습니다. 그 대표적인 것으로 창세기 17:1-5을 보겠습니다.

> 아브람이 구십구 세 때에 여호와께서 아브람에게 나타나서 그에게 이르시되 나는 전능한 하나님이라. 너는 내 앞에서 행하여 완전하라. 내가 내 언약을 나와 너 사이에 두어 너를 크게 번성하게 하리라 하시니 아브람이 엎드렸더니 하나님이 또 그에게 말씀하여 이르시되 보라, 내 언약이 너와 함께 있으니 너는 여러 민족의 아버지가 될지라. 이제 후로는 네 이름을 아브람이라 하지 아니하고 아브라함이라 하리니 이는 내가 너를 여러 민족의 아버지가 되게 함이니라(창 17:1-5).

이 장면은 아브람의 이름이 아브라함으로 바뀌는 굉장히 중요한 자리입니다. 우리는 '아브람'이 아닌 '아브라함'을 기억합니다. 아브라함은 문자 그대로 '열국의 아비'라는 뜻으로 믿음의 조상이 되는 이름입니다. 그런데 그것은 느닷없이 주어집니다. 그 앞에는 별다른 이야기가 없습니다. 창세기 11장 말미에 데라가 아브람과 롯을 데리고 우르를 떠나 하란까지 나온 이야기가 있고, 그 다음 12장에 이르러서야 아브람이 등장합니다. 아브람은 창세기 13-15장에 걸쳐 여러 가지를 경험하고 하나님에 대한 이해가 깊어 가지만 아직 이름이 바뀌지는 않습니다. 창세기 16장에 이르면 그들에게 아이가 없었다는 이야기가 나오고, 그 다음 17장에서는 아직 이삭을 낳기 전인데 느닷없이 "네 이름을 아브라함이라 하라. 내가 너로 여러 민족의 아버지가 되게 하겠다"고 하십니다. 이 '느닷없이'라는 것이 매우 중요한데, 왜 그렇습니까? 인생을 바꾸어 놓는 그 사건 앞에 있었던 일들이 아무런 조건이나 이유가 되지 않는다는 개입이요 선언이기 때문입니다.

아브라함은 이렇게 느닷없이 믿음의 조상이 됩니다. 아브라함에게서 믿음의 조상이 될 만한 이유를 전혀 찾을 수 없습니다. 왜 그렇습니까? 그 앞의 생애를 우리가 알고 있기 때문입니다. 그 앞의 생애가 이 선언을 만들지 않습니다. 그것은 창세기 32장에서 동일하게 야곱에게서 반복됩니다. 야곱은 피난 가던 시절에 벧엘에서 하나님이 그에게 나타나서 "내가 네게 약속한 것을 다 이루기 전에 너를 떠나지 아니하리라"고 약속하십니다. 그러나 창세기 32:24-28에서 우리가 보는 야곱의 모습은 이렇습니다.

야곱은 홀로 남았더니 어떤 사람이 날이 새도록 야곱과 씨름하다가 자기가 야곱을 이기지 못함을 보고 그가 야곱의 허벅지 관절을 치매 야곱의 허벅지 관절이 그 사람과 씨름할 때에 어긋났더라. 그가 이르되 날이 새려하니 나로 가게 하라. 야곱이 이르되 당신이 내게 축복하지 아니하면 가게 하지 아니하겠나이다. 그 사람이 그에게 이르되 네 이름이 무엇이냐. 그가 이르되 야곱이니이다. 그가 이르되 네 이름을 다시는 야곱이라 부를 것이 아니요 이스라엘이라 부를 것이니 이는 네가 하나님과 및 사람들과 겨루어 이겼음이니라(창 32:24-28).

이것도 전후 간에 전혀 연속성이 없는 사건입니다. 야곱은 궁지에 몰렸고, 묘수를 찾고 있습니다. 답이 없습니다. 하나님이 내려오셔서 그와 씨름하십니다. 그는 항복하지 않습니다. 하나님은 그를 치고 떠나려 하십니다. 그는 붙잡고 축복하라고 합니다. 여태껏 그의 행위와는 하나도 맞지 않습니다. "네 이름이 무엇이냐"라고 물으시는 것은, 야곱의 지금의 조건과 형편이 복을 받기에 결단코 부족하다는 것을 다시 확인시켜주고 있을 뿐입니다.

"저는 야곱입니다." "그렇다. 너는 야곱이다. 그런데 이제부터는 이스라엘이라고 하라." 아무런 연속성도 갖지 않는 선언이 떨어진 것입니다. 이 선언을 기점으로 야곱의 이전 생애와 이후 생애로 나뉘는데, 이 분기점이 되는 그 순간에 "네 이름은 이제부터 이스라엘이다"라고 한 선언이 있다는 것입니다. 이런 역사가 우리에게 확인시켜주는 것이 있습니다. 우리 인생에서 경험하는 실패와 한심함이 낳은 결과를 뒤집어 놓는 하나님의 개입이 역사 내내 계속되고 있었다는 것입니다. 아시다시피 역사는 의식이 없습니다. 역사에서는 배울 것이 없습니다. 이것이 우리가 알고 있는 역사에 대한 이해입니다. 인류 역사의 결론입니다.

그러나 성경이 말하는 것은 이렇습니다. "나는 아무데서나 일할 수 있다. 역사는 무의미하지 않다. 왜냐하면 나는 어디서든 뛰어들 수 있기 때문이다." 우리도 그렇지 않습니까? 모든 구원받은 자가 자신의 구원을 확인할 때 회개가 터져 나옵니까? 회개해서 구원을 받는 자는 없습니다. 구원을 받고서 회개를 합니다.

순서를 보십시오. 아무리 회개를 해도 우리에게 감동은 떨어지지 않습니다. 여러분이 구원을 얻고 하나님을 만날 때 그 이전의 자기 생애가 이 경우를 만들 수 없었다는 것을 압니다. 이것을 원하지도, 깨우치지도 못했었다는 사실을 고백하는 것이 회개입니다. 그러니 하나님께서 우리에게 뭐라고 말씀하실 것 같습니까? "걱정마라. 나는 창조의 하나님이다." 이렇게 이야기하십니다. 그런데 우리한테는 불만이 하나 있습니다. "왜 하필 그런 식으로 하십니까?" 이것이 하나 남습니다.

인생과 역사를 겁내지 말라

로마서 15:1-13을 보겠습니다.

믿음이 강한 우리는 마땅히 믿음이 약한 자의 약점을 담당하고 자기를 기쁘게 하지 아니할 것이라. 우리 각 사람이 이웃을 기쁘게 하되 선을 이루고 덕을 세우도록 할지니라. 그리스도께서도 자기를 기쁘게 하지 아니하셨나니 기록된 바 주를 비방하는 자들의 비방이 내게 미쳤나이다 함과 같으니라. 무엇이든지 전에 기록된 바는 우리의 교훈을 위하여 기록된 것이니 우리로 하여금 인내로 또는 성경의 위로로 소망을 가지게 함이니라. 이제 인내와 위로의 하나님이 너희로 그리스도 예수를 본받아 서로 뜻이 같게 하여 주사 한마음과 한 입으로 하나님 곧 우리 주 예수 그리스도의 아버지께 영광을 돌리게 하려 하노라. 그러므로 그리스도께서 우리를 받아 하나님께 영광을 돌리심과 같이 너희도 서로 받으라. 내가 말하노니 그리스도께서 하나님의 진실하심을 위하여 할례의 추종자가 되셨으니 이는 조상들에게 주신 약속들을 견고하게 하시고 이방인들도 그 긍휼하심으로 말미암아 하나님께 영광을 돌리게 하려 하심이라. 기록된 바 그러므로 내가 열방 중에서 주께 감사하고 주의 이름을 찬송하리로다 함과 같으니라. 또 이르되 열방들아, 주의 백성과 함께 즐거워하라 하였으며 또 모든 열방들아, 주를 찬

이사야서, 하나님의 비전

양하며 모든 백성들아, 그를 찬송하라 하였으며 또 이사야가 이르되 이새의
뿌리 곧 열방을 다스리기 위하여 일어나시는 이가 있으리니 열방이 그에게
소망을 두리라 하였느니라. 소망의 하나님이 모든 기쁨과 평강을 믿음 안
에서 너희에게 충만하게 하사 성령의 능력으로 소망이 넘치게 하시기를 원
하노라(롬 15:1-13).

이 본문에서 인용된 구약성경의 구절들은 모두 "하나님께서 은혜를
베푸신다. 약속하신 이스라엘뿐 아니라, 세계 모든 민족들에게 그 은혜를
베푸시려고 한다. 그러니 너희는 넉넉하게 살아라"고 이야기하는 것입니
다. 무엇을 넉넉하게 살라는 것입니까? "너희의 인생과 역사를 겁내지 마
라. 마음을 열어 너희와 다른 생각을 하고 있는, 아직도 나 하나님을 모르
는 사람들을 잘 끌어안고 살아라."

우리는 무엇에 대해 겁을 낼까요? 하나님의 은혜 밖에 있을까봐 겁내
는 것이 아닙니까? 하나님의 시간 밖에 있을까봐 겁내는 것입니다. 그러
나 성경은 그렇게 이야기하지 않습니다. "어느 시간도 어느 영역도 하나님
의 은혜 밖에 있는 곳은 없다"라고 합니다. 그 한 예를 들어보겠습니다. 사
도 바울은 "그리스도께서도 자기를 기쁘게 하지 아니하셨나니 기록된 바
주를 비방하는 자들의 비방이 내게 미쳤나이다"(롬 15:3)라고 말합니다. 이
구절은 다윗이 쓴 시편 69편에서 인용한 것입니다. 시편 69:1-7을 보겠습
니다.

하나님이여, 나를 구원하소서. 물들이 내 영혼에까지 흘러 들어왔나이다.
나는 설 곳이 없는 깊은 수렁에 빠지며 깊은 물에 들어가니 큰 물이 내게 넘
치나이다. 내가 부르짖음으로 피곤하여 나의 목이 마르며 나의 하나님을
바라서 나의 눈이 쇠하였나이다. 까닭 없이 나를 미워하는 자가 나의 머리

털보다 많고 부당하게 나의 원수가 되어 나를 끊으려 하는 자가 강하였으니 내가 빼앗지 아니한 것도 물어 주게 되었나이다. 하나님이여, 주는 나의 우매함을 아시오니 나의 죄가 주 앞에서 숨김이 없나이다. 주 만군의 여호와여, 주를 바라는 자들이 나를 인하여 수치를 당하게 하지 마옵소서. 이스라엘의 하나님이여, 주를 찾는 자가 나로 말미암아 욕을 당하게 하지 마옵소서. 내가 주를 위하여 비방을 받았사오니 수치가 나의 얼굴에 덮였나이다(시 69:1-7).

바울은 여기 7절을 로마서에 인용한 것입니다. 다윗은 고단한 인생을 살고 있습니다. 그는 비난받고 있고, 수치 속에 묻혀 있습니다. 이런 현실을 어떻게 표현합니까? "주를 위하여 비방을 받는다"고 말합니다. 다윗은 줄곧 이렇게 비방을 받는다고 말합니다. 그의 대적들은 말합니다. "네가 만일 제대로 했더라면 하나님이 왜 이 고통을 겪게 하셨겠느냐? 네가 잘못해서 이 고난을 겪는 것이다." 그러나 다윗은 그의 고난은 하나님이 시키신 것으로 알고 있습니다. 하나님이 자기를 고난의 길로 끌고 가는 바람에 고난을 받고 있다는 것입니다. 그러니까 원래 하나님께 갈 비난이 자신에게 온 것이라고 이야기합니다.

그것이 무슨 말일까요? 이스라엘의 운명을 보십시오. 그들은 잘못하여 하나님께 심판받아 바벨론 포로가 됩니다. 이스라엘이 당한 심판, 형벌 이상으로 하나님이 수치를 당하십니다. 바벨론은 이스라엘이 섬기는 신보다 자기들이 섬기는 신이 우월해서 자기들이 이기고 이스라엘이 졌다고 생각합니다. 그러니 이스라엘이 믿는 하나님은 아무것도 아니다가 됐습니다. 왜 하나님은 이런 길을 가셔야 하는 것입니까? 시편에서 다윗의 시들은 내내 이것을 주제로 삼고 있습니다. "주를 비방하는 비방이 내게 미쳤나이다." "너의 하나님은 도대체 어떤 하나님이냐? 신이 있다면 왜 그런 길을 택하느냐?"

그것은 대표적으로 예수님에게서 나타납니다. 신이 사람의 손에 붙잡혀 십자가에 못 박혀 죽는 그런 신을 믿을 수가 없다는 것입니다. 그러나 하나님은 그 방법을 택하십니다. 그것이 하나님이 일하시는 방법입니다. 그렇게 하시는 목적은 무엇일까요? 우리가 할 수 있는 모든 일의 끝자락까지 따라오셔서 우리에게 경험과 기회와 선택을 주시고, 확인하고 납득하게 해주신다는 것입니다. 그러나 우리는 이 지점까지 쫓아 들어가지 못합니다.

기꺼이 순종하게 하시는 하나님

하나님의 창조에서 가장 중요한 것은 인간의 정체성입니다. 하나님은 당신께서 갖고 계신 자유로우심에 우리를 초대하십니다. "내가 너를 조건 없이 사랑하는 것같이 너희도 나를 조건 없이 사랑하라"고 요구하십니다. 여기서 '조건 없이'라는 말은 어떠한 조건도 이 사랑보다 클 수 없다는 것입니다. 하나님은 우리에게 우리의 정체성이 그런 자리에 이르기를 요구하십니다.

그러니 무엇을 해야겠습니까? 사랑에 미치지 못하는 모든 것의 실체를 경험해야 합니다. 우리가 늘 하는 기도의 내용이 무엇입니까? "하나님, 다시는 하나님 찾아올 필요 없게 해주십시오." 이것 아닙니까? 우리는 자신의 정체성과 관계없는 기도를 드립니다. 하나님이 기뻐하시는 것이라야 합니다. 사랑이란 어마어마한 것입니다. 사랑이란 어마어마한 것이라서 물불을 가리지 않게 하는, 목숨보다 큰 것입니다.

우리가 아는 사랑이란 소유욕과 자존심에 불과합니다. 하나님이 우리에게 요구하시는 길은 우리가 가지는 욕심의 맨 끝자락을 넘는 지점에 이르러야 나타납니다. 그곳에서 하나님은 인류 역사와 인생을 허락하십니다. 그는 창조주이십니다. 우리가 갈 데까지 가서, 그 너머까지 도달해야 하나님은 이 길을 허락하십니다. 그러한 경험이 없으면 여러분은 신자가 아닙니다.

하나님이 나를 사랑하시는가? 여러분이 탄식과 절망과 고통의 극에 가보지 않고서는 그 다음을 상상할 수가 없습니다. 알아볼 수가 없습니다. 그것이 빌립보 2장에서 선언된 실체입니다. 예수님 안에서 증명된 역사적 실체입니다. 여기서 제외되는 사람은 아무도 없습니다.

> 너희 안에 이 마음을 품으라. 곧 그리스도 예수의 마음이니 그는 근본 하나님의 본체시나 하나님과 동등됨을 취할 것으로 여기지 아니하시고 오히려 자기를 비워 종의 형체를 가지사 사람들과 같이 되었고 사람의 모양으로 나타나사 자기를 낮추시고 죽기까지 복종하셨으니 곧 십자가에 죽으심이라. 이러므로 하나님이 그를 지극히 높여 모든 이름 위에 뛰어난 이름을 주사 하늘에 있는 자들과 땅에 있는 자들과 땅 아래에 있는 자들로 모든 무릎을 예수의 이름에 꿇게 하시고 모든 입으로 예수 그리스도를 주라 시인하여 하나님 아버지께 영광을 돌리게 하셨느니라(빌 2:5-11).

예수님에게서 비로소 하나님의 사랑과 인간의 순종이 역사적으로 영광스럽게 합체됩니다. 순종은 굴복시키는 것이 아닙니다. 납득시켜 우리로 하여금 헌신케 하는 것입니다. 우리는 헌신이라는 명분으로 강요하는 바람에 진정한 순종이 무엇인지를 배우지 못합니다. 하나님은 기꺼이 순종하게 하십니다. 그것이 사랑이기 때문입니다.

우리는 본문 이사야 48:22에서 중요한 결론을 보게 됩니다. "여호와께서 말씀하시되 악인에게는 평강이 없다 하셨느니라." 여기에 이런 느닷

없는 결구가 나옵니다. 사랑은 영광이며, 사랑이 없는 데서는 원망밖에 만들어지지 않습니다. 살아 보십시오. 원망만 남습니다. 우리가 예수님을 믿는다는 사실로 여러분의 현실에 영광이 있는가, 원망이 있는가 보십시오. 제일 많이 들었던 간증은 "괜히 일찍부터 예수를 믿었다"가 아닙니까? 그러나 하나님의 사랑 안에서는 결코 그렇지 않습니다.

::

하나님 아버지, 하나님께서 우리에게 영광을 만드시는 줄 믿습니다. 우리가 흘리는 눈물과 분노와 한탄이 끝이 아니라, 하나님의 성실하심과 능력이 결국을 만들어내실 것을 믿습니다. 하나님이 우리와 타협하지 않으시고 거룩하심으로 그 뜻을 이루신다는 사실로 우리의 인생이 힘을 냅니다. 믿음을 가지기로 다짐합니다. 승리하여 찬송하는 자리에 이르게 하옵소서. 예수님 이름으로 기도합니다. 아멘.

30

나의 종이 되어

사 49:1-7

섬들아, 내게 들으라. 먼 곳 백성들아, 귀를 기울이라. 여호와께서 태에서부터 나를 부르셨고 내 어머니의 복중에서부터 내 이름을 기억하셨으며 내 입을 날카로운 칼 같이 만드시고 나를 그의 손 그늘에 숨기시며 나를 갈고 닦은 화살로 만드사 그의 화살통에 감추시고 내게 이르시되 너는 나의 종이요 내 영광을 네 속에 나타낼 이스라엘이라 하셨느니라. 그러나 나는 말하기를 내가 헛되이 수고하였으며 무익하게 공연히 내 힘을 다하였다 하였도다. 참으로 나에 대한 판단이 여호와께 있고 나의 보응이 나의 하나님께 있느니라. 이제 여호와께서 말씀하시나니 그는 태에서부터 나를 그의 종으로 지으신 이시요 야곱을 그에게로 돌아오게 하시는 이시니 이스라엘이 그에게로 모이는도다. 그러므로 내가 여호와 보시기에 영화롭게 되었으며 나의 하나님은 나의 힘이 되셨도다. 그가 이르시되 네가 나의 종이 되어 야곱의 지파들을 일으키며 이스라엘 중에 보전된 자를 돌아오게 할 것은 매우 쉬운 일이라. 내가 또 너를 이방의 빛으로 삼아 나의 구원을 베풀어서 땅 끝까지 이르게 하리라. 이스라엘의 구속자 이스라엘의 거룩한 이이신 여호와께서 사람에게 멸시를 당하는 자, 백성에게 미움을 받는 자, 관원들에게 종이 된 자에게 이같이 이르시되 왕들이 보고 일어서며 고관들이 경배하리니 이는 이스라엘의 거룩하신 이 신실하신 여호와 그가 너를 택하였음이니라.

역사의 해설가인 선지자

이사야 47장에서는 바벨론에 대한 심판이 엄중하게 선포됩니다. "그들의 폭력과 죄성을 하나님께서 심판하신다. 하나도 남김없이 무너져 내리고 파괴될 것이다." 이렇게 선언합니다. 그리고 48장에 와서는 혹독한 비난 속에서 이스라엘의 구원을 선포하십니다. 이스라엘은 하나님께 범죄하여 바벨론에게 포로가 되었고 혹독한 심판을 치렀는데, 하나님께서 회복시키고 구원할 것이라고 약속하십니다. 이스라엘은 자신들이 잘못한 죄과를 치렀고 만족할 만한 수준은 아니지만, 하나님이 이스라엘을 회복시키겠다고 약속하십니다. 그리고 49장에서는 이스라엘의 구원뿐 아니라 열방의 구원, 즉 인류를 향한 하나님의 구원으로까지 확대됩니다.

이러한 일은 하나님의 종을 세워서 선포케 하십니다. 이 하나님의 종은 이사야서에서 여러 번 등장하는데, 의의 종이기도 하고 의의 왕이기도 하며 하나님의 종이기도 합니다. 이처럼 여러 다른 이름으로 등장합니다. 시대에 따라 그가 히스기야이기도 하고, 이사야이기도 하고, 고레스이기도 했습니다. 이런 하나님의 종들은 이스라엘의 패망기와 포로 시대에도 있었습니다. 선지자들은 하나님의 심판과 구원이 그의 약속과 성실하심과 기쁘신 뜻대로 성취되리라는 선언들이 우리가 보기에 반복되는 역사의 실패, 역사가 가지지 못하는 의미, 목적 없어 보이는 헛된 것들인 것 같아도 그렇지 않다고 가르칩니다. 역사는 보이는 것이 전부가 아니라는 것입니다. 그 안에 일하시는 하나님의 뜻과 목적과 내용을 알지 못하면 역사를 이해할 수 없다고 가르치는 셈입니다. 그런 면에서 선지자들은 역사의 해설가인 셈입니다. 이제 그 해설을 들어보겠습니다.

이스라엘이 바벨론에 사로잡혀 가는 것은 역사적 시각에서만 보자면 정치적, 군사적 패배일 것입니다. 그러나 성경의 해설에 따르면, 이스라엘이 바벨론에 사로잡혀 가는 것은 그들이 하나님의 약속의 민족이면서도 하나님을 배신하고 저들에게 요구되던 신앙적 순종에서 실패했기 때문에 일어난 심판입니다. 그 심판은 이스라엘을 없애는 것이 아닙니다. 저들이 행한 것에 상응하는 벌을 내려 소멸시키는 것이 아니라, 그들을 정결케 하시기 위한 하나님의 약속 성취의 중요한 내용이 됩니다. 그래서 이스라엘은 당연히 회복되어야 합니다.

그러나 뜻밖에도 그 회복은 그들에게 바벨론을 처부수는 물리적, 군사적 힘이 생겨 스스로 독립을 쟁취하고 포로 된 자리를 깨고 나옴으로써 이루어진 것이 아닙니다. 그보다는 제3의 인물, 페르시아의 고레스 왕에 의하여 바벨론이 깨지고, 바벨론이 취하지 않았던 새로운 정책, 즉 모든 민족들에게 자치권을 부여하며 민족의 정체성과 종교를 지키도록 허락하는 완화 정책이 시행됨으로써 이스라엘이 풀려납니다. 그러나 이러한 일은 우리가 역사에서 보는 대로, 다만 눈에 보이는 원인과 결과들의 함수 관계에 따른 것이 아닙니다. 하나님의 뜻은 그분의 개입과 의지, 지혜 같은 것들을 통해 이루어지는 것입니다.

여기서 우리는 여러 가지 물어 볼 것들이 있습니다. 이스라엘이 바벨론에게 잡혀 가고 바벨론으로부터 회복되는 시점에서도 이스라엘은 하나님의 뜻을 거의 이해하지 못합니다. 이사야 48장에서 보는 바와 같이 이스라엘은 하나님의 구원과 또 그들에게 일어났던 심판에 대해 충분히 이해하지 못했음에도 불구하고, 그들에게 구원이 약속됩니다. 그들을 그렇게 구원하실 것이라면 애초에 바벨론에 포로로 끌려가게 할 이유는 어디 있었는가? 또한 이스라엘의 해방을 위하여 이스라엘을 부흥시켜 물리적, 군사적 힘을 주시는 것이 아니라, 제3의 국가를 동원하시는 이유는 무엇인가? 이러한 물음에 대하여 성경은 이렇게 해설합니다. 이 모든 일들은 인간의 생각이 아니라 하나님의 뜻에 따른 것임을 알게 하려고 이런 방법을 쓰셨다는 것입니다.

하나님의 성실하심과 사랑

이스라엘을 주인공으로 놓고 보면 바벨론에 사로잡힌 것도 말이 안되고,

그들에게 능력과 조건이 준비되지도 않은 상태에서 바벨론 포로에서 풀려나는 것도 사실 이해할 수 없는 일입니다. 이에 대하여 성경이 하고 싶은 이야기가 있습니다. 이스라엘의 포로와 귀환 사건은 하나님이 얼마나 거룩하신 분인지, 그리고 하나님이 그의 사랑과 목적을 결코 포기하지 않으신다는 사실을 우리에게 알려주는데, 따라서 이 두 문제가 서로 어떻게 조화될 수 있는지를 이해하지 못한다면 역사나 우리 인생은 기독교 신앙으로 이해될 수 없다는 것입니다.

우리의 현실을 보자면, 우리가 예수님을 믿고 가장 당황하는 것은, 내가 변했고 하나님 앞에 충성을 약속했는데도 우리 앞에 형통한 길이 허락되지 않는다는 사실입니다. 환경이 변하지 않는 것은 양보한다 해도, 우리에게 주어진 고난에 찬 인생을 극복하고 초월할 수 있는 어떤 신앙적 경지를 주셔야 하는데, 그것도 안 주십니다. 거기서 우리는 기독교 신앙이 우리의 생각과 다르며 더 깊이 들어가서 우리가 만들어낼 수 없는 어떤 다른 문턱이 있다는 사실을 깨우치게 됩니다. 하나님의 일하심은 우리가 기대하는 윤리적이고 종교적이며, 정치적이고 물리적인 문제들을 해결해 주는 것이 아니라는 사실, 즉 그것이 하나님의 궁극적 목적이 아니라는 것을 금방 깨우치게 합니다. 로마서 9:14-23을 보겠습니다.

그런즉 우리가 무슨 말을 하리요. 하나님께 불의가 있느냐. 그럴 수 없느니라. 모세에게 이르시되 내가 긍휼히 여길 자를 긍휼히 여기고 불쌍히 여길 자를 불쌍히 여기리라 하셨으니 그런즉 원하는 자로 말미암음도 아니요 달음박질하는 자로 말미암음도 아니요 오직 긍휼히 여기시는 하나님으로 말미암음이니라. 성경이 바로에게 이르시되 내가 이 일을 위하여 너를 세웠으니 곧 너로 말미암아 내 능력을 보이고 내 이름이 온 땅에 전파되게 하려함이라 하셨으니 그런즉 하나님께서 하고자 하시는 자를 긍휼히 여기시고 하고자 하시는 자를 완악하게 하시느니라. 혹 네가 내게 말하기를 그러면 하나님이 어찌하여 허물하시느냐. 누가 그 뜻을 대적하느냐 하리니 이 사람아, 네가 누구이기에 감히 하나님께 반문하느냐. 지음을 받은 물건이 지은 자에게 어찌 나를 이같이 만들었느냐 말하겠느냐. 토기장이가 진흙 한 덩이로 하나는 귀히 쓸 그릇을, 하나는 천히 쓸 그릇을 만들 권한이 없느냐. 만일 하나님이 그의 진노를 보이시고 그의 능력을 알게 하고자 하사 멸하기로 준비된 진노의 그릇을 오래 참으심으로 관용하시고 또한 영광 받기로 예비하신 바 긍휼의 그릇에 대하여 그 영광의 풍성함을 알게 하고자 하셨을지라도 무슨 말을 하리요(롬 9:14-23).

이 본문은 어떤 의미일까요? 모세는 하나님으로부터 "내가 긍휼히 여길 자를 긍휼히 여기고 불쌍히 여길 자를 불쌍히 여기겠다"는 말씀을 받습니다. 이는 모세가 금송아지 사건으로 인하여 하나님 앞에 심판받게 된 백성들을 용서해 달라고 기도한 것에 대한 하나님의 답입니다. "그것은 내 마음이다." 여기서 내 마음이 우리에게는 변덕으로 이해되기 쉽습니다. 그러나 이 "내 마음이다"라는 것은 "하나님은 기준보다 높다"라는 뜻입니다. 즉 "법보다 높다. 자비와 긍휼의 하나님이시다"라는 뜻입니다. 그러한 의미에서 여기 로마서에서는 하나님의 일하심에 등장하는 사람들이 무엇을 증언하고 있는지 보라고 제시하고 있습니다.

여기서 누구를 예로 들고 있습니까? 하나님의 긍휼과 자비의 크기를 보여주려고 바로를 예로 듭니다. 바로는 악역을 맡은 배우입니다. 모세와 바로 중 누가 더 중요한지 모를 정도로 대등한 역할을 부여받음으로써 그들은 하나님이 누구신가를 드러냅니다. 또 다른 인물을 예로 들어 보겠습니다. 영화 「벤허」에 등장하는 '벤허'와 '메살라'라는 인물입니다.

이 영화의 주제는 결단코 '메살라를 죽이자'는 것이 아닙니다. 이 영화의 스토리에서 메살라를 죽이는 것이 중요한 문제가 아니라는 것은 그가 죽은 다음에 등장합니다. 그가 죽었으나 벤허에게는 해결된 문제가 아무 것도 없습니다. 벤허는 더 죽을 얼굴이 됩니다. 메살라가 살아 있을 때는 모든 분노와 증오와 핑계를 그에게 쏟아 부으면 됐지만, 막상 그 대상이 죽자 풀리지 않는 문제들을 누구에게 갖다 쏟아야 할지 막막해진 것입니다.

이제 그는 죽은 메살라 얼굴이 되고 맙니다. 부인이 이렇게 소리치는 장면을 기억합니까? "당신이 메살라 같아요." 메살라가 없는 벤허는 볼 것이 없습니다. 무엇을 담을 수가 없습니다. 이 역할들에 대하여 깊이 생각해 보아야 합니다. 우리는 지난 역사를 돌아보며 왜 그렇게 됐을까, 생각하곤 합니다. 예를 들어, "한국전쟁 당시 맥아더의 제안에 따라 만주에 원자폭탄을 투하했더라면 우리 근현대사에 이런 갈등은 없었을 텐데"라고 생각하는 것과 같이 말입니다. 과연 그럴까요?

하나님의 일하심이 역사 가운데 어떻게 사실이 됐고, 거기서 우리가 무엇을 배워야 하는지, 그리고 우리의 현실 문제를 해결하기 위하여 누군가를 죽이는 것은 하나님의 궁극적 목적이 아님을 깨닫는 데는 전 생애가 필요할 것입니다. 여러분에게 걸려 있는 모든 문제들은 누구 때문도, 어떤 일 때문도, 자신의 한계 때문도 아닙니다. 그보다는 "하나님은 누구신가? 하나님이 무엇을 하시는가? 우리에게 무엇을 담으시려고 하는가?" 이런 물음에 집중하지 않는다면 사실 아무것도 이해가 되지 않을 것입니다.

그러니 로마서 9장의 이 말씀은 참으로 기가 막힙니다. "만일 하나님이 그의 진노를 보이시고 그의 능력을 알게 하고자 하사 멸하기로 준비된 진노의 그릇을 오래 참으심으로 관용하시고 또한 영광 받기로 예비하신 바 긍휼의 그릇에 대하여 그 영광의 풍성함을 알게 하고자 하셨을지라도 무슨 말을 하리요"(롬 9:22-23). "처단하고 심판하고 없애야 할 자를 길이 용서하는 것이 하나님께 무슨 잘못이겠으며, 다들 자격이 없는 자에게 복과 영광과 승리를 주시는 것이 무슨 하나님의 잘못이겠느냐? 역사에는 이처럼 하나님의 관용과 하나님의 풍성함이 드러난다. 그의 일하심을 기억해라. 우리의 인생에 일어나는 모든 정황 속에서 하나님이 우리에게 무엇을 요구하시는지, 거기서 도대체 무슨 내용을 담고 있는지를 생각해 봐라." 로마서 9장은 이러한 관용과 풍성함을 설명하고 있습니다.

하나님의 종으로 사는 증언

사도행전 4:23-31을 보겠습니다.

사도들이 놓이매 그 동료에게 가서 제사장들과 장로들의 말을 다 알리니 그들이 듣고 한마음으로 하나님께 소리를 높여 이르되 대주재여, 천지와 바다와 그 가운데 만물을 지은 이시요 또 주의 종 우리 조상 다윗의 입을 통하여 성령으로 말씀하시기를 어찌하여 열방이 분노하며 족속들이 허사를 경영하였는고. 세상의 군왕들이 나서며 관리들이 함께 모여 주와 그의 그리스도를 대적하도다 하신 이로소이다. 과연 헤롯과 본디오 빌라도는 이방인과 이스라엘 백성과 합세하여 하나님께서 기름 부으신 거룩한 종 예수를 거슬러 하나님의 권능과 뜻대로 이루려고 예정하신 그것을 행하려고 이 성에 모였나이다. 주여, 이제도 그들의 위협함을 굽어보시옵고 또 종들로 하여금 담대히 하나님의 말씀을 전하게 하여 주시오며 손을 내밀어 병을 낫게 하시옵고 표적과 기사가 거룩한 종 예수의 이름으로 이루어지게 하옵소서 하더라. 빌기를 다하매 모인 곳이 진동하더니 무리가 다 성령이 충만하여 담대히 하나님의 말씀을 전하니라(행 4:23-31).

여기 31절에서 우리는 "아멘" 할 수 있습니다. 그러나 한 번만 더 생각

이사야서, 하나님의 비전

해 보십시오. "성령 충만 주시지 말고 빌라도와 헤롯을 죽여 주십시오." 그 것이 우리가 바라는 기독교 아닙니까? 그러나 하나님은 그렇게 하시지 않 습니다. 헤롯과 빌라도를 죽이지 않고, 오히려 우리에게 성령 충만을 주셔 서 악조건과 감당해야 할 지위에서 담대해지라고 격려하십니다. 여기서 우리는 다 무너지고 있습니다.

진심을 가질수록 신자의 인생이 원망스러운 것입니다. 왜 그렇습니 까? 기도하러 들어올 때 제일 겁나는 것은 바로 울음보를 터뜨리며 들어오 는 기도입니다. 억울하다는 것입니다. 참을 만큼 참다가 더 이상 말이 안 되어 왔다는 것입니다. 뭐가 억울할까요? 헤롯 저 나쁜 놈이 죽지 않는다 는 것입니다. 이처럼 우리의 자연 본성의 기대와 성경이 약속하는 것 사이 에는 극단적 차이가 존재합니다. 사도행전 5:40-42도 계속 보겠습니다. 앞 선 핍박이 이어지고 있는 장면입니다.

> 그들이 옳게 여겨 사도들을 불러들여 채찍질하며 예수의 이름으로 말하는 것을 금하고 놓으니 사도들은 그 이름을 위하여 능욕 받는 일에 합당한 자 로 여기심을 기뻐하면서 공회 앞을 떠나니라. 그들이 날마다 성전에 있든 지 집에 있든지 예수는 그리스도라고 가르치기와 전도하기를 그치지 아니 하니라(행 5:40-42).

사도들은 기독교 신앙의 본질을 잘 증언하고 있습니다. 자신들의 역 할이 주인공이라는 사실을 압니다. 악역을 죽이는 것이 주인공의 역할이 아닙니다. 악역이 악역을 해야 주인공이 주인공 역할을 할 수 있습니다. 거기서 그들은 주인공이 되는 것입니다. 그러니 잘 해야지요. 악역을 죽이 고 주인공 혼자 남는 그런 드라마는 없습니다. 악당은 그 드라마가 끝날 때 쯤 되어서 죽어야 합니다. 그때까지 악당이 모든 일에 설치고 다니며 주도권을 잡고 있는 것 같아야 맞습니다. 그것이 인생 아닌가요? 대단원의 막은 예수님이 다시 오셔서 내린다는 것 아닙니까?

그런데 우리는 도대체 왜 그토록 예수님을 믿는 것에 대하여 아우성을 칠까요? 힘든 것은 사실입니다. 그러나 위대한 것입니다. 「빠삐용」이라는 영화가 있습니다. 스티브 맥퀸이라는 배우가 빠삐용 역을 맡고, 더스틴 호프만이 그 친구인 드가 역을 맡습니다. 매우 재미있는 영화입니다. 영화 중에 감옥에 갇혀서 6개월간 독방에 격리되는 장면이 나오는데, 그 장면을 찍기 위하여 스티브 맥퀸이 여섯 달 동안 해를 보지 않았습니다. 얼굴에 분장하지 않고 실제로 해를 보지 않은 상태로 얼굴을 창백하게 만들어서 촬영했습니다. 누가 그것을 억지로 하라고 했을까요? 그는 주인공입니다. 기꺼이 했습니다. 위대한 배우입니다.

어찌 보면 우리나라에서는 기독교가 제일 발전하지 못하고 있는 것 같습니다. 위대해지지 않고 있습니다. 어쨌든 대부분이 세월을 의미없이 흘려 보내지 않고 유익을 보면서 나아가고 있는데, 한국 교회는 신앙의 깊이와 무게에서 그렇게 자랑스럽지 않아 보입니다. 우리는 이 싸움에서 어떤 역할을 가졌고, 또 우리가 어떤 조건에 있을 수밖에 없는지, 우리가 맡은 것이 얼마나 정의로운 것인지 등에 대해 분명히 이해해야 합니다.

그것은 구약 내내 있었던 일입니다. 이스라엘은 한 번도 제대로 잘하지 못합니다. 그들은 출애굽 이후 광야에서도 잘못하고, 가나안에 들어가서도 잘못하고, 왕정 시대에도 잘못하고, 포로로 잡혀 가서도 잘못하고, 귀환하고도 잘못하고, 예수님 오셔서도 잘못합니다. 그리고 지금도 여전히 잘못하고 있습니다. 자신들의 정체성을 아직 모르고 있습니다. 이것이 하나님의 중요한 증언이 됩니다. "이스라엘을 봐라."

그들이 우리에게 어떤 교훈을 줄까요? "저들은 자신들의 지위와 명예를 제대로 누리지 못하고 있다. 인류 역사 내내 선민으로서, 더 많은 혜택을 받은 자로서 못나게 굴었다. 하나님이 놓아두지 않으실 것이다. 결국 하나님 앞으로 부르실 것이다. 그러니 너희는 잘해라." 이 얼마나 좋은 교훈입니까? 그들을 비난하면서 "왜 그랬을까" 하고 분석하지 말고 "그때 어떻게 했으면 정말 멋있었을까? 선지자들이 계속 이야기하는 것을 그들이 받아들였으면 얼마나 멋있었을까?" 이 문제를 여러분에게 잘 적용해야 합니다.

선지자를 불러들여 누구를 정죄하려고 하지 말고, 자신에게 적용하십시오. 자기는 선지자고 상대방은 말을 듣지 않는 이스라엘로 만들어 자기 책임을 떠넘기면 안됩니다. 옳은 소리해서 책임을 면하려 하지 말고, 멋있는 신앙인이 되십시오. 여러분의 인생을 사십시오. 로마서 12장에서 신자들에게 요구하는 이런 권면이 이해되는 수준이 되어야 합니다.

> 사랑에는 거짓이 없나니 악을 미워하고 선에 속하라. 형제를 사랑하여 서로 우애하고 존경하기를 서로 먼저 하며 부지런하여 게으르지 말고 열심을 품고 주를 섬기라. 소망 중에 즐거워하며 환난 중에 참으며 기도에 항상 힘쓰며 성도들의 쓸 것을 공급하며 손 대접하기를 힘쓰라. 너희를 박해하는 자를 축복하라. 축복하고 저주하지 말라. 즐거워하는 자들과 함께 즐거워하고 우는 자들과 함께 울라. 서로 마음을 같이하며 높은 데 마음을 두지 말고 도리어 낮은 데 처하며 스스로 지혜 있는 체 하지 말라. 아무에게도 악을 악으로 갚지 말고 모든 사람 앞에서 선한 일을 도모하라. 할 수 있거든 너희로서는 모든 사람과 더불어 화목하라. 내 사랑하는 자들아, 너희가 친히 원수를 갚지 말고 하나님의 진노하심에 맡기라. 기록되었으되 원수 갚는 것이 내게 있으니 내가 갚으리라고 주께서 말씀하시니라. 네 원수가 주리거든 먹이고 목마르거든 마시게 하라. 그리함으로 네가 숯불을 그 머리에 쌓아 놓으리라. 악에게 지지 말고 선으로 악을 이기라(롬 12:9-21).

이 가르침에는 혈기가 없습니다. 이 가르침을 자세히 보십시오. 가라앉히는 교훈입니다. 이렇게 가라앉힘으로 우리가 할 수 있고, 해야 하는 자리로 돌아오게 만들고 있습니다. "부지런하고 게으르지 마라. 서로 우애하고 존경하기를 서로 먼저 해라. 인사 잘 해라. 반가워하라. 예의 지켜라. 입 다물어라. 귀를 기울여라. 따뜻한 눈을 만들어라." 성질부릴 것이 하나도 없습니다. "너희를 박해하는 자를 축복하고 저주하지 마라." 어떻게 고함을 지르겠습니까? "즐거워하는 자들과 함께 즐거워하고 우는 자들과 함께 울라. 서로 마음을 같이하며 높은 데 마음을 두지 말고 도리어 낮은 데 처하며 스스로 지혜 있는 체 하지 마라. 다 아는 것같이 굴지 마라. 네가 하는 일이 뭔지 아무도 모른다. 너도 모른다. 그러나 우리가 알 것은 이것밖에 없다. 이스라엘은 자기네 역사가 무엇인지 스스로 모르는 길을 걸어왔다. 그들은 저들이 하고 싶은 대로 했다." 그러나 하나님은 그것으로 증거로 삼으셨다는 것입니다. 하나님이 성실과 인내와 긍휼과 자비를 가지고 일해 오셨다고 증언합니다. 우리는 할 수 있는 것만 해야 합니다. 그래서 악에게 지지 말아야 합니다. 선이 악을 이긴다든지 악을 제거한다든지 악보다 커야 된다든지 하는 것이 아닙니다.

대부분의 드라마에서 악당에게 대사가 더 많습니다. 지위나 권력은 언제나 악당에게 더 주어지고, 주인공은 억울한 처지에 놓이는 것이 드라마의 기본이 아닙니까? 주인공이 모든 것을 가지면 그것은 무협지입니다. 거기에는 아무 텍스트가 없습니다. 그것은 '금강불괴'(金剛不壞. 외적 수련이 최고의 경지에 이르러 몸이 금강석처럼 단단해진다는 경지)가 되고 '만독불침'(萬毒不侵. 어떤 독에도 침범당하지 않는다는 육체 또는 무공의 경지)이 됩니다. 오른발로 왼발 등을 찍고 하늘로 솟아오른다는 이런 경공술(輕功術)들은 다 허구입니다. 여기에 무슨 인생의 진정한 텍스트가 있겠습니까?

그러나 로마서 12장에 있는 모든 것들은 우리의 현실을 이야기합니

이사야서, 하나님의 비전

다. "너, 그들을 제거하거나 원망하는 것으로 네 역할을 놓치지 마라. 너에게 카메라가 돌아오면 네 대사를 해라." 이것이 우리 인생입니다. "하나님이 일하신다. 걱정마라. 너희가 아는 승자는 진정한 승자가 아니다. 모세가 영웅 아니다. 하나님의 종이었을 뿐이다. 모세가 하나님의 종이었다면, 너희도 내 종이다. 너희가 그 증언이어야 한다. 너희가 하기 싫다고 하면 너희도 이스라엘의 길을 반복하게 된다. 생각해 보고 위대해져라. 너희가 받을 복을 제대로 누려라. 그것은 명예롭고 위대한 것이다." 이렇게 가르치십니다. 그러니 여러분 각자가 신앙에 대하여 책임지고 분별하고 생각하고 결심해야 합니다. 핑계를 댈 곳도 원망할 곳도 없습니다. 여러분 자신의 인생입니다.

::

하나님 아버지, 은혜를 감사합니다. 우리의 인생이 아직 남아 있습니다. 기회가 있으며, 우리에게 주신 믿음으로 그 인생을 선택할 수 있습니다. 이제껏 어물어물 살았다면 남은 생애는 책임 있고 위대하게 살 수 있게 하옵소서. 하나님이 보고 계시고 우리 이웃과 우리 시대와 우리 자손들이 보고 있습니다. 우리는 이스라엘의 실패를 반복하지 않고, 하나님의 종으로 사는 증언자로, 그 자랑과 영광을 나타내는 책임 있는 인생으로 살기를 소원합니다. 은혜 위에 은혜를 더하여 주옵소서. 예수님 이름으로 기도합니다. 아멘.

31

주의 용감한 종

사 50:1-11

나 여호와가 이같이 말하노라. 내가 너희의 어미를 내보낸 이혼 증서가 어디 있느냐. 내가 어느 채주에게 너희를 팔았느냐. 보라, 너희는 너희의 죄악으로 말미암아 팔렸고 너희의 어미는 너희의 배역함으로 말미암아 내보냄을 받았느니라. 내가 왔어도 사람이 없었으며 내가 불러도 대답하는 자가 없었음은 어찌 됨이냐. 내 손이 어찌 짧아 구속하지 못하겠느냐. 내게 어찌 건질 능력이 없겠느냐. 보라, 내가 꾸짖어 바다를 마르게 하며 강들을 사막이 되게 하며 물이 없어졌으므로 그 물고기들이 악취를 내며 갈하여 죽으리라. 내가 흑암으로 하늘을 입히며 굵은 베로 덮느니라. 주 여호와께서 학자들의 혀를 내게 주사 나로 곤고한 자를 말로 어떻게 도와 줄 줄을 알게 하시고 아침마다 깨우치시되 나의 귀를 깨우치사 학자들 같이 알아듣게 하시도다. 주 여호와께서 나의 귀를 여셨으므로 내가 거역하지도 아니하며 뒤로 물러가지도 아니하며 나를 때리는 자들에게 내 등을 맡기며 나의 수염을 뽑는 자들에게 나의 뺨을 맡기며 모욕과 침 뱉음을 당하여도 내 얼굴을 가리지 아니하였느니라. 주 여호와께서 나를 도우시므로 내가 부끄러워하지 아니하고 내 얼굴을 부싯돌 같이 굳게 하였으므로 내가 수치를 당하지 아니할 줄 아노라. 나를 의롭다 하시는 이가 가까이 계시니 나와 다툴 자가 누구냐. 나와 함께 설지어다. 나의 대적이 누구냐. 내게 가까이 나아올지어다. 보라, 주 여호와께서 나를 도우시리니 나를 정죄할 자 누구냐. 보라, 그들은 다 옷과 같이 해어지며 좀이 그들을 먹으리라. 너희 중에 여호와를 경외하며 그의 종의 목소리를 청종하는 자가 누구냐. 흑암 중에 행하여 빛이 없는 자라도 여호와의 이름을 의뢰하며 자기 하나님께 의지할지어다. 보라, 불을 피우고 횃불을 둘러 띤 자여, 너희가 다 너희의 불꽃 가운데로 걸어가며 너희가 피운 횃불 가운데로 걸어갈지어다. 너희가 내 손에서 얻을 것이 이것이라. 너희가 고통이 있는 곳에 누우리라.

하나님의 담대한 종

이사야 1-39장에서 우리는 북이스라엘의 멸망과 더불어 이사야 선지자의 활동과 함께 남유다의 위기를 볼 수 있었습니다. 40장부터는 역사적 배경이 되는 시대가 훌쩍 뒤로 넘어가서 이스라엘 백성들이 바벨론 포로가 된 현실을 무대로 이스라엘의 회복과 하나님의 구원 약속이 펼쳐집니다.

유다의 백성을 잡아간 바벨론은 결국 망할 것입니다. 하나님께서 바벨론을 무너뜨리실 것입니다. 그것은 정치적, 군사적 측면의 문제가 아니라 사망을 멸하시는 역사 내의 행위입니다. 그것은 권력 싸움이 아니라 하나님의 구원 역사를 위한 사망과 죄를 멸하시는 것입니다. 하나님을 떠나서는 죄와 사망이라는 결과밖에 가져올 수 없다는 현실 경험 위에서 하나님의 구원이 성취됩니다.

이사야 47장에서는 바벨론의 멸망이 선언되었고, 48장에서는 하나님의 약속에 근거한 하나님의 성실하신 사랑이 이스라엘을 구한다고 약속합니다. 49장에 오면 그 구원은 이스라엘에게만 주어지는 것이 아니라 전 인류에 걸쳐 주어진다고 선언됩니다. 그리고 50장으로 이어집니다. 이 50장은 이해가 쉽지 않아서 그 줄거리를 살펴봐야 합니다.

이사야 50:1-3의 이야기는, "지금 일어난 이 비극, 저들에게 닥친 이 재앙은 하나님이 일으키신 것이 아니라 너희들이 자초한 결과다. 너희가 나를 외면하고 나를 떠나면 물 없는 고기가 되어 썩어버리는 것 같은 결과를 초래한다. 바벨론이 더 우세해서 너희를 잡아가고 핍박하는 것이 아니라 나를 떠나면 남는 것이 폭력밖에 없고, 거기는 더러움과 재앙밖에 없다." 이런 내용입니다.

그 다음 4-9절에는 느닷없이 하나님의 종이 등장합니다.

주 여호와께서 학자들의 혀를 내게 주사 나로 곤고한 자를 말로 어떻게 도와 줄 줄을 알게 하시고 아침마다 깨우치시되 나의 귀를 깨우치사 학자들 같이 알아듣게 하시도다. 주 여호와께서 나의 귀를 여셨으므로 내가 거역하지도 아니하며 뒤로 물러가지도 아니하며 나를 때리는 자들에게 내 등을 맡기며 나의 수염을 뽑는 자들에게 나의 뺨을 맡기며 모욕과 침 뱉음을 당하여도 내 얼굴을 가리지 아니하였느니라. 주 여호와께서 나를 도우시므로 내가 부끄러워하지 아니하고 내 얼굴을 부싯돌같이 굳게 하였으므로 내가 수치를 당하지 아니할 줄 아노라(사 50:4-7).

그는 주의 용감한 종입니다. 하나님의 뜻과 하나님의 일하심을 설명하고 설득하고 증거하고 이룰, 하나님의 담대한 종입니다. 그러나 이는 다소 느닷없는 장면입니다. 앞서 1-3절에서 본 대로 이스라엘의 실패가 자초한 재앙과 비극과 고통 가운데 여호와의 종이 등장하여 군사적, 정치적으로 해결해주는 것이 아닙니다. 하나님의 뜻을 전하여 저들의 재난과 고통을 설명하고, 거기서부터 그들을 꺼내기 위하여 하나님의 종의 역할을 담대하고 충성스럽게 행할 것이라고 약속합니다. 이 하나님의 종의 사역은 궁극적으로 예수님에게서 성취됩니다. 그 안에서 역사적으로 하나님이 죄를 멸하시고 구원을 성립시키시며, 우리가 자초한 사망을 뒤집어 부활을 만드십니다.

일하고 계시는 하나님

이 문제는 역사 내내 어느 한 시점에서 그 시대를 산 사람들을 대상으로 하고 있지 않습니다. 전 인류를 대상으로 하고 있습니다. 인간의 거부와 외면으로 창조 세계에 혼돈이 일어났고, 죄가 들어와 부패와 더러움이 생겨

이사야서, 하나님의 비전

났습니다. "이렇게 되었을지라도 어떻게 하나님이 창조의 목적을 기어코 완성하실 것인가? 첫 번째 의도가 좌절된 것 같은 인류의 역사, 인간의 존재를 하나님이 어떻게 회복하여 창조를 완성하실 것인가? 거기에 하나님은 어떻게 개입하시는가?" 이런 문제입니다. 전 인류와 전 역사에 걸친 하나님의 구원 사역입니다.

우리는 하나님이 각 시대의 모든 장소마다 사는 모든 자들 앞에 창조주로서 또 모든 존재의 주인으로서 언제나 임하여 계시는 분이라고 하는 성경의 주장을 이해해야 합니다. 이스라엘을 택하시고 이스라엘의 하나님이 되신 것은 이스라엘로 하여금 전 인류를 구하시겠다는 약속이었습니다. 저들은 제사장 나라였습니다.

하나님을 거부한 인류는 전부 무지했습니다. 로마서 5:8에서 보는 대로 우리가 아직 죄인 되었을 때에 그리스도께서 오셨듯이, 우리는 메시아의 필요성도, 우리의 구원의 절심함도 알지 못하던 때에 하나님이 구원의 일을 행하셨습니다. 이스라엘에게는 약속의 언약이 있었기에 저들에게는 선택의 기회가 있었고 이방인은 선택의 기회조차 갖지 못했던 것이 아니라, 양쪽 다 모르기는 마찬가지였습니다. 이런 정황 속에서 하나님이 구원의 역사를 이루셨습니다. 이와 같이 하나님은 인류 역사 속에서 늘 일하고 계십니다.

인류 역사는 어느 시점에서든 "역사는 왜 이 모양일까" 하는 질문 앞에 서게 됩니다. 그것은 어느 시대에 대해서나 공통된, 아직까지도 해결하지 못한 역사가 갖는 질문입니다. "역사는 이어져 온 것이 기적이다. 인류는 언제나 자멸하고 멸종했어야 맞는데, 살아 있고 유지된 것이 기적이다." 왜 그렇습니까? 인류는 한 번도 함께 살 해결책이나 능력, 방법을 찾아내지 못했기 때문입니다. 그렇다고 단순하게 "그러니 예수 잘 믿어라"고 막 갖다 붙이지 마십시오. 우리가 예수님께로 갈 수밖에 없는 중요한 도전이 있습니다. "그러면 어떻게 할 것인가?" 그것입니다. "이 문제를 해결할 수 없다면 뭐라고 답할 것인가?" 역사라는 말을 쓰다 보니 책임이 너무 커지고 모호해졌습니다. 절실하게 말합니다. 여러분의 인생입니다. 살면서 제일 많이 하는 질문은 이런 것입니다. "사는 게 무엇인가?" 한 번도 행복한 적 없었으니 그런 질문이 나온 것입니다. 행복했던 시절은 다만 사고가 나지 않았던 순간에 불과합니다. 그러니 모두 이렇게 기도합니다. "하나님, 많이 바라지 않습니다. 평범하고 행복하게 해주세요." 그것이 무슨 날도둑 같은 기도인지 아십니까? 거기서 평범하다는 말은 이런 것입니다. "아무 책임도 지지 않게 해주십시오. 아무 짐도 지우지 마십시오. 그저 굼벵이 같고 돌 같고, 생각 없는 존재가 되게 해주세요." 이것이 말이 되는 소리입니까?

우리의 새로운 정체성

우리는 이런 도전 앞에 섭니다. "하나님, 이게 뭡니까? 인간이라는 정체성은 무엇입니까? 가치는 무엇입니까? 왜 살아야 합니까?" 이 질문 앞에 서는 것이 인간의 정당한 책임입니다. 그러나 우리는 답을 낼 수가 없습니다. 하나님은 우리를 이 도전 앞에 세워서 우리로 몸부림치게 하시고, 은혜를 필요로 한다는 절실한 자기 확인을 하게 해주십니다. 그리고 하나님이 찾아오십니다. 너무나 기쁘고 너무나 감사한 일입니다. 왜 그렇습니까? 길이 열렸고, 영생이 있고, 영원한 가치가 주어졌으며, 새로운 정체성을 받기 때문입니다.

　다시 묻고 싶습니다. "그것이 진짜라는 것을 어떻게 아는가?" 역사의 증언은 이것입니다. "누가 진정한 권세를 갖고 있는가? 이 세상과 존재들의 진정한 주인은 누구인가?" 이런 질문 앞에 세우는 것이 역사입니다. 이스라엘의 전 역사를 통해서 우리가 이스라엘에게 하는 비난은 무엇입니까? '못난 것들'이라는 것 아닙니까? 우리는 이스라엘의 역사를 알고 있고, 또한 21세기에 살고 있기에 오랜 세월의 인류 역사를 가지고 있습니다. 인류가 얼마나 못난 짓을 했고, 인간이 얼마나 변덕스러우며, 얼마나 악한지도 잘 알고 있습니다. 그러나 그 악을 제거할 방법도 없고, 악을 제거해도 선이 생겨나는 것은 아니라는 것까지 알고 있습니다. 그래서 인간들은 대부분 체념하고 삽니다. "인생은 그런 거야. 사람은 그런 거야."

예수님을 믿고도 "그런 거야"라고 말하면 안됩니다. 예수님을 믿는다는 말의 진정한 의미를 알아야 합니다. 우리는 이사야서 본문에 등장하는 여호와의 종과 같습니다. 우리는 하나님이 누구신지 알게 되었고, 세상과 인생의 답이 무엇인지도 알게 되었습니다. 그것을 다른 어떤 조건이나 이유나 강요로도 이해할 수 없습니다. 본인이 자신의 정체성에 대한 항복과 만족과 넉넉함이 없으면 우리도 결국은 대충 살 수밖에 없습니다.

기독교 신앙에서 발생하는 문제는, 우리가 망설이는 것들이 역사와 개인의 인생 속에서 반복되고 있다는 것입니다. 그것은 거짓된 것, 허망한 것으로 반복되어 나타납니다. 그것은 우리가 아직도 항복하고 있지 않다는 것에 가장 큰 이유가 있습니다. 신앙인의 정체성이 세상이 요구하는 힘, 헛된 명성, 헛된 자랑들과 맞서 있고, 또 그것들이 우리 앞에 시험자로 있기 때문입니다. 그 시험이 없어져야 우리가 답을 얻는 것이 아닙니다. 세상의 위협과 유혹과 기만 속에서 "그것 아니고 이거야"라고 하는 데 도대체 얼마나 걸려야 할까요?

개인차가 있겠지만, 제가 알기로는 60년 정도 걸립니다. 그러니 그 과정을 살아야 한다는 사실을 알아야 합니다. 시험 문제 정답 맞추듯이 맞추는 삶이 아니라, 살면서 배워야 한다는 것입니다. 많이 울어야 합니다. 여러분의 눈물 속에는 여러분이 정당하게 살지 못한 후회도 있을 것입니다.

하나님이 우리의 진심을 받아주지 않아서 보상되지 않는 원망도 있을 것입니다.

이 모든 것이 다 기독교 신앙 안에서 다뤄질 수 있는, 인생 각자에게 주어지는 기회들입니다. 그러니 알고 고민하고, 알고 원망하고, 알고 울고, 알고 기도하십시오. 그래서 한 번 울 때마다 한 걸음씩 더 나아가고, 한 번 원망할 때마다 한 걸음씩 더 나아가야 합니다. 그저 밤낮 정답으로 돌아오는 일은 그만 하십시오. 살아낸 나잇값을 못하는 그런 신앙인은 되지 마십시오. 나이가 들면 멋있어져야 합니다. 깊이가 갖는 멋 말입니다. 깊이와 무게를 가져야 합니다. 성경은 이런 우리의 정체성에 대하여 우리가 기대하는 것과 전혀 다르게 소개하고 있습니다. 마태복음 7:15-20에서는 우리의 정체성을 이렇게 소개하고 있습니다.

> 거짓 선지자들을 삼가라. 양의 옷을 입고 너희에게 나아오나 속에는 노략질하는 이리라. 그들의 열매로 그들을 알지니 가시나무에서 포도를, 또는 엉겅퀴에서 무화과를 따겠느냐. 이와 같이 좋은 나무마다 아름다운 열매를 맺고 못된 나무가 나쁜 열매를 맺나니 좋은 나무가 나쁜 열매를 맺을 수 없고 못된 나무가 아름다운 열매를 맺을 수 없느니라. 아름다운 열매를 맺지 아니하는 나무마다 찍혀 불에 던져지느니라. 이러므로 그들의 열매로 그들을 알리라(마 7:15-20).

우리의 정체성은 열매에 있습니다. 여기서 나무는 무슨 기둥이나 널빤지 같은 재목으로 쓰기 위해 있는 것이 아니라, 열매로 정체성을 드러내는 데 있습니다. 포도가 달리면 포도나무고, 복숭아가 달리면 복숭아나무입니다. 열매가 그 나무의 정체성입니다. 여기에는 우리가 원할 수 있는 권력이나 능력 같은 개념은 없습니다. 그 정체성이 열매로 드러나기 때문에 열매가 그 나무의 가장 중요한 본질입니다. 그러니까 기독교인이 된 본질은 하나님의 자녀라는 지위와 신분과 성품을 이어받는 것과 관계가 있습니다.

조금 더 이해하기 좋게 말하면, 갈라디아서 5장에 나오는 성령의 열매를 생각해 볼 수 있습니다. "오직 성령의 열매는 사랑과 희락과 화평과 오래 참음과 자비와 양선과 충성과 온유와 절제니 이같은 것을 금지할 법이 없느니라"(갈 5:22-23). 이것은 다 성품적인 것입니다. 뜻밖이지 않습니까? 여러분이 요구하는 권력은 없습니다. 그것은 정치적, 경제적, 사회적 문제 해결 능력도 아닙니다. 그것은 기독교인에게 사명도 아니고 책임도 아니고 본질도 아닙니다. 평화와 정의를 만드는 것마저도 아닙니다. 여러분이 하나님의 사람이 되는 것입니다.

하나님의 구원은 정치, 경제, 사회적인 환경에 의하여 확보되거나 보장되는 평화가 아닙니다. 우리의 마음을 바꾸어서 하나님과 단절되어 부패하고 썩을 수밖에 없었던 존재가 하나님과 화목하게 됨으로써 하나님으로부터만 주어지는 생명과 진리와 기쁨과 자랑과 영광을 지닌 가치 있는 존재가 되는 것입니다. 여러분 하나하나가 자신의 삶 속에서, 여러분의 가정과 직장과 이웃들 앞에서 그런 존재가 되어야 합니다. 아니, 이 시대 속에 존재하는 것만으로도 다른 사람들이 다 볼 수 있는 것이어야 합니다. "저 사람은 다르다. 저 사람은 살아 있고 저 사람은 죽어 있다." 이렇게 다 아는 것입니다. 뛰어 다니고 도와줘야 하는 것이 아닙니다. 마치 불 켜진 집같이, 혹은 불 꺼진 집같이, 살아서 움직이거나 움직이지 못하는 그런 차이가 확연히 드러나게 된다는 것입니다.

이스라엘의 구원은 그들을 배타적으로 택하여 그들의 우월감을 만족시켜준 구원이 아닙니다. 하나님이 만드신 창조 세계의 회복입니다. 그 사명이 이스라엘에게 주어져 있었습니다. 그러니 신약 시대에 오면 이스라엘에 하신 약속이 확장되어 예수님 안에서 우리 모든 신자들을 이렇게 호칭합니다. "너희는 거룩한 나라요 택하신 족속이요 왕 같은 제사장이다." 그것이 우리에게 주어진 정체성이자 사명입니다. 그것이 하나님을 아는 자의 다름입니다. 우리를 위협하고 기만하고 유혹하는 그런 권력과 같은 것이 아니라, 하나님과의 관계에 따른 하나님만이 베풀 수 있는 인간의 진정한 행복, 감사, 평안, 정의인 것입니다. 이것은 전 인류에게, 또한 그 시대에게 넘치도록 요구하시는 것입니다.

보냄을 받은 자리

하나님 없는 역사와 인생에서는 도전과 공포 외에는 만날 것이 없습니다. 그 도전과 공포는 곧 우리를 하나님만이 답이라는 결론으로 끌고 갈 것입니다. 그러니 여러분이 하는 기도를 고쳐야 합니다. 여러분의 존재와 삶이라는 것이 갖는, 내가 얼마나 살아야 하고, 어떻게 살아야 하며, 어느 조건을 가져야 하느냐 하는 문제들은 모두 우리가 알 수 없는 것들입니다. 그것은 하나님이 정하십니다. 여러분이 어느 조건에 들어가든 어느 상황에 놓이든, 거기서 어떻게 할 것입니까? 모든 문제가 해결되어 형통해지는 것이 답입니까? 그렇지 않습니다.

히브리서 5:1-10을 보겠습니다.

대제사장마다 사람 가운데서 택한 자이므로 하나님께 속한 일에 사람을 위하여 예물과 속죄하는 제사를 드리게 하나니 그가 무식하고 미혹된 자를 능히 용납할 수 있는 것은 자기도 연약에 휩싸여 있음이라. 그러므로 백성을 위하여 속죄제를 드림과 같이 또한 자신을 위하여도 드리는 것이 마땅하니라. 이 존귀는 아무도 스스로 취하지 못하고 오직 아론과 같이 하나님의 부르심을 받은 자라야 할 것이니라. 또한 이와 같이 그리스도께서 대제사장 되심도 스스로 영광을 취하심이 아니요 오직 말씀하신 이가 그에게 이르시되 너는 내 아들이니 내가 오늘 너를 낳았다 하셨고 또한 이와 같이 다른 데서 말씀하시되 네가 영원히 멜기세덱의 반차를 따르는 제사장이라 하셨으니 그는 육체에 계실 때에 자기를 죽음에서 능히 구원하실 이에게 심한 통곡과 눈물로 간구와 소원을 올렸고 그의 경건하심으로 말미암아 들으심을 얻었느니라. 그가 아들이시면서도 받으신 고난으로 순종함을 배워서 온전하게 되셨은즉 자기에게 순종하는 모든 자에게 영원한 구원의 근원이 되시고 하나님께 멜기세덱의 반차를 따른 대제사장이라 칭하심을 받으셨느니라(히 5:1-10).

이 본문은 예수 그리스도의 대제사장직을 말하고 있습니다. 대제사장직은 어떻게 갖는 것입니까? 그 직에 세움을 받아야 합니다. 스스로 나서서 되는 것이 아니고, 하나님이 세우시는 지위입니다. 그가 하나님이 목적하시는 모두를 위하여 고난을 받습니다. 하나님께 빌고 아뢰고 순종하지 못하고 자기 죄에 빠져 허덕이는 모든 자를 위하여 대신 기도할 제사장으로 세우심을 받습니다.

그 제사장의 지위를 갖기 위해서 필요한 조건은, 그가 빌어야 할 사람들과 동등한 조건과 수준에 있는 것이라고 말합니다. 연약함과 어려운 일들을 체휼한 자여야 했습니다. 그래서 예수님마저도 어떻게 하셨다고 합니까? "심한 통곡과 눈물로 간구와 소원을 올렸고 그의 경건하심으로 말미암아 들으심을 얻었느니라." 여기서 경건하심이란 어떤 것일까요? 기도하면 다 될줄 알았습니까? 그렇게 간단한 것이 아닙니다. 예수님은 공포가 엄습하는 자리에서 기도하십니다.

이스라엘의 출애굽, 바벨론 포로 귀환이라는 구약 역사에서 가장 큰 사건에서 강조하는 교훈이 무엇입니까? "하나님이 그의 백성을 놓아두시지 않는다. 타협하시지 않는다. 포기하시지 않는다. 결국 승리케 하실 것이다. 그러나 배우게 하실 것이다. 그들의 살이 되고 뼈가 될 것이다. 과정은 없고 결과만 제공되는 그런 구원은 없다." 이렇게 말씀하는 내용입니다. 신약 시대에는 이와 같은 하나님의 일하심이 예수님 안에서 더 구체적으로, 더 분명하고 더 위대하고 놀랍게 드러납니다. 성자 하나님이 오셔서 우리처럼 되시고 우리와 같은 고난을 받으시며, 우시고 배반당하시고 죽으십니다. 그렇게 하심으로 하나님이 전 인류 역사를 뒤집어 놓으십니다.

그와 동일한 하나님의 일하심의 선상에서 모든 시대와 공동체마다 하나님은 사람들을 세우십니다. 그 세움을 받은 사람은 물론이요 그가 속한 당시대와 이웃을 하나님이 구원하기를 원하십니다. 그것이 성경의 가르침입니다. 그러니 어떻게 해야겠습니까? 고난의 자리는 잘못한 사람만 받는 자리가 아니라, 잘난 사람이 하나님의 뜻을 이루기 위하여 보냄을 받은 자리라는 것입니다. 자유가 하나님이 우리에게 주신 놀라운 특권이었듯이, 고난도 하나님이 우리에게 주신 똑같은 명예인 것입니다. "나와 함께 일하자. 내가 일하는 데 같이 가자." 그렇게 부르시는 것이 고난입니다.

그러니 여러분의 신앙 인생이 좋은 신앙을 가짐으로써 형통해지고 아무 걱정 없는 것만 생긴다면 그것은 죄입니다. 아시겠습니까? 잘 사십시오. 예수님을 믿는다는 것은 전장의 최전선에서 총탄이 오가는 가운데 서 있는 늠름한 자리라는 것을 기억하십시오. 징징대지 말고, 변명하지 말고, 위대한 하나님의 사람으로 여러분의 인생을 살아내는 기쁨과 자랑을 누리기를 바랍니다.

::

하나님 아버지, 은혜를 감사합니다. 우리 인생이 하나님의 일하심에 동참하는 것보다 더 기쁘고 영광된 일이 어디 있겠습니까. 그저 잠시 자신의 안락을 위해 도망 다니고 변명하고 핑계대고 거짓말하는 자리에서 이제 돌아설 때가 되었습니다. 죄가 판치는 세상 속에 하나님이 우리를 이웃의 고난에 동참하며, 빛과 생명으로 서며, 구원으로 서는 위대한 존재가 되게 하셨습니다. 우리가 서 있는 자리를 하나님과 함께하는 자리인 줄로 이해하고 충성하는 우리가 되게 하옵소서. 그리하여 우리의 얼굴을 하나님을 아는 자랑과 영광으로 채우시고, 우리의 결정과 존재의 모든 내용 속에 하나님의 임재가 드러나는 귀한 생애가 되게 하옵소서. 우리로 인하여 우리의 이웃과 이 나라, 우리 자녀들이 복을 받게 하옵소서. 예수님 이름으로 기도합니다. 아멘.

32

의를 아는 자들

사 51:1-8

의를 따르며 여호와를 찾아 구하는 너희는 내게 들을지어다. 너희를 떠낸 반석과 너희를 파낸 우묵한 구덩이를 생각하여 보라. 너희의 조상 아브라함과 너희를 낳은 사라를 생각하여 보라. 아브라함이 혼자 있을 때에 내가 그를 부르고 그에게 복을 주어 창성하게 하였느니라. 나 여호와가 시온의 모든 황폐한 곳들을 위로하여 그 사막을 에덴 같게, 그 광야를 여호와의 동산 같게 하였나니 그 가운데에 기뻐함과 즐거워함과 감사함과 창화하는 소리가 있으리라. 내 백성이여, 내게 주의하라. 내 나라여, 내게 귀를 기울이라. 이는 율법이 내게서부터 나갈 것임이라. 내가 내 공의를 만민의 빛으로 세우리라. 내 공의가 가깝고 내 구원이 나갔은즉 내 팔이 만민을 심판하리니 섬들이 나를 앙망하여 내 팔에 의지하리라. 너희는 하늘로 눈을 들며 그 아래의 땅을 살피라. 하늘이 연기 같이 사라지고 땅이 옷 같이 해어지며 거기에 사는 자들이 하루살이 같이 죽으려니와 나의 구원은 영원히 있고 나의 공의는 폐하여지지 아니하리라. 의를 아는 자들아, 마음에 내 율법이 있는 백성들아, 너희는 내게 듣고 그들의 비방을 두려워하지 말라. 그들의 비방에 놀라지 말라. 옷 같이 좀이 그들을 먹을 것이며 양털 같이 좀벌레가 그들을 먹을 것이나 나의 공의는 영원히 있겠고 나의 구원은 세세에 미치리라.

환난 가운데 놓인 인생 현실

이사야 선지자는 주전 740년에 활동을 시작해서 이후 언제까지 활동했는지는 기록에 나타나지 않지만, 그의 사역 중에 북이스라엘이 멸망합니다. 하나님은 이사야 선지자에게 아하스 왕 앞에서 그가 겁내는 아람과 북이스라엘이 곧 멸망할 것이라 예언하게 하시고 역사에서 그 멸망을 보게 하십니다. 그리고 이사야는 하나님의 말씀으로 남유다의 멸망도 예언하게 됩니다. 이렇게 이사야 1-39장은 유다 왕 히스기야까지 이야기가 끝나고, 40장부터는 갑자기 이스라엘 백성이 포로 된 상황이 등장합니다. 그러니까 이 상황은 남유다가 멸망하고 포로가 된 주전 586년 이후에 일어난 것이니 이사야가 그때까지 살아 있었는지는 확실치 않습니다.

그가 이런 일들을 내다봤는지, 혹은 그 후에 기록한 이들이 이사야의 예언과 맥락을 같이하는 이 내용을 남겨놨는지는 알 수 없으나, 우리는 포로 이후의 역사적 배경 속에 있는 사건을 성경으로 가지고 있습니다. 바벨론의 포로가 된 이스라엘에게 계속 선포되는 하나님의 약속은 "그러나 너희는 구원을 받게 될 것이다"라고 하는 위로의 말씀입니다.

다시 돌아와 생각해 보면, 이스라엘은 하나님 앞에 특별한 선민이요 많은 약속과 혜택을 받고 기적을 목격한 민족입니다. 그럼에도 불구하고 실패하여 북왕국은 앗수르에, 남왕국은 바벨론에 멸망당합니다. 저들은 포로가 되고 포로 된 그 역사에 들어오신 하나님이 "너희를 값없이 속량하리라"고 하신 구원의 약속대로 그들이 회복됩니다. 그 회복을 위하여 하나님은 이스라엘에게 어떤 군사력이나 정치력 같은 외적 조건들을 채워주시지 않습니다. 페르시아가 일어나 바벨론을 멸망시키고 페르시아 왕 고레스가 정치적 이유로 각 민족들에게 자치권을 허용하는 바람에 이스라엘은 본토로 돌아옵니다.

이 모든 일들은 이사야서에 표현된 대로 하자면 이스라엘의 범죄로 인한 심판이요, 그래서 이스라엘 백성을 바벨론에 포로로 넘기시고, 이스라엘을 잡아간 바벨론은 약속의 백성을 잡아간 하나님을 거역한 대적으로 취급되어 멸망당합니다. 저들이 당한 멸망으로 이스라엘은 회복될 뿐 아니라 한걸음 더 나아가 구원의 영역이 확대됩니다. 이스라엘의 구원만이 아닌 전 세계의 구원으로 확대됩니다. 여기서 그들은 하나님의 백성된 것이 무엇인지를 깨닫는 귀한 결론을 얻게 됩니다.

이사야 51:3에서는 이것이 모두 하나님의 손에 달려 있는 일이라고 선언합니다. "나 여호와가 시온의 모든 황폐한 곳들을 위로하여 그 사막을 에덴 같게, 그 광야를 여호와의 동산 같게 하였나니 그 가운데에 기뻐함과 즐거워함과 감사함과 창화하는 소리가 있으리라." 하나님이 시온을 회복시키십니다. 시온은 하나님의 통치 보좌를 상징하는 이름으로 예루살렘 성을 말합니다. 예루살렘은 이스라엘의 성전이 있는 곳이고, 이스라엘 전체를 상징하는 하나의 호칭입니다. 예루살렘의 회복과 이스라엘의 회복, 그것은 하나님이 하실 것이고 그 회복은 얼마나 놀라운 것인지 "기뻐함과 즐거워함과 감사함과 찬송 소리가 있을 것이라"고 약속합니다.

그리고 이사야 51:4-5에서 이렇게 하시는 이가 하나님이라고 말씀합니다. "내 백성이여, 내게 주의하라. 내 나라여, 내게 귀를 기울이라. 이는 율법이 내게서부터 나갈 것임이라. 내가 내 공의를 만민의 빛으로 세우리라. 내 공의가 가깝고 내 구원이 나갔은즉 내 팔이 만민을 심판하리니 섬들이 나를 앙망하여 내 팔에 의지하리라." 하나님으로부터 법이 나가고, 하나님으로부터 질서와 정의와 평강이, 하나님으로부터 행복과 만족과 감사가 흘러나올 것입니다.

그런데 이 약속들은 묘하게도 이것이 이루어지지 아니한, 억울하고 이해할 수 없는 정황에서 선언됩니다. 기가 막힙니다. 하나님이 그렇게 다 행하신 후에 기쁨과 감사와 찬송 소리가 있을 것이라고 한 것이 아니라 그런 기대와 상상도 할 수 없는 쫓겨 간 나라, 억울한 마음, 비극적 현실, 고통과 절망이 마음에 가득한 현장에서 하나님이 그런 약속을 하십니다. 그러니 그 다음 7-8절을 보십시오. "의를 아는 자들아, 마음에 내 율법이 있는 백성들아, 너희는 내게 듣고 그들의 비방을 두려워하지 말라. 그들의 비방에 놀라지 말라. 옷 같이 좀이 그들을 먹을 것이며 양털 같이 좀벌레가 그들을 먹을 것이나 나의 공의는 영원히 있겠고 나의 구원은 세세에 미치리라"(사 51:7-8).

우리는 이것을 성경으로 읽고 결과를 알기 때문에 이 구절을 읽을 때 거부감이나 모순을 느끼지 않습니다. 그러나 이 구절은 정확히 여러분의 현실에 대고 하는 말씀입니다. 여러분의 고달픈 현실 그대로입니다. "의를 아는 자들아, 마음에 내 율법이 있는 백성들아, 너희는 내게 듣고 그들의 비방을 두려워하지 마라. 그들의 비방에 놀라지 마라. 너희는 아파도 걱정하지 마라. 실패해도 겁내지 마라. 너희를 잡아먹으려고 으르렁 거리는 폭력에 대해서 겁내지 마라." 이렇게 말씀하면 지금 아멘이 나오겠습니까?

그러면 우리는 다시 무엇을 확인해야 합니까? 이 실패로 반복되는 역사의 의미는 무엇인가 하는 이 물음일 것입니다. "회복시킬 이스라엘을 왜 포로로 끌려가게 하시고, 순종하지 않을 백성을 왜 심판하시며, 도대체 왜 애초에 택하신 것인가? 이 실패할 백성들에게 왜 화를 내시고, 왜 바벨론에게 넘겨주셨는가? 그 바벨론에게 제대로 하나님의 공의를 실현하지 않고, 폭력과 욕심만 채웠다고 벌을 주시는 것인가?" 우리는 마땅히 이런 질문을 해야 합니다.

그러니 우리는 역사에 대하여 이런 질문 앞에 서게 됩니다. "역사의 목적은 무엇인가? 역사는 어떤 의미를 갖는가?" 이 질문을 하는 것은 우리가 역사 속에 있고, 세상 속에 있기 때문입니다. 역사와 세상이 깨지면 우리 모두가 깨집니다. 하늘이 무너지는 것이고 땅이 갈라지는 것입니다. 이 역사를 이해하고 납득하지 못한다면 우리는 우리의 존재를 외면하고 기만한 채 살아가야 합니다. 운을 기대하면서 살 수밖에 없습니다.

인생의 참된 가치

여기서 한 걸음 더 나아가서 "그렇다면 인간의 가치는 무엇인가?" 이렇게 물어야 합니다. 왜 그렇습니까? 역사는 거듭 실패하고, 역사는 의식이 없고 목적을 가지지 못하며, 내용을 만들지 못하기 때문입니다. 인생은 실패가 반복되는 역사 속에서 늘 고단합니다. 그것이 현실입니다. 인생을 산다는 것은 재앙을 당하는 것입니다. 여러분을 안심시키는 것에는 무엇이 있습니까? 여러분이 뭔가 절실히 도움이 필요할 때, 가서 기댈 데가 어디 있습니까? 아무것도 없습니다. 그 인생과 역사에 대한 이 질문이 당연히 우리에게서 나와야 합니다. "역사와 인생의 가치는 무엇이며, 운명은 어떻게 되는가?"

이런 문제에 대하여 이사야서는 이 말씀을 반복합니다. "그것은 내가 쥐고 있다. 너희는 정치, 경제, 사회, 교육, 국방의 문제 때문에 망한 것이 아니라 너희가 나를 외면해서 내가 너희를 망하게 했다. 너희가 재건되려면 국력을 키워야 하는 것이 아니라 내게로 돌아와야 한다." 이것이 심판입니다. 그리고 "바벨론은 국력이 강해서 이스라엘을 먹었지만, 그것은 힘으로 이긴 것이 아니라 내가 내 민족을 저들에게 넘겨줘서 이긴 것이다"라고 하십니다. 저들이 가진 권력과 폭력은 내용이 없는 것이었고, 죄와 탐욕으로 하나님을 외면하고 하나님의 일하심에 참여하지 않았다고 해서 심판받는 것입니다.

그들이 그렇게 이해할 수 있었을까요? 이해할 수 없었습니다. 신앙인이 아니고서는 그런 이해가 불가능한 것입니다. 그런 이해를 가지지 못하면 인생은 그저 한번 살아 보는 것에 불과합니다. "인생의 가치가 어디 있느냐?" 하나님이 인간을 사랑하시고 그 영광을 목적으로 하신다는 것이 인간의 정체성입니다. 그것을 모르면 아무것도 할 수 없습니다. "그러면 왜 하나님은 고난을 통해 그것을 우리로 갖게 하시는가? 왜 고난이라는 과정이 필요한 것인가? 왜 실패를 그대로 놔두시는 것인가? 실패와 멸망에서 회복시켜 주실 수 있는 하나님이 왜 고난과 절망을 허락하시는가?" 우리는 이런 물음의 자리에까지 오게 됩니다. 성경 전체가 이 문제를 중요한 주제로 삼고 있는데 뜻밖에 로마서 5장에서 이것을 만날 수 있습니다.

> 그러므로 우리가 믿음으로 의롭다 하심을 받았으니 우리 주 예수 그리스도로 말미암아 하나님과 화평을 누리자. 또한 그로 말미암아 우리가 믿음으로 서 있는 이 은혜에 들어감을 얻었으며 하나님의 영광을 바라고 즐거워하느니라. 다만 이뿐 아니라 우리가 환난 중에도 즐거워하나니 이는 환난은 인내를, 인내는 연단을, 연단은 소망을 이루는 줄 앎이로다(롬 5:1-4).

우리는 예수님으로 말미암아 하나님과 화목하게 되었고, 하나님의 영광을 바라고 즐거워하는 자가 되었습니다. 그런데 느닷없이 환난이 등장합니다. 환난은 조금 전에 서두에서 길게 설명한 바와 같이 우리 인생의 현실입니다. 그것은 하나님이 우리를 재앙 속에 넣어두시는 기간입니다. 우리는 재앙과 비극 속에, 고통 속에 있습니다. 하나님이 그렇게 하시는 목적이 무엇일까요? 인내를 만들어내시기 위함입니다.

인내가 무엇입니까? 기다리는 것입니다. 무엇을 기다릴까요? 답을 기다리는 것입니다. 역사와 인생에 대한 다음과 같은 깊은 질문에 대하여 답을 기다리는 것입니다. "역사는 목적을 가지는가? 인생은 어떤 가치를 가지는가? 나라는 인간의 정체성은 무엇인가? 이 모든 것의 주인은 누구인가? 그분은 어떤 운명을 목적으로 하고 계시는가?" 우리는 이런 질문 앞에 서야 합니다. 인내는 경험입니다. 어떤 경험일까요? 이 해결할 수 없는 질문과 도전 앞에 서서 환난을 누적시키는 것입니다. 그렇게 해서 도망가지 못하고 답을 해야 하는 기간을 갖는 것입니다. 그것이 인내입니다. 인내는 무엇을 만듭니까? 연단을 만듭니다.

연단이 뭘까요? 마침내 답을 갖는 것입니다. 인생의 가치가 무엇인지 아는 것입니다. 그런데 답을 얻지 못하면 빨리 죽는 게 최선입니다. 자식 때문에 할 수 없이 산다고요? 그것은 죽음을 연기하는 것에 불과합니다. 겁을 줘서 여러분을 항복시키려고 그러는 것이 아닙니다. 이것은 진지한 도전이요 현실입니다. 이 과정을 넘어오지 않고는 기독교 신앙을 제대로 이해하기도 어렵고, 또 현실을 제대로 살 수도 없습니다. 하나님은 우리가 죽음을 비켜가는 답 얻기를 원하시지 않습니다. 죽어도 좋다는 내용을 가지라고 하십니다. 모든 영웅적 행위라는 것도 따지고 보면 결국 죽을 목숨이니까, 멋있게 죽어서 영웅이 되자는 것입니다. 오래 사느냐 마느냐 하는 문제 외에는 아무것도 아니므로 죽을 기회가 있을 때 빨리 죽자는 것입니다. 그런 자들을 모두 영웅이라고 합니다. 그러나 영웅 중에는 한 걸음 더 나아가서 죽음을 이기는 가치를 위해 기꺼이 죽는 이들도 있습니다. 우리는 차마 죽을 수 없는 어떤 이유 때문에 살고 있는, 죽음을 극복하지 못한 평범한 사람들이 아닌가요? 그러나 죽음을 이기는 것이 영웅인지, 차마 죽지 못하고 최소한의 책임을 지고 견디는 자가 영웅인지는 두고 봐야 압니다.

연단은 소망을 만든다고 합니다. 어떤 소망입니까? 환난이 인내를, 인내가 연단을, 그래서 결국 답을 내어 소망의 자리에 가는 것입니다. 그것이 무엇인가 하면, 바로 믿음입니다. 그 믿음은 여러분이 예상하는 믿음과 다른 것입니다. 그 믿음은 이런 것입니다. "하나님, 그렇습니다. 나는 하나님 편에 서겠습니다. 하나님이 일하시는 대로 순종하겠습니다." 이렇게 기꺼이 책임 있게 선택하는 것입니다. "하나님을 편들어서 억울해도 좋고, 손해 봐도 좋고, 더 괴로워도 좋습니다" 하고 기꺼이 선택하는 것입니다.

그것이 우리가 이야기하는 믿음과 다른 점이 있습니다. 믿음이라는 것은 믿음이라는 이름으로 내 필요를 받아내는 것을 말합니다. 믿음이라는 이름으로 현실을 쉽게 풀어가는 데 써먹는 것을 우리는 믿음인 줄로 알고 있습니다. 회개도 그런 식으로 합니다. 어떻게 해서든지 하나님의 호의를 사기 위해 회개도 하고 믿음도 가지려 하는데 그것보다는 더 크고 큽니다.

이 답은 어디에서 나올까요? 우리가 해결할 수 없는 현실적 도전, 역사적 도전 앞에 설 때 나오는 것입니다. 그 도전에 굴복할 것인가, 타협할 것인가, 아니면 극복할 것인가? 당연히 극복해야 답이 나옵니다. 그런데 극복하려고 한다면 그 극복의 방법이 어디에 있겠습니까? 하나님 외에는 어디에도 없습니다. 성경이 증거하는 대로 하나님만 믿을 수밖에 없습니다. 그는 의로우시고 선하시고 자비로우시고 사랑하시고 신실하시고 더디 노하시고 공의로우시고 긍휼을 베푸시는 거룩하신 분입니다.

그분 외에 누구를 믿겠습니까? 미래를 맞추고 운을 가져다주는 자를 믿겠습니까? 인간의 가치를 만들기 위해 다만 고난을 면케 해주는 것에 다 갖다 바치겠습니까? 그것을 만들어내려면 환난과 인내와 연단이라는 과정을 거쳐야 합니다. 그것이 필요합니다. 하나님은 이스라엘을 환난, 심판, 고난, 수치, 절망, 죽음 앞에 세우십니다. "너희는 어떻게 할 것이냐?" 이때 비로소 그들은 답을 갖게 되는 것입니다. 그것을 이사야 51:9-11에서 볼 수 있습니다.

> 여호와의 팔이여, 깨소서. 깨소서. 능력을 베푸소서. 옛날 옛시대에 깨신 것 같이 하소서. 라합을 저미시고 용을 찌르신 이가 어찌 주가 아니시며 바다를, 넓고 깊은 물을 말리시고 바다 깊은 곳에 길을 내어 구속 받은 자들을 건너게 하신 이가 어찌 주가 아니시니이까. 여호와께 구속 받은 자들이 돌아와 노래하며 시온으로 돌아오니 영원한 기쁨이 그들의 머리 위에 있고 즐거움과 기쁨을 얻으리니 슬픔과 탄식이 달아나리이다(사 51:9-11).

하나님의 한탄은 이렇게 쏟아집니다. "하늘이여, 들어라. 땅이여, 귀를 기울여라. 내가 자식을 키웠거늘 저놈들이 나를 배신하고 벌받을 짓을 자초하고 있다. 너희를 내가 그대로 둘 수 없다." 그런데 이런 한탄에 이어 그의 분노도 드러내십니다. "어찌 내가 사랑하는 너희를 포기하겠느냐. 내 백성을 잡아간 바벨론을 심판하겠다." 여기에 대하여 아무런 답도 없었던 하나님의 백성 가운데서 이런 고백이 쏟아져 나옵니다. 이사야 50:4-9을 보겠습니다.

주 여호와께서 학자들의 혀를 내게 주사 나로 곤고한 자를 말로 어떻게 도와 줄 줄을 알게 하시고 아침마다 깨우치시되 나의 귀를 깨우치사 학자들 같이 알아듣게 하시도다. 주 여호와께서 나의 귀를 여셨으므로 내가 거역하지도 아니하며 뒤로 물러가지도 아니하며 나를 때리는 자들에게 내 등을 맡기며 나의 수염을 뽑는 자들에게 나의 뺨을 맡기며 모욕과 침 뱉음을 당하여도 내 얼굴을 가리지 아니하였느니라. 주 여호와께서 나를 도우시므로 내가 부끄러워하지 아니하고 내 얼굴을 부싯돌 같이 굳게 하였으므로 내가 수치를 당하지 아니할 줄 아노라. 나를 의롭다 하시는 이가 가까이 계시니 나와 다툴 자가 누구냐. 나와 함께 설지어다. 나의 대적이 누구냐. 내게 가까이 나아올지어다. 보라, 주 여호와께서 나를 도우시리니 나를 정죄할 자 누구냐. 보라, 그들은 다 옷과 같이 해어지며 좀이 그들을 먹으리라(사 50:4-9).

굉장한 선언입니다. "나는 하나님 편에 서리라. 하나님께서 내게 알게 하신 것들을 나누고 증거하리라. 내가 이 일로 고난을 당하고 수치를 당하고 모욕을 당한다 한들 나는 타협하지 않으리라. 이제는 지지 아니하리라." 그가 이런 의지 표명을 하는 것입니다. "나를 때리는 자들에게 등을 맡기고 내 수염을 뽑는 자들에게 뺨을 맡기며, 나를 질시하는 자들 앞에 내가 여호와를 힘입어 서 있으리라." 그가 이렇게 이야기합니다. 그런데 이 고백이 쏟아져 나오는 자리와 조건을 보십시오. 그가 고백하는 내용을 보십시오. 그것이 우리가 직면하는 현실이요 자리가 아닌가요?

하나님의 일하심에 참여하는 방식

단군 이래 최고로 불행한 시대를 산다는 지금입니다. 일제 강점기 36년보다 더 힘들다는 현대입니다. 왜 이렇게 됐습니까? 우리 모두 역사가 우리에게 어떠한 발전도 혜택도 주지 못했다는 것을 알게 되었기 때문입니다. 우리의 기억에 남아 있는 역사적 유산은 고통뿐입니다. 그것이 우리의 현실이요 역사의 현장입니다. 거기에 내용을 담는 분은 하나님이십니다. 무엇을 담으셨는지 보십시오. 이 자리는 억울할 것도 없는 자리고, 손해 보는 자리도 아닙니다.

여기서 여러분은 신앙이라는 이름으로 서는 선택을 해야 합니다. 하나님은 우리를 사랑하사 우리에게 자유를 주십니다. 그를 외면할 자유까지 주십니다. 사랑은 그런 것입니다. 사랑은 강요할 수 없습니다. 사랑은 상대가 기꺼이 반응할 수 있는 것이어야 합니다. 그러니 우리는 하나님 앞에 믿음을 내어놓습니다. 무슨 조건으로 그것을 내어놓는 것이 아닙니다. 내 명예로, 내 선택으로, 내 자랑으로 내어놓는 것입니다. 이 자리로 나와야 합니다.

그런 믿음의 경지에 이르게 되면 여러분은 믿음이라는 것이 책임지는 것임을 알게 되고, 입을 다물어야 하는 것을 알게 되며, 예의를 지켜야 한다는 것을 알게 됩니다. 왜 여기에 입 다무는 것과 예의라는 것이 따라 나옵니까? 믿음은 원망하는 것이 아니기 때문입니다. 예수님을 믿은 후에 여러분을 제일 많이 괴롭히는 것이 무엇입니까? 원망이 아닙니까? "하나님 왜 이러세요? 괜히 일찍 믿어 손해만 봤네요."

예수님을 믿으면 무슨 보상이 있을 것으로 기대했습니까? 인생이 쉬워질 것이라고 생각했겠지요. 쉬운 인생을 살면 바보가 됩니다. 쉬우면 생각하지 않습니다. 생각해야 합니다. 여러분의 가치, 정체를 알아야 합니다. 각자가 정해야 합니다. 이 믿음을 가진 많은 성경의 인물들 중에 신약에서 대표적인 사람은 바울입니다. 그를 보십시오. 그가 어떻게 이 믿음의 자리에 갔는지를 말입니다. 빌립보서 1:20-26에서 그가 멋진 증언을 합니다.

나의 간절한 기대와 소망을 따라 아무 일에든지 부끄러워하지 아니하고 지금도 전과 같이 온전히 담대하여 살든지 죽든지 내 몸에서 그리스도가 존귀하게 되게 하려 하나니 이는 내게 사는 것이 그리스도니 죽는 것도 유익함이라. 그러나 만일 육신으로 사는 이것이 내 일의 열매일진대 무엇을 택해야 할는지 나는 알지 못하노라. 내가 그 둘 사이에 끼었으니 차라리 세상을 떠나서 그리스도와 함께 있는 것이 훨씬 더 좋은 일이라. 그렇게 하고 싶으나 내가 육신으로 있는 것이 너희를 위하여 더 유익하리라. 내가 살 것과 너희 믿음의 진보와 기쁨을 위하여 너희 무리와 함께 거할 이것을 확실히 아노니 내가 다시 너희와 같이 있음으로 그리스도 예수 안에서 너희 자랑이 나로 말미암아 풍성하게 하려 함이라(빌 1:20-26).

이 증언에는 비장함 같은 것은 없습니다. 헌신이니 유익이니 하는 것에 가치를 둔 결정이 아니라, 믿음의 결정입니다. "너희를 위하여 내 기꺼이 고난의 생애를 연장하겠다. 내가 잘났다는 것이 아니다. 이것이 믿음이다." 이것이 그가 선언하는 내용입니다. 이 믿음은, 우리가 생각하듯이, 헌신이나 유익이나 무슨 다른 추상명사로 대치된 것이 아닙니다. 가장 중요한 대목은 빌립보 4:4 이하에서 증언되고 있습니다.

주 안에서 항상 기뻐하라. 내가 다시 말하노니 기뻐하라. 너희 관용을 모든 사람에게 알게 하라. 주께서 가까우시니라. 아무 것도 염려하지 말고 다만 모든 일에 기도와 간구로, 너희 구할 것을 감사함으로 하나님께 아뢰라. 그리하면 모든 지각에 뛰어난 하나님의 평강이 그리스도 예수 안에서 너희 마음과 생각을 지키시리라(빌 4:4-7).

이 믿음의 가장 독특한 특성은 관용입니다. 바울은 관용을 가지고 우쭐대지 않습니다. 무슨 조건으로 삼지 않습니다. 어째서 이 믿음을 갖게 되면 예의를 지키고 입을 다물게 될까요? 관용하기 때문입니다. 상대방에게 강요하거나, 자신에 대해서 변명하거나, 원한을 갖거나, 보복하거나, 비난하는 데서 다 벗어나기 때문입니다. 그것이 하나님의 일하심에 참여하는 방식입니다. "그것은 하나님의 손 안에 있다. 하나님이 우리를 어떻게 쓰시든지 그것은 하나님의 마음이고 하나님의 지혜다. 이 모든 것이 우리의 명예다. 나는 기꺼이 하나님께 다 맡기겠다." 이렇게 되는 것입니다.

괴로운 신앙 인생을 멋있게 살아 보시겠습니까? 구약성경을 읽어 보더라도, 신약성경을 읽어 보더라도, 그리고 우리의 현실을 보더라도, 하나님이 거기서 무엇을 하고 계시는지 알아야 합니다. 하나님이 일하고 계시고 우리에게 묻고 계시며, 깨우치고 계시며 복 주려 하십니다. 자신의 현실을 받아들이고 영광된 인생을 사십시오.

::

하나님 아버지, 은혜를 감사합니다. 우리의 원망과 불안을 말씀으로 썻으셨습니다. 하나님께서 우리의 아버지가 되시니, 우리의 인생은 하나님을 모시고 사는 명예의 자리입니다. 능력의 자리입니다. 잘 감당할 수 있게 하옵소서. 우리 마음에 가득 찬 자랑과 감사로 우리 인생에서 만나는 모든 형편과 사람 앞에서, 하나님의 자녀라는 이름에 걸맞은 승리가 있게 하옵소서. 예수님 이름으로 기도합니다. 아멘.

33

우리 하나님의 구원

사 52:1-12

시온이여, 깰지어다. 깰지어다. 네 힘을 낼지어다. 거룩한 성 예루살렘이여, 네 아름다운 옷을 입을지어다. 이제부터 할례 받지 아니한 자와 부정한 자가 다시는 네게로 들어옴이 없을 것임이라. 너는 티끌을 털어 버릴지어다. 예루살렘이여, 일어나 앉을지어다. 사로잡힌 딸 시온이여, 네 목의 줄을 스스로 풀지어다. 여호와께서 이와 같이 말씀하시되 너희가 값 없이 팔렸으니 돈 없이 속량되리라. 주 여호와께서 이와 같이 말씀하시되 내 백성이 전에 애굽에 내려가서 거기에 거류하였고 앗수르인은 공연히 그들을 압박하였도다. 그러므로 이제 여호와께서 말씀하시되 내 백성이 까닭 없이 잡혀갔으니 내가 여기서 어떻게 하랴. 여호와께서 말씀하시되 그들을 관할하는 자들이 떠들며 내 이름을 항상 종일토록 더럽히도다. 그러므로 내 백성은 내 이름을 알리라. 그러므로 그 날에는 그들이 이 말을 하는 자가 나인 줄을 알리라. 내가 여기 있느니라. 좋은 소식을 전하며 평화를 공포하며 복된 좋은 소식을 가져오며 구원을 공포하며 시온을 향하여 이르기를 네 하나님이 통치하신다 하는 자의 산을 넘는 발이 어찌 그리 아름다운가. 네 파수꾼들의 소리로다. 그들이 소리를 높여 일제히 노래하니 이는 여호와께서 시온으로 돌아오실 때에 그들의 눈이 마주 보리로다. 너 예루살렘의 황폐한 곳들아, 기쁜 소리를 내어 함께 노래할지어다. 이는 여호와께서 그의 백성을 위로하였고 예루살렘을 구속하셨음이라. 여호와께서 열방의 목전에서 그의 거룩한 팔을 나타내셨으므로 땅 끝까지도 모두 우리 하나님의 구원을 보았도다. 너희는 떠날지어다. 떠날지어다. 거기서 나오고 부정한 것을 만지지 말지어다. 그 가운데에서 나올지어다. 여호와의 기구를 메는 자들이여, 스스로 정결하게 할지어다. 여호와께서 너희 앞에서 행하시며 이스라엘의 하나님이 너희 뒤에서 호위하시리니 너희가 황급히 나오지 아니하며 도망하듯 다니지 아니하리라.

밖으로부터 오는 구원

이사야 52:7에 "좋은 소식을 전하며 평화를 공포하며 복된 좋은 소식을 가져오며 구원을 공포하며 시온을 향하여 이르기를 네 하나님이 통치하신다 하는 자의 산을 넘는 발이 어찌 그리 아름다운가"라는 중요한 구절이 나옵니다. 하나님께서 이스라엘에게 구원을 베푸시겠다는 약속과 그 소식을 전한다는 중요한 증언입니다.

우리가 이사야서를 보면서 이스라엘의 역사를 대략적으로 살폈습니다. 저들은 선민으로서 애굽의 종 되었던 자리에서 하나님께 특별히 큰 능력으로 구원을 받았습니다. 시내산에서 율법을 받았으며, 약속의 땅 가나안을 기업으로 허락받은 특별한 백성입니다. 그러나 그들은 거기서 하나님을 믿고 사는 신앙생활에 실패하여 북왕국은 앗수르에, 남왕국은 바벨론에 멸망당합니다. 그래서 우리는 이사야서 내내 "어찌 내게서 모든 복을 받고 그 많은 역사적 증언을 가지고 있음에도 이렇게 나를 배신하고 하지 말라는 짓만 할 수 있는가"라는 하나님의 안타까움과 이스라엘 백성들의 신앙적 실패에 따른 심판을 보게 됩니다.

그들의 성전은 무너지고 나라는 망했으며, 백성들은 이방 나라인 바벨론에 잡혀 가서 70년간 포로생활을 하게 됩니다. 이런 현실에서 하나님이 그들에게 말씀합니다. "너희의 운명은 이것으로 끝나지 않는다. 실패로 끝나지 않고 너희는 결국 승리할 것이며, 내가 너희를 구원할 것이다. 그 이유는 내가 창조주이고 모든 존재와 역사의 주인이며, 너희를 내 기쁨과 영광이 되게 하려는 하나님이기 때문이다." 이 말씀은 오늘날 우리 신약 신자들에게도 하나님의 구원이라는 문제를 이해함에 있어서 아주 중요한 역사적 배경이 됩니다. 즉 이스라엘 민족의 증언을 통해, 인류 역사라는 커다란 맥락 속에서 구원의 의미와 무게와 진정성이 무엇인지를 알게 해줍니

이사야서, 하나님의 비전

다. 로마서 10장에서는 이 본문을 인용함으로써, 신약 성도들이 가지고 있는 신앙과 구원에 대한 이해를 새삼스럽게 일깨웁니다.

> 네가 만일 네 입으로 예수를 주로 시인하며 또 하나님께서 그를 죽은 자 가운데서 살리신 것을 네 마음에 믿으면 구원을 받으리라. 사람이 마음으로 믿어 의에 이르고 입으로 시인하여 구원에 이르느니라. 성경에 이르되 누구든지 그를 믿는 자는 부끄러움을 당하지 아니하리라 하니 유대인이나 헬라인이나 차별이 없음이라. 한 분이신 주께서 모든 사람의 주가 되사 그를 부르는 모든 사람에게 부요하시도다. 누구든지 주의 이름을 부르는 자는 구원을 받으리라(롬 10:9-13).

여기서 구원을 받는 문제에 대하여 "누구든지"라고 하여 문을 활짝 열어 놓습니다. 그러니 예수를 믿기만 하면, 그를 부르기만 하면, 구원을 얻는다는 식으로 좁히는 것은 성경의 의도와는 다르다고 할 수 있습니다. 믿으면 되고 믿지 않으면 안된다는 제한 조건으로 제시하지 않습니다. 우리가 아는 어떤 경우나 방법보다도 훨씬 열려 있는, 무한대로 허락된 은혜를 강조하려고 "누구든지 예수를 믿으면"이라는 표현이 등장합니다. 여기서 "믿으면"이라는 표현은, 그것이 가장 쉬운 방법이라는 것입니다. "그를 시인하면"이라는 표현도 마찬가지입니다.

그런데 이 믿는다는 말이 교회사 내내 조건이 되고 차별의 기준이 되었습니다. "나는 믿었고, 너는 믿지 않았다. 나는 잘 믿고, 너는 잘 못 믿는다"는 식으로 말입니다. 이것은 굉장히 부정적이고 소극적으로 기독교인들의 신앙을 점검하고, 신앙인의 정체성을 확인해온 방식입니다.

이사야서에서 선언된 이 말씀의 역사적 배경을 보면, 그들의 구원은 창조 사역과 같은 것이었습니다. 이스라엘 백성이 잘못했기 때문에 벌받아 마땅하고 또 멸망을 자초했지만, 그 속에 하나님이 등장하셔서 아무것도 없는 데서 무언가를 만들어내시기 때문입니다. 이스라엘이 다 망쳐놓고 실패한 것을 하나님이 뒤집으신 것이기 때문입니다. 그것이 바로 구원이요 복음이라는 사실입니다. 우리는 이것을 깨달아야 합니다.

그 이유는 무엇일까요? 이사야 52장에서 신자의 정체성이 갖는 적극성이 무엇인지를 찾으려면 이 기초가 매우 중요하기 때문입니다. 그러니 로마서 10장에서는 "누구든지 주의 이름을 부르는 자는 구원을 받으리라"로 끝나지 않고 13절에 이어 14-15절에 이렇게 말씀합니다.

> 그런즉 그들이 믿지 아니하는 이를 어찌 부르리요. 듣지도 못한 이를 어찌 믿으리요. 전파하는 자가 없이 어찌 들으리요. 보내심을 받지 아니하였으면 어찌 전파하리요. 기록된 바 아름답도다 좋은 소식을 전하는 자들의 발이여 함과 같으니라(롬 10:14-15).

여기 15절은 이사야 52:7을 인용하고 있습니다. "보내심을 받지 아니하였으면 어찌 전파하리요." 누가 보냈다는 것일까요? 이 말에는 구원이 철저히 외부에서 온다는 의미가 내포되어 있습니다. 구원은 우리 안에서 일어나는 어떤 깨우침이나 확인이나 노력의 결실이나 소원의 결실이 아닙니다. 그것은 밖에서부터 오는 것입니다. 누가 전해준 것을 믿은 것입니다. 그것을 전해준 자는 보냄을 받은 자입니다. 보내신 자가 있다는 말입니다.

일하고 계시는 하나님

그 의미는 이렇습니다. 이사야서를 통해 이스라엘 역사라는 정황을 살펴

보면, 이스라엘은 하나님의 큰 은혜와 복과 능력 아래 있으면서도 멸망을 자초합니다. 그러니까 인류 역사, 인류 모든 인종 중에서 가장 나쁜 백성입니다. 성경은 다음 사실을 증언합니다. 최고의 혜택을 받고도 망한 그 조건에서 하나님이 구원을 베풀겠다고 하신 것입니다. 이것이 이사야 52장 본문의 핵심입니다. 따라서 그것은 본인들이 노력하거나 만든 것도 아니요, 빌거나 소원한 것도 아니라는 이야기입니다. 그것이 왜 중요합니까? 거기서도 하나님이 일하고 계셨다는 사실 때문입니다. 우리는 자책하는 과거, 한심한 현실, 돌아가는 세상이 납득되지 않아 생기는 불안과 위기와 위협을 현실로 생각하지만, 그런 현실이 모두 하나님이 일하고 계시는 시간이요 경우라는 것입니다.

여기서 로마서 5:8을 다시 살펴보겠습니다. 로마서를 설교할 때 많이 인용한 구절이고 로마서를 이해하는 데 가장 중요한 구절입니다. "우리가 아직 죄인 되었을 때에 그리스도께서 우리를 위하여 죽으심으로 하나님께서 우리에 대한 자기의 사랑을 확증하셨느니라." 이 말씀에 따르면 구원이 언제 허락되었습니까? 우리가 빌기 전에, 깨닫기 전에, 소원하기 전에, 알지 못하던 때에 주어졌다고 합니다. 예수님은 그때 보내지고, 그때 죽으십니다. 2천 년도 더 전에 일어난 일입니다.

그러니까 이 문제의 가장 소중한 내용은 "네가 모를 때, 네가 빌지 않았을 때도 하나님은 하나님으로서 일하고 계셨다. 그저 홀로 계신 것이 아니라 너를 위해 일하고 계셨다"는 사실입니다. 로마서 4:25도 보겠습니다. "예수는 우리가 범죄한 것 때문에 내줌이 되고 또한 우리를 의롭다 하시기 위하여 살아나셨느니라." 우리가 합의하거나 요청하지 않았을 때, 간구하지 않았을 때 예수님이 오시고, 죽음에 내어줌이 되시고, 그리고 부활하십니다.

하나님은 일하고 계십니다. 일하고 계셨고, 일하고 계시고, 일하셔서 그의 창조를, 그의 기쁘신 뜻을 완성하고 승리하실 것입니다. 당신의 옳으심을 당신 혼자 승리하여 자축하는 것이 아니라, 목적한 창조를 완성함으로써 찬송을 받으실 것입니다. 그는 일하고 계십니다. 성도들이 이 부분을 자꾸 놓칩니다. 우리가 그의 일하심을 무엇으로 좁혔다고요? "나는 믿었고, 너는 믿지 않았다"라는 가장 낮은 기준으로 좁혀서 자기를 확인하곤 합니다. 이렇게 되면 자기 정체성을 긍정적으로 확인할 수가 없게 됩니다. 그 결과 남의 잘못에 대하여 비난하거나 못난 사람을 정죄하는 것 외에는 신자 된 긍정적인 정체성이 그에게서 발휘될 수 없습니다.

이사야서의 중요한 내용은 이것입니다. "하나님이 일하신다. 내가 몰랐을 때도 일하셨다. 그러면 알았을 때는 어떻게 할 것인가?" 우리는 이사야서에 나타나는 이스라엘의 국가적, 민족적, 역사적 현실을 보고 있습니다. "저들이 어떤 혜택 속에서 어떤 못난 결정을 하여, 어떤 자리에까지 갔는가?" 이것이 이스라엘의 역사이며, 인류의 역사이기도 합니다.

고통과 허망함 앞에 선 존재

역사의 실패가 반복적으로 드러나는 것은 도대체 무슨 이유 때문이겠습니까? 하나님이 인간에게 자유를 주셨기 때문입니다. 아주 중요한 내용입니다. 하나님이 인간에게 자유를 주시고, 자신들의 존재와 생애와 기회와 운명을 선택하게 하십니다. 그래서 우리의 선택이 반복적으로 잘못된 것으로 드러나고 확인됩니다. 이때 이런 반문이 생길 수 있습니다. "그러면 하나님께서 어차피 구원을 베푸시고 승리하실 것이고 당신의 목적은 취소되지 않을 텐데, 이 인간의 실패란 무슨 의미가 있는 것인가?"

다시 돌아와 성경이 하는 이야기를 들어 봅시다. 이사야서에도 매번 나옵니다. 그 실패를 하나님께 돌리지 말라는 것입니다. 이스라엘은 말합

이사야서, 하나님의 비전

니다. "하나님이 내 기도를 들어주시지 않았다. 내 고난을 외면하고 계신다." 이에 하나님은 이렇게 답하십니다. "그런 말 하지 마라. 그것은 너희가 한 것이다. 너희의 선택이었다. 너희가 실패한 것이다. 그러나 나는 너희를 버리지 않을 것이다." 이에 대한 우리의 반문은 이렇습니다. "그러면 이제 어떻게 하실 겁니까? 결국 이기실 싸움이고 주실 승리라면, 무엇 때문에 자유를 주셔서 이 고생을 시키십니까? 이 못난 짓을 감수케 하십니까?" 이런 반문에 대하여 하나님이 물으십니다. "너희가 선택한 것, 너희의 만족과 너희의 소원, 너희가 한 결정으로 만들어낸 것이 무엇이더냐? 보아라, 고통뿐이지 않았느냐?" 이것입니다.

왜 고통스럽습니까? 그것은 우리가 소원하는 것보다 우리의 존재가 더 큰 것이기 때문입니다. 우리가 잘 아는 평화, 우리가 잘 아는 승리로 인간은 만족스러워하지 않습니다. 그것으로는 인간 된 존재, 그 정체성이 만족되지 않습니다. 가졌고 이겼는데도, 시비를 걸고 원망하고 분노하는 존재라는 것입니다. 이것이 역사의 증언입니다. 그만한 지위에서 인간이 어리석은 짓을 한 것입니다. 이는 역사에서 반복되는 사실입니다. 권력을 가진 통치자들 중에 자신들이 가진 것으로 잘한 사람은 거의 없습니다. 모두가 못난 짓을 했습니다. 폭력을 일삼고, 남을 못살게 굴었습니다. 역사에 남은 모든 유적들은 그 통치자가 얼마나 폭군이었는지를 증명하고 있습니다. 예컨대 이집트의 피라미드나 진시황제의 만리장성, 아방궁 같은 건축물을 세울 때 얼마나 많은 사람들을 동원하여 힘들게 했겠습니까? 인류 역사의 이러한 증언이 우리에게 무엇을 가르치고 있습니까?

"네 소원을 가지고 할 수 있었던 것이 불만이요, 네 소원을 이룬 것을 가지고도 네 영혼이 만족하지 못하고 고통스럽다고 한다면, 이제 다시 묻겠다. 그 승리와 타협할 것이냐, 그 고통에 굴복할 것이냐? 승리를 해봤자 허망하고 고통밖에 없으며, 고독도 해결할 길이 없다고 하니 어떻게 할 것이냐?" "그러면 죽는 수밖에 없습니다." "그것 가지고는 인생이 억울합니다. 인생은 그것보다는 가치가 있습니다." "그러면 이제 묻는다. 이 고통, 이 허망함 앞에서 네 존재 가치를 무엇으로 채워야 그 고통과 허망함을 넘어설 수 있을 것 같으냐?" 거기에 하나님이 들어오십니다. "너는 나 없이는 그것을 넘어 설 수가 없다." 그는 이 사실에 직면하게 됩니다.

우리 정체성의 답을 찾으려면

여기서 고난이 일을 합니다. 우리가 선택한 자유, 우리가 마음껏 선택한 소원이 가져온 고난 말입니다. 다만 육체적이고 환경적인 고난만 아니라 영혼의 고난도 있습니다. "다들 나를 부러워하는데 나는 왜 평안하지 않은가?" 이 문제 아닙니까? "나는 잘났는데 왜 아무에게도 반갑지 않은 존재인가?" 이것이 우리의 불만입니다. 이것을 해결하지 못하면 우리는 기독교라는 말이 갖는 의미를 알 수 없고 또 현실을 살아낼 수가 없습니다.

우리는 끊임없이 무엇을 요구할까요? 평안을 요구합니다. 그 평안은 어디서 오는 것입니까? 평안을 해치는 것을 모두 제거해야 옳습니다. 일단 자동차부터 없애야 합니다. 길도 없애야 하고, 운전자도 없애야 합니다. 그러니까 불교가 제대로 가고 있는 것입니다. "빨리 죽어라. 네가 죽어야 온 세상에 평화가 온다." 정직한 답입니다. 하나님이 없으면 인간은 무로 돌아가는 것 외에 다른 답은 가질 수 없습니다. 여러분이 해봐서 잘 알 것입니다. 공부도 잘해보고 인생도 열심히 살아 보았을 것입니다. 그러나 열심히 살면 그만큼 짜증도 납니다. 열심이 반드시 답은 아닙니다.

우리 인생에 걸려 있는 어떤 갈증이나 소망은 글로 다 설명할 수 없습니다. 하나님의 창조물이라는 정체성이 그런 것입니다. 우리는 그 정체성에 대한 답을 찾지 못하면 인생에서 느끼는 갈증이나 소망을 해소할 수 없

이사야서, 하나님의 비전

습니다. 그래서 우리에게서 터져 나오는 불만과 그에 대한 해소 방법은 이런 것입니다. "인생 별것 아니다. 인간이란 존재는 세상의 것으로 만족할 수 없는 존재다. 매일 현실을 속이고 타협하며 살 수만은 없다. 결국은 이겨내야 한다." 이런 문제에서 예수님을 믿는 신앙으로 채워내지 못하면, 매일의 현실에서 우리는 대부분 외면하고 타협하고 넘어갈 수밖에 없습니다.

이 대목에서 교회는 분명히 해야 합니다. 교회에 속한 회원이 각각 이답을 찾아서 하나님의 일하심을 기억하고 각자의 생애를 살겠노라 결심하며 씨름하지 않으면, 다 무의미한 것입니다. 여러분 자신에게 아직 해결되지 않은 현실의 위협과 공포, 불안과 갈등 속에서 "그런 건 괜찮아. 나는 질수도 있어. 나는 고통스러워도 좋아"라고 이야기할 수 있어야 합니다. 이사야서의 본문이 요구하는 것이 그것입니다.

본문으로 돌아와 52:1을 보겠습니다. "시온이여, 깰지어다. 깰지어다. 네 힘을 낼지어다. 거룩한 성 예루살렘이여, 네 아름다운 옷을 입을지어다." 이 "깰지어다. 깰지어다"라는 표현에 앞서 이사야 51:9 이하에 이런 말씀이 나옵니다. "여호와의 팔이여, 깨소서. 깨소서. 능력을 베푸소서. 옛날 옛시대에 깨신 것 같이 하소서. 라합을 저미시고 용을 찌르신 이가 어찌 주가 아니시며 바다를, 넓고 깊은 물을 말리시고 바다 깊은 곳에 길을 내어 구속 받은 자들을 건너게 하신 이가 어찌 주가 아니시니이까. 여호와께 구속 받은 자들이 돌아와 노래하며 시온으로 돌아오니 영원한 기쁨이 그들의 머리 위에 있고 즐거움과 기쁨을 얻으리니 슬픔과 탄식이 달아나리이다"(사 51:9-11). 이것은 출애굽 사건을 인용하며 바벨론 포로에서 꺼내 주실 것이라는 신앙고백입니다. 이사야 50장에서부터 비로소 하나님의 일하심 속에서 이스라엘의 실패와 심판과 포로, 하나님의 책망과 구원과 위로 속에서 이 답이 나오기 시작합니다. 이사야 50:4-6을 보겠습니다.

주 여호와께서 학자들의 혀를 내게 주사 나로 곤고한 자를 말로 어떻게 도와 줄 줄을 알게 하시고 아침마다 깨우치시되 나의 귀를 깨우치사 학자들같이 알아듣게 하시도다. 주 여호와께서 나의 귀를 여셨으므로 내가 거역하지도 아니하며 뒤로 물러가지도 아니하며 나를 때리는 자들에게 내 등을 맡기며 나의 수염을 뽑는 자들에게 나의 빰을 맡기며 모욕과 침 뱉음을 당하여도 내 얼굴을 가리지 아니하였느니라(사 50:4-6).

이렇게 든든해지는 것입니다. 예수님을 믿고 믿음이 좋으면 모두에게 환영을 받고 좋은 조건 속에 놓이고 지위를 갖는 것이 아니라, 동일한 고난 속에서 하나님의 일하심을 믿게 됩니다. 어떤 고난입니까? 인류가 끊임없이 반복해야 하는 결정들과 하나님 없는 곳에서 찾는 복과 승리 때문에 생기는 갈등과 원망, 보복과 폭력이라는 환경입니다. 그러한 현실 가운데서 하나님의 일하심을 믿는 것입니다. 그러한 외적 환경과 도전에 대해서 흔들리지 않는 자로서 고난을 감수하는 것입니다. 그리고 고난 속에 있는 자들을 찾아가는 하나님의 손길이 되기로 결단하는 것입니다.

우리 한국 교회가 한창 부흥할 때는 찬송도 기쁘고 간증도 감동적이었습니다. 전도하면 매일 결신자들이 생기고, 방언이 터지며, 기도하면 병이 나았습니다. 하나님의 일하심입니다. 그렇다고 병원에서 못 고칠 병을 고침 받는 것 같은 것으로 모든 문제가 해결되지는 않습니다. 스스로 실력과 위대함과 가치와 정체성을 가져야 합니다. 이제 한국 교회는 내용과 실력과 자기 이해에서 실력 있는 정체성을 갖추라고 요구받고 있습니다. 위기가 아닙니다. 당연히 와야 할 지점에 이른 것입니다.

여러분이 지난날 노방 전도하면서 모르는 사람에게 "예수 믿으세요"라고 전도지를 나눠 주던 그 용기와 각오, 그 열심과 감격을 기억하지 않습니까? 이제 여러분은 자기 존재와 각자의 인생살이에서 져야 할 짐, 그 시대와 사회에 묶인 자리에서 책임을 지고 가야 합니다. 그것이 성경이 요구하는 바입니다. 하나님은 스스로 하나님이신 것을 어떻게 증명하십니까? 그 아들을 보내어 우리 손에 모욕당하고 죽는 자리로 들어가심으로 당신이 하나님임을 증명하셨습니다. 이 하나님이야말로 우리를 감동시키는 것 아닙니까?

말 안 들으면 죽이고, 눈 밖에 나면 내치고, 보복하고 분노하고 심판하시는 하나님이 아니라, 그의 영광을 우리와 나누시며, 그의 옳으심을 우리를 위하여 쓰시는 하나님 아닙니까? 예수님으로 말미암는 구원이 하나님의 의가 아닙니까? 기독교 신앙이 여러분에게 요구하는 것이 무엇인지 생각해 보십시오. 사도 바울은 빌립보서 4:4-7에서 이렇게 놀라운 증언을 남깁니다.

> 주 안에서 항상 기뻐하라. 내가 다시 말하노니 기뻐하라. 너희 관용을 모든 사람에게 알게 하라. 주께서 가까우시니라. 아무 것도 염려하지 말고 다만 모든 일에 기도와 간구로, 너희 구할 것을 감사함으로 하나님께 아뢰라. 그리하면 모든 지각에 뛰어난 하나님의 평강이 그리스도 예수 안에서 너희 마음과 생각을 지키시리라(빌 4:4-7).

그가 관용을 말합니다. 관용은 기독교 신앙의 최고의 경지입니다. 왜 그럴까요? 넉넉한 관용은 가진 자만 베풀 수 있습니다. 그것을 가지고 있지 못하면 자기 필요를 남에게서 빼앗아 와야 합니다. 십계명에서 "도둑질 하지 말라. 살인하지 말라"고 합니다. 왜 그렇게 말씀하실까요? 우리의 필요를 이웃에게서 빼앗아 와서 채울 필요가 없다는 것입니다. "네 필요는 나로부터 나간다. 나로 충분하다." 이것이 십계명이 가르치는 바라고 했습니다. 똑같이 이야기하고 있습니다.

여러분의 생애에서 신앙과 만족과 감사를 만들어내는 것은 하나님으로 충분하고도 남습니다. 우리 시대의 어려움은 멋있을 수 있는 기회입니다. 그리고 그것은 하나님이 당신의 영광과 승리를 만들어내시는 방법입니다. 이 은혜의 방법에 무슨 불만이 있겠습니까? 양보하고 지는 것보다 더 멋있고 더 큰 실력이 어디 있겠습니까?

목사들이 축구시합을 하면 아무도 심판을 못 봅니다. 자기가 다 심판이기 때문입니다. 목사들이 테니스 시합을 하면 또 아무도 심판을 못 봅니다. 서로 인, 아웃을 주장하기 때문입니다. 자신들이 본 것이 진리이기 때문입니다. 우리는 그렇게 하지 않습니다. 우리는 상대방이 옳으면 다 받아 줍니다. 그래봤자 지는 것밖에 없습니다. 그렇게 양보하고 지면 저쪽에서 밥을 삽니다. 그러나 돈은 우리가 냅니다. 이것이 멋있는 길입니다. 이것을 왜 마다하겠습니까? 빌립보서 4:7 말씀에 이어 이제 8절부터 보겠습니다.

끝으로 형제들아, 무엇에든지 참되며 무엇에든지 경건하며 무엇에든지 옳으며 무엇에든지 정결하며 무엇에든지 사랑 받을 만하며 무엇에든지 칭찬 받을 만하며 무슨 덕이 있든지 무슨 기림이 있든지 이것들을 생각하라. 너희는 내게 배우고 받고 듣고 본 바를 행하라. 그리하면 평강의 하나님이 너희와 함께 계시리라(빌 4:8-9).

여기 8절 말씀에서는 어떻게 문제를 해결해야 한다는 이야기는 하나도 없습니다. "모든 경우에 너희는 성도다워라"고 말할 뿐입니다. 그리고 9절의 "너희"라는 단어에 여러분의 이름을 써 놓으십시오. "나"(9절 본문은 "내") 는 물론 박영선 목사입니다. 그러나 다음번에 성경을 사거든 "너희"라는 단어에는 친구의 이름을 쓰고, "나"에는 자기 이름을 쓰십시오. 그것이 여러분의 생애가 되어야 합니다.

"너희는 내게 배우고 받고 듣고 본 바를 행하라." 그것이 교회사 내내 인류에게 주시는 하나님 임재요 격려요 복입니다. 여러분의 인생이 그렇다는 것입니다. 여러분도 그런 존재로 서 있다는 것을 기억하여, 여러분의 현실을 사십시오. 각자의 인생을 사십시오. 하나님이 여러분 개인을 통하여 하시는 기적과 명예를 누리는 실력 있고 위대한 인생을 살아내기 바랍니다.

::

하나님 아버지, 은혜를 감사합니다. 하나님이 우리를 깨우시고 일으키시고 영광으로 입혀 주셨으니, 우리는 하나님의 사람이라 선언하며 우리 인생을 살기로 약속합니다. 우리 인생에 일어나는 어떠한 경우, 어떠한 일에도 우리는 물러서지 않겠습니다. 하나님의 사람으로 서 있으며 하나님의 일하심에 동참하고 기다리겠습니다. 하나님께서 은혜와 용서와 구원을 이루시서 승리하실 것을 믿는 자로, 우리 시대와 교회와 가족 앞에, 제대로 서겠습니다. 하나님, 우리가 있으니 이 나라와 이 백성, 이 교회와 이 가정 지켜주시옵소서. 예수님 이름으로 기도합니다. 아멘.

고난 받는 종의 모습

사 53:1-6

우리가 전한 것을 누가 믿었느냐. 여호와의 팔이 누구에게 나타났느냐. 그는 주 앞에서 자라나기를 연한 순 같고 마른 땅에서 나온 뿌리 같아서 고운 모양도 없고 풍채도 없은즉 우리가 보기에 흠모할 만한 아름다운 것이 없도다. 그는 멸시를 받아 사람들에게 버림 받았으며 간고를 많이 겪었으며 질고를 아는 자라. 마치 사람들이 그에게서 얼굴을 가리는 것 같이 멸시를 당하였고 우리도 그를 귀히 여기지 아니하였도다. 그는 실로 우리의 질고를 지고 우리의 슬픔을 당하였거늘 우리는 생각하기를 그는 징벌을 받아 하나님께 맞으며 고난을 당한다 하였노라. 그가 찔림은 우리의 허물 때문이요 그가 상함은 우리의 죄악 때문이라. 그가 징계를 받으므로 우리는 평화를 누리고 그가 채찍에 맞으므로 우리는 나음을 받았도다. 우리는 다 양 같아서 그릇 행하여 각기 제 길로 갔거늘 여호와께서는 우리 모두의 죄악을 그에게 담당시키셨도다.

고난 받는 종과 우리 인생

이사야 53장은 이사야 선지자가 사역하던 시대의 역사적 정황과 관련이 있습니다. 그 정황은 북이스라엘의 멸망과 남유다의 위기로 설명될 수 있습니다. 기원전 722년 북이스라엘은 여호와의 말씀대로 멸망하게 되었고, 남유다는 앗수르의 위협을 받아 국가가 존망의 위기에 처합니다. 하나님은 이런 상황에서 그 나라를 구해 주십니다. 그리고 이사야는 유다가 장차 바벨론의 포로가 될 것이라고 예언합니다. 유다는 포로 된 처지에 있겠지만, 하나님은 반복해서 구원의 약속을 하십니다. 그들이 포로로 잡혀 가게 된 이유가 설명되고, 포로 된 그들에게 해방을 주시는 하나님의 승리가 예언됩니다.

이사야서의 중요한 내용은 어떤 것들로 구성되어 있을까요? 그것들을 질문 방식으로 제시하자면 이런 것들입니다. "하나님께서 70년 만에 회복시켜 주실 남유다를 왜 바벨론에 넘겨주어 고생하게 하셨는가?" 하나님은 아브라함을 부르셔서 그들의 선조로 주시고, 모세를 통해 그들을 애굽에서 구해 내시며, 그들에게 율법을 주시고, 많은 기적을 베푸시며, 여호수아를 앞장세워 그들을 가나안에 들여놓으십니다. 그런데 선민인 그들이 무슨 이유로 하나님을 배반하게 됩니까? 그리고 하나님은 이 문제를 어떻게 해결하시고, 긴 역사의 과정 속에서 무엇을 만들어내고 싶어 하신 것이었을까요?

이런 질문들은 매우 중요하며, 그에 대한 답을 갖는 것도 필요합니다. 그런데 다음과 같은 단편적인 답으로는 충분하지 않습니다. "그들이 순종했어야 했어. 그들은 심판받아 마땅했어. 하나님은 결국 그들을 구원하실 거야." 이처럼 간단한 답으로는 그들의 현실이 잘 설명되지 않기 때문입니다. 여러분의 현실에서도 내내 경험하듯이 그러한 답이 과연 현실 속에 필요한 해답이 될까요?

우리의 인생은 왜 고달픕니까? 열심히 진실하게 살아도 왜 편안한 생활은 허락되지 않을까요? 우리에게 이런 질문을 하게 만드는 것이 현실입니다. 사람들이 정답을 외우고 주장한다고 해서 문제가 해결되는 것도, 보상을 받는 것도 아닙니다. 그것은 세상이 죄악으로 넘쳐나기 때문에 그런 것도 아닙니다. 이러한 사실은 교회 안에서도 확인할 수 있습니다. 목사가 훌륭하고 성가대가 잘하고 훌륭한 성도가 모인다고 해도, 교회는 여전히 고달프다는 것입니다. 그것이 현실입니다.

인류가 역사에서 반복적으로 경험한 사실은 멸망 이외에 다른 대안이 없다는 것입니다. 선민인 이스라엘조차도 그 많은 은혜와 기적을 경험했음에도 그들은 하나님을 섬기는 일에서 실패했습니다. 그런 일이 도대체 왜 일어나야 합니까? 그리고 우리의 인생은 왜 이렇게 대책이 없는 것입니까? 물론 하나님이 마침내 유다를 회복시켜 주실 것이고, 그들을 바벨론 포로에서 돌아오게 하시며, 파괴된 성전도 재건하게 하실 것입니다. 그리고 우리의 인생도 그리스도 안에서 승리하게 하실 것입니다. 그런데 왜 인생이 고달프냐는 것입니다. 이러한 삶의 정황 속에 이사야 53장이 들어온다고 생각합니다.

우리 인생에서, 인류 역사에서 터져 나오는 질문은 이런 것들입니다. "왜 우리는 이 험한 인생을 살아야 하는가? 왜 이 고난을 겪어야 하는가? 그 고난과 억울함 끝에 보상은 있는가?" 그것이 이 세상에서는 없다고 성경은 분명히 말씀합니다. 그렇다면 우리는 어떤 결정을 내려야 할까요? 그리고 우리의 억울함을 극복하게 할 가치는 어디에서 찾을 수 있습니까? 이것이 성경이 우리에게 묻고자 하는 질문들입니다.

그저 안일한 인생, 형통한 인생을 사는 것이 인생의 답은 아닙니다. 그것은 고난 속에서 확인될 수 있습니다. 사람이 고난을 극복할 가치가 없다면 살 이유가 없을 것입니다. 그런 가치가 없다면 삶은 짧을수록 좋을 것입니다. 오래 살수록 고난만 연장될 뿐이기 때문입니다. 예수님을 믿는 사실로 현실의 고난이 면제되는 것은 아닙니다. 현실의 모든 고난과 재앙을 극복할 수 있는 자기 정체성과 가치와 운명이 확보된 것도 없고, 그것들에 대한 어떤 납득할 만한 깨달음도 갖지 못해 인생을 살 수 없겠다고 할 만한 시점에 이르면, 이사야 53장이 우리 앞에 등장하는 것입니다.

이사야서, 하나님의 비전

아무것도 아닌 것 같은 삶의 중요성

이사야 53장은 무엇을 말하고 있습니까? 세상을 구원하러 오실 메시아, 하나님 구원의 실체가 이 53장에서 어떤 모습으로 묘사됩니까? 그것은 우리가 질색하는 모습입니다. 그가 우리의 현실로 들어오기 때문입니다. 위대한 모습이나 전능자로, 권력을 가지고 오시는 것이 아닙니다. 본문 1절의 부정적인 묘사에서 그런 모습을 간접적으로 확인할 수 있습니다. "우리가 전한 것을 누가 믿었느냐. 여호와의 팔이 누구에게 나타났느냐." 이를 알기 쉽게 표현해 보자면 이런 말이 되지 않을까요? "네까짓 게 예수 믿는다고 도대체 무슨 소용이 있겠냐? 예수를 믿는데도 그 꼴이 뭐냐?" 우리 스스로 그렇게 자책합니다. 다른 사람이 나에게 하는 말이 아닙니다.

아이들을 키울 때면 재미있는 일이 있습니다. 아이가 거짓말하면 얼굴에 고스란히 나타난다는 것입니다. 그런데 아이는 거짓말하지 않았다고 우깁니다. 여러분을 봐도 얼굴에 쓰여있는 것이 있습니다. "나는 뭐지? 나는 왜 이 모양이지?" 우리는 자신이 그런 모양인데도 교회에 나오지 않을 수 없습니다. 하나님이 여러분을 혼자 살도록 내버려두시지 않았다는 반증이 아니겠습니까? 여러분은 하나님께 붙들려 지금 여기 나와 있는 것입니다. 하나님이 그렇게 일하고 계십니다.

본문 2절의 말씀은 꼭 우리 모습 같습니다. "그는 주 앞에서 자라나기를 연한 순 같고 마른 땅에서 나온 뿌리 같아서 고운 모양도 없고 풍채도 없은즉 우리가 보기에 흠모할 만한 아름다운 것이 없도다"(사 53:2). 예수님을 믿으면 얼굴에 빛이 난다든지, 디스크가 회복된다든지, 이런 특별한 것이 있어야 될 것 아닙니까? 믿지 않은 때와 어떤 차이나 구별이 있어야 할 것 아닙니까? 그런데 그런 것이 하나도 없습니다.

본문 3절에 따르면, 예수님은 아무것도 아닌 것 같은 존재로 이 세상에 오십니다. "그는 멸시를 받아 사람들에게 버림 받았으며 간고를 많이 겪었으며 질고를 아는 자라. 마치 사람들이 그에게서 얼굴을 가리는 것 같이 멸시를 당하였고 우리는 그를 귀히 여기지 아니하였도다"(사 53:3). 하나님은 이런 방식으로 그의 구원을 이루십니다. 이것이 하나님의 방식입니다. 우리는 이것을 알아야 합니다.

이사야 7:10-16을 보겠습니다.

여호와께서 또 아하스에게 말씀하여 이르시되 너는 네 하나님 여호와께 한 징조를 구하되 깊은 데에서든지 높은 데에서든지 구하라 하시니 아하스가 이르되 나는 구하지 아니하겠나이다. 나는 여호와를 시험하지 아니하겠나이다 한지라. 이사야가 이르되 다윗의 집이여, 원하건대 들을지어다. 너희가 사람을 괴롭히고서 그것을 작은 일로 여겨 또 나의 하나님을 괴롭히려 하느냐. 그러므로 주께서 친히 징조를 너희에게 주실 것이라. 보라, 처녀가 잉태하여 아들을 낳을 것이요 그의 이름을 임마누엘이라 하리라. 그가 악을 버리며 선을 택할 줄 알 때가 되면 엉긴 젖과 꿀을 먹을 것이라. 대저 이 아이가 악을 버리며 선을 택할 줄 알기 전에 네가 미워하는 두 왕의 땅이 황폐하게 되리라(사 7:10-16).

이 말씀이 주어진 역사적 상황을 다시 떠올려 봅시다. 아하스 때에 북이스라엘과 아람이 동맹을 맺고 유다를 치러 왔습니다. 아하스 왕은 국가의 존망이 달린 위기 앞에서 어쩔 줄 몰라합니다. 애굽에 도움을 청하고 앗수르를 통해 이 화를 면하고자 합니다. 그런데 하나님이 이사야를 보내어 말씀합니다. "너희는 겁먹지 마라. 너희는 앗수르나 애굽을 기대하지 마라. 내가 너희를 지키겠다." 그러나 아하스 왕은 그 말을 믿지 않습니다. 그러자 이제 하나님이 다시 이사야를 보내어 말씀합니다. "너는 네 하나님 여호와께 징조를 구해라." 아하스가 이렇게 답합니다. "나는 구하지 않겠습니다." 그가 구하지 않겠다는 말은 시도할 가치도 없다는 뜻입니다.

이사야는 이런 아하스에게 또 말합니다. "주께서 친히 징조를 너희에게 주실 것이라. 보라, 처녀가 잉태하여 아들을 낳을 것이요 그 이름을 임마누엘이라 하리라." 우리는 이 예언을 살필 때 주의해야 합니다. 왜냐하면 이사야 7장에서 말하는 처녀가 잉태하여 아들을 낳으리라는 징조는 시간성과 관계된 것이기 때문입니다. 그것은 초월성과 관계된 것이 아니라는 것입니다. 그 이유는 이렇습니다. "네가 미워하는 북이스라엘과 아람은 곧 망한다. 수십 년 안에 망한다. 아직 결혼하지 않은 여자가 시집가서 아이를 낳을 것인데, 그 아이가 갓 철들 때쯤 되면 두 나라는 망한다." 이처럼 이 징조는 분명히 시간과 관계된 것입니다.

그러나 예수께서 동정녀 마리아에게서 태어나심으로 그의 출생 사건은 초월성을 드러냅니다. 이 예수님의 출생 사건은 시간성을 지시하는 이사야 7장의 처녀 잉태와 그 특징이 확연히 다릅니다. 이처럼 두 출생 사건이 그 특징은 다르지만 제자들은 예수님의 출생 사건에서 알게 된 것이 있습니다. "아, 그 약속이 이런 것이었구나." 이사야 시대에서는 이름 없는 한 여자가 누군가에게 시집을 가서 아이를 낳았고, 이 아무것도 아닌 것 같은 사건이 하나님이 함께하시는 일로 여겨졌다는 것입니다. 나중에 보니 예수님의 동정녀 탄생도 제자들에게 그런 하나님의 일하심으로 이해된 것입니다. 사실 우리 일상에서 일어나는 아무것도 아닌 것 같은 일들이 하나님의 능력과 간섭과 지극하심과 신실하심과 주시는 은혜임을 증언하고 있습니다.

예수님이 오셔서 아무것도 아닌 것 같은 인생을 사신 것이 우리에게는 놀라운 일이 아닐 수 없습니다. 왜 그렇습니까? 예수님의 이 놀라운 인생은 하나님이 하신 모든 약속의 본질적인 내용을 드러내고 있기 때문입니다.

시간을 주관하시는 하나님

마태복음 22:31-33을 보겠습니다.

> 죽은 자의 부활을 논할진대 하나님이 너희에게 말씀하신 바 나는 아브라함의 하나님이요 이삭의 하나님이요 야곱의 하나님이로라 하신 것을 읽어 보지 못하였느냐. 하나님은 죽은 자의 하나님이 아니요 살아 있는 자의 하나님이시니라 하시니 무리가 듣고 그의 가르치심에 놀라더라(마 22:31-33).

이 본문에서 예수님은 하나님을 살아 있는 자의 하나님이라고 말씀합니다. 하나님은 죽은 자의 하나님이 아니라 살아 있는 자의 하나님이십니다. 하나님은 항상 살아 계시는 존재이고, 아브라함 또한 살아 있는 자라는 의미입니다. 하나님은 이전에 아브라함을 불러내신 분이지만, 지금도 일하고 계시는 분입니다.

하나님이 무슨 일을 하고 계십니까? 아브라함은 옛날에 죽었는데 왜 아브라함이 지금 여기에 소환된 것일까요? 아브라함을 믿음의 조상으로 세우신 하나님이 여전히 지금도 그의 믿음을 따르는 자들을 세워가고 계시기 때문입니다. 만약 우리가 아브라함을 따라 믿음의 후손이 되는 일에서 실패한다면, 아브라함이 열국의 아비가 되고 복의 근원이 되며, 믿음의 조상이 되는 일이 온전히 서지 못할 것입니다.

우리는 어제가 오늘을 결정하고 모든 미래는 과거에 의하여 결정된다고 생각합니다. 우리는 오늘이 내일을 결정한다는 것밖에 갖고 있지 못합니다. 그러나 하나님은 미래가 과거를 완성한다고 가르치십니다. 그리고 우리가 실패한다면 아브라함이 없어지는 것이며, 모세도 필요 없게 되는 것이고, 다윗의 약속도 필요 없게 되는 것입니다.

　　　　　　　　　　　　이사야서, 하나님의 비전

하나님은 시간을 만드신 분이므로 시간이 하나님을 제한하고 얽어맬 수 없습니다. 하나님은 처음이요 마지막이며, 시작이요 끝이며, 알파와 오메가이십니다. 하나님은 자신이 시작하신 것에 매여있지 않습니다. 그가 목적하신 것을 시작 때부터 해오셨고, 그 하나님의 목적을 나중에 역으로 이해할 수 있는 이 모든 것들이 그의 손 안에 지금 잡혀 있습니다.

아브라함은 저 과거에 있고, 나는 현재 여기에 있습니다. 아브라함의 후손들이 만들어낸 어떤 일들의 조합으로 나라는 존재가 우연히 만들어진 것이 아닙니다. 하나님은 아브라함과 모세와 다윗과 엘리야와 함께 일하셨듯이, 지금도 우리와 함께 일하고 계십니다. 그들의 영웅적이고 위대한 것들이 우리를 만든 것이 아닙니다. 이 모든 것의 핵심이 되는 주인공은 누구입니까? 그 결정적인 주인공은 사람의 모양으로 나타나서 멸시와 외면을 받으신 분입니다. 그 안에 하나님이 모든 것을 담으셨듯이, 아무것도 아닌 것 같은 우리 안에도 뭔가를 담아내실 것입니다. 이 아무것도 아닌 것 같은 것이 하나님이 일하시는 최고의 조건이자 또 최고의 권능이라고 성경은 증언합니다.

믿음으로 사는 삶의 가치

우리는 이사야 53장을 읽을 때 그 위대하고 영광된 분이 어떻게 자기를 낮추셨는가 하는 것에만 눈이 가 있습니다. 그가 모든 고통과 왜곡과 멸시와 수치를 어떻게 감내하셨는가 하는 것에만 생각이 머물러 있습니다. 우리가 아는 고난, 수치, 실패, 후회를 가지고 하나님이 일하신다는 것이 무엇인지에 대하여 우리는 배운 것이 없습니다. 그래서 항상 크게 원망만 합니다. 나도 아브라함과 같고 모세와 같고 싶은데, 하나님은 내게 그렇게 일하시지 않는다고 말입니다. 그래서 하나님은 우리에게 이사야 53장을 들이 대시는 것입니다.

유진 피터슨은 『친구에게』라는 책에서 이런 중요한 말을 남깁니다. "기독교의 기적은 대부분 외부로부터 우리 삶에 끼어드는 형태로 나타나지 않는다. 오히려 두려움과 배신감과 환멸을 느끼는 상황, 곧 불안과 실망스러운 상황에 숨어 있다." 이 마지막 문장이 매우 중요합니다. 피터슨에 따르면, 기독교의 기적은 대부분 우리가 좋아할 만하지 않은 상황 속에 숨어 있다는 것입니다.

말구유에 누인 예수님을 생각해 보십시오. 십자가에 달리신 예수님을 생각해 보십시오. 어린 아기 예수님은 창조주요 신이심에도 불구하고 헤롯의 위협을 피하여 애굽으로 피신해야 하는 조건 속에 놓입니다. 우리가 당하는 위협과 공포가 마치 죽을 것 같고, 망할 것같이 느껴지는 불만에 대하여 성경은 침묵하지 않고 말하고 있습니다. 하나님이 예수님을 그런 처지에 보내셨다는 것입니다. 여러분의 현재 처지에 어떤 불만이 있습니까? 성경은 하나님이 여러분을 위대한 길로 보내셨다고 누누이 이야기하고 있습니다. 우리가 믿는 예수님이 성육신을 통해 걸어가신 고난의 길이었지만 영광된 길입니다.

유진 피터슨은 앞서 인용한 문장 다음에 이렇게 잇습니다. "그렇게 사는 동안 (설명하자면 그렇게 말구유와 십자가에 달려 있는 동안), 그리스도를 닮은 아주 인간적인 삶이 형성된다." 이것이 바로 하나님이 일하시는 방법입니다. 하나님은 예수님을 통해 증언하고 계십니다. 예수님을 믿는다고 이야기할 때는, 십자가의 승리만 말하지 말고 그 승리를 담기 위해서 죽음도 통과해야 합니다. 여러분이 현실로 가지고 있는, 답이 없는 여러분의 실존에 관한 불만과 고통과 원망이 고스란히 하나님이 일하시고 즐겨하시는 방법입니다. 이스라엘도 듣지 않았고, 예수님이 오셨을 때도 사람들이 듣지 않았지만, 이제는 들을 수 있을 만큼 인류 역사와 교회 역사가 쌓여 있습니다.

이 문제에 대한 굉장히 중요한 인문학적 증언과 성찰을 담은 책이 있습니다. 아서 클라인만이라는 하버드 대학교 인류학자가 쓴 『당신의 삶을 결정하는 것들』이라는 책입니다. 그 책은 인문학자가 쓴 것이므로 우리가 가지고 있는 답과 같지는 않지만, 인간 존재의 가치가 무엇인지, 현실이 무엇인지에 관한 인문학적 통찰을 보여줍니다.

그 책에 대한 짧은 서평이 뒤표지에 실려 있는데 참 좋습니다. "반영웅적 평범함의 가치를 감동적으로 묘사하고 있다." 이 말은 우리가 싫어하는 표현입니다. 그 책은 영웅적인 것이 아닌 평범함의 가치를 감동적으로 그려냅니다. 그는 인류학자이면서 정신과 의사로서 환자를 상담하고 치료하는 임상 결과를 토대로 이 책을 썼다고 스스로 밝힙니다. 그가 만나는 사람들은 모두 정신 이상자요 우울증 환자들이었습니다. 우울증 환자 중에서도 특히 도덕적 경험을 가진 자들을 공통으로 모아 다루고 있습니다. 이 책에 "도덕적 경험"이라는 말이 자주 언급되는데 충분한 설명이 없어서 그냥 읽으면 무슨 뜻인지 막막할 수 있습니다. 그 말은 도덕적 죄책감을 느낀 경험에 관한 것입니다. 도덕적 죄책감이란 "그때 내가 왜 그랬을까? 더 잘했어야 했는데"라고 느끼는 감정입니다. 그리고 그 책은 누군가 도덕성을 파괴한 행위로 인해 피해를 본 일들을 주로 다루고 있습니다.

그가 우리에게 말하고 싶어한 것은 인간의 가치입니다. 다시 말해 인류의 미래 희망에 대하여 말하고 있습니다. 그는 그것을 설명하면서 어떤 모범적 인물을 소개한다거나 무슨 영웅적 인물을 소개함으로써 희망을 말하지 않습니다. 인간은 모두 실패하고 병에 걸리는 존재이지만, 그 자책들을 감수하고 살아남음으로써 해결을 찾고 소망을 가질 수 있지 않겠느냐 하는 상당히 소극적인 견해를 피력합니다.

그는 멀쩡해 보이는 사람들조차도 그런 도덕적 경험을 가지고 있음을 들추어냅니다. 그것을 모르고 사는 사람은 없다는 것입니다. 그저 말하지 않고 살 뿐이라는 것이지요. 그럴 것입니다. 남에게 털어놓을 수 없는 어떤 상처, "그때 내가 더 잘했어야 했는데 왜 그랬을까? 나라는 존재는 이것밖에 안되는가"라고 느끼는 도덕적 정서야말로 우리가 짐승이나 무생물과 다르다는 특징인 것입니다. 그 책은 "사람에게 그런 자책이 있는가? 또 그것을 자폭으로 끝내지 않고 감수하고 사는 데 있어서 앞으로 어떤 해결책이 있지 않겠는가?"라고 조심스럽게 전망합니다.

우리는 그의 성찰에서 다음의 것들을 확인할 수 있습니다. 우리도 세상 사람과 동일한 경험을 하며 동일한 현실 속에 놓여 있는 것이고, 또 인간은 이 경험과 이 상처에서 벗어나지 못한다는 문제에 대하여 성경과 동일한 지적을 하고 있습니다. "인간은 살 가치가 있는가? 살아야 한다면 이 상처를 극복할 어떤 내용과 실력을 갖추어야 하는가?" 이런 문제에 대하여 세상은 답을 가지고 있지 않지만 성경은 답을 가지고 있습니다. 그 상처가 우리로 하여금 하나님을 필요케 하고 하나님을 만나게 하며, 하나님을 받아들이게 하고 하나님께 감사하게 하는 데 쓰인다는 것입니다. 하나님은 그 답을 주시기 위하여 현실 속에 있는 우리에게 질문을 하게 만드십니다.

우리는 현실 속에서 여호와의 종과 같은 존재가 되는 것입니다. 우리는 자신에게만 아니라 자신이 사는 세대 앞에서 평범하고 지극히 아무것도 아닌 사람으로서, 하나님이 일하시는 하나의 실제적인 증인이 되는 것입니다. 이사야 53장은 우리에게 그런 선언을 하고 있는 셈입니다.

여러분이 잘 아는 하박국 2:4 말씀, 즉 "의인은 그의 믿음으로 말미암아 살리라"는 답이 어떻게 해서 나온 것일까요? 하박국이 하나님 앞에 부르짖습니다. "왜 이 나라는 하나님의 법을 지키는 자도 없고 의로운 자도 없으며 오히려 악이 이기고 하나님을 모르는 악한 사회가 되었는데, 하나님은 침묵하십니까?" "나는 침묵하지 않는다. 곧 심판할 것이다." "아니, 다

같이 쓸어버리신다는 말씀입니까? 의로운 자도 다 함께 벌을 받아야 합니까?" "의인은 믿음으로 말미암아 산다." 그런 배경과 현실 속에서 하나님이 그에게 주신 답입니다. 의인조차도 하나님의 심판과 세상의 못난 정황 속에 함께 묶이겠지만, 의인은 하나님이 붙들고 계시는 존재라는 것입니다.

예수님이 죽음을 앞두고 감람산에서 뭐라고 기도하십니까? "아버지여, 할 만하시거든 이 잔을 내게서 지나가게 하옵소서. 그러나 내 뜻대로 마옵시고 아버지 뜻대로 하옵소서." 그는 이렇게 기도하셨고, 하나님은 그의 아들을 죽음에 내어주십니다. 십자가에 매달린 예수님의 고백이 무엇입니까? "나의 하나님, 나의 하나님, 어찌하여 나를 버리시나이까." 이 말에 하나님이 이렇게 답하시지 않았을까요? "의인은 믿음으로 산다. 나는 그 자리에서 일한다. 걱정마라." 그러니 여러분이 자신의 잘못에 대하여 회개하는 것은 마땅한 일이지만, 회개 자체로 신앙생활을 대신하고 대체하려 하지 마십시오. 여러분이 할 수 있는 것과 할 수 없는 것 속에서 갖게 된 의심과 불안과 공포의 터널을 캄캄한 가운데 걸어 지나가십시오. 내가 내 인생을 다 만들지 못합니다. 하나님이 만드십니다. 하나님은 내가 잘못하고 어떻게 할 수 없었던 평생 잊을 수 없는 자책들 속에 기적을 담아내십니다. 거기에 부활이 담기는 것입니다.

이사야 선지자가 외칩니다. "우리가 전한 것을 누가 믿었느냐. 여호와의 팔이 누구에게 나타났느냐." 십자가에 매달린 예수님이 외치십니다. "나의 하나님, 나의 하나님, 어찌하여 나를 버리시나이까." 여러분에게서도 이런 고함이 터져 나올 것입니다. 하나님이 나를 이 세상과 이 시대와 이 역사에 하나님의 손길로, 하나님의 기적으로, 하나님의 일꾼으로 보내셨다는 것입니다. 우리는 다 살아내야 합니다. 그러니 여러분의 한숨과 눈물을 쓸어담아 하나님이 일하시는 발 앞에 내려놓고 순종하고 인내하고 견디십시오. 날마다 여러분의 하루가 위대해지기를 바랍니다.

::

하나님 아버지, 은혜를 감사합니다. 하나님의 살아 계심과, 하나님이시기를 부인하거나 외면하거나 멈출 수 없는 하나님의 일하심이 모세와 아브라함과 다윗과 같은 믿음의 선진들을 통해 드러났습니다. 우리가 그저 저들을 부러워할 것만이 아니라, 내가 그중의 하나인 줄 아는 믿음을 가지고 살아내야겠습니다. 울어야 하고 후회하고 절망해야 합니다. 그래서 그것들이 꽃이 되고, 열매가 되고, 찬송이 되고, 감사가 되고, 기적이 되고, 은혜가 되고, 영광이 되는 줄 믿습니다. 담대함을 가지고 자신의 인생을 걸어가는 위대한 우리 각자가 되게 하옵소서. 예수님 이름으로 기도합니다. 아멘.

35

종의 고난

사 53:4-6
그는 실로 우리의 질고를 지고 우리의 슬픔을 당하였거늘 우리는 생각하기를 그는 징벌을 받아 하나님께 맞으며 고난을 당한다 하였노라. 그가 찔림은 우리의 허물 때문이요 그가 상함은 우리의 죄악 때문이라. 그가 징계를 받으므로 우리는 평화를 누리고 그가 채찍에 맞으므로 우리는 나음을 받았도다. 우리는 다 양 같아서 그릇 행하여 각기 제 길로 갔거늘 여호와께서는 우리 모두의 죄악을 그에게 담당시키셨도다.

하나님의 특별한 뜻을 이룰 종

이사야 53장은 이사야서에 나오는 하나님의 특별한 뜻을 이룰 하나님의 종에 대한 예언입니다. 그는 우리가 기대하지 아니한 모습으로 오시고, 우리가 이해할 수 없는 방법으로 하나님의 뜻을 이루실 것입니다. 그래서 당시에는 이 예언이 이해되지 않았습니다. 예수님이 오신 이후에야 그것이 실제로 어떻게 하나님의 의지요 능력이요 약속의 성취인지를 보게 되었고, 이해할 수 있게 되었습니다.

더욱이 본문 4절 "그는 실로 우리의 질고를 지고 우리의 슬픔을 당하였거늘 우리는 생각하기를 그는 징벌을 받아 하나님께 맞으며 고난을 당한다 하였노라"는 구절을 이해하기 어렵습니다. 당연합니다. 그가 당하신 고난과 징벌은 모두 죄인들이 받는 벌이었기 때문입니다. 그가 당하신 고난은 당시 사회의 기대나 이해와 다른 것이었고, 그 사회의 질서에 위배된 것이었습니다. 사람들은 그가 자기 잘못 때문에 벌을 받고 처형을 당한 것으로 여겼던 것입니다. 그러나 그것은 하나님이 쓰신 방법이자 하나님의 뜻을 이루는 방법이었습니다.

그래서 5절에 보듯이, "그가 찔림은 우리의 허물 때문이요 그가 상함은 우리의 죄악 때문이라. 그가 징계를 받으므로 우리는 평화를 누리고 그가 채찍에 맞으므로 우리는 나음을 받았도다"라고 한 말씀이 성립됩니다. 이는 우리로서는 감당할 수 없는 것입니다. 잘못한 사람이 받아야 할 벌을 그와 상관없는 사람이 받는다면 우리는 당연히 잘못되었다고 말해야 합니다. 정의란 잘못한 사람이 벌을 받고 잘한 사람이 보상을 받는 것입니다.

예수님은 그런 방법과 다른 방식으로 우리를 구원하십니다. 우리가 잘못한 것에 대한 벌을 당신이 받을 벌인 것처럼 받으셨습니다. 이것을 신학적 표현으로는 '정의의 왜곡'이라고 합니다. 우리가 사는 시대나 사회나 조직에서 정의를 구현하자고 외칠 때는 "잘못한 사람이 벌을 받아라. 그리하여 잘못한 것을 바로 잡자"라는 의미로 밖에는 생각하지 못합니다. 이와는 달리 하나님은 우리가 이해할 수 없는 방법으로 당신의 구원을 이루시고, 역사적으로 예수님 안에서 그 일을 성취하십니다. "우리는 다 양 같아서 그릇 행하여 각기 제 길로 갔거늘 여호와께서는 우리 모두의 죄악을 그에게 담당시키셨도다"(사 53:6). 이것은 하나님이 시키신 일입니다.

우리가 알고 있는 대원칙은 갈라디아서 6:7에 나옵니다. "스스로 속이지 말라. 하나님은 업신여김을 받지 아니하시나니 사람이 무엇으로 심든지 그대로 거두리라." "각기 행한 대로 하나님 앞에 보상을 받으리라." 이런 큰 약속은 어떻게 되는 것입니까? 여기가 어렵습니다. 그래서 우리는 하나님께서 우리가 알고 있는 대원칙을 상회하는 어떤 일을 이미 약속하시고 예수님 안에서 이루셨다는 사실에 대하여 관심을 가지고 진지하게 확인해 봐야 합니다.

대원칙이란 마치 무대와 같은 것입니다. 무대란 공연을 위하여 있는 것입니다. 원칙이 있어야 파격이 있는 것입니다. 원칙이 없으면 파격도 없습니다. 원칙이 없으면 혼란이 일어납니다. 맞는 것이 있어야 다른 것이 있지요. 틀린 것이 있지 않고 다른 것이 있습니다. 그래서 우리가 무대를 보면 무대가 춤을 추는 것이 아니라, 무대 위에서 누군가 춤을 추는 것입니다. 가수 패티 김의 무대를 봤다고 하지 패티 김이 선 무대를 봤다고 하지 않습니다. 그 쌓아 놓은 단을 봤다고 하지 않고 공연을 봤다고 합니다. 무대는 누가 서든지 늘 같겠고, 거기에 누가 서느냐에 따라 공연은 당연히 달라집니다. 조용필이 서면 다르고, 패티 김이 서면 다르고, 조영남이 서면 다릅니다.

이런 면에서 어떻게 이 문제를 예수님이 잘 설파하셨는지 따라가 봅시다. 마태복음 11:2-6을 보겠습니다.

요한이 옥에서 그리스도께서 하신 일을 듣고 제자들을 보내어 예수께 여짜오되 오실 그이가 당신이오니이까. 우리가 다른 이를 기다리오리이까. 예수께서 대답하여 이르시되 너희가 가서 듣고 보는 것을 요한에게 알리되 맹인이 보며 못 걷는 사람이 걸으며 나병환자가 깨끗함을 받으며 못 듣는 자가 들으며 죽은 자가 살아나며 가난한 자에게 복음이 전파된다 하라. 누구든지 나로 말미암아 실족하지 아니하는 자는 복이 있도다(마 11:2-6).

요한은 예수님에 대해서 무엇을 들었습니까? 예수님이 증언하시는 모든 것을 들었습니다. 맹인이 보고 못 걷는 사람이 걸으며, 나병환자가 깨끗함을 받고, 가난한 자에게 복음이 전파됩니다. 그래서 그에게 의문이 생깁니다. "사람을 살릴 능력을 가지고 왜 그것만 하고 계실까?" 이것이 요한의 답답함입니다. "당신이 메시아라면, 바다를 잠잠케 하고 중풍병자를 살릴 수 있다면, 당연히 이스라엘을 회복시키셔야지요. 정치적, 군사적, 국가적 책임을 지셔야지요." 예수님의 답은 무엇입니까? "나로 인하여 실족하지 않는 자가 복이 있도다. 그것이 내가 할 일이다. 이스라엘의 회복은 이스라엘의 회복으로 그치는 것이 아니라, 열방의 구원을 위해서 이스라엘이 회복되어야 한다. 그것은 민족적, 국가적 보복을 완성하는 것이 아니다."

그러니까 여기에 이런 의미가 함축되어 있는 것입니다. "나 하나 잘 살고, 믿지 않는 너는 벌을 받아라." 이런 것이 아니라는 뜻입니다. 내가 하나님 앞에 구하는 응답은 나와 내 이웃에게 도움이 되어야 합니다. 그래서 우리는 다음과 같은 말에 주의해야 합니다. "교회는 잘되고, 나라는 망해라"고 할 수도 없고, "나라가 잘되어야 교회도 잘된다"라고 할 수도 없습니다. 그 문제는 서로 묶여있지 않습니다. 우리는 사실 그 문제를 명쾌히 알 수 없습니다. 이 문제가 예수님의 생애 가운데 들어 있습니다. 누가복음 22:24-30을 보겠습니다.

또 그들 사이에 그 중 누가 크냐 하는 다툼이 난지라. 예수께서 이르시되 이 방인의 임금들은 그들을 주관하며 그 집권자들은 은인이라 칭함을 받으나 너희는 그렇지 않을지니 너희 중에 큰 자는 젊은 자와 같고 다스리는 자는 섬기는 자와 같을지니라. 앉아서 먹는 자가 크냐. 섬기는 자가 크냐. 앉아서 먹는 자가 아니냐. 그러나 나는 섬기는 자로 너희 중에 있노라. 너희는 나의 모든 시험 중에 항상 나와 함께 한 자들인즉 내 아버지께서 나라를 내게 맡기신 것 같이 나도 너희에게 맡겨 너희로 내 나라에 있어 내 상에서 먹고 마시며 또는 보좌에 앉아 이스라엘 열두 지파를 다스리게 하려 하노라(눅 22:24-30).

이사야서, 하나님의 비전

제자들에게 약속된 보상은 사뭇 다른 것이었습니다. "너희는 나의 시험에 동참한 자들이니 내 시험을 안고 살아야 한다"는 말씀으로 요약할 수 있습니다. 무슨 시험입니까? 앞서 세례 요한이 물었던 것과 같은 것입니다. 그가 가진 모든 권능은 이 세상이 가질 수 없는 권능인데, 왜 이런 초라한 모습으로 그 죽음의 자리로 가야 한단 말입니까? 그것이 가장 중요한 시험입니다. 예수님 자신에게도 시험이요, 예수님을 보는 자에게도 시험입니다. 기억나십니까? 예수님이 공생애를 시작하기 전에 광야에서 치르신 세 가지 시험 중에 마지막 시험이 무엇이었습니까? "네가 만일 나에게 절하면 천하만국을 네게 주겠다." "사탄아, 물러가라." 기억나지요?

예수님이 걸어야 하는 이 길에서의 시험은 손쉬운 길, 맞으면 상을 주고 틀리면 자르는 간단한 것으로 해결되지 않는 일이었습니다. 하나님이 그것을 그에게 요구하신 것입니다. 이것을 기억하십시오. 우리가 이해하는 것보다 큰 목적과 큰 내용과 큰 것을 하나님이 그에게 요구하십니다. 그것은 우리가 아는 대원칙, 잘잘못의 원칙, 보상의 논리보다 더 큰 것인데 그것이 이스라엘 역사에서, 특히 예수님의 오심에서 요구됩니다. 그리고 우리의 현실에서도 마찬가지로 요구됩니다.

하나님의 일하심의 방법

여러분의 신앙 현실에서 여러분을 괴롭히는 것이 무엇입니까? 소원을 가졌는데 하나님이 허락하지 않으신다는 사실입니다. 여러분이 욕심을 가진 것이 아니라, 거룩하게 살고 유익하게 살겠다는데 하나님이 안 도와주십니다. 그것이 현실입니다. 왜 그런 것일까요? 이 문제에 대하여 여러분이 잘 아는 이야기로 가보겠습니다. 마태복음 16:16-20을 보겠습니다. 이 시험은 우리에게 매우 중요한 문제를 가르쳐 줍니다.

시몬 베드로가 대답하여 이르되 주는 그리스도시요 살아 계신 하나님의 아들이시니이다. 예수께서 대답하여 이르시되 바요나 시몬아, 네가 복이 있도다. 이를 네게 알게 한 이는 혈육이 아니요 하늘에 계신 내 아버지시니라. 또 내가 네게 이르노니 너는 베드로라. 내가 이 반석 위에 내 교회를 세우리니 음부의 권세가 이기지 못하리라. 내가 천국 열쇠를 네게 주리니 네가 땅에서 무엇이든지 매면 하늘에서도 매일 것이요 네가 땅에서 무엇이든지 풀면 하늘에서도 풀리리라 하시고 이에 제자들에게 경고하사 자기가 그리스도인 것을 아무에게도 이르지 말라 하시니라(마 16:16-20).

이 구절은 많이 오해되는 부분입니다. 예수님으로 인하여 허락되었고, 그가 메시아인 것이 맞고, 구원을 완성하시고 교회를 세우실, 그가 그래서 교회가 천국 열쇠를 갖게 된다고 약속하신 그분이 그리스도인 것을 감추라고 하십니다. 비밀에 부치라고 하십니다. 그리고 그 다음 21절에서 뭐라고 하십니까? "이 때로부터 예수 그리스도께서 자기가 예루살렘에 올라가 장로들과 대제사장들과 서기관들에게 많은 고난을 받고 죽임을 당하고 제삼일에 살아나야 할 것을 제자들에게 비로소 나타내"셨다는 것입니다.

베드로가 이것을 거절합니다. "안됩니다. 그럴 수 없습니다. 주께서 죽으시도록 내가 방관하지도 않을 것이요, 주께서 죽으실 수도 없습니다. 주께서 메시아시니 당연히 이 잘못된 세상을 엎으셔야 하고 이 나라를 회복시키셔야 합니다." 그러자 그에게 무슨 책망이 날아듭니까? "사탄아, 물러가라. 너는 나를 넘어지게 하는 자로다." 예수님의 세 가지 광야 시험에서도 등장했던 "사탄아, 물러가라"가 갑자기 여기 베드로에게도 향한 것입니다. 베드로가 무엇을 그렇게 잘못했습니까? 베드로의 충심, 진심에 대하여 왜 하필 그런 치명적인 책망을 하셨을까요?

이런 오해입니다. 예수님으로 인하여 실족하지 않아야 한다는 것입니다. 하나님이 정의의 왜곡을 통해 일하시는 이 차원, 곧 하나님의 일하심을 우리는 이해하기 어렵습니다. 원칙을 넘어서고 예술 작품이 무대 위에서 펼쳐지는, 하나님의 더 넓고 깊은 일에 대하여 무지하기 때문입니다. 여기에서 사탄은 이런 존재입니다. 사탄은 하나님의 적대자이지만 하나님을 대놓고 반대할 수는 없습니다. 그 존재와 지위 자체가 그런 정도입니다. 그는 하나님의 일을 방해할 뿐입니다. 사탄이라는 말은 '고소자'라는 뜻입니다. 그가 누구를 고소합니까? 우리를 고소합니다.

욥기의 서막이 대단히 흥미롭습니다. 욥은 하나님을 잘 섬기는 의로운 사람입니다. 사탄이 하나님 앞에 나왔을 때의 장면입니다. "사탄아, 너는 왜 그러냐? 욥을 봐라." 사탄이 항변합니다. "잘 해주시니 그렇지요." "그럼 잘 해 주지 않으면 어떻게 되나 볼까?" 이렇게 해서 욥은 말할 수 없는 고난 속으로 들어갑니다. 이처럼 사탄은 매사에 우리를 공격합니다. "하나님, 이 사람은 이렇게 잘못했고, 저 사람은 저렇게 못났고, 이 사람은 거짓말쟁이입니다." "이 문제를 어떻게 풀 것인가?" "잘못한 사람은 다 처벌하십시오." 바로 그것이 예수님이 베드로에게 "사탄아"라고 하신 뜻입니다. "내가 하려는 일은 그 방법보다 더 깊고 크다. 더 놀라운 일이다." 이것이 십자가입니다.

그러므로 그것은 우리가 아는 대로 잘잘못의 문제나 소원의 문제, 유용성의 문제나 어떤 도덕성의 문제가 아닌 그것들을 상회하는 하나님이 일하시는 방법입니다. 우리는 이것이 무엇인지 알아야 합니다. 그것을 모르면 우리의 현실을 도저히 이해할 수 없습니다. 앞에서도 지적한 바와 같이 우리의 소원에 대하여 하나님이 답해주시지 않는 현실은 어떤 의미를 갖는 것입니까? 이 문제에 대해서도 하나님이 일하시는 방법을 모르면 그 답을 찾을 수 없습니다. 사도 바울은 고린도교회에 보내는 편지에서 의미심장한 말을 합니다. 고린도전서 2:1-9을 보겠습니다.

형제들아, 내가 너희에게 나아가 하나님의 증거를 전할 때에 말과 지혜의 아름다운 것으로 아니하였나니 내가 너희 중에서 예수 그리스도와 그가 십자가에 못 박히신 것 외에는 아무 것도 알지 아니하기로 작정하였음이라. 내가 너희 가운데 거할 때에 약하고 두려워하고 심히 떨었노라. 내 말과 내 전도함이 설득력 있는 지혜의 말로 하지 아니하고 다만 성령의 나타나심과 능력으로 하여 너희 믿음이 사람의 지혜에 있지 아니하고 다만 하나님의 능력에 있게 하려 하였노라. 그러나 우리가 온전한 자들 중에서는 지혜를 말하노니 이는 이 세상의 지혜가 아니요 또 이 세상에서 없어질 통치자들의 지혜도 아니요 오직 은밀한 가운데 있는 하나님의 지혜를 말하는 것으로서 곧 감추어졌던 것인데 하나님이 우리의 영광을 위하여 만세 전에 미리 정하신 것이라. 이 지혜는 이 세대의 통치자들이 한 사람도 알지 못하였나니 만일 알았더라면 영광의 주를 십자가에 못 박지 아니하였으리라. 기록된 바 하나님이 자기를 사랑하는 자들을 위하여 예비하신 모든 것은 눈으로 보지 못하고 귀로 듣지 못하고 사람의 마음으로 생각하지도 못하였다 함과 같으니라(고전 2:1-9).

사도는 하나님이 자기를 사랑하는 자들을 위하여 예비하신 모든 것은 듣도 보도 못한 것이라고 말합니다. 그러니까 예수님을 믿으면 조심해야 하는 것이 이런 부분입니다. 우리가 믿는다고 하면, 그것은 책임이고 조건이고 종교심이고 진심인 것을 넘어선 고백이라는 것입니다. "하나님이 예수님으로 일하셨다. 우리의 죄를 당신의 아들에게 담아서 우리를 자기의 자녀로 삼으셨다." 우리가 아는 대원칙 위에 뭐가 있는지를 예수님으로 말미암아 깨닫지 못하면 우리는 우리 자신을 깨달을 수가 없습니다.

고린도교회에서 사도 바울이 걱정해야 할 많은 일이 일어났는데, 그 일은 대부분 인간적인 이해를 바탕으로 한 시비였습니다. 하나님이 예수님 안에서 이루신 일을 바탕으로 한다면 우리는 많은 부분을 참아야 합니다. 많은 부분을 기다려야 합니다. 그 참고 기다린다는 것은 아무래도 좋다고 하는 것이 아니라 열심히, 그리고 진지하게 하나님의 은혜와 개입을 요구하는 자세로 가는 것이어야 합니다. 이런 일들이 그들에게 일어나지 않았습니다.

그래서 바울이 증언한 것입니다. "내가 여러분에게 갈 때에 아무것도 알지 않고 그리스도와 십자가만 알기로 했다. 여러분에게 어떠한 가능성도 있지 않았다. 나도 몰랐고 여러분도 몰랐다. 하나님이 어디에서나 일하실 수 있다는 것을 예수님 안에서 내가 확인했기 때문에 내가 담대히 갔다." 이 말을 사도 바울의 위대성이라고 말하지 말고 여러분의 신앙생활의 현실성에 대한 증언으로 이해해야 합니다. 여러분이 이해할 수 없는 모든 것이 하나님이 일하시는 현실적 방법입니다. 그것은 대원칙이 무너지는 것 같다고요? 아닙니다. 원칙이 무너진 것이 아니라 그 무대 위에 선 어떤 배역이 무너진 문제입니다. 그가 울고 있고 쓰러져 있습니다. 무대가 무너진 것이 아니라 그가 쓰러져서 눈물을 흘리고 있습니다. 언제나 주인공은 한 번 울고 한 번 죽고, 그래야 대단원의 막으로 갈 수 있는 것 아닙니까?

예수 그리스도로 말미암아 주어진 하나님의 일하심, 하나님의 영광, 하나님의 창조와 구원의 궁극적인 목적은 우리 모두가 아는 이해와 방법을 상회하는 하나님의 지혜와 능력 속에 있습니다. 이사야 40장 이후의 예언들은 모두 바벨론 포로기와 관련된 것으로서, 역사적 비극의 현장 속에서 터져 나온 하나님의 구원을 말하고 있습니다. 그들이 이런 상황에 처해 있다고 손해 보는 것이 아닙니다. 이것이 절망일 수 없고 끝일 수 없습니다. 이 증언이 싫은 사람은 잘난 사람입니다. 그래서 "법대로 합시다" 하는 것입니다. 무대를 깨끗이 청소해 놨다고 다가 아닙니다. 거기에서 펼쳐지는 공연이 멋있지 아니하면 말짱 헛것입니다.

위대한 발걸음을 떼라

이사야서로 다시 돌아와서 52:13-15을 보겠습니다. 이 구절들을 보면 이사야 53장에 나타난 여호와의 종이 가지는 신비, 이해할 수 없는 하나님의 방법에 대하여 말하고 있습니다.

> 보라, 내 종이 형통하리니 받들어 높이 들려서 지극히 존귀하게 되리라. 전에는 그의 모양이 타인보다 상하였고 그의 모습이 사람들보다 상하였으므로 많은 사람이 그에 대하여 놀랐거니와 그가 나라들을 놀라게 할 것이며 왕들은 그로 말미암아 그들의 입을 봉하리니 이는 그들이 아직 그들에게 전파되지 아니한 것을 볼 것이요 아직 듣지 못한 것을 깨달을 것임이라(사 52:13-15).

하나님은 창조의 하나님이십니다. 창조 세계가 가지는 질서 위에 하나님은 또 다른 더 높고 더 깊은 것을 얼마든지 세우실 수 있습니다. 우리가 아이스크림을 사먹을 때 쩨쩨한 가게는 한 스쿱 떠서 반 동그라미 얹어 주고 마는데, 이것으로 만족할 수 없습니다. 그렇지요? 은혜가 넘치는 아이스크림 가게는 그 위에 혹을 계속 더 붙여 줍니다. 아래 손잡이보다 위가 더 커야 은혜 아닙니까? 도대체 여러분의 인생에 대해서 겁내는 것이 무엇입니까? 예수님을 믿는다는 말을 어째서 여러분 스스로 좁혀서 자신을 비난하고 자책하는 것으로 생각합니까? 왜 자기의 신앙을 확인할 수 있는 방법도, 하나님의 일하심을 확인할 수 있는 방법도 없는 자리에서 그렇게도 나오지 못합니까? 슬플 때 위대한 표정을 지어야 위대한 것입니다. 울어버리는 것은 간단한 것입니다.

무대 위에 서서 공연할 때 여러분이 고려 시대 복장을 하고 나온다 해서 할 말 못할 것도 없는 것이고, 현대인의 복장을 하고 나온다 해서 할 말이 없는 것도 아닙니다. 어느 시대, 어느 역사적 정황 속에 있느냐가 여러분을 제한하지 않습니다. 거기에 담을 수 있는 내용은 어디서나 나옵니다. 인생이 무엇인가? 가치가 무엇인가? 명예가 무엇인가? 고민이 무엇인가? 현실이 무엇인가? 이런 것들은 문학이 다룹니다. 문학에서 이러한 가장 기본적인 것이 나오지 않으면 그것을 문학이라고 하지 않습니다. 쓰레기라고 합니다. 그와 동일합니다. 기독교 신자가 예수님을 믿는다는 이름으로 자기에게 일어나는 모든 현실, 자기가 속한 모든 시대를 하나님의 일하심으로 담아낼 수 없다면 뭐가 되겠습니까? 다 이해하라는 말이 아닙니다. 거기에는 믿음이 동원되어야 합니다. 여러분이 위대한 발걸음을 떼지 않겠다고 한다면 그것은 예수님을 믿는다는 말을 오해한 것입니다.

요한복음 14:8-11을 보겠습니다. 예수님이 뭐라고 말씀하셨는지 봅시다.

> 빌립이 이르되 주여, 아버지를 우리에게 보여주옵소서. 그리하면 족하겠나이다. 예수께서 이르시되 빌립아, 내가 이렇게 오래 너희와 함께 있으되 네가 나를 알지 못하느냐. 나를 본 자는 아버지를 보았거늘 어찌하여 아버지를 보이라 하느냐. 내가 아버지 안에 거하고 아버지는 내 안에 계신 것을 네가 믿지 아니하느냐. 내가 너희에게 이르는 말은 스스로 하는 것이 아니라 아버지께서 내 안에 계셔서 그의 일을 하시는 것이라. 내가 아버지 안에 거하고 아버지께서 내 안에 계심을 믿으라. 그렇지 못하겠거든 행하는 그 일로 말미암아 나를 믿으라(요 14:8-11).

빌립이 무엇을 요구합니까? 예수님이 메시아이신 것은 믿었지만 마땅히 드러나야 할 권력을 보이지 않으시니까 "아버지를 보여주옵소서"라고 요구한 것입니다. "하나님의 권력을 보여주옵소서. 하나님의 종으로, 메시아로 오셨는데 가장 필요한 권능은 왜 행하지 않으십니까?" 이렇게 말하는 것이기도 합니다. 예수님의 답이 놀랍습니다. "나를 본 자는 아버지를 보았다. 이것이 권능이다. 이것이 기적이다. 이것이 지혜다. 이것이 구원이다. 여기에 다 담겨 있다. 나를 봐라. 나는 아버지 안에 거하고 아버지는 내 안에 계신다." 이어서 이렇게 말씀합니다.

> 내가 진실로 진실로 너희에게 이르노니 나를 믿는 자는 내가 하는 일을 그도 할 것이요 또한 그보다 큰 일도 하리니 이는 내가 아버지께로 감이라. 너희가 내 이름으로 무엇을 구하든지 내가 행하리니 이는 아버지로 하여금 아들로 말미암아 영광을 받으시게 하려 함이라(요 14:12-13).

아버지께서 아들로 영광을 받으신다고 말씀합니다. 이 방법으로 인해 그가 하나님의 증인으로, 하나님의 의지로, 실체로 서계십니다. 기독교인의 모든 생애가 그렇습니다. 여러분이 받는 어떤 수모가 이런 것 아니겠습니까? "하나님이 있으면 보여 봐." 똑같은 질문 아닌가요? 그 속에서 쩔쩔매지 말고 예수께서 걸으신 위대한 길이 무엇인지 보십시오. 그 위대함을 다만 희생이나 헌신이라는 말로 축소하지 마십시오. 그것은 하나님의 능력이고 하나님의 지혜이며, 기쁘신 방법이었습니다. 이런 이해가 없다면 자신의 인생에 대하여 답을 찾지 못할 것입니다. 아니, 위대한 것을 놓치고 말게 됩니다.

내가 서 있는 곳이 십자가, 예수, 창조주 하나님, 그의 일하심의 결과, 일하시는 손길, 일하시는 경우, 현장이 됩니다. 여러분이 아무 때나 이길 수는 없습니다. 예수님도 다 지셨습니다. 잡히시고 고난당하시고 죽으십니다. 사람이 성공하면 교회에 오지 않습니다. 여러분 스스로 잘 아는 것 아닙니까? 여러분 주변에 잘되고 교회에 나오는 사람이 어디 있습니까? 다들 잘되지 않아서 왔습니다. 믿었는데도 해결을 안 해주시니 나온 것입니다. 옛날에는 세상이 원망스러웠는데 지금은 예수님이 원망스럽지요. "이럴 줄 알았으면 나중에 믿을 걸." 이 방법으로 영광을 얻으시고, 이것을 명예로 여기시는 분이 하나님이시라는 것을 알지 못한다면 여러분은 도무지 믿음이 무엇인지 모르는 것입니다. 그러니 이 약속이 나옵니다.

> 너희가 내 이름으로 무엇을 구하든지 내가 행하리니 이는 아버지로 하여금 아들로 말미암아 영광을 받으시게 하려 함이라. 내 이름으로 무엇이든지 내게 구하면 내가 행하리라(요 14:13-14).

"아, 하나님은 이렇게 일하시는구나." 예수님 이름으로 구한다는 것이 무슨 말인지를 이제 아는 것입니다. "적을 물리쳐 주십시오. 형통하게 해주십시오. 속 시원하게 해주십시오." 이런 것을 구하여 해결을 받는 것이 아님을 알게 된다는 것입니다. 이것이 하나님의 은혜요 기적과 결과를 만드는 하나님의 지혜임을 안다면, 사도 바울의 고백처럼 "내가 죽어서 빨리 천국 가는 것이 훨씬 좋다. 그러나 너희를 위해 더 살겠다"고 하는 고백이 여러분에게도 터져 나올 것입니다. 여러분이 지금 해결해야 할 것은 아무것도 없습니다. 고민하고 걱정하고 우십시오. 거기서 하나님이 일하신다는 것을 믿고서 그 길을 가야 합니다. "예수 믿었으면 빨리 해결해 달라고 해. 사탄아, 물러가라." 이런 말을 남을 정죄하거나 비난하는 데 쓰지 마십시오. 도리어 하나님이 일하시는 방법을 이해한 자로서 자신의 마음속에 일어나는 쉬운 타협을 물리치는 데 그 말을 쓰십시오. 그런 자리까지 가야 합니다. 그것이 성경이 요구하는 것입니다. 로마서 8:1-2을 보겠습니다.

그러므로 이제 그리스도 예수 안에 있는 자에게는 결코 정죄함이 없나니 이는 그리스도 예수 안에 있는 생명의 성령의 법이 죄와 사망의 법에서 너를 해방하였음이라(롬 8:1-2).

자책감이 들 때 뉘우치는 것은 당연히 해야 하지만, 그것이 가장 중요한 문제는 아닙니다. 여러분의 부족함과 절망을 끌어안고서 각자의 존재와 경우와 시간 속에서 하나님이 일하시고, 영광을 얻으신다는 것을 기억하고서 위대하게 사십시오. 감사가 여러분 안에 있어야지 밖으로 나올 필요는 없습니다.

::

하나님 아버지, 은혜를 감사합니다. 하나님이 일하고 계시고 하나님이 주인이시며 하나님이 우리를 사랑하십니다. 그러면 되었습니다. 우리 인생을 열심히 자신의 책임으로 살아내어서 예수를 믿는다는 고백이 가지는 위대한 자리에 서는 우리의 인생, 우리의 존재, 우리의 증언 되게 하옵소서. 예수님 이름으로 기도합니다. 아멘.

36

종의 침묵

사 53:7-9

그가 곤욕을 당하여 괴로울 때에도 그의 입을 열지 아니하였음이여, 마치 도수장으로 끌려 가는 어린 양과 털 깎는 자 앞에서 잠잠한 양 같이 그의 입을 열지 아니하였도다. 그는 곤욕과 심문을 당하고 끌려 갔으나 그 세대 중에 누가 생각하기를 그가 살아 있는 자들의 땅에서 끊어짐은 마땅히 형벌 받을 내 백성의 허물 때문이라 하였으리요. 그는 강포를 행하지 아니하였고 그의 입에 거짓이 없었으나 그의 무덤이 악인들과 함께 있었으며 그가 죽은 후에 부자와 함께 있었도다.

침묵으로 실체를 보이시는 하나님의 종

이사야 53장에 있는 하나님의 종에 대한 예언은 예수 그리스도에게서 그 실체가 드러나고 완성됩니다. 우리는 그 의미에 대하여 더 많은 것들을 신약 시대와 또 우리의 인생 속에서 확인하게 됩니다. 본문에 있는 바와 같이 그는 우리 죄를 짊어지고 억울한 죽음을 맞이하지만 침묵하십니다. 이 침묵하셨다는 것이 매우 중요하게 생각해 보아야 할 문제입니다.

예수님의 침묵은 누구도 비난하지 않았다는 뜻입니다. 억울한 죽음이니 얼마든지 남을 비난할 수 있는 것 아닙니까? 그런데 내가 왜 이렇게 되었는지 변명도 하지 않고 분노도 하지 않습니다. 분노하지 않는다는 것은 말없이 죽어감으로써 그를 죽인 자들에게 보이지 않는 보복 행위를 하지 않았다는 것입니다. 털 깎는 자 앞에 잠잠한 양같이 말입니다. 어떤 감동도 주려고 하지 않습니다. 신파를 엮지 않습니다.

우리는 그동안 예수님의 고난에서 생각해 볼 수 있는 좋은 가치들을 꺼내어 은혜를 받았습니다. 우리는 그가 희생하시고 인내하시고 겸손하시고, 또 우리를 용서하신다는 내용에 더 주목한 탓에 정작 예수님의 침묵에 대해서는 놓쳐 왔습니다. 희생, 인내, 겸손, 용서라는 덕목을 앞세우는 바람에 그의 침묵의 중요성을 보지 못한 것이 사실입니다.

성경이 이야기하는 예수님의 모습과 수난을 통해 성경이 드러내고자 하는 내용을 우리가 못 쫓아가는 측면이 있습니다. 그것은 우리가 어떤 모습이나 표현, 자세에서 가치를 꺼내기 때문입니다. 성경이 하고 싶은 이야기는, 예수님은 침묵을 통해 예수님이 아니면 할 수 없는 일을 하고 계신다는 것입니다. 누구의 도움을 받을 수도, 누가 대신하거나 나누어 할 수도 없습니다. 본인이 하지 않으면 안되는 일이어서 침묵하고 계신 것입니다. 그 일을 해야 하기 때문에 잡혀 가시고 죽으셔야 합니다. 죽음의 한복판에 붙들려가서 거기서부터 새로운 길, 인류에게 없었던 길, 사망을 뒤집는 부활의 길을 내셔야 합니다. 그것이 그가 맡으신 일입니다. 하소연이 필요하지 않습니다. 이것이 그의 침묵의 가장 중요한 이유입니다. 요한복음 14:1-6을 보겠습니다.

> 너희는 마음에 근심하지 말라. 하나님을 믿으니 또 나를 믿으라. 내 아버지 집에 거할 곳이 많도다. 그렇지 않으면 너희에게 일렀으리라. 내가 너희를 위하여 거처를 예비하러 가노니 가서 너희를 위하여 거처를 예비하면 내가 다시 와서 너희를 내게로 영접하여 나 있는 곳에 너희도 있게 하리라. 내가 어디로 가는지 그 길을 너희가 아느니라. 도마가 이르되 주여, 주께서 어디

로 가시는지 우리가 알지 못하거늘 그 길을 어찌 알겠사옵나이까. 예수께서 이르시되 내가 곧 길이요 진리요 생명이니 나로 말미암지 않고는 아버지께로 올 자가 없느니라(요 14:1-6).

앞에서 이야기한 대로, 우리는 예수님의 죽음에 대하여 생각할 때 어떤 비장함이나 영웅성 같은 것들로 대신했습니다. 우리는 어떤 가치들을 개념이나 추상명사로 가지고 있어서 도통 그 실체를 모릅니다. 그 실체란 성경적으로 이야기하면 "내가 길이요 내가 진리요 내가 생명이다"라는 것입니다. 예수께서 그렇게 말씀하신 것은 우리가 기대하는 바와 훨씬 다르다는 뜻입니다. 우리는 실체도, 개념도 따로 있어서 이 실체가 개념을 추구하는 것으로 생각합니다. 그러나 성경은 그 개념을 실체라고 합니다. 그러니까 생명 자체와 생명이라는 개념을 따로 분리하게 되면, 그것은 성경에서 말하는 것과는 거리가 있다는 것입니다.

우리의 신앙생활에서는 이 둘이 분리되어 이원론적 태도를 드러냅니다. 가치나 진리, 덕목은 추구해야 할 어떤 방향이고, 실체는 몸뚱이라고 생각합니다. 그렇게 분리된 탓에 늘 "마음은 원이로되 육신이 약하도다" 하는 식으로 변명하고 하소연합니다. 예수님은 다릅니다. 예수님은 이와 같은 개념이 떠돌아다니는 어떤 추상적인 것이 아니라, 하나님이 만드신 모든 창조된 인격 안에 주신 내용이라고 말씀하십니다. 그래서 예수께서 오심으로 우리는 길과 진리와 생명을 보게 되었습니다.

이 문제에 대한 이해를 더 돕기 위해서 요한복음 14:7-10도 계속 보겠습니다.

너희가 나를 알았더라면 내 아버지도 알았으리로다. 이제부터는 너희가 그를 알았고 또 보았느니라. 빌립이 이르되 주여, 아버지를 우리에게 보여주옵소서. 그리하면 족하겠나이다. 예수께서 이르시되 빌립아, 내가 이렇게 오래 너희와 함께 있으되 네가 나를 알지 못하느냐. 나를 본 자는 아버지를 보았거늘 어찌하여 아버지를 보이라 하느냐. 내가 아버지 안에 거하고 아버지는 내 안에 계신 것을 네가 믿지 아니하느냐. 내가 너희에게 이르는 말은 스스로 하는 것이 아니라 아버지께서 내 안에 계셔서 그의 일을 하시는 것이라(요 14:7-10).

빌립의 요청에 주님이 답하십니다. "너희가 나를 알았더라면 아버지도 알았을 것이라." "아니, 아버지를 보여주십시오." "나를 본 자는 아버지를 보았다." 하나님을 보고 싶으신가요? 예수님을 보십시오. 예수님을 보고 싶으신가요? 여러분을 보십시오. 예수님을 믿잖습니까. 하나님의 자녀가 되었잖습니까. 하나님의 자녀가 된다는 것은 여러분이 어떤 완벽한 덕목의 덩어리가 되고 윤리적으로 흠이 없는 존재가 되는 것을 말하지 않습니다. 모든 부족함과 부정적인 것을 가지고 있음에도 하나님의 자녀라는 것입니다. 이것이야말로 하나님이 그의 아들을 보내시고 우리를 만드시고 우리를 구원하시고 사랑하신다는 살아 있는 증거입니다.

신앙의 실체를 가져야 함

여러분이 하고 싶은 이야기가 많을 겁니다. 여러분이 하나님의 자녀이고 믿음을 가졌으면 한 점 흠도 없고, 완벽한 확신 속에 있으면 좋겠지요. 그런데 하나님은 반대로 일하시는 것 같지 않습니까? 여러분이 교회 종소리만 들어도, 요즘에는 교회 종을 안 쳐서 아쉽지만, 마음이 불편하다는 것입니다. 그 종소리가 교회 오라는 소리인데 교회에 가고 싶지 않으니 그것이 마음에 걸린다는 것 아니겠습니까? 그것은 여러분 안에 하나님이 계시다

이사야서, 하나님의 비전

는 증거요 그 아들을 보내신 것과 나를 만드시고 사랑하시고 구원하셨다는 증거라고 성경은 이야기하고 싶어 합니다.

우리가 자신의 시원찮은 믿음에 대해 가지는 불만은 이런 것이 아닐까요? "너 예수 믿는다며! 하나님 보여 봐." "나를 보면 모르겠어?" "네가 잘하는 게 뭐가 있어?" "글쎄 말이야. 아무것도 못하는 내가 왜 예수를 믿지? 생각을 해봐. 세상에 이것보다 더 큰 기적이 어디 있어?" "그거야 그렇지. 너는 공부도 못하고 별 볼일 없었지. "그런데도 내가 예수를 믿잖아." "너 믿는다면 잘해?" "어떻게 잘하겠냐? 학교 다닐 때도 잘 못했는데 예수를 잘 믿겠냐?" 우리는 자신에게서 믿는 일이 어떻게 일어났는지 이런 식으로 이야기하는 수밖에 없습니다.

우리는 자기 안에 무엇을 소유하고 있고 우리의 영혼이 무엇을 증언하고 있는지를 놓치면 안됩니다. 예수께서 오셔서 하신 일, 그래서 내가 하지 않고 내 속에 들어오신 일, 신자가 된 일, 이런 감각을 확인하게 됩니다. 우리는 기왕에 예수님을 믿어 하나님의 자녀가 되었고 보혈의 공로로 구원을 얻었으면, 좀 더 나은 사람이 되고 싶은데 그렇게 되지 못해서 스스로 마음에 들어하지 않습니다.

여러분이 자신의 신앙을 더 잘 갖고 싶고 더 키우고 싶다면 자신에게 허락된 예수님으로 말미암아 주어진 현실과 운명을 이해하여 계속 쌓아가야 합니다. 그렇지 않으면 배타적 정체성만 확인할 것입니다. 그래서 자신의 정체성을 부정적으로 갖기 시작하면 뭔가를 비난하게 됩니다. 누군가를 비난함으로써 자신의 옳음을 증명하려는 것에는 문제가 있습니다. 하면 안되는 일을 하지 않는 것으로 정체성을 확인할 것이 아니라, 해야 할일을 함으로써 정체성을 확인해야 합니다. 이것이 예수님의 침묵입니다. 왜 비난하지 않는다고요? 왜 설명하지 않는다고요? 그분만이 하실 수 있는일이었기 때문입니다. 누구의 도움이 필요한 일이 아니었습니다. 그러니 우리를 위하여 죽으셨지만, 우리 중에 아무도 아는 자가 없었습니다. 예수님은 거기에 대해서 원망하시지 않습니다.

여러분은 신자로서 사십시오. 씨름하고, 우십시오. "아버지여, 할 만하시거든 이 잔을 지나가게 하옵소서." 이것도 하십시오. 그리고 결론도 내십시오. "예수님은 하셨지만 저는 못합니다. 그것은 이해해 주세요." 이런 자리에 있다면 신앙의 가장 위대한 자리에 이를 때까지 울고불고 하면서 하나님과 씨름하십시오. "그 자리까지 가지 못하면 아무런 가치도 없다는 것을 내게 확인시켜 주십시오. 내 생각대로 놔두지 마십시오." 이런 울부짖음을 거쳐 결국 명예로운 자리에 이르십시오. 그러니 외부 조건은 아무것도 아닌 것입니다.

여러분이 배웠느냐 못 배웠느냐, 똑똑한가 어리석은가 하는 것은 중요하지 않습니다. 중요한 것은 이것입니다. 어리석으면 겸손하면 됩니다. "나는 잘 몰라. 그건 당신이 해. 어디로 갈지 정해. 그러면 내가 따라갈게." 어리석은 자의 특권입니다. 뭐가 겁이 납니까? 잘났습니까? 그러면 분별을 하십시오. 결정을 내려서 모두에게 방향을 제시하십시오. 그리고 앞장서십시오. 같이 가야지요. 심사하고 채점만 하지 마십시오. 그것이 우리 각자에게 주어진 것입니다. 겁을 낼 것 없습니다.

한동안 우리 한국 사회는 가진 것이 죄였습니다. 가난한 것이 정의였습니다. 그러나 사실은 그렇지 않습니다. 가난할 때는 어떻게 정의롭게 사느냐가 중요합니다. 가난한 것이 정의가 아니라, 가난할 때 어떻게 정의를 지킬 것이냐가 중요합니다. 그런데 그렇게 하지 못했습니다. 원망과 분노를 앞세웠습니다. 가진 자는 어떻게 정의로울 수 있습니까? 당연히 나눠야 합니다. 멋있게 나눠야 합니다. 있는 것을 모두 팔아서 나눠 주면 안됩니다. 그렇게 한 번에 주면 망합니다. 절제할 수 있는 사람이 가지고 있어야 합니다. 지식도 지위도 권력도 부도, 절제할 수 있는 사람이 가져야 합니다. 그러니 잘났다고만 생각하지 말고 고민하고, 제대로 조화와 분별을 가지고 지혜롭게 하십시오.

성경은 묻습니다. "네 조건 속에서 어떻게 할 것인가?" 이것입니다. 우리가 아는 세상의 조건으로는 우리를 바꿀 수 있는 것이 하나도 없었기 때문에 예수님은 침묵하십니다. 우리 모든 피조물들을 위하여 열어야 하는 길, 구원의 길, 부활의 길을 당신이 가셔야 했기 때문에 침묵하십니다. 우리는 그보다는 한 단계 아래 있습니다. 하나가 아니라 여러 단계 아래에 있다 하더라도 분명한 것은 이것입니다. 그것이 내 인생이라는 사실입니다. 나라는 존재의 내용을 내가 책임져야 합니다. 그러니 자기 길을 가야 합니다. 서두에 이야기한 대로 예수님은 감동을 요구하지 않습니다.

우리의 신앙 세계에서 우리의 발목을 제일 많이 잡는 것은 흠을 없애는 것입니다. 기도 속에서 회개의 비중이 너무 큽니다. 흠을 걸러낼 것이 아니라, 아직 완벽하지 않더라도 신앙생활을 꾸준히 해나가야 합니다. "나는 새벽기도도 못해." 그러면 낮에 하십시오. 왜 꼭 새벽에 나와야만 합니까? 정신 들면 전철 속에서라도 잠깐씩 하십시오. 아무 상관없습니다. 여러분이 영어 공부할 때 어떻게 했습니까? 자랑하는 게 전부 이것 아닙니까? "나는 전철 속에서도 봤다." 영어 공부는 전철에서 해야 실력이 느는 것이고 기도는 전철에서 하면 무효인가요? 그런 법이 어디 있습니까?

여러분, 가장 최악의 조건에서 신앙을 적용해야 합니다. 자책에 지지 말고, 자책을 지고 가십시오. 자책을 어깨에다 어떻게 멥니까? 제 나이쯤 되어 보십시오. 어깨에 걸머쥐고 메고 갑니다. 그것을 붙잡고 울지 말고 걸머쥐고 가야 합니다. 하루씩 해보십시오. 하루가 또 오잖습니까. 어제는 실패했다. 그것은 어제고 오늘은 새 판입니다. 그러니 뭐가 겁이 납니까? 우리는 이 부분이 없습니다. 여기가 굉장히 미약하니 전부 다 원망합니다. 나라, 경제, 국회의원을 원망합니다. 자신의 인생과 존재를 누군가에게 떠넘길 수는 없습니다. 침묵해야 합니다.

우리가 아주 잘 아는 성경 말씀인 요한복음 1:14입니다. "말씀이 육신이 되어 우리 가운데 거하시매 우리가 그의 영광을 보니 아버지의 독생자의 영광이요 은혜와 진리가 충만하더라." 말씀이 육신이 되었답니다. 말씀이 큽니까, 육신이 큽니까? 헷갈리는 질문인가요? 말씀이 큽니다. 여기서 말씀은 하나님의 말씀입니다. 육신은 우리 개개인의 존재이니 작습니다. 말씀이 육신이 됨으로써 구체화됩니다. 앞서 이야기한 대로 모든 가치들은 구체적인 인격의 내용이 되어야 합니다. 추상명사로 돌아다니면 안됩니다. 마치 이런 것과 같습니다. "물 좀 줘." 그러면 어떻게 합니까? 당연히 컵에 담아줘야 합니다. 그런데 "물 좀 줘." 했더니 종이에다 물이라고 써서 줄 겁니까? 아닙니다. 말씀이 육신이 된다는 것도 그와 같다는 것입니다. 신앙생활은 모든 가치와 덕목, 즉 진리와 생명이 우리라는 존재에서 본질이 되고 형태가 되고 결정이 되고 행동이 되어야 합니다.

어떤 인문학 책을 봤습니다. 인문학 책이니 답은 없고, 고민과 질문이 굉장히 깊어서 제가 읽은 문장에 우리의 답을 달아서 이렇게 고쳐봤습니다. "콘텍스트를 가지지 않는 텍스트는 실제가 될 수 없다. 우리가 가지는 명분과 소원이 다만 이념과 사상에 불과해서는 안된다. 그것은 시대와 환경이라는 실제적 정황과 도전 속에서 그 내용이 행동하는 실존에 의해 실체화되어야 한다. 그것이 다만 추상적이고 개념적일 때는 구체화되는 경우가 없다. 이때 경우란 내용이 때와 방향을 갖는 결정으로서의 구체화를 갖는다. 그러한 실체가 되지 못하면 소원과 이상은 그저 갈증과 치열함으로 해체되고 만다."

여러분도 많이 해보았지요. 금식기도도 해보고 철야기도도 해봤을 겁니다. 그 열정과 헌신에도 불구하고 하는 동안에는 한 것 같았는데 끝나면 아무것도 아니었던 것 기억나십니까? 부흥회로 모여서 다 은혜 받고, 교회

문을 나서면, 사우나에서 나온 것 같았던 기억 말입니다. 어떻게 실체화해야 하는지, 즉 어떻게 자신의 것으로 가져야 하는지를 몰랐습니다. 추상명사와 소원은 서로 연결되어 있는데, 나 자신이 거기에 담기지 않아서 그렇게 되는데 오래 걸렸습니다. 말씀이 육신이 되었다는 사실을 우리는 연결시키지 못했습니다. 그랬으니 우리의 인생이 세상이 말하는 최악의 조건은 아닌 것입니다. 우리는 어느 조건도 괜찮다는 것입니다.

예수께서 "나를 따르려거든 자기를 부인하고 자기 십자가를 지고 나를 쫓을 것이니라"고 하신 이 어마어마한 말씀을 우리는 어떤 식으로 사용했습니까? "말이 그렇다는 거지"로만 썼습니다. 그러니 자신의 인생에 대해서 늘 원망뿐이었습니다. "하나님, 도대체 들어주신 게 뭐예요? 어떻게 하자는 거예요? 우리나라는 왜 이래요?" 그렇게만 했을 뿐입니다. 그 말씀이 실제로 우리 삶 속에서 우리를 고민케 하고 우리를 울게 하여 나를 만든다는 것이 뭔지는 몰랐던 것입니다. 그러니 넋두리와 원망, 해설만 했습니다. 그 해설은 그만 하고 뛰어들어가 경기를 하십시오.

사랑의 덩어리가 되라

그렇게 할 때 우리는 이 모든 것들이 가지는 성경의 중요한 핵심을 알게 될 것입니다. 하나님이 우리를 사랑하시고, 우리로 하나님을 사랑하게 하며, 우리를 사랑으로 충만하게 하려 하신다는 것을 알게 될 것입니다. 그런데 느닷없이 사랑은 왜 튀어나오는 것일까요? 이 문제 때문에 그렇습니다.

요한일서 4:18입니다. "사랑 안에 두려움이 없고 온전한 사랑이 두려움을 내쫓나니 두려움에는 형벌이 있음이라. 두려워하는 자는 사랑 안에서 온전히 이루지 못하였느니라." 여기서 왜 사랑을 결론으로 꺼냈는지를 가만히 생각해 보십시오. 여러분의 인생에서 여러분을 괴롭히는 것은 두려움입니다. 무슨 두려움입니까? 막연한 두려움입니다. 운명과 가치에 대한 두려움입니다. 내가 제대로 살고 있는지, 끝은 어떻게 되는지. 이 모든 것의 답은 사랑이라는 것입니다. 사랑 안에는 두려움이 없습니다. 사랑이 아닌 것에는 다 두려움이 있습니다.

무슨 이야기인가요? 하나님과 우리의 관계에만 진정한 사랑이 있다는 것입니다. 왜 예수님을 보내셨을까요? 하나님이 우리를 위하여 우리를 사랑하사 당신만이 하실 수 있는 일을 고난과 수모와 왜곡 속에서 이루십니다. 사랑하시기 때문입니다. 하나님이 우리에게 무엇을 원하실까요? 유능함도 완벽함도 아니라 사랑을 원하십니다.

그렇다면 우리 인생 속에서 신앙생활을 한다는 것은 어떤 것일까요? 이 사랑에 동참하는 것입니다. 하나님이 나를 사랑하셨습니다. "말씀이 육신이 되어 우리 가운데 거하시매 우리가 그 영광을 보니 아버지의 독생자의 영광이요 은혜와 진리가 충만하더라." 그것이었습니다. 이렇게 사랑의 덩어리가 되어야 합니다. 우리는 사랑의 덩어리가 된다고 하면 늘 흐물흐물 웃고 실실거리는 것이라고 생각합니다. 아닙니다. 그것은 오해입니다. 성경은 사랑에 대해서 분명히 이야기합니다. "사랑은 오래 참고, 무례히 행치 않고, 성내지 않고, 악한 것을 생각하지 않는다. 침묵한다."

누군가 여러분을 보면 "이것이 사랑이구나" 하는 말이 나올 수 있어야겠지요. 우리는 온갖 위협과 시험 속에서 매일 한숨 쉬고 비명을 지를지라도, 예수 그리스도로 말미암아 구원을 받은 하나님의 목적이자 사랑의 대상이라는 것입니다. 여러분, 간단하지 않습니다. 그것은 우리가 옳고 그르다고 하는 것이나 또는 도덕적으로 고결하고 천박하다고 하는 것보다 훨씬 크다는 것입니다. 자식을 위해서라면 저자거리에 나가 싸울 수 있는 게 부모입니다. 유명한 사진작가의 사진이 하나 있습니다. 어느 여성이 국제시장에 나가 좌판을 깔아놨다가 단속반에 걸려 머리채 휘어 잡힌 모습을

이사야서, 하나님의 비전

담은 작품입니다. 그가 왜 법을 어겼겠어요? 아이들을 굶길 수 없으니까 어긴 것이지요. 그가 나라에서 아이들 다 먹여줄 그런 복지 정책을 만들어 달라고 단속반과 붙어 싸우겠어요? 그러다가는 아이들 다 굶어 죽였겠지요.

여러분의 삶 속에서 어려움을 당하고 또 해결이 안될지라도 사랑으로 살아낸다는 것이 무엇인지 매일매일 겪고 시험하고 도망가면서, 하나씩 배우십시오. 그래서 해가 가면 갈수록 나아져야 합니다. 이 길로 가는 것입니다. "나를 본 자는 아버지를 보았고 나를 믿는 자는 내가 하는 일을 저도 할 것이요 또한 이보다 큰 일도 하리라." 아멘입니다. 여러분의 인생과 존재를, 하루하루의 현실을, 예수님으로 살고 있다고 기억하는 믿음과 승리가 있기를 바랍니다.

::

하나님 아버지, 은혜를 감사합니다. 현실의 시험과 위협 앞에서 우리가 가진 것이 무엇이고, 우리가 소망하는 것이 무엇이며, 우리의 힘이 무엇인지를 보여주는 나날이라는 것을 기억하고 이기게 하옵소서. 포기하거나 타협하지 않고 싸워 나아가서, 울고 후회하고 다시 일어나서 예수님 안에 부활이 있고 십자가가 승리였던 것같이, 우리의 눈물과 한숨도 승리가 된다는 것을 확인하는 날 허락하옵소서. 예수님 이름으로 기도합니다. 아멘.

37

종의 책임

사 53:10-12

여호와께서 그에게 상함을 받게 하시기를 원하사 질고를 당하게 하셨은즉 그의 영혼을 속건제물로 드리기에 이르면 그가 씨를 보게 되며 그의 날은 길 것이요 또 그의 손으로 여호와께서 기뻐하시는 뜻을 성취하리로다. 그가 자기 영혼의 수고한 것을 보고 만족하게 여길 것이라. 나의 의로운 종이 자기 지식으로 많은 사람을 의롭게 하며 또 그들의 죄악을 친히 담당하리로다. 그러므로 내가 그에게 존귀한 자와 함께 몫을 받게 하며 강한 자와 함께 탈취한 것을 나누게 하리니 이는 그가 자기 영혼을 버려 사망에 이르게 하며 범죄자 중 하나로 헤아림을 받았음이니라. 그러나 그가 많은 사람의 죄를 담당하며 범죄자를 위하여 기도하였느니라.

스스로 순종을 택하시다

우리는 이사야 53장에서 하나님의 종 또는 의의 종에 관한 구체적인 예언을 봅니다. 장차 하나님의 뜻을 이루는, 하나님의 창조 사역을 완성하고 구원을 이루는 하나님의 종, 모든 시대를 관통하고 아우르는 하나님의 구원을 완성하는 메시아가 올 것이라는 예언입니다. 그가 성취한 일들은 그 내용 자체는 물론이거니와 하나님의 정체와 그 일하시는 방법에 대하여 우리에게 표준을 제시하기 때문에 우리는 이 종의 모습과 그 구원을 이루는 방법에 주목할 필요가 있습니다.

이사야 53장에 등장하는 하나님의 종의 모습, 예수 그리스도에게서 실현되고 완성되고 구체화된 모습, 그래서 우리 성도들의 신앙생활에 표준이 되는 자세에서 '책임'이라는 부분을 만나게 됩니다. 10절 말씀을 보면, "여호와께서 그에게 상함을 받게 하시기를 원하사 질고를 당하게 하셨은즉 그의 영혼을 속건제물로 드리기에 이르면 그가 씨를 보게 되며"라고 말씀합니다. 이와 같이 하나님이 이 고난의 길을 구원의 방법으로 그의 종에게 요구하셨고, 이에 예수님은 순종하십니다. 이 순종을 책임으로 제시하는 것은 순종이 다만 강요이거나 굴복이 아니라 자원하는 응답임을 말하고자 함입니다. 왜냐하면 많은 사람들이 기독교 신앙에 대해 이해할 때 순종을 조건이나 능력으로 오해하는 경우가 가장 많기 때문일 것입니다.

'하나님이 우리에게 순종을 요구하신다'고 할 때 제일 많이 오해되는 경우는, 순종이라는 단어가 독립적으로 가치를 갖게 되는 문제일 것입니다. 인간 세상에서 가장 가치 있게 여겨지는 것은 도덕이나 대의 같은 것들인데, 기독교 신앙에서도 그런 것들을 추상명사로 사용하는 예가 많습니다. 예컨대, 진심이나 헌신, 열정, 비전 같은 단어들이 그렇습니다. 우리가 이런 단어들을 자신의 삶에서 내용 자체로 갖지 못하고 짐짓 어떤 자세만 취하게 되면 그런 현상이 나타날 수 있다고 생각합니다.

우리가 살면서 만나는 사람들이 어떤 논쟁이나 토론, 대화에서 서로 말이 통하지 않으면 마지막에 어디로 갑니까? 내가 이 말을 얼마나 진심으로 하고 있는지를 증명하는 데 열을 올리게 됩니다. 상대가 자신과 다르게 생각한다는 것을 도무지 이해하려 들지 않습니다. 그래서 자신이 말하는 진심은 그저 자신에게 사심이 없다는 것 정도를 드러내는 말에 불과하지 상대를 존중해서 그의 말을 진지하게 경청하려는 마음과는 거리가 멀다는 것입니다. 이처럼 진심의 실질은 없고 다만 "내 마음은 진심이야"라고 말함으로써 자신이 얼마나 순수하고 순진한지를 드러내는 수단으로 그 말을 쓴다는 것입니다. 이런 것이 기독교 신앙에서 큰 문제라고 생각합니다.

그래서 하나님께서 예수님에게 하나님의 구원과 창조의 완성, 당신을 닮은 형상인 인류의 구원을 완성하고, 그들을 영광으로 채우기 위하여 그의 고난을 요구하셨습니다. 이에 예수님은 순종하십니다. 이는 서두에 이야기한 바와 같이, 강요나 조작이나 굴복에 의해서가 아니라 예수께서 스스로 순종을 택하신 것입니다. 하나님의 제안을 수용하신 것입니다. 그것은 그분의 선택입니다. 겟세마네 기도를 생각해 보십시오. "아버지여, 만일 할 만하시거든 이 잔을 내게서 지나가게 하옵소서." 다른 선택이 있을 수 있다는 이야기입니다. 그러나 결론은 이렇게 돌아옵니다. "내 원대로 마시옵고 아버지의 원대로 하옵소서." 우리는 이것을 흉내만 낼 뿐입니다.

여러분, 젊었을 때 연애편지를 써보신 적 있습니까? 특별히 내용은 없고 대부분 어디서 따온 시구들이나 좋은 말들만 이어집니다. 그래서 "천리 길도 한 걸음부터"도 나오고, "한술 밥에 배부르랴", "지성이면 감천" 등이 다 나옵니다. 이유도 모르고 썼던 말들입니다. 사실 우리 한국 교회 신자들의 신앙 세계도 그와 비슷하다고 생각합니다. 입만 열면 성경 구절이 툭 튀어나옵니다. "할 수 있거든이 무슨 말이냐. 믿는 자에게는 능히 하지 못할 일이 없느니라." "내게 능력 주시는 자 안에서 내가 모든 것을 할 수 있느니라." "사탄아, 물러가라." 도대체 그 말씀이 어떤 정황에서 나왔는지도 모른 채 쑥 빼다 쓴 것입니다. 아무것도 모르고 그렇게 막 썼던 것입니다.

다른 예를 더 들어보겠습니다. 예수님이 잡히시던 밤에 로마 군병들이 와서 그를 잡아갑니다. 베드로가 앞장서서 칼을 빼들어 말고의 귀를 칩니다. 주께서 말리면서 하시는 말씀이, "시몬아, 내가 지금 아버지께 구하여 열두 영도 더 되는 천사를 보낼 수 없을 것 같으냐?" 여기서 말하는 영은 군대 단위입니다. 지금으로 치면 연대 규모인 3천 명 단위의 부대입니다. 즉, 열두 영이면 3만 6천 명의 천군천사를 보내실 수 있다는 말씀입니다. 그런데 "그렇게 하면 모든 예언과 약속이 어떻게 성취되겠느냐? 칼을 거두어라"라고 말씀하신 셈입니다. 예수께서 구하면 하나님이 천군천사를 보내서 그를 보호하고 다른 식으로 구원하셨을 것입니다. 그러나 그랬다면 예수께서 십자가를 지심으로 이루시는 구원의 내용까지는 나가지 못하게 되는 것입니다.

창조의 완성을 위해 우리를 부르심

우리가 가장 쉽게 하나님께 요구하는 바는 교회에 힘을 주셔서 정의를 실현해 달라는 것입니다. 그 다음에 긍휼이나 봉사, 희생, 감동을 주시면 얼마나 좋겠습니까? "너희 요구대로 내가 준다면 너희는 내가 너희에게 요구하는 수준에 도달할 수 있겠느냐?" 그럴 수 없다는 것입니다. 우리가 원하는 것을 예수님의 죽으심에 담고자 한다면 어떻게 되겠습니까? 하나님이 담고자 하시는 것은 담기지 않을 것입니다. 하나님이 우리에게 요구하시는 것은 순종입니다. 다음에 인용할 말씀은 이런 것에 대한 성경의 중요한 서술로서 음미할 만한 것입니다. 히브리서 5:7-9을 보겠습니다.

> 그는 육체에 계실 때에 자기를 죽음에서 능히 구원하실 이에게 심한 통곡과 눈물로 간구와 소원을 올렸고 그의 경건하심으로 말미암아 들으심을 얻었느니라. 그가 아들이시면서도 받으신 고난으로 순종함을 배워서 온전하게 되셨은즉 자기에게 순종하는 모든 자에게 영원한 구원의 근원이 되시고 (히 5:7-9).

그가 아들이신데도 고난으로 순종을 배워 온전하게 되십니다. 이 부분을 이해하기 좋게 중창을 예로 들어 설명하겠습니다. 중창에는 소프라노만 있는 것이 아니라 알토나 테너, 베이스 등 여러 파트가 있습니다. 그

때 주 멜로디는 소프라노가 담당하기 때문에 소프라노가 중심을 이루는 것은 맞지만, 나머지 파트 역시 중요한 부분을 담당합니다. 어떠한 중창곡이든 들어보면 그 곡을 주도하고 대표하는 멜로디가 있어도 화음을 이루는 알토나 테너, 베이스는 그 단순한 선율을 넓히고 깊게 해서 음악성을 담아내게 됩니다. 가수 한 명으로는 그렇게 할 수 없습니다. 한 사람이 아무리 고함을 질러도 할 수 없는 것을 중창이 만들어냅니다. 누구 하나 홀로 노래하지 않고 화음을 이루며 서로 합해진다는 것입니다.

하나님은 당신이 이루시려는 창조의 완성에서 하나님의 높으심에 우리로 와서 깊이가 되어 달라고 하시는 것입니다. 하나님이 우리에게 창조를 함께 이루자고 요구하시는 것이 기독교입니다. 그것은 우리가 부르지 않으면 안되는 것입니다. 하나님이 부르시는 노래에 우리가 없으면 화음이 만들어지지 않는 역할, 그가 요구하시는 고난과 낮아짐, 눈물과 한숨이 만들어내는 화음, 그 깊이와 폭을 우리에게 요구하십니다. "함께 가자." 그래야 비로소 음악이나 예술처럼 기독교가 말하는 구원과 영광과 감동이 나오는 것입니다. 하나님이 우리에게 이 순종을 요구하실 때, 우리로 하여금 순종을 택하고 그 가치를 알게 하시는 일에 하나님의 일하심이 있습니다. 하나님은 이 책임과 내용을 우리에게 어떻게 알게 하시고 만들어 가십니까? 이것은 다만 한 번의 묵상, 한 번의 결단으로 가능하지 않습니다. 오랜 시간에 걸쳐 항복하고, 하나님의 뜻을 이해하고 납득하게 될 때 마침내 우리의 자랑이 된다고 가르치시는 것입니다.

인생에서 씨름하는 시간들

그 첫 번째는 탕자의 비유에 나오는 것입니다. 둘째 아들이 아버지에게 자기 몫을 달라고 해서 세상에 나갑니다. 그가 어떻게 합니까? 허랑방탕합니다. 허랑방탕하다는 것은 도덕적 표현이 아닙니다. 도덕적 기준을 가지고 비난하는 말이 아니라, 그가 하고 싶은 대로 한 것을 말합니다. 모든 인간이 그렇게 삽니다. 사람이 태어나서 소원하는 것이 무엇입니까? 한번 마음대로 살아보고 싶은 것 아닙니까? 누가 이런 말을 합니다. "성공해 봤자 아무것도 아니야." "그래도 나 성공해보고 싶어." 모두가 소원하는 것입니다. 성도의 수가 많지 않은 작은 교회에서 애쓰는 목사들은 이런 이야기를 합니다. "저도 큰 교회 한번 해보고 싶어요." "크면 고민도 커요. 작은 게 최고에요." "그 고민 한번 해보고 싶어요." "돈 벌어봐야 소용없어." "그래도 돈벼락 한번 맞아보고 싶어."

탕자가 왜 돌아옵니까? 답이 없기 때문에 돌아옵니다. 그는 굶주려서 돌아오는데 그 굶주림은 단순히 먹을 것에 대한 이야기가 아닙니다. 이 세상에서 즐거움이 되고 행복이 되고 자랑이 된다고 생각했던 그 모든 것이 답이 아니라는 것을 알기까지는 평생이 걸립니다. 그것이 아무것도 아니라는 것을 말입니다. 자기 마음대로 살아서는 만들 수 있는 답이 없다는 것을 알게 됩니다. 그래서 끝에 어떻게 되지요? 원래는 절망해야 맞습니다. "늙어서 비실비실하다 죽기도 싫고 더 살아서 원망의 대상이 되거나 남에게 상처를 주고 살기도 싫습니다. 빨리 죽고 싶습니다." 거기서 돌아서는 것입니다. "그래, 아버지 집에는 품꾼도 넉넉했었지." 거기에만 답이 있다는 것을 비로소 깨우칩니다. 거기에 하나님의 일하심의 보편적 기회, 누구에게나 주시는 기회가 있습니다. 그래서 여러분이 여기에 와서 앉아 있는 것입니다. 여기에 오면 세상이 주던 것보다 더 좋은 것을 줄 것이라고 끊임없이 생각합니다. 아닙니다. 이미 주셨습니다. 모르고 있을 뿐입니다.

두 번째는 아브라함의 생애를 생각해 볼 수 있습니다. 로마서 4:17-21을 보겠습니다.

기록된 바 내가 너를 많은 민족의 조상으로 세웠다 하심과 같으니 그가 믿은 바 하나님은 죽은 자를 살리시며 없는 것을 있는 것으로 부르시는 이시니라. 아브라함이 바랄 수 없는 중에 바라고 믿었으니 이는 네 후손이 이같으리라 하신 말씀대로 많은 민족의 조상이 되게 하려 하심이라. 그가 백 세나 되어 자기 몸이 죽은 것 같고 사라의 태가 죽은 것 같음을 알고도 믿음이 약하여지지 아니하고 믿음이 없어 하나님의 약속을 의심하지 않고 믿음으로 견고하여져서 하나님께 영광을 돌리며 약속하신 그것을 또한 능히 이루실 줄을 확신하였으니(롬 4:17-21).

아브라함은 믿음이 좋습니다. 성경은 우리가 이해하는 것과 달리 더 깊은 표현을 하고 있습니다. 사실 아브라함은 대책이 없었습니다. 하나님이 나타나서 이름을 아브람에서 아브라함으로 바꾸십니다. 아브라함은 많은 민족의 아버지입니다. 그런데 그에게는 아이가 없습니다. 아이가 있어야 가문이 이어질 텐데 어떻게 많은 민족의 아버지가 되겠습니까? 그러니 사람들이 물었겠지요. "당신은 왜 이름을 그렇게 지었습니까? 누가 지어주었지요?" 이것이 남의 이야기이겠습니까? 세상이 여러분에게 묻습니다. "당신, 예수 믿으세요?" "그럼요." "예수 믿는데 왜 몰골이 그 모양인가요?" 우리가 늘 듣는 이야기입니다. "예수는 왜 믿으세요? 예수 믿으면 행복하세요?" "아니요." "복 받는다면서요?" "그럼요." "받은 복이 있나요?" "없어요." 도대체 그 세월을 어떻게 견딘 것입니까?

예수님을 믿는 것은 속상한 일이고, 하나님은 답도 주시지 않습니다. 그렇다고 세상이 답을 주는 것도 아닙니다. 하나님 믿자고 왔는데 하나님이 속 시원하게 해주시지 않으면 죽어야 맞겠지요. 그런데 죽지 않고 살아 있는 것입니다. 하나님이 붙잡고 계시는 것입니다. 하나님이 일하고 계십니다. "이것이 무엇인지 더 생각해 봐라. 결국 죽는 것 외에는 성질을 부릴 수 있는 게 없다고 생각하면 죽어도 좋다. 그러나 하루 더 살아서 하루 더 생각해 봐라. 이것이 무엇인지 생각해 봐라. 그러고서 네가 돌이켜라."

누가 아브라함에게 아이를 줍니까? 하나님이 주십니다. 아브라함이 만드는 것이 아니라 하나님이 주십니다. 그래서 믿음의 조상이 됩니다. 그러니까 결과적으로 보자면 아브라함은 믿음이 좋아서 자식이 없을 때에도 아브라함이라고 소리치고 다녔고, 믿음이 좋아서 바랄 수 없는 중에도 늠름했다는 것입니다. 우리도 그와 같습니다. 우리가 지금의 실력으로 평가를 받지 않고 나중에 우리의 항복과 고백과 기적과 영광으로 평가를 받을 것입니다. 거기에 하나님의 일하심이 있습니다. 저를 보십시오. 3년 전부터 제가 훌륭해졌다고 공언하고 다니고 있습니다. "난 이제 알겠습니다. 세상이 거짓되었다는 것을 알겠고, 기독교 신앙이 어떻게 보상받는지 알겠습니다." "행복하십니까?" "아닙니다." "그런데 뭐가 훌륭해졌다는 말인가요?" "기다릴 수 있게 되었습니다. 결국 하나님이 이기신다는 것을 기다릴 수 있게 되었습니다. 이보다 더 좋은 믿음은 없습니다." 이것이 성경이 하고싶어 하는 이야기입니다.

세 번째 경우는 야곱입니다. 야곱은 얍복 나루에서 천사와 씨름을 하고 고집 부리다가 얻어맞고는 이스라엘이라는 이름을 얻습니다. '하나님과 겨루어 이긴 자'라는 이름을 얻습니다. 어디서 얻습니까? 죽음의 문턱에서 얻습니다. 야곱은 자신의 생애 전체를 통하여 이 세상에서 어떤 성취, 어떤 답을 얻으려고 애썼던, 전형적으로 하나님 없는 인생을 삽니다. 형을 속이고, 아버지를 속이고, 삼촌을 속이고 재산도 끌어 모았고, 아내도 넷이나 되었습니다. 그런 그가 삼촌을 떠나 고향으로 돌아오는 길에 얍복 나루에서 모두 다 내주고 자기 목숨도 장담할 수 없는 처지에서 날밤을 샙니다. 하나님이 그에게 찾아오십니다. 그와 씨름을 하십니다. "아직도 모르겠느냐?" "모르겠습니다." 한 대 치고 가버리면 그는 끝납니다. 거기서 야곱이 붙잡습니다. 죽음과 절망, 이런 것들이 가장 크게 일을 합니다. 결국 그가 실상을 알게 됩니다.

감수하는 자리에 서다

우리는 다 죽음으로 끝난다는 것, 인생에서는 아무런 답도 찾지 못한다는 것을 봅니다. 어느 인간도 위대하고 훌륭해지기는 쉽지 않습니다. 훌륭한 사람들은 어떻게 해서 나왔을까요? 나중에 누군가 그를 배신하기 전에 그가 먼저 죽음으로써 훌륭해진 것입니다. 이순신이 살아남아서 정승이 되었다면 그 후에 어떻게 되었을지 모릅니다. 인생은 훌륭하지 않습니다. 죽음 앞에 서서 비로소 하나님을 찾고 부르짖어야 맞습니다. "하나님, 계시다면 알려 주십시오. 기다릴 수 있게 해주시옵소서." 이렇게 외쳐야 합니다.

그런 과정을 거쳐 나중에 이런 고백을 합니다. "하나님, 맞습니다. 하나님이 우리의 승리요 영광이요 해답이십니다. 성경에 증언된 하나님이 그의 아들을 보내신 하나님이요, 우리를 사랑하신 하나님이요, 은혜와 긍휼의 하나님이라면 좋습니다. 저는 무엇이든 감수하겠습니다." 이런 자리에 오는 것입니다. 그런데 우리는 그런 식으로 말하지 않습니다. "저에게 세계를 주시옵소서." 이것은 말도 안되는 소리입니다. 예수님은 아무도 모르는 자리, 아무도 모르는 정황 속에서 이름 없이 죽으십니다. 그런데 아무것도 모르는 자들이 예수님을 무슨 세계 4대 성인에다 올려놓고 떠드는 신성모독적인 이야기를 해왔습니다. 예수님은 역사 내내 그런 오명을 감수하고 계십니다. 사실 예수님을 믿고 성질을 부린다면 그것은 믿음이 없는 것이겠지요. 제가 한 것이야 성질이겠습니까? 선포요, 증언이요, 권면이요, 여러분의 현실의 위대함을 깨우쳐 주고 싶은 요구입니다. 빌립보서 2:5-11을 보겠습니다.

너희 안에 이 마음을 품으라. 곧 그리스도 예수의 마음이니 그는 근본 하나님의 본체시나 하나님과 동등됨을 취할 것으로 여기지 아니하시고 오히려 자기를 비워 종의 형체를 가지사 사람들과 같이 되었고 사람의 모양으로 나타나사 자기를 낮추시고 죽기까지 복종하셨으니 곧 십자가에 죽으심이라. 이러므로 하나님이 그를 지극히 높여 모든 이름 위에 뛰어난 이름을 주사 하늘에 있는 자들과 땅에 있는 자들과 땅 아래에 있는 자들로 모든 무릎을 예수의 이름에 꿇게 하시고 모든 입으로 예수 그리스도를 주라 시인하여 하나님 아버지께 영광을 돌리게 하셨느니라(빌 2:5-11).

예수님의 순종은 하나님의 영광을 드러냅니다. 하나님은 우리를 찾아오십니다. 위협하지 않으시고, 강요하지 않으시며, 조작하지 않으십니다. 가장 놀라운 부분입니다. 우리의 거부, 우리의 비난, 우리의 고집을 허락하십니다. 이는 마치 두 사람이 이중창을 하기로 했는데, 하나는 노래를 부르고, 하나는 욕을 하고 있는 꼴입니다. "네가 욕을 하는 것이 무슨 도움이 되겠느냐? 같이 노래를 부르자." "배고파 죽겠는데 노래는 불러서 뭐합니까?" "밥은 내가 사주마. 다시 불러보자." 이것이 우리의 인생입니다. 우리는 무한정 핑계를 댑니다. 여러분 못난 짓 한 것 회개할 필요 없습니다. 과거를 만회하는 것이 기독교가 아니라 거기서 무엇을 배웠느냐가 중요합니다. 여러분의 고집이 만든 것은 무엇입니까? 여러분의 원망이 만든 것은 무엇입니까? 여러분의 자랑이 만든 것은 무엇입니까? 다 헛됩니다. 다 거짓입니다.

그러니 다시 돌아와 묻겠습니다. 인간의 가치가 무엇입니까? "나와 더불어 인간의 참된 영광을 만들어내자." 예수께서 거기에 따라 들어가신 것입니다. 자기를 비우시고 권력과 지위를 내려놓으시며, 하나님의 높은 뜻을 받드십니다. 구체적으로 인간이 갖는 조건과 한계와 각각의 특별한 경우를 예수께 다 담아 하나님이 우리에게 요구하고 목적하시는 것이 얼마나 굉장한 것인지를 드러내십니다. 그렇게 해서 그를 높여 모든 이름 위에 뛰어나게 하사 모든 무릎을 그 앞에 꿇게 하시는 영광의 자리에 우리를 올려놓으신 것입니다. 이중창을 부르신 것입니다. 그것이 하나님의 영광입니다.

하나님 따로 가고, 우리 따로 가는 식으로는 안하시겠다는 것입니다. "네가 가는 길을 내가 기다리마. 따라가마. 지켜보마. 함께하마. 그리고 거기서 끝내지 말자. 못난 데로 가지 말자. 너희는 내 사랑이다. 내 모든 소원이다. 나와 함께 이 자랑과 영광으로 가자." 그런 나날들이 우리의 신앙생활이라는 것입니다. 여러분의 삶의 조건과 제한된 지위 속에서 이 길을 갈 수 있다고 성경은 선언합니다. 우리 모두는 예수님의 죽음을 자신이 잘못해서 죽은 것으로 알았고 그가 아무것도 아닌 것으로 알았습니다. 그가 우리를 위하여 죽으러 오신 줄 아무도 몰라봤습니다. 우리도 그와 같습니다. 우리의 길은 우리 자신의 영광이요 우리가 몸담은 이웃과 시대와 역사 속에 있는 하나님의 개입입니다. 남이 얼마나 알아주고 얼마나 영향을 미치느냐는 하나님의 손에 달려 있습니다. 모두가 자기의 조건 속에서 그 현실로 살아내십시오. 넉넉한 얼굴로 말입니다.

::

하나님 아버지, 은혜를 감사합니다. 하나님을 아버지라 부른다는 것이 얼마나 놀라운 일인지요. 우리의 인생은 얼마나 굉장한 기회인지요. 하나님은 기다리십니다. 헛된 것과 영광을, 서로 비교하고 맛보고 확인하고 선택하게 하십니다. 우리에게 요구하시는 것은 사랑과 믿음입니다. 이 명예를 기억하여 속히 하나님 앞에 돌아와 우리의 삶을 영광된 책임으로 살아내는, 그래서 귀한 자랑이 있는 인생이 되도록 복 내려주옵소서. 예수님 이름으로 기도합니다. 아멘.

이사야서, 하나님의 비전

38

너는 노래할지어다

사 54:1-10

잉태하지 못하며 출산하지 못한 너는 노래할지어다. 산고를 겪지 못한 너는 외쳐 노래할지어다. 이는 홀로 된 여인의 자식이 남편 있는 자의 자식보다 많음이라. 여호와께서 말씀하셨느니라. 네 장막터를 넓히며 네 처소의 휘장을 아끼지 말고 널리 펴되 너의 줄을 길게 하며 너의 말뚝을 견고히 할지어다. 이는 네가 좌우로 퍼지며 네 자손은 열방을 얻으며 황폐한 성읍들을 사람 살 곳이 되게 할 것임이라. 두려워하지 말라. 네가 수치를 당하지 아니하리라. 놀라지 말라. 네가 부끄러움을 보지 아니하리라. 네가 네 젊었을 때의 수치를 잊겠고 과부 때의 치욕을 다시 기억함이 없으리니 이는 너를 지으신 이가 네 남편이시라. 그의 이름은 만군의 여호와이시며 네 구속자는 이스라엘의 거룩한 이시라. 그는 온 땅의 하나님이라 일컬음을 받으실 것이라. 여호와께서 너를 부르시되 마치 버림을 받아 마음에 근심하는 아내 곧 어릴 때에 아내가 되었다가 버림을 받은 자에게 함과 같이 하실 것임이라. 네 하나님께서 말씀하셨느니라. 내가 잠시 너를 버렸으나 큰 긍휼로 너를 모을 것이요 내가 넘치는 진노로 내 얼굴을 네게서 잠시 가렸으나 영원한 자비로 너를 긍휼히 여기리라. 네 구속자 여호와께서 말씀하셨느니라. 이는 내게 노아의 홍수와 같도다. 내가 다시는 노아의 홍수로 땅 위에 범람하지 못하게 하리라 맹세한 것 같이 내가 네게 노하지 아니하며 너를 책망하지 아니하기로 맹세하였노니 산들이 떠나며 언덕들은 옮겨질지라도 나의 자비는 네게서 떠나지 아니하며 나의 화평의 언약은 흔들리지 아니하리라. 너를 긍휼히 여기시는 여호와께서 말씀하셨느니라.

지금의 고난을 기뻐하라

이사야서 전체는 북이스라엘과 남유다의 멸망을 역사적 배경으로 하며,

그들의 멸망이 하나님께 신실치 못한 것에 대한 징벌이라고 분명하게 가르칩니다. 그럴지라도 이 징벌은 그것으로 끝나지 않고 구원으로 이어지며, 그 구원은 이스라엘만의 구원이 아닌 열방 즉 모든 민족들의 구원으로까지 확대될 것이라고 예언합니다.

이사야 1-39장이 북이스라엘의 멸망과 남유다 말기를 그 시대적 배경으로 갖는다면, 40-55장은 포로 시대를 역사적 배경으로 갖고 있으며, 56-66장은 귀환하여 다시 성전을 짓는 시기를 역사적 배경으로 갖고 있습니다. 40-55장에서 선포되는 예언은 하나님께서 어떻게 자기 백성을 회복시키실 것이며, 하나님의 창조의 역사와 하나님 언약에 대한 신실함 등이 포로 귀환, 이스라엘의 회복, 약속된 구원의 성취와 어떻게 연결되는지 약속합니다.

이사야 54장에 이르면, 그들에게 "잉태하지 못하며 출산하지 못한 너는 노래할지어다"라고 말합니다. 이렇게 그 고난의 시간이 압축적으로 표현됩니다. 지금 너희가 고난을 당하고 있지만 결국 구원을 받을 것이므로 노래하라고 하는 것을 넘어서, 지금 고난 속에 있고 절망 속에 있지만 그 고난과 절망을 노래하라는 말씀입니다. 성경에는 이와 같은 표현이 자주 나오므로 기억해야 합니다.

예수께서는 마태복음 5장에서 팔복을 가르치시다가 10절 이하에서 이렇게 말씀합니다.

의를 위하여 박해를 받은 자는 복이 있나니 천국이 그들의 것임이라. 나로 말미암아 너희를 욕하고 박해하고 거짓으로 너희를 거슬러 모든 악한 말을 할 때에는 너희에게 복이 있나니 기뻐하고 즐거워하라. 하늘에서 너희의 상이 큼이라. 너희 전에 있던 선지자들도 이같이 박해하였느니라(마 5:10-12).

박해를 받으면 그것이 복이니 기뻐해야 한다는 것입니다. 나중에 보상을 받는다는 것을 넘어서 이 본문이 말하는 바는 지금의 고난을 기뻐하고 즐거워해야 한다는 뜻입니다.

로마서 5:1-3에서도 동일한 사실을 만날 수 있습니다.

그러므로 우리가 믿음으로 의롭다 하심을 받았으니 우리 주 예수 그리스도로 말미암아 하나님과 화평을 누리자. 또한 그로 말미암아 우리가 믿음으로 서 있는 이 은혜에 들어감을 얻었으며 하나님의 영광을 바라고 즐거워하느니라. 다만 이뿐 아니라 우리가 환난 중에도 즐거워하나니(롬 5:1-3).

하나님의 영광을 바라고 소망 속에서 즐거워할 뿐 아니라 우리가 환난 중에도 즐거워한다는 것입니다. 그것은 "환난을 즐깁니다"라는 말입니다. 이처럼 성경이 말하는 바는 "지금 고난을 받으면 나중에 보상을 받게 될 것이며, 지금 고생할지라도 결국 해결될 것이다"라는 의미가 아닙니다. 오히려 환난을 더 적극적으로 이해할 것을 요구합니다. 고난이란 "비록 고통스럽지만 너희가 바라는 영광을 만드는 과정인 것이다"라고 말하는 셈입니다.

기독교의 타당성 구조

우리가 성경을 대할 때 가장 놀라거나 가장 많이 오해하는 것이 무엇일까요? 사람이 어떤 것을 이해하고 결정할 때는 그 근거를 가져야 합니다. 이런 근거를 전문 용어로 '타당성 구조'라고 말합니다. 그러니까 우리가 세상에 살면서 무엇을 분별하고 무엇을 결정하거나 이해하려 할 때 그 대상은 공통되는 어떤 질서, 기반을 갖는다는 것입니다. 그것이 세상이 갖는 타당성 구조라는 것입니다.

　타당성 구조는 그 특성이 합리주의입니다. 합리주의란 이미 우리가 경험한 것이고 또 변치 않는 원칙에 근거한 이해들입니다. 세상적 타당성 구조는 보통 이해할 수 있는 것 배후에 감춰져 있습니다. 이 구조가 과학이나 경험이나 논리로 증명된다 할지라도, 그것은 근본적으로 절망 위에 서 있습니다.

　왜 그렇습니까? 사람이 죽어나가는데도 아무도 사망을 해결할 수 없다면 사람이 살아 있는 동안에는 도저히 절망을 벗어날 수 없기 때문입니다. 그런 구조 속에서 무슨 가치를 이야기한다고 해서 사망을 극복한다든지 외면할 수 있다든지 면제받을 수 없는 노릇입니다. 세상에서 사람들이 가치 있다고 여기는 대의나 덕목이나 다른 그 어떤 것도 사망을 이길 수 없습니다. 그런 것들은 영원한 진리가 아니기 때문입니다. 그런데 이런 전제를 꺼내 놓으면 세상은 그것으로는 타당성 구조를 만들 수 없다는 이유를 들이대면서 그들 식의 타당성 구조를 내세웁니다.

　그렇다면 기독교인들이 가지는 타당성 구조는 어떤 것입니까? 그것은 승리와 복, 영광입니다. 그것은 무엇 위에 서 있느냐면 소망 위에 서 있습니다. 부활이 사망을 이겼기 때문입니다. 기독교인이 가지는 타당성 구조는 예수님에게서 가장 분명하게 드러납니다. 그것은 역사적인 증거이기 때문입니다. 그는 창조주요 섭리자요 심판자이신 아버지의 뜻을 따라 죽으시고 사셨습니다. 그는 우리를 사랑하시며 우리를 영광의 목적으로 삼고 계십니다. 이것이 기독교의 타당성 구조입니다.

　우리는 세상적 타당성 구조와 기독교의 타당성 구조를 자주 혼동합니다. 우리가 세상적 타당성 구조를 향해 어떤 보상을 요구하지만, 현실에서는 사망이 왕 노릇할 뿐입니다. 거기서 우리는 거짓말을 하고 경쟁을 하고 보복을 하는데, 이런 질서 속에서 영생을 믿고 사는 우리로서는 이 둘의 조합이 늘 모호할 수밖에 없습니다. 그럴 때 우리는 어떻게 행동합니까? 자기에게 유리하게 행동합니다. 남에게 일어난 일에서는 정답이 무엇인지 알지만, 자기에게 일어난 일에서는 정답을 모릅니다. 그런 혼란이 우리 모두에게 있습니다.

이 일에 대하여 가장 많이 고민하고 교회사에 업적을 남긴 이는 종교개혁을 일으킨 마르틴 루터입니다. 루터가 종교개혁을 일으켰기 때문에 그를 무슨 혁명가처럼 많이들 생각하는데, 루터의 가치는 그가 펼친 신학에 있습니다. 그 신학을 가리켜 '십자가 신학'이라고 합니다. 왜 십자가입니까? 우리에게 십자가는 구원이고 은혜이고 부활이며, 승리이고 헌신이며 순종이기 때문입니다.

현실이 세상적 타당성 구조라면 그와 달리 예수님과 십자가는 기독교의 타당성 구조라 할 수 있습니다. 그런데 이 두 구조가 갖는 서로 모순되고 충돌되는 대립성을 우리가 놓치게 되면, 이 세상적 타당성 구조 안에서 우리가 펼치는 헌신이나 순종이나 믿음을 근거로 해서 부활을 가질 수 있다고 그릇 생각하게 됩니다. 다시 말해 마치 우리가 노력의 보상으로 부활을 받을 수 있다는 식의 합리주의에 빠질 위험이 있다는 것입니다. 이 둘이 아주 묘하게 묶이는 것을 봅니다. 그러나 사실 성경은 기독교의 타당성 구조가 신기하게도 세상이 외면한, 세상이 도망갈 수밖에 없었던 사망을 전제로 한다고 말합니다.

십자가란 고통, 배신, 의심, 왜곡, 기만, 비극, 절망입니다. 하나님은 그것으로 부활을 만들어내십니다. 사람들이 기독교 신앙 세계에 들어와서 "예수를 믿고 하나님의 사람으로 살고 천국의 삶을 살겠다"고 약속은 합니다. 그런데 그들은 십자가를 통과하지도 않은 채 보상이나 영생을 받는 것과 슬쩍 연결시켜 놓음으로써 하나님이 실제로 부활을 만들어내신 십자가의 길은 외면하고 있습니다. 십자가의 길이란 단순히 헌신과 복종을 요구하는 윤리적 차원의 강요의 길이 아니라는 것입니다. 세상은 그것이 보상이 없는 길이라서 외면하거나 타협하거나 체념하거나 원망하려는 태도를 취하겠지만, 우리는 부활을 담는 하나님의 방법으로 새롭게 쓰였다는 사실을 기억해야 합니다. 지금 우리에게서 그 위대함이 사라지고 있습니다.

우리는 이렇게 물어야 합니다. "하나님은 왜 하필 이런 식으로 일을 하시는가? 왜 십자가로 부활을 만드시는가? 왜 절망과 비극과 죽음으로만 부활을 만드셔야 하는가? 왜 그것으로 승리를 만드시는가? 다른 길은 없는 것인가? 그리고 신앙은 우리에게서 어떻게 드러나고 있는가?" 사실 고난은 죄 때문에 생겨났고, 고난 없는 순적한 길이 좋다는 식으로 십자가의 길이 많이 왜곡되고 있습니다. 그래서 남들 가는 군대 안 가고, 남들 걸리는 감기 안 걸리고, 그렇게 잘 살다가 죽음을 맞이하겠다는 식의 신앙 이해 탓에, 불만족스런 자신의 처지나 조건을 감당해 내는 하나님의 사람으로서의 위대함은 이제 교회 안에서 찾아보기 힘들게 되었습니다.

죽음 앞에 세우신다

고린도후서 1:8-9을 보겠습니다.

> 형제들아, 우리가 아시아에서 당한 환난을 너희가 모르기를 원하지 아니하노니 힘에 겹도록 심한 고난을 당하여 살 소망까지 끊어지고 우리는 우리 자신이 사형 선고를 받은 줄 알았으니 이는 우리로 자기를 의지하지 말고 오직 죽은 자를 다시 살리시는 하나님만 의지하게 하심이라(고후 1:8-9).

하나님은 우리를 죽음 앞에 세우십니다. 이것이 성경이 하는 이야기입니다. 왜 죽음 앞에 세우십니까? 죽음이 최고의 시험이기 때문입니다.

죽음을 넘어서는 가치, 곧 죽음을 꿰뚫는 것으로 가는 길 이외의 것은 죽음 앞에서 다 무용지물입니다. 그러니 마음에 한번 생각해 보십시오. 예수님을 믿고 쓸모 있기 위해서 원하는 것이 무엇입니까? 여러분이 행복하기 위해서 필요한 것이 무엇입니까? 그 요구가 죽음을 극복할 만큼 큰 것입니까? 여기에 우리를 대면시키는 것이 인생입니다. "내가 너희에게 하려는 것은 이것을 관통하게 하는 것이다." 하나님이 우리를 죽음에 대면시키지 않으신다면, 하나님과 우리 사이에 '하나님 좋고 나 좋고'라는 식의 타협안밖에 나오지 않습니다. 교회사 내내 존재한 시험입니다. 서로 적당히 좋은 게 좋지 않느냐는 것입니다.

마틴 로이드 존스는 촉망받던 의사였는데, 교회에 가서 설교를 듣다가 화가 나서 설교자가 됩니다. 기독교의 가장 중요한 이야기를 하지 않더라는 것입니다. 저도 그랬습니다. 제 불만도 그것이었습니다. 목사와 성도들이 고스톱을 짜고 치더라고요. "괜찮다, 괜찮다" 해주면 "감사합니다, 감사합니다" 하는 식이었습니다. 저는 그렇게는 못한다고 했습니다. 왜냐하면 그것이 너무 싸구려였기 때문입니다.

기독교는 그런 것이 아닙니다. 그것보다 훨씬 큰 것입니다. 죽음으로 우리를 시험하거나 방해할 수 없습니다. 죽음이 우리를 시험하거나 방해할 수 없다면, 어떤 비극적인 것도 죽음에 미치지는 못합니다. 누군가에게 비난이나 오해, 고통, 모함을 받거나 어떤 병에 걸리는 일 따위는 모두 사망의 졸개에 지나지 않습니다. 우리가 사망을 넘어설 수 있다면 언제든지, 무슨 일에서든지 마음이 평안하겠다는 데 있는 것이 아니라 그것들과 타협할 이유가 없어야 한다는 것입니다.

우리가 당하는 현실 생활이 왜 고통스럽지 않겠습니까? 그러나 그것은 절망의 고통이 아니라 그저 어려운 고통일 뿐입니다. 그것은 우리를 어떻게 할 수가 없습니다. 그럼 아파서 병실에 누운 채 희희낙락하겠습니까?

아픈데 인상을 안 쓸 수 있겠습니까? 그렇지만 그것이 절망일 수는 없습니다. 이것으로 하나님이 우리를 만드시기 때문입니다. 왜 그렇게 하시는지를 예수님의 고난에 관한 히브리서의 고백에서 볼 수 있습니다. "그가 아들이시라도 받으신 고난으로 순종함을 배워서 온전하게 되셨다." 이것입니다. 그러니까 고난이란 하나님이 우리를 만들어 가시는 과정인 동시에 필수적인 것입니다.

그러므로 신앙생활에 고난이 없다고 하는 것은 거짓입니다. 고난이 없는 사람은 뇌가 없는 것과 같습니다. 인간이라면 누구나 삶의 한계와 자신의 존재의 불만에 대해서 자신이 가진 갈증을 스스로 풀어낼 수 없다는 사실 때문에 고민하지 않을 수 없습니다. 그것을 다른 것으로 슬쩍 대체하지 마십시오. 이 사회가 가지는 기만적 타당성 구조는 경쟁의 승리가 행복이라고 속삭입니다. 높은 지위가 가치 있다고 이야기합니다. 그것에 속으면 안됩니다. 신앙인은 죽음을 정면으로 대하고 서야 합니다.

그러니 가장 무서운 것이 무엇이겠습니까? 건강한 것입니다. 사람이 건강하고 시간이 많으면 죽음 앞에 서지 않습니다. 우리 교회는 "우리 교우 모두가 아파서 죽을 지경이 되게 해주시옵소서"라는 것을 기도의 첫 번째 제목으로 삼아야 맞습니다. 그것을 뚫지 못한다면 모든 것이 아무 소용없는 이야기가 될 뿐입니다. 그저 "건강하게 살다가 죽었다"로 끝날 것입니다. "아무 고민 없이 죽었다. 여기 평생 아무 생각도 하지 않고 드러누운 사람이 있다." 그뿐입니다. 하나님은 그것은 안된다고 하십니다. "그것은 안된다. 내가 만들려고 하는 것은 소모품이 아니다. 시간이 흐르면 흐지부지되는 것이 아니다." 이것이 고난이 이야기하려는 바입니다.

고난이 가지는, 성경이 가지는 타당성 구조의 증거들로는 무엇이 있습니까? 그 단적인 증거가 동정녀 탄생입니다. 처녀가 아이를 낳습니다. 처녀가 아이를 낳는다는 것은 그로서는 황당무계한 일입니다. 이사야 54

장 본문에서 보듯이 "너희 잉태치 못한 자여 노래하라"와 같은 것입니다. 처녀가 아이를 가졌는데 노래하라고 합니다. 그러면 주변에서 "저 사람이 아이를 가지더니 완전히 정신이 나갔네"라고 하지 않겠습니까? 그런데 그렇게 가진 아이가 메시아였습니다. 마리아가 변명할 수 없는 처지에 놓이자 정혼했던 요셉은 그와 가만히 파혼하려고 합니다. 그렇지 않습니까? "처녀가 아이를 가져도 할 말이 있다더니 당신이 그런 여인이었더란 말인가?"

우리가 당하는 모든 일에서 우리가 변명할 여지가 없지 않습니까? "네 잘못이야." 맞습니다. "네가 뭔가 잘못한 거야." 맞습니다. 그 모든 것이 메시아를 낳았듯이, 우리에게 영광과 하나님의 뜻을 낳게 하는 하나님의 방법이라는 것입니다. 우리가 당하는 현실은 하나님이 일하시는 자리입니다. 내가 잘못해서 하나님이 외면하고 있는 자리가 아닙니다. 이스라엘 백성이 바벨론 포로로 끌려간 사건마저도 그들을 그렇지 아니한 곳에서 만드는 것보다 더 크게 만드신 하나님의 길이요 그런 시간이었다고 성경은 이야기합니다.

「밴드 오브 브라더스」라는 미국 드라마가 있습니다. 제2차 세계대전 당시 미육군 101공수사단 소속 어느 부대의 전투 이야기를 다루는데, 그 부대에 로널드 스피어스라는 매우 용감한 장교가 있습니다. 죽음을 두려워하지 않고 언제나 선두에 서서 담대하게 부대를 지휘합니다. 그래서 병사들 사이에 그의 용맹함에 대한 온갖 이상한 소문이 돌아다닙니다. 그런데 그 부대에 병사 하나가 전출되어 들어옵니다. 그는 총소리가 나면 차 안에서 고개도 내밀 수 없어서 총도 쏘지 못한 채 무릎을 껴안고 웁니다. 그것이 모두에게 소문이 나고 또 본인도 죽을 맛입니다. "난 왜 이렇게 겁쟁이일까. 난 어쩌면 좋아. 난 사람도 아닌가 봐." 그런 그에게 스피어스 대위가 나타납니다. 모두가 그를 쏴서 죽이려고 왔을까 걱정할 만큼 무자비한 사내가 찾아온 것입니다. 스피어스가 그에게 담배 한 대를 건네고 노려보자 그 병사는 스스로 자신의 문제를 밝힙니다. "전 왜 이렇게 겁이 많은지, 왜 이렇게 두려운지 모르겠어요." 스피어스가 이 한 마디를 내뱉습니다. "너는 이 전쟁에서 살아남을 수 있다고 생각해서 겁이 나는 거야."

　　여러분은 왜 신앙의 의심이 든다고 생각합니까? 아무 고난도 받지 않고 천국에 갈 수 있다고 생각하기에 겁이 나는 것 아닙니까? 여러분, 겁낼 필요가 없습니다. 죽어야 합니다. 그래야 부활로 갑니다. '빨리 죽는 게 제일 유익이었다.' 그 드라마의 결론입니다. "노르망디에서 죽어야 했다. 그런데 살아남는 바람에 지긋지긋한 전투를 여기까지 해왔다." 어디까지가 농담이고, 어디까지가 진실인지 가늠해 보십시오. 고난이 하는 일의 위대함이 무엇인지를 구체적으로 증언하는 말씀이 있습니다. 빌립보서 2:5-11을 보겠습니다.

> 너희 안에 이 마음을 품으라. 곧 그리스도 예수의 마음이니 그는 근본 하나님의 본체시나 하나님과 동등됨을 취할 것으로 여기지 아니하시고 오히려 자기를 비워 종의 형체를 가지사 사람들과 같이 되셨고 사람의 모양으로 나타나사 자기를 낮추시고 죽기까지 복종하셨으니 곧 십자가에 죽으심이라. 이러므로 하나님이 그를 지극히 높여 모든 이름 위에 뛰어난 이름을 주사 하늘에 있는 자들과 땅에 있는 자들과 땅 아래에 있는 자들로 모든 무릎을 예수의 이름에 꿇게 하시고 모든 입으로 예수 그리스도를 주라 시인하여 하나님 아버지께 영광을 돌리게 하셨느니라(빌 2:5-11).

이 말씀은 하나님과 동등한 영광을 비우고 죽음을 택하라는 하나님의 어떤 요구나 내용, 목적에 대하여 증언합니다. 가장 큰 영광을 사양하고 죽음을 택해도 좋다는 고난을 가리켜 성경은 '십자가'라고 이야기합니다. 성경은 하나님이 우리 모두에게 우리가 소원하는 것과 가장 비슷한 것으로 채워주시고 형통하게 하시고 모든 것을 갖게 하여 이루는 어떤 지위나 재능이나 헌신 같은 것들조차 다 버리고라도 더 나은 쪽으로 기꺼이 쫓아갈 수 있게 하는 것을 가리켜 '죽음'이라고 이야기합니다. 이것이 성경의 타당성 구조입니다. 왜 그렇습니까? 그리하여 부활과 구원과 영광이 제대로 드러나기 때문입니다. 우리가 이해하는 것과 비교도 할 수 없는 실체가 드러나기 때문입니다.

로마서 8:14-17을 보겠습니다.

무릇 하나님의 영으로 인도함을 받는 사람은 곧 하나님의 아들이라. 너희는 다시 무서워하는 종의 영을 받지 아니하고 양자의 영을 받았으므로 우리가 아빠 아버지라고 부르짖느니라. 성령이 친히 우리의 영과 더불어 우리가 하나님의 자녀인 것을 증언하시나니 자녀이면 또한 상속자 곧 하나님의 상속자요 그리스도와 함께 한 상속자니 우리가 그와 함께 영광을 받기 위하여 고난도 함께 받아야 할 것이니라(롬 8:14-17).

요셉은 인류를 구원하도록 애굽의 총리로 세워집니다. 그렇게 되기까지 그가 걸었던 길은 정말 참혹했습니다. 형들에게 팔려 나가 노예로 살고, 중죄수로 족쇄에 묶여 감옥살이를 하고서 비로소 총리의 자리에 오릅니다. 그 모든 과정을 통해 그가 총리로서의 실력을 갖춥니다.

우리는 인생에서 "이것만은 없었으면" 하는 자책하는 마음을 갖기 쉽습니다. 하지만 과거로 돌아가 지워 버리고 싶고, 자책하고 원망하는 모든 것들이 영광을 만들어내기 위한 하나님의 기이한 인도하심인 것입니다. 십자가란 가장 치욕스러운 것이고, 죽음이란 모든 것의 끝입니다. 하지만 그것으로 만드는 것이 하나님의 영광이요 우리에게 주실 승리라면, 가장 먼 것으로도 그렇게 만들어냄으로써 그것이 얼마나 큰 것인가를 말하고 있는 셈입니다. 그리고 가장 낮은 것으로도 그것을 만들어냄으로써 우리가 어느 곳에 있든, 어떤 경우에서든 낙심할 필요가 없다는 것을 말하고 있는 셈입니다. 이것이 성경이 말하는 타당성 구조입니다.

그러므로 믿음을 갖는다는 것은 하나님의 일하심에 대해 확신을 갖는 것입니다. 어려울 땐 어려워야 합니다. 대책이 없습니다. 나중에 갚아 주신다는 것은 우리가 다 알고 있는 사실입니다. 갚아 주셔야 웃을 수 있는 게 아닙니다. 하나님이 사망을 뒤집어 부활로, 승리로, 영광으로 만드실 수 있다면, 이제 우리에게 일어나는 어떤 일에 대해서도 우리는 떨지 않겠다고 해야 합니다. 그것이 바로 "너희 잉태치 못한 자여 노래하라. 너희 지금 우는 자여 기뻐하라"는 성경의 요구인 것입니다. 이것이 여러분의 현실이 아닙니까? 불만, 원망, 의심, 공포, 타협, 외면, 기만, 변명, 그것들이 일을 합니다. 멋있게 그 길을 가야합니다. 하나님이 만들어 주시는 승리의 길을 걷고 있는 주인공으로서 진정을 담아낸, 위대한 삶을 살아내십시오. 기적을 보게 될 것입니다.

::

하나님 아버지, 우리의 인생은 후회로 가득하지만 성경은 그 모든 것이 하나도 주의 뜻을 이루지 못할 것이 없다고 가르칩니다. 예수님의 성육신과 수난과, 죽음과 부활 속에 증거된 그 길을 우리도 갑니다. 우리는 메시아도 아니고 위인도 아니고 훌륭한 사람도 아니지만, 예수께서 우리가 걷는 의심과 실패와 눈물의 길을 승리와 위대함으로 만드셨기에 우리는 그 길을 웃으며 노래하며 믿음으로 갈 수 있습니다. 그 길을 살아가게 하옵소서. 담아내게 하옵소서. 세상이 주지 못하는 답을 하나님이 우리에게 주셔서, 우리가 그것과 묶여 있고 증거하고 있다고 외치는 우리의 삶이 되게 하옵소서. 예수님 이름으로 기도합니다. 아멘.

이사야서, 하나님의 비전

39

하나님의 초청

사 55:1-13

오호라, 너희 모든 목마른 자들아 물로 나아오라. 돈 없는 자도 오라. 너희는 와서 사 먹되 돈
없이, 값 없이 와서 포도주와 젖을 사라. 너희가 어찌하여 양식이 아닌 것을 위하여 은을 달아
주며 배부르게 하지 못할 것을 위하여 수고하느냐. 내게 듣고 들을지어다. 그리하면 너희가 좋
은 것을 먹을 것이며 너희 자신들이 기름진 것으로 즐거움을 얻으리라. 너희는 귀를 기울이고
내게로 나아와 들으라. 그리하면 너희의 영혼이 살리라. 내가 너희를 위하여 영원한 언약을 맺
으리니 곧 다윗에게 허락한 확실한 은혜이니라. 보라, 내가 그를 만민에게 증인으로 세웠고 만
민의 인도자와 명령자로 삼았나니 보라, 네가 알지 못하는 나라를 네가 부를 것이며 너를 알지
못하는 나라가 네게로 달려올 것은 여호와 네 하나님 곧 이스라엘의 거룩하신 이로 말미암음
이니라. 이는 그가 너를 영화롭게 하였느니라. 너희는 여호와를 만날 만한 때에 찾으라. 가까
이 계실 때에 그를 부르라. 악인은 그의 길을, 불의한 자는 그의 생각을 버리고 여호와께로 돌
아오라. 그리하면 그가 긍휼히 여기시리라. 우리 하나님께로 돌아오라. 그가 너그럽게 용서하
시리라. 이는 내 생각이 너희의 생각과 다르며 내 길은 너희의 길과 다름이니라. 여호와의 말
씀이니라. 이는 하늘이 땅보다 높음 같이 내 길은 너희의 길보다 높으며 내 생각은 너희의 생
각보다 높음이니라. 이는 비와 눈이 하늘로부터 내려서 그리로 되돌아가지 아니하고 땅을 적
셔서 소출이 나게 하며 싹이 나게 하여 파종하는 자에게는 종자를 주며 먹는 자에게는 양식을
줌과 같이 내 입에서 나가는 말도 이와 같이 헛되이 내게로 되돌아오지 아니하고 나의 기뻐하
는 뜻을 이루며 내가 보낸 일에 형통함이니라. 너희는 기쁨으로 나아가며 평안히 인도함을 받
을 것이요 산들과 언덕들이 너희 앞에서 노래를 발하고 들의 모든 나무가 손뼉을 칠 것이며 잣
나무는 가시나무를 대신하여 나며 화석류는 찔레를 대신하여 날 것이라. 이것이 여호와의 기
념이 되며 영영한 표징이 되어 끊어지지 아니하리라.

회개로의 초청

이사야 55장은 하나님께서 자기 백성들을 구원하시며 만족케 하시며 승리
케 하실 것을 약속하는 귀한 본문입니다. 12-13절을 다시 보겠습니다. "너
희는 기쁨으로 나아가며 평안히 인도함을 받을 것이요 산들과 언덕들이
너희 앞에서 노래를 발하고 들의 모든 나무가 손뼉을 칠 것이며 잣나무는
가시나무를 대신하여 나며 화석류는 찔레를 대신하여 날 것이라. 이것이
여호와의 기념이 되며 영영한 표징이 되어 끊어지지 아니하리라." 이렇게
놀라운 구원과 승리와 영광을 이스라엘에게, 신약 시대로 이야기하면, 우
리 기독교인들에게 말하고 있습니다.

성경에서 이러한 하나님의 약속들에는 예외 없이 이 본문의 서두에서
처럼 "목마른 자들아 물로 나아오라. 돈 없는 자도 오라"는 초청이 있습니
다. 그리고 6-7절 "너희는 여호와를 만날 만한 때에 찾으라. 가까이 계실
때에 그를 부르라. 악인은 그의 길을, 불의한 자는 그의 생각을 버리고 여
호와께로 돌아오라. 그리하면 그가 긍휼히 여기시리라. 우리 하나님께로
돌아오라. 그가 너그럽게 용서하시리라"와 같이 되어 있습니다. 이는 잘못
한 것을 회개하고 아버지 앞에 나아오면, 받아 주시고 고쳐 주시고 복 주신
다는 우리가 잘 아는 기독교 신앙의 중요한 내용입니다.

그러나 이러한 관점으로 읽으면 본문의 앞뒤가 잘 연결되지 않습니
다. 목마른 자들을 부르시고 악인의 길, 못난 생각을 버리라고 하는 회개로
의 초청, 즉 구원으로의 초청은 다음 8-9절의 설명과 곧바로 연결되지 않
습니다. "이는 내 생각이 너희의 생각과 다르며 내 길은 너희의 길과 다름
이니라. 이는 하늘이 땅보다 높음 같이 내 길은 너희의 길보다 높으며 내
생각은 너희의 생각보다 높음이니라." 잘 연결되지 않는 이유는 우리가 쉽
게 생각하는 회개, 결심, 각오, 결단, 선택 같은 것보다 그 내용이 훨씬 더

크다는 것을 암시하고 있기 때문입니다.

　지금 이 본문의 역사적 배경은 바벨론 포로 시기이며, 본문은 포로로 잡혀 간 유대인들을 향한 하나님의 약속이자 권면입니다. 이러한 역사적 배경을 고려한다면 이 본문에 있는 말들, 즉 "목마른 자들아, 물로 나아오라. 돈 없는 자도 오라"는 초청이나 "너희는 여호와를 만날 만한 때에 찾으라. 가까이 계실 때에 그를 부르라. 악인은 그의 길을, 불의한 자는 그의 생각을 버리고 여호와께로 돌아오라"고 한 초청이 무엇을 말하고 있는 것인지 이해하기가 사실 만만치 않습니다. 왜냐하면 그렇게 초청하시려면 바벨론 포로 전에 벌써 초청하셔야 했기 때문입니다. 그런데 이미 그들은 바벨론에 끌려 와 있습니다.

　이사야 40-55장은 망한 이스라엘, 유다를 향하여 회복을 약속하고 있습니다. "너희는 위로하라. 내 백성을 위로하라. 내 백성은 그 벌을 배나 받았느니라. 이젠 족하다. 내가 너희를 구원했다. 어찌 내가 너희를 놓겠느냐." 이사야 40장에 나오는 이 약속에까지 이르는 역사적 배경은 1-39장에 나타난 대로 아하스 왕 때 절정에 이르게 된 배신, 그리고 히스기야에 의해 허락된 하나님의 기적적인 구원입니다.

　이스라엘은 하나님 앞에 신앙적으로 실패했고, 하나님을 거부하여 심판을 면할 수 없게 되었습니다. 하나님은 이사야를 통하여 끊임없이 경고하시고 그들을 하나님의 구원으로 돌이키려 하셨지만, 이스라엘 백성은 듣지 않습니다. 그리고 그들은 곧 망하게 됩니다. 먼저 앗수르가 와서 위협을 하고 마침내 바벨론에 의하여 유다가 포로로 잡혀 가는 것으로 이스라엘 역사에 한 획이 그어집니다. 이사야 34:1-4에 그 시대적 배경이 소개되고 있습니다.

　열국이여, 너희는 나아와 들을지어다. 민족들이여, 귀를 기울일지어다. 땅과 땅에 충만한 것, 세계와 세계에서 나는 모든 것이여, 들을지어다. 대저 여호와께서 열방을 향하여 진노하시며 그들의 만군을 향하여 분내사 그들을 진멸하시며 살륙 당하게 하셨은즉 그 살륙 당한 자는 내던진 바 되며 그 사체의 악취가 솟아오르고 그 피에 산들이 녹을 것이며 하늘의 만상이 사라지고 하늘들이 두루마리 같이 말리되 그 만상의 쇠잔함이 포도나무 잎이 마름 같고 무화과나무 잎이 마름 같으리라(사 34:1-4).

하나님은 온 세계에 심판을 명하십니다. 그 이유는 그들이 이스라엘을 대적했기 때문입니다. 여기서 열방은 말하자면 애굽이고, 아람이고, 앗수르고, 바벨론입니다. 이 열방을 향한 심판이 선포되는 이유는 그들이 하나님을 섬기는 자들을 대적한 것이 곧 하나님을 대적한 것이 되기 때문입니다. 그들이 하나님을 대적하게 된 것은, 사실 따지고 보면 이스라엘이 하나님을 배반했기 때문에 하나님이 이스라엘을 그들에게 파셨기 때문입니다. 이스라엘을 심판하기 위하여 그들을 채찍으로 쓰셨는데, 이제 와서 그 채찍을 향해 화를 내시는 격입니다. 그렇게 화를 내신다는 것은 하나님이 이스라엘을 이미 파셨고, 그 채찍으로 때리신 탓입니다. 그래서 그 채찍에게 화를 내십니다. 이사야 35:1-2을 보겠습니다.

광야와 메마른 땅이 기뻐하며 사막이 백합화 같이 피어 즐거워하며 무성하게 피어 기쁜 노래로 즐거워하며 레바논의 영광과 갈멜과 사론의 아름다움을 얻을 것이라. 그것들이 여호와의 영광 곧 우리 하나님의 아름다움을 보리로다(사 35:1-2).

이 본문은 매 맞은 이스라엘의 회복을 그리고 있습니다. 우리는 다음과 같은 사실을 잊지 않아야 합니다. 하나님은 자녀를 옳게 만들려고 채찍으로 때리시고, 그 때린 채찍에게 화를 내시며 그것을 꺾어버리시고, 채찍으로 때린 자녀는 영광스럽게 하실 것입니다. 그러니까 그 순서는 이렇게 됩니다. 이스라엘은 이미 채찍에 맞았습니다. 그렇게 하셨으니 그 채찍은 꺾어버리실 것이고 이스라엘은 회복될 것입니다.

이사야 35장 이후에 나오는 36-39장에서는 어떤 일들이 기록됩니까? 36장에 보면 앗수르의 침공으로 예루살렘에 위기가 찾아옵니다. 앗수르의 산헤립 왕이 랍사게를 군대장관으로 세워 예루살렘을 포위 공격케 하고 히스기야와 여호와를 조롱합니다. 그 다음 37장에서는 랍사게가 보낸 위협적인 글을 가지고 히스기야가 하나님 앞에 나아가 기도하는 장면이 나옵니다. 하나님이 대답하십니다. "너는 걱정마라. 내가 이 앗수르를 멸할 것이다." 하나님의 천사가 내려와 하루아침에 18만 5천 명을 죽여 버립니다. 그래서 앗수르 군대는 망하고 남은 자들은 도망가며, 산헤립은 자기가 섬기는 신전에 들어갔다가 아들들에게 죽습니다.

이사야 38장에서는 히스기야가 병에 걸립니다. 그가 병들어 고뇌하는 탄식과 비명, 하나님께 올리는 기도가 소개되고 있습니다. 히스기야 입장에서 보자면, 나라의 존망이 걸린 위기에서 속 타는 절망과 위협의 나날들을 간신히 넘어왔는데, 이제 병에 걸려 죽게 되었으니 허망할 것입니다. 그가 하나님께 마구 불만을 토합니다. 그러자 하나님이 "그래, 15년 더 살게 해주마" 하시므로 회복됩니다. 그렇게 회복된 이야기를 듣고 바벨론에서 사자가 옵니다. 어떻게 앗수르를 이겼는지, 어떻게 죽을병에서 살아났는지 궁금했을 것입니다. 히스기야가 성전 곳간을 열어서 자기네 국력이 어떠한가를 자랑했다가 하나님께서 "네가 보여준 것 그대로 다 바벨론에 빼앗길 것이요 네 자녀들 중에도 잡혀 가는 자들도 있을 것이다" 하는 심판 선언을 듣게 됩니다. 역사는 이렇게 진행되고 이사야 40장으로 넘어오는 것입니다.

심판도 일을 한다

그러므로 이사야 55장에서 "너희 모든 목마른 자들아, 물로 나아오라. 너희 돈 없는 자도 오라. 너희는 여호와를 만날 만한 때에 찾으라"고 하신 것은 물론 경계나 경고가 아닙니다. 하나님께서 이미 심판을 다 행하셨고 그들은 고통과 절망 가운데 있습니다. 하나님께서 여기에 하시는 말씀입니다. 그러니까 돌아오면 이 심판을 면하게 해주고, 회개하면 재앙을 없애 주겠다는 것이 아닙니다. "벌은 이미 실컷 받았는데요. 새삼스럽게 이제 와서……." 제가 이렇게 설명하는 의미를 여러분은 이해할 것입니다. 이것은 여러분의 신앙생활 속에서도 반복되는 일이 아닌가요? 경고가 나오려면 벌을 받기 전에 했어야 합니다. 벌을 받고 있다면 그때는 무슨 선택의 여지가 있는 것일까요? 이것이 55장의 본문이 요구하는 질문인 것입니다.

본문으로 돌아와서 이사야 55:8-11을 보겠습니다.

이는 내 생각이 너희의 생각과 다르며 내 길은 너희의 길과 다름이니라. 여호와의 말씀이니라. 이는 하늘이 땅보다 높음 같이 내 길은 너희의 길보다 높으며 내 생각은 너희의 생각보다 높음이니라. 이는 비와 눈이 하늘로부터 내려서 그리로 되돌아가지 아니하고 땅을 적셔서 소출이 나게 하며 싹이 나게 하여 파종하는 자에게는 종자를 주며 먹는 자에게는 양식을 줌과 같이 내 입에서 나가는 말도 이와 같이 헛되이 내게로 되돌아오지 아니하고 나의 기뻐하는 뜻을 이루며 내가 보낸 일에 형통함이니라(사 55:8-11).

그러니까 이미 이루어진 심판은 무엇입니까? 그 심판은 결국 하나님께서 자기 백성을 완성시키기 위하여 하신 심판이 됩니다. "너, 말 안들으면 때리겠다"는 경고가 아닙니다. 그 때린 것이 결과를 만들 것이고, 그래

이사야서, 하나님의 비전

서 그 때린 자들을 꺾으실 것이며, 하나님의 심판은 최종적 운명이 아니라 그것을 넘어서 터져 나오는 기쁨과 평안과 손뼉 치는 명예로 바뀔 것을 말하는 것입니다. 그러므로 하나님의 심판은 이제는 끝났다고 생각하는 시점이 끝이 아니라는 이야기가 됩니다.

다시 이야기하면, "자, 어떻게 할래?"라고 묻는 이 질문이 잘잘못에 관한 것이 아니라, 잘못에 대한 심판이 떨어진 시점에서 "어떻게 할래?"라는 질문인 것입니다. 그 질문은 우리에게도 찾아옵니다. 그러니 "잘못했으니 이제 돌아서라"는 말로 보기 어렵습니다. 따라서 그렇게 승리와 영광을 주실 것이라면, 그것을 전해 주시는 것이 맞습니다. 이 본문의 중요한 질문과 이해는 이런 것입니다. "그 심판, 포로됨, 수치, 절망이 일을 하고 있다. 내 생각은 너희 생각과 다르다. 하늘에서 비가 내려서 다시 올라가는 것이 아니라, 그 비가 땅을 적셔 소출을 내는 것과 같다." 이 대목에서 여러분은 "우리가 반복적으로 경험하는 실패와 절망과 후회와 자책을 가지고 하나님은 일하신다"는 데까지 마음과 신앙이 깊어져야 합니다.

이런 경험을 하기 전에 올바른 결정을 하는 사람은 없습니다. 그렇다고 한다면 다 거짓입니다. 이미 심판은 내려진 상태이니 절망입니다. 망한 것입니다. 그런데 아직 최종적인 자리도 아니고, 기회가 지나간 자리가 아니라는 것입니다. 이는 기회를 한 번 더 준다는 정도의 것이 아니라, 하나님이 일을 하고 계시다는 뜻입니다. 구약에서 하나님 자신에 대한 중요한 설명 중에 제일 많이 나오는 표현은 이것입니다. "나는 너희 조상의 하나님이니, 아브라함의 하나님이요 이삭의 하나님이요 야곱의 하나님이니라."

이 세 사람을 잘 기억해 보십시오. 이 사람들은 영광스럽고 영웅적이고 신화적으로 살지 않았습니다. 잘 알지 않습니까? 왜 하나님은 이렇게 아브라함의 하나님, 이삭의 하나님, 야곱의 하나님이라는 이름으로 당신을 소개하기를 좋아하셔서 이 표현이 구약 내내 등장할까요? 아브라함을 생각해 보십시오. 아브라함은 믿음의 조상입니다. 하나님이 그를 갈대아 우르에서 불러내어 팔레스타인 땅에 가서 살게 하십니다. 그는 나그네가 됩니다. 그는 장막에 거합니다. 즉, 텐트 생활을 합니다. 이처럼 일정한 집이 없습니다. 그는 나그네로 살아서 어디로 가든지 사실 불안한 사람입니다. 그가 가는 모든 곳에서 그는 나그네입니다.

이런 아브라함은 복의 근원이 됩니다. 그가 복이 됩니다. 그가 복이 됐다는 것은 놀랍게도 이와 연결된 표현에 아주 적절히 나타납니다. "너를 축복하는 자에게는 내가 복을 내리고 너를 저주하는 자에게는 내가 저주하리니 땅의 모든 족속이 너로 말미암아 복을 얻을 것이라." 그가 지금 어떻게 살고 있는데 이런 약속을 주십니까? 그는 지금 나그네로 살고 있습니다. 이렇게 답답한 인생이요 아무것도 근거가 확실치 않고 안심도 확보할 수 없는 인생을 살고 있는 그것이 복을 담고 있는 것이랍니다. 여기가 우리가 오해하는 대목입니다.

이삭을 볼까요? 이삭은 원래 존재할 수 없는 사람입니다. 그는 아브라함이 100세에 얻었고, 아이를 생산할 수 없을 때 낳은 자녀입니다. 그나마도 이삭의 의미를 분명히 하려고 하나님이 그를 바치라고 하십니다. 아브라함은 이삭을 모리아 산에 데려가서 죽일 작정이었습니다. 왜 이삭을 바치라고 하신 것입니까? "이 아이는 없어도 된다. 나에게 바쳐라." 아브라함의 믿음이 얼마나 커서 그렇게 바치라고 하셨는지는 잘 모르겠습니다. 제 생각에는 제 나이쯤 되어야 알아듣는데, 그때 아브라함이 100세가 넘었으니, 늦은 나이는 아니었겠습니다. 그가 이삭을 잡으려 하자 하나님이 손을 막으시고 됐다고 하시는 것입니다. 뭐가 됐다는 것입니까? "너, 알아들었구나. 이 아이는 없어도 된다." 이삭이 없어도 된다는 말은 무슨 뜻일까요? 하나님이 하시려는 일은 창조와 부활에 속한다는 것입니다. 그러니까 우리가 이해하는 인과법칙이나 가치관이나 전후 문맥이나 조건이나 상황이

나 그 어느 것도 필요가 없다는 것입니다. 하나님이 하시고자 하면 만드시는 것입니다. 그렇게 만드신 것이 이삭입니다. 태어날 수도 없었고, 살아 있어도 안되는 존재입니다. 말하자면 그것은 기적이고 초월이고 신비고 이해할 수 없는 것입니다. 부정적으로 이야기한다면, 그것은 모호하고 막막하고 절망이고 말이 안되는 것입니다. 그런 존재가 이삭입니다. 이삭은 평생을 그렇게 삽니다. 창세기에 보면 이삭에게서는 한 번도 영웅적이거나 모범적인 모습이 보이지 않습니다. 이삭에 대해서는 할 이야기가 별로 없습니다. 그는 신화적이지도 않고, 위대한 업적을 남기지도 않았습니다.

그러나 그는 하나님의 일하심을 구체적으로 드러낸 존재라는 것입니다. 그러니까 우리는 우리 스스로도 그렇고, 세상이 봐도 그렇고, 내 가족이 봐도 그렇고, 말이 안되는 존재입니다. 여기에다 하나님이 채워주시겠다는데 여러분이 이같이 닫고 있습니다. "그건 말이 안됩니다. 나는 불안합니다. 받을 능력이 없습니다. 생길 리가 없습니다." "어리석은 녀석!" 이것이 성경이 하고싶어 하는 이야기입니다. "그러면 아무것도 안해도 됩니까?" 여기에서 여러분이 오해하고 있습니다. "아무래도 괜찮습니까?" 하고 묻는 말은 게을러지고 거부하고 마음대로 해도 된다는 식으로 오해하는 것입니다. 내가 생산하지 못해도 되고, 내가 쌓아놓지 않아도 되는, 하나님만이 만드시는 것으로 내 존재, 내 인생에 마음껏 채우신다고 이삭으로 증언하십니다.

야곱은 어떻게 됩니까? 야곱은 자기 마음대로 산 사람입니다. 그는 장자권도 빼앗아 도망치고 외삼촌도 속이고 재산도 늘린 다음에 결국 고향으로 돌아올 수밖에 없게 됩니다. 사방에 적들만 남았기 때문입니다. 자기를 위하여 살았기에 모든 사람과 적이 되었습니다. 그는 고향으로 돌아올 수밖에 없는데 이제 형이 기다리고 있습니다. 그를 죽이려고 기다리고 있습니다. 이렇게 해서 창세기 32장에 나오는 것이 얍복 나루 사건입니다.

그러나 하나님은 야곱에게 복을 주시겠다고 창세기 28장에서 약속하십니다. 그것이 벧엘 사건입니다. 그가 20년 동안 방황하고, 고집을 부리고, 자기주장을 펴는 것이 고스란히 허락됩니다. 그리고 고향으로 돌아오는 길목에서 하나님의 사람과 씨름을 하게 됩니다. 야곱이 건 씨름이 아니라, 하나님이 거신 씨름이었습니다. 그는 항복하지 않습니다. 어디서 항복하게 됩니까? 야곱의 변화는 어디서 일어나게 됩니까? 그것은 죽음입니다. 여호와의 사자가 그를 칩니다. 이것이 무엇인지를 그가 압니다. "죽음을 이기지 못하는 것이라면 가치 있는 것은 없다"고 하는 마지막 이 경고 앞에서, 그가 가진 모든 것, 그가 고집하고 놓지 않으려고 하는 모든 것을 내려놓습니다. "이 죽음을 넘어서는 것을 주십시오"라고 고백하는 자리가 얍복나루 사건입니다. 이 야곱에게 하나님이 무엇을 보여주셨습니까? 그에게 죽음을 보여주셨습니다. 죽음을 보여주었다는 것을 이런 식으로 쉽게 생각하면 안됩니다. 죽음을 면하는 길을 보여주었다거나 죽음이 필요 없는 해결책을 보여주었다는 의미가 아닙니다.

죽음을 넘어섰다는 것은 예수 그리스도에게서 너무나 분명하게 일어납니다. 예수님은 우리를 구원하기 위하여 시간과 공간 속에 오십니다. 성육신이라고 말하는 구체적인 모습으로 오십니다. 그리고 그는 그의 삶을 기적으로 살고, 오해 속에 살고, 배신 속에 살고, 수치와 고통 속에 죽으십니다. 예수께서 부활로 가려면 당연히 성육신의 한계 속에 들어오고 순종하고 오해받고 배신당하고 고난과 수치 속에 억울한 죽음을 당함으로써 가시는 것입니다. 부활은 덩그러니 공중에 떠 있는 개념이 아니라 이런 모든 것들로 켜켜이 쌓인 어떤 것이 되는 것입니다.

이것을 이해하기 위하여 요셉을 생각해 보십시오. 요셉은 형들에게 미움을 사서 팔려가고 노예가 되고 무고를 당해서 감옥에 갑니다. 거기서 그는 꿈을 해석하고 총리가 됩니다. 그가 총리가 될 수 있는 길이 아닌, 총리가 될 수 없는 최악의 반대 상황 속을 걸어 총리가 됩니다. 그리하여 그가 임의로 백관을 제어하고 지혜로 장로를 교훈하게 됩니다. 그것은 무슨 권력이 아닙니다. 보상이 아닙니다. 그런 과정 속에서 배운 것입니다. 그가 어떤 길에서 배웠습니까? 배신과 고통, 고난, 절망 속에서 배웁니다. 그것들이 그 일을 한 것입니다. 그래서 요셉은 보복하지 않습니다. 요셉이 고생한 것에 대해 하나님이 보상해 주신 것도 아닙니다. 하나님이 그를 키우신 것입니다.

신비롭게도 하나님은 우리 모든 신자에게도 예외 없이 죽음을 적용하심으로 그 설명할 수 없는 죽음을 우리 인생에서 실컷 보게 하십니다. "왜 하필 그 사람이 먼저 죽지?" 그렇게 생각해 본 적이 당연히 있을 것입니다. "이 사람이 먼저 죽어야 하는데 왜 저 사람이 먼저 죽는가? 왜 죽음은 나이 순서와 상관없는가? 가장 필요한 사람이 왜 죽는가? 왜 저 사람은 죽지 않는가?" 그렇지 않습니까? 그것이 일을 하고 있다는 것을 모르니까 그런 말을 할 수 있습니다. 죽음은 그저 심판 정도가 아닙니다. 심판도 일을 합니다.

알아보지 못하는 신자의 인생

요한복음 14:8-9을 보겠습니다.

> 빌립이 이르되 주여, 아버지를 우리에게 보여주옵소서. 그리하면 족하겠나이다. 예수께서 이르시되 빌립아, 내가 이렇게 오래 너희와 함께 있으되 네가 나를 알지 못하느냐. 나를 본 자는 아버지를 보았거늘 어찌하여 아버지를 보이라 하느냐(요 14:8-9).

왜 예수님이 자기를 보면 아버지를 본 것이라고 하셨을까요? 참 신기하지 않습니까? 빌립이 왜 예수님께 아버지를 보여달라고 그랬겠습니까? "당신이 메시아라는데 그러면 권력과 힘이 있어야 되지 않습니까? 그런데 왜 기적은 행하면서도 이렇게 아무런 힘도, 권력도 가지지 않았습니까?" 그런데 예수님은 나를 본 자가 아버지를 본 것이라고 말씀하십니다. 하나님을 본 자가 없는데 예수님을 본 자는 아버지를 본 것입니다. 신기하지 않습니까?

그것은 도덕성과 종교성의 문제가 아닙니다. 히브리서 5장에서는 "그가 아들이시라도 받으신 고난으로 순종함을 배워서 온전하게 되셨다"고 예수님의 성육신과 고난을 소개합니다. 그의 순종이 조건이자 방법이라는 말이 아닙니다. 순종으로 온전하게 된 결과라고 이야기하지 않습니다. 하나님이 하신 일을 그의 순종 속에 담아내셨다는 그런 뜻입니다.

순종이 그릇인 것입니다. 고난이 그릇인 것입니다. 그러니 우리는 모두 "지금 나를 보면 아버지를 본 것이다"라고 말할 수 있습니다. 아버지가 찾아와 옆에 오신 것입니다. 임마누엘이지 않습니까? 하나님이 육신을 입고 우리가 사는 자리, 내가 처한 입장에 와 계시지 않습니까? 그것이 하나님의 임재입니다. 우리의 하나님, 천지를 지으신 하나님, 우리를 자기 형상으로 지으신 하나님입니다. 이사야에서 하신 약속, "너희가 기쁨과 평안으로 돌아올 것이다"고 약속하신 하나님이 이렇게 우리의 일상에 찾아오십니다.

내 잘잘못에 보상해 주는 정도가 아니라, 내 잘잘못에도 함께하십니다. 그러니까 우리의 인생 속에 일어나는 모든 경우가 하나님이 일을 하시는 경우입니다. 그것이 일을 합니다. 그러니 "나를 봐라"인 것입니다. 우리도 복음서의 예수님에 대해서 읽을 때 "믿을 만하다. 믿을 만하지 못하다" 실제로 이렇게 왔다 갔다 하지 않습니까? 기독교 신앙의 테두리 안에 있으면서도 자신이 예수님은 믿지만 그의 부활을 못 믿는다고 말하는 사람들이 있습니다. 왜냐고요? "그가 부활을 했으면 왜 제자들에게만 보였느냐, 빌라도에게도 보여야 하지 않았느냐?" 이렇게 의문을 품고 따지는 사람들도 있다는 것입니다.

우리는 왜 여기 앉아 있습니까? 우리는 예수님의 부활을 보았기 때문에 여기 앉아 있는 것입니다. 그런데 우리도 가끔 "성경의 기록으로만 보여주지 마시고 직접 더 생생하게 보여주십시오" 하는 식의 의심과 혼란을 느낄 때도 있습니다. 하나님은 신앙에서 잘 자란 자에게는 상 주시고 그렇지 못한 자에게는 벌주시려고 오시는 것이 아니라, 우리의 경우와 우리의 처지에 그분의 영광을 담으시려고 우리에게 시간과 경우와 선택과 자유를 주십니다. 그렇게 하나님은 당신을 우리에게 내어 맡기십니다. 그것이 우리의 인생입니다.

그러니 요한복음 14장에서는 이렇게 이야기합니다. "내가 진실로 진실로 너희에게 이르노니 나를 믿는 자는 내가 하는 일을 그도 할 것이요"(요 14:12상). 예수님이 하시는 일을 한답니다. 그런데도 평범하고 한심하게 사는 겁니다. 기대에 미치지 못하는 인생을 사는 겁니다. 예수님도 메시아라는데 사람들이 기대한 것만큼 못하셨습니다. 우리 모두는 그것이 억울한 것 아닙니까? "또한 그보다 큰 일도 하리니"(요 14:12하)라고 말씀합니다. 그보다 더 큰 일이 무엇일까요? 더 고생하는 것일까요? 잘 모르겠습니다. 예수님보다 더 고생할 수는 없을 것 같습니다.

그 다음 13절에 이렇게 약속하십니다. "너희가 내 이름으로 무엇을 구하든지 내가 행하리니 이는 아버지로 하여금 아들로 말미암아 영광을 받으시게 하려 함이라." 예수님의 이름으로 구한다는 것은 무슨 주문에 어떤 식으로 인증해 준다는 것이 아닙니다. 예수님을 보내신 하나님, 예수님으로 일하시는 하나님, 우리의 인생 속에서 일하시는 하나님, 메시아의 길을 잇게 하시는 하나님, 내 처지와 내 실력과 경우를 다 받아주신다는 약속입니다. 그러니 기독교 신앙이 약속하는, 그리고 지금도 마음껏 허락하는 은혜란 무엇일까요? 은혜는 안심이 아닙니다. 해결도 아닙니다. 은혜는 살아 보라는 것입니다. 하나님의 사람으로 살아 보라는 것입니다. 많이 울 각오를 하십시오. 그래도 그 눈물들이 웃는 것보다 더 큰 일을 만들어내는 것을 확인하게 될 것입니다.

::

하나님 아버지, 은혜를 감사합니다. 우리는 자신의 인생에서 눈물과 비명과 분노가 일을 한다는 것을 배웁니다. 마음껏 더 깊고 크게 우리 인생을 살아내고, 하나님의 동행과 기적을 보는 우리 인생이 되게 하옵소서. 하나님을 아버지라 부르는 것이 얼마나 엄청난 것인지, 예수 이름으로 무엇이든지 구할 수 있다는 것이 무엇인지를 알고, 자기의 인생을 충실히 살아내어 복을 누리는 우리가 되게 하옵소서. 예수님 이름으로 기도합니다. 아멘.

40

구원하시는 신비한 방법

사 56:1-8

여호와께서 이와 같이 말씀하시기를 너희는 정의를 지키며 의를 행하라. 이는 나의 구원이 가까이 왔고 나의 공의가 나타날 것임이라 하셨도다. 안식일을 지켜 더럽히지 아니하며 그의 손을 금하여 모든 악을 행하지 아니하여야 하나니 이와 같이 하는 사람, 이와 같이 굳게 잡는 사람은 복이 있느니라. 여호와께 연합한 이방인은 말하기를 여호와께서 나를 그의 백성 중에서 반드시 갈라내시리라 하지 말며 고자도 말하기를 나는 마른 나무라 하지 말라. 여호와께서 이와 같이 말씀하시기를 나의 안식일을 지키며 내가 기뻐하는 일을 선택하며 나의 언약을 굳게 잡는 고자들에게는 내가 내 집에서, 내 성 안에서 아들이나 딸보다 나은 기념물과 이름을 그들에게 주며 영원한 이름을 주어 끊어지지 아니하게 할 것이며 또 여호와와 연합하여 그를 섬기며 여호와의 이름을 사랑하며 그의 종이 되며 안식일을 지켜 더럽히지 아니하며 나의 언약을 굳게 지키는 이방인마다 내가 곧 그들을 나의 성산으로 인도하여 기도하는 내 집에서 그들을 기쁘게 할 것이며 그들의 번제와 희생을 나의 제단에서 기꺼이 받게 되리니 이는 내 집은 만민이 기도하는 집이라 일컬음이 될 것임이라. 이스라엘의 쫓겨난 자를 모으시는 주 여호와가 말하노니 내가 이미 모은 백성 외에 또 모아 그에게 속하게 하리라 하셨느니라.

귀환한 백성들의 실상

이사야는 전체 66장으로 되어 있습니다. 1-39장은 유다 왕조의 말기, 심판으로 가는 마지막을 기록하고 있습니다. 이사야서는 처음부터 하나님의 진노와 심판에 관한 경고들로 시작합니다. "하늘이여, 들어라. 땅이여, 귀를 기울여라. 내가 내 자식을 양육하였거늘 그들은 자기 부모를 알아보지 못한다"고 하는 분노에 찬 하나님의 심판의 경고로 시작합니다. 여러 장에 걸쳐서 저들의 죄악이 지적되는데, 북이스라엘은 앗수르에 망하고 남유다 왕 히스기야 때까지 다루고 있습니다. 이렇게 39장까지 이어지는데, 결국 유다도 바벨론에 의하여 멸망하리라는 것을 예고함으로써 끝이 납니다.

이사야 40장부터는 그 역사가 좀 더 진전되어 심판을 받고 포로가 되어 바벨론에서 귀양살이 하고 있는 백성에게 귀환과 회복을 약속하는 말씀이 나옵니다. 그들의 회복은 55장에서 아주 멋지게 약속됩니다. "너희는 기쁨으로 나아가며 평안히 인도함을 받을 것이요 산들과 언덕들이 너희 앞에서 노래를 발하고 들의 모든 나무가 손뼉을 칠 것이며 잣나무는 가시나무를 대신하여 나며 화석류는 찔레를 대신하여 날 것이라. 이것이 여호와의 기념이 되며 영영한 표징이 되어 끊어지지 아니하리라"(사 55:12-13). 이렇게 이스라엘의 영광의 회복이 약속됩니다. 그 포로들은 실제로 고국으로 귀환합니다.

북이스라엘은 주전 722년에, 남유다는 주전 586년에 망합니다. 유다의 멸망은 단번에 이루어지지 않고, 주전 606년부터 주전 586년까지 20년에 걸쳐서 서서히 이루어지며, 백성들은 바벨론 포로가 됩니다. 제1차 바벨론 포로는 주전 606년에 끌려가고, 마지막으로 제3차는 주전 586년에 끌려갑니다. 이처럼 세 번에 걸쳐서 남유다의 멸망과 성전의 파괴가 진행됩니다. 그리고 하나님의 약속대로 70년 만인 주전 536년에 제1차 귀환이 시작됩니다. 주전 606년 패망 이후 70년이 되는 주전 536년에 1차 귀환이 시작되며, 주전 520년에 3차 귀환까지 세 번에 걸쳐 유다 백성 가운데 원하는 이들은 모두 본국으로 돌아옵니다. 그들은 절망과 낙담 속에서 이사야서를 통해 하나님의 위로와 약속, 궁극적 승리, 신앙의 재정비, 정결과 회복 같은 것들을 경험합니다.

그들이 이렇게 돌아왔지만 이사야 56-66장에 나오듯이 그 회복은 그들의 기대와는 달랐습니다. 그들은 55:12-13에 약속된 대로, 하나님이 약속하신 회복의 일들, 곧 산들이 노래를 부르고 가시나무를 대신해서 화석류가 나오고 기쁨과 박수 속에서 하나님의 영광으로 회복되는 일들을 보지 못합니다. 돌아온 나라는 황폐해져 있고, 흉작은 계속되며, 성전 재건과 생활을 꾸려 나가는 일로 이중고를 겪습니다. 게다가 유다 백성이 포로로 잡혀 갔을 때에 유다 땅에는 거류민들이 들어와 살게 되었는데 그들이 텃세를 합니다. 그들이 유다 백성의 귀환과 일상생활의 회복, 그리고 성전 재건을 방해합니다. 이런 고난 속에서 그들은 점점 낙담하게 됩니다. 그들에게 하나님의 영광을 보는 현실은 주어지지 않습니다. 그 현실은 이사야 59:9-12에 기록된 바와 같습니다.

> 그러므로 정의가 우리에게서 멀고 공의가 우리에게 미치지 못한즉 우리가 빛을 바라나 어둠뿐이요 밝은 것을 바라나 캄캄한 가운데에 행하므로 우리가 맹인 같이 담을 더듬으며 눈 없는 자 같이 두루 더듬으며 낮에도 황혼 때같이 넘어지니 우리는 강장한 자 중에서도 죽은 자 같은지라. 우리가 곰 같이 부르짖으며 비둘기 같이 슬피 울며 정의를 바라나 없고 구원을 바라나 우리에게서 멀도다. 이는 우리의 허물이 주의 앞에 심히 많으며 우리의 죄가 우리를 쳐서 증언하오니 이는 우리의 허물이 우리와 함께 있음이니라. 우리의 죄악을 우리가 아나이다(사 59:9-12).

그들도 자기들이 모범적인 신앙생활을 하지 못하고 있다는 것을 알고 있습니다. 약속된 기쁨과 자랑과 웃음이 나올 수 없는 정황 속에 놓이자 그들은 울고 슬퍼하며, 밝은 빛을 바라나 어둠뿐인 현실 속에서 낙담합니다. 이것이 죄인 것을 알지만 "우리에게는 다른 힘이 없습니다"라고 고백하니다. 이 일들은 하나님 쪽, 선지자 쪽에서 보면 좀 더 강력한 책망거리가 되는데, 그 대표적인 선지자의 증언이 말라기 1:6-12에 나옵니다.

내 이름을 멸시하는 제사장들아, 나 만군의 여호와가 너희에게 이르기를 아들은 그 아버지를, 종은 그 주인을 공경하나니 내가 아버지일진대 나를 공경함이 어디 있느냐. 내가 주인일진대 나를 두려워함이 어디 있느냐 하나 너희는 이르기를 우리가 어떻게 주의 이름을 멸시하였나이까 하는도다. 너희가 더러운 떡을 나의 제단에 드리고도 말하기를 우리가 어떻게 주를 더럽게 하였나이까 하는도다. 이는 너희가 여호와의 식탁은 경멸히 여길 것이라 말하기 때문이라. 만군의 여호와가 이르노라. 너희가 눈 먼 희생제물을 바치는 것이 어찌 악하지 아니하며 저는 것, 병든 것을 드리는 것이 어찌 악하지 아니하냐. 이제 그것을 너희 총독에게 드려 보라. 그가 너를 기뻐하겠으며 너를 받아 주겠느냐. 만군의 여호와가 이르노라. 너희는 나 하나님께 은혜를 구하면서 우리를 불쌍히 여기소서 하여 보라. 너희가 이같이 행하였으니 내가 너희 중 하나인들 받겠느냐. 만군의 여호와가 이르노라. 너희가 내 제단 위에 헛되이 불사르지 못하게 하기 위하여 너희 중에 성전 문을 닫을 자가 있었으면 좋겠도다. 내가 너희를 기뻐하지 아니하며 너희가 손으로 드리는 것을 받지도 아니하리라. 만군의 여호와가 이르노라. 해 뜨는 곳에서부터 해 지는 곳까지의 이방 민족 중에서 내 이름이 크게 될 것이라. 각처에서 내 이름을 위하여 분향하며 깨끗한 제물을 드리리니 이는 내 이름이 이방 민족 중에서 크게 될 것임이니라. 그러나 너희는 말하기를 여호와의 식탁은 더러워졌고 그 위에 있는 과일 곧 먹을 것은 경멸히 여길 것이라 하여 내 이름을 더럽히는도다. 만군의 여호와가 이르노라. 너희가 또 말하기를 이 일이 얼마나 번거로운고 하며 코웃음치고 훔친 물건과 저는 것, 병든 것을 가져왔느니라. 너희가 이같이 봉헌물을 가져오니 내가 그것

이사야서, 하나님의 비전

을 너희 손에서 받겠느냐. 이는 여호와의 말이니라(말 1:6-12).

그들은 굉장히 타락한 상태에 있습니다. 이런 상태에 대해 쉽게 "이래 서야 되겠습니까"라고 말할 문제가 아니라, 그들이 그렇게까지 된 현실을 이해해야 합니다. "제사는 드려서 뭐 해? 기도는 해서 뭐 해?" 이렇게 불평 해야 하는 현실까지 떠밀려와 있더라는 이야기입니다. 그들이 어떠한 약 속, 무슨 역사 속에서 여기에 이른 것입니까? 그들은 출애굽해서 만나를 먹고, 불기둥과 구름기둥의 인도를 받으며, 젖과 꿀이 흐르는 땅을 기업으 로 받았습니다. 또한 하나님의 크신 이름으로 성전을 짓고 신앙을 유지하 다가, 부패하고 타락해서 하나님께 심판을 받아 결국 바벨론의 포로가 되 었습니다. 그리고 거기서 하나님이 "너희가 잘못했지만 나는 너희와의 약 속을 포기하지 않겠다"고 말씀하시며 주신 그의 약속의 영원성과 은혜와 긍휼의 무한함에 힘입어 포로에서 돌아와 회복된 자리에 지금 와 있습니 다. 그런데 그들은 "이럴 바에는 왜 회복시켜 주셨을까"라고 말하고 싶은 자리에까지 떨어진 상태입니다. 이스라엘 백성들이 이런 지경까지 몰린 역사적 사실을 증언하고 있습니다.

모두에게 구원을 베푸시려는 하나님의 뜻

출애굽기를 보면, 애굽에서 열 가지 재앙을 목격하고 홍해를 건넌 민족이 어떻게 그처럼 하나님을 배신할 수 있었을까 하는 것도 의아합니다. 더 나 아가 바벨론 포로로 잡혀 가서 거기로부터 구원이 이루어져 페르시아 왕 고레스에 의하여 귀환이 허락되고, 다시 돌아와 자기 나라와 민족의 정체 성을 회복하고 성전을 다시 지을 수 있게 되었지만, 그렇게 성취된 약속을 지켜낼 만한 어떤 현실적 확인을 갖지 못한 채 허무하게 무너져 내린 것도 참 의아합니다. 이 역사적 사실에 대해서 우리는 "이스라엘은 왜 그랬을까?"라고 물을 것이 아니라, "하나님은 왜 이런 식으로 일하셔서 그들을 낙심하게 했을까? 그리고 하나님은 오늘날까지도 그의 백성을 왜 이렇게 다루실까?"라고 연결시켜 물어야 할 것입니다. 그렇지 않습니까?

여러분도 만족과 감사 속에 있을 수 없습니다. 여러분이 어떤 마음으로 여기 앉아 계십니까? "이게 뭔가. 무슨 기대할 만한 것이 있는가? 번거롭습니다. 시간이나 맞춰 끝내 주십시오. 무슨 이야기인들 우리가 못 들어 본 게 있습니까? 예, 저 회심했습니다. 구원의 확신이 있습니다. 죽으면 천국 갈 줄 알고 있습니다. 하지만 사는 건 고달픕니다. 하나님, 생각이 있으시면 일찍 데려가 주십시오. 그 이상 우리가 뭘 바라겠습니까?" 이미 다 해본 일 아닙니까?

이것이 역사 속에 있었다는 것이 이상하지 않습니까? 여러분이 처음 겪는 것이 아니라는 것입니다. 그것이 교회사 내내 겪었던 일이라는 것이 놀랍지 않습니까? 그러니 다시 돌아와, "하나님은 왜 이렇게 일을 하시는가? 그 일은 무엇을 만들어 냈는가?" 이렇게 물어야 합니다. 그렇지 않으면 우리는 인생과 현실을 하나님과 분리시켜 살 수밖에 없습니다. 주일에 와서 최소한의 책임을 하고, 나머지는 알아서 삽니다. 이렇게 하나님과 관계없는 나날을 살지만, 그렇다고 완전히 놓지는 않습니다. 그렇게 사는 것에는 겁을 냅니다. 사는 동안 고생해도 좋은데, 죽은 뒤에 지옥갈 수는 없으니까 그것 하나만은 붙잡고 있는 형국이 되지 않았습니까? 너무 심한 말인가요?

로마서 11:30-32에 참으로 놀라운 성경의 증언이 나오는데 기억할 만한 것입니다.

너희가 전에는 하나님께 순종하지 아니하더니 이스라엘이 순종하지 아니

　　　　　　　　　　　　　　이사야서, 하나님의 비전

함으로 이제 긍휼을 입었는지라. 이와 같이 이 사람들이 순종하지 아니하니 이는 너희에게 베푸시는 긍휼로 이제 그들도 긍휼을 얻게 하려 하심이라. 하나님이 모든 사람을 순종하지 아니하는 가운데 가두어 두심은 모든 사람에게 긍휼을 베풀려 하심이로다(롬 11:30-32).

참으로 모를 일입니다. 이 로마서를 쓴 사도 바울은 이방의 사도입니다. 그는 유대인입니다. 그는 율법주의자였습니다. 그러나 하나님이 그를 택하여 이방의 사도로 세우십니다. 그가 이방으로 간 것은 본인의 뜻이 아니고 하나님의 뜻이며, 그가 이방으로 뛰어간 것은 유대인들이 말을 안 듣고 사도 바울을 반대하고 내쫓았기 때문에 이방으로 쫓겨 가서 이방의 사도가 된 것입니다.

그런데 기독교는 2천 년 역사를 갖고 있지만, 우리에게는 기독교이겠고 유대인에게는 유대교일 텐데, 유대인들은 아직도 메시아를 기다리고 있습니다. 그들은 예수님 안에서 성취된 구원을 믿지 않고서, 아직 구원을 기다리고 있습니다. 그들에게는 예수님이 그저 선지자일 뿐입니다. 예수님을 메시아로 인정하지 않습니다. 그러니까 유대인이 믿는 그 하나님을 우리가 믿지만, "예수님으로 증거된 하나님을 믿는다"라는 뜻에서 우리의 종교는 그리스도교입니다. 헬라어 '크리스투스'를 한문으로 음독하여 '기독'으로 표기하고 '기독교'라고 부릅니다. 그러니까 '예수교'입니다. 예수님을 믿는 것입니다.

예수님을 믿는다는 것은, 구약에 예언된 메시아를 보내어 우리를 구원하시려는 하나님이 예수님 안에서 당신을 충분히 나타내시고 우리를 온전히 구원하셨다고 믿는 신앙고백인 것입니다. 그렇게 '예수님을 믿는다'로 기독교의 신앙을 대표하게 되었습니다. 이 구원이 이방인에게로 와서 우리가 예수님을 믿는 자들이 된 것입니다. 유대인들은 아직도 국가 차원에서 예수님을 믿지 않고 있고, 이방인인 우리는 믿고 있으니 우리는 그들을 향하여 "너희는 믿지 않았고, 우리는 믿었다"라고 하는 것입니다. 그래서 지금까지도 예수님을 믿는 나라에서는 유대인들을 경멸합니다.

그러니까 바울이 하는 이야기는 이런 것입니다. "너희가 예수님을 믿게 된 까닭은 유대인들이 믿지 않았기 때문이다. 그들이 믿어서 구원을 받았으면 너희에게는 돌아올 게 없었을 텐데 그들이 믿지 않는 바람에 너희에게 돌아온 것이다." 그가 이렇게 설명한 셈입니다. 조금 더 깊게 이야기하자면, 구원은 원래 유대인만을 위하여 있는 것이 아니라, 유대인을 선민으로 택하여 모든 민족에게 허락하려고 주신 것입니다. 그런데 유대인이 실패한 것입니다. 그들이 실패했다면 당사자들만 실패한 것이 아니라, 그들로 인하여 목적하신 궁극적 목적인 모든 열방들, 즉 모든 인류도 구원을 받을 수 없는 것이어야 합니다. 그러나 희한하게 그들이 거부함으로써, 마치 물결이 유대인들에게 들어가려고 했으나 그들의 거부로 인해 물결이 반대편으로 흐른 것같이 되었습니다. 바울은 이 모든 사실 자체를 불순종 가운데로 묶어, 모두에게 긍휼을 베푸시려는 하나님의 뜻이라고 이야기합니다.

이 문제가 우리에게는 굉장히 난해하고 깊습니다. 순종이 하는 일은 분명히 하나님의 뜻을 이루는 방법으로서 명예로운 것입니다. 순종이라는 것은 명예로운 방법입니다. 그렇다면 불순종을 하면 일이 안 일어나야 맞습니다. 순종해야만 일어날 수 있는 일이 불순종했어도 순종한 것과 같은 결과가 나타났다고 이야기합니다. 그러면 불순종이 이런 결과를 만들까요? 그렇지 않다는 것입니다. 순종해야 만드는 것입니다. 그러나 이 문제는 순종하면 되고 불순종하면 안되는, 우리가 아는 그런 합리성에 매여 있는 것이 아닙니다. 그것은 하나님의 의지에 관한 문제이기 때문에 순종을 하면 순종한 자의 명예와 복 가운데서 그 결과가 드러날 것이고, 불순종을 할지라도 그 결과는 일어날 수밖에 없다는 것입니다. 그래서 이것이 순종해서 만들어진 보상이 아닌 것이며, 순종한 자들도 그것을 은혜의 결과로 알아야 한다는 것입니다. 이것이 사도 바울이 이스라엘에게 가르치는 이방이 얻은 구원이며, 결국에는 이스라엘도 구원을 얻을 수밖에 없다고 하는 논증입니다.

답이 없는 길을 가는 순종과 믿음

우리는 불순종에 대하여 다시 생각해 봐야 합니다. 왜 불순종이 일어났을까요? 우리가 읽은 이사야서 본문으로 이야기하자면, 그들은 하나님께서 허락하신 많은 증거와 역사적 결과도 보았지만, 하나님이 약속하신 모든 것이 현실에서는 아직도 너무 먼 것이어서 기쁨으로 신앙생활을 유지할 수 없었습니다. 그러면 그것이 무엇입니까? 불순종이 일을 할 수 있다면, 이렇게 죄를 짓는 것이 하나님의 일을 이루는 방법이라는 것입니까? 그렇지 않습니다. 그럴 리 없습니다. 순종을 해야 명예와 결과가 일어납니다. 그러나 불순종해도 결과가 일어난다면 불순종을 어떻게 이해해야 하는 것입니까? 하나님은 왜 그런 불순종의 경우를 허락하시는 것일까요? 이런 문제들을 생각해 봐야 합니다. 빌립보서 2:5-11을 보겠습니다.

> 너희 안에 이 마음을 품으라. 곧 그리스도 예수의 마음이니 그는 근본 하나님의 본체시나 하나님과 동등됨을 취할 것으로 여기지 아니하시고 오히려 자기를 비워 종의 형체를 가지사 사람들과 같이 되셨고 사람의 모양으로 나타나사 자기를 낮추시고 죽기까지 복종하셨으니 곧 십자가에 죽으심이라. 이러므로 하나님이 그를 지극히 높여 모든 이름 위에 뛰어난 이름을 주사 하늘에 있는 자들과 땅에 있는 자들과 땅 아래에 있는 자들로 모든 무릎

을 예수의 이름에 꿇게 하시고 모든 입으로 예수 그리스도를 주라 시인하여 하나님 아버지께 영광을 돌리게 하셨느니라(빌 2:5-11).

예수님이 하신 일은 죽음까지 가는 것이었습니다. 그 죽음을 영광으로 돌리는 것은 하나님이 하시는 일입니다. 부활을 만들기 위하여 이 죽음의 길을 가시는 것이 아니라, 죽음의 길로 간 것을 바꾸는 것은 하나님이 하시는 일입니다. 그러니 여기에는 인과관계가 없습니다. 예수님은 이 길을 가기 싫어서 겟세마네에서 아버지께 이렇게 기도하셨습니다. "아버지여, 만일 할 만하시거든 이 잔을 내게서 지나가게 하옵소서." 그것은 부활로 가는 길이 아니라 죽음으로 가는 길입니다. 그 길을 예수님이 걸어가시고는 죽으셨습니다. 그는 하나님의 본체시나 하나님과 동등됨을 취할 것으로 여기지 않으셨습니다. 오히려 자기를 비워 사람의 모양으로 나타나사 자기를 낮추시고 죽기까지 순종하셨습니다. 여기는 절망밖에 없습니다.

예수님의 죽음이 가지는 내용을 보면, 거기에는 오해와 시샘, 원망과 의심, 배신과 고난, 죽음이 있습니다. 성경은 그 전부를 뒤집고자 하는 하나님의 의도를 우리에게 증언하고 싶어 합니다. 예수님이 받으신 모든 것, 즉 우리가 그에게 행한 모든 것, 다시 말해 우리가 배반하고 그를 죽인 것 모두를 하나님께서 부활의 승리로, 가장 큰 영광으로 뒤집을 수 있다고 말씀하심으로써 우리가 살 수 있게 된 것입니다.

이사야 56장 본문을 보면, 굉장히 놀랍게도 이와 동일한 설명이 나옵니다. "안식일을 지켜 더럽히지 아니하며 그의 손을 금하여 모든 악을 행하지 아니하여야 하나니 이와 같이 하는 사람, 이와 같이 굳게 잡는 사람은 복이 있느니라"(사 56:2). "안식일을 제대로 지켜라"라는 말은 모든 초점이 하나님께로 가는 것입니다. 안식일은 하나님의 창조를 기념하는 날입니다. 하나님께로 모든 시선이 모입니다. 그러나 이스라엘은 자신들이 선민이라는 민족적 우월감에 사로잡히는 실패를 하고 맙니다. 하나님은 이스라엘의 하나님이십니다. 그들에게 복을 주기로 약속했기에 그들은 복을 받을 수밖에 없고, 하나님의 언약은 영원하다는 사실 때문에 그들이 잘못했음에도 불구하고 늘 회복됩니다.

그러나 그들은 하나님을 섬기는 일을 맡았다는 우월감으로 자신들의 마음을 이중적으로 제한하고 폐쇄시키고 있습니다. 귀환 후에 그들에게 일어난 신앙적 실패를 밀고 들어오는 하나님의 경고와 책망은 이런 것입니다. "안식일을 지켜라. 그것이 무엇보다 더 중요한 것이다. 그것은 너희의 민족적 정체성보다 귀한 것이다. 고자라도 안식일을 지키면 된다. 이방인이라도 안식일을 지키면 된다." 이스라엘의 실패가 하나님의 일하심 속에서는 그들의 실패로 인해서 이방인에게 문이 열리는 방식이 됩니다.

앞서 로마서 11장에서 본 것과 동일한 일이 여기에서 일어납니다. 안식일을 지킬 수 있는 것은 이스라엘만의 특권이었습니다. 그런데 그들이 신앙에서 실패함으로써 안식일을 지킨다는 것은 민족성을 지키는 문제가 아니라, "하나님과의 관계, 하나님의 뜻, 하나님이 누구신가"와 연결되는 것으로 이렇게 문이 열려 버렸다는 말입니다. 모든 족속을 향한 하나님의 구원과 궁극적 승리는 빌립보 2장에서 보았듯이 예수께서 걸어가신 길로 열리게 됩니다. 이사야 53:1-4을 보겠습니다.

우리가 전한 것을 누가 믿었느냐. 여호와의 팔이 누구에게 나타났느냐. 그는 주 앞에서 자라나기를 연한 순 같고 마른 땅에서 나온 뿌리 같아서 고운 모양도 없고 풍채도 없은즉 우리가 보기에 흠모할 만한 아름다운 것이 없도다. 그는 멸시를 받아 사람들에게 버림 받았으며 간고를 많이 겪었으며 질고를 아는 자라. 마치 사람들이 그에게서 얼굴을 가리는 것 같이 멸시를 당하였고 우리도 그를 귀히 여기지 아니하였도다. 그는 실로 우리의 질고를 지고 우리의 슬픔을 당하였거늘 우리는 생각하기를 그는 징벌을 받아 하나님께 맞으며 고난을 당한다 하였노라(사 53:1-4).

여호와의 종은 하나님께 벌을 받는 것으로 간주됩니다. 욥의 친구들이 그와 같이 욥을 비난했고, 우리도 마찬가지로 이스라엘을 비난하듯이 말입니다. "이 정도의 신앙밖에 안되니까 이 고난을 당하고 있지. 그러니 요 모양으로 살 수밖에 없지." 그러나 여호와의 종이 당한 고난은 이보다 훨씬 크다고 합니다. 그는 고운 모양도 없고 풍채도 없고, 멸시를 받아 사람들에게 버림받습니다. 그 길이야말로 하나님이 우리에게 요구하시는 길입니다. 지극함이나 진심이라는 것으로 가치를 갖겠다고 하지 마십시오. 그 길이 무엇을 만들어내기에 우리에게 그 길을 가라고 하십니까? 마태복음 13장은 씨 뿌리는 비유로 시작합니다. 그 비유 자체는 넘기고 10절부터 보겠습니다.

제자들이 예수께 나아와 이르되 어찌하여 그들에게 비유로 말씀하시나이까. 대답하여 이르시되 천국의 비밀을 아는 것이 너희에게는 허락되었으나 그들에게는 아니되었나니 무릇 있는 자는 받아 넉넉하게 되되 없는 자는 그 있는 것도 빼앗기리라. 그러므로 내가 그들에게 비유로 말하는 것은 그들이 보아도 보지 못하며 들어도 듣지 못하며 깨닫지 못함이니라. 이사야의 예언이 그들에게 이루어졌으니 일렀으되 너희가 듣기는 들어도 깨닫지 못할 것이요 보기는 보아도 알지 못하리라. 이 백성들의 마음이 완악하여져서 그 귀는 듣기에 둔하고 눈은 감았으니 이는 눈으로 보고 귀로 듣고 마음으로 깨달아 돌이켜 내게 고침을 받을까 두려워함이라 하였느니라. 그러나 너희 눈은 봄으로, 너희 귀는 들음으로 복이 있도다. 내가 진실로 너희에게 이르노니 많은 선지자와 의인이 너희가 보는 것들을 보고자 하여도 보지 못하였고 너희가 듣는 것들을 듣고자 하여도 듣지 못하였느니라(마 13:10-17).

농부가 씨를 뿌렸는데 길 가에 떨어진 씨는 새가 먹어 버렸고, 흙이 얕은 돌밭에 떨어진 씨는 뿌리를 내릴 수가 없었으며, 가시떨기 밭에 떨어진 씨는 가시가 기운을 막아서 자라지 못했습니다. 그러나 옥토에 떨어진 씨는 30배, 60배, 100배의 열매를 맺었습니다. 이보다 쉬운 비유가 어디 있겠습니까? 제자들이 그것을 듣고도 알아듣지 못했습니다. 그들이 바보라서 그런 것이 아닙니다. 이 비유에는 우리가 이해하고 있는 것보다 훨씬 심오한 내용이 들어 있습니다.

이 비유는 이런 것입니다. 씨가 길 가에도 떨어지고 돌밭에도 떨어지고 가시떨기 위에도 떨어집니다. 이것은 누구의 예언이 이루어진 것이라고요? 이사야의 예언이 이루어진 것입니다. "네가 가서 전하면 들어도 보아도 깨닫지 못할 것이다. 이 일을 위하여 가라." 이 비유에서 그것이 어떻게 적용이 되었습니까? 길 가에 떨어지고 돌밭에 떨어지고 가시떨기 위에 떨어져서 자라지 못합니다. 사람들이 봐도 모릅니다. 들어도 깨닫지 못합니다. 결실할 수 없습니다. 누가 결실시킵니까? 예수님이 하십니다. 예수님만이 하실 수 있습니다.

그러므로 모두 누구를 보기 원했을까요? 예수님을 보기 원했습니다. 예수님을 보기까지는, 예수님이 오셔서 구원을 완성하시기까지는, 하나님이 구원을 어떻게 이루실지 아무도 알 수 없었습니다. 그러니 우리는 눈먼 자들입니다. 하나님이 일하시는 방법에 대하여 우리는 전혀 알 수 없습니다. 그런데도 여러분이 스스로 옥토가 되겠다고 하겠습니까? 여러분의 결심이나 능력으로는 옥토가 될 수 없습니다. 옥토가 되는 조건은 예수님께 있습니다.

예수님이 우리에게 원하시는 것은, 그가 걸으신 길을 걸으라는 것입니다. 그가 어떤 길을 걸으셨습니까? 아무도 모르는 길을 걸으셨습니다. 그러니 이런 말들이 오간 것입니다. "메시아가 왔다." "그가 누구냐?" "나사렛에서 난 예수라는 목수다." "나사렛에서 무슨 선한 것이 나겠느냐?" 우리 스스로도 이와 비슷한 생각을 합니다. "나의 이런 인생이 무슨 가치가 있는가?" 하지만 하나님은 우리에게 예수님을 보라고 하십니다. 그리고 예수님은 이렇게 말씀합니다. "나를 보는 자는 복되도다. 선지자들과 의인들이 나를 보기를 원했으나 볼 수 없었다. 이제 내가 왔다. 내가 이 모든 수수께끼의 해답이다. 내가 신비요 내가 주인이다." 여러분이 이해하지 못하는 지금의 현실이 막막하고 답이 없고 의심스럽겠지만, 그 길을 걸어가야 합니다. 실력만큼 걸어가십시오. 그 다음은 하나님이 하실 것입니다.

여러분은 원망하거나 포기함으로써 자신이 걷는 길이 가지는 기적과 위대함을 스스로 포기하지 마십시오. 스스로 외면하지 마십시오. 울면서 가십시오. 답이 없는 길을 가십시오. 그것이 예수님을 믿는다는 뜻입니다. 그는 죽음으로 끝났고 그것을 부활로 뒤집어 승리와 영광을 얻으셨습니다. 그렇게 하신 하나님은 "그 길이 내가 원하는 길이요 내가 기적과 영광을, 승리를 만드는 나의 방법이다"고 하십니다. 그것이 말이 된다는 것입니까? 예, 말이 됩니다.

가장 중요한 교훈들은 전부 실패 속에서 나옵니다. 겸손, 이해, 관용, 긍휼, 따뜻함이 그런 것들입니다. 사람은 자기가 만든 얼굴로는 한 번도 너그러운 표정을 짓지 않습니다. 진 사람만이, 슬픈 사람만이 얼굴에 여백을 가질 수 있습니다. 여러분의 인생 속에서 "내가 예수님을 믿는 것 맞나? 하나님이 나를 사랑하시는 것 맞나?"라고 생각해야 정상입니다. 하나님이 여러분의 곤고한 인생을 예수님 안에서 이루신 일에 함께 묶어 일하고 계신다는 것을 아는 그런 충성과 자랑이 있기를 바랍니다.

이사야서, 하나님의 비전

::

하나님 아버지, 은혜를 감사합니다. 우리 인생에 예수님을 보내주신 것이야말로, 기적이요 능력이요 지혜임을 믿습니다. 우리는 인내하고 순종하고 겸비하며, 무엇보다 믿음을 가져야 맞습니다. 하나님, 하루하루 우리가 쉬는 한숨과 흘리는 눈물 속에 예수님의 구원과 용서와 회복과 은혜가 담겨 있으니, 우리로 충성하게 하옵소서. 감사할 수 있는 자리까지 가게 하옵소서. 우리가 사는 세상에서 결국에는 모든 것이 은혜와 기적과 감사가 되게 하옵소서. 예수를 믿고 산다는 고백이 가지는 위대함과 신비를 품에 안고서, 낙심하지 않고 용기를 가지고 믿음으로 살게 하옵소서. 예수님 이름으로 기도합니다. 아멘.

41

통회하는 자의 마음

사 57:14-21

그가 말하기를 돋우고 돋우어 길을 수축하여 내 백성의 길에서 거치는 것을 제하여 버리라 하
리라. 지극히 존귀하며 영원히 거하시며 거룩하다 이름하는 이가 이와 같이 말씀하시되 내가
높고 거룩한 곳에 있으며 또한 통회하고 마음이 겸손한 자와 함께 있나니 이는 겸손한 자의 영
을 소생시키며 통회하는 자의 마음을 소생시키려 함이라. 내가 영원히 다투지 아니하며 내가
끊임없이 노하지 아니할 것은 내가 지은 그의 영과 혼이 내 앞에서 피곤할까 함이라. 그의 탐
심의 죄악으로 말미암아 내가 노하여 그를 쳤으며 또 내 얼굴을 가리고 노하였으나 그가 아직
도 패역하여 자기 마음의 길로 걸어가도다. 내가 그의 길을 보았은즉 그를 고쳐 줄 것이라. 그
를 인도하며 그와 그를 슬퍼하는 자들에게 위로를 다시 얻게 하리라. 입술의 열매를 창조하는
자 여호와가 말하노라. 먼 데 있는 자에게든지 가까운 데 있는 자에게든지 평강이 있을지어다.
평강이 있을지어다. 내가 그를 고치리라 하셨느니라. 그러나 악인은 평온함을 얻지 못하고 그
물이 진흙과 더러운 것을 늘 솟구쳐 내는 요동하는 바다와 같으니라. 내 하나님의 말씀에 악인
에게는 평강이 없다 하셨느니라.

포로 귀환 후 더딘 회복의 세계

이사야 57장은 이사야 56-59장으로 이루어진 단락에 위치합니다. 이사야
56-59장에 따르면, 이스라엘 백성은 거듭되는 자신들의 현실적 불신앙에
대해 책망을 듣습니다. 그들이 하나님 앞에 진정한 선민이고 신앙인이지
만, 그런 존재로 살아내지 못하는 것에 대해 책망을 듣습니다.

이사야서, 하나님의 비전

하지만 하나님이 그들에게 베푸시는 위로와 회복은 이사야 57:18-19에서 다음과 같이 표현됩니다. "내가 그의 길을 보았은즉 그를 고쳐 줄 것이라. 그를 인도하며 그와 그를 슬퍼하는 자들에게 위로를 다시 얻게 하리라. 입술의 열매를 창조하는 자 여호와가 말하노라. 먼 데 있는 자에게든지 가까운 데 있는 자에게든지 평강이 있을지어다. 평강이 있을지어다. 내가 그를 고치리라 하셨느니라." 이런 회복은 이미 이사야 40-55장에서 확인했던 바로서 그것의 연장선으로 보입니다. 자신들의 죄악으로 말미암아 하나님의 준엄한 심판을 받아 다른 나라에 포로로 끌려갔지만 결국은 은혜를 입고 회복될 것이라고 하셨기 때문입니다.

이사야서는 이미 앞에서도 여러 번 말씀드린 바와 같이 각각 그 시대적 배경을 달리 하고 있습니다. 이사야 1-39장은 북이스라엘과 남유다가 망하기 이전의 역사를 시대적 배경으로 갖습니다. 그리고 40-55장은 유다 백성이 붙잡혀 가서 바벨론에서 고생하던 시절을 시대적 배경으로 가지고 있습니다. 이런 바벨론 포로 생활 70년을 마친 후 본국으로 돌아와 예루살렘에 정착한 주전 538년부터 시작되는 회복기를 56-66장은 그 시대적 배경으로 가집니다.

그들은 하나님의 약속대로 구원을 얻었고, 회복을 받았으며, 고향으로 돌아왔습니다. 이전 설교에서도 말씀드린 바와 같이 고향의 환경은 그들이 기대하던 상태가 아니었습니다. 이사야 55:12-13에 약속된 대로 산들과 언덕들이 기뻐 노래하고 모든 나무가 손뼉을 치는 그런 환경이 아니었습니다. 기적적으로 귀환이 이루어짐으로써 하나님의 약속은 성취되었지만, 그 땅은 황폐했고 흉년으로 그들의 경작물들은 소실이 적었으며, 성전 재건을 위해 중노동에 시달려야 했습니다. 그뿐 아니라 그 빈 땅에 이주해 들어와 살던 다른 정착민들의 적대로 고난의 현실을 보내게 됩니다.

그들은 지칩니다. 절망하고, 원망하고, 자포자기의 심정에 빠져서 신실하게 지켜야 할 기준에 미치지 못합니다. 실수와 실패가 반복된 것입니다. 그러나 그들의 이런 현실은 약간 말이 안맞는 것 같습니다. 왜냐하면 이사야 1-39장에서 보여주는 질서, 곧 그 시대의 세계는 분명히 원칙과 심판의 세계이고, 40-55장은 은혜와 구원이라는 약속의 세계를 말하기 때문입니다. 다시 말해서 이 은혜와 구원의 세계는 원칙과 심판의 세계를 극복하고 뛰어넘는 결과를 약속하고 있는데, 그들이 돌아와서 보니 그 약속이 현실적이지 않은 것입니다.

그렇다면 그 약속이 거짓된 것입니까? 그렇게는 말할 수 없습니다. 기적적인 회복, 곧 귀환이 이루어졌기 때문입니다. 그러나 기대했던 바와는 달리 그들은 고난 속에서 시달려야 했습니다. 그들은 당연히 지칩니다. 이 '당연히'라는 말을 기억하십시오. 그렇게 지치고 절망과 원망 가운데 있던 이스라엘 백성에게 하나님이 다시 선지자를 통하여 "이 원칙을 지켜라"고 말씀하시는 것이 이사야 56장입니다. 즉, "안식일을 지키라"라는 것이었습니다.

그러면 도대체 1차적 세계에서 2차적 세계로 나아간다는 것은 무엇일까요? 원칙과 심판의 세계를 넘어, 그 실패에서 회복되어 완성된다는 2차적 세계의 몫은 무엇일까요? 분명히 2차적 세계는 역사적 현실로서 1차적 세계관을 이어온 것이어야 맞습니다. 여기서 드는 우리의 의문은 이것입니다. 이미 그들에게 2차적 세계가 왔는데, 왜 그 세계가 오지 않은 것 같은가 하는 문제입니다. 우리가 선지서들에서 보는 선지자들의 책망을 그저 손쉽게 심판의 경고라 여기고 넘어갈 문제가 아니라는 것입니다. 그것은 책망이나 심판의 경고를 넘어서는 것입니다.

이전 이사야 56장의 설교에서 말라기 1장을 인용했는데, 그 본문에서 이스라엘 백성들의 귀환 후의 신앙적 실패가 다음과 같이 소개됩니다. "너희들이 더러운 떡을 드리고 너희들이 흠 있는 제물을 드리면서 아랑곳하지 않는다. 너희가 이야기하기를, 하나님께 바치는 제물은 더러워도 되고 흠이 있어도 된다. 그리고 스스로 말하기를, 이 얼마나 번거로운 일이냐라며 너희가 업신여긴다." 이렇게 책망하십니다. 그래서 "나는 누가 성전 문을 닫았으면 좋겠다"고 하신 하나님의 진노가 거기에 기록되어 있습니다.

우리는 모두 당연히 1차적 세계관, 곧 원칙과 심판의 세계를 근거로 해서 이스라엘 백성들의 못난 것과 실패를 탓하고 하나님의 진노와 징계가 당연하다고 말합니다. 그래서 우리의 신앙 인생에 대해서도 이 잘잘못의 세계, 보상의 원칙을 가지고 해석하게 됩니다. 그런데 2차적 세계가 소개됩니다. "하나님께로부터 말미암는 그의 능력, 그의 성실하심, 그의 은혜, 그의 긍휼이 이스라엘의 죄를 다 덮고 씻으며 극복하여서 회복과 승리, 영광을 주겠다"고 하신 것입니다. 이러한 약속에 따라 그들은 귀환합니다. 그런데 그들이 이렇게 1차적 세계에서 2차적 세계로 넘어왔지만, 그 2차적 세계는 1차적 세계를 여전히 극복하지 못한 상태로 있습니다. 그들에게 아직도 1차적 세계가 남아 있어서 그들을 괴롭히고 절망과 체념을 하게 만듭니다. 마찬가지로 오늘날 우리 교인들도, 교회사가 내내 증언하듯이, 자신들이 사는 환경 속에서 그와 똑같은 갈등을 겪고 있다는 사실입니다.

다시 조심스럽게 이사야 56장을 돌아보면, 여기에서 요구된 바는 "안식일을 지키라"는 것입니다. 그것은 1차적 세계관에 따른 것입니다. 다시 말해 "이 안식일을 지켜라. 그것 하나도 못하고 있지 않느냐?"라는 지적입니다. 안식일은 유대인들이 자신의 고유한 정체성을 확인하는 방법입니다. 다른 민족에게는 안식일이라는 것이 없습니다. 이스라엘에게만 있는 것입니다. 하나님이 천지를 창조하셨고, 그들을 애굽에서 구원해 낸 것을 기념하는 날이었습니다. 안식일은 지키고 안 지키고의 문제가 아니라, 그들만의 배타적 정체성을 확인하는, 즉 이스라엘이 되었다는 증거였습니다.

그런데 이 문제가 이사야 56장에서 다르게 나옵니다. "안식일을 지키면 이스라엘이든 이방이든 상관이 없다. 능력 있는 자나 못난 자나 상관이 없다." 이렇게 된 것입니다. 그래서 뜻밖에도 원칙과 심판을 특징으로 갖는 1차적 세계관과 은혜와 구원을 특징으로 갖는 2차적 세계관이 하나로 묶이지 않는, 즉 이 두 세계관이 서로 갈등하고 충돌한 채 그 둘이 병존하는 3차적 세계관이 등장한 것입니다. 우리로서는 선뜻 이해가 안되는 이야기지만, 그들은 지금 은혜의 자리에 있으면서 반복되는 실패도 더불어 겪어야 하는 신앙생활 가운데 있는데, 거기서 하나님이 일하고 계신다는 것입니다. 이런 3차적 세계관이 등장한 것입니다.

로마서 11:32에 이런 말씀이 나옵니다. "하나님이 모든 사람을 순종하지 아니하는 가운데 가두어 두심은 모든 사람에게 긍휼을 베풀려 하심이로다." 이 말이 어렵습니다. "모든 사람을 불순종하는데 가두어 두셨다"고 하면 "하나님이 일부러 불순종을 요구하셨다"는 말로 들립니다. 그래서 우리로서는 원칙과 심판의 세계인 1차적 세계와 은혜와 구원의 세계인 2차적 세계가 도무지 결합도 조화도 되지 않아 보입니다. 이렇게 조화되지 않은 두 세계가 하나로 묶인 3차적 세계가 시작된 것입니다. 그 세계는 1차적 세계도 그대로 있고 2차적 세계도 그대로 있는 세계입니다. 그러니 우리로서는 이것이 무엇인지 의아해 할 수밖에 없습니다. 그들은 이제 기대와 실망, 감사와 자책이 공존하는 세계를 만난 것입니다.

신앙인의 비명과 저항

성경은 말합니다. "네가 이해하지 못하는 그곳에서 하나님이 일하고 계신다"고 말입니다. "안식일을 지키면 이스라엘로 제한된 데서 벗어나 모두 구원에 참여할 수 있다"고 말한 것은 안식일이 닫아 두었던 문을 여는 것입니다. 사실 이스라엘이 순종치 아니하여 구원을 받지 못한다면 이방은 더 더욱 가망이 없습니다. 신약성경에서 "부자가 천국에 들어가기란 낙타가 바늘구멍으로 들어가는 것보다 더 어렵다"고 한 것은 부자만 들어가지 못한다는 것이 아니라, 부자도 못 가고 가난한 자도 못 간다는 말입니다. 여기서 부자는 능력자의 상징입니다. 천국은 힘으로도 능력으로도 못 간다는 것입니다. 이스라엘이 구원을 못 받는다면 모두가 구원을 못 받는 것입니다.

그런데 이스라엘의 불순종이 이방을 구원하는 데 쓰였습니다. 3차적 세계관이 열린 것입니다. 바울 사도가 이것을 다음과 같이 잇습니다. "깊도다. 하나님의 지혜와 지식의 풍성함이여, 그의 판단은 헤아리지 못할 것이며 그의 길은 찾지 못할 것이로다. (우리의 생각으로는 좇아갈 수 없다는 말입니다.) 누가 주의 마음을 알았느냐. 누가 그의 모사가 되었느냐. 누가 주께 먼저 드려서 갚으심을 받겠느냐. 이는 만물이 주에게서 나오고 주로 말미암고 주에게로 돌아감이라. 그에게 영광이 세세에 있을지어다. 아멘"(롬 11:33-36).

이 찬송이 교회에서 가장 많이 실종된 상태입니다. 우리는 1차적 세계관과 2차적 세계관이 하나로 묶이는 성경의 약속이나 그것이 실제로 일어나고 있는 현실에 대한 이해가 부족합니다. 대부분의 성도들은 대충 삽니다. 잘 모르겠다고 하면서 체념하고 삽니다. 1차적 세계관에서 몇 가지 도덕을 붙잡고 2차적 세계관에서 은혜와 운명을 양손에 하나씩 든 채 적당히 삽니다. 그래서 뜻밖에 기독교가 가지는 이 하나님의 지혜, 하나님의 권능, 은혜와 책임이라는 영광들이 우리에게서 실종되곤 합니다. 이 두 세계가 우리 현실 생활에서 서로 충돌하는 양상으로 나타나는 바람에 기독교 신앙인의 능력과 영광을 누리지 못한다는 것입니다. 욥기 7:11-21을 보겠습니다.

그런즉 내가 내 입을 금하지 아니하고 내 영혼의 아픔 때문에 말하며 내 마음의 괴로움 때문에 불평하리이다. 내가 바다니이까. 바다 괴물이니이까. 주께서 어찌하여 나를 지키시나이까. 혹시 내가 말하기를 내 잠자리가 나를 위로하고 내 침상이 내 수심을 풀리라 할 때에 주께서 꿈으로 나를 놀라게 하시고 환상으로 나를 두렵게 하시나이다. 이러므로 내 마음이 뼈를 깎는 고통을 겪느니 차라리 숨이 막히는 것과 죽는 것을 택하리이다. 내가 생명을 싫어하고 영원히 살기를 원하지 아니하오니 나를 놓으소서. 내 날은 헛 것이니이다. 사람이 무엇이기에 주께서 그를 크게 만드사 그에게 마음을 두시고 아침마다 권징하시며 순간마다 단련하시나이까. 주께서 내게서 눈을 돌이키지 아니하시며 내가 침을 삼킬 동안도 나를 놓지 아니하시기를 어느 때까지 하시리이까. 사람을 감찰하시는 이여, 내가 범죄하였던들 주께 무슨 해가 되오리이까. 어찌하여 나를 당신의 과녁으로 삼으셔서 내게 무거운 짐이 되게 하셨나이까. 주께서 어찌하여 내 허물을 사하여 주지 아니하시며 내 죄악을 제거하여 버리지 아니하시나이까. 내가 이제 흙에 누우리니 주께서 나를 애써 찾으실지라도 내가 남아 있지 아니하리이다(욥 7:11-21).

이것이 우리의 현실입니다. 예수님을 믿는 사람치고 완벽한 신앙생활을 원하지 않는 사람이 어디 있겠습니까? 불안과 의심에서 벗어나고 자책할 것이 없는 완전한 하나님의 사람이기를 소원합니다. 거룩하고 능력 있고 모범적이기를 바라지요. 그러나 안됩니다. 그렇게 한 사람을 본 적이 없습니다. 사도 바울도 불가능한 일이라고 고백한 사실입니다. 우리는 이 불가능한 것이 무엇인지 물어야 합니다. 포로에서 귀환한 이스라엘 백성들은 체념과 원망 가운데 있었습니다. 이것은 다만 불성실하고 못난 그런 상태와 그들의 실패를 고발하는 정도의 문제가 아닙니다. 그것은 현실이

이사야서, 하나님의 비전

였습니다. 그것이 인간된 한계였습니다.

욥기를 보십시오. 욥의 아우성이 무엇입니까? 그는 자기가 당하는 고난의 이유를 알 수가 없습니다. 하나님은 분명히 공의로운 분이신데, 왜 자기에게 이 어려움과 고난이 왔는지, 또 무엇을 잘못한 것인지 알 수가 없습니다. 그가 할 수 있는 것은 비명을 지르는 것밖에 없습니다. 죽여 달라는 것입니다. 그가 뭐라고 말합니까? "내 입을 금하지 아니하고 내 영혼의 아픔 때문에 말하며 내 마음의 괴로움 때문에 불평하리이다." 이렇게 터져 나옵니다.

우리는 감히 그렇게 못합니다. 성경은 이미 그렇게 하고 있는데 우리는 그렇게 못한다고 우기고 있는 것입니다. 우리는 3차적 세계관을 모르고 있습니다. 우리는 성경이 원칙과 심판의 세계를 은혜와 구원의 세계와 어떻게 묶고 있는지 모르기 때문에 현실에서 갖는 우리의 소원과 하나님의 일하시는 방법이 어떻게 연결되는지도 모릅니다. 그래서 우리는 모순을 느끼고 충돌하고 갈등하고 자책합니다. 여기서 비명이 터져 나오는 것입니다. "안식일을 지켜라"고 하는 것은 1차적 세계관을 만족시키라는 것이 아닙니다. 그들이 지르는 비명과 고함은 다만 그들의 못난 것과 잘못에 대한 원망, 분노, 저항이 아닙니다. 이 고함은 하나님 앞에 내가 당하고 있는 문제를 해결해 달라는 것을 넘어서는, 더 진지한 질문으로 가는 당연한 현상입니다. 그 진지한 질문이 욥기 23:1-9에도 나옵니다.

욥이 대답하여 이르되 오늘도 내게 반항하는 마음과 근심이 있나니 내가 받는 재앙이 탄식보다 무거움이라. 내가 어찌하면 하나님을 발견하고 그의 처소에 나아가랴. 어찌하면 그 앞에서 내가 호소하며 변론할 말을 내 입에 채우고 내게 대답하시는 말씀을 내가 알며 내게 이르시는 것을 내가 깨달으랴. 그가 큰 권능을 가지시고 나와 더불어 다투시겠느냐. 아니로다. 도리어 내 말을 들으시리라. 거기서는 정직한 자가 그와 변론할 수 있은즉 내가 심판자에게서 영원히 벗어나리라. 그런데 내가 앞으로 가도 그가 아니 계시고 뒤로 가도 보이지 아니하며 그가 왼쪽에서 일하시나 내가 만날 수 없고 그가 오른쪽으로 돌이키시나 뵈올 수 없구나(욥 23:1-9).

이것이 사실입니다. 여러분이 회개를 한두 번 해본 것도 아닐 것입니다. 여러분이 회개를 해도 하나님이 응답하시지 않습니다. 하나님이 잘했다고도 하시지 않고, 보상으로 복을 주시지도 않습니다. 회개한 것만 억울합니다. 회개할 것 없는 것까지 회개해야 합니다. 여러분은 여기에서 녹아납니다. 그 증언들은 다 어떤 것들입니까? 욥기 7장에서 본 바와 같이, "내가 무엇이기에 하나님이 나를 대적하십니까? 나 같은 것이 범죄한들 하나님께 무슨 방해가 되며, 나 같은 것이 무슨 가치가 있다고 괴롭히십니까? 이렇게 큰 문제로 삼으십니까? 어찌하여 대답조차 하지 않으십니까?" 여기에 답이 들어 있습니다.

인간은 결국 자폭함으로써 자신의 정체성과 마주하는 경험을 하게 됩니다. 자폭하고 비명을 지른다는 것은 죽을 수 없다는 뜻입니다. 사실 제대로 된 자폭은 그대로 죽는 것입니다. 그러나 자폭하겠다고 고함을 지르는 것은 이런 것입니다. "하나님, 나의 존재는 내가 자폭하는 모든 원망의 내용보다 큰 것이어야 맞습니다. 내 고통과 내 모순과 내 갈등과, 이 말이 안되는 것을 하나님이 해결해 주셔야 할 것들이 아니라, 내가 뚫어야 할 문제입니다." 이것이 성경에서 말하는 비명이요 저항입니다.

귀한 것을 구하는 상한 심령

하나님이 고난 가운데 있는 우리에게 물으십니다. "너는 이 고난보다 크다. 이 고난이 너희에게 만들려는 것을 결코 그 고난이 방해할 수는 없다. 내가 너희에게 주려는 것은 네가 지금 겪고 있는 고난을 해결하는 것보다 더 큰 것이다. 이 크다는 것은 네가 고난을 극복하지 않는 한 이를 수 없는 자리에 있다는 것이다. 그것은 내가 네게 알리는, 부활로 오는 죽음의 길인 것이다." 이렇게 성경은 우리에게 도전합니다.

성경은 이 문제를 시편 40편에서 다윗의 입을 통하여 이렇게 설명합니다.

> 내가 여호와를 기다리고 기다렸더니 귀를 기울이사 나의 부르짖음을 들으셨도다. 나를 기가 막힐 웅덩이와 수렁에서 끌어올리시고 내 발을 반석 위에 두사 내 걸음을 견고하게 하셨도다. 새 노래 곧 우리 하나님께 올릴 찬송을 내 입에 두셨으니 많은 사람이 보고 두려워하여 여호와를 의지하리로다. 여호와를 의지하고 교만한 자와 거짓에 치우치는 자를 돌아보지 아니하는 자는 복이 있도다. 여호와 나의 하나님이여, 주께서 행하신 기적이 많고 우리를 향하신 주의 생각도 많아 누구도 주와 견줄 수가 없나이다. 내가 널리 알려 말하고자 하나 너무 많아 그 수를 셀 수도 없나이다. 주께서 내 귀를 통하여 내게 들려 주시기를 제사와 예물을 기뻐하지 아니하시며 번제와 속죄제를 요구하지 아니하신다 하신지라. 그 때에 내가 말하기를 내가 왔나이다. 나를 가리켜 기록한 것이 두루마리 책에 있나이다. 나의 하나님이여, 내가 주의 뜻 행하기를 즐기오니 주의 법이 나의 심중에 있나이다 하였나이다(시 40:1-8).

이것은 무슨 시입니까? 그가 어떤 기가 막힐 웅덩이와 수렁에서 건지심을 받았을까요? 그는 그것을 5절에서 이렇게 말합니다. "여호와 나의 하나님이여, 주께서 행하신 기적이 많고 우리를 향하신 주의 생각도 많아 누구도 주와 견줄 수가 없나이다. 내가 널리 알려 말하고자 하나 너무 많아 그 수를 셀 수도 없나이다." 그는 우리가 아는 많은 기적들과 어떤 문제 해결, 어떤 감동, 어떤 특별한 체험들, 이 모든 것들과도 다른 어떤 것이 있다고 말합니다. 그것들보다 더 크며, 더 근본적인 것, 즉 인간의 정체성에 관한 것이라고 이야기합니다. 인간이란 어떤 존재인가? 인생이란 무엇인가? 하나님은 우리에게 어떤 분이신가? 하나님은 우리에게 무엇을 하시려는가? 그는 이런 것들에 대한 이해를 갖게 되었습니다. 그런 고백의 시입니다. 그래서 많은 기적들이 있지만, 그것을 일일이 말할 필요가 없답니다. 다친 발가락을 고쳐주신 것, 깨진 머리통을 고쳐주신 것, 지원한 학교에 불합격한 자녀가 기도를 통해 제2지망 학교에 붙은 것, 이런 것들로는 셀 수도 없다는 것입니다. 그런 것들 말고 더 근본적인 것, 기가 막힐 웅덩이와 수렁에서 꺼내서 반석 위에 세우신 것을 말하고 있습니다. 우리라는 존재의 가치, 정체성, 운명, 인생의 의미와 내용, 그 부요함에 관한 것입니다.

그는 어떤 조건 속에서 이런 간증을 하고 있습니까? 시편 40:12입니다. "수많은 재앙이 나를 둘러싸고 나의 죄악이 나를 덮치므로 우러러볼 수도 없으며 죄가 나의 머리털보다 많으므로 내가 낙심하였음이니이다." 그가 모든 죄를 극복하고 정결한 마음에서 올리는 감사가 아닙니다. 머리털보다 많은 죄와 수많은 재앙 속에서 감사를 올리고 있습니다. 17절도 마찬가지입니다. "나는 가난하고 궁핍하오나 주께서는 나를 생각하시오니." 다시 말해 주의 뜻이 더 깊고 많으니 나는 포기하지 않겠다고 하는 것입니다. 그것이 무엇입니까? 6-7절에서 이렇게 말합니다. "주께서 내 귀를 통하여 내게 들려 주시기를 제사와 예물을 기뻐하지 아니하시며 번제와 속죄제를 요구하지 아니하신다 하신지라. 그 때에 내가 말하기를 내가 왔나이다. 나를 가리켜 기록한 것이 두루마리 책에 있나이다." 도대체 무슨 말을 들었다고 말합니까? 번제와 제사를 주께서 요구하신 것이 아니라, 시편 51편에 있는 대로, 주께서 구하시는 제사는 상한 심령이라는 것입니다. 주께서 원하시는 제사는 번제와 제사가 아니라 상함 심령이라는 더 깊은 데로 향하여 발전합니다.

여기서 초점은 의식에서 율법으로 끌고 가는 데 있습니다. "주께서 내 귀를 통하여 내게 들려 주시기를 제사와 예물을 기뻐하지 아니하시며 번제와 속죄제를 요구하지 아니하신다 하신지라. 그 때에 내가 말하기를 내가 왔나이다. 나를 가리켜 기록한 것이 두루마리 책에 있나이다"(시 40:6-7). 여기 7절에서 말하는 "두루마리 책"은 옛날 성경을 뜻합니다. 구약 시대의 성경은 대표적으로 모세오경, 곧 율법입니다. 그 율법은 1차적 세계관이며 원칙과 보상의 세계, 그 규칙들입니다. 그리고 그 율법은 나를 가리켜 한 말이라는 것입니다. 율법은 여러분 각자를 위하여 있습니다. 단지 율법을 지키라는 것이 아니라 율법이 우리의 본질, 성품, 내용이 된다는 것입니다. 그것의 대상과 목적은 우리입니다. 율법을 지키기 위해서 우리가 죽어가는 것이 아닙니다. 율법은 우리를 채우기 위하여 있습니다. 율법이 우리를 지적하고 고발하는 것마저도 우리를 위하여 있는 것입니다.

하나님은 제사와 예물을 요구하시는 것이 아니라 우리 자체를 목적으로 삼고 계십니다. 그래서 우리가 쓸모 있는지, 헌신하는지, 유익한지에 달려 있지 않습니다. 우리의 인생과 존재, 우리가 겪는 모든 역사, 모든 희로애락은 하나님이 우리를 목적하셔서 우리에게 베푸시는 그의 지혜와 능력과 권능이라고 할 수 있습니다. 하나님이 우리 자체를 목적으로 삼고 계신다는 것을 이사야 57:14-15에서 읽어 낼 수 있습니다.

그가 말하기를 돋우고 돋우어 길을 수축하여 내 백성의 길에서 거치는 것을 제하여 버리라 하리라. 지극히 존귀하며 영원히 거하시며 거룩하다 이름하는 이가 이와 같이 말씀하시되 내가 높고 거룩한 곳에 있으며 또한 통회하고 마음이 겸손한 자와 함께 있나니 이는 겸손한 자의 영을 소생시키며 통회하는 자의 마음을 소생시키려 함이라(사 55:14-15).

"회개하라"는 것입니다. 다시 1차적 세계관으로 돌아갑니다. 이 상한 심령은 우리의 비명입니다. 우리의 한계와 우리의 절망이 상한 심령입니다. 통회하는 마음입니다. 하나님이 구하시는 제사는 상한 심령입니다.

좀 더 이해하기 쉽게 예를 하나 들어 보겠습니다. "마음이 가난한 자는 복이 있나니"라는 말씀입니다. 마음이 가난한 자란 어떤 자일까요? 자신의 한계로 자신의 정체성을 만족시킬 수 없다는 것을 아는 자입니다. 더 높은 것, 더 귀한 것을 구하는 심령입니다. 그래서 찢어진 심령입니다. 그는 자기가 하는 최선, 자기가 가지는 가장 큰 이상보다도 더 큰 존재라는 것을 무엇으로 알게 됩니까? 고난에서 알게 됩니다. 왜 그렇습니까? 고난의 해결로는 자신의 정체성을 만족시킬 수 없기 때문입니다. 그것은 고난을 당해 보면 알 수 있습니다. 내가 죽지 않고서야 어떻게 고난이 해결됩니까? 내가 죽어야 고난은 비로소 끝납니다. 이는 이스라엘 역사에서 반복되는 증언입니다. 그래서 죽어 버리면 창조가 실패하는 것입니다.

그러면 탕자의 비유를 한번 살펴볼까요? 탕자는 둘째 아들입니다. 그는 아버지에게 자기가 받을 유산을 달라고 해서 집을 나갑니다. 그가 탕자, 곧 방탕한 자식이 됩니다. 이 탕자라는 말은 '허비한 자'라는 뜻입니다. 그가 무엇을 허비한 것일까요? 시간과 재산을 허비합니다. 왜 허비합니까? 생산을 할 수 없기 때문입니다. 스스로는 아무것도 생산할 수 없기 때문에 다 소진할 뿐입니다. 그는 아버지 집에만 창조가 있다는 것을 압니다. 생산이 있다는 것을 압니다. 그래서 집으로 돌아옵니다. 그것이 회개입니다. 그는 소비의 세계에서 창조의 세계로 귀환합니다. 그래서 그에게 다른 세계가 열립니다. 창조의 세계, 생명의 세계가 열리는 것입니다. 회개란 과거를 돌이켜 미래로 나아가는 것이지, 과거를 씻어버리고 끝나는 것이 아닙니다.

밭에서 돌아온 첫째 아들이 뭐라고 합니까? "집안이 왜 이리 소란하냐?" "당신의 동생이 돌아와서 아버지께서 기뻐서 잔치를 벌였습니다." "뭐라고? 그 녀석이 돌아왔다고!" "아버지, 이게 뭡니까?" "얘야, 네 동생이 살아서 돌아오지 않았느냐?" "아버지, 저는 평생 아버지 곁을 떠난 적이 없고 충성했는데, 나와 내 친구들한테는 염소 새끼 한 마리도 안 구워주더니 이 녀석에게는 소를 잡습니까?" 아버지가 뭐라고 답합니까? "얘야, 내 것이 다 네 것 아니냐?" 회개는 과거를 씻는 것이 아니라 소비하고 소진되고 망해서 우리의 만족과 타협의 세계에서 하나님의 세계로 나오는 것입니다.

살아내십시오. 여러분이 괴로워하는 고통과 고난은 여러분에게 "어떻게 할래?"라고 묻는 것입니다. "여기서 타협할래, 아니면 여기서 도망갈래?"라고 묻는 것입니다. 뚫으십시오. 십자가를 지십시오. 죽음을 돌파하십시오. 고난과 절망에 대하여 얼굴을 맞대고 극복하지 않으면, 하나님이 예수님을 십자가에 매달아 우리에게 약속하신 하나님의 구원의 영광을 만날 도리가 없습니다. 그러니 밤낮 자책하는 것이 다입니다. "저 녀석은 돌아오지 않았다." 이것이 전부입니다. 돌아온 자로서 여러분의 삶은 어디간 것입니까?

힘들다고요? 힘들지 않은 것이 어디 있습니까? 축구를 한다 치면, 열한 명이 앉아서 가위 바위 보를 해서 승부를 내겠습니까? 하다못해 승부차기라도 해야 할 것 아닙니까? 예수님을 믿는 것이 위대하고 명예로운 기회라는 것을 아직도 모르시겠습니까? 책임 없는 말이나 남발하며 남을 비난이나 하면서 자책하고 원망하고 하나님 앞에 억울하다고 울기나 합니다.

일어서십시오. 죽을 얼굴을 하고 걸어나가십시오. 막힌 담에 가서 박치기를 하십시오. 담이 무너질 것입니다. 한국 교회, 우리나라, 이런 이름 가져다 붙이지 말고 여러분 각자의 삶과 인생을 믿음으로 살아내십시오.

그 다음은 하나님이 하십니다. 그런 이름 붙여서 변명하고 핑계대고 도망을 다니느라 여러분의 인생을 소진하지 말고, 멋지고 위대한 하나님의 자녀로 고달픈 인생을 살아내십시오.

::

하나님 아버지, 우리가 직면하고 있는 현실의 어려움들은 사실 따지고 보면 위대한 기회입니다. 세상은 우리에게서 죽음으로 위협하는 것 외에 할 것이 없습니다. 세상에는 어떤 위대한 것도 없습니다. 하나님께만 위대함이 있습니다. 저들은 죽음으로 위협하지만, 하나님은 우리에게 부활과 영생, 영광과 명예를 약속하셨습니다. 당연한 일입니다. 이 위대한 길을 걷겠습니다. 우리를 붙들어 승리하게 하옵소서. 울고 일어나 전진하게 하옵소서. 예수님 이름으로 기도합니다. 아멘.

42

물 댄 동산 같겠고

사 58:6-12

내가 기뻐하는 금식은 흉악의 결박을 풀어 주며 멍에의 줄을 끌러 주며 압제 당하는 자를 자유하게 하며 모든 멍에를 꺾는 것이 아니겠느냐. 또 주린 자에게 네 양식을 나누어 주며 유리하는 빈민을 집에 들이며 헐벗은 자를 보면 입히며 또 네 골육을 피하여 스스로 숨지 아니하는 것이 아니겠느냐. 그리하면 네 빛이 새벽 같이 비칠 것이며 네 치유가 급속할 것이며 네 공의가 네 앞에 행하고 여호와의 영광이 네 뒤에 호위하리니 네가 부를 때에는 나 여호와가 응답하겠고 네가 부르짖을 때에는 내가 여기 있다 하리라. 만일 네가 너희 중에서 멍에와 손가락질과 허망한 말을 제하여 버리고 주린 자에게 네 심정이 동하며 괴로워하는 자의 심정을 만족하게 하면 네 빛이 흑암 중에서 떠올라 네 어둠이 낮과 같이 될 것이며 여호와가 너를 항상 인도하여 메마른 곳에서도 네 영혼을 만족하게 하며 네 뼈를 견고하게 하리니 너는 물 댄 동산 같겠고 물이 끊어지지 아니하는 샘 같을 것이라. 네게서 날 자들이 오래 황폐된 곳들을 다시 세울 것이며 너는 역대의 파괴된 기초를 쌓으리니 너를 일컬어 무너진 데를 보수하는 자라 할 것이며 길을 수축하여 거할 곳이 되게 하는 자라 하리라.

은혜를 담는 그릇

이사야서는 세 가지 역사적 배경을 가지고 있습니다. 1-39장은 북이스라엘이 망하는 시대와 남왕국이 멸망하는 시기까지를 그 역사적 배경으로 가지고 있고, 40-55장은 바벨론 포로 시기를 역사적 배경으로 하고 있으며, 56-66장은 바벨론에서 귀환하여 성전을 새로 짓고 나라를 새롭게 세워 나가는 과정에서의 신앙생활을 배경으로 하고 있다고 여러 차례 말씀드렸습니다.

이사야서의 각 부분에는 그 역사적 현실을 이해할 수 있는 하나님이 제시하시는 세계관이 나옵니다. 먼저 1차적 세계관입니다. 그것은 원칙과 심판의 세상이었습니다. 이스라엘이 하나님과 그의 약속을 어기고 신앙을 성실히 수행하지 않을 때 받게 되는 보응과 심판이라는 세계 질서입니다. 그것이 하나님의 일하시는 심판의 기준이었다면, 2차적 세계관은 자신들의 잘못으로 인해 포로 된 징벌의 자리에서 하나님이 그들을 용서하고 회복하고 구원해 내시는 약속과 은혜, 구원으로 제시되는 세계관입니다. 그것은 하나님의 약속이요 비전입니다. 아무 희망도 없는 자리에서, 또 아무 능력도 안되는 형편에서 하나님이 행하실 구원이 약속됩니다. 그리하여 실제로 이스라엘 백성은 풀려나고 본국으로 돌아와 성전을 짓게 됩니다.

문제는 1차적 세계관이 제시했던 원칙과 심판의 세계가 2차적 세계에서는 하나님의 은혜라는 약속과 능력 속에서 그 심판의 결과를 뒤집는, 반전하고 회복하고 승리케 하는 나라로 약속되고 실현된다는 것입니다. 그렇다면 당연히 1차적 세계관에서 말하는 원칙과 심판이 소멸되어야 맞는데, 그렇지 않고 아직도 책임과 요구로써 이스라엘 백성을 다그치는 현실이 계속됩니다. 이스라엘은 돌아옴으로써 분명히 회복되었고, 성전을 다시 건축하고 조국을 찾았지만, 그들의 현실은 2차적 세계관이 약속한 것, 그리고 그들이 기대했던 바와는 사뭇 달랐습니다.

그들은 기쁘거나 평안하거나 형통하지 않고, 괴로움과 고단함과 의심과 불안과 체념 속에 살아야 했습니다. 이사야 56장을 시작하면서 "안식일을 지키라"는 1차적 세계관에서 요구되었던 율법이 강력하게 요구되었듯이, 58장에서는 금식이 거론되고 있습니다. 이 금식 문제를 놓고 이스라엘 백성들이 하나님께 질문합니다. "우리가 금식해도 왜 돌아보지 않으십니까? 우리가 기도를 해도 왜 돌아보지 않으십니까?" 이에 대하여 하나님이 답하십니다. "이것은 내가 원하는 금식과 기도, 내가 원하는 제사와 신앙도 아니다. 너희는 밥을 굶는 것을 금식이라 하지만, 내가 원하는 금식은 관용과 용서와 회복과 헌신과 사랑이다." 이렇게 맞받아치십니다.

그러니 극복되고 소멸되어야 할 1차적 세계관이 다시 2차적 세계관에서 요구되면서, 이미 들어온 2차적 세계관 안에서 1차적 세계관이 어떻게 변하는지를 보여줍니다. 1차적 세계관에서 요구되었던 율법은 지켜야 할 것, 즉 원칙 정도가 아니라 내용을 담는 것이어야 한다는 것으로 바뀝니다. 이사야 56장에서 안식일을 지키는 문제는 모두에게 열려야 한다는 것으로 변하는 것을 봤고, 58장에서는 금식이 다만 종교 행사가 아니라 그 안에 내용을 담아야 한다는 것으로 열리는 것을 봅니다. 그렇다면 1차적 세계관에서 요구된 율법을 지킨다는 것은 무언가를 담는 그릇이 되는 것입니다. 그 그릇에 2차적 세계관에서 허락된 은혜가 담겨야 합니다. 그러면 어쨌든 그들이 포로에서 돌아와서 그릇을 만들어야 무엇을 담을 수 있는 것 아닙니까? 그런데 이 담는다는 문제를 풀기가 여간 만만치 않습니다.

은혜를 만들 수 없는 존재

마태복음 13:3-17을 보겠습니다.

예수께서 비유로 여러 가지를 그들에게 말씀하여 이르시되 씨를 뿌리는 자가 뿌리러 나가서 뿌릴새 더러는 길 가에 떨어지매 새들이 와서 먹어버렸고 더러는 흙이 얕은 돌밭에 떨어지매 흙이 깊지 아니하므로 곧 싹이 나오나 해가 돋은 후에 타서 뿌리가 없으므로 말랐고 더러는 가시떨기 위에 떨어지매 가시가 자라서 기운을 막았고 더러는 좋은 땅에 떨어지매 어떤 것은 백 배, 어떤 것은 육십 배, 어떤 것은 삼십 배의 결실을 하였느니라. 귀 있는 자는 들으라 하시니라. 제자들이 예수께 나아와 이르되 어찌하여 그들에게 비유로 말씀하시나이까. 대답하여 이르시되 천국의 비밀을 아는 것이 너희에게는 허락되었으나 그들에게는 아니되었나니 무릇 있는 자는 받아 넉넉하게 되되 없는 자는 그 있는 것도 빼앗기리라. 그러므로 내가 그들에게 비유로 말하는 것은 그들이 보아도 보지 못하며 들어도 듣지 못하며 깨닫지 못함이니라. 이사야의 예언이 그들에게 이루어졌으니 일렀으되 너희가 듣기는 들어도 깨닫지 못할 것이요 보기는 보아도 알지 못하리라. 이 백성들의 마음이 완악하여져서 그 귀는 듣기에 둔하고 눈은 감았으니 이는 눈으로 보고 귀로 듣고 마음으로 깨달아 돌이켜 내게 고침을 받을까 두려워함이라 하였느니라. 그러나 너희 눈은 봄으로, 너희 귀는 들음으로 복이 있도다. 내가 진실로 너희에게 이르노니 많은 선지자와 의인이 너희가 보는 것들을 보고자 하여도 보지 못하였고 너희가 듣는 것들을 듣고자 하여도 듣지 못하였느니라(마 13:3-17).

이 비유는 쉽습니다. 그런데 아무도 이 비유를 깨닫지 못합니다. 이 비유는 예수님에게서 그 실체가 드러납니다. 그러니 모든 선지자들이 이 비유의 주인공, 곧 실체를 보려고 했으나 아무도 보지 못한 것입니다. 그와는 달리 이제 제자들은 그 실체를 보게 된 복된 자들입니다.

씨를 뿌렸는데 떨어진 곳이 각각 어떤 반응을 보입니까? 길 가에 떨어져서 새가 먹어버렸고, 돌밭에 떨어져서 뿌리가 내리지 못했고, 가시떨기에 떨어지자 그 기운이 막아 씨의 자라남을 방해했고, 결국 옥토에 떨어져서 결실을 맺습니다. 이 비유에 대해 우리가 할 수 있었던 대답은 "좋은 밭이 되자"고 하는 것밖에 없었습니다. 이것이 우리가 할 수 있는 일이라는 것이었습니다. 이는 우리가 많이 듣던 이야기입니다. "옥토가 되자. 믿음

을 갖자. 열심을 갖자. 진심을 갖자. 간절해지자." 사실 이런 말들은 다 1차
적 세계관에서 하는 요구들입니다. 그러면 어떻게 해야 내용이 담길까요?
이 문제는 보기보다 쉽지가 않습니다. 로마서 7:14-24을 보겠습니다.

> 우리가 율법은 신령한 줄 알거니와 나는 육신에 속하여 죄 아래에 팔렸도
> 다. 내가 행하는 것을 내가 알지 못하노니 곧 내가 원하는 것은 행하지 아
> 니하고 도리어 미워하는 것을 행함이라. 만일 내가 원하지 아니하는 그것
> 을 행하면 내가 이로써 율법이 선한 것을 시인하노니 이제는 그것을 행하
> 는 자가 내가 아니요 내 속에 거하는 죄니라. 내 속 곧 내 육신에 선한 것이
> 거하지 아니하는 줄을 아노니 원함은 내게 있으나 선을 행하는 것은 없노
> 라. 내가 원하는 바 선은 행하지 아니하고 도리어 원하지 아니하는 바 악을
> 행하는도다. 만일 내가 원하지 아니하는 그것을 하면 이를 행하는 자는 내
> 가 아니요 내 속에 거하는 죄니라. 그러므로 내가 한 법을 깨달았노니 곧 선
> 을 행하기 원하는 나에게 악이 함께 있는 것이로다. 내 속사람으로는 하나
> 님의 법을 즐거워하되 내 지체 속에서 한 다른 법이 내 마음의 법과 싸워 내
> 지체 속에 있는 죄의 법으로 나를 사로잡는 것을 보는도다. 오호라, 나는 곧
> 고한 사람이로다. 이 사망의 몸에서 누가 나를 건져내랴(롬 7:14-24).

율법의 요구는, 이사야 58장에 나오듯이, 이스라엘 백성의 항의 같은
것이 아닙니다. "우리는 금식했습니다. 우리는 철야기도했습니다. 우리는
헌금했습니다. 우리는 열심을 냈습니다. 전도했습니다." 이와 같은 우리의
항의에 대한 하나님의 답은 이것입니다. "그것은 기도도 금식도 신앙도 아
니다. 거기에 이것이 담겨 있어야 한다. 곧, 용서와 회복, 긍휼과 자비, 사
랑이 담겨 있어야 한다."

로마서 7장 본문에 나오는 대로 "우리는 선하고 싶습니다. 우리는 올

바르고 싶습니다. 우리는 정의를 구현하고 싶습니다"라고 할 수 있습니다. 그러나 하나님께서 내용을 담아 주시지 않는 한, 우리가 행하는 의란 언제나 폭력에 불과할 뿐입니다. 자신이 옳다고 생각하면서 남을 사랑하는 사람은 없습니다. 옳으면 상대를 비판합니다. 현실이지 않습니까? 옳게 되려면 틀린 것을 들춰내야 하는데 어떻게 사랑을 합니까? 이것이 로마서 7장이 하는 이야기입니다.

여러분이 금식을 했는데 어떻게 사랑을 합니까? 금식을 했으면 경건한 척 해야겠지요. 어떤 보상을 받아야 합니다. 기도를 하면 서슬이 퍼레지지 자비로워지지는 않습니다. 우리는 율법의 요구를 이룰 수 없습니다. 1차적 세계관의 가장 기본적인 요구를 만들어낼 수 없습니다. 경우에 따라 우리는 정직할 수 있습니다. 그렇다고 우리에게서 사랑이 흘러나오지는 않습니다. 정직하게 행동하면 "너는 왜 그러냐?"라는 말을 듣습니다. 우리는 "오호라, 나는 곤고한 사람이로다"라는 이 말을 정확히 알고 있어야 합니다. 이것이 무슨 말이겠습니까? 우리는 스스로 옥토가 될 수 없다는 뜻입니다. 우리는 우리에게 무엇이 들어오든지 결실할 수 있는 어떤 기본적인 조건을 스스로 조성해내지 못한다는 것입니다.

마태복음 22장에 보면, 어떤 율법사가 와서 예수께 묻습니다. "선생님이여, 계명 중에 가장 큰 계명이 뭡니까?" "첫째는 네 마음을 다하고 뜻을 다하고 성품을 다하여 주 너의 하나님을 사랑하라 하셨으니 이것이 크고 첫째 되는 계명이요 둘째도 그와 같으니 네 이웃을 네 몸과 같이 사랑하라 하셨으니 이 두 계명이 온 율법과 선지자의 강령이니라." 이것이 사랑이랍니다.

공부를 열심히 해본 분들은 알텐데, 공부 잘하면 사랑이 넘쳐납니까? 그런 사람을 본 적이 없습니다. 공부를 잘하면 온갖 성질을 부립니다. 공부를 잘하는데 어떻게 사랑을 합니까? 공부 잘하면 꼭 시험을 보자고 우깁니다. 만약 선생님이 시험을 보지 않고 인성에 따라 성적을 매기겠다고 하면 펄펄 뜁니다. 억울하기 때문입니다. 누구를 비난하는 말이 아니라, 우리 자신에 대하여 말하고 있습니다. 우리는 사랑을 만들지 못합니다. 우리에게는 의가 없습니다. 정의를 구현하려는데 왜 폭력을 동원합니까? 그것은 역사가 말해 줍니다. 그러면 아무것도 안하겠다고요? 그러면 다 썩어집니다. 어떤 대안이 있겠습니까?

왜 예수님이 오셨겠습니까? 이대로는 답이 없으니까 오신 것입니다. 여러분은 기독교가 무엇인지를 정말 모릅니다. 우리는 못난 사람들이나 또는 믿지 않는 사람들을 향해 "너희는 그러니까 벌받아도 싸. 너희는 희망이 없는 것이 당연해"라고 이야기하면 안됩니다. 우리가 그들이었습니다. 우리는 은혜를 입었을 뿐입니다.

그러니 좋은 땅의 문제는 조금 다른 문제가 됩니다. "옥토가 되면 결실할 수 있습니다. 우리는 율법을 지켰습니다." "너희는 율법을 지킨 것이 아니다. 율법을 제대로 지키면 그 내용으로 사랑이 나와야 한다. 사랑이 나오지 않으면 너희는 아직도 율법을 지키지 못했고, 율법이 무엇인지도 모르는 것이다." 율법, 곧 1차적 세계 질서가 있어야 2차적 세계관의 은혜가 담기게 되는데, 이 은혜를 만들 수 없는 존재이니 어떻게 우리에게 은혜가 들어오겠습니까?

가장 나쁜 것에 담긴 가장 좋은 것

마태복음 7:15-20을 보겠습니다.

거짓 선지자들을 삼가라. 양의 옷을 입고 너희에게 나아오나 속에는 노략질하는 이리라. 그들의 열매로 그들을 알지니 가시나무에서 포도를, 또는 엉겅퀴에서 무화과를 따겠느냐. 이와 같이 좋은 나무마다 아름다운 열매를 맺고 못된 나무가 나쁜 열매를 맺나니 좋은 나무가 나쁜 열매를 맺을 수 없고 못된 나무가 아름다운 열매를 맺을 수 없느니라. 아름다운 열매를 맺지 아니하는 나무마다 찍혀 불에 던져지느니라. 이러므로 그들의 열매로 그들을 알리라(마 7:15-20).

이 말씀은 열매에 초점을 맞추고 있는 씨 뿌리는 비유와는 달리 열매를 맺는 나무가 어떤 종류의 나무인지에 초점이 맞춰집니다. 그러니까 "30배, 60배, 100배의 열매를 맺자"라는 격려가 아니고, 나무 판별식에 관한 것입니다. 감이 달리면 감나무고, 포도가 달리면 포도나무라는 것입니다. 전봇대에 포도나무라고 써놓는다고 포도가 열리는 것 아니잖습니까. 너무나 분명한 것입니다. 예수님을 믿는다는 것이 우리에게서 어떻게 증명됩니까? 우리의 본질과 본체, 존재가 달라져야 하고, 우리 안에 예수님으로 말미암는 새 생명이 있어야 합니다. 이것이 성경이 하고 싶은 이야기입니다. 그 담긴 것으로 존재의 신분과 지위가 변하는 것입니다.

여기 컵에 물이 담겨 있는데 이것을 무엇이라고 합니까? 이것을 컵이라고 하는 사람은 1차적 세계관을 가진 사람입니다. 그것을 물이라고 하면 2차적 세계관을 가진 사람입니다. "주스를 줘" 하면 주스를 컵에 담아서 주는 것이고, "물을 줘" 해도 컵에 담아서 줍니다. 손바닥에다 글로 써서 "자, 주스다" 하지 않습니다. 그릇이 내용물을 만드는 것은 아닐지라도, 그것이 그릇에 담김으로써 그 내용은 비로소 실체화됩니다. 이처럼 1차적 세계와 2차적 세계가 하나로 융합되는데, 그것은 하나님의 신비에 속합니다.

다시 마태복음 13장의 씨 뿌리는 비유를 살펴보겠습니다. 많은 열매가 맺었다는 것은 좋은 땅이 되어 열매를 맺었다는 것이 아니라, 열매가 맺힘으로써 그 땅은 좋게 된 것입니다.

원칙과 심판의 세계에 하나님의 은혜의 약속이 들어와서 은혜로 하나님을 아는 지식, 하나님의 형상의 회복, 생명과 진리 같은 것을 우리에게 담아 주십니다. 그렇게 되면 싸우고 비난하고 보복하던 사람이 1차적 세계관이 말하는 도덕과 윤리와 의지로써 자신의 정체성을 드러내는 것이 아니라, 그 담겨진 것에 의해서 "저 사람은 신자야, 거룩한 사람이야"라는 말을 듣게 됩니다. 여러분이 1차적 세계를 확보하면 거기에 은혜가 담겨 있는 것이 아니라, 은혜가 들어옴으로써 우리의 정체성이 바뀐다는 것입니다. 여러분은 여전히 깨진 바가지에 불과할 수 있지만 거기에 물이 담김으로써 "아, 맛있는 물이네"라는 소리를 그 깨진 바가지가 듣게 되는 것과 같습니다. 이런 일들이 어떻게 가능합니까? 마태복음 11:2-6을 보겠습니다.

요한이 옥에서 그리스도께서 하신 일을 듣고 제자들을 보내어 예수께 여쭈오되 오실 그이가 당신이오니까 우리가 다른 이를 기다리오리이까 예수께서 대답하여 이르시되 너희가 가서 듣고 보는 것을 요한에게 알리되 맹인이 보며 못 걷는 사람이 걸으며 나병환자가 깨끗함을 받으며 못 듣는 자가 들으며 죽은 자가 살아나며 가난한 자에게 복음이 전파된다 하라 누구든지 나로 말미암아 실족하지 아니하는 자는 복이 있도다 하시니라(마 11:2-6).

맹인이 눈을 뜨고 못 듣는 자의 귀가 뚫리는 것은 맹인이 아침마다 눈을 문질러서도 아니고, 못 듣는 자가 아침마다 귀를 파서도 아닙니다. 이것은 그에게 전혀 조건이나 자격, 준비, 소원이 없는 차원에서 일어난 일입니다. 그렇습니다. 우리 안에 담기는 어떤 것이 있는 것입니다. 그것이 무엇입니까? 신앙고백입니다.

그날 왜 눈물이 났는지, 그날 왜 나는 예수님을 믿는다고 고백했는지,

왜 성경을 보면 눈물이 나는지, 그리고 왜 나는 아무 재미가 없어도 주일마다 교회에 와서 자는지 아무도 모릅니다. 그가 은혜 안에 들어와 있다는 것입니다. 아직 밭이 고쳐지지 않았는데도, 열매가 들어와 있습니다. 은혜가 들어와 있어서 지금 어쩔 줄 모르겠는데, 여러분한테 신앙생활을 잘하라고 하면 순서상 1차적 세계관이 요구하는 것에서 출발하라는 것이 됩니다.

여러분이 회개하면 예외 없이 이런 비난을 쏟아냅니다. "우리 교회는 사랑이 없어. 우리 교회는 이상해. 한국 교회는 위기에 처해 있어." 이처럼 아무 쓸데없는 이야기에 붙잡히게 됩니다. 회개란 원래 자기를 돌아보는 것이었습니다. 여러분이 이미 은혜를 받은 상태에서 영적 충만과 어떤 소원과 목마름과 행복을 더 갖고 싶어서 출발한 것이었는데, 그만 그날 거기서 그렇게 막혀 버린 것입니다. 여러분이 늘 여기서 혼돈을 느낍니다. 예전에 주일성수도 꼭 그런 식으로 했지 않습니까? 외적 규칙을 강화함으로써 은혜의 풍부함을 확보하려는 마음 때문에 이미 들어와 있는 은혜를 누리지 못했던 것입니다. 이미 우리 안에 들어와 있는 은혜를 누리는 문제에 대해서 성경이 우리에게 이렇게 말씀합니다. 갈라디아서 5:16-23을 보겠습니다.

내가 이르노니 너희는 성령을 따라 행하라. 그리하면 육체의 욕심을 이루지 아니하리라. 육체의 소욕은 성령을 거스르고 성령은 육체를 거스르나니 이 둘이 서로 대적함으로 너희가 원하는 것을 하지 못하게 하려 함이니라. 너희가 만일 성령의 인도하시는 바가 되면 율법 아래에 있지 아니하리라. 육체의 일은 분명하니 곧 음행과 더러운 것과 호색과 우상 숭배와 주술과 원수 맺는 것과 분쟁과 시기와 분냄과 당 짓는 것과 분열함과 이단과 투기와 술 취함과 방탕함과 또 그와 같은 것들이라. 전에 너희에게 경계한 것 같이 경계하노니 이런 일을 하는 자들은 하나님의 나라를 유업으로 받지 못할 것이요 오직 성령의 열매는 사랑과 희락과 화평과 오래 참음과 자비와 양선과 충성과 온유와 절제니 이같은 것을 금지할 법이 없느니라(갈 5:16-23).

"너희가 과거에는 육체의 일밖에 할 수 없었다. 그러나 이제는 그렇지 않다. 성령의 열매가 맺힐 수밖에 없다. 성령의 열매가 맺혔다. 너희는 다른 사람이 됐다. 너희는 옥토가 됐다. 거룩한 자가 됐다. 하나님의 자녀가 됐다. 이같은 법을 금지할 법이 없다. 그것은 이제 너희의 책임이고 명예다. 너희만이 할 수 있다. 너희는 세상의 소금이고 빛이다." 그 이야기를 하고 있습니다.

특별히 유난 떨 것 없습니다. 우리만 웃을 수 있습니다. 우리만 죽을 수 있습니다. 여기서 죽는다는 것은 한 번 죽고 마는 것을 말하는 것이 아니라, 우리의 삶에서 반복되는 위협과 관련되어 있는 것입니다. 우리만 죽을 수 있습니다. 세상은 결국 죽기 위해서 죽음을 거부하지만, 우리는 영원히 살기 위해서 매일 죽습니다. 그것이 기독교 신앙이 가지는 신비입니다. 하나님이 일하시는 그분의 능력이요 지혜입니다.

우리가 맞닥뜨리고 있는 현장은 사실 가장 극적인 조건입니다. 좋은 컵에 담아 놓은 좋은 내용 말고, 가장 나쁜 것에 담긴 가장 좋은 것입니다. 훨씬 더 극적이고 훨씬 더 자랑스럽습니다. 물을 먹으려고 온 집안의 그릇을 다 뒤져도 물이 없습니다. 마지막에 값비싼 도자기를 들여다봤는데도 그 속에 아무것도 없습니다. 도자기에 물 받아 놓은 것 본 적 있는지요? 거기에 왜 물을 받아 놓겠습니까? 물은 값이 싸고 도자기는 비싸니 물을 담아 놓지 않습니다. 그러나 물은 중요합니다. 물을 담는 그릇, 곧 생명을 담는 그릇, 영광을 담는 그릇, 보화를 담는 그릇, 그것이 우리입니다. 겉으로 보기에는 초라하고 아무것도 아닌 것 같습니다. 이는 예수님 당신에게도 그대로 적용되었습니다. "우리의 보기에 흠모할 만한 아름다운 것이 전혀 없는" 그분에게 담긴 하나님의 지혜, 우리에게 주신 비교할 수 없는 가치였습니다. 우리가 그분의 은혜를 담아내는 신앙인으로 사는 것입니다.

그러니 1차적 세계관에서 요구되는 가장 기본적인 요구 사항마저도 추상명사나 명분이나 규칙이 되게 하지 마십시오. 여러분이라는 한 인격과 성품이 그것을 지킴으로써 자신의 인격화를 보여주는 옳음이어야 합니다. 하나님의 형상으로서 분별과 사랑을 위하여 사용하는 방법이 되게 해야 합니다. 나도 없고 예수님도 없고 명분만 덜렁 남는, 그래서 고함지르는 것밖에 할 줄 모르는, 그런 식으로 예수님을 믿는 것 아닙니다.

각 개인에게서 확인되고 자신의 인생 속에서 늘 놀라고 감격하는 하나님의 일하심, 충만하심을 누리십시오. 우리는 예수 그리스도의 몸입니다. 우리는 그가 이루신 일을 우리라는 각 개인의 실존 속에서 채우시고 증언케 하시는 존재입니다. 기적으로, 영광으로 하나님을 증언케 하는 존재입니다. 그런 우리를 아무도 몰라봅니다. 혼자 웃으세요. "아니 집사님은 왜 싱글벙글 하세요?" "당신은 모르시는군요. 우리 교회의 암구호입니다." 왜 웃어야 하는지 아무도 모르는 웃음을 웃으며 살아갈 각오가 되었습니까?

::

하나님 아버지, 우리의 인생은 고단하지만 수치스럽거나 실패한 것이 아닙니다. 하나님이 함께하시고 이미 우리 안에 가득 채우셨습니다. 성령께서 와 계십니다. 그러니 이 명예와 책임을 누리게 하옵소서. 자랑하게 하옵소서. 그리하여 우리에게 주신 하나님의 찾아오심으로 가지는 기적과 능력이, 우리가 만나는 모든 사람에게 나누어지는 복된 인생 살게 하옵소서. 예수님 이름으로 기도합니다. 아멘.

이사야서, 하나님의 비전

43

신적 개입

사 59:1-21

여호와의 손이 짧아 구원하지 못하심도 아니요 귀가 둔하여 듣지 못하심도 아니라. 오직 너희 죄악이 너희와 너희 하나님 사이를 갈라 놓았고 너희 죄가 그의 얼굴을 가리어서 너희에게서 듣지 않으시게 함이니라. 이는 너희 손이 피에, 너희 손가락이 죄악에 더러워졌으며 너희 입술 은 거짓을 말하며 너희 혀는 악독을 냄이라. 공의대로 소송하는 자도 없고 진실하게 판결하는 자도 없으며 허망한 것을 의뢰하며 거짓을 말하며 악행을 잉태하여 죄악을 낳으며 독사의 알 을 품으며 거미줄을 짜나니 그 알을 먹는 자는 죽을 것이요 그 알이 밟힌즉 터져서 독사가 나 올 것이니라. 그 짠 것으로는 옷을 이룰 수 없을 것이요 그 행위로는 자기를 가릴 수 없을 것이 며 그 행위는 죄악의 행위라. 그 손에는 포악한 행동이 있으며 그 발은 행악하기에 빠르고 무 죄한 피를 흘리기에 신속하며 그 생각은 악한 생각이라. 황폐와 파멸이 그 길에 있으며 그들은 평강의 길을 알지 못하며 그들이 행하는 곳에는 정의가 없으며 굽은 길을 스스로 만드나니 무 릇 이 길을 밟는 자는 평강을 알지 못하느니라. 그러므로 정의가 우리에게서 멀고 공의가 우리 에게 미치지 못한즉 우리가 빛을 바라나 어둠뿐이요 밝은 것을 바라나 캄캄한 가운데에 행하 므로 우리가 맹인 같이 담을 더듬으며 눈 없는 자 같이 두루 더듬으며 낮에도 황혼 때 같이 넘 어지니 우리는 강장한 자 중에서도 죽은 자 같은지라. 우리가 곰 같이 부르짖으며 비둘기 같이 슬피 울며 정의를 바라나 없고 구원을 바라나 우리에게서 멀도다. 이는 우리의 허물이 주의 앞 에 심히 많으며 우리의 죄가 우리를 쳐서 증언하오니 이는 우리의 허물이 우리와 함께 있음이 니라. 우리의 죄악을 우리가 아나이다. 우리가 여호와를 배반하고 속였으며 우리 하나님을 따 르는 데에서 돌이켜 포학과 패역을 말하며 거짓말을 마음에 잉태하여 낳으니 정의가 뒤로 물 리침이 되고 공의가 멀리 섰으며 성실이 거리에 엎드러지고 정직이 나타나지 못하는도다. 성 실이 없어지므로 악을 떠나는 자가 탈취를 당하는도다. 여호와께서 이를 살피시고 그 정의가 없는 것을 기뻐하지 아니하시고 사람이 없음을 보시며 중재자가 없음을 이상히 여기셨으므로 자기 팔로 스스로 구원을 베푸시며 자기의 공의를 스스로 의지하사 공의를 갑옷으로 삼으시며 구원을 자기의 머리에 써서 투구로 삼으시며 보복을 속옷으로 삼으시며 열심을 입어 겉옷으로 삼으시고 그들의 행위대로 갚으시되 그 원수에게 분노하시며 그 원수에게 보응하시며 섬들에게 보복하실 것이라. 서쪽에서 여호와의 이름을 두려워하겠고 해 돋는 쪽에서 그의 영광을 두려워할 것은 여호와께서 그 기운에 몰려 급히 흐르는 강물 같이 오실 것임이로다. 여호와의 말씀이니라. 구속자가 시온에 임하며 야곱의 자손 가운데에서 죄과를 떠나는 자에게 임하리라. 여호와께서 이르시되 내가 그들과 세운 나의 언약이 이러하니 곧 네 위에 있는 나의 영과 네 입에 둔 나의 말이 이제부터 영원하도록 네 입에서와 네 후손의 입에서와 네 후손의 후손의 입에서 떠나지 아니하리라 하시니라. 여호와의 말씀이니라.

하나님의 개입하심

이사야 59:1-8은 하나님이 이스라엘 백성을 다시 책망하고 심하게 꾸짖으시는 진노의 경고입니다. 이 경고를 생각하기에 앞서, 그들이 처했던 과거의 역사적 배경을 다시 살펴볼 필요가 있습니다. 이스라엘은 하나님의 명령을 거스른 대가로 벌을 받아 나라가 망하고 성전이 파괴되고 바벨론에 포로로 잡혀 갔습니다. 그들은 1차적 세계관, 즉 원칙과 심판의 질서 속에 놓였던 것입니다. 거기서 하나님이 은혜와 능력으로 그들을 구원하시겠다고 약속하신 것이 2차적 세계관의 질서입니다. 그들이 원칙에서 실패하고 보상을 받지 못해 망해 버린 그 자리에서, 하나님은 그 원칙을 넘어서는 은혜와 회복을 약속하십니다. 하나님의 능력과 의지에 따른 귀환, 승리, 하나님의 창조의 목적을 기어코 이루시겠다고 약속하십니다. 그 승리는 찬란하다는 것이었습니다. 우리는 40-55장에서 그 승리의 약속을 이미 확인한 바 있습니다. 그 약속대로 그들은 실제로 본토로 귀환했고, 예루살렘 성에서 살게 되며, 경작하고 성전을 다시 짓게 됩니다.

　이 귀환은 역사적으로 일어날 수 없었던 일입니다. 이스라엘이 강력한 군사력을 가지고 있어서 고국으로 돌아온 것이 아니라, 고레스의 칙령에 따라 기적처럼 해방되어 본토로 귀환했기 때문입니다. 그것이 놀라운 하나님의 예언의 성취였을지라도 그들은 현실적으로 많은 어려움에 봉착합니다. 즉, 흉년, 성전을 수축하는 노동, 원주민들의 방해 공작으로 그들은 지칠 대로 지치고 신앙도 식어 버렸습니다. 그 결과 그들은 낙망하고 하나님을 섬기는 일에 소홀합니다. 그들은 많은 책망을 듣게 되는데, 여러분이 잘 아는 대로, 말라기 선지자의 책망이 대표적인 것입니다. "너희 중에 성전 문을 닫을 자가 있으면 좋겠다"고 하시는 하나님의 슬픈 탄식이 나올 만큼, 그들은 다시 실패의 자리에 이르게 됩니다.

이 문제를 1차적 세계관과 2차적 세계관으로 풀어보자면, 2차적 세계관은 1차적 세계관에서 실패한 자들에게 주어진 질서요 하나님의 약속입니다. 그들에게 이처럼 구원이 이루어졌지만, 구원의 대상이요 목적인 이스라엘 백성은 신앙에서 실패하는 현실을 맞게 됩니다. 이런 현실에 놓인 그들에게 하나님은 새삼스럽게 1차적 세계관을 다시 제시하십니다. "여호와의 손이 짧아 구원하지 못하심도 아니요 귀가 둔하여 듣지 못하심도 아니라. 오직 너희 죄악이 너희와 너희 하나님 사이를 갈라 놓았고 너희 죄가 그의 얼굴을 가리어서 너희에게서 듣지 않으시게 함이니라"(사 59:1-2). 그들에게 1차적 세계관을 다시 내미시며 "너희는 실패했다. 너희는 그러면 안된다"라고 노하여 선언하십니다. 이것은 말하자면 하나님의 은혜와 능력으로 바벨론 포로로부터 구원하신 회복보다 더 높은 세계로 이끄신 구원입니다. 그런데 놀랍게도 이사야 59:9-12에서 그들은 이 말씀에 반응합니다.

그러므로 정의가 우리에게서 멀고 공의가 우리에게 미치지 못한즉 우리가 빛을 바라나 어둠뿐이요 밝은 것을 바라나 캄캄한 가운데에 행하므로 우리가 맹인 같이 담을 더듬으며 눈 없는 자 같이 두루 더듬으며 낮에도 황혼 때

같이 넘어지니 우리는 강장한 자 중에서도 죽은 자 같은지라. 우리가 곰 같이 부르짖으며 비둘기 같이 슬피 울며 정의를 바라나 없고 구원을 바라나 우리에게서 멀도다. 이는 우리의 허물이 주의 앞에 심히 많으며 우리의 죄가 우리를 쳐서 증언하오니 이는 우리의 허물이 우리와 함께 있음이니라. 우리의 죄악을 우리가 아나이다(사 59:9-12).

이처럼 뜻밖에 그들에게서 회개와 자백이 나옵니다. 1차적 세계관에 따르면, 하나님이 꾸짖으시고 그것을 받아들여 회개하면 당연히 보상이 따라야 하는데, 그렇게 되지 않습니다. 이어서 이사야 59:15 하반절부터 보겠습니다.

여호와께서 이를 살피시고 그 정의가 없는 것을 기뻐하지 아니하시고 사람이 없음을 보시며 중재자가 없음을 이상히 여기셨으므로 자기 팔로 스스로 구원을 베푸시며 자기의 공의를 스스로 의지하사 공의를 갑옷으로 삼으시며 구원을 자기의 머리에 써서 투구로 삼으시며 보복을 속옷으로 삼으시며 열심을 입어 겉옷으로 삼으시고 그들의 행위대로 갚으시되 그 원수에게 분노하시며 그 원수에게 보응하시며 섬들에게 보복하실 것이라(사 59:15하-18).

이처럼 하나님의 개입이 선언됩니다. 그러니까 이 회개는 1차적 세계관이 요구한 답을 만들어낸 것이 아니라는 이야기입니다. 그들이 회개는 했지만, 원하는 결과물을 얻은 것이 아니기 때문입니다. 그래서 하나님이 직접 개입하시겠다고 말씀하십니다. 1차적 세계관이 요구된 바 있었고, 2차적 세계관에 따른 은혜와 구원과 하나님의 능력으로 만들어 주신 것에 더하여 이제 직접 개입하여 만들어내겠다고 하십니다.

은혜로 예수님의 생명이 심기다

이 문제를 풀어보기 위해서 씨 뿌리는 비유를 다시 떠올려 보겠습니다. 마태복음 13:3-8을 보겠습니다.

예수께서 비유로 여러 가지를 그들에게 말씀하여 이르시되 씨를 뿌리는 자가 뿌리러 나가서 뿌릴새 더러는 길 가에 떨어지매 새들이 와서 먹어버렸고 더러는 흙이 얕은 돌밭에 떨어지매 흙이 깊지 아니하므로 곧 싹이 나오나 해가 돋은 후에 타서 뿌리가 없으므로 말랐고 더러는 가시떨기 위에 떨어지매 가시가 자라서 기운을 막았고 더러는 좋은 땅에 떨어지매 어떤 것은 백 배, 어떤 것은 육십 배, 어떤 것은 삼십 배의 결실을 하였느니라(마 13:3-8).

누구나 이 비유의 교훈을 압니다. "결실을 맺으려면 좋은 땅이 되자." 이렇게 이해하고 반응합니다. 다른 땅들이 결실하지 못한 것은 분명히 그곳이 길 가이고 돌밭이고 가시떨기였기 때문입니다. 문제는 땅이 자체적으로 열매를 생산하지 못한다는 사실입니다. 뿌려진 씨가 열매를 맺는 것입니다. 그리고 열매를 맺으려면 좋은 땅이어야 합니다. 당연히 그렇습니다. 이것은 1차적 세계관을 보여주는 것이라고 생각할 수 있습니다. 이스라엘은 열매를 맺지 못했습니다. 그것이 이스라엘 역사입니다. 그들이 열매를 맺지 못한 것은 그들이 회개하지 않아서 그런 것인가요, 좋은 땅이 아니어서 그런 것인가요? 그것은 간단한 문제가 아닙니다. 이 문제는 로마서 7:14-20에서 율법을 다루면서 이렇게 소개됩니다.

우리가 율법은 신령한 줄 알거니와 나는 육신에 속하여 죄 아래 팔렸도다.

나의 행하는 것을 내가 알지 못하노니 곧 원하는 이것은 행하지 아니하고 도리어 미워하는 그것을 함이라. 만일 내가 원치 아니하는 그것을 하면 내가 이로 율법의 선한 것을 시인하노니 이제는 이것을 행하는 자가 내가 아니요 내 속에 거하는 죄니라. 내 속 곧 내 육신에 선한 것이 거하지 아니하는 줄을 내가 아노니 원함은 내게 있으나 선을 행하는 것은 없노라. 내가 원하는 바 선은 하지 아니하고 도리어 원치 아니하는 바 악은 행하는도다. 만일 내가 원치 아니하는 그것을 하면 이를 행하는 자가 내가 아니요 내 속에 거하는 죄니라(롬 7:14-20).

이것이 무슨 이야기입니까? 씨 뿌리는 비유에서 그대로 설명되고 있습니다. 옥토가 되어도, 잡초를 뽑아 버려도, 거름을 넉넉히 줘도, 그것으로는 열매가 생길 수 없습니다. 밭이 열매를, 생명을 생산하지 못합니다. 그러나 우리는 율법의 요구를 이루고 싶어 합니다. 정직하고 거룩하고 사랑하고 완벽하기를 원합니다. 그렇게 원하면 원할수록 자기가 그렇게 할 수 없는 존재라는 것을 알게 됩니다. 소원은 있지만 되지는 않습니다. 이것이 그 이야기입니다. 우리에게 원하는 바는 있지만 만들어낼 수가 없습니다. 우리는 그저 땅에 불과합니다.

제가 씨 뿌리는 비유를 통해 이렇게 설명을 했습니다. 좋은 땅이란 다른 밭들과 비교해서 좋은 땅이라는 데 초점이 있지 않고, 좋은 땅으로 만든 것은 거기에 심긴 씨앗이나 나무, 그 열매에 있다고 말입니다. 그 밭에 심긴 씨앗이 결실을 함으로써 그 땅은 단순히 땅이 아니라, 심긴 씨앗의 열매의 이름을 따라 수박밭, 딸기밭, 꽃밭이 되는 것입니다. 물을 담은 컵을 내놓고 "이게 뭐죠?"라고 물으면 컵이라 하지 않고 뭐라고 해야 합니까? "물"이라 해야 맞습니다. 그러니까 밭이란 심긴 씨앗과 맺힌 열매와 분리되는 것이 아니라 함께 묶여 있는 것입니다. 감나무나 밤나무나 사과나무의 정체성이 나무에 더 있겠습니까, 아니면 열매에 더 있겠습니까? 그것은 분리할 수 없습니다. 이처럼 밭의 정체성은 심긴 나무와 아무 상관없이 규정되는 것이 아님을 알 수 있습니다. 로마서 7:21부터 더 보겠습니다.

그러므로 내가 한 법을 깨달았노니 곧 선을 행하기 원하는 나에게 악이 함께 있는 것이로다. 내 속 사람으로는 하나님의 법을 즐거워하되 내 지체 속에서 한 다른 법이 내 마음의 법과 싸워 내 지체 속에 있는 죄의 법으로 나를 사로잡는 것을 보는도다. 오호라, 나는 곤고한 사람이로다. 이 사망의 몸에서 누가 나를 건져내랴(롬 7:21-24).

이처럼 소원은 있으나 되지는 않습니다. 우리가 다 경험해 봤습니다. 그래서 우리는 늘 회개해야 했습니다. 그러면 열매 없는 밭은 우리가 어떻게 해야 합니까? 쓰레기를 거둬내고 잡초를 뽑아내야 합니다. 그래도 열매는 맺힐 수 없습니다. 열매를 보려면 먼저 씨가 뿌려져야 하고, 나무가 심겨야 합니다.

그런데 로마서 7:25이 아주 기이하게 끝나는 것을 볼 수 있습니다. "우리 주 예수 그리스도로 말미암아 하나님께 감사하리로다." 이렇게 해놓고 뭐라 말합니까? "그런즉 내 자신이 마음으로는 하나님의 법을, 육신으로는 죄의 법을 섬기노라"고 말합니다. "내가 소원하지만 만들어낼 수 없던 것을 예수님으로 인하여 만들어냈다." 그 나무가 심김으로써 내가 '예수 밭'이 된 것입니다. 우리 신자들로 치면, '하나님의 사람'이 된 것입니다. 우리 안에 예수님이 오심으로 그의 생명으로 말미암아 자신의 정체성을 갖게 됩니다. 우리가 '예수님의 백성', '하나님의 자녀'라는 지위를 갖습니다. 그것이 기독교가 전하는 복음입니다.

이 내용은 1차적 세계관으로는 만들 수 없었던 것입니다. 밭이 열매

자체를 생산하거나 생명을 만들 수 없기 때문입니다. 그 밭에 은혜로 생명이 들어오자, 그 밭은 나무와 열매로 인하여 정체성을 공유하는 신분과 지위를 갖게 됩니다. 그것이 예수님이 하신 일입니다. 예수께서 하신 일은 에베소서 1:3-7에서 살펴볼 수 있습니다.

> 찬송하리로다. 하나님 곧 우리 주 예수 그리스도의 아버지께서 그리스도 안에서 하늘에 속한 모든 신령한 복을 우리에게 주시되 곧 창세 전에 그리스도 안에서 우리를 택하사 우리로 사랑 안에서 그 앞에 거룩하고 흠이 없게 하시려고 그 기쁘신 뜻대로 우리를 예정하사 예수 그리스도로 말미암아 자기의 아들들이 되게 하셨으니 이는 그가 사랑하시는 자 안에서 우리에게 거저 주시는 바 그의 은혜의 영광을 찬송하게 하려는 것이라. 우리는 그리스도 안에서 그의 은혜의 풍성함을 따라 그의 피로 말미암아 속량 곧 죄 사함을 받았느니라(엡 1:3-7).

여기에 줄곧 무슨 이야기가 나옵니까? "하나님이 은혜로 미리 정하사 예수로 말미암는 구원을 주셨다"는 것입니다. 즉, 예수님이 우리에게 심긴 것입니다. 하나님의 예정, 하나님의 뜻, 하나님의 의지, 하나님의 목적에 따라 하나님이 하신 일입니다.

여기서 이사야 59장의 신적 개입을 다시 생각해 보겠습니다. 그 신적 개입이란 무엇일까요? 그들이 고국으로 돌아와서 반복한 실패는 1차적 세계관에 따른다면 마땅히 징계를 받아야 하는 것입니다. 그러면 2차적 세계관, 즉 하나님의 은혜와 능력과 구원으로 그들을 회복시키고 승리케 하신다는 이 약속 안에 들어와 있는 현장에서 그들에게 다시 1차적 세계관을 묻고 있는 것인데, 도대체 2차적 세계관은 어디에 쓰이는 것인가 하는 문제입니다. 여기에 신적 개입이 있다는 것입니다. 하나님께서 생명과 진리,

구원과 영광을 예수로 심으시는 일이 바로 신적 개입입니다. 이것이 역사 안에서 이루어졌습니다.

이 신적 개입은 2천 년 전에, 그러니까 인류 역사의 중간쯤에 일어난 것입니다. 우리 쪽에서 보면 시간적으로 과거에 있었던 것입니다. 그러나 하나님이 하신 일이므로 시간과 공간을 초월합니다. 시간이 흘러 마지막에 일어날 종말론적 사건, 인류의 운명의 끝은 또 어떻게 될 것인지에 대하여 성경은 이야기합니다. "하나님이 악을 제거하시고 죄를 진 자들을 심판하시며, 하나님 나라를 완성하실 것이다. 대환난이 있겠고 많은 시험과 유혹도 있을 것이다." 이렇게 훨씬 더 긍정적인 차원에서 하나님이 결국 죄로 멸망할 인류를 하나님의 뜻으로 개입하시고, 은혜의 승리를 거둘 것이라고 이야기합니다. 이것이 종말론입니다.

그런데 그 신적 개입이 2천 년 전에 일어났고, 우리가 사는 현대는 하나님께서 예수님 안에서 종말을 운명으로 삼으신 가운데 살고 있는 시기입니다. 이 종말 속에 살고 있는데 어째서 고난이 계속되느냐는 것입니다. 여기가 3차적 세계관으로 설명될 수 있는 지점입니다. 이 일은 기이하게도 1차적 세계관의 잣대를 가지고 책망을 하고 계시는데, 구원이 완성되는 하나님의 능력과 개입은 2차적 세계관에 따른 것이기 때문에, 이 일이 우리에게 많은 혼란을 주고 있습니다. 여러분이 대부분 신앙을 점검할 때는 1차적 세계관을 만족시켜야 2차적 세계관으로 나갈 수 있다고 생각할 것입니다. 다시 말해 완벽하고 무흠해야 다음으로 나갈 수 있다고 생각하는 까닭에 늘 1차적 세계관에 머물러 있게 된다는 것입니다. 그 세계를 벗어나지 못한다는 것입니다. 그러니까 우리는 회개를 통해 1차적 세계관을 완성시켜야 2차적 세계관으로 나갈 수 있다고 믿고 있습니다.

세례 요한이 옥에 갇혀서 예수님께 제자들을 보냅니다. 그러고는 당신이 오실 메시아가 맞냐고 묻습니다. 왜 그런 질문을 했을까요? 그가 메시아라고 스스로 증거하셨지만, 그가 하시는 사역이 세례 요한의 마음에 차지 않았기 때문입니다. 이스라엘을 회복하고 이 땅에 하나님의 나라를 실현시키려면 그가 권력을 가지셔야 하는데, 정치적 군사적 권력을 추구하시지 않습니다. 그저 백수들만 데리고 다니시고, 물론 기적을 행하시지만, 권력과 상관없는 기적을 행하십니다. 나병환자를 낫게 하고 맹인을 보게 하십니다. 세례 요한의 제자들이 와서 묻습니다. "당신이 오실 메시아가 맞습니까?" "그렇다. 가서 본 것을 이야기해라. 나병환자가 낫고, 맹인이 보며, 못 걷는 사람이 일어나고, 죽은 자가 살아난다고 이야기해라." 얼마나 놀라운 일입니까? 어떠한 조건이나 자격도 요구하지 않은 채 회복이 선언됩니다. "저 사람은 왜 고쳐줬나? 어떻게 해서 고쳤나? 본인의 책임이 무엇이었나?" 하는 언급은 아무것도 없습니다. 복음서에 늘 나오듯이 "불쌍히 여기사"가 전부입니다. 이것이 기독교의 복음입니다.

현재의 조건에서 최선을 다하라

이제 우리는 1차적 세계관과 상관없이 어떤 결과가 일어나는 것을 책망과 심판을 조건으로 삼고 있는 1차적 세계관과 어떻게 연결시킬 것인가 하는 현실 앞에 서게 됩니다. 그래서 우리는 고단한 인생 즉 우리 마음에 들지 않는 신앙생활을 할 수밖에 없는 이 현실이 도대체 우리에게 뭘까 하고 묻게 되는 것입니다. 고린도전서 4:1-5을 보겠습니다.

사람이 마땅히 우리를 그리스도의 일꾼이요 하나님의 비밀을 맡은 자로 여길지어다. 그리고 맡은 자들에게 구할 것은 충성이니라. 너희에게나 다른 사람에게나 판단받는 것이 내게는 매우 작은 일이라. 나도 나를 판단치 아니하노니 내가 자책할 아무것도 깨닫지 못하나 이로 말미암아 의롭다 함을 얻지 못하노라. 다만 나를 판단하실 이는 주시니라. 그러므로 때가 이르기 전 곧 주께서 오시기까지 아무것도 판단치 말라. 그가 어두움에 감추인 것들을 드러내고 마음의 뜻을 나타내시리니 그 때에 각 사람에게 하나님께로부터 칭찬이 있으리라(고전 4:1-5).

사도 바울은 고린도교회에서 크게 도전을 받습니다. "당신이 정말 하나님이 보내신 사도인가?" 바울의 사도직에 관한 도전이었습니다. 그가 왜 그런 도전을 받았을까요? 그도 권력을 추구하거나 권력을 갖고 있지 않았기 때문입니다. 예수님이 당하셨던 것처럼, 사도 바울도 고린도교회 교인들에게 바로 그런 도전을 받습니다.

바울이 뭐라고 이야기합니까? "맡은 자들에게 구할 것은 충성이니라." 우리는 이 말을 이사야의 본문을 이해하기 위해서 이렇게 고쳐 말할 수 있겠습니다. "자격이 아니라 충성이다." 여러분의 신앙생활은 충성이어야 합니다. 자격도 아니고 능력도 아닙니다. 물론 이렇게 말하는 것을 다르게 갖다 붙이면 오해할 수 있으니 조심해야 할 것입니다.

하나님은 여러분에게 전지전능하라고 하시지 않습니다. 완전무결하라고 하시지 않습니다. 지금의 조건에서 신앙생활을 하라고 하십니다. 왜 그렇습니까? 여러분은 거룩해지고 싶은 소원도 있고, 무언가를 이루기 위해서 몹시 애쓰기도 합니다. 그것을 하라는 것입니다. 마음에 들 만큼 실천이 되느냐, 좋은 조건과 환경이 주어지느냐는 것은 약속되지 않습니다. 그것이 2차적 세계관에서 나왔던 것입니다. 하나님의 은혜와 의지에 따라 이스라엘이 회복을 받았고 찬란한 승리가 약속되었지만, 그들이 와서 보니까 기대한 바와는 다르지 않았습니까?

하나님은 그 어려운 환경이 찬란한 승리라고 말씀하십니다. 우리가 그렇지 않습니까? 그것이 바로 3차적 세계관이라는 것입니다. "맡은 자가 구할 것은 충성이며, 나는 누구의 판단도 괘념치 않는다. 심지어 나 자신도 나를 판단하지 않는다. 내가 자격이 있나? 이런 말을 할 실력이 되나? 나는 이런 말을 하지 않는다. 나를 판단할 이는 예수님이시기 때문이다. 예수님은 내가 죄인인 것 아신다. 나를 위해서 죽으셨다. 예수님이 나를 위해 이미 죽으셨고, 너희를 위해 이미 죽으셨다. 나는 그것을 전하러 다니는 것이다. 그것이 나의 사명이다. 자격에 관해서는 나는 아무것도 모른다." 바울이 그렇게 이야기하고 있습니다. 굉장히 놀라운 발언이지 않습니까?

디모데전서 1장에서 바울은 자신을 가리켜 "내가 죄인 중에 괴수"라고 선언합니다. 그는 아직도 완벽하지 않습니다. 그러나 그는 사도입니다. 여러분은 지금의 신분, 지금의 처지에서 하나님의 백성입니다. 자격을 완성하려고 하지 말고 지금 인생을 살아가면서, 지금 조건에서 할 수 있는 만큼 신앙인으로 사십시오. 왜 그렇습니까? 하나님이 예수님 안에서 우리의 운명을 결정해 놓으셨기 때문입니다. 그런데 왜 고난 속에서 살라고 하십니까? 바울은 빌립보서 3:11-14에서 그것에 대하여 이렇게 증언합니다.

내가 그리스도와 그 부활의 권능과 그 고난에 참여함을 알고자 하여 그의 죽으심을 본받아 어떻게 해서든지 죽은 자 가운데서 부활에 이르려 하노니 내가 이미 얻었다 함도 아니요 온전히 이루었다 함도 아니라. 오직 내가 그리스도 예수께 잡힌 바 된 그것을 잡으려고 달려가노라. 형제들아, 나는 아직 내가 잡은 줄로 여기지 아니하고 오직 한 일 즉 뒤에 있는 것은 잊어버리고 앞에 있는 것을 잡으려고 푯대를 향하여 그리스도 예수 안에서 하나님이 위에서 부르신 부름의 상을 위하여 달려가노라(빌 3:11-14).

그는 부활의 권능을 압니다. 하나님이 세상의 운명을 그의 뜻과 작정 속에 묶어 놓으셨다는 것을 알고 있습니다. 그는 그것으로 사도가 됐습니

이사야서, 하나님의 비전

다. 그렇기 때문에 바울은 자신의 모든 서신서의 서두에서 "하나님의 뜻을 따라 예수 그리스도의 사도된 나 바울은"이라고 말합니다. 하나님이 예수님 안에서 확증하고 예수님 안에서 결정하신 그 인생을 그가 사는 것입니다.

그런데 하나님은 우리에게 왜 고난의 길을 가라고 하십니까? 사망을 이긴 부활, 즉 고난보다 더 큰 것으로 고난에 맞서는 인생을 살아내라는 것입니다. 그것이 하나님이 우리에게 채워주시고자 하는 내용이요 우리에게 주신 생명나무요, 우리 땅에서 만들 열매라고 하십니다. 그런데 고난 속에서 일을 해야 한다는 것이 사실 대부분 마음에 들지 않는다는 것입니다.

사도 바울은 이렇게 이야기합니다. "내가 이미 얻었다함도 아니요 온전히 이루었다고 이야기하는 것도 아니다. 이제 다 알아서 복음을 선포하러 다니는 것이 아니라, 하나님이 걸어오라는 길을 가고 있다. 어디까지 가야 하는지, 이것이 어떤 드라마인지 나는 모른다. 그러니 나는 뒤의 것은 잊어버린다. 그것은 성취와 업적을 누적시키는 일이 아니다. 나를 부르신 자리에서 하나님이 시키시는 일을 할 뿐이다. 어떤 반응, 어떤 결과가 나올지 나도 모른다. 하나님이 그렇게 살라고 하신다." 그러니 뭘 한다고 합니까? "푯대를 향하여 그리스도 예수 안에서 하나님이 위에서 부르신 부름의 상을 위하여 달려가노라." 그는 이것밖에 모른다는 것입니다.

그러면서 그는 이런 이야기도 합니다. "그러므로 누구든지 우리 온전히 이룬 자들은 이렇게 생각할지니 만일 무슨 일에 너희가 달리 생각하면 하나님이 이것도 너희에게 나타내시리라"(빌 3:15). 바울의 이야기대로 여러분이 다르게 생각하는 것도 괜찮습니다.

여러분이 1차적 세계관에 집중해야 하는 때인지, 2차적 세계관에 매달리고 있는지, 3차적 세계관을 이해하고 있는지 여부는 문제가 되지 않습니다. 왜냐하면 그 세계관들이 순차적으로 나타나는 것이 아니라 각 개인에게서 복합적으로 나타나기 때문입니다. 그리고 각 개인마다 삶의 경험에서, 하나님의 은혜 가운데서 그 경우의 수가 다 다르기 때문입니다. 그러나 우리는 모두 이 약속 안에 있는 것이고, 나누자면 세 가지 세계관으로 나눌 수 있겠지만, 질서가 그 안에 융합되어 있는 것을 보는 것입니다.

그래서 어떻게 하라는 것입니까? 무엇을 강조하든지 결국 마찬가지라는 것을 알라고 합니다. 그리고 어디까지 이해하라고 합니까? 그 다음 16절에 "오직 우리가 어디까지 이르렀든지 그대로 행할 것이라"(빌 3:16). 자기 수준의 것을 행하라고 합니다. 고등학교 3학년이 초등학교 2학년에게 "너는 왜 이렇게 아는 것이 없니?" 이렇게 이야기하지 않습니다. 대학생 때 할 일이 있고 40대에 할 일이 있습니다. 각각 그때가 현재 아닙니까? 그때가 자기 현실 아닙니까? 거기서 각자 자기의 일을 해야 합니다. 그러니까 이 모든 일은 3차적 세계관이 이렇게 기이하다는 것을 알려 줍니다. 긴 욥기는 욥의 이러한 고백으로 마무리됩니다. 욥기 42:1-6을 보겠습니다.

> 욥이 여호와께 대답하여 가로되 주께서는 못 하실 일이 없사오며 무슨 계획이든지 못 이루실 것이 없는 줄 아오니 무지한 말로 이치를 가리는 자가 누구니이까. 나는 깨닫지도 못한 일을 말하였고 스스로 알 수도 없고 헤아리기도 어려운 일을 말하였나이다. 내가 말하겠사오니 주는 들으시고 내가 주께 묻겠사오니 주여, 내게 알게 하옵소서. 내가 주께 대하여 귀로 듣기만 하였사오나 이제는 눈으로 주를 뵈옵나이다. 그러므로 내가 스스로 거두어 들이고 티끌과 재 가운데서 회개하나이다(욥 42:1-6).

그는 자신의 원망과 불평을 거두어들입니다. "하나님, 이 모든 것에 하나님이 충만히 또 성실히 영광을 베풀고 계시다는 사실을 알았습니다. 내가 옛날에는 귀로 들었는데, 지금은 눈으로 봅니다." 이 본다는 것은 무슨 말일까요? 한꺼번에 다 보는 것을 말합니다. 누가 "코끼리" 하면 코끼리를 봐야 합니다. 말로 설명하면 절대로 그림이 단번에 완성되지 않습니다. 그려 내지는 못해도 보면 잊을 수가 없습니다. 그래서 욥이 무엇을 하기로 합니까? "주께서는 못 이루실 일이 없습니다. 이제 알았습니다. 코끼리라는 것이 있는 줄 알았습니다. 낙타라는 것이 있는 줄 알았습니다. 하나님, 그것은 하나님의 창조 세계, 창조의 영역입니다. 하나님이 주인이십니다. 그래서 저는 이제 쓸데없는 말, 원망하는 말 다 집어치우고 티끌과 재 가운데서 회개합니다."

"티끌과 재 가운데서"라는 표현이 무슨 뜻일까요? 여러분이 아무것도 할 수 없다고 생각하는 조건과 환경을 말합니다. 즉, 이런 것입니다. "나한테는 왜 아무것도 안 주시지? 왜 하나님은 나한테 아무 재능도 안 주시지? 나는 이게 뭐야? 왜 하나님은 나에게 늘 어려운 일만 주시고 나를 꺾으시고 한숨만 나오게 하실까?" 여러분에게 허락된 환경과 여러분 자신의 실력들 안에서 하나님의 사람으로 살 수 있답니다. 이것이 바로 3차적 세계관입니다.

여러분, 성령의 열매를 기억하시지요? "오직 성령의 열매는 사랑과 희락과 화평과 오래 참음과 자비와 양선과 충성과 온유와 절제니." 그 다음 말씀이 재미있습니다. "이같은 것을 금지할 법이 없느니라." 그러니까 성령의 열매를 맺는 것은 어떤 조건과도 전혀 상관없다는 이야기입니다. 여러분이 "이건 아니다"라고 생각하는 조건 속에서도 성령의 열매를 맺을 수 있습니다. "티끌과 재 가운데서"도 신앙생활을 할 수 있습니다. 이것이 바로 하나님이 여러분에게 요구하시는 것입니다.

왜 그 길을 가라고 하실까요? 여러분의 인생을 그렇게 채워서 가라고 하십니다. 건너뛰지 말라고 하십니다. 그 길을 살아가야 합니다. 우리는 위대하고 신비로운, 하나님의 성실과 능력 안에서 결정된 운명에 묶여서 사는 사람들입니다. 그러니 멋지게 살아야 합니다. 여러분의 삶을 귀하게 누리는 복과 은혜와 믿음이 있기를 바랍니다.

:::

하나님 아버지, 은혜를 감사합니다. 우리의 삶을 복되게 하시며, 우리의 처지와 우리의 모든 조건 속에서 하나님을 섬기는 것이 가능하다고, 영광될 수 있다고 말씀해 주셔서 힘을 얻습니다. 더 이상 주저앉아서 밤낮 흠결을 제거하느라 한 발짝도 나아가지 못하는 자리에서 일어나 전진하게 하옵소서. 인생을 나이 먹는 것같이 살아내게 하옵소서. 울어도 되고 후회해도 되고 비참해도 되지만, 결국 승리할 것임을 믿는 믿음으로 일어나게 하옵소서. 충성하게 하옵소서. 예수님 이름으로 기도합니다. 아멘.

사 60:1-9

일어나라. 빛을 발하라. 이는 네 빛이 이르렀고 여호와의 영광이 네 위에 임하였음이니라. 보라, 어둠이 땅을 덮을 것이며 캄캄함이 만민을 가리려니와 오직 여호와께서 네 위에 임하실 것이며 그의 영광이 네 위에 나타나리니 나라들은 네 빛으로, 왕들은 비치는 네 광명으로 나아오리라. 네 눈을 들어 사방을 보라. 무리가 다 모여 네게로 오느니라. 네 아들들은 먼 곳에서 오겠고 네 딸들은 안기어 올 것이라. 그 때에 네가 보고 기쁜 빛을 내며 네 마음이 놀라고 또 화창하리니 이는 바다의 부가 네게로 돌아오며 이방 나라들의 재물이 네게로 옴이라. 허다한 낙타, 미디안과 에바의 어린 낙타가 네 가운데에 가득할 것이며 스바 사람들은 다 금과 유향을 가지고 와서 여호와의 찬송을 전파할 것이며 게달의 양 무리는 다 네게로 모일 것이요 느바욧의 숫양은 네게 공급되고 내 제단에 올라 기꺼이 받음이 되리니 내가 내 영광의 집을 영화롭게 하리라. 저 구름 같이, 비둘기들이 그 보금자리로 날아가는 것 같이 날아오는 자들이 누구냐. 곧 섬들이 나를 앙망하고 다시스의 배들이 먼저 이르되 먼 곳에서 네 자손과 그들의 은금을 아울러 싣고 와서 네 하나님 여호와의 이름에 드리려 하며 이스라엘의 거룩한 이에게 드리려 하는 자들이라. 이는 내가 너를 영화롭게 하였음이라.

회복되었지만 낙심하는 백성들

이 본문은 하나님의 백성들에게 당신의 약속이 얼마나 영광스럽고 분명한 것인지 힘을 다해 격려하며 명령하는 것으로 보입니다. "일어나라. 빛을 발하라. 이는 네 빛이 이르렀고 여호와의 영광이 네 위에 임하였음이니라"(1절). 모든 기독교 신자들이 가지는 복음의 위대함, 하나님의 약속과 승리와 영광에 대한 성경의 격려와 선언이 우리를 놀랍게 찾아오고 있습니다. 그리고 다음 2절에서 "보라, 어둠이 땅을 덮을 것이며 캄캄함이 만민을 가"릴 것이라고 말씀합니다. 이처럼 놀라운 영광과 그 책임은 캄캄한 땅, 어두운 곳에서 수행해야 할 사명이 되는 것입니다.

우리가 이제껏 살펴본 이사야 56-59장에서는, 하나님의 일하심에서 원칙과 심판으로 이해되는 1차적 세계관이 먼저 보였습니다. 왜냐하면 이스라엘은 자신들이 범한 죄와 약속의 실패, 도덕적 타락에 의하여 멸망을 받았으므로 하나님의 통치에 대한 우리의 일차적 이해는 당연히 율법과 심판으로 이해되는 세계였습니다.

그러나 하나님은 포로 된 이스라엘에게 어떠한 정치력이나 군사력과 상관없이 단지 하나님의 은혜와 신실하심으로 구원을 약속하셨고, 또 이루십니다. 그들은 본토로 돌아왔고, 자기들을 붙잡아 갔던 나라에서 충분한 지원을 받고 예루살렘을 재건하게 됩니다. 그것은 분명히 우리가 살고 있는 세계와 하나님의 통치가 원칙과 심판으로만 이루어지지 않고, 하나님의 신실하심과 약속과 의지에 관한 은혜와 구원의 세계라는 것을 보여주었습니다.

그들이 돌아온 곳은 분명 하나님의 약속이 성취되었음에도 불구하고 곤고한 자리였습니다. 땅은 황폐하고 흉년이 들어 기근이 심했으며, 예루살렘을 재건하는 일에 시달렸고, 70년 포로 기간 동안에 들어와 살고 있던 이주민들의 배척과 주변 이방 나라들에 의하여 방해를 받습니다. 그들은 실망하고 침체되어 거의 체념하는 수준에까지 이르게 됩니다. 구약이 끝나는 시대쯤 되면 말라기에서 증언하듯이, 모두가 신앙에 대한 자신도 없어지고 인생에 대한 소망도 의지도 없는, 그래서 원망하고 잊고 사는 쇠락한 나라와 백성들이 되고 맙니다.

이사야서, 하나님의 비전

그런 곳에서 하나님은 도대체 무엇을 하시는 것일까요? 그것이 우리의 가장 큰 질문입니다. 왜냐하면 그러한 사실이 이스라엘의 역사이기도 하고 우리의 현실도 되기 때문입니다. 예수님을 믿고 사는 신앙생활에 분명한 감격과 회복과 용서와 소망이 있는데도 불구하고, 시간이 지남에 따라 잊히고 낙심되고 타협하는, 힘을 낼 수 없었던 현실이 지난 2천 년 동안의 기독교 역사이고 우리의 인생이라는 것입니다.

이 고난 속에서 하나님께서 은혜를 베푸시고 구원의 약속을 이루신 것이 사실이면서도 우리 마음에 다 들지는 않는다는 것입니다. 우리가 소원하는 것이 다 응답받은 것은 아니므로 의심과 고통, 도망갈 수 없는 현실을 마주하게 됩니다. 우리가 그런 이사야 59장까지 온 것입니다. "고난은 인생보다 크다." 고난은 우리의 믿음보다 큰 것 같습니다. 그러나 하나님이 1차적 세계관을 넘어서 우리에게 은혜와 약속을 주실 수 있었다면, 결국은 우리의 믿음과 인생과 존재와 운명이 고난보다 큰 것임을 반증하는 것이라고 하는 데까지 온 것입니다.

생명의 성령의 법 아래 있는 자

이제 이사야 60장입니다. "일어나라. 빛을 발하라." 이런 차원에서 이사야 60장을 읽을 때 그 앞의 장들과 연계해서 읽는다면, 이 60장은 참으로 느닷없다고 할 수밖에 없습니다. 우리는 대부분 "일어나라. 빛을 발하라"라는 주제를 가지고 수련회로 모여서 복음송을 부르고 울고 회개하고 감격했던 때가 있었습니다. 그런 감격을 가지고 돌아오던 버스 안에서 이 말씀을 나누었는데, 몇 년이 흐른 후 그때 그랬던 것이 사실이었는지, 아직도 그 불길이 나한테 남아 있는지 의문이 들게 하는 말씀 같습니다.

로마서 8장에 이 문제에 대한 기가 막힌 신약성경의 해답이 나옵니다.

그런데 사람들이 미처 그 가치를 다 읽어내지 못하는 것 같습니다. "그러므로 이제 그리스도 예수 안에 있는 자에게는 결코 정죄함이 없나니 이는 그리스도 예수 안에 있는 생명의 성령의 법이 죄와 사망의 법에서 너를 해방하였음이라"(롬 8:1-2). 잘 아는 말씀입니다. 생명의 성령의 법이 죄와 사망의 법에서 우리를 구원합니다. 말하자면 인류의 현실은 죄와 사망의 법이었고, 거기에 생명의 성령의 법이 들어온 셈입니다. 생명의 성령의 법이 들어온 이유는, 우리가 죄와 사망의 법을 이길 수 없었기 때문입니다. 그것은 앞에 있는 로마서 7:24에서 보는 대로, "오호라, 나는 곤고한 사람이로다. 이 사망의 몸에서 누가 나를 건져내랴"에 압축되어 있습니다. 우리는 선을 알아도 행할 수 없는 수준이었습니다.

우리는 사망을 이기지 못합니다. 사망은 다만 죽는 것만 아니라, 우리가 저지르는 일이 모두 사망에 종속되는 일인 것입니다. 우리의 자랑은 그저 몸짓에 불과합니다. 우리의 행복은 다만 도망간 것이라고 이야기합니다. 우리의 승리는 누군가를 약탈한 것이며, 우리의 정직은 선택의 여지가 없는 정도에 불과하답니다. 그렇지 않습니까? 세상은 사망을 이기지 못하고 모든 덕목이 사망 아래 있다는 것입니다.

세상에서 우리가 선이라고 생각하는 것들은 우리가 다 행할 수도 없고, 행해 봤자 다 거짓인 것입니다. 거기에 하나님이 예수 그리스도로 말미암아 생명의 성령의 법을 주십니다. 그러니까 예수님 안에 있으면 이야기가 달라지는 것입니다. 뭐가 달라집니까? 잘못한 것도 손해를 보지 않습니다. 성경은 분명히 "하나님을 사랑하는 자 곧 그의 뜻대로 부르심을 입은 자들에게는 모든 것이 합력하여 선을 이루느니라"(롬 8:28)고 선언합니다.

예수님을 믿는 일에서 가장 놀라운 기적은 우리가 잘못한 데에서도 하나님이 은혜를 담아내신다는 사실입니다. 세상은 이긴 것도 사망에 종속되지만, 우리는 실패할지라도 그것이 생명에 종속된다는 것입니다. 이처럼 두 가지 다른 것이 현실 속에 있습니다. 이것이 우리를 혼란스럽게 하는 이유입니다.

그리스도 예수 안에 있는 생명의 성령의 법이 우리를 죄와 사망의 법에서 해방시켜 주셨을지라도, 그 구원의 완성은 예수님이 다시 오실 때까지 보류되어 있습니다. 아직도 죄와 사망의 법이 권력을 행사하는 구조와 환경 속에서 우리로 하여금 생명의 성령의 법을 누리는 자로 살아내라고 하십니다. 이렇게 살아내는 자리에 우리의 고난이 있다는 것입니다. 로마서 8장은 우리가 이런 고난 속에 살아야 한다는 사실에 대하여 이야기하고 있습니다. 로마서 8:14-17을 보겠습니다.

> 무릇 하나님의 영으로 인도함을 받는 사람은 곧 하나님의 아들이라. 너희는 다시 무서워하는 종의 영을 받지 아니하고 양자의 영을 받았으므로 우리가 아빠 아버지라고 부르짖느니라. 성령이 친히 우리의 영과 더불어 우리가 하나님의 자녀인 것을 증언하시나니 자녀이면 또한 상속자 곧 하나님의 상속자요 그리스도와 함께 한 상속자니 우리가 그와 함께 영광을 받기 위하여 고난도 함께 받아야 할 것이니라(롬 8:14-17).

이 생명의 성령의 법 아래 있는 자는 반드시 통과해야 할 과정이 있습니다. 그것은 죄와 사망의 법이라는 구조 환경 속을 통과해야 하는 것입니다. 왜 하나님은 그렇게 하도록 하실까요? 이는 우리가 고난에 대하여 던질 정당한 질문일 것입니다. 고난은 없어야 될 것이 있는 것도 아니고, 우리의 믿음이 부족해서 생기는 것도 아닙니다. 우리에게 고난이 있는 것은 세상이 아직도 가지고 있는 죄와 사망의 권세 속에서 하나님이 생명의 성령의 법을 우리 안에 충만케 하시고 또 영광으로 다듬고 계시기 때문입니다. 거기를 통과해야 하는 까닭에 고난은 겪어야 할 과정이라고 하는 것입니다. 우리는 그것을 수긍해야 합니다.

구원에 요구된 책임

로마서 6:3-4을 보겠습니다.

> 무릇 그리스도 예수와 합하여 세례를 받은 우리는 그의 죽으심과 합하여
> 세례를 받은 줄을 알지 못하느냐. 그러므로 우리가 그의 죽으심과 합하여
> 세례를 받음으로 그와 함께 장사되었나니 이는 아버지의 영광으로 말미암
> 아 그리스도를 죽은 자 가운데서 살리심과 같이 우리로 또한 새 생명 가운
> 데서 행하게 하려 함이라(롬 6:3-4).

여기서 "새 생명"이라는 표현은 새 사람으로 소개된 새로운 정체성, 신
분, 지위, 운명을 가진 존재로서 그를 우리라고 부르고 있습니다. 그런데
로마서 6:15-19에는 이렇게 기록되어 있습니다.

> 그런즉 어찌하리요. 우리가 법 아래에 있지 아니하고 은혜 아래에 있으니
> 죄를 지으리요. 그럴 수 없느니라. 너희 자신을 종으로 내주어 누구에게 순
> 종하든지 그 순종함을 받는 자의 종이 되는 줄을 너희가 알지 못하느냐. 혹
> 은 죄의 종으로 사망에 이르고 혹은 순종의 종으로 의에 이르느니라. 하나
> 님께 감사하리로다. 너희가 본래 죄의 종이더니 너희에게 전하여 준 바 교
> 훈의 본을 마음으로 순종하여 죄로부터 해방되어 의에게 종이 되었느니라.
> 너희 육신이 연약하므로 내가 사람의 예대로 말하노니 전에 너희가 너희
> 지체를 부정과 불법에 내주어 불법에 이른 것 같이 이제는 너희 지체를 의
> 에게 종으로 내주어 거룩함에 이르라(롬 6:15-19).

생명의 성령의 법 아래에 오면 죄와 사망의 법과 결별하는 줄 알았는데, 그 안에서 둘 중 하나를 선택하라고 이야기합니다. 이 선택은 구원을 받느냐, 못 받느냐를 넘어온 선택입니다. 구원은 이미 주어졌기 때문에 주어지는 선택입니다. 구원을 받지 못한 사람들은 생명의 성령의 법을 선택할 수 없습니다. 하지만 구원으로 넘어온 우리들에게는 죄와 사망의 법, 생명의 성령의 법을 나란히 놓고 하나를 선택하라고 합니다. 그것은 있을 수 없는 문제 아닙니까? 무슨 선택의 문제가 있습니까? 당연히 생명의 성령의 법을 선택해야 하지 않습니까? 그런데 현실은 그렇지 않다는 것입니다. 우리는 죄와 사망의 법 아래 너무나 자주, 너무나 많이 사로잡혀 있습니다. 에베소서 4:17-24에서는 이 동일한 내용을 다른 식으로 묘사하고 있습니다.

그러므로 내가 이것을 말하며 주 안에서 증언하노니 이제부터 너희는 이방인이 그 마음의 허망한 것으로 행함 같이 행하지 말라. 그들의 총명이 어두워지고 그들 가운데 있는 무지함과 그들의 마음이 굳어짐으로 말미암아 하나님의 생명에서 떠나 있도다. 그들이 감각 없는 자가 되어 자신을 방탕에 방임하여 모든 더러운 것을 욕심으로 행하되 오직 너희는 그리스도를 그같이 배우지 아니하였느니라. 진리가 예수 안에 있는 것 같이 너희가 참으로 그에게서 듣고 또한 그 안에서 가르침을 받았을진대 너희는 유혹의 욕심을 따라 썩어져 가는 구습을 따르는 옛 사람을 벗어 버리고 오직 너희의 심령이 새롭게 되어 하나님을 따라 의와 진리의 거룩함으로 지으심을 받은 새 사람을 입으라(엡 4:17-24).

로마서 6장에 따르면, 우리는 이미 새 사람입니다. 그런데 지금은 "새 사람을 입으라"고 권면합니다. 우리는 옛 사람을 고집할 수도 있고 새 사람을 입을 수도 있는, 구원을 받았으나 왔다 갔다 할 수 있는 존재인 것이 현실적으로 분명합니다. 우리는 신앙생활이라는 것이 옛 사람이 그 마음에 굳어짐으로 무지함 속에서 방탕으로 방임한 인생으로 보내는 것이 아니라 새 사람으로 사는 것이요 새 생명 가운데 있는 것이며, 예수님에게서 배운 삶을 살아가는 것이라는 사실을 압니다. 그런데 이것이 잘 안됩니다. 이런 상태가 허락되어 있다는 것이 이해되지 않습니다. "죄 짓고 싶지 않습니다. 물리쳐 주시옵소서." 이것이 죄 문제를 놓고 드리는 우리의 기도입니다. 그런데 그렇게 해주시지 않습니다. "하나님은 내 기도를 안들어 주시니, 목사님에게 가서 기도를 부탁하는 수밖에 없다." 그래서 산더미 같은 기도 주문서가 제 방에 들어와 있습니다. 저한테 대신 살아 달라는 것입니다. 요한복음 8:31-43에는 이 문제에 대하여 예수님이 직접 하신 답이 나옵니다.

그러므로 예수께서 자기를 믿은 유대인들에게 이르시되 너희가 내 말에 거하면 참으로 내 제자가 되고 진리를 알지니 진리가 너희를 자유롭게 하리라. 그들이 대답하되 우리가 아브라함의 자손이라. 남의 종이 된 적이 없거늘 어찌하여 우리가 자유롭게 되리라 하느냐. 예수께서 대답하시되 진실로 진실로 너희에게 이르노니 죄를 범하는 자마다 죄의 종이라. 종은 영원히 집에 거하지 못하되 아들은 영원히 거하나니 그러므로 아들이 너희를 자유롭게 하면 너희가 참으로 자유로우리라. 나도 너희가 아브라함의 자손인 줄 아노라. 그러나 내 말이 너희 안에 있을 곳이 없으므로 나를 죽이려 하는도다. 나는 내 아버지에게서 본 것을 말하고 너희는 너희 아비에게서 들은 것을 행하느니라. 대답하여 이르되 우리 아버지는 아브라함이라 하니 예수께서 이르시되 너희가 아브라함의 자손이면 아브라함이 행한 일들을 할 것이거늘 지금 하나님께 들은 진리를 너희에게 말한 사람인 나를 죽이려 하는도다. 아브라함은 이렇게 하지 아니하였느니라. 너희는 너희 아비가 행한 일들을 하는도다. 대답하되 우리가 음란한 데서 나지 아니하였고 아버지는 한 분뿐이시니 곧 하나님이시로다. 예수께서 이르시되 하나님이 너희 아버지였으면 너희가 나를 사랑하였으리니 이는 내가 하나님께로부터 나와서 왔음이라. 나는 스스로 온 것이 아니요 아버지께서 나를 보내신 것이니라. 어찌하여 내 말을 깨닫지 못하느냐. 이는 내 말을 들을 줄 알지 못함이로다(요 8:31-43).

예수님이 유대인들과 벌인 논쟁은 "진리를 알지니 진리가 너희를 자유롭게 하리라"로 시작합니다. "우리에게 무슨 자유가 필요한가? 우리는 남에게 종이 된 적이 없었다." "너희가 죄를 짓는 것을 보니 너희는 죄의 종이다." "아니다. 우리는 아브라함의 자손이다." "아브라함은 너희같이 굴지 않을 것이다. 아브라함이 나를 봤으면 내 말을 따랐을 것이다. 나는 아버지가 보내서 왔는데 너희는 내 말을 들으려 하지 않는다." "아버지는 한 분뿐이시다." "그렇다. 아버지가 나를 보내셨다. 그러나 너희는 나를 사랑하지 않기 때문에 내 말을 듣지 않는다. 너희는 내 말을 들을 실력이 없다. 너희는 마귀에게서 나왔다." 이렇게 된 것입니다.

이 장에 나오는 중요한 단어들을 열거해 보겠습니다. 진리, 사랑, 순종, 자유, 이런 것이 무엇일까요? 자유란 진리에 자신을 헌신할 수 있게 하는 것입니다. 저들은 예수님을 모르기 때문에 진리 역시 알 수 없습니다. 예수님을 모르는 이유는 그들이 죄의 종이기 때문입니다. 그러니까 예수께서 오셔서 우리를 죄로부터 구원하시고, 하나님을 만나게 하셔서 우리로 진리를 보게 하셨습니다. 이로써 우리에게 자유가 생깁니다. 그런데 하나님은 어찌된 일인지 이 자유를 그저 선물로만 주시지 않고 책임으로 요구하십니다. 세상이 궁극적 권력을 가진 것처럼 우리를 거스르고 위협하는 폭력의 현장에서, 하나님은 우리한테 하나님의 사람인 인생을 살라고 하십니다. 그것이 신자가 겪는 고난입니다.

이 문제는 성경을 들이댈 것도 없이 아서 클라인만의 『당신의 삶을 결정하는 것들』이라는 책에도 나옵니다. "아무 일 없는 것같이, 두 세상을 사는 자기기만과 침묵은 모든 가치와 진실과 희망을 망친다. 죽고 말 인생을 사는, 그래서 체념하고 사는 사람들조차도 사는 동안은 진실하게 사는 것이 최고다"라고 말합니다.

지금은 두 가지 실재, 즉 타락이라는 현실과 새 창조라는 현실이 공존하고 있습니다. 하나님은 우리를 타락에서부터 새 창조로 부르셔서 그의 백성으로 살게 하는 일에서, 우리에게 주신 자유를 당신을 위하여 쓰도록 요구하십니다. 그것이 신앙생활인 것입니다. 그것은 마치 다음과 같습니다. 우리가 아직 죄인되었을 때 그리스도께서 오셔서 우리 죄를 위하여 죽으심으로 하나님께서 우리를 향한 사랑을 확인해 주셨듯이, 우리에게 구원을 주시되, 사망과 고난과 수치와 고통의 조건 속에서 하나님을 사랑하고 하나님께 순종할 기회를 주시는 것과 같습니다.

여러분에게는 고통이라는 문제로 인하여 그 가치가 부정적으로 보일 것입니다. 그러나 예수님은 이 땅에 친히 오셔서 인생을 사시고, 배신을 당하시고, 고난을 겪으시고, 수치를 당하시며, 조롱과 폭력 속에 죽으시는 모든 것을 명예와 기쁨으로 아셨습니다. 빌립보서 2장에서 하나님은 당신의 영광으로 예수 그리스도의 죽으심을 맨 위에 놓으셨습니다.

나와 함께 싸우고, 나와 함께 가자

하나님이 우리에게 고난을 요구하시는 것은 고난과 고통과 거스름 속에서 하나님이 허락하신 새 창조, 곧 구원을 살아내라고 하시는 것입니다. 그것은 우리를 대접하시는 명예가 됩니다. "너, 내 뒤에 숨어"가 아니라, "나와 함께 싸우자. 나와 함께 가자"라고 책임을 나누는 그 일이야말로 모든 기독교 신자들의 영광일 것입니다. 지금 제가 설명을 드린 것처럼 에베소서 5:8-14에서 이 문제를 설명합니다.

> 너희가 전에는 어둠이더니 이제는 주 안에서 빛이라. 빛의 자녀들처럼 행하라. 빛의 열매는 모든 착함과 의로움과 진실함에 있느니라. 주를 기쁘시게 할 것이 무엇인가 시험하여 보라. 너희는 열매 없는 어둠의 일에 참여하지 말고 도리어 책망하라. 그들이 은밀히 행하는 것들은 말하기도 부끄러운 것들이라. 그러나 책망을 받는 모든 것은 빛으로 말미암아 드러나나니 드러나는 것마다 빛이니라. 그러므로 이르시기를 잠자는 자여 깨어서 죽은 자들 가운데서 일어나라. 그리스도께서 너에게 비추이시리라 하셨느니라 (엡 5:8-14).

은밀히 행하고 부끄럽게 행한 것들이 빛 가운데 드러남으로써, 하나님이 우리를 고치시고 회복하시고 더 멋진 길로 나가게 하실 것입니다. 남들을 비난하고 정죄하는 것이 빛이 아니라 우리 자신을 위한 빛이 될 것입니다. 그러니 일어나십시오. 빛을 비추십시오. "그런즉 너희가 어떻게 행할지를 자세히 주의하여 지혜 없는 자 같이 하지 말고 오직 지혜 있는 자 같이 하여 세월을 아끼라"(엡 5:15-16).

시간을 살아가십시오. 외치고 주장하고 잘 써서 집에 붙여 놓기만 하지 말고, 이제는 살아내십시오. 시간을 채우십시오. 모든 경우에 신자로서 대답하십시오. 한 가지 결론을 외우고 있으면서 누가 질문을 할 때마다 품속에서 답을 꺼내는 행위를 하지 말고, 여러분이 선 자리에서 자신의 역할을 신자답게 하십시오. "그러므로 어리석은 자가 되지 말고 오직 주의 뜻이 무엇인가 이해하라. 술 취하지 말라. 이는 방탕한 것이니 오직 성령으로 충만함을 받으라"(엡 5:1-18).

여러분, 도망가지 마십시오. 면책을 요구하지 마십시오. 마취 주사 맞지 마십시오. 깨어 있으십시오. 거기서 당해야 되는 것 당하고, 도망가지 않고 서 있어야 할 자리를 지켜 내십시오. 그것이 여기서 말하는 술 취하지 말라는 뜻입니다. 여러분이 하고 싶은 만큼 하지 못하는 신앙 실력에 대해서 다음에 더 잘하겠다고 속으로 우십시오. 매순간마다 여러분을 자라나게 하십시오. 경험하여 실력이 되게 하십시오.

시와 찬송과 신령한 노래들로 서로 화답하며 너희의 마음으로 주께 노래하며 찬송하며 범사에 우리 주 예수 그리스도의 이름으로 항상 아버지 하나님께 감사하며 그리스도를 경외함으로 피차 복종하라(엡 5:19-21).

이런 것들이 나올 수 있으려면 앞의 것들을 행할 수 있어야만 합니다. 그것은 다만 노래도 소원도 아니고, 우리가 맡은 역할이 무엇인지를 아는 자들만 할 수 있습니다. 그것은 찬송과 감사, 복종입니다.

또 다른 인문학 책인 데이비드 브룩스의 『인간의 품격』에서도 이런 성경 구절을 방불케 하는 문장이 있습니다. "실수했다는 것을 깨닫고 한계의 무게를 느낄 때, 우리는 자신이 도전을 받고 있으며, 극복하고 초월해야 할 상대가 만만치 않다는 것을 깨닫는다. 각각의 결함은 삶의 질서와 의미를 가져오는 전투를 벌이고, 더 나은 사람이 될 기회가 된다. 그리고 그 과정에서 자신의 실패의 존엄성이 부여된다."

우리는 죽고 말 인생도 이렇게 해야 가치가 있음을 알아야 합니다. 이길 운명과 영광을 부여받고 종말론적 시간의 역순 속에서 살아 내게 하신 인생임을 알아야 합니다. 져도 끝나지 않고, 실패가 끝일 수 없는 운명을 가지고 있는 신자의 지위와 운명이 무엇인지 알고 있다면, 우리야말로 빛으로 살아야 마땅합니다. 그것은 우리의 책임이자 권리이며, 영광이자 감사이고, 명예이며 현실인 것입니다.

::

하나님 아버지, 은혜를 감사합니다. 하나님의 자녀로 현실을 사는 위대한 책임을 깨닫습니다. 우리 존재의 가치를 귀히 여기시고 하나님이 우리를 불러주셨으니, 사랑하고 순종하고 함께 기뻐하는 초대에 응하기로 합니다. 기꺼이 헌신하며, 우리에게 맡기신 하나님의 영광의 위대함을 기억하고 믿음으로 살아내겠습니다. 함께하여 주시옵소서. 예수님 이름으로 기도합니다. 아멘.

45

영광을 나타낼 자

사 61:1-11

주 여호와의 영이 내게 내리셨으니 이는 여호와께서 내게 기름을 부으사 가난한 자에게 아름다운 소식을 전하게 하심이라. 나를 보내사 마음이 상한 자를 고치며 포로 된 자에게 자유를, 갇힌 자에게 놓임을 선포하며 여호와의 은혜의 해와 우리 하나님의 보복의 날을 선포하여 모든 슬픈 자를 위로하되 무릇 시온에서 슬퍼하는 자에게 화관을 주어 그 재를 대신하며 기쁨의 기름으로 그 슬픔을 대신하며 찬송의 옷으로 그 근심을 대신하고 그들이 의의 나무 곧 여호와께서 심으신 그 영광을 나타낼 자라 일컬음을 받게 하려 하심이라. 그들은 오래 황폐하였던 곳을 다시 쌓을 것이며 옛부터 무너진 곳을 다시 일으킬 것이며 황폐한 성읍 곧 대대로 무너져 있던 것들을 중수할 것이며 외인은 서서 너희 양 떼를 칠 것이요 이방 사람은 너희 농부와 포도원지기가 될 것이나 오직 너희는 여호와의 제사장이라 일컬음을 받을 것이라. 사람들이 너희를 우리 하나님의 봉사자라 할 것이며 너희가 이방 나라들의 재물을 먹으며 그들의 영광을 얻어 자랑할 것이니라. 너희가 수치 대신에 보상을 배나 얻으며 능욕 대신에 몫으로 말미암아 즐거워할 것이라. 그리하여 그들의 땅에서 갑절이나 얻고 영원한 기쁨이 있으리라. 무릇 나 여호와는 정의를 사랑하며 불의의 강탈을 미워하여 성실히 그들에게 갚아 주고 그들과 영원한 언약을 맺을 것이라. 그들의 자손을 뭇 나라 가운데에, 그들의 후손을 만민 가운데에 알리리니 무릇 이를 보는 자가 그들은 여호와께 복 받은 자손이라 인정하리라. 내가 여호와로 말미암아 크게 기뻐하며 내 영혼이 나의 하나님으로 말미암아 즐거워하리니 이는 그가 구원의 옷을 내게 입히시며 공의의 겉옷을 내게 더하심이 신랑이 사모를 쓰며 신부가 자기 보석으로 단장함 같게 하셨음이라. 땅이 싹을 내며 동산이 거기 뿌린 것을 움돋게 함 같이 주 여호와께서 공의와 찬송을 모든 나라 앞에 솟아나게 하시리라.

환영받지 못한 메시아

이 본문에서 1-3절의 내용은, 역사적으로 예수님에게서 성취됩니다. "여호와의 영이 내게 내리셨으니 이는 여호와께서 내게 기름을 부으사 가난한 자에게 아름다운 소식을 전하게 하려 하심이라. 나를 보내사 마음이 상한 자를 고치며 포로 된 자에게 자유를, 갇힌 자에게 놓임을 선포하며 여호와의 은혜의 해와 우리 하나님의 보복의 날을 선포하여 모든 슬픈 자를 위로하되 무릇 시온에서 슬퍼하는 자에게 화관을 주어 그 재를 대신하며 기쁨의 기름으로 그 슬픔을 대신하며 찬송의 옷으로 그 근심을 대신하시고 그들이 의의 나무 곧 여호와께서 심으신 그 영광을 나타낼 자라 일컬음을 받게 하려 하심이라." 신약성경에서 이 본문이 성취됨을 확인할 수 있습니다. 누가복음 4:16-21을 보겠습니다.

> 예수께서 그 자라나신 곳 나사렛에 이르사 안식일에 늘 하시던 대로 회당에 들어가사 성경을 읽으려고 서시매 선지자 이사야의 글을 드리거늘 책을 펴서 이렇게 기록된 데를 찾으시니 곧 주의 성령이 내게 임하셨으니 이는 가난한 자에게 복음을 전하게 하시려고 내게 기름을 부으시고 나를 보내사 포로 된 자에게 자유를, 눈 먼 자에게 다시 보게 함을 전파하며 눌린 자를 자유롭게 하고 주의 은혜의 해를 전파하게 하려 하심이라 하였더라. 책을 덮어 그 맡은 자에게 주시고 앉으시니 회당에 있는 자들이 다 주목하여 보더라. 이에 예수께서 그들에게 말씀하시되 이 글이 오늘 너희 귀에 응하였느니라 하시니(눅 4:16-21).

예수께서 나사렛의 어느 회당에 들어가셔서 이사야 61:1-3의 말씀을 인용하신 후 당신이 그 예언을 성취하러 온 메시아이며, 오늘 이 말이 너회에게 응하였다고 말씀하시는 장면입니다. 누가복음 4:22에 기록된 바와 같이 "그들이 다 그를 증언하고 그 입으로 나오는 바 은혜로운 말을 놀랍게 여겨 이르되 이 사람이 요셉의 아들이 아니냐" 하면서 놀라워합니다. 그런데 그들이 "요셉의 아들이 아니냐" 하고 보인 반응은 저들이 기대하던 것과는 좀 달랐다는 표현일 것입니다. 예수께서 "내가 메시아요 예언된 그 구원자"라고 하는 말을 저들이 믿지 않았다는 증거입니다. 다음 구절들이 그렇게 말하고 있습니다.

예수께서 그들에게 이르시되 너희가 반드시 의사야, 너 자신을 고치라 하는 속담을 인용하여 내게 말하기를 우리가 들은 바 가버나움에서 행한 일을 네 고향 여기서도 행하라 하리라. 또 이르시되 내가 진실로 너희에게 이르노니 선지자가 고향에서는 환영을 받는 자가 없느니라. 내가 참으로 너희에게 이르노니 엘리야 시대에 하늘이 삼 년 육 개월간 닫히어 온 땅에 큰 흉년이 들었을 때에 이스라엘에 많은 과부가 있었으되 엘리야가 그 중 한 사람에게도 보내심을 받지 않고 오직 시돈 땅에 있는 사렙다의 한 과부에게뿐이었으며 또 선지자 엘리사 때에 이스라엘에 많은 나병환자가 있었으되 그 중의 한 사람도 깨끗함을 얻지 못하고 오직 수리아 사람 나아만뿐이었느니라. 회당에 있는 자들이 이것을 듣고 다 크게 화가 나서 일어나 동네 밖으로 쫓아내어 그 동네가 건설된 산 낭떠러지까지 끌고 가서 밀쳐 떨어뜨리고자 하되 예수께서 그들 가운데로 지나서 가시니라(눅 4:23-30).

이사야 61:1-3의 말씀, 곧 가난한 자에게 아름다운 복음을 전하는 일, 갇힌 자를 해방시키는 일, 자유를 주시는 일, 눈먼 자를 고치고 병든 자를 고치며 귀를 열게 하시는 이 일의 선포가 그들에게 전혀 환영받지 못합니다. 예수께서 말씀하시기를 "너희는 틀림없이 '의원아, 너를 고치라' 하는

이사야서, 하나님의 비전

속담대로 내게 물어볼 것이라"고 말씀합니다. "의원아, 너를 고치라"는 속담은 의사에게 갔는데 그가 내 병명을 이야기하지만, 그도 그 병을 앓고 있으면서 그 병을 고칠 수 없다고 하면, 그를 의사로서 신뢰할 수 있겠느냐는 속담입니다.

이 속담은 예수님이 죽으실 때 한 번 더 등장합니다. 십자가에 달리신 예수님을 군중이 조롱하면서 "네가 만일 하나님의 아들이거든 십자가에서 내려와 보라"고 한 말로 되풀이됩니다. 예수께서 구원자로 오셨으나 아무도 그를 알아보지 못합니다. 그가 하시는 일이 무엇인지 모릅니다. 이 일은 뜻밖에 인류 역사 속에서도 거듭 반복해서 등장합니다. 지금까지도 교회가 세상에서 핍박을 받을 때 세상이 교회에게 "너희는 교회다운 증거를 보이라"고 합니다.

교회는 세상보다 더 능력이 있고, 세상보다 더 나으며, 세상보다 더 큰 소망과 증거를 보여야 한다고 생각합니다. 당연한 말 같습니다. 우리가 그 증거를 갖고 있으나 세상은 보지 못합니다. 이것이 이 사건의 핵심입니다. 선지자는 고향에서 환영을 받지 못합니다. 그들의 기대와 다른 것을 들고 오기 때문입니다. 그들이 상상한 것과는 다르고, 또 다른 증거를 말하기 때문입니다. 예수님이 메시아로 오셨으나 아무도 알아보지 못했습니다. 가장 중요한 이유는, 눈먼 자의 눈을 뜨게 하실 때 그를 설득하는 일이 필요한 것도 아니요 듣지 못하는 자를 고치실 때 그가 애걸해야 했던 것도 아니라, 예수님 홀로 하셔야 하는 사역이었기 때문입니다. 그런 메시아 사역이므로 알아보지 못했습니다.

인류 역사에 계몽주의가 등장하여 17-19세기에 맹위를 떨치게 됩니다. 그때 성경이 많은 공격을 받습니다. 특히 예수 그리스도의 메시아직, 즉 그가 하나님의 구원자라는 문제에 대한 의문이 집중적으로 터져 나옵니다. 그것은 예수님이 메시아답지 않았다는 것입니다. 메시아라면 사람들이 당연히 어떤 기대를 가졌을 텐데, 그가 정치적으로나 이념적 또는 능력적 차원에서 세상을 뒤엎는 일을 하지 않고 죽으셨기 때문입니다.

심지어 "예수는 자신을 메시아라고 생각지 않았다"라고 말하는 메시아 의심까지 등장합니다. "예수라는 존재의 역사적 실체는 성경이 부풀려 온 그것과는 다르다"고 말한 것입니다. 그러나 그가 메시아이신 이유는 단 하나입니다. 예수님은 우리를 설득하거나 감동시키러 오신 것이 아니라, 하나님의 구원을 실제로 이루기 위하여 오신 것입니다. 우리와 상관없이 하나님이 이루신 구원입니다. 눈을 뜨게 하고 귀를 열게 해서 보게 하고 듣게 하시지, 보고 듣고 감동해서 나오도록 하신 것이 아닙니다. 우리에게 가장 크게 드러난 기독교의 중요한 기적 곧 하나님의 일하심은, 우리가 예수님을 믿는 것입니다.

친구에게 이런 이야기를 해보십시오. 그가 알아들을까요? "너나 믿어." 그것이 아마 최소한의 반응일 것이고, "너, 정신이 나갔구나." 이것이 보통의 반응일 것입니다. 우리가 사는 이 시대에서도 세상이 우리에게 "교회가 왜 그래?"라고 물으면, "우리도 이해가 되지 않는다"고 하는 것이 우리의 답입니다. "교회는 좀 더 멋있어져라." "멋있으려고 그러는데 안된다. 하나님이 허락하시지 않는다." 이것이 이사야 61:1-3의 이야기이며, 여기 누가복음 4장에서 증언하는 "하나님이 하신 일이 무엇인가? 그 일을 지금도 어떻게 계속 반복하시는가?"에 대한 설명입니다.

위대하고 명예로운 선택권

우리는 이사야서에서 하나님의 일하심에 대해 어떠한 이해를 역사적으로 증언받고 있습니까? 이스라엘 백성들이 배신함으로써 만들어낸 당연한 결과인 멸망과 포로라는 역사적 비극을 만든 '원칙과 심판의 세계관', 즉 1차적 세계관이 어떤 것인지도 보았고, 한 걸음 더 나아가 그들의 잘못을 회복시키는 하나님의 은혜와 긍휼과 자비와 능력도 보았습니다. "너희가 잘못하였으나 내가 너희를 내버려두지 않겠다. 너희를 만든 내가 창조의 목적과 내 뜻을 어느 누구와도 타협하거나 절대로 포기하지 않겠다." 이리하여 은혜로 말미암는 구원으로서 포로 된 자리로부터 역사적 귀환이 일어납니다. 저들이 만들 수 없는 회복과 귀환을 하나님이 허락하셨다는 사실을 그들이 역사로 가집니다.

그러나 그들의 잘못으로 야기되었던 심판에서 회복시켜 주신 것이 1차적 세계관을 뛰어넘는 것이었다 할지라도, 돌아와 보니 귀환의 구원이 만사형통을 보장하지 않는다는 사실을 깨닫습니다. 은혜를 주셔서 그들의 실수와 실패를 역전시키고 회복시켜 새로운 구원을 주신 것이라면, 그 현실은 자기들이 책임지고 사는 것보다 더 크고 놀라운 찬양과 감격과 기쁨으로 박수칠 만한 환경이었어야 했을 것입니다. 그러나 그들에게는 그런 현실이 주어지지 않았습니다. 회복은 역사적 사실이지만, 현실은 기대에 미치지 못합니다.

그렇다면 이런 구원의 은혜는 무슨 의미를 갖는 것일까요? 당연한 질문입니다. 이사야 60장에서 이미 살펴본 바와 같이, 그것은 하나님이 예수님 안에서 펼쳐 보이신 우리를 구원하신 하나님의 방법에서 확인하고 찾을 수 있습니다. 이 방법은 예수님과만 관련되어 있는 것이 아니라, 우리가 받은 구원의 은혜와도 단단히 묶여 있는 문제입니다. 그것은 '고난'입니다. 우리가 당하는 현실적 고난입니다.

하나님은 우리를 구원하시는 방법에서 고난을 제외하신 것이 아닙니다. 그가 구원자를 보내서 은혜와 능력으로 사망을 뒤집어 부활을 만드시는 일에서, 히브리서 5:8 이하의 말씀처럼 "그가 아들이시면서도 받으신 고난으로 순종함을 배워서 온전하게 되셨"다고 합니다. 구원을 쉽게 하나님의 전능하심으로 만들어 놓은 것이 아닙니다. 우리가 저지른 자리에서부터 그 자리를 감수하시고, 그 자리를 담아내신 것입니다. 그가 아들이시라도 33년이라는 세월 동안, 우리의 배신과 오해와 거부와 반발과 조롱, 그리고 십자가에 못 박아 고통 가운데 죽이는 자리까지 다 겪으신 것입니다. 그와 같이 우리도 거부를 당하고 이해할 수 없는 고통 가운데 있지만, 그럼에도 하나님의 사람으로 살아내라는 것이 은혜가 주는 3차적 세계관으로의 인도였습니다.

"구원이란 무엇인가?" 우리가 다시 생각해 봐야 할 물음입니다. 우리는 구원을 얻으면 예수님 안에서 하나님이 주시는 영생을 얻고 천국에 간다고 이해했습니다. 그러니 눈물도 없고 고통도 없고 사망도 없는 곳으로 빨리 데려가시지 않고 왜 여기에 내버려두시는가 하는 문제가 늘 우리에게 숙제였습니다. 예수님을 믿고 감동과 감격과 헌신 속에 있고, 미래의 약속을 바라는 가운데 있지만, 현실은 우리의 기대와는 전혀 다르다는 것입니다. 예수님을 믿은 것이 조금도 나을 게 없는 것 같습니다.

그래서 마침내 우리가 만들어낼 수 있었던 답은 "죽기 5분 전에 믿자"라는 타협안이었습니다. 예수님을 믿고 난 이후의 삶이 아주 고통스럽고 신앙생활도 수치스러우니, 일찍 믿어서 고생하느니 "5분이면 충분하다"는 것이 우리의 타협안이었습니다. 그런데 예수님을 믿은 것은 취소되지도 않고 우리가 예수님을 외면할 수도 없는 노릇이니, 현실은 길고 고단할 뿐입니다. 여기가 풀리지 않는 문제였습니다.

구원이란 하나님을 알고 우리를 아는 것입니다. 하나님과의 관계와 목적에서, 하나님이 누구신지 아는 것입니다. 그것이 예수님이 오셔서 하신 일입니다. 우리는 하나님의 창조물이며 그의 사랑과 영광의 목적물입니다. 하나님은 우리에게 심사위원이 아니라 우리의 아버지이십니다.

복음서, 특히 요한복음에서 구원은 자유로 설명됩니다. "진리를 알지니 진리가 너희를 자유롭게 하리라. 종에게는 자유가 없다. 내가 너희를 자유케 하면 너희가 자유로워질 수 있다." 바로 이것입니다. 자유란 선택권, 즉 책임을 가지는 것입니다. 1차적 세계관이 가진 것은 원칙과 심판이었고, 2차적 세계관이 가지는 구원과 은혜는 우리를 어디로 밀어냅니까? 우리에게 자유를 주신다는 것입니다. 무엇을 하는 자유입니까? 하나님을 알게 됨으로써 살게 된 정체성의 권리, 즉 하나님을 위하여 살 권리라는 자유입니다.

이것은 무슨 권리입니까? 하나님을 알지 못하고 자신이 누구인지 알지 못하면, 명예롭게 살고 영광되게 살고 거룩하게 살 선택권이 아예 없다는 것을 말합니다. 죄 지을 것밖에 없습니다. 여러분이 세상 속에서 살면서 얼마든지 볼 수 있는 현상입니다. 세상 사람들에게는 어느 경우에도 위대하고 명예로운 선택권이 없습니다. 과장을 하거나 거짓말을 하거나 더럽게 굴 수밖에 없습니다. 우리만이 거룩한 말을 하고 거룩한 결정을 할 수 있습니다. 어떻게 그렇게 할 수 있느냐 하는 문제에 우리 모두는 다 걸려 있습니다. 왜입니까? 고난이라는 현실 때문입니다. 즉 거룩하게 살지 못하게 하는 적대적인 세력 속에서 우리가 이 자유, 이 선택권을 사용하는 것이 힘들기 때문입니다. 그런 이유로 우리는 우리가 얻은 구원을 어떻게 명예롭게 살 것인지를 놓치곤 합니다.

명예롭게 사는 삶

사도행전 3:1-10을 보겠습니다.

제 구 시 기도 시간에 베드로와 요한이 성전에 올라갈새 나면서 못 걷게 된 이를 사람들이 메고 오니 이는 성전에 들어가는 사람들에게 구걸하기 위하여 날마다 미문이라는 성전 문에 두는 자라. 그가 베드로와 요한이 성전에 들어가려 함을 보고 구걸하거늘 베드로가 요한과 더불어 주목하여 이르되 우리를 보라 하니 그가 그들에게서 무엇을 얻을까 하여 바라보거늘 베드로가 이르되 은과 금은 내게 없거니와 내게 있는 이것을 네게 주노니 나사렛 예수 그리스도의 이름으로 일어나 걸으라 하고 오른손을 잡아 일으키니 발과 발목이 곧 힘을 얻고 뛰어 서서 걸으며 그들과 함께 성전으로 들어가면서 걷기도 하고 뛰기도 하며 하나님을 찬송하니 모든 백성이 그 걷는 것과 하나님을 찬송함을 보고 그가 본래 성전 미문에 앉아 구걸하던 사람인 줄 알고 그에게 일어난 일로 인하여 심히 놀랍게 여기며 놀라니라(행 3:1-10).

놀라운 사실입니다. 베드로와 요한이 말합니다. "은과 금은 내게 없거니와 내게 있는 이것을 네게 주노니 나사렛 예수 그리스도의 이름으로 일어나 걸으라." 이제 이것은 우리의 것입니다. 믿는 자 우리 모두에게 주어진 것입니다. 예수께서 오셔서 하신 일이 아니라, 두 제자가 가진 것으로 한 일입니다. 못 걷던 자가 일어나 걷고 찬송합니다. 두 제자는 모든 백성에게 칭송을 받습니다. 그리고서 그들은 잡혀 갑니다. 여기서 우리는 헤매게 됩니다.

이 놀라운 사실이 일어나자 세상이 무릎을 꿇고 항복한 것이 아닙니다. 도리어 그들을 잡아갑니다. 괜히 그런 말을 했다가 인생이 꼬이게 됩니다. 우리의 지위와 신분과 증언 앞에서 세상은 항복하지 않습니다. 사도행전 5:33-39에 보면, 사도들이 예수 그리스도가 누구신지 증언했을 때, 당시의 권력자들이 그것을 듣고서 보인 태도는 무엇이었습니까?

그들이 듣고 크게 노하여 사도들을 없이하고자 할새 바리새인 가말리엘은 율법교사로 모든 백성에게 존경을 받는 자라. 공회 중에 일어나 명하여 사

이사야서, 하나님의 비전

도들을 잠깐 밖에 나가게 하고 말하되 이스라엘 사람들아, 너희가 이 사람들에게 대하여 어떻게 하려는지 조심하라. 이 전에 드다가 일어나 스스로 선전하매 사람이 약 사백 명이나 따르더니 그가 죽임을 당하매 따르던 모든 사람들이 흩어져 없어졌고 그 후 호적할 때에 갈릴리의 유다가 일어나 백성을 꾀어 따르게 하다가 그도 망한즉 따르던 모든 사람들이 흩어졌느니라. 이제 내가 너희에게 말하노니 이 사람들을 상관하지 말고 버려 두라. 이 사상과 이 소행이 사람으로부터 났으면 무너질 것이요 만일 하나님께로부터 났으면 너희가 그들을 무너뜨릴 수 없겠고 도리어 하나님을 대적하는 자가 될까 하노라(행 5:33-39).

가말리엘이 "내버려둬라. 두고 보자"고 했지만, 그들은 곱게 두고 보지 않습니다. 그 다음 40절 이하에는 이렇게 되어 있습니다. "그들이 옳게 여겨 사도들을 불러들여 채찍질하며 예수의 이름으로 말하는 것을 금하고 놓으니 사도들은 그 이름을 위하여 능욕 받는 일에 합당한 자로 여기심을 기뻐하면서 공회 앞을 떠나니라"(행 5:40-41). 그가 곱게 두고 보자고 했으나 사도들을 때린 것입니다. 세상은 욕을 하거나 때리거나 죽입니다. 모두가 자신의 인생을 책임질 실력이 없고 소망이 없으니 어떻게 합니까? 거칠게 굴 수밖에 다른 수가 없습니다. "나 건들지 마" 이렇게 겁을 줍니다. 모두를 욕하고 원망합니다. 그 이외에 무엇을 하겠습니까? 우리는 다릅니다.
　예수님은 십자가에서 뭐라고 부르짖으셨습니까? "나의 하나님, 나의 하나님, 어찌하여 나를 버리시나이까." 이 비명 속에 무엇을 담고 있습니까? 이 비극적 현실 속에서 "아버지여, 저들을 사하소서. 저들이 자기가 하는 일을 알지 못하나이다"라고 외치십니다. 예수님은 자기가 당하는 일이 무엇인지 아십니다. 하나님이 이 고난 속에 구원을 넣으시는 것입니다. 그는 이 모르는 자들을 설득하지 않습니다.

예수님은 그들의 속을 알고 계셨습니다. "너희는 나에게 '의원아, 너나 고쳐라'고 말한다. 고향에서는 내가 환영받지 못한다. 너희들은 나를 버릴 것이다." 그렇다고 해서 예수께서 안 들어가신 것도 아니고 입 닫고 계신 것도 아니라, 자신의 일을 하십니다. 세상은 세상의 일을 하고, 예수님은 당신의 일을 하십니다. 마찬가지로 우리에게도 이와 같은 선택권, 명예가 걸려 있습니다. "네 인생과 네 믿음을 네가 할 수 있는 영역인 일상 속에서 하나씩 해보아라. 그것이 명예로운 것이다." 이렇게 말씀하십니다. 그것은 명예로운 것입니다.

상대방이 말이 안되는 공격을 가하고 우리를 꺾어 넘어뜨릴 때, 우리가 할 수 있는 일은 가만히 있는 것입니다. 이렇게 시작하는 것이 신앙입니다. 매일 일어나는 일입니다. 그렇게 하다 보면 나중에 실력이 붙습니다. 실력이 붙으면 웃을 수 있게 됩니다. 이 세상에서 우리 외에 누가 생명과 진리, 용서, 친절, 위로, 소망을 보일 수 있겠습니까? 성경이 무엇을 요구하는지 아시겠습니까? 우리만 할 수 있습니다. 여러분이 못할 수도 있습니다. 그렇다고 못한 것을 자책하지 마십시오. 아직 계속 살아 있습니다.

매일이 이런 현실 아닙니까? 자녀를 기르면서, 이웃을 만나면서, 직장에서 일하면서, 매일 맞이하는 것 아닙니까? 원망하고 성질을 부리는 데서 우리는 벗어나 있습니다. 여기에 우리는 부름을 받고 있습니다. 하나님이 왜 이런 과정이나 방법을 사용하시는지 우리는 모릅니다. 그러나 이것만이 우리의 경험 속에서 위대한 것을 만듭니다. 가진 것이나 이긴 것으로는 믿음의 깊이가 나오지 않습니다. 이기는 것은 쉽습니다. 질 때 더 위대한 것을 많이 만들어냅니다.

운동 경기를 보면, 이긴 사람은 무슨 짓을 해도 됩니다. 이겼으니 라켓을 던져도 되고, 드러누워도 됩니다. 이긴 것으로 다 용납되니 더 깊은 게 안 나옵니다. 그런데 진 쪽에서 먼저 악수를 청하고 인사하고 들어가면 여러 가지 생각이 듭니다.

하나님이 우리 인생에 이것을 우리의 것으로 담아내십니다. 우리가 발버둥 치는데도 붙잡으시고, 우리의 허물과 죄, 고난과 낙심을 닦아내시고, 또 닦아내십니다. 그렇게 해서 위대해지는 것입니다. 이것이 우리의 현실입니다. 뭔가를 이룬 다음에 하겠다고 하지 말고, 오늘 할 수 있는 것 아니 오늘 도전받는 것을 하십시오. 어제를 지우고, 그제를 지우고, 은혜를 받았으면 계속 지우고만 있지 마시고 이제 하나씩 도전하십시오. 얼마나 쉬운지 아십니까?

만나는 사람에게 웃으십시오. 예의를 지키십시오. 상대방을 존중하십시오. 눈빛이 달라집니다. 이것은 매일 주어지는 우리 인생에서 하시는 하나님의 일하심입니다. 그러니 여러분, 마태복음 28:18-20이 얼마나 귀한 말씀인지 다시 확인해 보십시오.

예수께서 나아와 말씀하여 이르시되 하늘과 땅의 모든 권세를 내게 주셨으니 그러므로 너희는 가서 모든 민족을 제자로 삼아 아버지와 아들과 성령의 이름으로 세례를 베풀고 내가 너희에게 분부한 모든 것을 가르쳐 지키게 하라. 볼지어다, 내가 세상 끝날까지 너희와 항상 함께 있으리라 하시니라(마 28:18-20).

"내가 너희와 항상 함께 있으리라." 베드로가 그랬듯이 예수께서 이루신 구원을 우리에게 주셔서 우리로 하여금 그 구원을 살라고 하셨잖습니까? 우리와 함께 하나님 나라를, 창조를 완성하자는 것입니다. 우리에게 하라고 말씀하십니다. 하늘과 땅의 모든 권세를 쥐고 내가 너와 함께 어디나 있을 테니, "해봐라. 해봐라. 네가 해봐라"고 하시는 것입니다.

스탠리 하우어워스(Stanley Hauerwas)라는 유명한 신학자가 이 구절에 대해 이런 설명을 합니다. "하나님은 역사에 개입하시지 않는다." 그 말만으로는 조금 의아스럽습니다. 그런데 그 다음 말을 하려고 그 말을 한 것입니다. "예수 그리스도의 영광이 이미 온 우주에 충만하기 때문이다." 우리의 무지, 우리의 배신, 우리의 실패가 모두 예수님의 구원 사역 속에 담겨 있습니다. 예수께서 피해가신 경우와 자리는 없습니다. 그 모든 것 속에 그의 족적을, 그의 은혜를, 하나님의 통치를 담으신 것 아닙니까? 이미 예수 그리스도의 영광이 온 우주에 충만합니다.

여러분이 당하는 고통, 여러분의 원망, 의심, 불안, 자책을 예수께서 다 관통하셔서 담으신 자리입니다. 심지어 제자인 가룟 유다와 베드로의 자리도 담아내셨잖습니까. 그러니 여러분의 인생이 얼마나 위대한지 알고 오늘을 사십시오. 위대하게 사십시오. 여러분이 한 것만큼 자랑이 됩니다. 예수님을 믿는다는 고백이 여러분에게 능력이요, 자랑이요, 기회요, 선택이요, 명예요, 감사라고 고백하는 인생을 살아가기 바랍니다.

::

하나님 아버지, 은혜를 감사합니다. 주의 이름으로 살게 하셨습니다. 매일 일어나는 도전과 공포와 위험 속에서 오늘도 영생을 삽니다. 진리를 삽니다. 기적을 삽니다. 능력을 삽니다. 우리만이 그 귀한 것들을 실어 나릅니다. 그러니 자기 자리를 위대하게 알고 지켜내는 우리의 현실과 인생, 자랑과 고백이 선포되게 하옵소서. 예수님 이름으로 기도합니다. 아멘.

이사야서, 하나님의 비전

46

하나님의 손의 왕관

사 62:1-12

나는 시온의 의가 빛 같이, 예루살렘의 구원이 횃불 같이 나타나도록 시온을 위하여 잠잠하지 아니하며 예루살렘을 위하여 쉬지 아니할 것인즉 이방 나라들이 네 공의를, 뭇 왕이 다 네 영 광을 볼 것이요 너는 여호와의 입으로 정하실 새 이름으로 일컬음이 될 것이며 너는 또 여호와 의 손의 아름다운 관, 네 하나님의 손의 왕관이 될 것이라. 다시는 너를 버림 받은 자라 부르지 아니하며 다시는 네 땅을 황무지라 부르지 아니하고 오직 너를 헵시바라 하며 네 땅을 쁄라라 하리니 이는 여호와께서 너를 기뻐하실 것이며 네 땅이 결혼한 것처럼 될 것임이라. 마치 청년 이 처녀와 결혼함 같이 네 아들들이 너를 취하겠고 신랑이 신부를 기뻐함 같이 네 하나님이 너 를 기뻐하시리라. 예루살렘이여, 내가 너의 성벽 위에 파수꾼을 세우고 그들로 하여금 주야로 계속 잠잠하지 않게 하였느니라. 너희 여호와로 기억하시게 하는 자들아, 너희는 쉬지 말며 또 여호와께서 예루살렘을 세워 세상에서 찬송을 받게 하시기까지 그로 쉬지 못하시게 하라. 여 호와께서 그 오른손, 그 능력의 팔로 맹세하시되 내가 다시는 네 곡식을 네 원수들에게 양식으 로 주지 아니하겠고 네가 수고하여 얻은 포도주를 이방인이 마시지 못하게 할 것인즉 오직 추 수한 자가 그것을 먹고 나 여호와를 찬송할 것이요 거둔 자가 그것을 나의 성소 뜰에서 마시리 라 하셨느니라. 성문으로 나아가라. 나아가라. 백성이 올 길을 닦으라. 큰 길을 수축하고 수축 하라. 돌을 제하라. 만민을 위하여 기치를 들라. 여호와께서 땅 끝까지 선포하시되 너희는 딸 시온에게 이르라. 보라, 네 구원이 이르렀느니라. 보라, 상급이 그에게 있고 보응이 그 앞에 있 느니라 하셨느니라. 사람들이 너를 일컬어 거룩한 백성이라. 여호와께서 구속하신 자라 하겠고 또 너를 일컬어 찾은 바 된 자요 버림 받지 아니한 성읍이라 하리라.

하나님의 조건 없는 승리

이사야 62장은 하나님이 자기 백성에 대하여 두 가지를 선포하십니다. 3절은 "너는 또 여호와의 손의 아름다운 관, 네 하나님의 손의 왕관이 될 것이라"고 선포하고, 12절은 "사람들이 너를 일컬어 거룩한 백성이라. 여호와께서 구속하신 자라"고 선포합니다. 본문은 하나님이 자기 백성을 향한 성실하심과 의지를 갖고 구원을 이루시는 은혜의 풍성함을 약속합니다.

이스라엘 백성은 하나님의 율법적 요구에 부응하는 데 실패하고, 여러 번의 경고에도 불구하고 결국 멸망의 자리를 자초하여 바벨론의 포로가 됩니다. 이렇게 그들은 회복할 수 없는 자리에 놓이지만 하나님의 신실하심과 긍휼하심을 근거로 한 회복과 은혜, 구원을 통해 고향 땅으로 돌아옵니다. 그들이 고향을 찾고 나라를 살리며 성전을 새로 짓고 애쓰며 각오를 다지지만, 현실은 여전히 어려워서 그들은 체념하고 어려운 곤경에 빠집니다.

"그런 역사적 배경 속에서 하나님이 그들에게 요구하시는 율법들은 어떠한 의미를 갖는가? 그것은 어떻게 지켜야 하며 또 그 책임은 어디까지인가? 그리고 은혜는 이 율법적 책임을 면제시켜 주는 것인가? 다시 말해 우리의 구원은 운명이고 하나님 능력에 의한 결론인 것인가? 만약 그렇다면 왜 우리의 현실은 이토록 여전히 고달픈 것인가?" 이런 문제들을 생각해 볼 수 있습니다. 우리는 이제 확인된 운명과 영원한 약속을 가지고 있지만, 다른 한편으로 다시 일어나는 의심과 혼란이 뒤섞인 상태에 놓여 있습니다. "너는 또 여호와의 손의 아름다운 관, 네 하나님의 손의 왕관이 될 것이라"는 3절의 약속은 에베소서 1:3-12에서 완곡한 표현으로 소개됩니다.

찬송하리로다. 하나님 곧 우리 주 예수 그리스도의 아버지께서 그리스도 안에서 하늘에 속한 모든 신령한 복을 우리에게 주시되 곧 창세 전에 그리스도 안에서 우리를 택하사 우리로 사랑 안에서 그 앞에 거룩하고 흠이 없게 하시려고 그 기쁘신 뜻대로 우리를 예정하사 예수 그리스도로 말미암아 자기의 아들들이 되게 하셨으니 이는 그가 사랑하시는 자 안에서 우리에게 거저 주시는 바 그의 은혜의 영광을 찬송하게 하려는 것이라. 우리는 그리스도 안에서 그의 은혜의 풍성함을 따라 그의 피로 말미암아 속량 곧 죄 사함을 받았느니라. 이는 그가 모든 지혜와 총명을 우리에게 넘치게 하사 그 뜻의 비밀을 우리에게 알리신 것이요 그의 기뻐하심을 따라 그리스도 안에서 때가 찬 경륜을 위하여 예정하신 것이니 하늘에 있는 것이나 땅에 있는 것이 다 그리스도 안에서 통일되게 하려 하심이라. 모든 일을 그의 뜻의 결정대로 일하시는 이의 계획을 따라 우리가 예정을 입어 그 안에서 기업이 되었으니 이는 우리가 그리스도 안에서 전부터 바라던 그의 영광의 찬송이 되게 하려 하심이라(엡 1:3-12).

이사야 62:3에 진술된 대로 하나님의 백성은 하나님의 손의 관이자 영광의 면류관이 된다는 약속이, 에베소서 1장에서는 예수 그리스도 안에서 하나님의 영광을 찬송하게 되고 또한 그 영광의 찬송이 되기도 한다고 선포됩니다. 하나님의 새 창조는 에베소서 1장에서 보는 바와 같이 분명히 태초부터 예정된 것입니다. 태초에 하나님 당신이 홀로 창조 세계와 인류에 대하여 예정하신 뜻이 있다고 말씀합니다. 그것이 예수님 안에서 역사 속에 구체화됩니다. 우리가 하나님의 영광을 찬송하게 되고, 또한 우리 자신이 하나님의 영광의 찬송이 된다는 것입니다. 우리가 하나님께 항복하고 감사하는 정도에 머무는 것이 아니라, 우리가 그 영광의 중요한 내용이 된다는 것입니다. 이것이 성경이 하고싶어 하는 이야기입니다.

우리의 선택과 반응과 책임이 있기 이전에 태초에 하나님이 정하신 일이 역사 속에서 일어납니다. 그런데 우리의 못난 것이나 혹은 거부로 인하여 실패가 일어나고 심판이 등장하는 과정을 거친 다음에, 예수께서 오셔서 십자가를 지고 죽으시는 방법으로 완성된 이유를 우리로서는 이해하기가 쉽지 않습니다.

시간과 과정, 경험이라는 기회를 준다는 것이 우리에게 어떤 이해를 갖게 해줍니까? 우리가 이사야의 결론 부분에서 만나는 것은 하나님의 조건 없는 승리입니다. 그것은 하나님이 우리에게 요구하시는 법을 지키면 보상을 받는다는 것에서도 벗어나는 것이요, 원칙과 심판의 차원에서도 벗어나는 것입니다. 우리의 실패에도 불구하고 약속을 지키시는 하나님의 은혜와 회복과 구원, 즉 조건 없는 승리라는 것입니다. 그런 승리이지만 우리의 책임을 면제하거나 제거해 주시는 것이 아니라, 다시 강조되어서 하나님의 은혜를 우리의 생애와 믿음에 책임 있게 적용하라고 요청한다는 사실입니다. 이것이 우리가 만나는 본문의 내용입니다.

우리에게 자유를 주신 하나님

은혜가 우리에게 무엇을 요구합니까? 책임을 요구합니다. 그런데 그 책임은 은혜가 필요하기 전에, 원칙과 심판의 차원에서 요구됐던 것 아니었습니까? 이스라엘은 실패했고, 우리도 모두 실패했습니다. 그래서 은혜가 왔습니다. "그런데 은혜가 다시 책임을 요구한다면, 도대체 무엇이 은혜라는 것인가?" 이 질문에 대한 답은 이러합니다. 우리가 하나님의 영광을 찬송하고 우리가 그 영광의 찬송이 된다는 것입니다. 하나님은 이 내용이 영광과 승리의 가장 중요한 중심을 차지하게 하겠다고 약속하십니다.

그런 일들이 로마서 8장에서는 다음과 같이 설명됩니다. 지금까지 이 약속들은 실패를 만회하게 하려고 주신 은혜인데, 그 은혜로 인해 이제는 마땅히 폐기되었어야 할 책임이 다시 요구되는 이유에 대한 설명입니다. 로마서 8:1-2입니다. "그러므로 이제 그리스도 예수 안에 있는 자에게는 결코 정죄함이 없나니 이는 그리스도 예수 안에 있는 생명의 성령의 법이 죄와 사망의 법에서 너를 해방하였음이라." 이 선언 속에 그 설명이 들어 있습니다. 생명의 성령의 법이란 이런 약속입니다. 하나님은 그의 창조와 구원에 대하여 "창조와 구원의 본질적 성격은 생명과 존재에 대한 무한대의 긍정이다"라고 말씀하십니다. 그런데 현실에서는 죄와 사망의 법이 권세를 잡고 있기 때문에 우리는 생명의 성령의 법이 그보다 더 위에 있다는 사실을 잊곤 합니다.

우리가 살고 있는 현실에서는 죄와 사망이 왕 노릇합니다. 그런데 하나님은 기이하게도 이 죄와 사망을 모두 제거하고 우리에게 승리를 주신 것이 아니라, 이 권세와 정황 속에 부활과 생명을 침입시키시고 또 개입하게 하셔서 우리를 바꿔 놓으신 것입니다. 죄와 사망의 법이 여전히 권력을 주장하는 현실 속에서 생명의 성령의 법이 유지되며, 또한 우리가 그것을 누리고 가질 것을 요구하고 있습니다.

에베소서 5:22-25에서는 이 문제에 대한 성경적인 이해를 만날 수 있습니다.

> 아내들이여, 자기 남편에게 복종하기를 주께 하듯 하라. 이는 남편이 아내의 머리 됨이 그리스도께서 교회의 머리 됨과 같음이니 그가 바로 몸의 구주시니라. 그러므로 교회가 그리스도에게 하듯 아내들도 범사에 자기 남편에게 복종할지니라. 남편들아, 아내 사랑하기를 그리스도께서 교회를 사랑하시고 그 교회를 위하여 자신을 주심 같이 하라(엡 5:22-25).

이 구절은 혼인 서약할 때 꼭 물어보는 말씀인데, 여성들이 가장 싫어

하는 성경 구절입니다. 왜 여자는 복종하고 남자는 사랑만 하면 되는 것인가? 이것이 불만입니다. 그러나 문제는 우리가 복종을 굴복이나 강요나 억압으로 생각하기 때문에 생겨난 것입니다. 성경에서 복종이라는 말은 이런 뜻입니다. "마음껏 손을 들어 볕을 받아라. 너희에게 남편을 주는 것은 내가 너희에게 나를 준 것과 같다. 하나님의 은혜와 승리와 복과 영광이다." 남편에게 아내를 사랑하라는 것은 무엇입니까? 사랑이란 우월한 자가 열등한 자에게 동정을 베푸는 그런 것이 아닙니다. 사랑이란 기쁨이고 감사함을 누리라는 것입니다.

그런데 현실적으로는 이렇게 하는 것이 왜 어렵습니까? 우리를 가만두지 않아서 그렇습니다. 시댁이나 처가댁에 무슨 저주의 피가 흘러서 그런 것이 아닙니다. 하나님의 약속들이 거부되고 우리를 핍박하는 권력 구조 속에서 결혼 생활을 하도록 하나님이 요구하셨기 때문입니다. 남편이 잘못해서가 아니고 아내가 잘못해서가 아니라, 둘이 아무리 잘해도 결혼 생활과 현실 생활은 편치 않습니다. 여러분이 어떠한 문제를 만나도 가장 먼저 떠오르는 생각은 이것입니다. "왜 그렇게 했을까?" 우리는 늘 원인 무효를 찾는 경향이 있습니다. 여행 가서 병들어 오면 여행을 가지 않았더라면 좋았을 텐데, 이런 식으로 그 원인을 찾습니다. 그리고 결국 끝으로 오면, 자신이 태어났다는 데서 문제의 원인을 찾습니다.

욥이 하나님께 불만을 토로할 수 없게 되자 뭐라고 고함을 지릅니까? "죽여 주십시오. 내가 태어나지 않았다면 이 꼴을 보지 않았을 텐데……." 그것은 창조와 구원에 대한, 그리고 존재와 생명에 대한 하나님의 무한 긍정을 외면하고 거부하는 것입니다. 모든 고난은 우리에게 근본적인 문제가 있어서 생기는 것도 아니고, 하나님께 근본적인 문제가 있어서 생기는 것도 아닙니다. 그것은 하나님의 창조와 구원이 가지는 모험이라고 할 수 있습니다. 끝을 아는 모험입니다.

이사야서, 하나님의 비전

우리는 하나님의 영광을 찬송하는 자리에 있고, 또 그 영광의 찬송이 될 것입니다. 그것을 하나님은 왜 이런 불만족스러운 조건 속에서 요구하실까요? 하나님이 우리를 대접하시기 때문에 그렇습니다. 무슨 대접입니까? 하나님이 사랑과 믿음을 나눌 대상으로 우리에게 자유를 주신 것입니다. 자유란 선택권입니다. 우리는 죄악의 본성이나 우리가 사는 세상의 분위기 때문에, 자유라는 것을 자기 마음대로 하는 것이라고 생각합니다. 그러나 성경이 말하는 자유는 하나님의 영광을 찬송하며 그 영광의 찬송이 되는 이 길을 마음껏 소원하고, 마음껏 욕심내고, 마음껏 선택하는 명예요 기회인 것입니다.

우리는 중간 지대에 서서 죄를 지을 것인지, 아니면 믿음 생활을 할 것인지의 기로에 서 있다고 생각할 수 있습니다만, 그렇지 않습니다. 우리는 생명의 성령의 법 아래 있기 때문에 죄와 사망의 법에서 벗어나 있습니다. 우리가 잘못하는 행위는 그저 못나게 구는 것에 불과할 뿐입니다.

에베소서 5:18은 이렇게 말씀합니다. "술 취하지 말라. 이는 방탕한 것이니 오직 성령으로 충만함을 받으라." 무슨 이야기입니까? "네가 부름 받은 창조와 구원의 세상을 제대로 살아라. 마음껏 해봐라"고 하시는 것입니다. 여러분이 초등학교 다니는 자녀를 데리고 잔디밭에 나가서 공을 찰 때, "앞으로 똑바로 못 차면 다리를 걷어차고, 헤딩을 제대로 하지 못하면 한 대 쥐어박을 테다"라고 합니까? 그런 말도 안되는 일을 상상이나 하겠습니까? 이는 예수님을 믿는 것이 무엇인지도 모르는 것입니다. 우리는 틀리면 죽는다고 하는 세상 속에 놓여 있었습니다. 모두가 소멸되고 부끄럽고 부패하고 못난 것밖에 만들지 못하는 세상에 살고 있어서, 본성적으로 걱정과 체념과 공포를 가지고 있습니다.

예수님을 믿는 것은 그것과는 다릅니다. 아이가 공을 똑바로 차지 못하면 뭐라고 할까요? "다시 차 봐." 다시 차고 아무리 차도 똑바로 가지 않으면, "애야, 이 공이 잘못된 모양이다." 그래야 맞는 것 아닌가요? 그것이 부모 아닌가요? 우리 하나님이 우리에게 그렇게 요구하십니다. "술 취하지 말라. 이는 방탕한 것이니 오직 성령으로 충만을 받으라. 네가 열심히 하는 것만큼 네 것이고, 네가 해보는 것만큼 네 영광과 명예이고, 특권이다." "아버지, 여기 한번 가보고 싶어요." "그래, 가자." "저기도 가보고 싶어요." "그래, 가자." "아버지, 맛있는 것 사주세요." "그래, 허리끈 풀고 한번 실컷 먹자." 이것이 기독교가 말하는 복음입니다.

우리를 위하여 그 아들을 주신 하나님이라고 고백하는, 우리의 하나님 아버지십니다. 우리는 그런 나라에 들어와 있습니다. 우리가 가진 자유는 이런 자유입니다. 얼마든지 해볼 수 있는 자유 말입니다. 그런데 세상이 우리를 속입니다. 딴죽을 거니까 우리는 넘어지곤 합니다. 그러나 일어나면 됩니다. 그리고 세상의 시비와 시험에 빠져서 넘어질 때마다 일어나서 "다시는 속지 않는다"고 하십시오. 바지 털고 까진 무릎에 소독약 바르고 크십시오. 그렇게 커서 멋있어지십시오. 매번 이겨야 하는 것이 아니라 여러분의 인생에서 경험하는 모든 것이 여러분을 크게 합니다. 매 사건을 이기는 것이 아니라 매 사건을 통해서 크십시오. 그게 하나님이 우리에게 주신 인생입니다.

하나님의 영광의 찬송이 된 우리

요한일서 4:11-15을 보겠습니다.

사랑은 여기 있으니 우리가 하나님을 사랑한 것이 아니요 하나님이 우리를 사랑하사 우리 죄를 속하기 위하여 화목제물로 그 아들을 보내셨음이라. 사랑하는 자들아, 하나님이 이같이 우리를 사랑하셨은즉 우리도 서로 사

랑하는 것이 마땅하도다. 어느 때나 하나님을 본 사람이 없으되 만일 우리
가 서로 사랑하면 하나님이 우리 안에 거하시고 그의 사랑이 우리 안에 온
전히 이루어지느니라. 그의 성령을 우리에게 주시므로 우리가 그 안에 거
하고 그가 우리 안에 거하시는 줄을 아느니라. 아버지가 아들을 세상의 구
주로 보내신 것을 우리가 보았고 또 증언하노니 누구든지 예수를 하나님의
아들이라 시인하면 하나님이 그의 안에 거하시고 그도 하나님 안에 거하느
니라(요일 4:11-15).

자유는 우리가 하나님의 사람으로서 우리의 인생을 마음껏 살며, 열
심히 누리게 할 권리를 줍니다. 하나님은 창조와 구원 사역에서 우리를 그
의 동반자로, 동역자로 삼으시고 함께 긴밀한 관계를 만들자고 요구하십
니다. 신앙이란 다만 우리에게 정당한 기회를 주고 책임지게 하고 명예롭
게 되게 하는 것만은 아닙니다. 하나님이 목적하시는 그의 영광을 우리로
찬송하게 하고 또 우리를 그의 영광이 되게 하며, 그의 창조와 구원에서 우
리를 동역자로 삼아 주십니다. 사랑이란, 사랑해야 할 윤리적, 도덕적, 종
교적 책무가 아니라, 하나님과의 유대 관계를 긴밀하게 하는 내용인 것입
니다. 이것이 요한복음 15:7-16에서 포도나무 비유를 통해 자세히 설명됩
니다.

너희가 내 안에 거하고 내 말이 너희 안에 거하면 무엇이든지 원하는 대로
구하라. 그리하면 이루리라. 너희가 열매를 많이 맺으면 내 아버지께서 영
광을 받으실 것이요 너희는 내 제자가 되리라. 아버지께서 나를 사랑하신
것 같이 나도 너희를 사랑하였으니 나의 사랑 안에 거하라. 내가 아버지의
계명을 지켜 그의 사랑 안에 거하는 것 같이 너희도 내 계명을 지키면 내 사
랑 안에 거하리라. 내가 이것을 너희에게 이름은 내 기쁨이 너희 안에 있어

너희 기쁨을 충만하게 하려 함이라. 내 계명은 곧 내가 너희를 사랑한 것 같이 너희도 서로 사랑하라 하는 이것이니라. 사람이 친구를 위하여 자기 목숨을 버리면 이보다 더 큰 사랑이 없나니 너희는 내가 명하는 대로 행하면 곧 나의 친구라. 이제부터는 너희를 종이라 하지 아니하리니 종은 주인이 하는 것을 알지 못함이라. 너희를 친구라 하였노니 내가 내 아버지께 들은 것을 다 너희에게 알게 하였음이라. 너희가 나를 택한 것이 아니요 내가 너희를 택하여 세웠나니 이는 너희로 가서 열매를 맺게 하고 또 너희 열매가 항상 있게 하여 내 이름으로 아버지께 무엇을 구하든지 다 받게 하려 함이라(요 15:7-16).

예수님의 계명은 무엇입니까? 예컨대 이런 것입니다. "공부 잘해라. 훌륭해져라." 우리에게는 "공부 잘해라"가 경쟁에서 이기라는 말로 들립니다. 그래서 그것이 무거운 짐이 되지만, 사실 공부하는 것은 큰 특권입니다. 우리나라에서 공부가 입시에서 당락을 결정하는 수단으로 쓰이는 바람에 재미없어져 버렸습니다. 등수를 매기는 것에 불과하기 때문입니다. 그러나 원래 공부라는 것은 참으로 명예로운 기회이고 복된 허락입니다.

그러니까 하나님이 우리에게 "인생을 살아 보라"고 하시는 것은 굉장한 것입니다. 하나님은 우리의 운명을 결정하시고는 우리를 결정론이나 숙명론에 붙잡아 놓고서 기계적으로 조작하시지 않습니다. 살아서 느끼고 고민하고 결정하여 그 결정의 결과를 볼 수 있도록 우리에게 허락하십니다. 마음껏 그리 해보라는 것입니다.

그렇게 허락하시는 이유는, 예수께서 자신은 포도나무고 우리는 그 가지라고 하시기 때문입니다. 열매가 어디에 달립니까? 가지에 달립니다. 희한하지 않습니까? 나무의 열매가 가지에 달립니다. 나무가 맺은 열매가 줄기가 아닌 그 가지에 달립니다. 그렇게 되면 우리가 열매를 만들어낸 것

같지 않습니까? 하나님이 그 특권을 우리에게 허락하십니다.

이사야서를 설교하면서 이사야 6장부터 언급하기 시작했던 씨 뿌리는 비유에 대한 더 풍부한 해석을 이제 내놓게 되었습니다. 씨를 뿌렸는데 길 가에도 떨어지고, 돌밭에도 떨어지고, 가시떨기에도 떨어졌습니다. 다 결실하지 못했는데, 좋은 땅에 떨어진 씨만 결실했습니다. 이미 전에도 이야기한 바와 같이 땅이 결실하는 것이 아닙니다. 씨가 자라서 열매가 되는 것입니다. 좋은 땅이 있어야 한다는 것은 맞는 말이지만, 땅에 거름을 주고 잘 갈아 놓는다고 해서 열매가 생기지는 않습니다. 열매를 맺으려면 씨가 땅에 떨어져야 합니다. 씨가 떨어져 열매가 맺힘으로써 그곳이 좋은 땅인 것으로 드러납니다. 이 비유의 아주 심오한 핵심은, 결실함으로써 그 땅이 좋은 땅이라는 이름을 얻게 되었다는 것입니다.

좋은 땅인 증거는 땅이 기름졌다든가 그 땅이 결실할 만한 무슨 성질을 가졌다든가 하는 것에 있지 않고 열매가 맺힌 땅이 되었다는 사실입니다. 예를 들자면 땅이 꽃밭이 된 것입니다. 꽃밭이라 할 때 그것은 꽃이 밭에다 준 명예입니까, 밭이 꽃에다 준 명예입니까? 꽃이 핌으로써 밭이 명예를 얻은 것입니다. 마치 밭이 열매를 낸 것처럼 보이듯이, 하나님이 우리에게 주신 자유도 그와 같다는 것입니다. 우리는 아무것도 아니었으나 하나님이 예수 그리스도 안에서 우리를 당신의 아들들이 되게 하셨습니다. 이로써 우리로 하여금 하나님의 은혜의 영광을 찬송하게 만듭니다. 이 하나님의 영광은 창조와 구원의 하나님의 신실하시고 기쁘신 목적입니다.

하나님은 우리로 하나님의 영광을 찬송하게 하십니다. 그러나 우리는 하나님을 감탄하는 정도로만 끝나는 것이 아닙니다. 이제 우리가 그의 영광의 찬송이 되는 것입니다. 이는 마치 밭이 꽃으로 인해 꽃밭이 되어 그 이름으로 밭이 영광을 얻는 것과 같다고 하겠습니다. 하나님이 마치 우리가 없으면 꽃을 피울 수 없었다는 듯이, 마치 우리가 스스로 꽃을 피운 것처럼 당신 안에 우리를 그런 방식으로 초대하셨다는 것입니다. 우리에게 주신 자유로 이제는 헌신과 선택과 기회의 위대한 길을 걷는 것입니다.

이런 식의 이해는 에베소서 1:23에 나옵니다. "교회는 그의 몸이니 만물 안에서 만물을 충만하게 하시는 이의 충만함이니라." 교회는 우리입니다. 예수님을 믿는 하나님의 자녀들을 교회라고 부릅니다. 예수 그리스도는 우리를 그의 몸으로 부르셔서 우리를 당신과 묶으십니다. 그리고 우리를 무엇이라고 칭하십니까? 우리는 만물 안에서 만물을 충만케 하시는 이의 충만함이라고 하십니다.

이제 끝으로 에베소서 3:14-21을 이 설교와 묶어 보겠습니다.

이러므로 내가 하늘과 땅에 있는 각 족속에게 이름을 주신 아버지 앞에 무릎을 꿇고 비노니 그의 영광의 풍성함을 따라 그의 성령으로 말미암아 너희 속사람을 능력으로 강건하게 하시오며 믿음으로 말미암아 그리스도께서 너희 마음에 계시게 하시옵고 너희가 사랑 가운데서 뿌리가 박히고 터가 굳어져서 능히 모든 성도와 함께 지식에 넘치는 그리스도의 사랑을 알고 그 너비와 길이와 높이와 깊이가 어떠함을 깨달아 하나님의 모든 충만하신 것으로 너희에게 충만하게 하시기를 구하노라. 우리 가운데서 역사하시는 능력대로 우리가 구하거나 생각하는 모든 것에 더 넘치도록 능히 하실 이에게 교회 안에서와 그리스도 예수 안에서 영광이 대대로 영원무궁하기를 원하노라. 아멘(엡 3:14-21).

::

하나님 아버지, 예수 믿는 영광과 명예, 기회, 자유와 즐거움을 확인시켜 주셨습니다. 우리를 거부하고 시험하고 핍박하는 세상 앞에서 우리만이 생명과 진리를 가집니다. 우리만이 자유와 순종을 갖는 영광으로 사는 존재입니다. 하나님은 당신의 살아 계심과 일하고 계심을 보이는 기적이십니다. 우리로 세상에 지지 않게 하여 주시옵소서. 이 믿음을 누리고 자랑하게 하시며, 하나님의 뜻을 따라 온 세상에 주의 영광을 충만케 하옵소서. 예수님 이름으로 기도합니다. 아멘.

47

주는 우리의 아버지시라

사 63:15-19

주여, 하늘에서 굽어 살피시며 주의 거룩하고 영화로운 처소에서 보옵소서. 주의 열성과 주의
능하신 행동이 이제 어디 있나이까. 주께서 베푸시던 간곡한 자비와 사랑이 내게 그쳤나이다.
주는 우리 아버지시라. 아브라함은 우리를 모르고 이스라엘은 우리를 인정하지 아니할지라도
여호와여, 주는 우리의 아버지시라. 옛날부터 주의 이름을 우리의 구속자라 하셨거늘 여호와
여, 어찌하여 우리로 주의 길에서 떠나게 하시며 우리의 마음을 완고하게 하사 주를 경외하지
않게 하시나이까. 원하건대 주의 종들 곧 주의 기업인 지파들을 위하사 돌아오시옵소서. 주의
거룩한 백성이 땅을 차지한 지 오래지 아니하여서 우리의 원수가 주의 성소를 유린하였사오니
우리는 주의 다스림을 받지 못하는 자 같으며 주의 이름으로 일컬음을 받지 못하는 자 같이 되
었나이다.

더 크고 놀라운 데로 나아가는 신앙

여기 본문으로 읽은 장면에 간절한 기도가 소개됩니다. 이사야 63:16에서
보는 대로 이 기도의 간절함은 이렇습니다. "주는 우리 아버지시라. 아브
라함은 우리를 모르고 이스라엘은 우리를 인정하지 아니할지라도 여호와
여, 주는 우리의 아버지시라. 옛날부터 주의 이름을 우리의 구속자라 하셨"
습니다. 이 기도가 이사야 전체에서 마지막 자리에 등장한다는 것에 주목
합니다. 왜냐하면 이 기도가 하나님 앞에 은혜를 구하고 도우심을 구하는

것에 그치는 것이 아니라, 이사야서 전체가 가지는 역사적 경험 속에서 어떤 지위나 형편, 어떤 내용을 갖는지 이해할 필요가 있기 때문입니다.

이사야 63:1부터 보겠습니다. "에돔에서 오는 이 누구며 붉은 옷을 입고 보스라에서 오는 이 누구냐. 그의 화려한 의복 큰 능력으로 걷는 이가 누구냐. 그는 나이니 공의를 말하는 이요 구원하는 능력을 가진 이니라." 이 1절은 하나님이 말씀하시는 장면이며, 다음 2절은 선지자가 묻는 말입니다. "어찌하여 네 의복이 붉으며 네 옷이 포도즙틀을 밟는 자 같으냐." 이렇게 선지자가 묻는 말이므로 우리의 번역에 존칭이 붙여져야 합니다. 즉, "어찌하여 주의 옷이 붉으며 주님의 옷이 포도즙틀을 밟는 자 같습니까?" 라고 해야 합니다. 이어서 3절은 하나님이 말씀하는 장면입니다. "만민 가운데 나와 함께 한 자가 없이 내가 홀로 포도즙틀을 밟았는데 내가 노함으로 말미암아 무리를 밟았고 분함으로 말미암아 짓밟았으므로 그들의 선혈이 내 옷에 튀어 내 의복을 다 더럽혔음이니라." 이 세 구절은 모두 하나님의 심판과 보복을 묘사하고 있습니다. 그가 심판을 하시느라 원수의 피가 그 옷에 튀어 붉어졌다는 것입니다.

이 구절들은 하나님의 심판의 맹렬함이나 그 지독함을 말하는 것이 아닙니다. "내가 이루고자 하는 종말의 완성에 왜 아무도 동참하지 않느냐? 내가 가진 창조와 구원의 목적을 이루는 일에 너희는 어찌하여 참여하지 않느냐?" 이런 말씀입니다. 이 일에 대하여 깨어 있는 선지자는 본문에 나오는 바와 같이, "우리가 못나서 동참할 만한 실력은 안되지만, 하나님과 우리 사이는 무슨 이해관계나 기계적인 관계가 아닌 다른 무엇으로도 대신할 수 없는 영적 혈육의 관계입니다. 하나님은 우리의 아버지이십니다. 우리를 버려두지 마십시오"라고 기도합니다. 이 기도는 은혜를 구하는 것이기도 하며, 책임을 인식하는 것이기도 합니다. 이사야서의 뒷부분에 도달한 우리는 이런 기도에 당황할 수 있습니다.

이사야서 전체를 다시 간략히 살펴보겠습니다. 이사야 1-39장에 따르면, 이스라엘 백성들은 그들의 신앙적 실패로 인해 심판을 받아 성전이 파괴되고 나라를 잃고 바벨론에 포로로 잡혀 갑니다. 그리고 40-55장에서는 "나는 포로 된 이스라엘을 회복하고 구원하고 승리를 주는 하나님이다. 너희가 그런 결과를 거둘 수 있는 원인을 만들지 못했지만, 너희는 내 백성이고 나는 너희의 하나님이므로 나는 너희를 부르고, 너희를 만들고, 너희를 위하여 목적한 것을 결단코 포기하지 않겠다"고 하십니다. 이런 은혜의 선언이 들어 있습니다.

이사야 55장으로 돌아가서 보면, 그 마지막은 이렇게 끝납니다. "너희는 기쁨으로 나아가며 평안히 인도함을 받을 것이요 산들과 언덕들이 너희 앞에서 노래를 발하고 들의 모든 나무가 손뼉을 칠 것이며 잣나무는 가시나무를 대신하여 나며 화석류는 찔레를 대신하여 날 것이라. 이것이 여호와의 기념이 되며 영영한 표징이 되어 끊어지지 아니하리라"(사 55:12-13). 이러한 경험은 이스라엘 역사에만 있는 것이 아니라, 모든 성도들에게도 있습니다. 어느 시대, 어느 누구에게나 예수님을 믿는 사람에게 반복될 수 있는 경험입니다. 여러분이 처음으로 예수님을 믿었을 때를 생각해 보십시오. 정말로 하늘이 노래하고 땅이 춤을 췄습니다.

그런데 문제는, 이사야 56-66장에서 보는 바와 같이, 이렇게 허락된 구원, 즉 하나님의 은혜와 능력에 의해서 허락된 구원이 신통하지 않더라는 것입니다. 약속은 확실한 것이었는데 현실은 기대와 달랐던 것입니다. 그것이 이스라엘이 겪었던 일입니다. 그들이 본토로 돌아와서 성전을 재건하지만 황폐한 땅과 이웃 민족의 공격과 위협, 그리고 중노동이라는 현실적인 조건하에서 침체를 맛봅니다. 저들은 체념하고 신앙은 완전히 바닥이 나고 맙니다. 말라기 선지자에게 "너희가 병든 것으로 제사를 드리고 썩은 떡으로 제사를 드리는 것이 내가 꼴 보기 싫으니 누군가 와서 성전 문

　　　　　　　　　　　　　　　　이사야서, 하나님의 비전

을 닫았으면 좋겠다"라는 책망까지 듣게 됩니다. 이스라엘이 잘못한 것은 맞지만, 그들은 그런 역사적 경험에 내몰린 것입니다.

우리도 그렇습니다. 안 믿을 수도 없고, 믿을 수도 없는 이런 현실은 도대체 무엇이란 말입니까? 이것이 이사야 56장 이하의 이야기입니다. 이 사야 56장에서 다루는 안식일 문제나 58장에서 다루는 금식 문제에서, 은혜는 책임과 심판이라는 질서를 극복하고 하나님의 신실하심과 능력과 약속에 따른 구원을 여는 것, 즉 은혜가 책임을 여는 것을 보게 됩니다. 그래서 "하나님 앞에 신실한 신앙생활과 승리가 있어야 한다. 너희가 책임을 져야 한다"는 요구가 따르게 됩니다.

안식일 준수는 이스라엘에게만 요구된 율법인데, 이 폐쇄적 명령은 갑자기 "안식일을 지키면 이방 백성도 내 백성이 될 수 있다"라는 선언으로 그 문이 활짝 열립니다. 이사야 58장에서는 금식이 어떤 자학과도 같은 마지못한 순종이나 책임으로 드러나는데, 그런 것이 아니라고 말씀하십니다. "그것은 갇힌 자와 얽매인 자, 신음하는 자를 구원해 내고 자유롭게 하는 해방이다. 너희가 가진 금식은 마지못해 지켜야 할 책임이 아니라, 자유와 기쁨과 영광으로 가는 권리로서의 책임이다." 이렇게 열립니다. 성경이 하고 싶은 이야기는, 그것이 자폐적이고 폐쇄적이고 부정적인 책임에서 은혜로 말미암아 긍정적인 내용으로 확 열리게 되었다는 것입니다.

이렇게 말할 수 있는 근거는 율법사의 질문에 대한 예수님의 답에서 찾을 수 있습니다. "계명 중에 가장 큰 것이 무엇입니까?" 이러한 물음에 예수님이 답하십니다. "첫째 되는 계명은 네 마음을 다하고 네 뜻을 다하고 네 성품을 다하여 주 너의 하나님을 사랑하라 하는 이것이니라." 이처럼 책임에서 사랑으로 갑니다. 두려운 조건에서 마음껏 할 수 있는 것으로 갑니다. 사랑에는 두려움이 없다고 한 요한일서 4:18도 기억날 것입니다. 그렇게 말씀하신 것에 이어서 "둘째도 그와 같으니 네 이웃을 네 자신과 같이 사랑하라는 그것이라"고 하십니다. 이렇게 열립니다. 하나님께서 율법을 주신 이유는 이런 것입니다. 율법이 부정적이고 소극적인 목적을 가지고 있지 않고, 그것이 하나의 기반과 틀이 되고, 질서가 되어 마음껏 담아내는 그릇이 된다는 것입니다.

이사야 60:1에 이런 선언이 나왔던 것을 기억할 것입니다. "일어나라. 빛을 발하라. 이는 네 빛이 이르렀고 여호와의 영광이 네 위에 임하였음이니라." 이렇게 열리고 있습니다. 신앙적 책임이란 소극적이고 두려운 잣대가 아닙니다. 그것은 더 크고 놀라운 데로 나아가라고 초대하는 권리로서의 책임이요, 자유와 영광으로의 부르심입니다.

이사야 61:1-2도 그렇습니다. "주 여호와의 영이 내게 내리셨으니 이는 여호와께서 내게 기름을 부으사." 이렇게 하여 무엇을 하는지 보십시오. "가난한 자에게 아름다운 소식을…… 마음이 상한 자를 고치며 포로된 자에게 자유를, 갇힌 자에게 놓임을 선포하며 여호와의 은혜의 해와 우리 하나님의 보복의 날을 선포하여 모든 슬픈 자를 위로하되"라고 말씀합니다. 이것이 기독교 신앙입니다. 우리의 신앙적 책임은 긍정적, 기적적 소망이고 약속인 것입니다.

자유와 영광으로의 초대

이 문제에 대하여 더 두텁게 이해하기 위해서 예수님이 친히 말씀하신 설명을 보겠습니다. 요한복음 15:5-12입니다.

나는 포도나무요 너희는 가지라. 그가 내 안에, 내가 그 안에 거하면 사람이 열매를 많이 맺나니 나를 떠나서는 너희가 아무 것도 할 수 없음이라. 사람이 내 안에 거하지 아니하면 가지처럼 밖에 버려져 마르나니 사람들이 그

이사야서, 하나님의 비전

것을 모아다가 불에 던져 사르느니라. 너희가 내 안에 거하고 내 말이 너희 안에 거하면 무엇이든지 원하는 대로 구하라. 그리하면 이루리라. 너희가 열매를 많이 맺으면 내 아버지께서 영광을 받으실 것이요 너희는 내 제자가 되리라. 아버지께서 나를 사랑하신 것 같이 나도 너희를 사랑하였으니 나의 사랑 안에 거하라. 내가 아버지의 계명을 지켜 그의 사랑 안에 거하는 것 같이 너희도 내 계명을 지키면 내 사랑 안에 거하리라. 내가 이것을 너희에게 이름은 내 기쁨이 너희 안에 있어 너희 기쁨을 충만하게 하려 함이라. 내 계명은 곧 내가 너희를 사랑한 것 같이 너희도 서로 사랑하라 하는 이것이니라(요 15:5-12).

포도나무의 가지 이야기입니다. 가지가 나무에 붙어 있지 않으면 당연히 열매를 맺을 수 없습니다. 그것이 순종입니다. 그것이 자유입니다. 우리는 스스로 생명이나 열매를 만들 수 없습니다. 하나님이 만드십니다. 하나님은 우리를 불러내서서 사랑 안에 거하라고 요구하십니다. "사랑 안에 거하라. 내 계명을 지키는 것이 내 안에 거하는 법이요 나를 사랑하는 법"이라고 말씀합니다. "순종", 그리고 "내 안에 거하는 것"이 속박으로 들리는 것은 우리의 죄성 탓입니다.

예를 들어 여러분이 카페에 들어갔는데 "커피를 직접 따라 원하는 만큼 마음껏 드십시오"라고 되어 있다면, "나는 큰 잔 가득 커피를 받고 싶다"라고 하는 것을 자유라 하지 않습니다. 이렇게 행동하는 것을 현명하다거나 훌륭하다고 하지도 않습니다. 그것은 너무나 당연한 것입니다.

하나님께 나의 내용을 공급받기 위해서 예수님 안에 속하여 그를 붙드는 것이 자유입니다. 그럴 수 없었던 데서 주어진, 피조물이 창조주로부터 생명과 영광과 가치를 받기 위해서 젖줄을 갖다 댈 수 있는 자유, 권리, 선택, 기회인 것입니다. 여기서 어떤 이야기가 나오는지 보십시오. '생명,

열매, 순종, 사랑'과 같은 것들이 유일하게 생명과 진리와 복과 영광과 승리를 주실 수 있는 분에게서 나오니, 그것으로 채우라고 하십니다. 그래서 13-16절에 이 말씀이 나오는 것입니다.

> 사람이 친구를 위하여 자기 목숨을 버리면 이보다 더 큰 사랑이 없나니 너희는 내가 명하는 대로 행하면 곧 나의 친구라. 이제부터는 너희를 종이라 하지 아니하리니 종은 주인이 하는 것을 알지 못함이라. 너희를 친구라 하였노니 내가 내 아버지께 들은 것을 다 너희에게 알게 하였음이라. 너희가 나를 택한 것이 아니요 내가 너희를 택하여 세웠나니 이는 너희로 가서 열매를 맺게 하고 또 너희 열매가 항상 있게 하여 내 이름으로 아버지께 무엇을 구하든지 다 받게 하려 함이라(요 15:13-16).

친구란 무엇입니까? 대등한 존재입니다. 종이란 무엇입니까? 대등하지 않은 존재입니다. 상하 관계요, 명령과 복종의 관계입니다. "내 안에 거하라. 나와 손을 잡자"는 것은 초대입니다. 복으로의 초대, 영광으로의 초대, 생명으로의 초대입니다. 종으로서 명령을 받는 것이 아닙니다. 굴종이 아닙니다. 이것이 기독교의 놀라움입니다.

우리가 병원에 가더라도 "어느 병원, 어느 의사가 잘한다더라." 그러면 거기로 갑니다. 이름 써서 눈감고 제비뽑아 찾아갈 일은 없는 것 아닙니까? 똑똑하다든가, 분별이 있다든가, 책임이 있다고 하는 것이 무엇을 의미합니까? 더 진실하고, 더 복되고, 더 옳은 데로 자신을 몰아가는 것, 집중하고 선택하고 책임을 사용하는 것, 그것이 성경이 우리에게 하고 싶은 말입니다.

이 일들은 우리가 하나님께 속함으로써 가능합니다. 요한복음 15장에 나온 말씀대로, "너희가 열매를 맺을 것이요 너희가 열매를 많이 맺으면 하나님이 영광을 받을 것이라"고 말씀합니다. 에베소서 1장에 우리가 하나님의 영광을 찬송하고 그의 영광의 찬송이 된다고 한 말씀에서 확인할 수 있듯이, 하나님이 우리의 영광으로 당신의 영광을 드러내기를 기뻐하십니다. 그것이 사랑입니다. 내가 사랑하는 자가 영광을 누리는 것이 나의 기쁨인 것입니다. 그것이 사랑입니다. 나머지는 다 시샘입니다. 그렇지 않습니까?

하나님이 우리에게 당신의 모든 능력을 퍼부어 영광되게 하심으로 우리가 하나님의 찬송이 되는 것입니다. 하나님이 찬송을 받으신다는 것이 아니라 찬송과 기쁨과 탄성이 되게 하는 그것을 하나님이 우리에게 요구하시는 것입니다. 기꺼이 허락하신 특권입니다. 이것이 우리가 해야 할 일, 우리에게 주어진 기회와 특권인 것입니다. 그것이 신앙입니다. 은혜를 구한다는 것은 책임을 외면하겠다는 것일 수 없습니다. 책임을 말하면서 자신을 자폐 속에 집어넣고, 가장 소극적으로 죄를 짓지 않겠다고 다짐하는 것에 안주하지 마십시오.

여러 번 인용한 히브리서 5:8 이하를 다시 보겠습니다. "그가 아들이시면서도 받으신 고난으로 순종함을 배워서 온전하게 되셨은즉." 예수 그리스도께서 보여주신 것이 무엇입니까? 그가 이 세상에 오셔서 하나님을 거역하는 사망과 폭력이라는 조건하에서 하나님을 편들고 하나님께 순종하심으로 고난을 받으십니다. 이 고난 앞에서 무슨 타협을 하거나 그것을 외면하거나 제거하신 것이 아니라, 고난을 감수하십니다. 이렇게 하나님께 대한 순종을 채우심으로 하나님이 드러내시는 영광을 예수께서 인간이라는 존재와 내용 속에 담아내셨다고 이야기합니다.

우리는 은혜가 책임을 면제시키고, 우리가 직면한 모든 환난을 해결해줄 것이라고 줄곧 믿어왔습니다. 그렇지 않습니다. 그런 조건 속에서 예수님이 가신 길을 뒤따르는 자로서, 그것을 어떻게 감수할 것인가? 다만 감수 정도가 아니라 어떻게 도전하고 함께 싸울 것인지가 아주 중요합니다. 그것은 기회이고 명예입니다. 여러분이 여기를 뚫어야 합니다. 이 문제에 대하여 세상의 위협 앞에 맞선 신앙이라는 힘, 명분, 가치로만 가지 말고, 더 크게 생각하도록 한 걸음 더 요구하십니다.

그리스도와 연합한 우리

마태복음 13장에 씨 뿌리는 비유가 나옵니다. 씨를 뿌렸는데, 길 가에 떨어진 씨는 새들이 먹어버렸고 돌밭에 뿌려진 씨는 뿌리를 내리지 못했으며, 가시떨기에 떨어진 것은 가시가 기운을 막아서 자라지 못했습니다. 그러나 좋은 밭에 떨어진 씨는 풍성한 열매를 맺었습니다. 우리가 밭이라는 것입니다. 우리에게 우리 안에 심긴 씨로 열매를 풍성히 맺으라고 하십니다. 좋은 밭이 생명을 만드는 것이 아니라, 밭에 들어온 생명을 풍성하게 만드는 것입니다. 그러면 그 밭은 무엇이 됩니까? 꽃밭이 됩니다. 꽃과 밭이 구별되거나 분리되지 않고, 그 꽃씨가 이 밭에 뿌려지고 이 밭을 통하여 그 꽃을 자랑하게 됩니다. 그 꽃씨가 이 밭을 꽃밭으로 만듭니다.

　여기가 하나님이 요구하시는 우리의 책임입니다. 자유가 요구하는 책임입니다. 그러면 그 참여는 어떤 형태로 드러날까요? 내가 꽃을 품고 꽃을 피운 밭이 되어, 꽃과 열매와 밭이 분리될 수 없는 전체의 정체성을 갖게 됩니다. 이때 그 명예의 내 몫, 내가 한 것이 그 안에 본질로 들어가 있게 됩니다. 생명을 만들거나 생명을 자라게 할 실력이 우리에게 있다는 것이 아닙니다. 그 생명을 받아들여 하나님의 일하심에 그 밭이 온전히 충성하면 됩니다. 그렇게 함으로써 꽃밭이 조성되는 것입니다. 꽃만 있는 것이 아니라 꽃밭이 됩니다. 그것이 우리의 구체적인 현재입니다. 그것은 개념화된 주장이 아니라 내가 그렇게 되는 것입니다. 이렇듯 자유는 우리에게 선택과 결정을 요구합니다. 그래서 우리는 그 일에서 늘 승리하는 것이 아님니다. 고린도전서 3:6-9을 보겠습니다.

> 나는 심었고 아볼로는 물을 주었으되 오직 하나님께서 자라나게 하셨나니 그런즉 심는 이나 물 주는 이는 아무 것도 아니로되 오직 자라게 하시는 이는 하나님뿐이니라. 심는 이와 물 주는 이는 한가지이나 각각 자기가 일한 대로 자기의 상을 받으리라. 우리는 하나님의 동역자들이요 너희는 하나님의 밭이요 하나님의 집이니라(고전 3:6-9).

생명을 주시는 이도 하나님이시요, 그 생명을 자라나게 하시는 이도 하나님이십니다. 그런데 우리에게 심고 물을 주라고 하십니다. 우리의 자유로, 우리의 소원으로 그렇게 하라고 하십니다. 그것이 예수님 안에 거하고 그의 사랑 안에 거하는 우리의 선택과 책임을 말하는 것입니다. 이는 공부를 잘하라는 것에 빗대어 말할 수 있겠습니다. 공부를 잘하라는 것은 무엇입니까? "일등을 해라. 이겨라." 그런 이야기가 아닙니다. 공부를 잘하려면 인격적 성숙이 뒤따라야 합니다.

여러분, 신앙생활을 하려고 해도 잘 안되는 것 아실 겁니다. 열심을 내어 하셨다고요? 아닙니다. 그렇지 않습니다. 주일마다 여기서 하는 기도는 전부 회개밖에 없습니다. 자랑은 없습니다. 여기가 핵심입니다. 잘하려고 했는데 왜 잘 안되는 것일까요? 그것은 하나님이 우리에게 허락하신 자유와 관계가 있습니다. 우리는 이 자유로 참여를 하지만, 그 참여에서 실패합니다. 그래서 우리는 낙심하고 자책합니다. 이 자책이 무엇을 만듭니까? 우리가 창조주가 아니요 우리가 기계가 아니라는 사실을 깨닫게 해줍니다. 다시 말해, 우리의 한계를 알게 해줍니다. 그러니 우리는 울 수밖에 없습니다.

이사야 63장은 이렇게 이야기합니다. "하나님, 아브라함은 책임지지 않겠다며 도망칠 수 있어도, 이스라엘은 부르지 말라며 도망칠 수 있어도, 하나님은 떠나가실 수 없습니다. 그리고 떠나가셔도 안됩니다." 이것이 성경이 하고 싶은 이야기입니다. 우리의 자유는 우리에게 모든 것을 책임지라고 하지 않습니다. 자유는 이런 것입니다. 우리가 하는 일 안에서 하나님이 무엇을 만드실 것인지 기대하는 것이라 할 수 있습니다. 아무래도 좋다는 것이 아닙니다. 잘못한 것에 대해서는 울어야 합니다.

그러나 후회와 자책에도 하나님이 승리를 담아 주신다는 사실을 우리는 알아야 합니다. 지금의 자리는 우리가 잘한 것으로 만들어진 것이 아니라, 자책이 만든 자리입니다. 여러분의 후회가 없었다면 누가 예수님을 믿었겠습니까? 그렇지 않습니까? 지금 여러분이 가지는 모든 낙심과 여러분을 침묵케 하고 체념케 한 것이 무엇입니까? 여러분이 1차적 세계관에 아직 머물러 있기 때문입니다. 여러분이 은혜를 말하지만 그 은혜가 답이 되지 않는 현실에 놓여 있기 때문입니다. 여러분이 무엇으로 은혜를 기대해서 그랬을까요? 그것이 해결책인 줄 알고 있었기 때문입니다. 아닙니다. 은혜란 하나님이 "네 인생과 네 결정 모두에 내가 동참한다. 걱정마라"고 하시는 약속입니다. 울어도 됩니다. 실패해도 됩니다. 그러나 하나님의 사람으로 사는 노력과 믿음은 놓지 않아야 합니다. 성경은 우리를 이런 결론으로 끌고 갑니다. 갈라디아서 2:20-21을 보겠습니다.

내가 그리스도와 함께 십자가에 못 박혔나니 그런즉 이제는 내가 사는 것이 아니요 오직 내 안에 그리스도께서 사시는 것이라. 이제 내가 육체 가운데 사는 것은 나를 사랑하사 나를 위하여 자기 자신을 버리신 하나님의 아들을 믿는 믿음 안에서 사는 것이라. 내가 하나님의 은혜를 폐하지 아니하노니 만일 의롭게 되는 것이 율법으로 말미암으면 그리스도께서 헛되이 죽으셨느니라(갈 2:20-21).

이사야서, 하나님의 비전

예수님을 믿는다는 것이 무엇입니까? 내가 나인 것을 중단할 수 없다는 것입니다. 그런데 그 '나'는 예수님 안에 있는 나입니다. 예수님 안에 있다는 것으로 자기를 던져 버리지 못한다는 것입니다. 나는 끝까지 나입니다. 내가 결정하고 내가 책임을 져야 하는데, 내가 혼자가 아니라는 것입니다. 내가 하는 결정, 내가 하는 실패가 모두 예수님 안에 있다고 합니다. 예수님 안에 있다는 것이 무엇입니까? 예수께서 우리를 위하여 이 땅에 오셔서 우리를 구원하시고 우리 모두를 붙드시는 그 과정과 그의 공생애를 보십시오. 육체 가운데 계시고, 고난당하시고, 수치당하시고, 배신당하시고, 죽으십니다. 우리의 못남과 배신, 절망, 예수께서 이 모두를 안고 걸어가셨습니다. 그의 생애 속에 역사와 그 모든 경우를 끌어안아 담으셨습니다. 절망만 아니라 그의 죽음까지도 그의 부활 안에 묶여 있습니다.

그러니 여러분의 인생을 사십시오. 잘잘못에 연연하지 말고, 위대함에 떠넘기지 마십시오. 여러분에게 허락된 조건과 현실로 오늘을 사십시오. 여러분이 책임지는 일에 대해서 여러분이 하나님의 자녀라는 이름으로 늘 심각하게 지고 나가십시오. 사소한 책임 말입니다. 성경은 우리에게 그렇게 자라난다고 약속합니다. 위대해진다고 약속합니다. 그 길을 걸어 하나님의 위대하심이 누구에게 증언되고 어떤 사건으로 보이는 것이 아니라, 여러분 자신에게 열매가 맺히게 하십시오. 그것을 확인하십시오.

::

하나님 아버지, 은혜를 감사합니다. 우리 각자의 생애를 살게 하옵소서. 하나님이 일하시고 우리와 함께하시며, 은혜가 이긴다고 알게 하셔서 순종케 하옵소서. 그리하여 하나님의 살아 계심과 일하심을 우리 인생 속에서 보게 하시고, 하나님께 영광을 돌리는 인생이 되게 하옵소서. 예수님 이름으로 기도합니다. 아멘.

48

다 주의 백성이니이다

사 64:1-12

원하건대 주는 하늘을 가르고 강림하시고 주 앞에서 산들이 진동하기를 불이 섶을 사르며 불이 물을 끓임 같게 하사 주의 원수들이 주의 이름을 알게 하시며 이방 나라들로 주 앞에서 떨게 하옵소서. 주께서 강림하사 우리가 생각하지 못한 두려운 일을 행하시던 그 때에 산들이 주 앞에서 진동하였사오니 주 외에는 자기를 앙망하는 자를 위하여 이런 일을 행한 신을 옛부터 들은 자도 없고 귀로 들은 자도 없고 눈으로 본 자도 없었나이다. 주께서 기쁘게 공의를 행하는 자와 주의 길에서 주를 기억하는 자를 선대하시거늘 우리가 범죄하므로 주께서 진노하셨사오며 이 현상이 이미 오래 되었사오니 우리가 어찌 구원을 얻을 수 있으리이까. 무릇 우리는 다 부정한 자 같아서 우리의 의는 다 더러운 옷 같으며 우리는 다 잎사귀 같이 시들므로 우리의 죄악이 바람 같이 우리를 몰아가나이다. 주의 이름을 부르는 자가 없으며 스스로 분발하여 주를 붙잡는 자가 없사오니 이는 주께서 우리에게 얼굴을 숨기시며 우리의 죄악으로 말미암아 우리가 소멸되게 하셨음이니이다. 그러나 여호와여, 이제 주는 우리 아버지시니이다. 우리는 진흙이요 주는 토기장이시니 우리는 다 주의 손으로 지으신 것이니이다. 여호와여, 너무 분노하지 마시오며 죄악을 영원히 기억하지 마시옵소서. 구하오니 보시옵소서. 보시옵소서. 우리는 다 주의 백성이니이다. 주의 거룩한 성읍들이 광야가 되었으며 시온이 광야가 되었으며 예루살렘이 황폐하였나이다. 우리 조상들이 주를 찬송하던 우리의 거룩하고 아름다운 성전이 불에 탔으며 우리가 즐거워하던 곳이 다 황폐하였나이다. 여호와여, 일이 이러하거늘 주께서 아직도 가만히 계시려 하시나이까. 주께서 아직도 잠잠하시고 우리에게 심한 괴로움을 받게 하시려나이까.

은혜와 그에 따른 책임

이사야 64장은 앞장인 63:15부터 이어지고 있습니다. 여기에 하나님의 종 선지자가 자기 백성들을 위하여 드린 회개의 기도가 나옵니다. 이 간절한 기도는 따지고 보면 약간 모순처럼 보일 수 있습니다. 이사야서 전체가 가지고 있는 신앙 내용의 발전을 이해하지 못하면 그런 오해를 가질 수 있습니다.

이미 여러 차례 살핀 대로 이사야 1-39장은 이스라엘의 실패, 하나님 앞에서 언약을 지키지 못하고 신앙을 지키지 못한 그 책임을 심판받아 바벨론의 포로가 되는 그들의 역사적 사실을 배경으로 하고 있습니다. 이스라엘 백성들은 변명의 여지가 없는 실패로 인한 자멸과 배신으로 당연한 심판을 받아 바벨론에 포로로 잡혀 갑니다. 그리고 40-55장에서는 그 잡혀간 곳, 이제 아무런 낙도 희망도 없는 곳에서 하나님이 그들에게 구원과 회복을 약속하시고, 실제로 그 일을 이루신다는 내용입니다. 이렇게 은혜가 책임을 극복합니다. 그런 다음 56장부터는 이 은혜가 우리에게 만든 것이 무엇인지를 설명하고 있습니다. 이사야서는 이처럼 일관된 신앙의 발전, 내용의 진전이라는 신앙의 이해를 갖추고 있습니다. 우리가 그것을 읽어 내지 못하면 56장 이후의 내용이 다시 초반부로 돌아간 것 같은 느낌을 받을 수 있습니다. 그들이 은혜를 입었으나 또 책임을 감당하지 못함으로써 다시 책망을 받는 이스라엘로 비쳐질 수 있습니다. 이 선지자의 기도에 그런 측면이 들어 있는 것처럼 보일 수 있습니다.

그러나 이사야 56장 이후는 은혜가 한 일이 무엇인지 우리에게 제대로 가르쳐 줍니다. 은혜가 임하기 전의 책임은 심판을 초래하는 책임, 자격, 조건에 관한 것들이었습니다. 그런데 은혜가 임하자 그들이 감당하지 못했던 책임과 자격의 실패를 은혜가 어떻게 극복하고, 책임의 실패에서 그들을 어떻게 구원해 주었는지를 설명합니다. 물론 은혜가 책임을 면제

해주거나 무효화시키는 것도 아닙니다. 그 은혜가 그들에게 다시 책임을 요구한다는 것입니다.

여기에서 생각해 봐야 할 문제가 있습니다. 사실 은혜는 우리가 실패했기 때문에 주어진 것인데 그 은혜가 다시 책임을 묻는다면, 그런 은혜는 무슨 소용이 있는가 하는 것입니다. 이사야 56장 이후부터 이런 문제를 다루고 있습니다. 처음의 책임은 우리가 지고 우리가 이루어야 하는 조건인 두려운 책임이었지만, 은혜가 만들어내는 책임은 심판을 위한 자격이나 조건과 관계없는 명예를 위한 기회나 자유와 관계가 있습니다.

이 변화를 알지 못하면 "다만 잘못했으니 용서해 주십시오" 하는 회개의 수준을 넘어설 수 없습니다. 은혜가 만든 자유가 어떤 것인지 알 수 없다는 것입니다. "하나님, 저를 찾아 오사 저로 하여금 하나님의 창조와 구원의 실체가 되게 하여 주시옵소서. 그렇게 되기를 제가 원하고, 제가 선택합니다"라는 고백이 나오지 않습니다. 다시 말해, 심판을 염두에 두었던 잘 잘못을 뛰어넘어 하나님의 사람으로서의 정체성을 갖겠다고 호소하거나 소원하지도 않으며, 그런 명예를 바라지도 않게 됩니다. 성경이 모세의 경우를 통하여 어떻게 자세히 설명하는지 한번 보겠습니다.

책임을 깊이 배워 가는 모세

출애굽기 3:7-15을 읽겠습니다.

> 여호와께서 이르시되 내가 애굽에 있는 내 백성의 고통을 분명히 보고 그들이 그들의 감독자로 말미암아 부르짖음을 듣고 그 근심을 알고 내가 내려가서 그들을 애굽인의 손에서 건져내고 그들을 그 땅에서 인도하여 아름답고 광대한 땅, 젖과 꿀이 흐르는 땅 곧 가나안 족속, 헷 족속, 아모리 족

속, 브리스 족속, 히위 족속, 여부스 족속의 지방에 데려가려 하노라. 이제 가라. 이스라엘 자손의 부르짖음이 내게 달하고 애굽 사람이 그들을 괴롭히는 학대도 내가 보았으니 이제 내가 너를 바로에게 보내어 너에게 내 백성 이스라엘 자손을 애굽에서 인도하여 내게 하리라. 모세가 하나님께 아뢰되 내가 누구이기에 바로에게 가며 이스라엘 자손을 애굽에서 인도하여 내리이까. 하나님이 이르시되 내가 반드시 너와 함께 있으리라. 네가 그 백성을 애굽에서 인도하여 낸 후에 너희가 이 산에서 하나님을 섬기리니 이 것이 내가 너를 보낸 증거니라. 모세가 하나님께 아뢰되 내가 이스라엘 자손에게 가서 이르기를 너희의 조상의 하나님이 나를 너희에게 보내셨다 하면 그들이 내게 묻기를 그의 이름이 무엇이냐 하리니 내가 무엇이라고 그들에게 말하리이까. 하나님이 모세에게 이르시되 나는 스스로 있는 자이니라. 또 이르시되 너는 이스라엘 자손에게 이같이 이르기를 스스로 있는 자가 나를 너희에게 보내셨다 하라. 하나님이 또 모세에게 이르시되 너는 이스라엘 자손에게 이같이 이르기를 너희 조상의 하나님 여호와 곧 아브라함의 하나님, 이삭의 하나님, 야곱의 하나님께서 나를 너희에게 보내셨다 하라. 이는 나의 영원한 이름이요 대대로 기억할 나의 칭호니라(출 3:7-15).

하나님과 모세가 나눈 이 대화는 그 내용이 상당히 깊습니다. 이사야 64장에서 만난 질문과 그 답이 여기에 그대로 들어 있습니다. 하나님이 모세를 불러 애굽에 보내어 당신의 백성을 구원하겠다고 말씀하십니다. 그러나 모세는 수긍하지 않습니다. 그 이유는 그가 하나님께 가졌던 기대와 달랐기 때문입니다.

원래 그는 죽었어야 할 히브리 사람이지만, 기이한 인연을 만나 바로의 아들인 왕자로 궁에서 자라납니다. 그는 이후에 자신의 민족적 정체성을 알고 학대받는 자기 민족을 구하려고 떨쳐 일어났지만, 하나님이 그의 편을 들어주시지 않습니다. 그는 도망칠 수밖에 없었고, 미디안 광야에서 40년을 보내자 그의 생애가 다 끝난 것 같았습니다.

그는 80세에 부름을 받습니다. 하나님이 나타나셔서 "가서 내 백성을 구하라"고 하십니다. 모세의 반응은 이것입니다. "하나님, 무슨 일을 이렇게 하십니까? 40년 전에 제가 하자고 할 때는 왜 가만히 계셨습니까? 왜 이제 와서 이러시는 겁니까? 당신은 누구십니까?" "나는 스스로 있는 자다." 이것이 무슨 말씀으로 들립니까? "내가 모든 가치와 때와 시기와 내용과 승리와 가치를 만든다. 네가 생각하는 네 경험과 이해와 만족보다 훨씬 큰 것이다. 그것은 내 손에 있다. 지금이 때다. 너는 가라." "못 믿겠습니다." "나는 네 조상의 하나님이다. 아브라함과 이삭과 야곱의 하나님이다." "그러면 저에게는 왜 그러셨습니까?" 그가 죽어도 가지 않겠다는 것입니다. 그래서 하나님은 마지막에 어떻게 하셨습니까? "네가 가지 않으면 너를 죽이겠다." 그래서 그가 할 수 없이 갑니다. 그가 가지만 바로가 말을 듣지 않습니다. 바로는 "이들이 배가 불러서 배짱을 부리는구나" 싶어 더 심하게 압제하므로 이스라엘 백성은 더욱 곤고해집니다.

그래서 하나님이 열 가지 재앙을 내리셔야 했습니다. 열 가지 재앙을 내리셔야 했던 것은 하나님이 단번에 힘을 쓰시지 못했기 때문일까요? 단칼에 죽일 힘이 없었던 것이었을까요? 아닙니다. 그렇게 하나씩 하나씩, 첫째가 있고 둘째가 있고 셋째가 있듯이 이스라엘 백성이 그렇게 배웁니다. 그리고 모세가 가장 크게 배웁니다. 하나님이 누구신지, 어떻게 일하시는지, 하나씩 하나씩 배우는 것입니다. 할 수 없이 끌려갔던 모세가 이제 홍해 앞에 서서 변합니다. 이스라엘 백성을 놓아주었던 바로가 뒤늦게 후회를 하며 병거를 몰고 뒤쫓아 옵니다. 앞에는 홍해가 있고 뒤에는 적군입니다. 오도가도 못하게 되자 백성들은 원망합니다.

이때 모세가 놀라운 말을 합니다. "너희는 두려워 말고 가만히 서서 여호와의 구원을 보라." 우리가 아는 모세가 탄생합니다. 이렇게 되기까지 세월이 얼마나 걸렸습니까? 80년입니다. 이처럼 그 재앙들은 바로를 잡기 위한 것이 아니라 모세를 키우기 위한 것이었습니다. 그리하여 그가 홍해를 가르고 건너 이스라엘 백성을 데리고 시내산에 이릅니다. 출애굽기 32장을 보면, 모세가 하나님 앞에 율법을 받으러 시내산에 올라가서 40일 동안 내려오지 않습니다. 이스라엘 백성들은 점점 두려워지기 시작합니다.

백성이 모세가 산에서 내려옴이 더딤을 보고 모여 백성이 아론에게 이르러 말하되 일어나라. 우리를 위하여 우리를 인도할 신을 만들라. 이 모세 곧 우리를 애굽 땅에서 인도하여 낸 사람은 어찌 되었는지 알지 못함이니라. 아론이 그들에게 이르되 너희의 아내와 자녀의 귀에서 금 고리를 빼어 내게로 가져오라. 모든 백성이 그 귀에서 금 고리를 빼어 아론에게로 가져가매 아론이 그들의 손에서 금 고리를 받아 부어서 조각칼로 새겨 송아지 형상을 만드니 그들이 말하되 이스라엘아, 이는 너희를 애굽 땅에서 인도하여 낸 너희의 신이로다 하는지라. 아론이 보고 그 앞에 제단을 쌓고 이에 아론이 공포하여 이르되 내일은 여호와의 절일이니라 하니 이튿날에 그들이 일찍이 일어나 번제를 드리며 화목제를 드리고 백성이 앉아서 먹고 마시며 일어나서 뛰놀더라. 여호와께서 모세에게 이르시되 너는 내려가라. 네가 애굽 땅에서 인도하여 낸 네 백성이 부패하였도다. 그들이 내가 그들에게 명령한 길을 속히 떠나 자기를 위하여 송아지를 부어 만들고 그것을 예배하며 그것에게 제물을 드리며 말하기를 이스라엘아, 이는 너희를 애굽 땅에서 인도하여 낸 너희 신이라 하였도다. 여호와께서 또 모세에게 이르시되 내가 이 백성을 보니 목이 뻣뻣한 백성이로다. 그런즉 내가 하는 대로 두라. 내가 그들에게 진노하여 그들을 진멸하고 너를 큰 나라가 되게 하리라. 모세가 그의 하나님 여호와께 구하여 이르되 여호와여, 어찌하여 그 큰 권능과 강한 손으로 애굽 땅에서 인도하여 내신 주의 백성에게 진노하시나이까. 어찌하여 애굽 사람들이 이르기를 여호와가 자기의 백성을 산에서 죽이고 지면에서 진멸하려는 악한 의도로 인도해 내었다고 말하게 하시려 하나이까. 주의 맹렬한 노를 그치시고 뜻을 돌이키사 주의 백성에게 이 화를 내리지 마옵소서. 주의 종 아브라함과 이삭과 이스라엘을 기억하소서. 주께서 그들을 위하여 주를 가리켜 맹세하여 이르시기를 내가 너희의 자손을 하늘의 별처럼 많게 하고 내가 허락한 이 온 땅을 너희의 자손에게 주어 영원한 기업이 되게 하리라 하셨나이다(출 32:1-13).

이스라엘 백성들은 시내산 아래에서 겁에 질려 금송아지 우상을 만듭니다. 그 이름이 여호와입니다. 기가 막힌 우상입니다. "너희를 애굽 땅에서 인도하여 낸 너희의 하나님이다." 하나님 외에 다른 우상을 만든 것이 아니라, 그렇게 하나님을 우상화했습니다. 자기들의 문제를 해결해 주는 능력, 불평을 해소시키는 방법으로 형상화합니다. 하나님이 진노하십니다. 우상을 만들어서 진노하시는 것이 아닙니다. 하나님의 의도와 목적, 내용과 다른 길로 갔다는 뜻입니다. 우상을 섬기지 않으면 되고 우상을 섬기면 벌을 받는 것이 아니라, 하나님이 누구신지 제대로 모르는 벌을 받는 것입니다. 여기가 어렵습니다.

하나님이 모세에게 말씀하십니다. "이들을 죽이고 새 민족을 만들겠다." 그러자 모세가 이 기이한 발언을 합니다. "하나님, 그렇게 못합니다. 그럴 수 없습니다. 저에게 하신 것같이 하실 겁니까? 죽어야 마땅한 저를 살려서 바로 밑에 왕자로 키우시더니, 40년 동안 광야에서 다 소진되고 다 허망하게 만드신 것같이, 여태껏 하신 일을 다 무효화하실 작정이십니까? 그렇게 못합니다. 하나님은 아브라함의 하나님, 이삭의 하나님, 야곱의 하나님이시며 그들에게 그 자손에게 복 주시고, 온 천하에 편만하게 하시겠다고 약속하신 하나님이십니다." 그런 신통한 말을 합니다.

그랬더니 더 기가 막힌 일이 일어납니다. "여호와께서 뜻을 돌이키사 말씀하신 화를 그 백성에게 내리지 아니하시니라"(출 32:14). 이것은 도대체 무엇입니까? 누구의 말을 듣고 하나님이 마음을 돌이키신다고요? 모세의 말입니다. 모세가 위대해서 하나님이 그렇게 하셨을까요? 아닙니다. 여기서 모세는 이런 경험을 합니다. 그가 하나님께 열심을 내는 것이 그의 생애에 주어진 사명이 아니라 하나님을 아는 것이 그분이 가지신 목적이었다는 것 말입니다. 그것을 광야에서 알게 되었습니다.

하나님이 없으면 우리는 단지 목숨을 연명하는 것에 불과합니다. 인생은 어떤 목적과 내용을 가져야 합니까? 여기서 답을 찾지 못할 때 하나님이 나타나셔서 그 백성을 인도하십니다. 그러기 위하여 하나님이 그의 능력을 동원하십니다. 왜 능력을 동원하시지요? 이스라엘 백성이 그만큼 가치 있기 때문입니다. 무슨 가치가 있지요? 우리가 알지만 그들의 광야 40년에 대해서 가치 있는 것은 하나도 없습니다. 하나님이 가지신 가치는 그들을 향한 하나님 사랑의 기쁘신 뜻입니다. 우리를 만드신 창조주의 기쁘신 뜻입니다. 출애굽기 32:30-32을 보겠습니다.

이튿날 모세가 백성에게 이르되 너희가 큰 죄를 범하였도다. 내가 이제 여호와께로 올라가노니 혹 너희를 위하여 속죄가 될까 하노라 하고 모세가 여호와께로 다시 나아가 여짜오되 슬프도소이다. 이 백성이 자기들을 위하여 금 신을 만들었사오니 큰 죄를 범하였나이다. 그러나 이제 그들의 죄를 사하시옵소서. 그렇지 아니하시오면 원하건대 주께서 기록하신 책에서 내 이름을 지워 버려 주옵소서(출 32:30-32).

이 무슨 기가 막힌 기도입니까? "하나님, 우리는 실수합니다. 우리는 창조주가 아닙니다. 우리의 모든 실패와 못난 것을 하나님이 덮어 주시고 극복하게 해주시지 않으면 우리는 살 수가 없습니다. 그럴 바에는 차라리 기계로 만드십시오. 아니면 우리에게 책임 있는 하나님의 백성이 될 기회를 주십시오. 그렇지 않으시려면 저도 빼주십시오. 저도 앞으로 어떻게 될지 모릅니다. 하나님이 당신의 기쁘신 뜻을 채우기 위하여 우리를 만드셨고, 우리가 그것을 이해하고 납득하고 그렇게 되라고 시간을 주신 것 아닙니까?"

기쁘신 뜻을 다 채우시는 예수님

그것이 고스란히 예수님에게서 완성됩니다. 요한복음 17:1-3을 보겠습니다.

예수께서 이 말씀을 하시고 눈을 들어 하늘을 우러러 이르시되 아버지여, 때가 이르렀사오니 아들을 영화롭게 하사 아들로 아버지를 영화롭게 하옵소서. 아버지께서 아들에게 주신 모든 사람에게 영생을 주게 하시려고 만민을 다스리는 권세를 아들에게 주셨음이로소이다. 영생은 곧 유일하신 참 하나님과 그가 보내신 자 예수 그리스도를 아는 것이니이다(요 17:1-3).

영생은 아버지와 아들을 아는 것입니다. 그것은 무한대의 존속이 아닙니다. 생명이란 생명이 가지는 힘, 자랑, 충만, 영광을 말하는 것입니다. 영생은 하나님과 예수님을 아는 것입니다. 거룩하시고 은혜로우시고 자비로우시고 복되신 하나님이 우리를 그의 기쁨의 대상으로, 사랑의 대상으로 삼으시고, 피조물이 갖는 한계에도 불구하고 우리에게 요구하신 영광을 예수님으로 구체화하십니다. 그것을 아는 것이 영생입니다.

이것은 구원을 받는 문제보다 큰 것이요 우리의 정체성을 아는 것입니다. 신분을 아는 것이요 지위를 아는 것입니다. 3절 뒤로 이어지는 본문은 이렇게 연결됩니다. "아버지께서 내게 하라고 주신 일을 내가 이루어 아버지를 이 세상에서 영화롭게 하였사오니 아버지여, 창세 전에 내가 아버지와 함께 가졌던 영화로써 지금도 아버지와 함께 나를 영화롭게 하옵소서"(요 17:4-5).

예수께서 아버지의 영광을 드러내십니다. 자녀를 찾아오셔서 은혜를 베푸시고 포기하지 않으시는, 지극한 사랑과 능력으로 찾아오시는 아버지를 드러내신 것입니다. 그것을 드러내신 예수님의 자리는, 하나님이 그의 영광과 능력과 열심을 동원하여 만드신 지위요 존재인 것입니다. 이것이 여러분 각자에게 성경이 하고싶어 하는 이야기입니다.

요한복음 14:12-14에 따르면, 이 영광의 지위는 단지 심판을 염두에 둔 책임과 조건의 공포를 벗어나서 명예로운 자유로서의 책임으로 우리를 부릅니다.

> 내가 진실로 진실로 너희에게 이르노니 나를 믿는 자는 내가 하는 일을 그도 할 것이요 또한 그보다 큰 일도 하리니 이는 내가 아버지께로 감이라. 너희가 내 이름으로 무엇을 구하든지 내가 행하리니 이는 아버지로 하여금 아들로 말미암아 영광을 받으시게 하려 함이라. 내 이름으로 무엇이든지 내게 구하면 내가 행하리라(요 14:12-14).

예수께서 하신 일이 무엇입니까? 아버지의 창조의 실체와 목적을 보이신 것입니다. 그의 창조의 영광을 보이신 것입니다. 에베소서 1장의 방식으로 말하면, 우리가 하나님의 영광이 되고, 영광의 찬송이 되는 것입니다. 다시 말하면, 우리가 하나님의 창조와 하나님의 자기 계시요 자기 영광의 표현이며, 구체적 증거라는 것입니다. 하나님의 형상으로 창조된 우리 인간이 말입니다.

그 인간의 모습을 예수님이 완성하십니다. 그가 무엇으로 완성하십니까? 그 기쁘신 뜻을 채우는 것, 하나님의 목적을 다 채우는 것으로 완성하십니다. 순종한다는 것은 굴복한다는 것이 아닙니다. 하나님이 만드시려고 한 그것을 모두 담아내는 것입니다. 예수님이 그렇게 하셨습니다. 모든 위협과 시험과 유혹 가운데서 고단한 죄인들의 삶을 살아내신 것입니다. 예수님이 생명과 진리의 영광과 힘을 보이신 것입니다. 하나님의 영광과 진실하심으로 모든 실존과 맞닥뜨려 돌파해 나가시는 예수님을 보십니까? 기적을 행하기도 하시고 오해를 받기도 하시며, 배신을 당하기도 하시고 울기도 하십니다.

하나님이 보내신 자리

우리가 가장 크게 속상해하는 신앙 현실이 무엇입니까? 하나님을 사랑하고 하나님의 백성답게 살고 싶어서 열심히 무릎 꿇고 기도하는데, 하나님이 응답하시지 않는다는 것 아닙니까? 무엇을 구했습니까? 책임을 지지 않아도 살게 해달라는 것 아닙니까? 울지 않아도 되는 삶을 살게 해달라는 것 아닙니까? "나를 믿는 자는 내가 하는 일을 저도 할 것이요 이보다 큰 일도 할 것이라"고 하셨습니다. 우리가 이 영광된 인생을 걸고 있는 것입니다. "하나님은 하나님 하십시오. 저는 하나님의 자녀 하겠습니다. 하나님이 하나님 하지 않으신다면 저도 자녀 하지 않겠습니다." 이것이 모세의 고백이요 간증입니다. 그것은 잘잘못의 문제를 놓고 면책을 요구하는, 다만 목숨을 구걸하는 자리와는 전혀 다른 지위에서 한 발언인 것입니다.

이 일은 뜻밖에 바울에게서도 터져 나옵니다. 로마서 9장에서 "내 마음에 깊은 근심과 걱정이 있는데 다른 것이 아니라 내 혈육을 위하여 하는

이사야서, 하나님의 비전

고민이다. 내 민족 내 형제들을 구원하는 일에 필요하다면 내가 저주를 받아 예수 그리스도에게서 끊어져도 좋다." 이렇게 말합니다. "하나님께서 세우신 그의 백성, 그의 자녀들이 끊어지고 창조의 목적이 포기될 것이라면 저도 필요 없지 않습니까"라고 말할 수 있게 됩니다. 예수님이 바로 그 일을 하신 것 아닙니까?

그러나 뜻밖에도 하나님은 바울을 유대인에게 보내시지 않습니다. 이방인에게 보내십니다. 여기에 우리의 의문이 있습니다. 그의 마음은 자기 형제들에게 가 있는데, 그는 다른 곳으로 보냄을 받습니다. 여러분도 마음이 그렇지 않습니까? 여러분이 가진 비전이나 거룩한 소원이 있는 곳으로 보내지 않으시고 여러분을 묶어 놓으십니다. 아무것도 아닌 일에 말입니다. 거기가 하나님이 여러분을 보내신 자리입니다. 거기가 모세가 했던 기도, 바울이 했던 기도의 자리입니다. 주께서 하신 약속을 상기하십시오. "나를 믿는 자는 내가 하는 일을 저도 할 것이요 또한 그보다 큰 일도 하리니 이는 내가 아버지께로 감이라."

예수님은 아버지께서 우리에게 가지신 모든 뜻을 구체적으로 보이셨습니다. 우리가 처한 정황과 현실, 조건이 어떠한지는 그 다음 문제입니다. 우리만이 주의 이름으로 기도할 수 있습니다. '주의 이름으로'란 무엇입니까? 하나님의 기쁘신 뜻을 근거로 하나님 앞에 기도할 수 있다는 것입니다. 회개하고 애걸하는 기도가 아닙니다. 하나님의 창조의 통치의 동역자로 참여하는 것입니다. "원컨대 주는 하늘을 가르시고 강림하십시오. 산을 진동시키십시오. 내가 주 앞에 구하나이다." 그런 자리에 있는 것입니다. 통쾌하고 시원하라고 하는 기도가 아닙니다. 하나님이 일하고 계십니다. 여러분의 지위와 현실이, 하나님의 일하심 속에서 성육신의 길을 걷는 기쁨과 자랑이 되기를 바랍니다.

::

하나님 아버지, 은혜를 감사합니다. 하나님의 일하심을 모세도 잊었고, 이사야도 잊었으며, 하박국도 잊었습니다. 그러나 돌이켜 하나님이 침묵하신 때도 없으셨고 외면하신 때도 없으셨다는 사실을 알게 되자, 저들은 기꺼이 자신들의 생애와 목숨, 위험을 걸 수 있게 되었습니다. 위대한 자리입니다. 우리 모두에게 요구하시는 자리입니다. 몇몇 영웅들에게 떠넘길 것이 아니라, 내가 신앙하고 책임져야 할 자리, 내 명예와 내 인생의 기회입니다. 그 인생 살게 하옵소서. 예수님 이름으로 기도합니다. 아멘.

49

하나님의 답변

사 65:17-25

보라, 내가 새 하늘과 새 땅을 창조하나니 이전 것은 기억되거나 마음에 생각나지 아니할 것이라. 너희는 내가 창조하는 것으로 말미암아 영원히 기뻐하며 즐거워할지니라. 보라, 내가 예루살렘을 즐거운 성으로 창조하며 그 백성을 기쁨으로 삼고 내가 예루살렘을 즐거워하며 나의 백성을 기뻐하리니 우는 소리와 부르짖는 소리가 그 가운데에서 다시는 들리지 아니할 것이며 거기는 날 수가 많지 못하여 죽는 어린이와 수한이 차지 못한 노인이 다시는 없을 것이라. 곧 백 세에 죽는 자를 젊은이라 하겠고 백 세가 못되어 죽는 자는 저주 받은 자이리라. 그들이 가옥을 건축하고 그 안에 살겠고 포도나무를 심고 열매를 먹을 것이며 그들이 건축한 데에 타인이 살지 아니할 것이며 그들이 심은 것을 타인이 먹지 아니하리니 이는 내 백성의 수한이 나무의 수한과 같겠고 내가 택한 자가 그 손으로 일한 것을 길이 누릴 것이며 그들의 수고가 헛되지 않겠고 그들이 생산한 것이 재난을 당하지 아니하리니 그들은 여호와의 복된 자의 자손이요 그들의 후손도 그들과 같을 것임이라. 그들이 부르기 전에 내가 응답하겠고 그들이 말을 마치기 전에 내가 들을 것이며 이리와 어린 양이 함께 먹을 것이며 사자가 소처럼 짚을 먹을 것이며 뱀은 흙을 양식으로 삼을 것이니 나의 성산에서는 해함도 없겠고 상함도 없으리라. 여호와께서 말씀하시니라.

기도와 응답 사이에 생긴 간극

이사야 65장은 이러한 하나님의 답변으로 시작합니다. "나는 나를 구하지 아니하던 자에게 물음을 받았으며 나를 찾지 아니하던 자에게 찾아냄이 되었으며 내 이름을 부르지 아니하던 나라에 내가 여기 있노라. 내가 여기 있노라 하였노라. 내가 종일 손을 펴서 자기 생각을 따라 옳지 않은 길을 걸어가는 패역한 백성들을 불렀나니 곧 동산에서 제사하며 벽돌 위에서 분향하여 내 앞에서 항상 내 노를 일으키는 백성이라"(65:1-3). 이 답변을 먼저 깊이 들여다 본 후에 본문 17절에 나오는 "새 하늘과 새 땅"이 무엇인지도 잠시 살펴보겠습니다.

이 하나님의 응답은 선지자가 드린 기도에 대한 응답입니다. 그의 기도는 이렇습니다. "원하건대 주는 하늘을 가르고 강림하시고 주 앞에서 산들이 진동하기를 불이 섶을 사르며 불이 물을 끓임 같게 하사 주의 원수들이 주의 이름을 알게 하시며 이방 나라들로 주 앞에서 떨게 하옵소서. 주께서 강림하사 우리가 생각하지 못한 두려운 일을 행하시던 그 때에 산들이 주 앞에서 진동하였사오니 주 외에는 자기를 앙망하는 자를 위하여 이런 일을 행한 신을 옛부터 들은 자도 없고 귀로 들은 자도 없고 눈으로 본 자도 없었나이다"(사 64:1-4).

그의 기도는 출애굽 사건을 언급하고 있습니다. 홍해를 가르고 나와 시내산에 이르러 하나님을 만났을 때, 하나님의 임재로 인하여 그 산은 우레 소리와 흑암으로 뒤덮입니다. 하나님의 임재와 능력, 거룩하심, 그리고 친히 찾아오심을 근거로 해서 선지자가 "하나님, 지금 우리를 찾아오사 우리의 현실과 우리의 고난, 우리의 형편을 해결해 주시옵소서"라고 구합니다. 그랬더니 하나님이 답하십니다. "내가 언제 너희와 함께 있지 않았느냐? 이미 함께 있었고, 함께 있고, 앞으로도 영원히 함께 있을 것이다. 나는 나를 찾지 아니하는 자에게도 나타나는 하나님이고, 나를 배반하고 등을 돌리고 우상을 섬기는 자들에게도 종일 팔을 벌리고 서 있었던 하나님이다." 이와 같이 선지자의 간구와 하나님의 답변 사이에는 간극이 있습니다. 이 간극이 무엇입니까? 로마서 10:9-13에서 이사야 65장의 말씀들을 인용하고 있는데, 그것이 우리에게 답을 줄 것입니다.

> 네가 만일 네 입으로 예수를 주로 시인하며 또 하나님께서 그를 죽은 자 가
> 운데서 살리신 것을 네 마음에 믿으면 구원을 받으리라. 사람이 마음으로
> 믿어 의에 이르고 입으로 시인하여 구원에 이르느니라. 성경에 이르되 누
> 구든지 그를 믿는 자는 부끄러움을 당하지 아니하리라 하니 유대인이나 헬
> 라인이나 차별이 없음이라. 한 분이신 주께서 모든 사람의 주가 되사 그를
> 부르는 모든 사람에게 부요하시도다. 누구든지 주의 이름을 부르는 자는
> 구원을 받으리라(롬 10:9-13).

우리가 잘 아는 구절입니다. 우리는 부흥 시대를 지나왔습니다. 부흥 시대에 한국 교회에 내리신 하나님의 크신 은혜로 교회는 부흥했고, 많은 사람이 회심을 경험했습니다. 우리 자신도 그 열매들입니다. 그러나 "예수님을 믿으면 구원을 얻는다"라는 이 말씀이 우리에게 회심, 주를 믿는 영혼의 소생 같은 것들로 이해되긴 했어도, 아직 한국 교회가 그 말씀에 담긴 깊은 내용을 다 따라 들어가지는 못한 것으로 보입니다.

이 값없는 은혜는 참으로 고마운 말씀이면서도 종종 우리에게는 값싼 은혜가 되기도 합니다. 예수님을 믿어 감격은 있지만, 그 다음 현실을 살아 내는 일에서, 즉 신앙생활을 하는 현장에서는 도무지 맥을 쓰지 못하는 신자들을 만들었는지도 모릅니다. "주여, 주는 하늘을 가르고 강림하옵소서"라는 선지자의 기도는 우리 모두가 늘 하는 기도와 같습니다. "하나님, 이게 어떻게 된 일입니까? 하나님, 왜 제 기도에 응답하시지 않습니까? 어떡하란 말입니까?" 이것은 모든 신자들이 늘 하는 기도일 것입니다. 그런데 하나님이 뭐라고 하셨습니까? "나는 네가 부르기 전에 와 있었고, 네가 묻지 않을 때 답했고, 네가 딴 짓할 때도 와서 손을 벌리고 있었다"라고 답하

셨습니다. 이어서 그 다음 구절을 보겠습니다.

그런즉 그들이 믿지 아니하는 이를 어찌 부르리요. 듣지도 못한 이를 어찌 믿으리요. 전파하는 자가 없이 어찌 들으리요. 보내심을 받지 아니하였으면 어찌 전파하리요. 기록된 바 아름답도다. 좋은 소식을 전하는 자들의 발이여 함과 같으니라(롬 10:14-15).

그렇습니다. 예수님을 보내셨다는 것, 그리고 예수님을 믿는다는 말은 하나님이 일하고 계시다는 확실한 증거입니다. 우리가 아직 죄인 되었을 때 그리스도께서 보내심을 받습니다. 우리를 위하여 오셨습니다. 우리를 위하여 죽으셨습니다. 우리를 죄와 사망에서 구원하셨습니다. 하나님은 이런 일을 하고 계시는데 우리는 어떤 기도를 드릴까요? "하나님, 왜 저를 그대로 놔두십니까? 응답하시지 않습니까?" 그러자 하나님은 뭐라고 말씀하십니까? "네가 부르지 않을 때도 내가 일했다. 지금도 일하고 있다." 우리는 이 사실을 모르고 있었다는 것입니다.

그러나 그들이 다 복음을 순종하지 아니하였도다. 이사야가 이르되 주여, 우리가 전한 것을 누가 믿었나이까 하였으니 그러므로 믿음은 들음에서 나며 들음은 그리스도의 말씀으로 말미암았느니라. 그러나 내가 말하노니 그들이 듣지 아니하였느냐. 그렇지 아니하니 그 소리가 온 땅에 퍼졌고 그 말씀이 땅 끝까지 이르렀도다 하였느니라. 그러나 내가 말하노니 이스라엘이 알지 못하였느냐. 먼저 모세가 이르되 내가 백성 아닌 자로써 너희를 시기하게 하며 미련한 백성으로써 너희를 노엽게 하리라 하였고 이사야는 매우 담대하여 내가 나를 찾지 아니한 자들에게 찾은 바 되고 내게 묻지 아니한 자들에게 나타났노라 말하였고 이스라엘에 대하여 이르되 순종하지 아니하고 거슬러 말하는 백성에게 내가 종일 내 손을 벌렸노라 하였느니라(롬 10:16-21).

여기에 어떤 내용이 나옵니까? 하나님이 예수님을 보내셨지만 그들이 예수님을 믿지 않았다는 것입니다. 이사야 53장의 예언대로 된 것 아닙니까? "우리의 전한 것을 누가 믿었는가? 여호와의 팔이 누구에게 나타났는가?" 하나님이 그의 아들을 이스라엘에 보내셨지만, 저들은 거부했고 우리는 믿었습니다.

모세가 증언한 대로 "내가 백성 아닌 자로써 너희를 시기하게 하며 미련한 백성으로써 너희를 노엽게 하리라"는 말씀 그대로 된 것입니다. 하나님이 일하고 계시다는 것입니다. 그리고 하나님은 또 어떻게 하고 계십니까? "내게 묻지 아니한 자들, 찾지 아니한 자들에게도 나타났고, 나를 불순종하여 우상숭배하고 고집부리고 딴 길로 간 자들을 위하여 지금도 손을 벌리고 있다." 이렇게 말씀하고 계시다는 것입니다. 그런데 우리는 그런 하나님을 어떻게 오해하고 있습니까? "말 듣지 않는 자들 다 없애버리시고, 말 듣는 자들과 함께 천국을 만드시지요." 우리는 이런 생각으로 하나님을 믿고 있습니다.

간극을 메꾸는 믿음

지난 기독교 역사 2천 년 동안 우리는 유대인들을 욕하는 것이 전부인 신앙생활을 해왔습니다. 지금도 그렇습니다. 예수님을 믿는데 왜 보상은 없습니까? "우리와 함께 천국을 만드시고, 아닌 것들은 다 잘라버리면 그만 아닙니까?" 이스라엘 때부터 그래 왔습니다. "이스라엘 역사에서 그들이 하나님을 몰라볼 때도 하나님은 그들의 하나님이셨고, 그들이 예수님을 배척해서 그들이 아닌 우리를 구원하실 때도 하나님은 그들에게도 하나님 이셨다"라고 지금 말씀하고 계십니다.

그러면 우리가 소원하는 신앙의 확인, 보상은 도대체 어떻게 되는 것입니까? 하나님은 왜 하늘을 가르고 강림하시고 산들을 진동시키는 출애굽의 역사에서 하셨던 식으로 신앙인들의 인생 속에서 보상하지 않으실까요? 우리에게 이런 문제가 남습니다. 하박국 1:2-4에 신기한 답이 나옵니다.

여호와여, 내가 부르짖어도 주께서 듣지 아니하시니 어느 때까지리이까. 내가 강포로 말미암아 외쳐도 주께서 구원하지 아니하시나이다. 어찌하여 내게 죄악을 보게 하시며 패역을 눈으로 보게 하시나이까. 겁탈과 강포가 내 앞에 있고 변론과 분쟁이 일어났나이다. 이러므로 율법이 해이하고 정의가 전혀 시행되지 못하오니 이는 악인이 의인을 에워쌌으므로 정의가 굽게 행하여짐이니이다(합 1:2-4).

이스라엘의 부패와 불의를 보고 선지자가 분연히 일어나 하나님께 구합니다. "정의와 평화를 실현해 주시옵소서. 불의한 자들을 제거하여 주시고 의인들을 보상하여 주시옵소서." 하나님이 답하십니다.

여호와께서 이르시되 너희는 여러 나라를 보고 또 보고 놀라고 또 놀랄지어다. 너희의 생전에 내가 한 가지 일을 행할 것이라. 누가 너희에게 말할지라도 너희가 믿지 아니하리라. 보라, 내가 사납고 성급한 백성 곧 땅이 넓은 곳으로 다니며 자기의 소유가 아닌 거처들을 점령하는 갈대아 사람을 일으켰나니 그들은 두렵고 무서우며 당당함과 위엄이 자기들에게서 나오며 그들의 군마는 표범보다 빠르고 저녁 이리보다 사나우며 그들의 마병은 먼 곳에서부터 빨리 달려오는 마병이라. 마치 먹이를 움키려 하는 독수리의

이사야서, 하나님의 비전

날음과 같으니라. 그들은 다 강포를 행하러 오는데 앞을 향하여 나아가며 사람을 사로잡아 모으기를 모래 같이 많이 할 것이요(합 1:5-9).

바벨론의 홍왕을 이야기하고 있습니다. "이 이방 나라가 폭력으로 온 세상을 정복하고 압제를 행할 것이다. 놀라고 놀라라." 이렇게 하나님이 답변하십니다. 하박국이 혹 떼러 갔다가 괜히 혹 붙이는 꼴이 됐지 않습니까? "정의를 실현해 주시옵소서." "지금까지 본 것은 서론에 불과하다. 너희는 이제 죽어날 것이다." 그렇게 됐습니다. 그렇지 않습니까? 건너뛰어 12절 부터 계속 보겠습니다.

선지자가 이르되 여호와 나의 하나님, 나의 거룩한 이시여. 주께서는 만세 전부터 계시지 아니하시니이까. 우리가 사망에 이르지 아니하리이다. 여호 와여, 주께서 심판하기 위하여 그들을 두셨나이다. 반석이시여, 주께서 경 계하기 위하여 그들을 세우셨나이다. 주께서는 눈이 정결하시므로 악을 차 마 보지 못하시며 패역을 차마 보지 못하시거늘 어찌하여 거짓된 자들을 방관하시며 악인이 자기보다 의로운 사람을 삼키는데도 잠잠하시나이까 (합 1:12-13).

선지자가 묻습니다. "하나님만이 유일한 하나님이십니다. 하나님은 의로운 분입니다. 그런데 어찌하여 악당들을 홍왕케 하고 저들로 폭력을 사용하도록 허락하실 수 있단 말입니까?" 이에 대하여 하나님이 답하십니 다. 하박국 2:1-4에서 그 답을 확인할 수 있습니다.

내가 내 파수하는 곳에 서며 성루에 서리라. 그가 내게 무엇이라 말씀하실 는지 기다리고 바라보며 나의 질문에 대하여 어떻게 대답하실지 보리라 하였더니 여호와께서 내게 대답하여 이르시되 너는 이 묵시를 기록하여 판에 명백히 새기되 달려가면서도 읽을 수 있게 하라. 이 묵시는 정한 때가 있나니 그 종말이 속히 이르겠고 결코 거짓되지 아니하리라. 비록 더딜지라도 기다리라. 지체되지 않고 반드시 응하리라. 보라, 그의("그"는 바벨론, 악인들입니다) 마음은 교만하며 그 속에서 정직하지 못하나 의인은 그의 믿음으로 말미암아 살리라(합 2:1-4).

로마서 1장에서 사도 바울은 예수 그리스도로 말미암는 구원을 논할 때, 예수님을 믿는 믿음에 관하여 말하면서 하박국의 이 구절을 인용합니다. "오직 의인은 믿음으로 말미암아 살리라." 그런데 이 믿음은 하박국이 요구했지만 응답을 받지 못한 하나님의 뜻과 관계가 있습니다. 그러니까 여기서 믿음이란 우리의 소원과 하나님이 하시려는 것 사이에 간극을 메꾸는 것으로 생각할 수 있습니다. "어찌하여 불의가 횡행하며 악한 자들이 권세를 가져서 의로운 자들을 해치는데 잠잠하십니까?" "놀라라. 더 큰 폭력이, 더 큰 악이 나설 것이다." "아니, 하나님, 어찌 그럴 수 있습니까?" "의인은 보상으로 살지 않는다. 안심으로 살지 않는다. 믿음으로 산다." 이렇게 답이 나온 것입니다. 바로 이 지점에서 우리가 불만을 보이는 것이 아닙니까? 하박국이 어떻게 결정했는지 3:16-19을 보겠습니다.

내가 들었으므로 내 창자가 흔들렸고 그 목소리로 말미암아 내 입술이 떨렸도다. 무리가 우리를 치러 올라오는 환난 날을 내가 기다리므로 썩이는 것이 내 뼈에 들어왔으며 내 몸은 내 처소에서 떨리는도다. 비록 무화과나무가 무성하지 못하며 포도나무에 열매가 없으며 감람나무에 소출이 없으며 밭에 먹을 것이 없으며 우리에 양이 없으며 외양간에 소가 없을지라도 나는 여호와로 말미암아 즐거워하며 나의 구원의 하나님으로 말미암아 기

이사야서, 하나님의 비전

뼈하리로다. 주 여호와는 나의 힘이시라. 나의 발을 사슴과 같게 하사 나를 나의 높은 곳으로 다니게 하시리로다(합 3:16-19).

이것은 무슨 고백입니까? "하나님의 경고를 듣고 내 창자가 끊어지고 내 뼈가 녹는다. 당할 재앙, 죄악과 폭력과 사망과 혼돈이 난무할 세상을 살아야 한다는 사실 때문에 내 몸이 떨린다. 그러나 그래도 좋다. 나는 하나님이 하시는 일에 내 책임을 감수하겠다. 하나님이 하시는 일에 책임으로 나를 헌신하겠다." 이것이 믿음입니다. 하나님이 하시는 일에 책임으로 참여한다는 이 일은 구체적으로 예수님에게서 완성됩니다. 예수님의 성육신, 십자가의 수난, 그의 부활이 가지는 의미는 우리를 속죄하시는 것만 있는 것이 아닙니다.

믿음의 완성이신 예수님

그러한 예수님의 생애에서 믿음의 완성이 드러납니다. 빌립보서 2:5-11을 보겠습니다.

너희 안에 이 마음을 품으라. 곧 그리스도 예수의 마음이니 그는 근본 하나님의 본체시나 하나님과 동등됨을 취할 것으로 여기지 아니하시고 오히려 자기를 비워 종의 형체를 가지사 사람들과 같이 되셨고 사람의 모양으로 나타나사 자기를 낮추시고 죽기까지 복종하셨으니 곧 십자가에 죽으심이라. 이러므로 하나님이 그를 지극히 높여 모든 이름 위에 뛰어난 이름을 주사 하늘에 있는 자들과 땅에 있는 자들과 땅 아래에 있는 자들로 모든 무릎을 예수의 이름에 꿇게 하시고 모든 입으로 예수 그리스도를 주라 시인하여 하나님 아버지께 영광을 돌리게 하셨느니라(빌 2:5-11).

예수 그리스도의 높아지심과 하나님의 영광이 드러납니다. 예수님의 높으심, 하나님의 뜻을 이루신 자의 명예, 그 위대함이 증언되고 있습니다. 예수님의 오심의 특별함은 하나님이 원하시는 일, 하시려는 일을 스스로 한 인생, 한 인격에 담아 구체화시켰다는 것입니다. 그것을 가르치고 주장하고 증언한 것만 아니라 그런 존재가 되셨습니다. 예수님이 그런 분이십니다. 하나님이 원하는 당신의 형상으로 만든 인간의 진정한 모범, 하나님 창조의 실체를 예수께서 보이신 것입니다. "아버지께서 원하시면 기꺼이 제가 가겠습니다. 제 인생과 제 자유와 제 책임을 바쳐 아버지의 뜻에 동참하겠습니다." 그것이 성육신이요 수난이요 부활입니다.

무엇이 다릅니까? 하나님이 우리에게 무엇을 요구하실까요? 하나님의 통치에 참여하기를 바라십니다. 하나님의 통치 대상이 다만 이해관계나 권력이나 안심이나 보상에 의해서 움직이는 존재가 아니라, 하나님이 기꺼이 우리에게 그의 아들을 보내신 것같이, 기꺼이 십자가를 지는 자로 하나님 앞에 헌신과 충성을 약속하는 그런 존재가 되기를 원하십니다.

우리가 무슨 일을 만드는 것이 중요한 게 아닙니다. 우리가 면류관을 쓰는 것이나 유능해지는 것에 있지 않습니다. 하나님이 당신의 기쁘신 뜻을 따라 우리를 사랑하신 것같이, 우리도 기쁘게 하나님을 사랑하는 것입니다. 어떤 조건과 경우에서라도 모든 것을 극복하고 떨쳐버리고 변치 않는 사랑을 가지고 하나님의 사람으로 살아가는 것입니다. 이것이 하나님이 목적하신 것입니다.

쉬운 해결은 없습니다. 우리는 계속 뭐라고 부르짖습니까? "주여, 하늘을 가르시고 땅을 진동시키시고 섶이 불에 타는 것같이 임하셔서 만사형통하게 해주옵소서." 하나님이 뭐라고 답하십니까? "나는 나를 찾지 않는 자에게도 나타났고, 나를 부르지 않는 자에게도 나타났으며, 너희가 생각 없을 때에도 내 아들을 보냈고, 너희가 딴짓할 때도 너희를 사랑하는 하

이사야서, 하나님의 비전

나님이다. 지금도 팔을 벌리고 있다. 너희가 너희 인생에서 만나는 모든 조건과 경우와 실존 속에서 추구하는 것이 무엇이냐? 궁극적인 소원이 무엇이냐?" 이렇게 묻는 것이 역사요 인생인 것입니다. 왜 그래야 하는 것입니까? 새 하늘과 새 땅은 왜 필요한 것인가요?

우리의 깊은 소원을 채우시는 하나님

로마서 8:18-25에서 이렇게 말합니다.

> 생각하건대 현재의 고난은 장차 우리에게 나타날 영광과 비교할 수 없도다. 피조물이 고대하는 바는 하나님의 아들들이 나타나는 것이니 피조물이 허무한 데 굴복하는 것은 자기 뜻이 아니요 오직 굴복하게 하시는 이로 말미암음이라. 그 바라는 것은 피조물도 썩어짐의 종 노릇 한 데서 해방되어 하나님의 자녀들의 영광의 자유에 이르는 것이니라. 피조물이 다 이제까지 함께 탄식하며 함께 고통을 겪고 있는 것을 우리가 아느니라. 그뿐 아니라 또한 우리 곧 성령의 처음 익은 열매를 받은 우리까지도 속으로 탄식하여 양자 될 것 곧 우리 몸의 속량을 기다리느니라. 우리가 소망으로 구원을 얻었으매 보이는 소망이 소망이 아니니 보는 것을 누가 바라리요. 만일 우리가 보지 못하는 것을 바라면 참음으로 기다릴지니라(롬 8:18-25).

만물이 죄와 사망 아래 굴복당하고 있습니다. 무엇 때문에 그렇다고 합니까? 하나님의 아들들의 영광의 자유를 기다리기에 그렇습니다. 무슨 이야기입니까? 창세기에 기록된 대로 인간을 만드신 하나님은 인간에게 자유를 주셨습니다. 하나님의 형상으로 지으셨습니다. 그러나 인류는 배반했습니다. 인간이 죄를 짓자, 하나님은 창조 세계를 저주하셨습니다. 기억나십니까? 우리가 잘못한 것으로 창조 세계가 죄와 사망 아래 놓이게 된 것입니다. 우리만 아니라, 창조계가 그렇게 된 것입니다. 새 하늘과 새 땅의 등장은 우리의 완성이 있어야 가능해지는 것입니다. 조건으로서 그렇다는 것이 아니라 하나님의 뜻이 그렇습니다. 새 하늘과 새 땅의 등장과 사자가 풀을 먹는 일이 우리에게 달려 있습니다. 하나님의 자녀들에게 영광의 자유가 나타나야 합니다.

우리는 어느 때 하나님께 진심으로 항복할까요? 살아가면서 항복합니다. 세상이 주는 것으로는 답이 되지 않는다는 것을 알 때입니다. 우리 영혼의 깊은 소원을 하나님이 채우실 것입니다. 우리는 기도할 줄 몰라서 안심만 바랍니다. 정의와 평화는 무슨 정치나 윤리로 말미암아 생겨나는 것이 아닙니다. 우리가 하나님의 자녀로서 자유의 영광으로 들어가야 하는 것입니다. 어떻게 하라고 하십니까? 우리 삶의 모든 경우, 정황 속에서 믿음으로 살라고 하십니다. 하박국이 고백한 것처럼 뭐가 없을지라도, 뭐가 안될지라도 믿음으로 살라는 것입니다.

예수님은 "네가 만일 하나님의 아들이어든 내려와 보라. 저가 왜 남은 구원하고 자기는 죽는가"라는 비난을 듣는 가운데서도 자유를 누리셨습니다. 우리도 하나님의 자녀로서 그런 자유를 누려야 할 것입니다. 순교나 헌신이라는 말도 아주 명분이 되고 말았습니다. 그렇게 지극한 명분에 그친 탓에 그 말들이 '나'라는 자유인의 선택과 기회가 되지 못한 게 사실입니다. 우리는 모든 일에서 어려운 일이 생기면, 욥기에서 그랬던 것처럼, "무엇을 잘못했기에"라고 생각했을 뿐이지, 그 조건 속에서 "하나님의 사람으로 살 수 있다"는 믿음을 가질 틈이 없었습니다.

욥기의 결론은 이것이었습니다. 욥기 42장에서 욥은 마침내 다음과 같은 고백을 합니다. "누가 쓸데없는 소리를 해서 하나님의 명성을 가렸습니까? 인생을 왜곡시켰습니까? 제가 제 입을 가리고 회개합니다. 티끌과 재 가운데에서 회개합니다. 아무것도 없는 데서, 아무 낙도 없는 데서, 모든 최악의 조건 속에서 하나님의 사람으로 다시 서겠습니다." 그가 그렇게 고백한 것입니다. 그런데 여러분이 가장 많이 울고 억울해하는 정황은 이런 것입니다. "왜 나는 이 모양, 이 꼴입니까?" 여기서 하나님의 사람으로 사십시오.

하나님은 우리의 항복, 우리의 헌신을 요구하십니다. "내가 너를 사랑한 것같이 너희도 그렇게 사랑하라"고 하십니다. 이 자유와 명예를 기억하고 다른 모든 시험에 굴하지 마십시오. "예수 믿는데 왜 그 꼴이야?" 거기에 답할 필요 없습니다. 웃으면 됩니다. "네가 한 일이 뭐가 있어?" 이렇게 물어오면 이렇게 생각하십시오. "무엇을 하는 게 목적이 아니라 우리 자체가 목적이지요." "넌 쓸모없잖아." "아니요. 나는 나입니다." 하나님께 항복한 나, 하나님을 찬송하는 나를 하나님이 요구하십니다. 그러니 여러분의 존재와 인생과 책임을 어느 누구와도 비교할 것 없습니다. 다른 어떤 시험이나 유혹에 넘어갈 것 없습니다. 한 존재의 가치를 지닌 사람으로 사십시오. 하나님의 대접을 받는 자로서 사는 위대함을 스스로 확인하십시오.

::

하나님 아버지, 우리는 우리를 누구에게 보이려고 이 못난 짓을 하는 것일까요? 하나님이 저를 찾아오시고 지켜보시며 "내 눈을 보아라. 내 앞에 서라"고 하시는데, 저는 어디를 보고 있는 것입니까? 세상은 계속 우리에게 가치 있는 일도, 위대한 일도 없다고 겁을 줍니다. 대충 살라고, 아무렇게나 살라고, 네까짓 게 뭐냐고 합니다. 그렇지 않습니다. 우리는 하나님의 자녀입니다. 우리의 모든 조건과 현실 속에서 하나님의 사람으로 살기로 결단합니다. 기쁘게 받으시는 하나님의 자녀로 우리의 인생을 바칩니다. 복을 내려 주시옵소서. 예수님 이름으로 기도합니다. 아멘.

50

하나님의 꿈

사 66:15-24

보라, 여호와께서 불에 둘러싸여 강림하시리니 그의 수레들은 회오리바람 같으리로다. 그가 혁혁한 위세로 노여움을 나타내시며 맹렬한 화염으로 책망하실 것이라. 여호와께서 불과 칼로 모든 혈육에게 심판을 베푸신즉 여호와께 죽임 당할 자가 많으리니 스스로 거룩하게 구별하며 스스로 정결하게 하고 동산에 들어가서 그 가운데에 있는 자를 따라 돼지 고기와 가증한 물건과 쥐를 먹는 자가 다 함께 망하리라. 여호와의 말씀이니라. 내가 그들의 행위와 사상을 아노라. 때가 이르면 뭇 나라와 언어가 다른 민족들을 모으리니 그들이 와서 나의 영광을 볼 것이며 내가 그들 가운데에서 징조를 세워서 그들 가운데에서 도피한 자를 여러 나라 곧 다시스와 뿔과 활을 당기는 룻과 및 두발과 야완과 또 나의 명성을 듣지도 못하고 나의 영광을 보지도 못한 먼 섬들로 보내리니 그들이 나의 영광을 뭇 나라에 전파하리라. 나 여호와가 말하노라. 이스라엘 자손이 예물을 깨끗한 그릇에 담아 여호와의 집에 드림 같이 그들이 너희 모든 형제를 뭇 나라에서 나의 성산 예루살렘으로 말과 수레와 교자와 노새와 낙타에 태워다가 여호와께 예물로 드릴 것이요 나는 그 가운데에서 택하여 제사장과 레위인을 삼으리라. 여호와의 말이니라. 내가 지을 새 하늘과 새 땅이 내 앞에 항상 있는 것 같이 너희 자손과 너희 이름이 항상 있으리라. 여호와의 말이니라. 여호와가 말하노라. 매월 초하루와 매 안식일에 모든 혈육이 내 앞에 나아와 예배하리라. 그들이 나가서 내게 패역한 자들의 시체들을 볼 것이라. 그 벌레가 죽지 아니하며 그 불이 꺼지지 아니하여 모든 혈육에게 가증함이 되리라.

은혜와 책임의 충돌

우리는 이사야서에서 두 가지 중요한 주제를 만났습니다. 하나는 원칙과 심판에 관한 것이고, 다른 하나는 은혜와 구원에 관한 것입니다. 이스라엘 역사에서 하나님의 백성은 하나님의 명령을 거역하고 그를 배반했을 때 참혹한 심판을 받았습니다. 그들이 하나님의 약속은 잊었을지라도 하나님은 그들의 하나님이 되시기로 한 언약은 유효해서 그들에게 은혜와 구원을 베푸신 것도 우리는 확인했습니다. 역사적으로 이스라엘은 바벨론의 포로가 되었고, 70년 만에 회복되어 본토로 돌아와서 땅을 되찾고, 성전도 재건할 수 있었습니다.

이사야 56장부터 마지막에 이르기까지, 은혜가 모든 책임과 심판을 극복할 약속으로 주어지지만, 그 상태에서 다시 심판이 구원과 함께 시퍼런 칼날을 휘두르는 것을 보게 됩니다. 그래서 우리는 마음에 이런 질문을 갖게 됩니다. "하나님은 구원하시겠다는 것인가, 심판하시겠다는 것인가?" 이것이 이사야서 마지막 열한 장의 주요한 주제가 됩니다. 하나님의 구원은 그들에게 경고하시는 심판과 어떻게 조화될 수 있습니까?

누가복음 15장에서 이해의 실마리를 한 가지 얻을 수 있습니다. 이 15장에는 예수님이 베푸신 비유가 세 가지 등장합니다. 첫째는 양 아흔아홉 마리는 들에 두고 잃어버린 양 한 마리를 기어코 찾아와서 기쁨을 나누는 목자의 비유이고, 둘째는 한 드라크마를 잃어버린 주인이 그 드라크마를 기어코 찾아내어 이웃과 함께 기쁨을 나누는 비유이며, 셋째는 우리가 잘 아는 돌아온 탕자 이야기입니다.

우리는 이 비유가 잃은 것을 찾는 하나님의 사랑과 열심, 그리고 그 찾은 것으로 인하여 기뻐하시는 아버지의 모습을 보여준다고 가르침을 받았고, 그렇게 이해하고 있습니다. 그러나 이 비유들은 각기 그 마지막에 결론을 가지고 있는데, 다 똑같지는 않습니다. 잃은 양을 찾은 목자 비유의 마지막은 다음과 같습니다. "집에 와서 그 벗과 이웃을 불러 모으고 말하되 나와 함께 즐기자. 나의 잃은 양을 찾아내었노라 하리라. 내가 너희에게 이르노니 이와 같이 죄인 한 사람이 회개하면 하늘에서는 회개할 것 없는 의인 아흔아홉으로 말미암아 기뻐하는 것보다 더하리라"(눅 15:6-7). 이 비유는 잃은 양을 찾아온 이야기인데 그 결론은 "회개하라. 돌아오라"는 것입니다.

드라크마 이야기도 같습니다. "또 찾아낸즉 벗과 이웃을 불러 모으고 말하되 나와 함께 즐기자. 잃은 드라크마를 찾아내었노라 하리라. 내가 너희에게 이르노니 이와 같이 죄인 한 사람이 회개하면 하나님의 사자들 앞에 기쁨이 되느니라"(눅 15:9-10). 이것은 잃었던 것을 찾은 이야기일까요, 회개한 이야기일까요? 주인이 찾아낸 이야기이면 은혜이고, 길을 잃은 자가 돌아오는 것이라면 회개의 문제가 됩니다. 전자는 은혜이고, 후자는 책임이 되는 것입니다. 이사야서에서 내내 확인했듯이, 그들이 책임을 다하지 못해서 심판을 받은 것 아닙니까? 그래서 은혜가 주어진 것 아닙니까? 은혜로 그들을 찾아 놓고 다시 회개하라고 하면 이 구원은 은혜가 맞는 것입니까, 아니면 책임이 맞는 것입니까? 이렇게 묻고 있는 셈이 됐습니다.

셋째 비유는 앞의 것과 전혀 다릅니다. 이 비유가 앞의 두 비유와 일관성을 갖는 것으로 저도 가르침을 받았고, 또 설교도 듣곤 했습니다. 둘째 아들은 아버지가 가서 찾아온 아들이 아닙니다. 그가 제 발로 돌아옵니다. 아직도 거리가 먼데 아버지가 그를 보고 측은히 여겨 달려가서 반깁니다. 말 그대로 기다렸지, 찾아 나선 것은 아닙니다. 이렇게 돌아온 아들로 인해 아버지가 기뻐합니다. 앞의 두 비유와 마찬가지로 기뻐합니다. 잔치를 엽니다. 새 옷을 입히고 신발을 신기고 가락지를 끼웁니다.

큰 아들이 밭에서 돌아와서 이게 무슨 난리냐고 묻습니다. 하인들이 대답합니다. "당신 동생이 돌아와서 아버지가 기뻐서 잔치를 열었습니다." 아버지가 나와서 큰 아들에게 권합니다. "이 기쁨을 함께 나누자." 큰아들이 대답합니다. "저는 못합니다. 아버지 재산을 갖고 나가서 탕진하고 돌아온 아들을 위해서 잔치를 연단 말입니까? 그럼 저는 뭡니까? 저는 한 번도 이런 짓을 한 적 없고 성실하게 살았는데, 내게는 한 번도 해주지 않은 일입니다." 아버지가 기이한 답을 합니다. "애야, 내 것이 다 네 것 아니냐?"

이 탕자의 비유는 둘째 아들이 돌아온 것으로 이야기가 끝나지 않습니다. 이 비유는 단지 아들이 돌아온 여부가 아니라, 신분과 지위에 관한 문제로 봐야 한다는 것입니다. 이 비유는 그 탕자를 물건처럼 찾아오면 된다는 것이 아니라, 그가 회개하고 정체성을 확인해야 한다는 것을 말하고 있습니다. 여기서 우리는 이 설교에서 다루려고 하는 문제 해결의 실마리를 찾을 수 있습니다. 그 문제는 이것입니다. "왜 아직도 은혜와 책임, 구원과 심판이 서로 각을 세우고 있는가? 그 주장을 한 치도 양보하지 않고, 왜 두 주장이 날을 세우고 서 있는가?" 이 물음에 대한 해결의 문이 열린다는 것입니다.

명예와 영광의 기회가 되는 책임

이 문제를 조금 더 살펴보기 위해 먼저 로마서 8:15-17을 보겠습니다.

> 너희는 다시 무서워하는 종의 영을 받지 아니하고 양자의 영을 받았으므로 우리가 아빠 아버지라고 부르짖느니라. 성령이 친히 우리의 영과 더불어 우리가 하나님의 자녀인 것을 증언하시나니 자녀이면 또한 상속자 곧 하나님의 상속자요 그리스도와 함께 한 상속자니 우리가 그와 함께 영광을 받기 위하여 고난도 함께 받아야 할 것이니라(롬 8:15-17).

여기에 중요한 내용이 나옵니다. "너희는 공포에 질릴 이유가 없다." 성경이 구원과 심판 또는 은총과 책임을 이야기할 때, 심판 또는 책임에 따라오는 것이 무엇입니까? 그것은 공포입니다. 하지만 책임을 묻는 것이 곧 심판을 위한 것이 아니라는 것입니다. 부모와 자녀의 관계에서 묻는 책임이라면, 그것은 자격을 묻는 것이 아닙니다. 정체성에 따른 명예를 격려하려는 것과 관계가 있습니다. 그래서 이렇게 등장합니다. "너희는 두려워해야 할 자가 아니다. 너희는 사랑을 입은 자요, 영광으로 인도되고 있다." 그런 이야기가 됩니다. 이어서 다음 구절도 보겠습니다.

> 생각하건대 현재의 고난은 장차 우리에게 나타날 영광과 비교할 수 없도다. 피조물이 고대하는 바는 하나님의 아들들이 나타나는 것이니 피조물이 허무한 데 굴복하는 것은 자기 뜻이 아니요 오직 굴복하게 하시는 이로 말미암음이라. 그 바라는 것은 피조물도 썩어짐의 종 노릇 한 데서 해방되어 하나님의 자녀들의 영광의 자유에 이르는 것이니라(롬 8:18-21).

"하나님의 자녀들의 영광의 자유", 이 자유는 책임이 전제되어야 할 조건입니다. 그런데 책임이 자유 없이 요구된다면 그것은 협박에 지나지 않습니다. 성경은 우리에게 공포를 말하지 않습니다. 하나님은 우리의 아버지가 되시고, 우리는 그의 자녀로 부름을 받습니다. 책임은 더 이상 자격의 기준이 아니라 명예와 영광의 기회가 된다는 것입니다. 하나님이 우리에게 요구하시는 모든 책임은 여기에 있는 바와 같이 영광으로 가는 우리의 자유를 격려하는 것입니다.

하나님의 창조의 꿈

이 사실은 에베소서 1:3-6에서 더 분명하게 설명됩니다. 이 본문은 창조 전체에 대한 이해를 촉구합니다.

이사야서, 하나님의 비전

찬송하리로다. 하나님 곧 우리 주 예수 그리스도의 아버지께서 그리스도 안에서 하늘에 속한 모든 신령한 복을 우리에게 주시되 곧 창세 전에 그리스도 안에서 우리를 택하사 우리로 사랑 안에서 그 앞에 거룩하고 흠이 없게 하시려고 그 기쁘신 뜻대로 우리를 예정하사 예수 그리스도로 말미암아 자기의 아들들이 되게 하셨으니 이는 그가 사랑하시는 자 안에서 우리에게 거저 주시는 바 그의 은혜의 영광을 찬송하게 하려는 것이라(엡 1:3-6).

하나님의 창조는 그의 기쁘신 뜻으로 우리를 하나님의 영광의 찬송이 되게 합니다. 우리는 하나님의 영광을 드러내고 영광의 꽃이 되어 하나님의 영광을 찬송합니다. 하나님의 영광은 우리에게 감사가 되고, 자랑이 되고, 기쁨이 됩니다. 하나님의 영광이 우리의 영광으로 드러나고, 그 목적과 뜻이 피어납니다. 하나님의 창조는 그의 사랑을 입은 자녀들의 지위와 내용과 실력에서 그 아름다움이 충만하게 피어나도록 겨냥되었다는 것입니다.

그런데 이 모든 목적이 앞서 본 에베소서 1장의 본문에서 예외 없이 거듭 예수 그리스도와 묶이는 것을 확인할 수 있습니다. "찬송하리로다. 하나님 곧 우리 주 예수 그리스도의 아버지께서 그리스도 안에서 하늘에 속한 모든 신령한 복을 우리에게 주시되 곧 창세 전에 그리스도 안에서 우리를 택하사 우리로 사랑 안에서 그 앞에 거룩하고 흠이 없게 하시려고 그 기쁘신 뜻대로 우리를 예정하사 예수 그리스도로 말미암아 자기의 아들들이 되게 하셨으니 이는 그가 사랑하시는 자 안에서 우리에게 거저 주시는 바 그의 은혜의 영광을 찬송하게 하려는 것이라." 이렇게 그 목적과 뜻은 예수로만 완성됩니다. 우리가 하나님의 영광의 찬송이 되는 것은 하나님의 지혜와 능력으로 되는 것인데, 이것은 예수님 안에서, 역사 속에서, 우리의 실존 속에서 이루어집니다. 이것이 하나님의 꿈입니다. 그의 창조의 꿈입니다.

이사야서 설교가 '하나님의 비전'이라는 이름을 가진 이유에 대하여 우리는 첫날부터 궁금해 했어야 맞습니다. '하나님의 비전'은 곧 '하나님의 꿈'입니다. 하나님이 "예수 안에서, 예수 안에서"라고 거듭 말씀하시는 것은 무엇일까요? "예수님을 믿으면"이라는 말로 한국 교회에 소개된, 예수님을 믿는다는 말은 그 본질을 충만히 드러내지 못한 것처럼 보입니다. 그것이 진실하고 분명한 답이긴 하지만, 그 내용의 깊이와 충만한 내용에 있어서는 우리가 한 걸음 더 나아가는 기회를 가져야 할 것 같습니다. 요한복음 17:18-24을 보겠습니다.

> 아버지께서 나를 세상에 보내신 것 같이 나도 그들을 세상에 보내었고 또 그들을 위하여 내가 나를 거룩하게 하오니 이는 그들도 진리로 거룩함을 얻게 하려 함이니이다. 내가 비옵는 것은 이 사람들만 위함이 아니요 또 그들의 말로 말미암아 나를 믿는 사람들도 위함이니 아버지여, 아버지께서 내 안에, 내가 아버지 안에 있는 것 같이 그들도 다 하나가 되어 우리 안에 있게 하사 세상으로 아버지께서 나를 보내신 것을 믿게 하옵소서. 내게 주신 영광을 내가 그들에게 주었사오니 이는 우리가 하나가 된 것 같이 그들도 하나가 되게 하려 함이니이다. 곧 내가 그들 안에 있고 아버지께서 내 안에 계시어 그들로 온전함을 이루어 하나가 되게 하려 함은 아버지께서 나를 보내신 것과 또 나를 사랑하심 같이 그들도 사랑하신 것을 세상으로 알게 하려 함이로소이다. 아버지여, 내게 주신 자도 나 있는 곳에 나와 함께 있어 아버지께서 창세 전부터 나를 사랑하시므로 내게 주신 나의 영광을 그들로 보게 하시기를 원하옵나이다(요 17:18-24).

예수님의 기도는 자신이 성부 하나님과 긴밀한 연합 관계에 있으며,

그 연합이 사랑으로 묶인 관계라고 설명하고 있습니다. 그리고 우리를 그 연합의 관계와 지위로 초대하고 있습니다. 그런데 하나님이 그의 아들을 세상에 보내시고, 아들이 아버지의 영광을 드러내며, 아버지가 그 아들을 영화롭게 하고 계시다는 것을 우리에게 보라고 하십니다.

그를 세상에 보낸다는 것은 무엇입니까? 하나님은 당신을 거부하고 외면하고 저항하는 세상에 그 아들을 보내십니다. 하나님의 사랑은 선언이나 말로 한 것도 아니고, 권력과 힘으로 압제한 사랑도 아니라, 우리의 외면과 무지, 거부와 패역 속에 그의 아들을 보내셔서 당신의 사랑을 증명한 예수 그리스도입니다.

히브리서 5:8 이하의 말씀대로, 그는 아들이라도 받으신 고난으로 말미암아 순종함을 배워서 온전하게 되시는 놀라운 성육신의 과정을 취하십니다. 하나님이 우리를 사랑하사 오셔서, 우리의 무지와 조롱과 우리 손으로 행한 고난과 죽음을 감수하는 방법을 취하십니다. 그 모든 것을 뛰어넘고, 그런 것으로도 방해받거나 타협할 수도 없는, 하나님의 사랑을 증명한 그 사랑을 예수님으로 실증하십니다. 우리가 가지는 모든 부족함과 죄송함, 자책조차도 방해할 수 없습니다.

사망을 넘어선 우리의 존재

로마서 8:38-39을 보겠습니다.

> 내가 확신하노니 사망이나 생명이나 천사들이나 권세자들이나 현재 일이나 장래 일이나 능력이나 높음이나 깊음이나 다른 어떤 피조물이라도 우리를 우리 주 그리스도 예수 안에 있는 하나님의 사랑에서 끊을 수 없으리라 (롬 8:38-39).

하나님의 사랑은 그 어떤 것으로도 방해할 수 없는 예수님으로 증언되고 있습니다. 예수님은 시간과 공간 속에서 우리와 세상이 저지르는, 모든 하나님을 거스르는 것을 이기고, 그것으로도 꺾을 수 없고 사망으로도 덮지 못하는 하나님의 사랑을 증언해 내십니다. 예수님은 우리를 그런 세상에 보내십니다. 그것이 고난입니다. 예수님이 누구신지 모르고 우리가 누구인지 모르는 세상, 우리를 거스르는 조건 속에서 책임져야 할 사랑의 자리로 오라고 부르십니다. 그것이 이사야서가 요구하는 책임입니다. 우리는 모두 그 자리가 싫은 것입니다.

여러분이 인생을 살아가면서 성경의 이 말씀을 늘 기억하면서 신앙생활을 하십시오. 사도행전 4장에 나오는 사도들의 증언입니다. "예수의 이름을 증언하지도 말고 그 이름으로 무슨 일도 행하지 말라"고 하는 당시의 권력자들 앞에서 사도들은 "예수 이름 외에 다른 구원받을 이름을 주신 적이 없다"고 담대히 말합니다. 그것이 무슨 말입니까? 하나님이 당신의 사랑을 예수님 안에서 구체적으로 증언하신 것같이, 우리는 우리의 정체성과 가치와 우리가 할 수 있는 모든 최선을 동원하여, 우리가 하나님을 사랑한다는 사실을 하나님 앞에 자유롭게 책임지겠다는 것입니다.

그것이 자격이겠습니까? 조건이겠습니까? 아닙니다. 기회요 명예요 위대한 것입니다. 하나님이 이것을 목적하고 계십니다. 그것이 창조이고 구원이며 현실입니다. 각자가 겪는 인생입니다. 여러분, 예수님께 일어난 사건에서 보듯이 삶의 고단한 것들이 그를 방해할 수도 없었고, 그것들과 타협할 수 있는 것도 아니었습니다. 그가 받으신 시험을 보십시오. 예수께서 이제 죽어야 한다고 말씀하시자 베드로가 뭐라고 말했습니까? "주여, 결단코 이 일이 주께 미치지 않을 것입니다. 내가 주를 보호하고 죽지 않게 막겠습니다." "사탄아, 물러가라. 네가 하나님의 일은 생각지 아니하고 도리어 사람의 일을 생각하는도다 하시고 이에 제자들에게 이르시되 아무든지 나를 따르려거든 자기를 부인하고 자기 십자가를 지고 나를 쫓을 것이니라." 이렇게 말씀하십니다.

이것이 우리에게는 충성과 헌신, 진심이라는 추상명사로 바뀌었습니다. 현실 속에서 자기를 부인하고 자기 십자가를 지는 자기 현실이 되지 못했다는 것입니다. 일부러 그렇게 만들 필요가 없는 지금의 조건, 내일을 못 볼 것 같은 짐 속에서 하나님의 사람으로 자유롭게 자신이 할 수 있는 신자 된 책임을 감수하지도 못했고 지켜내지도 못했습니다. 우리는 "이것만 해결해주시면 제 모든 것을 바치겠습니다"라고 얼마나 자주 말해 왔습니까? 그 기도가 뭐가 잘못되었겠습니까? 현실이 그렇지 않습니까? 현실적으로 실력 있고 많은 것을 가져서 하나님께 바치고 그분의 일을 하는 그런 인생을 산 사람이 어디 있습니까? 모든 인생에서 신앙의 헌신은 무언가 손해 보고 감수해야 하는 것 아닙니까? 그런 조건 속에서 위대해질 수 있어야 한다고 성경은 말하고 있습니다.

결국 사망은 없어질 것입니다. 고린도전서 15장에 따르면, "맨 마지막에 심판받을 원수는 사망"이라고 했습니다. 그것이 무엇일까요? 천국에 관한 성경의 약속은 다시 사망이 없는 것, 눈물이 없는 것, 상함이나 해함이 없는 것이라고 말합니다. 그것은 환경의 문제를 훨씬 벗어난 우리의 수준이 어떠하다는 것을 말하는 것입니다. 하나님과 나 사이를 갈라놓을 수 없는 자리, 우리가 예수님을 믿는다는 것으로 우리의 생애 속에서 만들어 가시는 것, 그리하여 도달하는 자리를 말합니다. 이사야 66장에 언급된, 패역한 시체를 보는 이 무시무시한 심판의 선언은 우리로 공포를 자아내게 하려는 것이 아닙니다. 사망이 우리 발밑에 나자빠져 있는 것을 그때 보게 될 것입니다. 하나님을 대적하는 사망을 극복하고, 하나님의 사람으로 서 있는 우리를 볼 것입니다.

우리는 지금 그 길로 나아가는 중에 있습니다. 고린도전서 15장에서

"사망아, 너의 쏘는 것이 어디 있느냐"라는 이 결정적인 물음은 "사망이 이 김에 삼킨 바 되리라"고 하신 약속에서 해소될 것입니다. 그것은 먼저 예수님 안에서 증언되었습니다. 예수님이 죽음을 받아들이십니다. 그리하여 그 죽음을 깨뜨리십니다.

우리의 신앙 인생에서 최고의 공포는 무엇입니까? 그것은 죽음입니다. 여러분의 마음에 늘 위협과 시험으로 찾아오는 그 어떤 일도 결국 어디로 여러분을 몰고 갑니까? 죽음으로 몰고 갑니다. 원망, 분노, 자책, 그것이 어디로 향합니까? "살아서 뭐 해." "난 그가 살아 있는 꼴 못 봐." 이 둘 중 하나가 아닙니까? 저 사람을 죽이든지 내가 죽든지 말입니다. 우리는 사망을 넘어서는 존재입니다. 여러분, 예수님을 믿는다는 것은 세상조차도 방해할 수 없는 일입니다. 여러분의 현실적 조건 속에 더 필요한 것은 없습니다. 지금의 조건에서 위대해질 수 없다면, 여러분은 예수님의 죽음을 모독하는 것이 됩니다.

야곱의 생애는 이러한 이해를 돕는 데 굉장히 중요합니다. 그는 태어날 때부터 장자가 되려고 형의 발꿈치를 붙잡고 먼저 나오려고 했습니다. 그는 형과 아버지를 속이고 모든 것을 쟁취했지만 행복할 수 없었습니다. 외삼촌 집으로 피난을 가는 도중에 하나님을 만났고, 하나님은 그에게 밑도 끝도 없는 복을 약속하십니다. "내가 너 누운 땅을 주고 네 자손을 창대케 하여 동서남북에 편만하게 하고 네가 어디로 가든지 너와 함께 있고 네게 약속한 것을 다 이루기까지 너를 떠나지 아니하리라." 그는 외삼촌 집에 가서 20년을 일하여 거부가 됩니다. 약삭빠르고 꾀가 많은 사람이라 힘을 다하여 부자가 됩니다. 그래서 거기서 더 이상 살 수 없게 됩니다. 모두의 적이 되었으니 갈 데가 없습니다. 집으로 돌아오는데 형이 20년 전의 복수를 하려고 400명의 군사를 이끌고 자기를 맞으러 온다고 합니다. 야곱은 얍복 나루에서 밤을 새워서 고민합니다. 형의 마음을 누그러뜨리려고 여태껏 쌓은 부를 앞서 선물로 보내고 홀로 남습니다. 해답이 없습니다.

하나님이 찾아와 그와 씨름을 하십니다. 야곱은 깨닫지 못합니다. 날이 새려하자, 씨름하시던 하나님이 그를 치고 "나는 간다"며 최후통첩을 하십니다. 야곱이 붙잡고 늘어집니다. "축복하지 않으시면 보낼 수 없습니다." 아직도 복을 달라고 합니다. 그는 자신의 생애가 무엇이었는지 이해하지 못하고 있습니다. 하나님이 묻습니다. "네 이름이 무엇이냐?" "야곱입니다. 약탈자입니다. 사기꾼입니다." 하나님의 답은 대단히 놀랍습니다. "다시는 네 이름을 야곱이라 부르지 마라. 너는 이스라엘이다. 하나님과 겨루어 이긴 자다." 그가 무엇을 이겼을까요? "부모는 자녀를 이길 수 없는 법이다. 너는 내 자녀다. 너는 어디 가서 '나는 약탈자다. 나는 고아다. 내 손으로 나를 지켜내야 한다.' 그런 말 하지 마라. 내가 네 아버지다. 알아들었느냐?" 여러분, 힘든 인생이 될 것입니다. 그러나 그것은 위대한 인생이고, 여러분을 패배시킬 것은 없습니다.

로마서 8:38-39에서 증언한 대로, 하나님의 사랑을 막을 수 있는 것이 없듯이, 우리의 자유와 사랑과 책임과 영광을 막을 수 있는 것도 없습니다. 예수님이 우리를 위하여 죽으셨기 때문입니다. 그것이 우리로 죽음을 극복하게 만들 것입니다. 그 믿음 가지고 위대한 생애를 사는 여러분의 신자 된 현실이기를 바랍니다.

::

하나님 아버지, 은혜를 감사합니다. 하나님의 자녀로 사는 위대함을 확인합니다. 하나님은 우리의 아버지이십니다. 우리를 사랑하시고 우리를 격려하십니다. 우리도 힘을 다하여 성경의 요구와 같이, 마음을 다하고 뜻을 다하고 성품을 다하여 하나님을 사랑하겠습니다. 어려울 때마다 예수 그리스도의 영광을 기억하겠습니다. 충성하게 하시고 승리하게 하옵소서. 예수님 이름으로 기도합니다. 아멘.

에필로그 1

율법주의

엡 1:3-6

찬송하리로다. 하나님 곧 우리 주 예수 그리스도의 아버지께서 그리스도 안에서 하늘에 속한 모든 신령한 복을 우리에게 주시되 곧 창세 전에 그리스도 안에서 우리를 택하사 우리로 사랑 안에서 그 앞에 거룩하고 흠이 없게 하시려고 그 기쁘신 뜻대로 우리를 예정하사 예수 그리스 도로 말미암아 자기의 아들들이 되게 하셨으니 이는 그가 사랑하시는 자 안에서 우리에게 거 저 주시는 바 그의 은혜의 영광을 찬송하게 하려는 것이라.

율법주의를 논하는 이유

우리는 오랫동안 이사야서를 살펴왔습니다. 이제 그렇게 살핀 내용을 토 대로 이사야서 전체에서 가장 중요한 핵심을 요약해서 후기로 삼고자 합 니다. 왜냐하면 이 내용을 여러분에게 꼭 기억시켜 드리고 싶기 때문입니 다. 이를 위해서 에베소서 1장을 택했습니다. 여기서 다루고 싶은 주제는 율법주의에 관한 것입니다. 율법주의에 대한 이해를 나눔으로써 성경이 말하는 구원이 무엇이며, 또 우리에게 허락된 인생이 어떤 의미를 가지는 지에 대하여 이사야서가 내린 결론을 우리 마음에 분명히 하고자 합니다.

에베소서 1:3-6에서 말하는 주요한 핵심은 하나님께서 창조주로서 모 든 것을 만드실 때, 특히 인간을 만드실 때 그를 하나님의 영광을 찬송하는

이사야서, 하나님의 비전

자로 만드시겠다고 한 것입니다. 하나님이 목적과 뜻을 가지시고 그의 의지로써 이 일을 이루실 것입니다. 하나님의 구속 경륜은 우리를 항복하게 하고 감격하게 하고, 그리고 기뻐하게 하는 자리로 이끕니다.

하나님의 영광을 찬송하게 한다는 것은 우리를 굴복시켜 무릎을 꿇게 하는 강제적인 것이 아닙니다. 찬송이라는 말이 뜻하듯이, 그것은 기쁜 마음의 항복을 말합니다. 그 기쁜 마음의 항복은 12절에서 더 잘 드러납니다. "이는 우리가 그리스도 안에서 전부터 바라던 그의 영광의 찬송이 되게 하려 하심이라." 우리는 하나님 영광의 핵심 존재가 될 것입니다. 하나님의 영광의 찬송이 되게 한다는 것에는 하나님이 지으신 우리라는 존재에 대하여 감사하고 놀라고 기뻐한다는 것이 함축되어 있습니다.

그리고 본문 3-6절에서 하나님의 이런 의도, 목적, 기쁘신 뜻, 우리에게 받아낼 항복, 우리에게 주어질 영광은 매 절마다 "그리스도 예수 안에서"라는 말로 표현됩니다. 이 일이 예수님 안에서 허락되었다는 것은 우리에게 굉장히 중요한 내용입니다. 그 방법이나 내용, 구체성에 있어서 그것은 성경이 중요하게 증언하는 바요 역사적인 증거라는 사실입니다. 기독교 신앙은 우리 모두에게 추상적 개념이 아니라 실체라는 것입니다.

우리가 은혜로 구원을 받고서 율법주의에 붙들리면 어떻게 되겠습니까? 자신의 신앙을 확인하는 방법이 율법밖에 없기 때문에 잘잘못을 따지는 데 사로잡혀 밤낮 자책과 회개를 반복할 뿐이지 적극적인 의미에서 예수님을 믿는 실재는 나타날 수 없습니다. 우리가 율법주의를 논하고자 하는 이유가 바로 여기에 있습니다. 우리에게는 이사야서가 이스라엘 역사를 통해 우리를 납득시키고자 한 내용뿐 아니라, 예수님 안에서 갖게 된 우리의 지위와 현실에 대한 적극적 이해도 여전히 부족합니다. "구원이란 자격을 획득하거나 또는 안심하는 지경을 지나, 책임과 명예로운 선택과 기회를 갖는 신앙생활의 적극적인 실체여야 합니다. 그것이 구원입니다."

이 표현은 제가 만들어서 써온 것입니다.

우리가 예수님을 믿고 난 다음에도 하나님은 환경을 바꿔 주시지도 않을 뿐더러, 믿지 않는 자들과 동일한 현실을 겪게 하시기 때문에 우리는 시련과 고난을 당하게 마련입니다. 왜 하나님이 그것을 해결해주시지 않고 살게 하느냐고 묻는다면, 신앙은 환경을 고치는 문제가 아니라 나를 고치는 문제와 관계된 것이라고 말씀드릴 수 있습니다. 그 모든 고난과 역경을 극복케 함으로써 하나님이 나를 만들어 가신다는 것입니다.

우리는 바람에 떠밀려 가는 존재가 아닙니다. 하나님이 우리 안에서 실체를 만들어 가십니다. 우리는 모든 것에 굴하지 않고 이겨내는 실제적인 성숙과 완성으로 나아가야 합니다. 그것이 하나님이 예수님 안에서 우리를 만들어 가시는 방법입니다. 그리고 하나님은 실제로 우리가 사망을 이기는 자리에까지 이르게 하실 것입니다. 이 사실에 대한 아주 놀라운 이해가 사도 바울의 신앙고백을 통해 우리에게 증언됩니다.

빌립보서 1:20-21을 보겠습니다.

> 나의 간절한 기대와 소망을 따라 아무 일에든지 부끄러워하지 아니하고 지금도 전과 같이 온전히 담대하여 살든지 죽든지 내 몸에서 그리스도가 존귀하게 되게 하려 하나니 이는 내게 사는 것이 그리스도니 죽는 것도 유익함이라(빌 1:20-21).

세상에서 살고 죽는 것은 무시무시한 차이입니다. 그것은 가장 극단적인 대조가 될 것입니다. 그러나 예수님을 믿는 사람에게는 그 둘 사이에 전혀 차이가 없습니다. 왜냐하면 신자가 살아 있다는 것의 의미는 하나님이 그의 삶에 무엇을 담아내시느냐 하는 것의 문제이기 때문입니다. 그의 삶의 조건이나 정황과는 상관없이 그가 살아 있는 동안 하나님이 그의 삶에 무엇을 담아내시느냐 하는 것과 관계된 것이라는 이야기입니다. 그리고 그가 죽는다 할지라도 자신의 죽음에 하나님이 무엇을 담아내시느냐 하는 것과 관계된 것이기 때문입니다. 바울 사도는 이 문제에서 자신이 살든지 죽든지 자기 몸에서 그리스도가 존귀하게 되는 것이 자신의 삶의 목적이라고 말하고 있습니다.

우리가 시련과 역경과 억울한 일을 당하는 것 또는 형통하고 높은 지위를 갖는 것과는 직접적으로 상관이 없다는 것입니다. 하나님이 무엇을 담으시는가 하는 것이 중요합니다. 그것이 바로 기독교인의 존재요 삶으로 이해되는 것입니다. 기독교 신앙이라는 것은 우리가 아는 추상적 개념에 따른 것이 아니라, 우리 안에 실제로 담아내어 구체화해야 할 싸움이라고 성경은 말하고 있습니다.

진실이나 믿음과 같은 것들이 여러분의 삶에 담겨 나오지 않는다면 실체가 되지 않고 그저 고함으로 나타날 뿐입니다. 그것은 여러분이 자신의 삶 속에서 겪는 가장 당황스런 현실일 것입니다. 믿음과 소망과 간절함은 있는데, 왜 하나님이 답을 하지 않으시는가? 지금 여러분의 조건 속에 그것을 담아 보라는 것입니다.

율법을 만족시킬 수 없다

우리가 얻은 구원이 어떻게 율법이 갖는 이런 문제에 대한 진정한 해결책이 되는지 살펴보겠습니다. 로마서 7:14-24을 보겠습니다.

우리가 율법은 신령한 줄 알거니와 나는 육신에 속하여 죄 아래에 팔렸도다. 내가 행하는 것을 내가 알지 못하노니 곧 내가 원하는 것은 행하지 아니하고 도리어 미워하는 것을 행함이라. 만일 내가 원하지 아니하는 그것을 행하면 내가 이로써 율법이 선한 것을 시인하노니 이제는 그것을 행하는 자가 내가 아니요 내 속에 거하는 죄니라. 내 속 곧 내 육신에 선한 것이 거하지 아니하는 줄을 아노니 원함은 내게 있으나 선을 행하는 것은 없노라. 내가 원하는 바 선은 행하지 아니하고 도리어 원하지 아니하는 바 악을 행하는도다. 그러므로 내가 한 법을 깨달았노니 곧 선을 행하기 원하는 나에게 악이 함께 있는 것이로다. 내 지체 속에서 한 다른 법이 내 마음의 법과 싸워 내 지체 속에 있는 죄의 법으로 나를 사로잡는 것을 보는도다. 오호라, 나는 곤고한 사람이로다. 이 사망의 몸에서 누가 나를 건져내랴(롬 7:14-24).

이 본문은 아마 성경의 내용 중에서 가장 이해하기 힘든 구절일 것입니다. 그 핵심은 이것입니다. "선을 행하기 원하나 선은 행하지 않고 도리어 죄를 짓는 나, 나는 곤고한 사람이로다" 하는 것입니다. 이 문제를 가장 쉽게 풀 수 있는 비유를 들어보겠습니다. 그것은 마태복음 7장에 나오는 열매와 나무의 비유일 것입니다. "거짓 선지자를 삼가라. 그들의 열매를 봐라. 양의 옷을 입고 나오나 속에는 노략질하는 이리다. 가시나무에서, 엉겅퀴에서 어찌 감람 열매나 포도를 딸 수 있겠느냐? 이와 같이 아름다운 열매를 맺는 나무가 아름다운 나무고, 나쁜 열매를 맺는 나무가 나쁜 나무다." 이것입니다.

그러니까 우리가 율법을 받았을 때 그것이 선한 것인 줄 알고서 우리가 선을 행하고 싶어 하지만 선을 행할 수 없는 것은, 아직 우리가 그 선한 일을 할 수 있는 나무가 되어 있지 않기 때문입니다. 감을 열매로 맺고 싶지만 나는 감나무가 아닌 것입니다. 여기에 비극이 있습니다. 소원을 하고 진심을 갖고 있어도 소용이 없습니다. 내가 그 나무가 되기 전에는 그렇습니다. 여기에서 "오호라, 나는 곤고한 사람이로다"라는 이 비명이 터져 나올 수밖에 없습니다. 구원이란 우리의 존재를 바꿔놓는 것입니다. 성경의 이런 설명을 따라가지 못하면 열매를 사 모으거나 주워 모음으로써 자신을 스스로 안심시킵니다. 아니면 자신이 맺는 열매가 실제로는 다른 열매라는 사실로 인해 당혹감을 감추지 못합니다.

그래서 로마서 7:24의 이 비명은 기이하게도 그 다음 25절의 답으로 가게 됩니다. "우리 주 예수 그리스도로 말미암아 하나님께 감사하리로다. 그런즉 내 자신이 마음으로는 하나님의 법을 육신으로는 죄의 법을 섬기노라." 뭐가 답이고, 뭐가 답이 아닌지 모르게 됐습니다. 예수 그리스도로 말미암는 감사는 분명히 답이 있다는 뜻일 텐데, 아직도 이중성을 벗어나지 못하고 있습니다. 나는 선을 행하고 싶고 진리를 따르고 싶으나, 그것을 만들 수 없다는 것입니다. 그 문제를 예수님이 오셔서 해결해 주십니다. 그래서 로마서 8:1-2에서 이렇게 이야기합니다. "그러므로 이제 그리스도 예수 안에 있는 자에게는 결코 정죄함이 없나니 이는 그리스도 예수 안에 있는 생명의 성령의 법이 죄와 사망의 법에서 너를 해방하였음이라."

사과나무라야 사과라는 열매가 달립니다. 배나무라야 배라는 열매가 달립니다. 이와 같이 열매와 나무는 서로 떼려야 뗄 수 없는 관계를 갖습니다. 기독교인의 경우에도 선을 행하는 행위 문제와 그 인간 존재의 본체는 서로 밀접한 관계를 갖습니다. 예수께서 이 문제를 해결해 주셨습니다. 그런데 우리는 여기에서 혼돈을 일으킵니다. 믿는다는 말이 무엇입니까? 믿는다는 것은 예수님이 나를 그분께 붙들어매는 어떤 접착제가 된다든지, 혹은 내가 선택하는 문제가 아니라는 것입니다. 그것은 본질적으로 하나님이 하신 일, 곧 재창조라는 것입니다. 은유적으로 말하자면, 하나님은 신자인 우리의 삶에 아담의 유전자와 예수님의 유전자의 갈등을 허락하신 것입니다.

첫 창조에서 하나님이 우리를 하나님의 형상대로 만드셨다면, 재창조에서는 예수 그리스도를 우리의 본체로 삼으신 것입니다. 그것이 구원입니다. 그러니 우리가 이제 하나님의 사람이 된 것입니다. 이런 식의 이해, 즉 우리의 본체는 예수님이며, 우리는 그것을 믿음으로 갖는다는 말의 의미를 고린도전서 1:26-27에서는 이렇게 소개합니다.

> 형제들아, 너희를 부르심을 보라. 육체를 따라 지혜로운 자가 많지 아니하며 능한 자가 많지 아니하며 문벌 좋은 자가 많지 아니하도다. 그러나 하나님께서 세상의 미련한 것들을 택하사 지혜 있는 자들을 부끄럽게 하려 하시고 세상의 약한 것들을 택하사 강한 것들을 부끄럽게 하려 하시며(고전 1:26-27).

이 구절을 잘못 들으면 교만하지 말라는 말로 들립니다. 그런 의미가 아니라 너희가 만들 수 없는 것을 만들었다는 뜻입니다. 아무도 자랑할 수 없습니다. 하나님이 우리의 조건이나 소원을 가지고 보상하거나 열매를 만드신 것이 아니라, 창조를 하신 것입니다. 그것이 무엇에 나타납니까? 우리의 눈으로 볼 때도 예수님을 믿는 사람들 가운데 일반적인 수준에도 미치지 못하는 사람이 태반이라는 사실에서 나타납니다.

이 수준이라는 것은 여러분이 그토록 원하는, 율법적으로 따지면, "예수님을 믿으면 좀 더 나은 사람이 되어야 하지 않는가"라는 문제와 연결되어 있습니다. 내가 더 성실하고 정직하기 때문에, 더 거룩함을 바라기 때문에 그렇게 될 수 있지 않을까 하는 것과는 아무 상관이 없습니다. 그것과 상관없이 얻은 구원입니다.

예수께서는 자기를 찌른 자, 자기를 묶은 자, 자기를 조롱하는 자를 위하여 죽으시는 것입니다. 우리는 2천 년 기독교 역사 내내 유대인들을 비난해 왔습니다. "너희는 예수를 믿지 않았다. 그러나 우리는 믿었다." 이것이 늘 우리를 혼란스럽게 해왔습니다. 구원은 은혜에 속한 것이고 창조에

이사야서, 하나님의 비전

속한 것이요, 기적에 속한 것입니다. 그런데 우리는 그것을 은혜로 얻어 놓고서 다시 율법으로 자신 안에 근거를 쌓거나 안심하거나 확보하고자 합니다. 그러지 말라는 것입니다. 우리는 믿고 난 다음에 자신의 실력으로 율법을 만족시키고 구원을 이룰 실력이 없다는 것을 거듭 확인해야 합니다.

회개의 가장 나쁜 부작용

여러분은 "아무도 자랑할 수 없다"라는 뜻의 고린도전서 1:29 말씀과 더불어 바로 다음에 나오는 1:30-31을 명심해야 합니다.

> 너희는 하나님으로부터 나서 그리스도 예수 안에 있고 예수는 하나님으로부터 나와서 우리에게 지혜와 의로움과 거룩함과 구원함이 되셨으니 기록된 바 자랑하는 자는 주 안에서 자랑하라 함과 같게 하려 함이라(고전 1:30-31).

예수님이 우리의 구원이십니다. 내가 구원을 받아낸 것이 아니라, 예수님이 나의 구원이 되십니다. 하나님이 그를 십자가에 못 박아 우리에게 주셨습니다. 그가 나의 구원이십니다. 그러니 이 구원은 나의 어떤 조건을 가지고 성립되는 것이 아닙니다. 하나님이 예수님을 보내어 우리를 구원하시고 우리를 재창조하셨습니다. 우리는 예수님을 알게 되었고, 믿게 되었습니다. 우리는 예수님 안에서 하나님과 화목하게 되었습니다. 31절입니다. "기록된 바 자랑하는 자는 주 안에서 자랑하라 함과 같게 하려 함이라." 우리는 이 자랑을 예수님 안에서 하고싶어 하지 않습니다. 자신을 남과 구별하고 싶어 합니다. 스스로 납득시키려고 합니다. "나는 원래 구원받을 만한 사람이었다"라고 말입니다.

율법주의의 무서움이 무엇입니까? 그것은 늘 흠을 지운다는 것입니다. 잘못을 회개하기에 급급합니다. "내가 비록 잘못했지만 본심이 아니었다. 잠깐의 실수였다. 원래 본심은 잘하려는 것이었다." 이것이 회개의 가장 나쁜 부작용입니다. 그러니 회개하지 마십시오. 부탁입니다.

축구는 대단히 인기 있는 종목인데, 축구 선수들이 가장 악몽처럼 여기는 것은 자책골입니다. 만약 어느 선수가 자책골을 넣고 다음 시합 때 나와서 지난 잘못을 회개한답시고 그라운드에 머리를 박고 90분 내내 울다 들어간다면 그 선수를 어떻게 봐야 할까요? 지난번에는 그랬으니 이번에는 더 잘하려고 해야 할 것 아니겠습니까? 그에게 잘할 기회가 주어지고 있는데도 계속 자책하고 회개하느라 아무것도 하지 않는다면 정말 대책이 없습니다. 이처럼 우리가 자신을 스스로 확인하여 "하나님, 내 잘못보다 내 진심이 큽니다"라고 증명하려 한다면 자신만 죽일 뿐 아니라, 예수님을 믿는 모든 이들과 세상도 죽일 것입니다. 그에게는 비난과 정죄 외에는 할 것이 없습니다. 이것이 큰일입니다.

어제 잘못한 것 있습니까? 네, 오늘 잘하십시오. 만회하려고 하지 마십시오. 그것은 이미 지나간 기회입니다. 오늘이 있습니다. 내일이 있습니다. 모든 삶의 정황 속에 잘할 수 있는 기회와 잘못할 수 있는 기회가 주어집니다. 우리는 세상이 할 수 없는 것을 가지고 있습니다. 우리에게는 십자가, 부활, 기적, 용서, 구원, 믿음, 소망, 진리, 생명이 있습니다. 그것을 가지고 살아내십시오.

그렇게 살아내려고 하지 않은 채, 과거로 돌아가서 가장 많이 하는 기도가 무엇입니까? 회개가 아닙니까? 집에다 써놓으십시오. "하나님, 이제부터 회개는 하지 않겠습니다. 내일은 잘하겠습니다. 그런 기회가 오면 제가 잘하겠습니다." 내일도 스물네 시간 준다는 것이 아닙니까? 우리에게 매일 기회를 주고 계십니다. 어찌 한 번도 멋지게 굴지 못하냐고요? 바로 이 문제입니다. 무엇만 했습니까? 나아지지도 않고 자책만 했습니다. 멋있어질 수 있는 기회를 다 놓친 것입니다. 우리만 할 수 있는 것을 한 번도 못해 봤다는 것입니다. 아니 무엇이 겁납니까?

예수님은 길이요 진리요 생명이십니다. 예수님을 우리에게 주시면 진리와 생명이 우리 안에 들어오게 됩니다. 그것은 인격이고, 창조주의 몫입니다. 하나님만 진리를 만들고, 가치를 만들며, 생명을 복되게 하실 수 있습니다. 감을 모으면 감나무가 되는 것이 아니라 과일 도매상이 될 뿐입니다. 나무가 되어야 합니다. 이것이 예수님을 믿는다는 말이 가지는 뜻입니다. 우리는 다른 존재인 것입니다. 우리는 할 수 있습니다. 그러나 매일 잘할 수는 없습니다. 잘못한 것을 지우려 여기저기 다니지 말고 잘하는 일을 하러 다니십시오. 율법주의를 벗어나야 합니다. 하나님이 나에게 재창조와 기적을, 하나님의 영광을 목적으로 삼는 손길이 되라고 부르셨습니다. 이 사실을 기억하십시오.

맡아야 할 책임과 가져야 할 명예

그런 내용이 고린도전서 15:51-58에 소개되고 있습니다.

보라, 내가 너희에게 비밀을 말하노니 우리가 다 잠 잘 것이 아니요 마지막 나팔에 순식간에 홀연히 다 변화되리니 나팔 소리가 나매 죽은 자들이 썩지 아니할 것으로 다시 살아나고 우리도 변화되리라. 이 썩을 것이 반드시 썩지 아니할 것을 입겠고 이 죽을 것이 죽지 아니함을 입으리로다. 이 썩을 것이 썩지 아니함을 입고 이 죽을 것이 죽지 아니함을 입을 때에는 사망을 삼키고 이기리라고 기록된 말씀이 이루어지리라. 사망아, 너의 승리가 어디 있느냐. 사망아, 네가 쏘는 것이 어디 있느냐. 사망이 쏘는 것은 죄요 죄의 권능은 율법이라. 우리 주 예수 그리스도로 말미암아 우리에게 승리를 주시는 하나님께 감사하노니 그러므로 내 사랑하는 형제들아, 견실하며 흔들리지 말고 항상 주의 일에 더욱 힘쓰는 자들이 되라. 이는 너희 수고가 주 안에서 헛되지 않은 줄 앎이라(고전 15:51-58).

율법은 우리에게 율법을 지키라고 합니다. 율법이 원래 의도했던 바는 열매를 맺을 수 있는지 묻는 것이었습니다. 마태복음 22장에서 율법사는 "선생님이여, 계명 중에 가장 큰 계명이 무엇입니까?"라고 질문했습니다. 이에 예수님이 답하십니다. "네 마음을 다하고 목숨을 다하고 뜻을 다하여 주 너의 하나님을 사랑하라 하셨으니 이것이 크고 첫째 되는 계명이요, 둘째도 그와 같으니 네 이웃을 네 자신 같이 사랑하라 하셨으니 이 두 계명이 온 율법과 선지자의 강령이니라"(마 22:37-40).

예수께서 사랑이라고 말씀하십니다. 놀랍지 않습니까? 우리는 못합니다. 예수님이 하셨습니다. 예수님이 하셔서 우리로 사랑할 수 있게 하셨습니다. 그러니 사랑을 하십시오. 이김을 주시는 하나님이십니다. 누구 안에서 이김을 주십니까? "예수 그리스도 안에서 그로 말미암아" 이김을 갖게 하십니다. 그것이 예수님을 믿는다는 뜻입니다. 기독교인이 되었다는 뜻입니다. 우리는 다릅니다. 우리는 할 수 있습니다. 그런데 무엇에서 혼란이 생겼습니까? 흠을 제거하려다가 본디 해야 할 것을 못하게 되었습니다. 본디 해야 할 것을 하고, 부족한 것은 감수하십시오. 그래서 로마서 13:8-10에 다음과 같은 당연한 요구가 나옵니다.

피차 사랑의 빚 외에는 아무에게든지 아무 빚도 지지 말라. 남을 사랑하는 자는 율법을 다 이루었느니라. 간음하지 말라, 살인하지 말라, 도둑질하지 말라, 탐내지 말라 한 것과 그 외에 다른 계명이 있을지라도 네 이웃을 네

이사야서, 하나님의 비전

자신과 같이 사랑하라 하신 그 말씀 가운데 다 들었느니라. 사랑은 이웃에게 악을 행하지 아니하나니 그러므로 사랑은 율법의 완성이니라(롬 13:8-10).

율법주의가 무엇인지 알고 싶습니까? 여러분이 율법을 제대로 쓰고 있는지 잘못 쓰고 있는지를 알려면 율법이 여러분에게 어떻게 다가오는지 확인하면 됩니다. 그것이 공포로 온다면 틀린 것입니다. 공포의 반대말은 무엇일까요? 그것은 '사랑'입니다. 사랑이란 아무래도 좋다는 것도 아니고 안심할 만한 쉽고 단순한 것도 아닙니다. 그것은 적극적인 명예와 관계된 것이요 위대한 모험이 걸린 것입니다. 자기를 내어주는 것이요 공포보다 더 큰 열정과 열심을 내어 우리를 잡아당기는 것입니다. 그것이 기독교가 말하는 사랑입니다. 하나님의 사랑, 우리가 누려야 할 사랑입니다.

여러분은 인생에서 자책으로 가는 시험에 지지 말고, 맡아야 할 책임과 가져야 할 명예와 영광이 있다는 사실을 기억하십시오. 예수님이 성육신에서 보여주신 대로 여러분은 어려운 환경에 보내진 빛이요 은혜요 위로와 사랑인 것을 기억하셔서, 담대히 여러분의 현실을 살아내는 명예로운 신앙인이 되십시오.

::

하나님 아버지, 은혜를 감사합니다. 하나님의 자녀라는 것은 얼마나 굉장한 것인지요. 사랑하고 용서하고 기뻐하고 기다리겠습니다. 그렇게 우리 인생 내내 하나님의 일하심과 기적이, 감사와 찬송이 넘쳐나는 삶을 살겠습니다. 우리를 보는 자가 다 하나님을 만나는 귀한 인생이 되게 하옵소서. 예수님 이름으로 기도합니다. 아멘.

영광의 자유

엡 4:13-16

우리가 다 하나님의 아들을 믿는 것과 아는 일에 하나가 되어 온전한 사람을 이루어 그리스도의 장성한 분량이 충만한 데까지 이르리니 이는 우리가 이제부터 어린 아이가 되지 아니하여 사람의 속임수와 간사한 유혹에 빠져 온갖 교훈의 풍조에 밀려 요동하지 않게 하려 함이라. 오직 사랑 안에서 참된 것을 하여 범사에 그에게까지 자랄지라. 그는 머리니 곧 그리스도라. 그에게서 온 몸이 각 마디를 통하여 도움을 받음으로 연결되고 결합되어 각 지체의 분량대로 역사하여 그 몸을 자라게 하며 사랑 안에서 스스로 세우느니라.

우리가 외면하고 있는 것들

이 본문은 우리 예수 믿는 사람들이 당연히 맡아야 할 책임에 관한 것을 말하고 있습니다. 우리가 어디로 향해 가야 할 것인지 안내하는 내용을 요약적으로 담고 있습니다. 여기에는 사랑, 성숙, 헌신 같은 기독교 신앙인들이 나아갈 방향과 채워야 할 내용들이 잘 소개되고 있습니다. 그러나 이런 설명들은 종종 우리에게 너무 막막할 때가 있습니다. 우리가 알고 있는 기독교 신앙의 중요한 이해는 구원, 믿음, 헌신, 천국이라는 단어들로 구성되어 있습니다. 실생활에서는 이런 단어들로는 다 설명되지 않는 일들이 많습니다. 우리가 성경에서 얻은, 혹은 요구받고 있는 내용들이 실제적인 것들로 짜여 있는지 또는 채워져 있는지를 알지 못한다면, 이런 단어들은 종종 우리에게 다소 공허하게 들릴 수도 있고 실제 생활에서도 분명한 역할을 하지 못할 것입니다.

옥중에서 사도 바울은 빌립보교회에 편지를 보냅니다. 그는 빌립보서 1:20-21에서 자신에 대하여 이렇게 말합니다.

> 나의 간절한 기대와 소망을 따라 아무 일에든지 부끄러워하지 아니하고 지금도 전과 같이 온전히 담대하여 살든지 죽든지 내 몸에서 그리스도가 존귀하게 되게 하려 하나니 이는 내게 사는 것이 그리스도니 죽는 것도 유익함이라(빌 1:20-21).

생명과 사망 사이에는 엄청난 차이가 있습니다. 그런데 바울에게는 생명과 사망이 동일한 조건이라고 합니다. 놀랍습니다. 그는 살아 있어야만 일이 되고, 죽으면 일이 안된다고 말하지 않습니다. 그러니 그가 이렇게 말할 수 있습니다. 나는 사나 죽으나 주의 것이라고 말입니다. 주님은 사는 일에서도 내용을 담아내실 수 있고, 죽는 일에서도 내용을 담을 수 있다는 것입니다. 바울에게는 사망이든 생명이든 결코 절대적 차이가 나지 않는다는 것입니다. 하지만 다음 22절에서 보는 바와 같이 그는 죽지 않고 살 것을 기대합니다.

> 그러나 만일 육신으로 사는 이것이 내 일의 열매일진대 무엇을 택해야 할는지 나는 알지 못하노라. 내가 그 둘 사이에 끼었으니 차라리 세상을 떠나서 그리스도와 함께 있는 것이 훨씬 더 좋은 일이라. 그렇게 하고 싶으나 내가 육신으로 있는 것이 너희를 위하여 더 유익하리라. 내가 살 것과 너희 믿음의 진보와 기쁨을 위하여 너희 무리와 함께 거할 이것을 확실히 아노니

내가 다시 너희와 같이 있음으로 그리스도 예수 안에서 너희 자랑이 나로 말미암아 풍성하게 하려 함이라(빌 1:22-26).

그가 사는 것이 죽는 것보다 무슨 유익이 있다는 것입니까? 그가 고생하는 일을 더 보여줄 수 있다는 것입니다. 그가 죽음을 면하는 것도 아니고 고통을 면하는 것도 아니라, 빌립보교회 교인들에게 유익이 된다면 고생을 더하더라도 더 살 마음이 있다는 것입니다. 이것이 우리를 당황하게 만듭니다. 로마서 8장에는 구원에 관한 설명이 나옵니다. 로마서 8:15-17을 보겠습니다.

너희는 다시 무서워하는 종의 영을 받지 아니하고 양자의 영을 받았으므로 우리가 아빠 아버지라고 부르짖느니라. 성령이 친히 우리의 영과 더불어 우리가 하나님의 자녀인 것을 증언하시나니 자녀이면 또한 상속자 곧 하나님의 상속자요 그리스도와 함께 한 상속자니 우리가 그와 함께 영광을 받기 위하여 고난도 함께 받아야 할 것이니라(롬 8:15-17).

우리는 하나님의 자녀요 상속자라고 말하고 있습니다. 그것은 굉장한 지위와 운명입니다. 그런데 그런 영광은 고난도 동시에 가져야 한다는 것입니다. 구원은 하나님의 자녀라는 신분, 영광이라는 운명, 고난이라는 현실을 갖는다고 말합니다. 우리는 기독교 신앙이 그 내용으로 고난을 갖는다는 것에 대해서 다 외면합니다.

몇 절을 더 지나서 21절을 보면, "그 바라는 것은 피조물도 썩어짐의 종 노릇 한 데서 해방되어 하나님의 자녀들의 영광의 자유에 이르는 것이니라"고 말합니다. 영광도 자유에서 꽃이 핀다고 말합니다. 그러니 우리가 생각하는 자유와 성경이 설명하는 자유는 틀림없이 다를 것입니다. 왜냐

이사야서, 하나님의 비전

하면 우리의 자유는 거의 방임에 가깝기 때문입니다. 우리 마음대로 하는 것이 자유입니다. 그러나 성경은 영광의 자유라고 말합니다. 그 자유는 제멋대로 하는 것이 아니라 가장 극대화된, 가장 풍성하고 놀라운 영광과 묶여 있습니다.

빌립보서 1장은 살고 죽는 문제를 넘어서는 것에 관하여 말합니다. 이 하나님의 영광은 사는 것과 죽는 것을 조건으로 삼지 않고 그것들을 극복하며 고난 속에서 완성된다고 합니다. 빌립보서 3:10-12을 보겠습니다.

> 내가 그리스도와 그 부활의 권능과 그 고난에 참여함을 알고자 하여 그의 죽으심을 본받아 어떻게 해서든지 죽은 자 가운데서 부활에 이르려 하노니 내가 이미 얻었다 함도 아니요 온전히 이루었다 함도 아니라. 오직 내가 그리스도 예수께 잡힌 바 된 그것을 잡으려고 달려가노라(빌 3:10-12).

바울은 예수님의 죽으심을 본받아 죽은 자 가운데서 부활에 이르려 한다고 말합니다. 그러니 고난은 어쩔 수 없이 자신에게 주어진 것이 아니라 고난의 길을 선택해서 만나는 것으로 소개합니다. 따라서 사랑, 순종, 헌신, 승리, 완성, 천국, 이런 것들로 이해된 기독교인의 신자 된 현실, 곧 그 신앙의 과정에는 다른 단어들이 더 덧붙여져야 합니다. 고난, 선택으로서의 완성, 영광이라는 단어들 말입니다. 우리가 긍정적인 단어들로만 연결해서 썼던 내용들에 고난, 선택, 책임, 과정이라는 것이 포함되어야 합니다. 우리의 신앙생활이 형통해야 하고 떠넘겨버리고 싶은 것이 아니라, 치열하고 고민하고 갈등하고 실패하는 것임은 누구나 다 겪어 알고 있습니다. 이런 것들이 포함되지 않는다면, 신앙생활은 마치 부적으로 액운을 막으려 하는 것과 마찬가지가 될 것입니다. 그렇지 않습니다. 그것은 내가 걸어야 할 길인 것입니다.

구원을 복되게 하는 선택

성경은 우리에게 "영광의 자유로 선택을 하라"고 말합니다. 그것은 마지못한 고난이 아니며, 닥쳐온 위협과 도전에 기꺼이 맞서라는 것이 아니라 적극적으로 "선택하라"는 문제입니다. 그것이 영광의 자유입니다.

이 문제를 이해하려면 로마서 6장을 살펴봐야 합니다. 거기에 나오는 은혜에 대한 설명을 알아야 합니다. 로마서 6장은 "이 모든 구원이 은혜로 거저 된 것이라면 무엇 때문에 치열하게 신앙생활을 해야 하는가"라는 질문에 답을 주고 있습니다.

> 무릇 그리스도 예수와 합하여 세례를 받은 우리는 그의 죽으심과 합하여 세례를 받은 줄을 알지 못하느냐. 그러므로 우리가 그의 죽으심과 합하여 세례를 받음으로 그와 함께 장사되었나니 이는 아버지의 영광으로 말미암아 그리스도를 죽은 자 가운데서 살리심과 같이 우리로 또한 새 생명 가운데서 행하게 하려 함이라(롬 6:3-4).

구원이 무엇입니까? 그것은 천국 가는 것, 하나님의 자녀가 되는 것과 같은 정적인 것만이 아니라 대단히 역동적인 것입니다. 하나님의 자녀가 되었으므로 새로운 인생을 살아야 하는 것입니다. 그것은 어쩔 수 없이 해야 하는 책임감으로 사는 문제가 아니라, 기회가 주어졌다는 말입니다. 구원은 자격에 의한 것이 아니라 은혜에 의한 것입니다. 은혜로 말미암은 구원이란 하나님을 모르던 자리, 하나님이 없던 지위에서 하나님의 자녀라는 신분과 지위와 운명을 갖게 된 것입니다. 그래서 이제 그가 무엇을 할 수 있고, 무엇으로 살 수 있게 되었습니까? 선택의 여지가 없어 죄밖에 선택할 수 없던 자리에서 벗어나, 이제는 의와 진리와 선과 빛, 생명으로 살

이사야서, 하나님의 비전

수 있게 된 것입니다. 로마서 6:15-19을 보겠습니다.

> 그런즉 어찌하리요. 우리가 법 아래에 있지 아니하고 은혜 아래에 있으니
> 죄를 지으리요. 그럴 수 없느니라. 너희 자신을 종으로 내주어 누구에게 순
> 종하든지 그 순종함을 받는 자의 종이 되는 줄을 너희가 알지 못하느냐. 혹
> 은 죄의 종으로 사망에 이르고 혹은 순종의 종으로 의에 이르느니라. 하나
> 님께 감사하리로다. 너희가 본래 죄의 종이더니 너희에게 전하여 준 바 교
> 훈의 본을 마음으로 순종하여 죄로부터 해방되어 의에게 종이 되었느니라.
> 너희 육신이 연약하므로 내가 사람의 예대로 말하노니 전에 너희가 너희
> 지체를 부정과 불법에 내주어 불법에 이른 것 같이 이제는 너희 지체를 의
> 에게 종으로 내주어 거룩함에 이르라(롬 6:15-19).

전에는 죄밖에 지을 수 없었지만 이제는 선택권이 생긴 것입니다. 여
러분이 죄를 지을 수도 있고, 의를 행할 수도 있고, 거룩하게 살 수도 있습
니다. 우리에게 의를 선택해서 그것으로 우리의 명예와 영광을 삼으라고
말씀합니다. 이것이 구원입니다. 그런데 이 선택권을 갖게 된 지점에서 구
원이 우리에게 언제나 수동태적이고 숙명론적으로 다가오는 바람에, 이
선택권이 어떤 것인지 또 무엇을 하는지를 제대로 몰랐다는 것입니다. 하
나님은 우리를 영광으로 인도하시는 분입니다. 우리는 하나님이 그것을
완성하시려고 열심히 일하신다는 것도 늘 확인해야 하지만, 결국 우리에
게서 만들어내려고 하는 것은 다름 아닌 우리의 자유의 선택이라는 것입
니다.

그 선택은 구원을 만드는 것이 아니라, 구원을 복되게 합니다. 구원을
풍성하게 하며 충만케 하며 영광되게 합니다. 우리 모두가 싫어하는 고난
속에서 구원을 풍성하게 하고 충만하게 하라는 요구를 받고 있습니다. 그

것이 고통이고 괴로움이요 싫은 것이라 하지 말고, 기회라는 사실을 꼭 기억하십시오.

하버드 대학 교수인 마이클 샌델이 몇 년 전에 『정의란 무엇인가』라는 책을 썼는데, 거기에 이런 글이 있습니다. "인류가 어느 시대 어느 사회나 정의를 추구하지만, 정의를 실현한 적은 없다. 왜냐하면 법으로는 정의가 실현되지 않기 때문이다." 법은 강제력입니다. 이 강제력은 사회의 최소한의 질서를 유지하기 위해 사용되는 것입니다. 강제력으로는 고급한 인격을 만들 수 없습니다. 정의는 고급한 가치이고, 그것이 실현되려면 자발성이 필요합니다. 그래서 최소한의 정의라도 세우려면 도덕이 있어야 합니다. 도덕만이 법을 넘어서는, 법이 할 수 없는 자발적인 적극적 가치를 만들어낼 수 있기 때문입니다.

그러나 도덕보다 더 큰 것이 있습니다. 그것은 성경이 말하는 '사랑'입니다. 사랑은 도덕을 상회하는 가장 적극적인 선이고 가치이며, 아름다움이고 영광입니다. 하나님은 우리에게 그 사랑을 실천하라고 말씀합니다. 그렇게 하려면 무엇이 필요하겠습니까? 자유가 있어야 합니다. 자발성이 있어야 합니다. 각 개인의 선택과 결정, 책임이 있어야 합니다. 하나님이 우리를 그런 존재로 만드셨습니다. 책임을 지고 선택할 수 있게, 본인이 자기의 생애와 자신을 결정할 수 있게 만드셨습니다.

하나님의 그러한 창조는 일종의 모험이었을 수 있습니다. 인류는 그 자유를 가지고 하나님을 거부했기 때문입니다. 그것을 죄라고 합니다. 하나님을 거부하는 바람에 그 모든 가치와 기회가 무산되어 버렸습니다. 하나님만이 주실 수 있는 의와 진리, 생명과 영광, 명예 같은 것들이 부정되었습니다. 쓸모없게 되었습니다. 인간이 하나님의 생명으로부터 끊겼기 때문입니다. 그러나 예수 그리스도 안에서 우리를 회복시키셔서 우리에게 다시 기회를 주십니다. 우리에게 살아내라고, 자기 것이 되게 하라고 하십니다.

신앙으로 감수하는 삶

이런 삶과 관련된 성경의 모범은 누구겠습니까? 구약에서는 욥입니다. 우리가 잘 알다시피 욥은 의인입니다. 우리가 아는 율법과 도덕과 신앙의 차원에서 잘못한 것이 없었지만, 그는 고난을 받습니다. 세 친구가 찾아와서 그의 고난은 그가 뭔가 잘못한 것이 있어서 받는 벌이라고 꾸짖습니다. 욥은 할 말이 없게 됩니다. "나는 잘못하지 않았다. 내가 벌을 받는다는 것은 말이 되지 않는다." 친구들은 뭐라고까지 말합니까? "네가 그런 식으로 말하는 것만 봐도 너는 잘못했다." 우리에게 제일 무서운 율법적 공포가 무엇일까요? "너는 교만해." 이런 말 아닙니까? 아무도 이 말에는 답을 못합니다. 살아 있는 것 자체가 교만입니다. 그래서 우리는 아무도 신앙생활을 적극적으로 할 수 없었습니다.

욥기 38장에 이르면, 하나님이 등장하십니다. 욥의 질문에 하나님이 답하십니다. 답은 이것입니다. 창조 세계를 다시 보여주시는 것입니다. "창조된 것 중에 잘못된 것이 있느냐? 그 창조 세계를 봐라. 거기에 네가 아는 논리 이하의 것이 있느냐? 그것을 상회하는 것이 있지 않느냐?" 거기에 무엇이 있다는 것입니까? 생명이 있다는 것입니다. 모든 창조물에는 생명과 영광이 있습니다.

욥기 42장에서 그가 다음과 같이 고백하는 것으로 모두 끝납니다. "제가 제 입을 가리고 스스로 티끌과 재 가운데서 회개합니다." 티끌과 재 가운데서 하는 회개란 티끌과 재 같은 존재, 그것밖에 안되는 조건이지만 그가 하나님을 붙잡겠다고 한 것입니다. 그가 그런 선택을 합니다. 즉 "내가 못났을지라도 그 자리에서 할 수 있는 것을 하겠습니다. 하나님을 창조주로, 하나님을 주인으로 모시고 순종하고 붙잡겠습니다." 이것이 욥의 최종 고백입니다.

하박국도 그런 모범입니다. 유다가 멸망할 즈음에 혼탁해진 사회를 내다보며 하나님 앞에 이런 하소연을 합니다. "하나님, 당신의 백성이 율법을 따르지 않고 의를 행하지 않으며, 의로운 자들을 저렇게 못살게 구는데, 하나님은 왜 가만히 계십니까?" 하나님이 나타나서 답하십니다. "이것은 시작에 불과하다. 내가 이 나라를 바벨론에 넘겨주겠다. 열방이 바벨론의 폭력 앞에 굴복할 것이다." 하박국이 혹을 떼려고 물었다가 혹을 더 붙인 격이 됩니다. "하나님, 그럴 수 없습니다. 어찌 악한 자들 때문에 의로운 자들을 동일한 고통 속에 몰아넣으시겠다고 하십니까?" 그러자 하나님이 다시 답하십니다. "의인은 믿음으로 산다. 형통한 조건 속에서 살지 않고, 보상으로 살지 않고, 능력으로 모든 문제를 해결하는 것으로 살지 않는다. 모두 감수해야 한다." 하박국이 뭐라고 답합니까? "맞습니다. 저는 하나님 편에 서겠습니다. 저희가 바칠 수 있는 것 중에 하나님이 원하시는 것은 아무것도 없습니다. 하나님이 친히 당신을 우리에게 주신 것같이, 우리를 하나님께 바치는 것을 하나님이 요구하십니다." 이렇게 답이 나온 것입니다. 이 말이 여러분에게 그렇게 만만하게 들리지 않을 것입니다. 마태복음 13:3-17을 보겠습니다.

예수께서 비유로 여러 가지를 그들에게 말씀하여 이르시되 씨를 뿌리는 자가 뿌리러 나가서 뿌릴새 더러는 길 가에 떨어지매 새들이 와서 먹어버렸고 더러는 흙이 얕은 돌밭에 떨어지매 흙이 깊지 아니하므로 곧 싹이 나오나 해가 돋은 후에 타서 뿌리가 없으므로 말랐고 더러는 가시떨기 위에 떨어지매 가시가 자라서 기운을 막았고 더러는 좋은 땅에 떨어지매 어떤 것은 백 배, 어떤 것은 육십 배, 어떤 것은 삼십 배의 결실을 하였느니라. 귀 있는 자는 들으라 하시니라. 제자들이 예수께 나아와 이르되 어찌하여 그들에게 비유로 말씀하시나이까. 대답하여 이르시되 천국의 비밀을 아는 것이 너희에게는 허락되었으나 그들에게는 아니되었나니 무릇 있는 자는 받아 넉넉하게 되되 없는 자는 그 있는 것도 빼앗기리라. 그러므로 내가 그들에게 비유로 말하는 것은 그들이 보아도 보지 못하며 들어도 듣지 못하며 깨닫지 못함이니라. 이사야의 예언이 그들에게 이루어졌으니 일렀으되 너희가 듣기는 들어도 깨닫지 못할 것이요 보기는 보아도 알지 못하리라. 이 백성들의 마음이 완악하여져서 그 귀는 듣기에 둔하고 눈은 감았으니 이는 눈으로 보고 귀로 듣고 마음으로 깨달아 돌이켜 내게 고침을 받을까 두려워함이라 하였느니라. 그러나 너희 눈은 봄으로, 너희 귀는 들음으로 복이 있도다. 내가 진실로 너희에게 이르노니 많은 선지자와 의인이 너희가 보는 것들을 보고자 하여도 보지 못하였고 너희가 듣는 것들을 듣고자 하여도 듣지 못하였느니라(마 13:3-17).

이 씨 뿌리는 비유는 어렵습니다. 제자들이 예수께 이 비유에 대하여 문자 풀어서 말씀합니다. "이사야가 보냄을 받은 것같이 나도 보냄을 받아왔다. 이 비유는 아무도 모른다. 그러나 너희에게는 이것이 모를 수 있는 일이 아니다." 이렇게 앞뒤가 맞지 않는 역설적인 말씀이 있을 수 있을까요? 씨 뿌리는 비유의 내용이 그렇습니다.

밭에 씨가 뿌려집니다. 결실은 밭의 조건에 따라서 달랐습니다. 길 가에 있는 것은 새가 먹어버렸고, 돌밭에서는 뿌리를 내리지 못했고, 가시떨기에 떨어진 씨는 기운이 막혔고, 옥토에 떨어진 것은 풍성한 열매를 맺었습니다. 예수께서는 들어도 모르고, 봐도 모를 사람들을 위하여 오십니다. 뿌려도 소용없는 길 가나, 돌밭이나, 가시떨기에 씨가 뿌려집니다. 예수께서 오신 것은 사람들이 듣고 보고 깨닫는 문제보다 더 우선한 것입니다.

구원은 그가 오심으로 이루어집니다. 무엇을 이루시려는 것입니까? 30배, 60배, 100배의 열매를 맺는 밭을 만들기 위해 오십니다. 밭이 몇 배의 열매를 맺는지에 핵심이 있는 것이 아니라, 그가 열매를 맺는 밭을 만들고자 오신 것에 핵심이 있습니다. 이전 밭들은 어떤 상태를 보입니까? 길가나 돌밭이나 가시떨기 밭은 열매를 맺지 못합니다. 우리는 다 그런 과정을 겪습니다. 하지만 결국 씨가 그 밭에 풍성히 열매를 맺게 할 것입니다. 씨는 이미 뿌려졌습니다. 씨가 열매를 맺지 못한다는 것은 구원을 받느냐, 못 받느냐 하는 문제와 상관있는 것이 아니라, 구원을 받았기 때문에 생기는 문제라는 것입니다. 여러분은 자신의 돌밭을 여러분이 일구어야 합니다. 가시떨기를 뽑고 노력하여 이 씨를 결실시켜야 합니다.

그러면 뭐가 되겠습니까? 밭에 씨가 뿌려져 꽃이 피어남으로 밭은 꽃밭이라는 이름을 갖게 됩니다. 단순한 밭이 아니라 꽃밭이 됩니다. 밭과 씨가 분리되지 않고 그 씨가 땅에서 꽃으로 피어남으로써 꽃밭이 됩니다. 뿌린 씨와 밭의 정체성이 영광을 갖게 됩니다. 이것이 하나님의 구원의 진정하고 풍성한 핵심 내용인 것입니다. 여러분에게 일어나는 모든 일들이 이 일이 진행되는 과정에 속한다는 것입니다.

우리는 밭입니다. 우리는 돌밭일 수도 있고, 가시떨기 밭일 수도 있고, 길 가에 불과할 수도 있습니다. 그러나 예수께서 오십니다. 그리고 우리와 함께 일하십니다. 우리로 반응하게 하십니다. 결정하게 하십니다. 예수님과 함께 다시 살아났기 때문에 우리 안에 성령님이 역사하시고, 거룩하신 영이 우리를 격려하십니다.

물론 돌 때문에 뿌리를 못 내리기도 하고 가시떨기 때문에 기운이 막히는 일도 있겠지만, 성경이 하고 싶은 이야기는 예수께서 밭을 꽃으로 만들기 위해서 오셨다는 것입니다. 이것이 핵심이 되는 내용입니다. 여러분에게서 일어나는 모든 일에 하나님이 찾아오심으로 우리라는 존재가 하나님을 기뻐하며, 그를 영광으로 아는 반응을 보일 것입니다. 씨가 꽃을 피우고 열매를 맺는 것을 여러분의 삶의 내용으로 삼으실 것입니다. 그릇에 담긴 것이 그 내용으로 불리듯이 말입니다. 물이나 포도주를 언급할 때 손바닥에 그 단어를 써서 이야기하는 것이 아니라, 물이나 포도주가 담긴 잔을 내놓으면서 "이것은 포도주입니다. 이것은 물입니다"라고 말하듯이 말입니다. 그것을 담은 그릇과 내용물이 분리되지 않듯이, 우리라는 존재는 담긴 내용으로 우리 자체의 이름이 바뀐다는 것입니다. 우리라는 존재와 성품과 속성과 버릇이 바뀌는 일이 일어나게 됩니다. 그것이 구원입니다. 그것이 구원이 요구하는 것입니다.

이런 요구는 우리 생애 중에서 반복적으로 하루도 쉼 없이 계속되고 있습니다. 우리가 주로 실패하기 때문에 여러분은 그것이 아무것도 아닌 줄로 알고 있습니다. 그 실패가 일을 합니다. 예수님은 부활하셨음에도 손에 못 자국을 가집니다. 옆구리에 창 자국이 있습니다. 그것은 결코 불명예도 아니며, 완벽하게 만회했어야 하는 것도 아닙니다. 그것은 부활 당시의 예수님의 자랑입니다. 여러분의 생애에서 일어나는 어떤 한 번의 실패, 한 번의 못난 것이 끝이 아니라는 것을 명심하십시오. 우리는 어디까지 가야 합니까? 하나님은 우리가 꽃밭이 될 때까지 포기하시지 않을 것입니다.

시인 김춘수의 유명한 「꽃」이라는 시가 있습니다. "내가 그의 이름을 불러주었을 때/그는 나에게로 와서/꽃이 되었다." 그 시의 일부입니다. 우리는 하나님이 우리에게 어떤 일을 하고 계시는지 알아야 합니다. 이것을 모르면 우리는 밤낮 "오늘은 잘했지만, 어제는 잘못했다"라고 되뇔 것입니다. 그래서 언제나 회개하고 지우는 일만 계속해서 반복할 수 있습니다. 하지만 우리는 그 모든 것으로 만들어져 갑니다. 하나님은 우리에게 많은 기회와 과정을 주십니다. 그 모든 과정이 헛되지 아니하며, 그 실패마저도 손해 보지 않으리라는 것을 기대하십시오. 즐겨야 합니다. 시도해야 합니다. 여러분의 신자 된 인생을 막을 수 있는 것은 아무것도 없습니다. 자기의 인생을 살되 다른 사람의 간증에 귀 기울이지 말고, 여러분이 꽃이 되십시오. 하나님이 여러분의 이름을 부르실 때 꽃이 되어 주십시오.

::

하나님 아버지, 하나님은 우리에게 얼마나 많은 것을 요구하시는지요. 얼마나 많은 것을 약속하셨는지요. 우리의 인생에 눈물과 한숨과 우리가 밤낮 부르짖는 비명들이 무엇을 말하는지요. 결국 우리가 그 돌을 뚫고 가시떨기를 헤치고 자라나서 하나님의 영광 앞에 서는 것입니다. 그러한 하루하루를 살아가는 믿음의 기회와 영광의 과정을 마음에 깊이 간직하고 지지 않게 하옵소서. 하루만큼씩 자라게 하옵소서. 예수님 이름으로 기도합니다. 아멘.

이사야서, 하나님의 비전